제4판

사회조사분석

홍두승 · 설동훈 공저

다산출판사

Social Survey and Data Analysis

Fourth Edition

Doo-Seung Hong, and Dong-Hoon Seol

2012

Dasan Publishing Company

Seoul, Korea

제4판을 내면서

해를 거듭하면서 사회조사에 대한 수요가 크게 늘어나고 있다. 정당 공천을 위한 후보자 선호도 조사, 정당 지지율 조사, 특정 정책에 대한 국민의식 조사, TV 드라마 시청률 조사, 기업과 상품에 대한 반응을 알아보기 위한 마케팅 조사 등 사회조사의 영역이 아닌 곳이 없다고 해도 과언이 아니다. 주요 사회조사 결과는 언론 기사로 보도되고, 그것은 다시 여론을 형성하기도 한다. 국민들의 의식 · 태도 · 행동 등 일반인이 파악하기 쉽지 않은 추상적 개념들이 사회조사를 통해 수치로 집계되고, 그것이 하나의 '사회적 사실' 로 간주되어 언론을 통해 확산되어 나간다.

대한민국 제16대 대통령 선거를 채 한 달도 남겨 놓지 않았던 2002년 11월 24일, 지지율이 여당의 이회창 후보보다 현저히 낮았던 야당의 노무현 후보와 정몽준 후보는 공동으로 '단일화 여론조사' 를 단행하였다. 오차범위 내의 차이라 할지라도 지지율이 높은 사람을 후보로 정한다는 사전합의가 있었다. 노무현 후보가 '단일화 여론조사' 에서 4.6%p 차이로 승리하였고, 그는 그 여세를 몰아 대통령에 당선되었다. 그 후, 우리나라에서는 선거철마다 여당 · 야당을 가리지 않고 여론조사경선 또는 여론조사를 통한 후보 단일화가 대유행이 되어 버렸다. 바야흐로, 사회조사가 정치 이벤트의 핵심으로 등장한 셈이다.

사회조사의 내용과 방법도 인터넷과 스마트폰의 보급 확대로 인해 크게 변하고 있다. 우리나라의 조사연구학계와 조사업계에서는 새로운 조사방법을 지속적으로 연구 · 개발하고 있다. 그렇지만 사회조사가 지배의 핵심 수단이 된 상황에서 그 과학적 원칙을 정립하고 준수하는 일은 이제 더 이상 학자나 조사회사의 전유물이 아니게 되었다. 정부 · 정당 · 기업 · 사회단체뿐 아니라 개인들까지 조사의 주체로 활발히 참여하면서, 사회조사의 오용과 남용에 대한 우려가 크게 부각되고 있다. 정치적 · 경제적 · 사회적 목적 달성을 위한 수단으로 사회조사를 악용하거나, 부적절한 표집과 실사(實査), 그리고 자의적 해석 등 조사윤리를 위반하는 사례가 속출하고 있다.

사회조사와 사회통계 관련 교과서는 이처럼 새롭게 대두된 사회조사 현실을 반영하여야 마땅하다. 제3판을 출간한 것이 2000년이니, 그 이후 변화된 사회상과 축적된 학문적 성과를 충실히 반영해야 할 과제를 안게 되었다. 제3판은 13장으로 구성되어 있었으나, 제4판은 17장으로 범위를 넓히고 내용을 추가하였다. 사회조사방법에 관한 사항으로는 '컴퓨터를 이용한 전화면접', 초점집단면접, 표본의 크기, 질문지 작성 기준, 지수의 의미와 구성, 보가더스의 사회적 거리척도, 탈물질주의 척도 등의 내용을 새로 작성하여 추가하였다. 사회통계 관련 사항으로는, 기술통계의 자료를 최신 것으로 업데이트하였고, 추리통계를 보충하였으며, 다차원척도분석 · 다층분석 등을 추가하였다. 특히, 이 책은 제3판까지는 홍두승 단독 저서였으나 제4판부터는 설동훈과의 공동 저서로 바뀌었다. 우리는 최근 학계에서 주목을 받고 있는 통계기법을 충실히 소개하려고 노력하였다.

제4판을 기획하면서 설정했던 목표는 대체로 달성하였지만, 부정확한 표현이나 오해의 소지가 있는 문장, 또는 간결하지 않은 문장이 남아 있을 가능성이 있다. 독자 여러분의 따끔한 지적과 가르침을 당부 드린다. 이 책에 남아 있는 미비점은 꾸준한 개정 작업을 통해 앞으로도 계속 보완할 것임을 약속드린다.

제4판을 준비하는 과정에서 전북대 대학원 사회학과 고재훈 씨의 도움이 컸다. 출판 작업을 성실히 도와주신 다산출판사의 강희일 사장님, 양선용 편집부장님을 비롯한 편집 실무자들께 다시 한 번 감사의 말씀을 드린다.

2012년 3월

홍두승 · 설동훈

머리말

이 책은 사회조사를 통해 자료를 어떻게 수집하고, 분석 · 처리하여 연구목표에 합당한 결과를 도출해 낼 수 있겠는가를 다루고 있다. 지난 8년간 학사과정과 대학원과정에서 사회학적 분석 · 사회조사연습 · 사회통계학 등의 과목을 강의하면서, 숫자 다루는 일을 즐겨하지 않는 많은 수의 학생들에게 어떻게 하면 지겹지 않고, 보다 간편하게 계량적 분석기법을 설명할 수 있겠는가를 생각해 보게 되었다. 더구나 조사방법론이라 불리는 영역은 구미사회(특히 미국)로부터 도입된 것이어서 그들 사회의 역사적 · 현실적 경험에서 나온 실례들이 우리에게는 현실감 있게 와 닿지 못하는 경우가 많았다. 그러한 이유에서 조사분석과 관련된 개념들을 우리 사회의 예를 통해 설명해 봄으로써 사회조사를 빈번히 수행하고 있는 사회학 연구자와 다른 사회과학도들에게 사회조사분석의 지침이 될 수 있는 내용들을 담으려고 했지만 결과는 만족스럽지 못한 것 같다.

원래 대학교과과정에는 조사방법론과 사회통계학이 구분 · 개설되어 있으나, 사회통계는 수집된 자료를 분석하는 데 필요한 통계학적 기초를 다루는 과목이기 때문에 그것을 흡수하여 자료수집부분과 연결하고자 하였다. 또한 자료분석의 예는 최근에 많이 사용되고 있는 컴퓨터 통계 패키지 프로그램을 이용하여 제시하고 있다.

이 책은 4개의 부로 꾸며보았는데, 제Ⅰ부는 연구의 기초가 되는 개념적인 주제를 다루고, 제Ⅱ부는 자료수집의 절차와 과정을 다루며, 제Ⅲ부에서는 개별분석기법을 소개하고 있다. 제Ⅳ부에서는 지난 6~7년 동안 우리 사회에서 실제로 조사된 자료를 중심으로 SPSS 패키지 프로그램을 이용하여 원자료를 분석함으로써 제Ⅲ부에서의 논의를 보다 쉽게 이해하고 실용적으로 사용할 수 있도록 하였다.

사회조사방법론에서 일반적으로 다루고 있는 내용들을 가급적 많이 소개하고자 의도하였으나 책의 이름이 뜻하는 바와 같이 분석에 더 많은 지면을 할애하고 있기 때문에 적지 않은 부분이 누락되어 있음을 본다. 그러한 내용들은 저자 자신이 사회조사방법론을 최초로 접하게 된 이만갑 저, 「사회조사방법론」(진명출판사, 1970, 개정판 1979)과 최근에 출판된 김경동 · 이온죽 공저, 「사회조사연구방법」(박영사, 1986) 등의 서적을 참조하면 좋으리라 생각한다.

이 책을 준비하면서 많은 분들의 도움을 받았다. 권태환 · 전종우 · 차종천 교수께서는 원고의 일부를 읽고 모호하거나 논란의 여지가 있는 부분들을 지적해 주셨다. 김재온 · 김미희 · 민경환 · 전경수 · 추광영 교수께서는 집필에 필요한 자료를 제공해 주심과 아울러 귀중한 조언도 아끼지 않으셨다. 석사학위논문을 위해 수집한 자료를 사용할 수 있게 해 준 이화여대의 최혜경 석사와 원고정리 · 전산처리에서 교정 및 색인작업에 이르기까지 온갖 귀찮은 일들을 불평없이 묵묵히 해 준 대학원 사회학과의 김호일 군 · 윤혜란 양, 그리고 지난 해 졸업한 김우식 석사에게 감사한다. 원래 예정한 기간보다 1년 이상을 끌어왔음에도 인내로써 격려해 주신 다산출판사의 강희일 사장과 편집담당자께도 감사드린다. 덧붙여서 부모님과 우리 가족에게도 고마움을 표하고 싶다.

1987년 7월
관악캠퍼스에서
홍두승

차 례

제 I 부 경험적 연구의 기초

|제1장| 과학적 연구

|제2장| 경험적 연구방법

제Ⅱ부 자료의 수집

| 제3장 | 자료 수집 방법

| 제4장 | 표집 방법

| 제6장 | 측 정

| 제7장 | 지수와 척도

제Ⅲ부 자료의 분석

| 제8장 | 기술통계

|제11장| 집단 간 비교분석

|제12장| 회귀분석과 경로분석

|제13장| 요인분석과 대응분석

제 I 부

경험적 연구의 기초

제 I 부에서는 사회조사 자료를 수집하고 분석하는 데 기초가 되는 개념들을 소개한다. 먼저 사회과학에서 추구하는 과학적 탐구의 의미를 간략히 살펴본 후, 사회현상을 서술하고 설명하는 데 통계학적 방법과 모형들이 갖는 의의와 중요성을 살펴본다. 다음으로는 과학적 연구의 과정에서 고려되는 기본 요소와 그것들 간의 관계를 연역적 방법과 귀납적 방법을 비교하면서 제시하고, 이론 · 가설 · 변수 · 인과적 관계 · 분석의 단위 등 연구 과정에서 알아두어야 할 개념들을 설명한다. 마지막으로 사회과학에서 보편적으로 사용되는 연구방법들의 특징과 장단점을 살펴보고, 이 책에서 주로 다루고 있는 조사연구의 의의와 목적을 알아본다.

| 제 1 장 |

과학적 연구

제1절 과학적 연구와 사회과학

모든 과학은 기본적으로 우리를 둘러싸고 있는 세계를 이해하려고 하는 노력으로부터 출발한다. 과학적 활동은 현상에 대한 기술, 규칙의 발견, 이론과 법칙의 정립이라는 세 가지 부분으로 이루어진다. 과학자들은 그 세계에서 나타나고 있는 대상과 사건들을 관찰하여 기술하려 하며, 산만하고 단편적인 일상의 경험 속에서 규칙과 질서를 발견하려고 한다. 나아가서 그러한 규칙을 하나의 이론이나 법칙으로 정립하려고 한다.

물론 그러한 일들이 상식의 차원에서 다루어질 수도 있다. 과학과 상식은 현상에 주목하면서 그것을 경험적으로 관찰하여 논리적으로 설명하고자 하는 점에서는 크게 다를 바가 없다. 그러나 과학적 지식은 상식을 바탕으로 형성되지만 분명히 상식 그 자체는 아니며, 보다 체계화된 지식의 묶음이다. 어떤 연구가 보다 과학적이 되기 위해서는 우선 논리적이어야 하고, 개체에 대한 설명보다는 일반 법칙에 근거한 설명이 있어야 한다. 그 과정에서 과학적 연구는 보다 적은 수의 요소 또는 변수로써 현상을 설명하고자 한다. 동시에 과학적 연구는 경험적으로 검정 가능하여야 할 것이고, 새로운 진실이 나타나면 수정되어야 한다. 그러한 기준들이 어느 정도 충족되느냐에 따라 하나의 연구가 어느 정도

과학적이냐 하는 것이 결정된다(Popper, 1959: 40-41; Babbie, 2011: 44-59).

그렇지만 사회과학적 관심의 대상인 사회현상은 자연현상과는 달리 접근하기가 쉽지 않고 일반화도 용이하지 않다. 사회현상에서도 규칙이 보이기는 하지만, 예외가 많을 뿐 아니라 인간의 의식적인 노력에 의해 그 규칙이 흐트러질 수도 있다. 주로 그러한 까닭으로 사회과학이 과연 과학으로 정립될 수 있겠는가, 사회과학을 자연과학의 모형에 맞추어 설명하는 것이 과연 가능하며 또한 올바른 것인가 하는 문제들을 놓고 많은 논쟁이 있어 왔다.

수많은 사회과학자들은, 과학의 본질은 다루는 대상에 있는 것이 아니라 그 방법에 있는 것이기 때문에 사회과학도 하나의 과학으로 정립될 수 있다고 본다. 연구의 대상을 신중하게 관찰 · 측정하고 관계의 규칙을 발견하며, 이론과 모형을 구성하고자 한다는 점에서는 사회과학도 자연과학과 다를 바 없다. 자연과학자들이 자연현상을 인과 법칙으로 설명하고 예측하는 것처럼, 사회과학자들도 사회 · 문화현상에 대해서 경험적 근거 자료를 분석함으로써 인과 법칙을 발견하고 그것을 통해 사회현상을 예측할 수 있다. 비록 자연현상에서처럼 엄밀한 규칙은 아닐지라도 사회현상에서도 일정한 규칙은 발견할 수 있다. 사회과학자들은 자연과학의 이론에 비견될 만한 것은 아닐지라도 나름대로 많은 이론들을 개발하여 왔으며, 보다 정밀하고 객관적이며 타당한 일반 법칙을 찾으려 노력한다.

사회과학자들은 전형적으로 개인적 행동이 아니라 집합적 행동을 설명하는 이론을 정립하려 시도해 왔다. 사회과학자들의 목표는 집단에 속해 있는 개인들이 변화하는 데에도 불구하고 왜 집합적 행동은 일정한 패턴을 보이는지를 설명하는 것이다. 사회과학자들은 사람들이 움직이는 체계(system)를 이해하려고 하는데, 그 체계란 왜 사람들이 그런 식으로 행동하는지를 설명하는 구조다. 그 체계의 요소는 사람이 아니라 변수(variable)다. 사회과학자들은 변수들 간의 인과관계를 밝힘으로써, 새로운 사회이론을 만들어 내고 또 기존 사회이론을 다듬어 그 설명력을 높이려 시도한다.

제 2 절 사회과학과 통계적 방법

오늘날 사회과학의 학문영역에서 통계학적 개념이나 추론들은 매우 중요한 부분을 차지하고 있고, 사회과학에 미친 통계학의 영향과 기여는 매우 크다. 그렇지만 통계학적 방법이란 어디까지나 사회과학적 탐구를 위한 보조수단으로서 사용되고 있기 때문에, 연구자들은 그 방법의 유용성뿐만 아니라 한계에도 깊은 주의를 기울이고 있다.

사회현상을 이해하고 해석하는 데에 통계학이 사용될 수 있다는 가능성을 보여 준 최초의 사람은 벨기에의 통계학자인 케틀레(Adolphe Quetelet, 1796~1874)다. 케틀레는 특히 인간의 자유의지가 반영되어 있는 것이라고 일반적으로 믿고 있는 사회적 현상도 어떤 규칙을 가지고 있음을 강조하였다. 그는 정규분포의 개념을 염두에 두고 사회현상에서도 평균에 가까운 사례가 빈번히 발생하고 있음에 주목하였다.

사회학에서 통계학적 방법이 쓰이기 시작한 것은 19세기 중반부터라고 볼 수 있으나, 그 방법의 중요성이 인식되기 시작한 것은 20세기에 들어서서 양화론(量化論)을 강조한 신실증주의(neo-positivism)의 등장 이후다. 그 대표적인 학자인 런드버그(George A. Lundberg, 1895~1966)는 과학적 일반화를 위해서는 양화(quantification)가 필수적이라고 보고 과학에 필요한 보다 정확한 서술은 계량적인 설명을 통해서 가능하다고 주장하였다. 같은 맥락에서 기딩스(Franklin H. Giddings, 1855~1931)는 1901년에 출간한 「귀납적 사회학」(*Inductive Sociology*)이라는 저서에서 통계적 방법을 논의하고, 사회학은 그 방법에서 통계학적인 학문이라고 주장하였다. 또한 신실증주의자들은 양화론 및 행태주의(behaviorism) 등을 근간으로 하여 사회학을 과학적으로 접근하려 한다(Timasheff, 1967). 그들은 과학으로서의 사회학은 가치판단을 형성할 수도 없고 또한 형성해서도 안 된다는 입장을 취한다. 사회학을 과학적으로 만들려는 노력은 그들에 앞서서 이미 콩트(Auguste Comte, 1798~1857)나 뒤르켐(Emile Durkheim, 1858~1917) 등 사회학의 다른 선구자들에 의해서 발전되어 왔지만,

진실을 과학에서 찾고자 한 실증주의적 전통을 바탕으로 하여 사회현상을 양화하고자 하는 학문적 입장은 그간 많은 도전을 받아 왔다.

그러나 제2차 세계대전 이후에 사회조사가 양적으로 크게 증가하면서 본격적으로 통계학적 방법이 도입되었다. 1930년대만 하더라도 사회조사는 사회적 조건을 향상하기 위한 실용적인 목적으로 이루어져 조사의 초점은 주로 사실 정보 수집에 맞추어졌었다. 그 즈음 표본추출 기법이라든가 태도의 측정 개념 등이 도입되었고, 그 이후 얼마 동안 사회조사는 주로 여론 파악, 종업원의 사기 연구 또는 소비자의 제품 선호에 관한 연구 등에 집중되었었다. 1960년대 이후 컴퓨터가 발달됨에 따라 사회과학자들은 그전보다 통계적 기법을 훨씬 빈번하게 사용하고 있다.

그렇지만 우리가 다루는 숫자가 그 자체로서 어떤 것을 말해 주리라고 기대해서는 안 된다. 사회과학적 감각이 결여된 통계적 분석은 사회과학적 연구의 일부를 구성할 수 없는 것이고, 연구자의 학문적 시각과 판단이 스며들어 있지 않은 연구란 사실상 큰 의미를 갖지 못한다. 동일한 자료를 가지고 분석한 두 명의 연구자들이 전혀 상반된 결론에 도달할 가능성은 얼마든지 있다. 그러한 점 때문에 사회과학자들은 통계적 방법을 사용하면서 항상 이론과의 연관성을 찾아내려 부단히 노력한다. 경험적 연구를 통해 발견된 사실과 그것에 대한 설명이 이론으로 발전되기 위해서는 단순한 상관관계에서 벗어나 인과관계의 설명으로 전환되어야 하며, 이론을 바탕으로 인과관계의 맥을 찾아 나가야 한다.

최근 컴퓨터를 이용한 전산 처리 능력이 개선되었고, 여러 가지 통계적 자료 분석 기법이 개발되었다. 그것은 계량적 자료를 다루는 사회과학도들이 사회현상의 단면을 보다 효율적으로 파악하는 데 큰 도움이 된다. 사회과학적 분석에서 통계학적 방법의 적용은 특히 다음 세 가지 측면에서 도움을 준다.

첫째, 통계학적 방법론과 모형들을 통해 사회현상에 대한 일반 법칙을 발견할 수 있다. 물론 여러 수준의 일반화 과정에서 우리는 많은 정보를 잃게 되지만, 사회현상의 본질을 좀 더 명확히 파악하게 된다. 여기에는 '간결성의 원칙'(principle of parsimony)이 작용한다. 간결성의 원칙이란, 가급적 적은 수의 변수로 보다 많은 현상을 설명하고자 하는 것이다. 가장 이상적인 상태에서 하나의 변수 또는 원리로서 모든 현상을 설명할 수 있다면 굳이 두 개의 변수나 원리를 찾아내야 할 필요는 없다. 간결성은 사회과학에서뿐만 아니라 다른 모든 학문들이 공통적으로 추구하고 있는 목표 중의 하나다.

둘째, 통계학적 방법은 하나의 현상에 영향을 미치는 개별적인 변수의 중요성을 파악할 수 있도록 해 준다. 그 때에는 일단 관련된 여타의 변수들의 영향을 배제한 후에 관찰해 보아야 한다. 흔히 "모든 다른 변수들이 동일하다면"(*ceteris paribus*)이라는 단서를 붙이게 되는 까닭도 거기에 있다. 그러한 이유로 통계학에서 개발한 다변량분석(multivariate analysis)의 기법이 최근 사회과학에서도 널리 활용되고 있다. 사실 우리가 경험적 세계에서 접하고 있는 사회현상들은 매우 복합적이다. 표면에 나타난 단순한 현상들이라 할지라도 그 이면에는 복잡한 일련의 인과관계가 숨어 있는 경우가 흔히 있으며, 더욱이 표면적인 관계가 때에 따라서는 허구적일 수도 있는 것이다. 그것에 관해서는 제4절 제4항에서 자세히 설명할 것이다.

셋째, 통계학적 기법은 '자료축소기제'(data reduction mechanism)를 제공한다. 자료축소기제는 간결성의 원칙과도 관련되어 있다. 제13장에서 소개할 요인분석(factor analysis)에서와 같이 측정된 다수의 변수들이 소수의 가상적 개념, 즉 요인들로 재구성되는 예에서 쉽게 찾아볼 수 있다. 미시 수준에서 수집된 자료라 하더라도 일반화와 추상화의 과정을 거치면서 보다 거시 수준의 이론으로 발전하여 나가게 되는데, 자료축소기제는 그 과정에서 매우 유용하게 쓰인다.

제 3 절 연구의 과정과 모형

1. 연구의 과정

과학적 연구는 이론적 명제와 경험적 관찰의 연결로써 이루어진다. 그 둘 중 어디에서도 시작할 수 있다([그림 1-1] 참조). 앞에서 과학적 지식이란 체계화된 지식이라는 것을 이야기했다. 그 체계화는 바로 이론에 의해 가능하다. 연구의 과정을 이론체계에서 시작할 때 우리는 기존의 이론을 바탕으로 이론적인 연역을 통해 새로운 가설을 설정한다. 그러나 이론적으로 연역된 가설이 바로 관찰로 이어지는 것은 아니다. 그렇게 도출된 가설은 때로 매우 추상적이고 관념적인 용어와 그러한 용어들의 연결로 이루어져 있기 때문에, 그것을 경험적으로 검정할 수 있는 가설, 즉 작업가설(working hypothesis)로 전환하여 주어야만 된다. 그 과정을 조작화(operationalization) 또는 조작적 정의(operational definition)라고 부른다.

정의(definitions)란 개념의 뜻을 밝히는 것을 말한다. 개념의 뜻을 밝히는 방식은 내용 또는 본질을 중시하느냐, 아니면 과정이나 절차를 중시하느냐에 따라 개념적 정의와 조작적 정의로 구분할 수 있다. '개념적 정의'(conceptual definitions)는 어떤 개념을, 그 특성을 나타내는 보다 간단한 다른 용어를 이용하여 규정하는 것이다. 개념적 정의가 경험적으로 관찰 가능한 것이 아니라면 경험적 세계로의 이전은 어떻게 이루어질 것인가 하는 문제가 생긴다. 그러한 난관을 돌파하기 위한 용도로 사용되는 '조작적 정의'(operational definitions)는 어떤 개념을 관찰 내지 경험적 연구를 통해 확인할 수 있도록 명확하게 표현한 용어를 뜻한다. 조작적 정의는 이론적 · 개념적 차원과 경험적 · 구체적 차원의 간극을 메워 준다.

일단 작업가설이 설정되면, 그것을 검정하기 위하여 현실세계에 뛰어들어 관찰하게 되는데, 그 때 우리는 실험 · 참여관찰 · 내용분석 · 조사연구 등의 방법 가운데 어느 것을 선택하여 사용한다. 그러한 작업가설들을 검정하기 위해서 측정도구를 만들고 표본을 추출하여 그것을 관찰한다. 일단 자료가 수집되면, 그것을 정리하고 체계화하여야 한다. 개별적으로 관찰된 현상은 통계적으로 요약되고, 특히 표본에 의한 것일 경우에는 모수(母數, parameters)를 추정함으로써 경험적 일반화(empirical generalization)를 추구한다. 그 과정에서 관찰한 자료들이 앞서 설정한 가설에 부합되는가 여부를 검정하고, 그것을 통해 이론을 확인하거나 수정 또는 거부할 것을 결정한다.[1] 또한 그 과정에서 우리는 일반적인 경향이나 추세를 파악하기도 하고, 그것에 영향을 미치는 변수를 찾아내어 인과적인 모형을 구성하기도 한다.

경험적으로 일반화한 후 그것을 바탕으로 개념을 구성 또는 재구성하고 그 개념들을 기존 이론으로 통합하는 작업을 한다. 일련의 경험적 일반화 과정을 거쳐 찾아낸 명제들은 기존 이론과 사회과학적 지식을 더욱 풍부하게 해 준다. 수정 또는 재구성된 이론으로부터 우리는 다시 논리적인 연역을 통해 새로운 가설을 도출할 수 있고, 그러한 과정은 반복된다.

과학적 연구 과정의 일반적인 방향은 [그림 1-1]과 같다. 그렇지만 때로는 [그림 1-1]에서 제시한 것과 반대방향으로 이루어질 수도 있다. 말하자면, 관찰을 위한 새로운 도구를 고안해 냄으로써 새로운 가설에 대한 시사점을 얻을 수가 있고, 논리적으로 연역된 가설도 그것의 모태가 되는 이론이나 논리적 추론의 방법에 영향을 줄 수 있다. 마찬가지로 이론은 그것을 지지해 주는 경험적 일반화나 가설의 채택 여부에 대한 결정, 그리고 논리적 귀납의 규칙에 영향을 줄 수 있다. [그림 1-1]의 오른쪽 반은 이론을 적용하는 '연역적 방법'(deductive

그림 1-1 | 과학적 연구의 과정과 요소

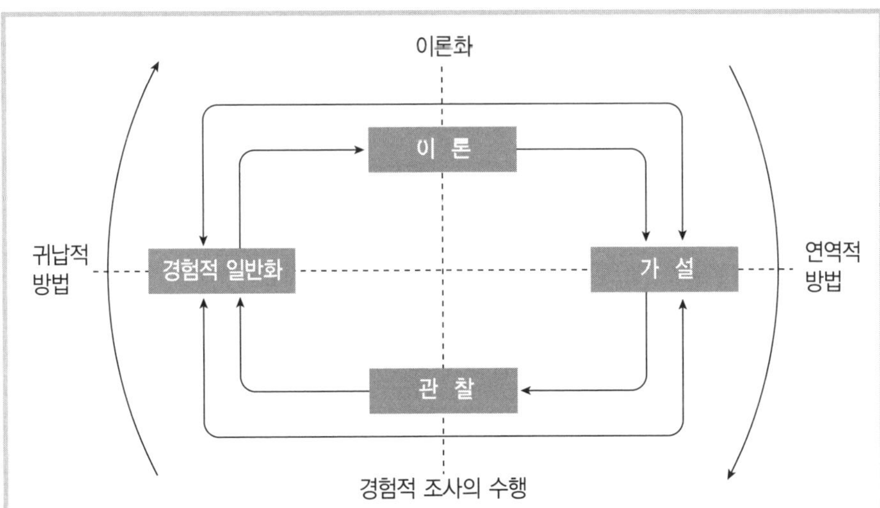

자료 : Wallace (1971: 18) 재구성.

1) 그러나 실제로 이론의 채택 여부가 가설검정에 의해 이루어지는 경우는 그리 흔하지 않다.

methods)을 뜻하며, 왼쪽 반은 관찰된 결과를 이해하여 이론을 구성하는 '귀납적 방법'(inductive methods)을 가리킨다. 또한 위쪽 반은 '이론화'(theorizing)의 과정을, 아래쪽 반은 '경험적 조사를 수행'(doing empirical research)하는 과정을 보여 준다.

과학적 연구를 행하는 과정에서 그러한 요소들은 연구가 어떤 현상을 탐색하기 위한 것인가, 아니면 구체적인 가설을 검정하기 위한 것인가에 따라 형식화의 정도 및 다른 요소들과의 통합의 정도를 달리한다. 탐색적 연구(exploratory studies)는 주로 새로운 영역을 연구하는 것이기 때문에 비교적 덜 형식화되어 있으나, 가설검정을 위한 연구에서는 연구 과정상의 모든 요소들이 보다 명확하고 형식화되어 있어서 그 요소들이 보다 잘 통합되어 있다.

2. 연구의 모형

그러한 순환적 고리에서 어느 것이 더 중요시되어야 할 것인가에 대해서는 학자들마다 입장이 다르다. 이론의 중요성은 특히 포퍼(Popper, 1959)와 같은 과학철학자에 의해 강조되고 있다. 포퍼는 "이론은 지적 직관(intellectual intuition)에 의해서만 얻어질 수 있다"고 주장한다. 그는 경험과학에서 귀납적 접근을 강조하고 있는 일반적 추세에 반하여, 귀납의 원칙이 논리적 불일치를 초래할 수 있다고 본다. 그러므로 그는 귀납적 논리에 반대하고 연역적 방법의 타당성을 강조한다.

그 논리에 따르면, 과학적 연구를 위해서는 우선 이론 또는 모형을 설정하고 거기에서 명제를 도출해 내며, 그것을 검정하기 위하여 연구계획을 수립한 후 경험적 자료를 가지고 그 명제의 채택 또는 기각을 결정하여야 한다. 경험적 자료에서 그 명제가 기각된 경우에는 최초에 설정한 이론이나 연구모형을 수정하여야 할 것이다. 어떤 명제가 채택된 경우에도 이론을 더 다듬고 정교화화기 위하여 또 다른 명제를 선택할 수 있다.

반면에 머튼(Merton, 1967)과 같은 사회학자는 "경험적 연구는 단순히 이론을 검정하기 위한 수동적인 역할만을 하는 것이 아니라 이론을 이끌어 가기도 하고 수정 또는 재구성하기도 하며, 그것을 보다 명료하게 하는 능동적 역할을 수행하고 있다"고 주장한다. 그러한 입장에 따르면 먼저 사회현상을 관찰하여 그 속성을 기술하고, 그것을 여러 가지 상황 속에서 살펴보아야 한다. 자료 분석을 통해 체계적 유형이 내재하는지를 찾아본 다음, 만약 어떠한 유형이 나타난다면 그것을 바탕으로 이론을 구성할 수 있다고 보는 것이다.

그 두 입장을 요약하면, 사회과학적 연구는 두 가지 논리적 방법을 통해 이루어질 수 있다. 첫째, 이론으로부터 가설을 설정하고 가설의 내용을 현실세계에서 관찰한 다음, 관찰에서 얻은 자료가 어느 정도 가설에 부합되는가를 판단하여 가설의 채택 여부를 결정짓는 방법이다. 둘째, 우선 관찰을 통해 자료를 수집하고 그것을 정리 · 분석하여 일반적인 유형을 찾아내어, 그것을 근거로 잠정적 결론에 도달하는 것이다. 앞의 것을 연역적 방법이라고 한다면, 뒤의 것은 귀납적 방법이 된다. [그림 1-1]의 고리에서 보면, 이론에서 관찰에 이르는 부분이 전자에 해당하고, 관찰에서 이론에 이르는 부분은 후자에 해당한다.

보다 구체적 예를 통해서 그 두 가지 방법의 차이를 살펴보기로 한다. 예컨대, 소득수준과 출산력과의 관계를 본다고 하자. 우선, 연역적 접근에서는 소득수준이 높을수록 출산자녀수는 적어질 것이라는 가설에서 출발한다. 그 가설을 검정하기 위하여 자료를 수집하고 [그림 1-2]에서 (가)-B와 같은 결과를 얻었다고 하자. 여기에서 하나하나의 점들은 조사대상자인 개별 기혼여성들을 나타낸다. 그림에서 보는 바와 같이 관측된 결과가 가설과 정확하게 일치하지는 않는다. 어떤 사람들은 소득수준이 상당히 높은데도 불구하고 출산자녀수가 많고, 반대로 어떤 사람은 저소득이지만 자녀의 수는 매우 적다. 여기에서 우리는 관측된 결과가 최초로 설정한 가설에 어느 정도 가까운가를 파악한다.

반면에 귀납적 접근에서는 우선 관찰을 통해 현상을 파악한다. 그 과정에서 가설을 반드시 미리 설정하여야 할 필요는 없으나 연구의 틀을 사전에 마련한 다음 관찰에 임하는 것이 보통이다. 앞의 예에서 보면, 모든 조사대상자의 소득수준과 출산자녀수 간의 관계를 먼저 살펴본다. 그 다음 개별 사례를 바탕으로 어떤 일반적 유형을 찾아낸다. [그림 1-2]의 (나)-B를 보면, 하위의 소득수준에

그림 1-2 | 연역법과 귀납법의 대비

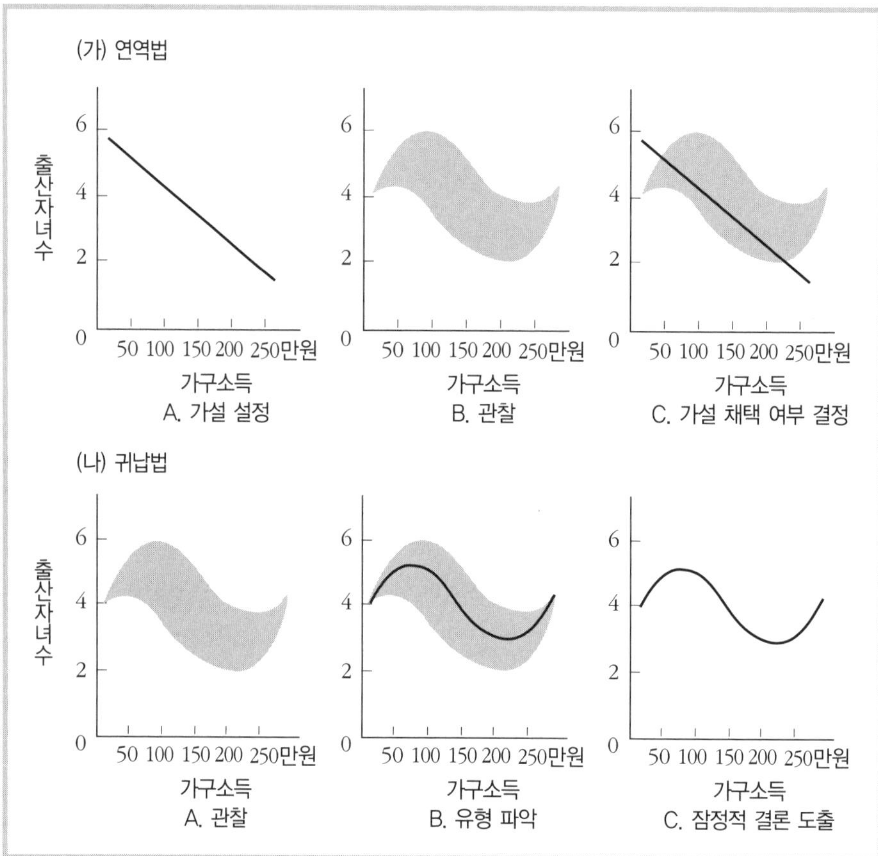

서는 소득이 증가할수록 출산력이 높아지고 중위의 소득수준에서는 반대로 소득이 증가할수록 출산력은 떨어지다가, 다시 어느 선을 지난 상위의 소득수준에서는 출산력이 다시 높아짐을 알 수 있다. 말하자면, 가구소득과 출산자녀수는 단순선형적인 관계를 갖지 않고 비선형적인 곡선의 관계를 가지고 있음을 볼 수 있다. 그것을 바탕으로 (나)-C와 같은 잠정적인 결론을 도출해 낸다(다른 예는 Babbie, 2011: 44-58 참조).

연역적 방법은 가설검정에, 귀납적 방법은 탐색적 연구에 주로 사용된다. 그러나 실제의 연구 과정에서는 그 두 가지 방법이 상호보완적인 하나의 고리를 이루고 있다.

제 4 절 연구의 요소들

1. 가 설

가설(hypothesis)이란 연구 문제에 대한 잠정적인 해답이라고 볼 수 있다. 가설은 독립변수와 종속변수와의 관계로 서술되는데 대개 "만약 ……하다면, ……하다"와 같은 형태로 구성된다. 가설은 기존 이론으로부터 도출하거나, 직접적인 관찰 내지는 직관을 통해서 구성하기도 하며, 때로는 그 종합일 수도 있다.

경험적 검정을 위한 작업가설(working hypothesis)은 기본적으로 다음과 같은 몇 가지 요건을 갖추어야 한다. 즉 ① 명료하여야 하고, ② 가치중립적이어야 하며, ③ 특정화되어 있어야 하고, ④ 경험적으로 검정 가능한 것이어야 한다(Nachmias and Nachmias, 1981: 63-65).

① 명료해야 한다는 것은 작업가설 속에 포함되는 모든 변수들을 조작적으로 명확하게 정의해 주어야 함을 의미한다. 따라서 작업가설 속에 포함된 개념들은 대부분의 사람들에 의하여 이해될 수 있도록 정의하여야 한다. 그래야만 차후의 연구에서 그것을 반복 · 검토하거나 검정할 수 있다. 예를 들어, "경제성장은 사회적 갈등을 심화할 것이다"라는 가설을 생각해 보자. 여기서 경제성장이라는 개념은 비교적 명확하게 규정될 수 있겠지만, 사회적 갈등이라는 개념은 그 자체로서는 명료하지 못하다. 사회적 갈등이란 사람에 따라 달리 인식할 수 있고, 또 다차원적 하위개념을 포괄하는 것이기 때문에 매우 모호하다. 그러므로 연구자는 사회적 갈등이라는 개념에 대해 자신이 사용하고자 하는 의미를 정확히 규정해 주어야 한다.

② 가치중립적이어야 한다는 것은 과학적 접근에서 가급적 연구자의 편견이 스며들지 않도록 배려해야 함을 의미한다. 물론 연구자 자신이 사회적 · 문화적 환경에서 독립적으로 존재할 수 있는 것은 아니기 때문에 어떤 형태로든 개인의 선호가 연구의 내용과 결과에 영향을 미칠 수 있음은 부정할 수 없지만, 연

구자가 그것을 명확하게 알고 명확히 규정하는 게 필요하다.

③ 특정화되어 있어야 한다는 것은 단순히 관계의 유무만을 서술하기보다는 관계의 방향까지도 명시해 주어야 한다는 뜻이다. 예로서, "소득수준과 생활 만족도는 서로 관계를 가지고 있을 것이다"라는 가설보다는 "소득수준이 높을수록 생활 만족도가 높아질 것이다"라는 가설이 더 바람직하다.

④ 경험적으로 검정 가능해야 한다 함은 모든 가설이 반드시 경험적으로 검정 가능한 것은 아니라는 뜻이다. 가설에서 설정하는 주제가 지나치게 일반적인 경우에는 어떠한 분석 기법을 사용하더라도 손쉽게 경험적 연구를 행할 수 없다. 또한 우리가 사용할 수 있는 방법이란 시간이나 비용의 측면에서 볼 때 매우 제한적이기 때문에 설사 이론적으로는 가능한 방법이라 하더라도 현실적으로 실행할 수 없는 경우도 있을 수 있다. 그렇지만 가설의 내용이 너무 복잡하여 기존 분석 기법으로는 다룰 수 없는 것일지라도 차후의 연구에 도움될 가능성은 있다.

여기서 강조해 두고 싶은 것은 어떠한 이론도 완벽한 것은 아니라는 점이다. 따라서 이론에서 논리적으로 도출된 가설이라 하더라도 우리가 경험적으로 완벽하게 채택하거나 기각하기가 어려운 경우가 많다. 많은 경우에서 연구가설이나 연구결과는 확률적 진술로 되어 있음을 본다. "……하는 경향이 있다"든가 "보다 ……할수록, 보다 ……하다"라는 식으로 가능성의 정도를 제시하고 있는 연구결과가 대부분임을 유의할 필요가 있다.

2. 변 수

가설은 대개 변수와 변수의 관계로 나타난다. 변수(variables)란 관찰 대상이 갖는 특성으로, 교육수준 · 월평균소득 · 성별 등과 같이 여러 범주로 나누어지는 속성(attributes)을 가지고 있다. 변수가 가지고 있는 속성은 변숫값(values)이라고 부른다. 예를 들어, 교육수준은 변수고, 무학 · 초졸 · 중졸 · 고졸 · 대졸 이상 등 교육수준이 갖는 하위범주들은 변숫값이다. 변수에 대립되는 개념은 상수(constants)인데 내적인 다양성이 없는 것은 사회과학에서 변수로 취급하지 않는다. 여자대학의 학생들을 대상으로 한 조사연구에서는 대상자들이 모두 여자이므로 성별구분은 변수가 되지 않는다.

1) 독립변수와 종속변수

두 변수(X, Y)가 있을 때, 한 변수(X)가 다른 변수(Y)에 시간적으로나 이론적으로 선행하면서 그 변수(X)의 변화가 다른 변수(Y)의 변화에 영향을 미칠 수 있다. 여기서 영향을 미치는 변수를 독립변수(independent variable)라 하고, 영향을 받는 변수를 종속변수(dependent variable)라고 부른다. 교육수준에 따라 월평균소득에 차이가 있다면 교육수준은 독립변수가 될 것이고, 월평균소득은 종속변수가 된다. 독립변수와 종속변수의 개념은 때에 따라서 원인변수(causal variable)-결과변수(effect variable), 설명변수(explaining variable)-피설명변수(explained variable), 예측변수(predictor variable)-피예측변수(predicted variable), 또는 외생변수(外生變數, exogenous variable)-내생변수(內生變數, endogenous variable)와 상호교환적으로 사용하기도 한다. 여기서 외생변수와 내생변수의 관계는 변수가 세 개 이상 있을 때에는 독립변수-종속변수의 관계와 반드시 일치하는 것은 아니다.

사회과학의 궁극적인 목적은 사회현상(종속변수)을 결정짓는 요인들(독립변수)을 찾아내는 작업이라고 할 수 있다. 사회과학에서 규명하고자 하는 사회현상은 대부분의 경우 하나의 변수로 설명될 수 없기 때문에 우리는 종종 설명변수로 하나 이상의 요인들을 도입한다.

2) 연속변수와 이산변수

연속변수(continuous variable)는 사람 · 대상물 · 사건을 그 속성의 크기나 양에 따라 분류하는 것이고, 이산변수(離散變數, discrete variable)는 그 속성의 종류나 성질에 따라 분류하는 것이다.

연속변수는 측정한 값들이 척도상에서 무한대로 미분해도 가능하리만큼 연속성을 띤 것으로 거의 무한개의 값을 가질 수 있다. 예를 들어, 취학률과 같은 변수는 연속변수에 해당된다.

이산변수는 정숫값만으로 구성된다. 가장 단순한 이산변수는 이분변수(dichotomous variable)로서 단지 특정한 속성이 있느냐 없느냐에 따라 분류되는 것이다. 예를 들어, 종교를 가진 사람과 그렇지 않은 사람으로 나누는 것은 이 경우에 해당된다. 그 외의 모든 변수는 셋 이상의 범주로 구성되는 다범주적인 속성을 갖는다. 종교는 불교 · 개신교 · 가톨릭 등으로 분류할 수 있고, 출생지나 거주지도 여러 개의 범주를 갖는다.

연속변수와 이산변수의 중요한 차이점 중의 하나는, 연속적 측정치는 소수점 이하로 표시할 수 있는 반면에, 이산적 측정치는 그럴 수 없다는 점이다. 자녀수와 같은 변수는 정숫값만을 취할 수밖에 없으므로 이산변수이고, 반면에 취학률 같은 변수는 소수점 이하의 어떠한 값이라도 취할 수 있기 때문에 연속변수로 간주된다. 연령이나 소득은 이론적으로 이산변수에 속하는 것이지만 사회과학에서는 대체로 연속변수로 사용하고 있다. 여기서 모든 이산변수가 범주형 변수(categorical variable)[2)]가 아님을 알아두어야 한다. 출산자녀수는 0, 1, 2, 3, 4 등 정숫값만을 갖지만 범주형 변수로 간주하지는 않는다. 연속 · 이산변수는 뒤에 설명할 측정수준, 즉 척도의 종류와 관련하여 이해해 두는 것이 좋다. 예컨대, 명목척도 · 서열척도 등은 이산변수와 관련되어 있고, 등간척도 · 비율척도 등은 연속변수와 관련되어 있다.

3. 인과적 관계

우리는 많은 수의 연구결과들이 인과적으로 서술되어 있음을 본다. 뒤르켐의 「자살」(*La Suicide*, 1897)을 예로 들면, "사회적 통합이 잘 되어 있을수록 자살의

2) 범주형 변수에는 ① 이분변수(예 · 아니오 등) ② 서열화되지 않은 다범주변수(불교 · 개신교 · 가톨릭교 · 기타 등) ③ 서열화된 다범주변수(유년기 · 청년기 · 장년기 · 노년기 등) 등이 포함된다(Fienberg, 1977: 2). 범주형 변수는 때로 정성적 변수(定性的 變數, qualitative variable)와 같은 의미로 사용된다.

빈도는 낮아진다"라는 진술에서, 사회적 통합은 원인이고 자살현상은 그 결과다.

여기서 주의할 점은 단순히 시간적으로 뒤따르는 사건들을 인과적이라고 바로 이해할 수는 없다는 것이다. 사람들은 유년기를 지나 청소년기에 접어들게 되지만 그렇다고 유년기가 청소년기의 원인은 아니다. 즉, *X*의 변화가 *Y*의 변화에 선행한다는 사실만으로는 *X*가 *Y*를 변화시켰다고 말하기는 곤란하다. *X*와 *Y*의 관계가 인과적이라 함은 *X*의 변화 다음에 *Y*의 변화가 온다거나 아니면 *X*의 변화가 *Y*의 변화와 단순히 연관되어 있다는 것 이상을 뜻하며, 여기에는 변화를 생산해 낸다는 의미가 반드시 내포되어야 한다(Blalock, 1972: 1-11; 김재온, 1983). 즉, *X*를 변화하면 그 결과로 *Y*가 변화되어야 한다.

블래록(Blalock, 1972)은 두 변수 간의 인과적 관계는 다른 관련된 변수에 대해 어떠한 가정을 하지 않는 한 그것을 경험적으로 평가할 수 없다고 보고 있다. 그것은 두 변수의 관계가 허위적이지 않아야 한다는 것, 즉 변수 *X*와 *Y* 간의 관련성은 다른 공통적인 원인으로부터 나타내는 것이 아니어야 한다는 것을 의미한다. 그러한 이유에서 우리는 *X*, *Y*와 관련되어 있는 여타의 변수들을 살펴보기도 하고 제3의 변수를 추가하여 인과모형을 완전히 수정하기도 한다. 여기서 검정요인의 개념이 도입된다.

4. 검정요인

두 변수 *X*와 *Y*의 관계가 *Z*에 의한 것인가를 판별해 보고자 할 때, 우리는 검정요인(test factor) 또는 검정변수(test variable)라고 불리는 제3의 변수 *Z*를 도입하여 분석한다. 만약 *Z*를 도입하였을 때에 원래의 관계가 변화한다면, *Z*는 그 두 변수의 관계에 작용하고 있다고 볼 수 있다. *X*, *Y*의 관계가 전적으로 Z에 기인한 것이라면 *Z*를 도입하였을 때에 *X*와 *Y*의 관계는 완전히 소멸하게 된다. 반대로 *Z*를 도입한다 하더라도 원래의 관계에 아무런 변화가 일어나지 않는다면, *Z*는 그 변수와 무관한 것으로 간주될 것이다. 로젠버그(Rosenberg, 1968)는 검정요인을 외적 변수(extraneous variable), 매개변수(intervening variable), 선행변수(antecedent variable), 구성변수(component variable), 억제변수(suppressor variable), 왜곡변수(distorter variable) 등 여섯 가지로 설명하고 있다(최근의 발전에 대해서는 Koeske and Koeske, 2006 참조).

1) 외적 변수

사회과학적 변수들은 서로 복합적으로 얽혀 있기 때문에, 두 변수 간의 관계를 살펴보고자 할 때에는 그 관계가 우연한 연결에 의한 것인지, 아니면 진실로 내적인 관계가 있는 것인지를 따져 보아야 한다. 그 관계가 표면적으로 인과관계인 것처럼 보이는 경우에도 실제로는 두 변수 간에 내재적인 연결은 없고 각 변수가 우연히 어떤 다른 변수와 연결됨으로써 관계가 있는 것으로 보일 수 있다. 그러한 경우에 검정요인의 영향을 통제하면 두 변수의 관계가 사라지게 되는데, 그 때 통제되는 검정요인을 외적 변수라고 한다. 표면적으로 인과관계인 것처럼 보였던 것은 '허위관계' (spurious relationship)이며, 원래 두 변수 간에는 아무런 관계가 없다.

사회조사방법론 교과서에서 많이 인용되는 예로, 화재장소에 소방차가 많이 나타날수록 화재피해액이 크다는 관찰의 결과가 있다. 그 경우 소방차의 수를 독립변수, 화재피해액을 종속변수로 설정한다면, 일견 소방차의 수가 화재피해액의 원인으로 보일 수가 있다. 그러나 실제로는 그 화재의 초기발생 시 규모가 소방차의 수, 화재피해액 모두의 원인이 되는 것이며 (소방차의 수) → (화재피해액)의 관계는 화재의 규모라고 하는 변수에 의해 우연히 연결된 관계에 불과하다. 그러므로 만약 화재의 규모를 통제한다면 소방차의 수와 화재피해액의 규모 사이에는 별다른 관계가 나타나지 않게 될 것이다. 거기서 화재규모는 외적 변수가 되고 소방차의 수가 화재피해액을 결정한다고 하는 최초의 해석은 허위가 된다.

2) 매개변수

독립변수와 종속변수의 사이에서 독립변수의 결과인 동시에 종속변수의 원인이 되는 변수를 매개변수라고 한다. 즉, 검정요인이 독립변수와 종속변수 사이에 놓이게 되는 셈이다. 뒤르켐의 「자살」의 예에서 보면, 종교가 자살률에 영향을 미치는 것으로 나타난다. 즉, 개신교도의 경우 자살률이 높고 가톨릭교도의 경우 자살률이 낮게 나타나고 있다. 그러나 인과관계를 조금 더 추적해 보면, 종교는 사회적 통합에 영향을 주고, 그러한 사회적 통합이 자살률에 영향을 준다는 것을 알 수 있다. 가톨릭은 사회적 통합을 이끌어 내는 측면이 보다 강하고 그것이 자살의 빈도를 낮추는 데 기여하는 반면에, 개신교는 가톨릭에 비해 사회적 통합력이 약하여 가톨릭에 비해 보다 높은 자살률을 보여 준다는 논리다. 그 관계는 다음과 같이 나타낼 수 있다.

종교 → 사회적 통합 → 자살률

여기서 사회적 통합은 매개변수가 된다.

복잡한 사회현상에서 대부분의 변수들은 그에 선행하는 어떤 다른 변수의 결과이며, 동시에 다음에 나타나는 변수의 원인이 된다. 따라서 사회현상에서의 인과적 관계는 끊임없는 인과적 고리로 이어져 있다고 볼 수 있다. 그러므로 $X \rightarrow Y$의 관계 사이에는 둘 이상의 매개변수가 들어갈 수 있으며, 그 중 한 매개변수의 발견은 설령 그 자체로서 충분한 설명이 못 된다 할지라도 인과관계를 추적하는 다른 연구자들에게 큰 도움을 줄 수가 있다.

3) 선행변수

선행변수는 인과관계에서 독립변수에 앞서면서 독립변수에 대해 유효한 영향력을 행사하는 변수를 의미한다. 선행변수는 매개변수와는 달리 독립변수와 종속변수 간의 관계를 설명하는 것이 아니라 그 관계에 미치는 영향을 명확히 하고자 할 때 도입한다. 선행변수가 의미를 갖기 위해서는 첫째로 선행변수 · 독립변수 · 종속변수가 상호관련을 맺고 있어야 하고, 둘째로 선행변수를 통제할 때에 독립변수와 종속변수의 관계가 사라져서는 안 되며, 셋째로 독립변수를 통제할 때 선행변수와 종속변수와의 관계는 사라져야 한다. 여기서 유의해야 할 사항은 검정요인이 외적 변수일 경우에는 그것을 통제할 때 독립변수와 종속변수의 관계가 소멸되지만, 선행변수라면 그 관계가 존속된다는 것이다.

종교와 자살의 관계에 관한 「자살」의 예에서, 만약 우리가 사회적 통합과 자살률 사이에 인과적 관계가 나타나고 있는 것을 먼저 알고 있다면, 사회적 통합을 이끌어 내는 변수가 또 무엇일까를 생각해 볼 수 있다. 그 때 종교가 사회적 통합에 영향을 미치는 것을 찾아낸다면, 종교는 곧 선행변수가 되는 것이다. 여기서 종교를 통제하더라도 원래의 관계, 즉 사회적 통합 → 자살률의 관계는 사라지지 않는다. 결국 한 변수가 매개변수인가 선행변수인가라는 것은 인과적 고리 속의 어느 지점에 연구자가 들어갔느냐 하는 문제로 귀착된다. 인과적 연속의 고리에서 외적 변수 · 매개변수 · 선행변수의 위치를 요약하면 다음과 같다.

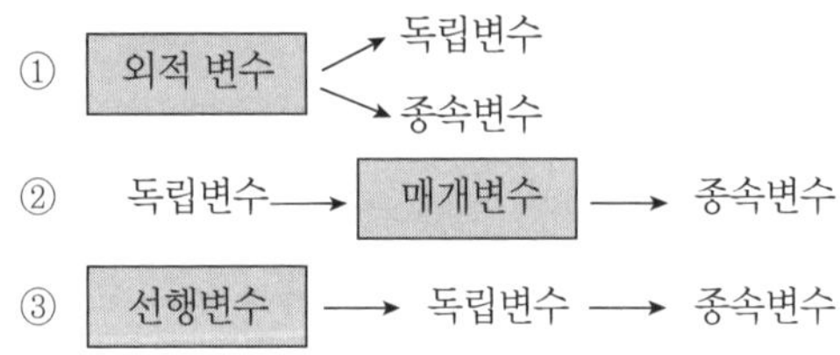

4) 구성변수

연구과정에서는 때로 총체적 개념을 다루기도 하고, 아니면 그것에 속하는 하위개념을 다루기도 한다. 예를 들면, 사회계층은 총체적 개념이며, 교육수준 · 수입 · 직업 등은 그것을 구성하는 하위개념으로 볼 수 있다. 구성변수는 총체적 개념과 다른 변수와의 관계에서, 총체적 개념을 구성하는 요소들 중 어떤 것이 관찰된 결과에 결정적인 영향을 미치는가 하는 것을 파악하는 데 사용된다. 예컨대, 사회계층(독립변수)에 따라 정치적 보수성(종속변수)의 정도가 어떻게 달라지는가를 본다고 할 때, 사회계층의 하위개념 중의 하나인 교육수준을 검정요인으로 삼아 통제해 보면 사회계층과 정치적 보수성의 관계가 현저히 약화될 수 있다. 그 때 교육수준은 바로 결정적인 구성변수가 된다.

5) 억제변수

두 변수가 서로 관계가 없는데도 관계가 있는 것으로 그릇되게 해석하는 것을 피하려는 일도 중요하지만, 사실은 유의한 관계가 있는 변수들인데도 1차 분석에서 통계적으로 의미 있는 관계가 드러나지 않았다고 해서 관계가 없는 것으로 속단하는 것도 피해야 한다. 실제로는 두 변수 간에 어떠한 관계가 존재하나 제3의 변수의 방해에 의해 그 관계가 나타나지 않는 '허위적 비상관'(spurious noncorrelation)의 경우, 우리는 그 변수들 간에 내재적 관계가 없는 것으로 생각하기 쉽다. 다시 말해, 어떤 요인들은 두 변수 간의 사실적인 관계를 약화하거나 아예 소멸시켜 버리게 되는데, 그처럼 관계의 강도를 약화하거나 그 관계를 은폐하는 변수를 억제변수라고 한다. 억제변수가 검정요인으로 통제되면 원래 관계가 없는 것으로 나타났던 두 변수가 유관하게 나타난다.

예를 들어, 미국인의 권위주의적 태도를 조사하였더니 계급적 지위와 권위주의적인 태도 사이에는 유의미한 상관관계가 없었다. 그러나 교육수준을 통제해 보면, 계급에 따라 권위주의적인 태도가 달리 나타났다. 즉, 교육수준이 같은 경우 중간계급이 노동계급보다 훨씬 더 권위주의적인 태도를 갖는 것으로 발견되었다. 그것은 교육수준이라는 변수가 작용하여 본래의 계급적 지위와 권위주의적 태도와의 관계를 약화 내지 은폐한 것으로 볼 수 있다. 그 때 교육수준은 억제변수가 된다(Rosenberg, 1968: 86-88).

6) 왜곡변수

왜곡변수는 올바른 해석이 1차 분석에서 제시되었던 것과는 정반대라는 것을 밝혀 준다. 왜곡변수가 작용하는 경우, 원래 두 변수 간에는 정 또는 부의 관계가 있는 것으로 여겨지나, 그것은 실제 그 변수들 간의 관계와 '정반대 방향의 관계'(opposite in sign to their overall bivariate relationship)인 것이다. 뒤르켐 이전에 자살을 연구한 학자들은 기혼자들의 자살률이 미혼자들의 자살률보다 높다고 하는 통계를 제시하였다. 그러나 뒤르켐은 연령이라고 하는 변수를 검정요인으로 도입하여, 실제로는 그 반대임을 밝혀내었다. 즉, 같은 연령층이라면 미혼자들의 자살률이 기혼자들의 자살률보다 높다는 것이다. 그 때 연령은 실제 관계가 표면적으로 나타난 관계와는 정반대임을 밝혀 주는 왜곡변수가 된다.

우리는 변수들 간의 관계를 설명할 때 그릇된 가설을 사실로 받아들이거나 아니면 올바른 가설을 그릇된 것으로 결론짓는 오류를 범할 수 있다. 외적 변수 · 억제변수 · 왜곡변수는 바로 그 문제들을 다루고 있다. 즉, 외적 변수는 그릇된 가설을 올바른 것으로 받아들이는 위험을 막아 주고, 억제변수는 반대로 올바른 가설을 기각하고 동시에 그릇된 것으로 기각하지 않도록 해 주며, 왜곡변수는 올바른 가설을 기각하고 동시에 그릇된 가설을 받아들이는 오류를 범하지 않도록 해 준다.

검정요인은 그와 같이 결론이 잘못 내려지는 것을 막아 주기도 하지만, 두 변수 간의 관계를 보다 정확하고 명료하게 이해할 수 있도록 밝혀 주기도 한다. 구성변수 · 매개변수 · 선행변수가 그러한 기능을 수행한다. 구성변수는 두 변수 관계에서 포괄적이고 총체적인 독립변수의 내용을 보다 상세하게 파악할 수 있도록 해 주고, 매개변수는 두 변수 간에 나타나는 시간적 · 논리적 흐름을 보다 정확하게 이해할 수 있게 하며, 선행변수는 두 변수 간의 관계를 연속적인 인과적 과정에서 평가할 수 있도록 해 준다(Rosenberg, 1968: 98-104).

5. 분석의 단위

대부분의 조사연구는 개인을 분석의 단위로 하고 있다. 그러나 가구 · 회사 · 지역사회 · 국가 등 개인이 아닌 집합체들을 분석의 단위로 삼기도 한다. 특히 국가 간 비교연구에서는 국가가 분석의 단위가 되고 있다. 예를 들어, 안청시(Ahn, 1981)는 81개국을 분석단위로 하여 정치적 폭력과 사회발전과의 관계를 분석한 바 있고, 유석춘(1986)은 종속이 경제성장과 경제적 불평등에 미치는 상황적 영향을 탐구하고자 총 155개국을 관찰 대상으로 하여 그것에 관한 가설들을 검정하였으며, 설동훈 · 김병조 · 이현송(Seol, Kim and Lee, 2012)은 2001～2012년 세계 143개 나라의 평화지수를 측정하여 그 점수와 순위를 제시하였다.

물론 동일한 조사연구에서 하나 이상의 분석단위를 내포할 수 있다. 가령 특정 도시의 가구조사에서 개인 단위의 변수 이외에 그 지역의 특성을 나타내 주는 변수들, 즉 그 지역주민의 평균교육수준이라든가 그 지역의 사회복지시설의 수준, 거주자의 연령, 성별분포 등 지역사회변수들이 포함될 수 있다. 우리는 때로 집단을 단위로 조사한 결과를 근거로 하여 개인의 특성을 설명하고자 하기도 하고, 반대로 개인을 분석한 결과를 바탕으로 집단의 성격을 규명하려 하기도 한다. 거기서 '생태학적 오류'(ecological fallacy)의 문제가 발생한다. 생태학적 오류란 집합 단위의 자료를 바탕으로 개인의 특성을 추리할 때에 저지를 수 있는 오류로, 로빈슨(Robinson, 1950)에 의해 최초로 제기된 이래 방법론적으로 많은 논쟁이 제기된 문제다(최근 연구로는 Subramanian, Jones, Kaddour and Krieger, 2009 참조). 그것을 논리학에서는 '구성요소로 분해하는 오류'(disaggregative fallacy)라고도 한다. 뒤르켐의 「자살」에 나타난 분석결과를 다시 한 번 살펴보기로 한다.

그 연구에서 뒤르켐은 프로테스탄티즘이 자살행위와 깊은 관계를 가지고 있음을 보여 주려 하였다. 그는 개인이 아닌 지역을 분석단위로 하여 개신교도의 비율과 평균자살건수와의 관계를 살펴보면서 자살률은 개신교도의 수에 비례하고 가톨릭신사의 수에 반비례한다는 결론을 얻었다. 〈표 1-1〉에서 보면, 1867～1875년에 걸쳐 바바리아(Bavaria) 지방에서는 가톨릭신도의 비율이 높은 지역일수록 인구 100만 명당 평균자살건수가 적었고, 1883～1890년간 프러시아(Prussia) 지방에서 보면 개신교도의 비율이 높은 지역일수록 평균자살건수가 많았다. 즉, 바바리아와 프러시아 지방의 분석에서 그 지역의 개신교도의 비율이 높을수록, 가톨릭신도의 비율이 낮을수록 평균자살건수가 증가하는 것으로 나타났다. 그렇지만 그 자료를 가지고 개신교도가 가톨릭신도보다 자살을 할 성향이 더 높다는 것으로 해석할 수 있겠느냐 하는 문제가 생긴다. 왜냐하면 가톨릭신도들이 많이 거주하는 지역보다 개신교도들이 많은 지역에서 자살률이 높다는 것을 발견했다고 하더라도, 그것이 개신교도들이 가톨릭신도들보다 자살을 더 많이 한다고 결론내릴 수 있는 근거가 되지는 못하기 때문이다. 개신교도들이 많은 지역에 사는 가톨릭신도들이 오히려 자살을 행할 가능성이 더 높을 수도 있다. 〈표 1-1〉의 자료는 집합을 분석단위로 하여 제시된 것이기 때문에, 그 분석결과를 바탕으로 개인의 성향을 추리할 경우 문제가 발생할 수 있다.

표 1-1 | 19세기 독일 두 지방의 가톨릭신도와 개신교도 비율과 평균자살건수

바바리아(1867~1875)		프러시아(1883~1890)	
지역의 가톨릭신도 비율	인구 100만 명당 평균자살건수	지역의 개신교도 비율	인구 100만 명당 평균자살건수
50% 미만	192	28~32%	95.6
50~90%	135	40~50%	163.6
90% 초과	75	68~89%	220.0
		90% 이상	264.6

주 : 15세 이하 인구 제외.
자료 : Durkheim (2002: 106-107).

생태학적 오류와는 정반대의 오류 또한 생겨날 수 있다. '개인주의적 오류'(individualistic fallacy)인데, 그것은 개인의 특성에서 집단이나 사회의 성격을 규명하고자 할 때 발생한다(Robinson, 1950; Valkonen, 1969; Alker, 1969; Diez Roux, 1998; Silver, 2000; Babbie, 2011 참조).[3] 예를 들어, 평등주의 지향성을 나타내는 진술에 다수의 응답자들이 동의하였다고 해서 그 사회가 평등주의를 지향하고 있다고 결론을 내린다면 그것은 분명히 잘못된 해석일 수 있다. 그 사회의 개별 구성원의 의식성향과는 달리 한 사회는 매우 불평등할 수 있기 때문이다.

3) 개인주의적 오류를 '집합으로 구성하는 오류'(aggregative fallacy)라고 한다. 그렇지만 개인주의적 오류 개념을 두 가지로 구분하기도 한다. '개인'을 분석하여 '집단'이나 '사회'의 특성을 파악할 때 '원자론적 오류'(atomistic fallacy)가, '집단 수준의 관련 변수가 배제된 개인' 즉 '개인의 심리적 특성'을 분석하여 '개인들'을 파악할 때 '심리학적 오류'(psychological fallacy)가 발생하는 것으로 파악하는 학자들도 있다(Alker, 1969; Diez Roux, 1998), 한편, '개인 수준의 관련 변수가 배제된 집단'을 분석하여 '집단들'이나 '사회'를 설명할 때에는 '사회학적 오류'(sociological fallacy)가 발생하는 것으로 이해한다.

| 제 **2** 장 |

경험적 연구방법

사회과학에서 널리 사용되는 연구방법에는 어떤 것들이 있는지 알아보기로 한다. 구체적 연구방법은 개별 연구자가 추구하는 연구의 목적과 대상, 현실적 실용성, 자료 접근 가능성 등에 따라 다양하게 활용된다. 사회과학에서 일반적으로 쓰이고 있는 방법으로 실험 · 참여관찰 · 내용분석 · 조사연구 등을 들 수 있는데, 이 책에서는 주로 조사 자료를 다루고 있기 때문에 조사연구에 대해서는 가급적 자세히 설명하고 나머지 방법들은 간략히 소개만 하기로 한다.

제 1 절 실 험

실험은 다른 조건들을 일단 통제한 후 하나의 변수가 또 다른 변수에 어떠한 영향을 미치는가를 알아보고자 하는 것이다. 실험의 방법은 자연과학에서처럼 비교적 틀이 잡혀 있는 분야에서 주로 사용되지만, 심리학이나 교육학 등 사회과학에서도 일반화된 지식을 얻는 한 방법으로 사용되어 왔다. 실험은 비교적 잘 규정되어 있는 제한된 개념이나 명제를 사용하거나 또는 현상에 대한 단순한 기술보다는 설명이 목적일 때 특히 적합한 방법이라고 할 수 있다.

1. 실험의 요소

고전적 실험의 의미에는 다음 세 요소가 포함되어 있다.

첫째, 독립변수와 종속변수의 설정이다. 실험에서 사용되는 자극(stimulus)이 대개 독립변수가 되며, 자극에 대한 반응(response)이나 결과(consequences)가 종속변수가 된다. 실험에서는 변수들을 사전에 엄밀히 규정짓는 것이 보통이지만, 넓은 범위에서 시작하여 분석 도중에 개념을 정립해 나갈 수도 있다.

둘째, 실험집단(experimental group)과 통제집단(control group)의 구분이다. 실험집단이란 실험의 대상이 되는 집단이고, 통제집단이란 모든 다른 조건은 실험집단과 동일하고 다만 실험자극을 주지 않는 집단이다. 실험에서 실험자극에 의한 변화를 파악해 낼 수 있는 것은 통제집단이 있기 때문이다.

셋째, 사전검사(pretesting)[1)]와 사후검사(posttesting)이다. 사전검사는 실험자극을 주기 이전에 실험대상의 상태를 측정하는 것을 말하며, 사후검사는 실험자극 이후에 실험대상의 상태를 측정하는 것을 말한다. 만약 두 측정결과 간에 차이가 나타난다면, 그것은 자극의 영향으로 간주된다.

실험에 대한 예를 들어보기로 한다. 교수법의 차이가 아동들의 문장독해 능력에 어떤 영향을 미치는가를 알아보기 위해 연구자는 서울 소재 어느 초등학교 1학년 아동 96명을 선정하여 실험을 실시한다. 교수법 이외에 아동들의 독해력에 미칠 수 있는 주요 영향은 통제한다. 우선 남녀를 같은 수로 하고 IQ의 차이가 없도록 하여 96명의 아동을 4개의 집단으로 일단 구분한다. 각 집단에서 아동들을 다시 각기 다른 방법(예컨대, 음성적 · 표출적 · 해석적 · 상징적 방법)으로 가르치게 될 4개의 교실로 나누어 배정한다. 교사의 교수 능력에 차이가 있을 수 있기 때문에 교사도 표준화하고 각 반에 무작위로 배정한다. 일정기간의 교육 후에 문장 이해력을 측정하고 시험을 치러 결과를 반별로 비교해 본다면, 어느 교수법이 아동의 독해 능력을 향상하는 데 가장 효과적인가를 알 수 있을 것이다. 실험에서는 그처럼 알고자 하는 변수들 간의 관계 이외에는 인위

---

1) 조사연구에서 본조사를 실시하기 전에 질문지 내용의 실용성 등을 검토하기 위해 소수의 표본을 대상으로 미리 실시하는 조사도 사전검사(pre-test)라고 부른다.

적으로 그 상황을 통제하기 때문에 나타난 결과는 처리(treatment)의 효과로 이해할 수 있다.

이 사례에서는 교수법이 독립변수고, 문장독해 능력은 종속변수다. 실험집단은 24명씩으로 이루어진 각 교실이 되겠지만, 이 연구에서 특히 문장의 이해력 향상에 역점을 두는 상징적 방법의 효과를 알고자 한다면, 상징적 방법으로 가르치는 교실의 학생들이 실험집단이 되고, 나머지 음성적 · 표출적 · 해석적 방법으로 가르치는 학생들은 통제집단이 된다. 이 실험에서는 대상자들이 성별 · IQ 등으로 표준화되어 있다고 보아 실험 이전의 상태는 동일하다고 간주하며, 따라서 실험(일정기간의 교육) 후 실시한 시험의 결과에서 나타난 차이를 처리의 영향이라고 볼 수 있을 것이다.

2. 의사실험

엄격한 원칙에 따른 실험(true experiment)에서는 실험집단과 통제집단이 있어야 하고, 독립변수를 의도적으로 조작할 수 있어야 하며, 피실험자들을 각 집단에 무작위로 배정할 수 있어야 한다. 그렇지만 실제 실험을 그렇게 시행하기란 그리 쉬운 일이 아니다. 특히 연구자가 독립변수를 직접 조작하거나 실험대상자를 각 집단에 무작위로 배정하는 것은 매우 어렵거나 때로는 불가능하다. 그러한 원칙들을 엄격히 지키지 못할 경우, 우리는 의사실험(擬似實驗, quasi-experiment)의 형식을 취한다.

의사실험이란 피실험자를 실험집단과 비교집단에 무작위로 배정하지 않는 연구설계다. 대신에 실험집단의 비교대상은 동등하지 않은 집단이거나 실험하기 전의 동일집단일 수 있다. 또한 시간대를 달리하거나 장소를 달리해서 얻은 자료를 사용하여 의사실험을 행할 수도 있다. 즉, 의사실험은 동일집단을 시간대 간에 비교하거나 동일한 시간대에 여러 집단을 비교하는 것이다.

어떤 종류의 의사실험설계를 택할 것인가는 어떤 종류의 자료가 가용한가에 달려 있다. 의사실험에서는 집단 간의 비교가 사후적으로 이루어지기 때문에 때로 그것을 사후실험(ex-post-facto experiment)이라 부르기도 한다(Campbell and Stanley, 1963).

의사실험에서는 피실험자의 배정이 무작위로 이루어지지 않기 때문에 실험효과와 실험에 의하지 않은 효과를 구분하기 힘들다.

제 2 절 참여관찰

참여관찰법은 직접 참여해서 현상을 관찰 · 기술하는 방법이다. 예를 들어, 영세민의 생활양식과 의식성향을 연구하고자 한다면 영세민들이 거주하는 지역을 찾아가 살펴보고, 필요 시 그 지역에 직접 들어가 거주하면서 관찰하기도 한다.

참여관찰의 방법은 인류학적 현지조사에서 많이 사용되어 왔다. 참여관찰 방법을 사용한 사회학 연구로는 토마스(William I. Thomas)와 즈나니에스키(Florian Znaniecki)의 「유럽과 미국의 폴란드농민」(*The Polish Peasant in Europe and America: Monograph of an Immigrant Group*, 1918)이 선구적이다. 그들의 연구는 사회학연구방법론의 역사에서도 중요한 의미를 가지고 있다. 그들은 자료를 양화하지 않고서도 의미 있는 사회학적 연구가 가능하다는 것을 보여주었다.

워너(W. Lloyd Warner) 등의 「양키시티」(*Yankee City*, 1941~1959, 1963)와 화이트(William F. Whyte)의 「뒷골목사회」(*Street Corner Society: The Social Structure of an Italian Slum*, 1943) 등도 참여관찰을 이용한 수작으로 꼽힌다. 워너와 그의 연구 팀 동료들은 미국 메사추세츠 뉴베리포트의 흑인 공동체에서 약 10년간 생활하면서, 그 지역의 사회생활 · 지위체계 · 종족집단 · 공장 · 종교 등을 참여관찰과 심층면접 및 조사연구 방법을 이용하여 조사하고 다섯 권에 이르는 양키시티 시리즈를 저술하였다. 화이트는 이탈리아 이민자들이 주로 모여 사는 미국 메사추세츠 보스톤의 한 슬럼지역 공동체의 구조와 기능, 인간과 조직의 문제에 관심을 가졌다. 연구과정에서 그 지역 주민들과 긴밀한 인간관계를 가지고 그 지역의 상황에 익숙해지기 위하여, 그는 1937년에서 1940년까지 약 4년간 실제로 연구대상 지역에 거주하면서 참여관찰을 실시한 바 있다.

최근의 저작으로는 벤카테시(Sudhir Venkatesh)의 「1일 갱단 두목」(*Gang Leader for a Day: A Rogue Sociologist Takes to the Streets*, 2008)이 있다. 벤카테시는 갱단이 지배하는 시카고 도심의 빈민촌에 들어가 10년간 마약상 · 코카인중독자 · 무단입주자 · 성매매여성 · 포주 · 사회운동가 · 경찰관 · 주민대표 등과 어울리며 빈민층의 일상을 관찰하였다.

우리나라에서도 특히 문화인류학 분야에서 참여관찰 방법을 많이 사용하고 있다. 예를 들면, 전경수(1977)는 전라남도 진도 하사미(下沙渼) 지역의 의례생활을 연구하기 위하여 1975~1976년에 4개월 이상 현지에 거주하면서 면접조사와 병행하여 참여관찰을 실시하였다. 그 연구는 장례 · 삭제(朔祭) 등 여덟 가지의 조상숭배의례를 조사하기 위한 것으로서, 의례의 준비 과정에서 의례식물(儀禮式物)의 분배까지를 참여관찰을 통해 세밀히 조사하였다. 사회학 분야에서도 참여관찰 방법을 사용한 연구들이 여럿 있다. 허석렬(1982)은 도시 무허가정착지의 고용구조를 연구하기 위해 무허가주택 밀집지역인 서울 동작구 사당동의 한 지역에 실제로 거주하면서 참여관찰과 심층면접을 실시한 바 있다(그 이후 연구로는 조은 · 조옥라, 1992 참조).

브루인(Bruyn, 1966)은 참여관찰자는 피관찰자의 생활활동과 감정을 어느 정도 변화시킬 뿐만 아니라 그 과정에서 그 자신도 변하하게 된다는 점을 지적하고, 참여관찰자는 관찰하고자 하는 사람들의 문화와 생활의 정규적인 한 부분이 되어야 한다고 주장한다. 말하자면, 특정 역할을 강요하거나 그것을 인위적으로 만들어 내서는 안 된다는 것이다.

관찰의 과정에서 참여관찰자가 수행하는 역할에는 몇 가지 유형이 있다(Gold, 1958; Junker, 1960).

① '완전참여자'(complete participant)로서의 역할이다. 이 때의 연구자는 내집단의 완전한 성원이 되어 그의 활동은 완전히 은폐된다.

② '관찰자로서의 참여자'(participant as observer)인데, 이 때에는 관찰자로서

의 활동이 전적으로 은폐되는 것은 아니지만 주로 참여자로서 활동하게 된다.

③ '참여자로서의 관찰자' (observer as participant)이다. 관찰자의 활동이 처음에 공개적으로 알려지고, 따라서 사람들로부터 어느 정도 공개적으로 지원을 받는다.

④ '완전관찰자' (complete observer)로서의 역할이다. 완전관찰자는 자기 자신을 완전히 감추어 버리거나 아니면 그의 활동을 완전히 공개적으로 한다.

참여관찰에서 중요시되는 역할은 ②의 관찰자로서의 참여자와 ③의 참여자로서의 관찰자의 역할이라고 볼 수 있다.

이와 비슷한 맥락에서 스프레들리(Spradly, 1980: 58-62)는 참여의 정도에 따라 참여의 유형을 ① 비참여(nonparticipation) ② 소극적 참여(passive participation) ③ 중도적 참여(moderate participation) ④ 적극적 참여(active participation) ⑤ 완전참여(complete participation) 등으로 구분하였다. 이 중에서 그는 적극적 참여를 매우 유용한 것으로 지적하였다.

제 3 절 내용분석

내용분석을 연구방법으로 사용하기 시작한 것은 20세기 초부터인데, 그 동안 사회학 · 인류학 · 언론학 · 정치학 등에서 많이 사용해 왔다. 그러나 최근의 경향을 보면 점점 더 많은 분야에서 내용분석의 방법을 사용하고 있음을 알 수 있다. 내용분석의 방법은 순수한 기술적 연구에서보다는 가설을 검정하는 데 많이 이용하고 있다(Holsti, 1969).

내용분석은 시간이나 공간적인 제약 때문에 연구대상자에 직접 접근할 수 없을 때 사용하는 것으로서 직접적 분석이 불가능할 때 쓰는 연구방법이라고 할 수 있다. 그렇지만 연구대상자와 직접 접촉할 수 있는 경우에도 이 방법을 통해 자료를 수집할 수 있다. 예를 들어, 연구자와 피연구자 간의 상호작용이 응답의 성격에 영향을 미친다고 판단될 때 피연구자의 진술을 내용분석 방법으로 처리하여 필요한 자료를 얻을 수 있다.

내용분석은 그 자체가 하나의 방법으로 사용되기도 하지만 다른 연구방법, 예컨대 질문지를 이용한 조사연구나 심층면접 결과에 대한 보조적 자료의 기능을 수행하기도 한다. 근래의 경향은 대체로 다른 연구방법들과 함께 사용되고 있음을 보여 주고 있다.

내용분석을 사용한 국내의 연구로서는 배규한(1979)의 "국민학교 교과서 내용분석에 의한 정치사회화의 일 고찰"이 있다. 배규한은 이 논문에서 1955년, 1963년, 1973년에 출판 · 개정된 초등학교 교과서에 실려 있는 삽화 · 주제 · 면수 등을 분석하여 초등학교 교과서의 내용이 정치문화유형의 창출과 정치사회화에 미치는 영향을 밝혔다.

제 4 절 조사연구

조사연구(survey research)는 사회과학에서 널리 사용되고 있는 방법 중의 하나로 비교적 오랜 역사를 가지고 있다. 조사연구는 사회과학적 연구 이외에 언론기관에서 실시하는 여론조사나 상업적 조사전문기관 등에서 행하는 시장조사에서도 흔히 이용되고 있다. 사회조사는 센서스(census, 총조사)와 유사하지만, 센서스는 모집단 전체를 대상으로 하는 것인 데 반해, 조사연구는 모집단으로부터 표본을 추출하여 조사하는 것이다.

사회조사는 19세기 후반에 이미 사회과학자들에 의해 사용되고 있었음이 기록을 통해 나타난다. 맑스(Karl Marx)는 1880년에 2만 5천 명의 프랑스 노동자들을 대상으로 우편조사를 통해 정치적 태도와 성향을 조사하려 하였다(Marx, 1956: 208; Babbie, 2011: 269-270). 베버(Max Weber)도 독일 엘베강 동쪽 지방 농업노동자 대상 실태조사를 수행하였고, 근대 대공장 노동자의 직업 선택과 적응을 연구하기 위한 조사연구도 실시하였다(Lazarsfeld and Oberschall, 1965,

Kuckartz, 1991). 베버는 사회학에서 계량적인 방법이 갖는 가치와 경험적 연구의 역할에 대해서 다소 회의적인 의견을 개진하기도 하였지만, 전 생애에 걸쳐 여섯 차례 경험적 조사연구에 관여하며 깊은 관심을 보였다. 초기에는 질문지를 이용한 표본조사와 직접 관찰을 통해 농업노동과 공업노동의 조건, 노동자의 태도와 직업사 등을 연구하였다. 그 이후 베버는 공장노동의 심리학적 측면에 관한 연구에서 비교적 현대 통계방법을 사용하였다.

그렇지만 사회조사가 본격적으로 시작된 것은 20세기에 들어온 후 미국 사회과학자들에 의해서였다. 특히 미국 통계국(United States Census Bureau)은 표집과 자료 수집 방법의 발전에 대단히 중요한 역할을 하였다. 또한 갤럽(Gallup) · 해리스(Harris) · 로퍼(Roper) · 얀켈로비치(Yankelovich) 등 여론조사회사들도 사회조사방법이 발전하는 데 중요한 기여를 하였다.[2)]

사회조사방법을 과학적으로 세련화하는 데 결정적으로 기여한 사회학자로는 스투퍼(Samuel A. Stouffer, 1900~1960)와 라자스펠드(Paul F. Lazarsfeld, 1901~1976)를 들 수 있다. 스투퍼는 사회학적 연구를 현실의 사회문제를 해결하는 데 활용하려고 노력한 대표적인 학자다. 특히 제2차 세계대전 중 미 육군 내에 사회과학자들로 연구팀을 구성하여 전쟁수행을 지원하기 위한 사회학적 연구를 수행하였고(*Studies in Social Psychology in World War Ⅱ: The American Soldier*, 1949), 매카시즘(McCarthyism)이 휩쓸던 1950년대에는 시민의 자유에 대한 대중의 지원에 관해 연구하였다(*Communism, Conformity and Civil Liberties: A Cross Section of the Nation Speaks its Mind*, 1955).

라자스펠드는 오스트리아 태생으로 유럽의 학문적 전통에서 훈련받았으나, 미국으로 건너간 이후 경험적 연구방법의 개발에 주력하였다. 그는 현실 사회문제에 많은 관심을 가지고 자료 분석을 통해 사회문제를 논리적이고도 경험적으로 다루는 방법들을 고안하였다(Lazarsfeld, Berelson and Gaudet 1948; Lazarsfeld, 1954). 제1장에서 소개한 검정요인 개념도 라자스펠드의 '정교화 모

2) 조지 갤럽(George H. Gallup, 1901~1984)은 1935년 미국여론연구소(America Speaks, 후에 American Institute of Public Opinion을 거쳐 Gallup Organization으로 발전)를 설립하였고, 그 이듬해 미국 대통령 선거 때 할당표집을 이용한 여론조사를 통해 민주당의 루즈벨트가 승리할 것을 예측하였다.

형' (elaboration model) 개념에서 출발하고 있다(Lazarsfeld and Rosenberg, 1955; Rosenberg, 1968).

이어서 조사연구의 의의와 목적에 대해 좀 더 상세히 알아보기로 한다.

1. 조사연구의 의의

전통적으로 조사연구는 사회현상의 여러 측면에 대한 의문을 해결하고, 사회에 대한 이해를 높일 수 있는 자료들을 수집하는 데 많이 이용되어 왔다. 사회현상에 대한 의문은 구체적이고 특정화된 것일 수도 있고, 순수한 이론적 관심에서 비롯된 비교적 추상적인 것일 수도 있다.

지금까지 사회과학에서 나타난 조사연구에 대한 태도는 두 가지 극단적인 입장이 있다. 그 하나는 조사연구의 의의와 유용성에 대한 회의에서 출발하여 조사연구의 모든 것을 쓸모없는 것으로 매도해 버리는 경향이고, 또 다른 하나는 정반대로 그것을 지나치게 신봉하여 조사연구가 지니는 한계를 초월하여 모든 것을 숫자의 조작을 통하여 제시하려 하고 나아가 자료가 뒷받침해 줄 수 있는 이상의 결론을 도출해 버리는 경향이다. 조사연구를 실시할 때에는 그것을 맹신하여 과도하게 몰입하거나, 반대로 그것을 무조건 경시해 버리기보다는 연구 내용과 대상에 따라 그 방법을 선별적으로 사용하는 것이 현명한 태도일 것이다.

조사연구를 행하면서 우리는 모집단(population) 전체를 조사하거나 또는 모집단의 일부를 추출하여 표본조사를 행함으로써 특정 현상의 분포나 현상들 간의 상호관계를 살펴본다. 모집단이란 우리가 일반화하고자 하는 사람들의 총체다. 예를 들어, 유권자들이 선호하는 정당의 분포를 보려고 하는 경우 모집단은 투표권이 있는 모든 사람이 될 것이다. 조사연구에서는 자연적으로 일어나고 있는 현상을 파악하고자 하며, 그것은 실험적 방법에서 변수를 조작하는 것과는 대조된다. 가령 학업수행에서 성별의 차이와 같이 자연적으로 일어나는 현상들은 실험설계에서 사전에 조작할 수 없는 것이다.

일반적으로 조사연구에서는 구조화된 질문지를 많이 사용한다. 질문지는 자료 수집이 시작되기 전에 계획 · 작성되므로 응답자 개개인의 느낌이나 해석을 참여관찰에서처럼 깊이 탐구하지는 못한다. 반면에 조사연구에서 수집된 자료는 측정된 변수들 간의 관계를 보다 체계적으로 설명할 수 있게 해 준다. 그러한 관계는 모든 응답자를 동일한 방법으로 측정하지 않으면 찾아낼 수 없는 것이다.

2. 조사연구의 목적

조사연구를 하는 목적은 다양하지만 대체로 탐색(exploration) · 기술(description) · 설명(explanation)의 세 가지로 정리할 수 있다. 물론 동일한 조사연구에서 둘 이상의 목적을 추구할 수도 있겠지만 일단은 구분해서 생각해 두는 것이 좋을 듯하다.

1) 탐색

알고자 하는 현상에 대해 사전에 특별한 지식이 없거나 선행연구가 없을 때, 탐색을 목적으로 조사를 수행한다. 탐색조사(exploratory research)는 기초조사라고도 하는데, 사회조사의 초기단계에서 조사에 대한 아이디어와 통찰력을 얻기 위해 수행한다. 그것은 연구문제의 발견, 변수의 규명, 가설의 도출을 위해서 실시하는 조사로서 주로 본조사를 위한 예비조사로 실시한다. 예를 들어, 한국사회의 건전한 교육풍토를 저해하는 요인들은 무엇일까, 그와 관련된 교육적 여건과 현황은 어떠한가 하는 문제에 대해 관심을 가지고 있다고 하자. 만약 그것에 대한 체계적인 선행연구가 없다면, 우리는 아마 초 · 중 · 고교교사, 교육과학기술부 및 시 · 도 교육청의 관계자, 학부모, 교육전문가 등을 대상으로 그 문제에 대한 그들의 견해를 알아보고, 그 결과를 정리하려고 할 것이다(예를 들어, 현대사회연구소, 1984).

탐색적 연구는 대체로 다음 세 가지의 목적에서 이루어진다.

① 단순히 연구자의 호기심과 더 많이 알고 싶어 하는 욕구를 충족하고자 한다.

② 체계적인 본조사를 실시하기에 앞서 그 조사가 과연 실행 가능한가를 예비적으로 알아보려고 한다.

③ 보다 체계적인 조사에서 사용할 수 있는 방법들을 모색해 보고자 한다.

실제로 탐색적 연구는 사회조사 과정에서 대단히 유용하게 사용되고 있다. 탐색적 연구는 새로운 분야를 개척하고자 할 때 반드시 필요하고, 대개의 경우 조사하고자 하는 주제에 대해 많은 시사점을 던져 준다. 탐색조사의 종류로는 문헌조사(literature research), 전문가 의견 조사(또는 경험자조사), 초점집단면접(focus group interview: FGI), 사례조사 등이 있다. 문헌조사는 문제를 규명하고 가설을 설정하기 위하여 책 · 논문 · 신문 · 잡지 · 통계 · 법규 등을 분석하는 방법으로, 가장 경제적이고 신속하게 자료를 수집할 수 있다. 전문가 의견 조사(또는 경험자조사)는 주어진 문제에 대해 전문적인 지식과 경험을 가진 전문가들로부터 정보를 얻어내는 방법으로, 주로 문헌조사에 대한 보완적인 수단으로 이용한다. 초점집단면접은 전문지식을 보유한 조사자가 소수의 응답자 집단을 대상으로 특정한 주제를 가지고 자유로운 토론을 벌여 필요한 정보를 획득하는 방법이다. 사례조사는 현재 직면하고 있는 상황과 유사한 사례들을 찾아내어 분석하는 방법인데, 실제 일어났던 사건의 기록이나 목격한 사실을 분석하기도 하지만, 시뮬레이션에 의한 가상현실을 만들어 분석하기도 한다.

탐색적 조사는 연구문제에 대해 만족할 만한 대답을 주기보다는 가능한 대답이나 아니면 보다 명확한 대답을 얻을 수 있는 조사방법을 암시해 주는 정도에 그치고 있다. 그러한 한계를 가지는 것은 탐색적 연구에서는 표본이 반드시 대표성을 가져야 할 필요가 없기 때문이다.

2) 기술

사회조사의 또 다른 중요한 목적 중의 하나는 상황이나 사건들을 기술하는 것이다. 조사자는 관찰하고 그 결과를 요약 · 제시하게 되는데, 과학적 관찰은 신중하고 주의 깊게 이루어진다. 그러므로 과학적 관찰에 기초한 사실 기술은 일상적인 기술에 비해 보다 정확하고 정밀한 것이 된다. 통계청에서 사회지표 개발을 위한 기초자료의 수집을 목적으로 1979년 이후 매년 실시하고 있는 사회통계조사는 기술적 조사의 좋은 예다. 그 조사에는 성 · 연령 · 교육수준 등 객관적 변수들뿐만 아니라 여성취업에 관한 태도나 여가활용에 대한 만족도와 같은 주관적인 견해를 측정하기 위한 문항도 많이 포함되어 있는데, 그 결과는 「한국의 사회지표」에 실려 있다. 또 다른 예로, 선거의 결과를 예측하기 위한 여론조사라든가, 특정 제품에 대한 소비자 선호도조사 등을 들 수 있다. 그러한 조사들은 "왜?"라는 질문에 대한 대답보다 현상의 분포 자체에 더 관심을 가지고 있다. 성공적인 기술적 조사가 되기 위해서는 관찰과 측정 과정에서 정확성과 정밀성이 유지되어야 하고, 나아가서 그 결과가 일반화될 수 있어야 한다.

3) 설명

조사연구의 세 번째 목적은 어떤 현상에 대한 단순한 기술에서 더 나아가 그것을 설명하고자 하는 것이다. 설명이란 바로 "왜?"라는 질문에서 출발하여 그것에 대한 해답을 주고자 하는 것이다. 헴펠(Hempel, 1965)은 설명을 두 가지로 구분하는데, 하나는 '연역적 설명'(deductive explanation)이고, 또 다른 하나는 '귀납적 설명'(inductive explanation)이다. 연역적 설명이란 이미 설정되어 있는 일반 법칙에 의하여 어떠한 특정 현상을 설명하는 것이고, 귀납적 설명은 하나의 현상을 그 이전에 발생한 어떤 현상과 관련지어 설명하는 것으로 '개연적 설명'(probabilistic explanation)이라고도 한다. 설명적 조사는 그중 귀납적 설명과 관련되어 있다.[3)]

설명을 위한 조사에서는, 일반적으로 어떤 상황이나 사건의 여러 측면들을 동시에 검토하게 된다. 따라서 조사를 설계할 때에 차후의 관찰이나 분석을 위해 그러한 여러 측면을 적절히 포함하는 것이 필요하다. 설명적 조사는 그 성격상 실험과 같은 것이기는 하지만, 근본적으로 실험과 다른 점은 실험이 독립변

---

3) 그러한 구분은 앞에서 설명한 과학적 연구에서 '연역적 방법'과 '귀납적 방법'의 대비와는 다른 맥락에서 이해하여야 할 것이다.

수를 조작할 수 있는 데 반해, 설명적 조사는 독립변수가 되는 요인들을 자연적 현상 속에서 발견해야 하는 부담을 진다(Hyman, 1955: 66-81).

제 5 절 각 연구방법의 비교

앞에서 소개한 몇 가지 연구방법들을 비교해서 각각의 장단점을 간단히 요약하기로 한다.

우선, 실험은 다른 변수들의 영향을 일단 배제할 수 있다는 장점을 갖는다. 또한 반복 연구가 가능하기 때문에 일반화 가능성이 참여관찰에 비해 높고, 논리적으로도 엄밀하다. 그러나 실험은 인간의 행동을 자연스럽지 못한 상태에서 관찰한다는 점과 실제 상황에서는 잘 나타나지 않는 점들이 많다는 제약이 있다. 따라서 실험의 상황에서 얻은 결과가 반드시 실제 사회에 적용될 수 있느냐 하는 점에 대해서는 논란의 여지가 있다.

참여관찰의 방법은 자연스러운 상태에서 현상을 파악할 수 있기 때문에 미묘한 어감 차이, 시간상의 변화 등 심층의 차원을 이해할 수 있는 장점을 갖는다. 또한 연구설계와 연구착수가 용이하며, 연구설계의 과정에서 융통성이 높고 다른 연구방법에 비해 상대적으로 비용이 절감되는 이점도 갖고 있다. 그러나 참여관찰은 때로 객관적인 판단을 그르칠 수 있으며, 대체로 질적 자료이기 때문에 대규모 모집단에 대한 기술이 어렵다는 단점을 가지고 있다.

내용분석은 시간과 비용을 절약할 수 있고 연구진행 과정에서 잘못되더라도 빨리 회복이 가능하다는 장점을 갖고 있다. 또한 오랜 기간에 걸친 과정을 연구할 수 있고 신뢰도도 비교적 높다. 그러나 내용분석은 기록되어 있는 자료만 다룰 수 있다는 제약을 가지고 있어서 설령 내용분석 자체는 훌륭하게 이루어졌더라도 대상에 관한 기록이 과연 상황을 적절히 표현하고 있는가 하는 타당도의 문제가 제기될 수 있다.

조사연구는 대규모 모집단의 특성을 기술하는 데 특히 유용하다. 실험과 마찬가지로 반복성과 변수통제 가능성의 정도가 높으면서도 실험에 비해 융통성이 많은 편이다. 다른 기법에 비하여 특정 연구결과를 사회행동 일반에 적용할 수 있는 일반화의 가능성이 높고 효과적으로 다룰 수 있는 변수의 수가 많다는 점에서 큰 장점을 갖는다. 그러나 참여관찰에 비해서는 융통성이 떨어지고 연구대상을 피상적으로 관찰할 수밖에 없다는 단점이 있다.

참고 2-1 | 사회조사와 조사윤리

사회조사는 조사자에 의해 수행되지만, 조사자는 그 과정에서 조사의뢰자 및 조사대상자(응답자)와 관계를 맺게 되고, 조사결과를 발표할 경우 일반 대중에게도 영향을 미치게 된다. 따라서 조사자는 그 사람들 모두에 대해 사회적·윤리적 책임을 갖게 된다. 세계적으로 활동하고 있는 여러 조사 관련 단체들은 대부분 윤리강령을 제정하고 회원들이 그것을 따르도록 요구하고 있다.

그 한 예로 유럽여론·시장조사협회(European Society for Opinion and Market Research: ESOMAR; http://www.esomar.org)를 들 수 있다. 원래 유럽에서 1948년에 출발한 이 협회는 현재 130개국 5,000여 회원이 참여하고 있는 세계적인 조직이다. ESOMAR는 국제상공회의소(International Chamber of Commerce: ICC)와 공동으로 '마케팅조사와 사회조사를 위한 국제윤리강령' (ICC/ESOMAR Code on Market and Social Research)을 제정하여 회원들에게 준수하도록 요구한다.

한편 미국의 경우를 보면, 1947년에 여론조사전문가들에 의해 결성된 미국여론조사협회(American Association for Public Opinion Research: AAPOR; http://www.aapor.org)나 1969년에 여론조사기관의 연합체로 결성된 전국여론조사협의회(National Council on Public Polls: NCPP; http://www.ncpp.org), 그리고 상업적 조사연구회사들의 연합체로 1975년에 결성된 미국조사연구단체협회(Council of American Survey Research Organizations: CASRO; http://www.casro.org) 등은 각기 윤리규정을 마련하고 회원들이 그 규정을 지키도록 요구하고 있다. 전국여론조사협의회(NCPP)에서는 회원단체가 조사결과를 발표할 때에는 일반인들이 조사결과의 신뢰성과 타당성을 판단할 수 있도록 조사의뢰자, 면접일자, 조사방법(면접조사, 전화조사 또는 우편조사), 모집단, 표본의 크기, 하위표본의 크기와 표본에 대한 설명(전체표본

중 일부만 분석에 사용할 경우), 정확한 질문내용, 결론 도출의 근거가 된 백분율 등에 관한 정보를 반드시 포함하도록 원칙을 정해 놓고 있다.

국내에서는, 마케팅 · 여론조사회사의 연합체인 한국조사협회(http://www.ikora.or.k)에서 1992년 윤리강령을 제정하였고, 그 후 시대의 변화를 반영하여 내용을 수정 · 보완하였다. 또한 한국조사연구학회(http://www.kasr.org)에서 여론조사의 여러 가지 문제점을 지적하고, 조사결과의 지나친 일반화 및 자의적 해석 등으로 인한 여론의 오도 가능성 등을 최소화하기 위하여 2000년 한국조사윤리강령을 제정하였다(한국조사연구학회, 2000). 한국조사연구학회는 사회조사의 과학성을 제고하고 건전한 여론형성에 기여하기 위하여 조사윤리강령을 제정한다고 천명하였다. 그 강령은 조사자의 윤리적 의무를 규정하고, 조사자가 과제수행 과정에서 높은 수준의 전문성과 정직성을 유지하도록 명시하고 있다. 총 7개의 조로 이루어진 한국조사윤리강령에는 조사자는 조사결과를 왜곡하는 조사기법이나 분석방법을 선택하지 않고, 자료에 어긋나게 조사결과를 해석하지 않으며(제2조), 조사결과를 공표할 때 조사자, 조사의뢰자, 조사의 목적과 시기, 조사지역, 모집단과 표집틀, 표본크기 및 표본 선정 방법, 조사방법, 질문내용, 응답률, 표집오차 등을 포함하여 조사 및 분석 절차에 관한 사항을 밝히고(제3조), 조사대상자를 기만하거나 모욕하여 수치심을 유발하는 조사방법을 사용하지 않으며, 조사대상자의 익명성을 보호하여야 한다는 등(제5조)의 내용이 포함되어 있다.

제 II 부

자료의 수집

제Ⅱ부에서는 질문지를 통한 자료의 수집 과정을 설명한다. 개별 면접조사 · 우편조사 · 집단조사 · 온라인 사회조사 등 자료를 수집하는 방법과 절차를 살펴보고, 표본을 추출하는 방법에는 어떤 것이 있는가를 알아본다. 확률표집과 비확률표집의 특징과 장단점을 검토한 후 구체적인 표집 과정의 예를 국내외의 사례에서 찾아본다.

사회조사를 위한 질문지는 어떻게 작성하여야 하는가, 질문지를 작성하는 데에는 어떤 원칙이 지켜져야 하고 고려되어야 할 사항은 무엇인가, 질문은 어떻게 배열하는 것이 바람직한가를 설명한다.

특히 우리가 알고자 하는 사회현상을 어떻게 측정할 것인가는 매우 중요하다. 측정의 의미와 측정 수준에 관해 알아보고, 반복 측정했을 때 과연 어느 정도 동일한 결과를 얻을 수 있을 것이며, 관찰하고자 하는 현상을 어느 정도 적합하게 관찰하였는가, 즉 신뢰도와 타당도에 관한 기초적인 내용을 소개한다. 이어서 관찰을 위한 도구로서 지수와 척도가 갖는 의미와 종류, 그리고 그 구성 기법들을 서스톤척도 · 리커트척도 · 거트만척도 · 의미분화척도 등 초기에 고안된 기법들을 중심으로 알아본다. 끝으로 선행연구에 나타난 지수와 척도 구성의 예를 살펴본다.

| 제 3 장 |

자료 수집 방법

표본조사는 여러 가지 방법으로 실시할 수 있는데, 각각의 방법은 그 나름대로 장단점을 가지고 있다. 사회조사를 실시할 때 자료를 수집하는 방법으로는 일반적으로 질문지(questionnaire)를 사용하는 질문지법과 면접조사표(interview schedule)를 사용하는 면접법으로 구분하고 있다. 질문지법은 응답자가 스스로 기재해 넣는 방법(self-administered questionnaire)이고, 면접법은 조사자가 면접을 통하여 기재하는 방법을 가리킨다. 질문지법에서는 조사대상자가 스스로 기재해야 하기 때문에 질문지의 형식은 면접조사표에 비해서 보다 구조화되어 있다. 그러나 면접조사표도 비구조화되어 있는 것에서부터 구조화된 것에 이르기까지 매우 다양하기 때문에 일반화하여 이야기하기는 어렵다.

어느 방법을 사용할 것인가는 연구의 목적, 조사내용, 조사대상, 시간 및 경비, 그리고 응답률이나 질문의 민감도 등을 고려하여 결정하여야 한다. 조사자가 기재해 넣는 방법으로는 개별 면접조사와 전화조사가 있다. 반면에 응답자 자신이 직접 기재해 넣는 방법으로는 우편조사나 집단표본조사가 있다. 각 방법의 특성과 장단점을 알아보기로 한다.

제 1 절 면접조사

면접조사라 함은 조사자가 응답자를 직접 대면하여 조사하게 되는 '개별 면접조사'(personal interview) 또는 '대면적 면접조사'(face-to-face interview)를 지칭한다. 조사자가 컴퓨터를 통해 응답자를 대하며 조사하는 '컴퓨터를 이용한 개별 면접조사'(computer-assisted personal interviewing: CAPI)도 면접조사의 일종이다.[1] 면접시간은 대개 30분에서 1시간 정도로 하고, 그것을 초과하지 않도록 한다. 그러나 조사의 성격에 따라서는 그 이상 소요되는 것도 얼마든지 있을 수 있다. 중국의 농촌가족을 연구한 패리쉬와 화이트(Parish and Whyte, 1978)는 1972~1974년 중국에서 홍콩으로 합법적·비합법적으로 이주한 65명(주로 廣東省 출신)을 대상으로 심층적인 면접조사를 실시한 바 있다. 그 조사에서 연구자들은 동일대상자를 매회 평균 3시간씩 수회에 걸쳐 면접조사하였는데, 각 사례당 총평균 15.2시간이 소요되었으며, 대상자에 따라서는 60시간 이상 실시한 경우도 있었다.

면접 방법은 면접의 상황과 그 연구의 목적에 따라 표준화면접, 비표준화면접, 반표준화면접으로 구분할 수 있다.

첫째, 표준화면접(standardized interview)은 연구자가 사전에 표준화된 질문지를 만들어, 조사자를 통해 모든 응답자에게 동일한 질문과 동일한 질문순서에 따라서 면접을 수행하는 방법이다. 그것은 구조화면접 또는 지시적 면접으로 불리는데, 조사자가 임의로 질문 항목, 질문 항목의 배열 순서, 질문의 형식을 바꾸는 등의 자유재량이 부여되지 않는다. 표준화면접은 조사자의 행동에 일관성이 유지되고, 일관적 질문을 함으로써 신뢰도가 높아지며, 면접 결과의 비교 가능성이 크고, 반복적 연구가 가능하며, 면접 결과의 계량화가 용이한 장점이 있다. 그렇지만 표준화면접은 새로운 사실을 발견할 수 있는 가능성이 매우 낮고, 응답자의 면접 상황에 대한 적응도가 낮으며, 조사 과정에서의 유연성

---

1) '컴퓨터를 이용한 자기면접'(computer-assisted self-interviewing: CASI)은 조사자가 휴대용 컴퓨터를 응답자에게 가져오면, 응답자가 컴퓨터 화면의 질문을 읽고 자신의 답을 입력하는 방식이다.

이 부족한 단점이 있다.

둘째, 비표준화면접(unstandardized interview)은 질문의 순서나 내용이 미리 정해져 있지 않고 조사자가 면접 상황에 따라 유연하게 그것을 바꿀 수 있도록 허용하는 면접 방법이다. 질문 자체가 고정되어 있지 않으므로 개방형 질문인 경우가 많고, 조사자는 응답자에게 최소한의 지시나 방향만을 제시한다. 그것은 비구조화면접 또는 비지시적 면접으로도 불린다. 심층면접(in-depth interview)은 조사자가 응답자와 1대 1로 대면접촉을 하며 자유롭게 이야기하면서 응답자의 잠재된 동기 · 신념 · 태도 등을 발견하는 비표준화면접 방식의 일종이다. 심층면접은 면접자가 질문의 순서와 내용을 조정할 수 있어 좀 더 자유롭고 심도깊은 질문을 할 수 있다. 비표준화면접은 면접의 유연성으로 인해 응답자의 면접 상황에 대한 적응도가 높고, 면접 결과의 타당도가 높으며, 새로운 사실 또는 아이디어의 발견 가능성이 높고, 조사자가 면접 방법이나 범위 등을 변경할 수 있으므로 면접의 유연성이 높으며, 응답자의 협력을 쉽게 얻을 수 있고, 면접자가 필요하다고 생각하면 반복하여 질문할 수도 있으므로 얻고자 하는 자료, 즉 타당도가 높은 자료를 수집할 수 있는 장점이 있다. 그렇지만 비표준화면접은 면접 결과의 가변성으로 인해 비교 가능성을 잃기 쉽고, 표준화면접에 비해 신뢰도가 낮으며, 면접자에게 부여한 권한을 통제하기가 어렵다는 단점이 있다.

셋째, 반표준화면접(semi-standardized interview)은 표준화와 비표순화 면섭을 혼합한 면접 방식이다. 보통 중요한 질문은 표준화하고 그 이외의 질문은 비표준화한다. 또는 주제와 내용을 표준화하되 질문 순서나 질문 방법 등은 면접자가 어느 정도 재량을 가지고 상황에 따라서 변경할 수 있는 방법이다.

세 가지 면접 방법 중 어느 면접 방법이 더 좋은가를 일률적으로 정할 수는 없다. 조사 목적 · 범위 · 대상 · 면접 상황 등을 고려하여 결정해야 한다.

면접조사가 갖는 장점으로는 다음과 같은 것들이 있는데, 면접조사가 갖는 장점은 곧 다른 형태의 조사의 단점이 된다. 여기에서는 표준화면접을 기준으로 살펴보기로 한다.

첫째, 면접조사는 우편조사보다 응답률이 높다.

둘째, 질문의 내용을 응답자가 잘 이해하지 못할 경우 면접자가 다시 설명해 줄 수 있고, 반대로 응답의 내용이 분명하지 않을 경우 면접자가 응답자의 의도를 다시 물어볼 수 있어, 보다 신뢰성 있는 대답을 얻어낼 수 있다.

셋째, 면접자는 준비된 질문지를 이용하여 물어볼 수 있을 뿐만 아니라 응답자와 그 주변의 상황들을 직접 관찰할 수 있는 이점도 가지고 있다. 응답자 가정의 경제적 형편이라든가 주택의 형태, 또는 주변동네의 상황 등은 관찰을 통해서도 어느 정도 파악이 된다.

그러한 장점이 있음에도 불구하고 면접조사는 다음과 같은 몇 가지 단점을 가지고 있다. 우선, 다수의 면접자가 조사에 참여할 경우, 면접자의 개인별 차이에서 오는 영향이나 오류를 피할 수 없다. 또한 조사대상 지역이 여러 곳으로 분산되어 있을 때 면접자들은 각기 다른 지역을 담당하게 되는데, 그 때 면접자 간의 차이가 지역의 차이와 복합적으로 나타날 수도 있다.

면접조사 시 우리는 다음과 같은 몇 가지 사항에 유의해야 한다. 첫째, 응답자와 '친숙한 분위기'(rapport)를 형성하는 것이 무엇보다도 중요하다. 그렇게 함으로써 응답자는 질문조사에 흥미를 갖고 솔직하게 의견을 표시할 수 있게 된다.

둘째, 면접자는 조사에 임하기 전에 스스로 질문 내용에 대해 잘 알아두어야 한다.

셋째, 면접자는 가급적이면 응답자가 이질감을 느끼지 않도록 복장이나 언어 사용에 유의하여야 한다. 예를 들어, 달동네에 조사 나가는 면접자들이 지나치게 화려한 차림을 하여 응답자들로 하여금 저항감을 갖게 한다거나, 반대로 부유한 동네에 조사 나간 사람들이 깔끔하지 못한 복장을 하게 된다면 아마도 면접의 기회조차 갖기 힘들 것이다.

넷째, 응답의 내용은 정확히 기록해 두는 것이 중요하다. 특히 개방형 질문일 때에는 응답 내용을 조사자가 나름대로 해석하여 요약 · 정리해 두는 것보다는 대화의 내용을 그대로 담아 나중에 연구자로 하여금 일관성 있게 정리하도록 하는 것이 좋다.

제 2 절 전화조사

전화조사(telephone interview)는 우리나라에서도 정치여론조사나 시장조사 등에 자주 사용되고 있다. 최근에는 '컴퓨터를 이용한 전화면접'(computer-assisted telephone interviewing: CATI)이 많이 이용되고 있다(Babbie, 2011: 298). 컴퓨터를 사용한 전화면접 방법이란 조사자가 전화기와 연결된 주컴퓨터의 단말기 또는 개인용 컴퓨터의 화면 앞에 앉아서 전화를 건 후 화면에 나타난 질문을 읽고 응답을 입력하여 나가는 방법이다(전화번호부 데이터베이스가 가용한 경우 컴퓨터가 전화번호를 무작위로 선정하여 전화를 걸기도 한다). 질문은 이미 전산으로 입력되어 있기 때문에 조사자는 화면에서 지시되는 대로 따라 조사를 진행하면 된다. 그 방법을 사용하면 컴퓨터가 입력 자료를 검색하고 현실성이 없는 응답을 가려내며, 부호화나 입력 과정에서 나타날 수 있는 오류를 제거할 수 있다.[2)]

전화조사는 첫째, 다른 조사에 비해 시간과 비용을 절약할 수 있는 장점을 지닌다. 특히 넓은 지역이 조사대상이 될수록 비용 면에서는 더욱 유리하다.

둘째, 신속성을 들 수 있다. 어떤 시점에서 사람들이 무엇을 하며, 무슨 생각을 하는가를 신속하게 알아내기 위해서는 가장 적합한 방법이라고 볼 수 있다. 예를 들어, 정치적 현안이 등장하였을 때 전화조사를 이용하여 하루저녁에 조사를 모두 마치고 자료를 입력하여 즉시 분석할 수 있다.

셋째, 조사자들에 대한 감독이 용이하다. 조사자들이 전화조사를 수행해 나가는 과정에서 의문을 가지거나 직접 해결하기 힘든 문제가 발생할 경우 감독자는 즉시 그러한 상황에 대처하여 문제를 해결할 수 있다.

그럼에도 불구하고 전화조사는 여러 가지 단점을 가지고 있다.

첫째, 질문의 길이와 내용을 제한받는다. 질문은 짧고 단순해야 하며 질문의 수도 적어야 한다. 그러나 최근에는 전화조사에서도 점차 질문지의 길이가 길

2) 최근에는 조사자 없이 음성자동응답시스템(automatic response system: ARS)을 이용하여 자동으로 전화를 걸어 조사를 하는 회사도 등장했다. 응답자들 중 상당수가 자동으로 녹음된 전화조사 내용을 끝까지 듣지 않고 끊기 때문에, 그 한계가 뚜렷하다. 그러므로 면접원을 통해 실시하는 전화조사와 음성자동응답시스템 조사는 구분할 필요가 있다.

어지는 경향이 있다. 외국의 연구결과를 보면 30분 이상 소요되는 경우도 많고 심지어는 1시간 이상 걸리는 조사도 있는 것으로 보고되고 있다. 또한 정치적으로 지나치게 민감하거나 사생활과 깊이 관련된 주제들은 전화조사에는 적합하지 않다. 전화조사 시 응답자들은 금전적인 문제나 정치적으로 민감한 주제에 대해서는 응답을 꺼리는 경향이 있다. 따라서 조사가 중도에 끝나버리는 경우도 드물지 않게 발생한다.

둘째, 전화조사에서 또 다른 문제점은 표본의 대표성을 유지하는 일이다. 표집은 전화번호부를 사용하거나 무작위로 전화번호부를 돌리는 방법이 있다. 전화번호부를 사용할 경우 전화번호부에 등재되지 않은 사람은 배제되고,[3] 무작위로 전화번호를 돌릴 경우에는 결번이거나 가정집이 아닌 사무실이 걸릴 수 있다.[4] 또한 전화가 보편적으로 보급되어 있지 않은 사회에서는 전화기 설치여부에 따라 응답자가 선택되기 때문에 표본이 특정 계층에 치우칠 수 있고, 따라서 전화를 설치하지 않은 하류층이나 사생활을 침해받기 싫어하는 상류층의 가정이 표집대상에서 배제되기 쉽다. 우리나라의 경우 '휴대전화번호부'가 없어서 대표성 있는 표본을 구성하는 게 매우 어려운 실정이다. '무작위 전화걸기' 방식 여론조사 대상자들을 휴대전화 가입자까지 확대하는 방안도 가능하겠지만, 대통령선거 여론조사를 제외한 나머지 조사에서는 비해당자가 속출하는 문제에 봉착한다. 그 대안으로 몇몇 조사회사에서는 '자발적 휴대전화 응답자 패널'을 운용하고 있다. 조사회사에서 일정 수준의 사례금을 제공받는 조건으로 휴대전화 조사를 허락하는 자원자 명단을 구축하여 그들을 대상으로 여론조사를 시행하는 방식이다.

---

3) 2010년 한국정보통신산업협회 자료에 따르면 우리나라 가구의 43%를 차지하는 1~2인 가구의 절반가량이 집에 유선전화가 없고 휴대전화 또는 인터넷 전화만 사용하고 있다. 유선전화와 휴대전화를 모두 유지하는 것이 부담스러운 저소득층이나, 집에 머무르는 시간이 짧아 휴대전화만 사용하는 젊은 층에서 그러한 경향이 강하다. 더구나 사생활 보호 등의 이유로 전화번호부 등재를 거부하는 사람들이 많아졌다. 전체 가구 중 전화번호부 등재율은 60% 미만이다.

4) '무작위 전화걸기'(random digit dialing: RDD) 방식 여론조사는 지역번호와 국번을 제외한 마지막 4자리를 컴퓨터로 생성해 전화를 거는 방식이다. 0000부터 9999까지 무작위로 전화번호 뒷자리를 생성한 뒤 전화를 걸기 때문에 전화번호부에 등재되지 않은 전화번호까지 포함하여 조사할 수 있다. 전화번호부 등재자와 비등재자 집단 간 사회적 특성의 차이가 뚜렷한 경우 '전화번호부 등재번호를 대상으로 표본집단을 구성하는 방법'보다는 '무작위 전화걸기 방법'이 더욱 바람직한 것으로 평가된다.

참고 3-1 | 전화조사 표본에 휴대전화 포함 여부에 따른 응답 결과 차이

미국 퓨리서치센터의 2010년 정당 지지도 조사에 따르면, 표본에 휴대전화를 포함했을 때와 하지 않았을 때 미국인의 민주당과 공화당 지지율이 다르게 나타났다. '유권자 전체'를 대상으로 한 지지율 조사의 경우, '집전화와 휴대전화 통합 표본'에서는 민주당이 공화당보다 3%p 앞섰지만, '집전화 표본'에서는 공화당이 민주당보다 오히려 1%p 앞선 것으로 나타났다. '투표 희망자'를 대상으로 한 지지율 조사의 경우, '집전화와 휴대전화 통합 표본'에서는 공화당이 민주당보다 7%p 앞섰지만, '집전화 표본'에서는 12%p 앞선 것으로 나타났다. 휴대전화를 포함한 여론조사와 비교해 볼 때, 집전화만 고집한 여론조사들은 공화당에 유리한 결과를 산출하였다.

(단위 : %, 명)

	유권자 전체	투표 희망자
집전화와 휴대전화 통합 표본		
공화당	44	50
민주당	47	43
기타/모르겠다	2	7
계	100	100
(*N*)	(2,816)	(2,053)
집전화 표본		
공화당	46	53
민주당	45	41
기타/모르겠다	2	6
계	100	100
(*N*)	(2,030)	(1,391)

자료 : Pew Research Center, "Cell Phones and the 2010 Congressional Vote," Surveyed in August 25-September 6, 2010. Pew Research Center (2010)에서 발췌 인용.

미국과 달리 한국에서는 휴대전화를 이용한 여론조사가 사실상 불가능하다. '정보통신망 이용촉진 및 정보보호 등에 관한 법률'에 의해 개인 정보의 노출이 엄격히 제약받아, 휴대전화 가입자가 거주하는 구 · 시 · 군 단위의 지역 정보가 포함된 '휴대전화번호부'가 없기 때문이다.

더욱이 전화를 통해서 접근할 수 있는 대상이 인구학적 변수에 따라 달라질 수 있다. 예를 들어 전화조사를 저녁시간을 이용해 실시한다고 했을 때, 그 시간대에는 보다 활동적인 인구, 이를테면 여자보다는 남자가, 40~50대보다는 20~30대가 집에 있을 확률이 상대적으로 낮다. 물론 그러한 왜곡을 피하기 위하여 성별 · 연령별 할당을 주어 조사에 임하고 있기는 하지만 인구구성비율에 맞게 대상자를 찾아내는 일이 그리 쉽지만은 않다.

참고 3-2 | 무작위 전화조사 시 연령별 응답자 비율

제16대 총선의 투표 결과를 예측하기 위하여 여러 조사기관들이 사전예측조사를 실시하였다. 그중 한 조사기관은 전화조사에서 연령별 할당을 주지 않고, 무작위로 전화조사를 시행하였다. 대상지역의 전화번호부에서 전화번호를 무작위로 선정하고, 선정된 번호로 전화해서 접촉된 유권자와 면접을 진행하는 방식을 사용한 것이다. 그 결과 접촉된 응답자의 비율은 연령별로 차이가 있었다. 다음 표는 서울 중구, 경기 고양시 덕양 갑구, 그리고 충북 보은 · 영동 · 옥천 등 3개 선거구를 예시하고 있는데, 그 지역에서 예외 없이 20대의 비율이 가장 낮고, 50대 이상이 가장 높게 나타났다. 각 지역별 인구구성을 고려한다면, 20대가 과소 대표되고, 50대 이상이 과다 대표되었음을 알 수 있다.

(단위 : %, 명)

선 거 구	20대	30대	40대	50대 이상
서울 중구	15.9	20.8	18.9	44.5
경기 고양 덕양 갑	13.1	30.9	24.3	31.7
충북 보은 · 영동 · 옥천	13.3	16.6	16.1	54.0

자료 : 김창환 (2000).

셋째, 사진 · 그림 · 도표 등 시각적 보조자료를 적절히 활용할 수 없다. 다음 페이지의 예에서 볼 수 있는 것과 같은 질문은 전화조사를 통해서는 그 대답을 쉽게 획득하기 힘들다.

전화조사에서 응답자에 대한 접근의 용이성과 응답률에 대해서는 여러 가지

견해가 있다. 일반적으로 응답자에 대한 접근이 개별 면접조사보다는 상대적으로 쉬운 듯하나, 특정 대상자는 전화조사를 통해서도 접근이 쉽지 않고, 또한 접촉이 되었다 하더라도 응답을 쉽게 얻어낼 수 있는 것은 아니다. 응답률을 보면 전화조사가 우편조사보다는 높지만, 개별 면접조사보다는 낮은 것으로 보고되고 있다. 2000년 4월 제16대 국회의원 총선거 직전 실시된 어느 조사기관의 전화조사 결과에 따르면, 무작위로 접촉된 유권자 가운데 실제로 면접이 이루어진 경우가 평균 16%에 불과하였다(김창환, 2000 참조).

귀댁의 거실의 소파배치는 어떤 형태입니까? 그리고 TV의 위치는 어디입니까?
TV가 놓여진 위치를 그려주십시오(거실에 TV가 있는 경우만).

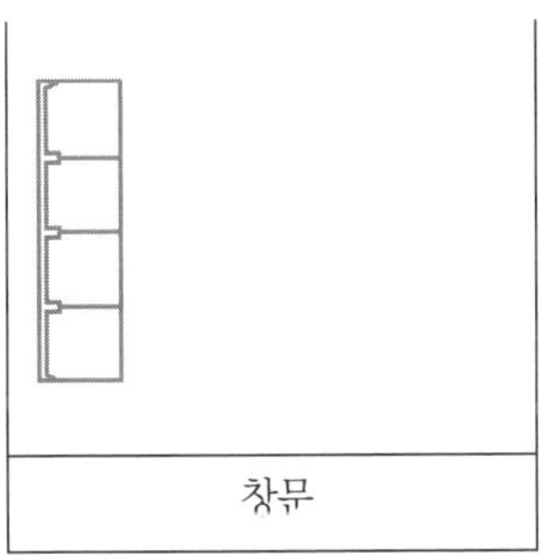

__ ① 일렬배치

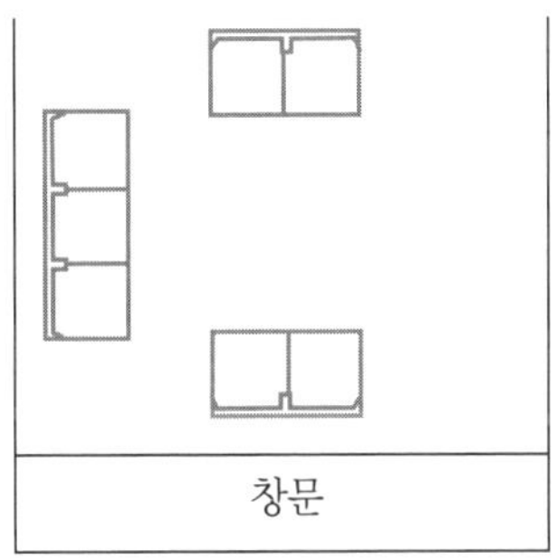

__ ② 직각배치(ㄴ자형 또는 ㄷ자형)

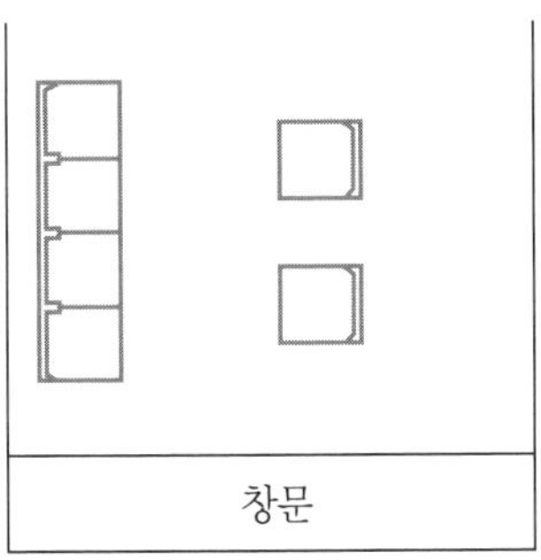

__ ③ 2열배치

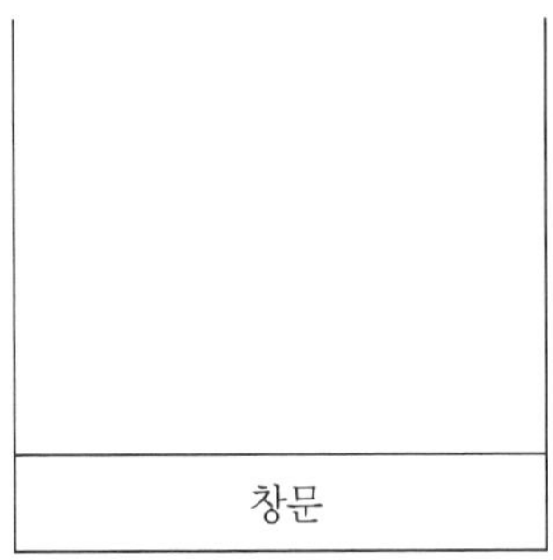

__ ④ 기타(그리시오)

자료 : 김미희 (1992).

전화조사에서는 무엇보다도 응답자가 쉽게 응답할 수 있도록 친숙한 분위기를 만들어 주는 것이 필요하다. 예상하지 못한 전화를 받고 제대로 이해하지 못하는 내용에 대해 응답을 요구받은 응답자의 입장에서는 의심을 품거나 때로는 적대감을 나타낼 수 있기 때문이다. 또한 응답자에게 연구의 중요성과 가치를 잘 설명하여 응답자로 하여금 무리 없이 응하도록 할 필요가 있다.

제 3 절 우편조사

자기기입식 조사방법 중 가장 흔한 형태로 우편조사를 들 수 있다. 우편조사란 질문지를 우편으로 우송한 후 동봉한 반송용 봉투를 이용하여 응답을 받는 방법으로, 면접조사와 함께 많이 쓰이고 있다. 우편조사는 때로 발송이나 회수 중 어느 하나만 이용하기도 한다. 즉 우편으로 배포한 후 직접 방문해서 회수하기도 하고, 반대로 직접 배포한 후 우편으로 응답하게 하기도 한다. 우편조사의 장점은 다음과 같다.

첫째, 최소의 경비와 노력으로 광범위한 지역과 대상을 표본으로 삼을 수 있다. 특히 지리적으로 멀리 떨어져 있을 경우 조사에 소요되는 경비를 최소화할 수 있다.

둘째, 개별 면접조사 시 쉽게 접근할 수 없는 대상을 포함할 수 있다. 예를 들어, 한국의 사회지도층인사를 대상으로 표본조사를 실시한다고 했을 때, 대상자들 자체가 매우 바쁘고 일반인들이 만나기가 그리 용이하지 않기 때문에 면접조사는 매우 힘들다.

셋째, 응답자에게 익명성에 대한 확신을 부여할 수 있다. 특히 조사내용이 민감한 것일 경우, 면접조사 시에는 정확하고 솔직한 응답을 얻어내기가 쉽지 않고, 조사결과가 면접자의 특성이나 면접 기술에 의해 크게 좌우될 수 있다.

넷째, 응답자에게 충분한 시간적 여유를 주어 응답하게 할 수 있다. 질문에 대한 응답에 생각이 좀 필요하거나 참고자료를 찾아 확인해 보아야 하는 경우에는 면접조사보다 유리하다.

다섯째, 면접자의 개인 차에서 오는 영향을 배제할 수 있다.

그러나 우편조사에는 다음과 같은 단점이 있다.

첫째, 회수율을 적정선까지 확보하기가 쉽지 않다. 응답률이 얼마가 되어야 하는가에 대해서 통일된 견해가 있는 것은 아니지만 대개 50% 정도면 일단 성공적인 것으로 보아도 무방하다. 일반적으로 20∼40% 정도며, 교육수준이 낮고 연령이 많으며 이동이 심한 사람들은 응답률이 저조하다는 것이 외국의 경험에서 밝혀지고 있다(Wallace, 1954: 40-52). 개인자격으로 조사하거나 경험이 없는 사람이 실시할 경우에 회수율 50%를 넘기기란 쉬운 일이 아니다. 회수율은 응답자의 대표성 문제와 결부되어 있기 때문에 조사결과의 신뢰성에 영향을 미칠 수도 있다.

둘째, 응답의 내용이 모호할 경우, 그것을 확인할 길이 없다. 특히 질문지에 표시한 응답 내용이 부정확하거나 실수로 누락된 경우, 그 자료는 결측값으로 처리할 수밖에 없다.

셋째, 우편조사에서는 누가 응답했는지를 확인할 길이 없다. 예를 들어, 사회지도층인사를 대상으로 했을 경우, 본인이 직접 작성했는지 아니면 비서나 다른 부하직원이 대리 작성했는지를 알 길이 없다. 그 때에는 응답 내용의 일관성이나 필체 등을 통해 추정하거나, 아니면 전화를 걸어서 간접적으로 확인해 볼 수 있으나, 그 역시 불충분하다.

우편조사의 관건은 응답률을 높이는 일이다. 응답률에 영향을 미치는 요인들은 어떤 것이 있을까? 선행연구들은 다음과 같은 몇 가지 점을 열거하고 있다.

첫째, 연구주관기관과 연구비지원기관의 성격이 중요하다. 그것은 응답자들에게 연구의 중요성을 인식하고, 질문지에 응답하도록 동기를 부여하는 데 중요한 요인으로 작용한다. 우리나라에서는 그것에 대한 연구가 없지만, 미국의 경험에 따르면 일반적으로 정부기관에서 실시하는 조사가 회수율이 제일 높고, 다음으로 대학이나 연구소 또는 비영리단체에서 실시하는 것이며, 일반에게 잘 알려지지 않은 영리기관에서 조사하는 경우에는 회수율이 낮다.

둘째, 응답에 대한 동기부여가 중요하다. 응답자로 하여금 조사에 협조해 주도록 유도하는 일인데, 응답자의 양식(良識)에 호소할 수도 있고, 약간의 보상을 해 주는 방법을 생각해 볼 수도 있다. 기존 연구의 경험으로는, 응답자의 이타심에 호소하여 연구의 중요성을 믿게 하는 방법이 가장 효과적이라고 한다.

셋째, 질문지의 양식이나 우송 방법에 따라 다를 수 있다. 질문지의 인쇄 방법에 있어 활자가 너무 촘촘하여 보기 힘들다거나 종이의 질이 좋지 못할 경우, 응답자가 조사에 응하려 하는 의욕을 잃을 수 있다.

넷째, 대상자의 범위가 극히 제한된 동질집단의 경우 회수율이 높다. 특히 응답자가 직접 이해를 가지고 있는 기관이 실시하는 경우에는 회수율이 높다. 예를 들어, 전국의 간호사들을 대상으로 대한간호협회에서 조사를 시행하는 방식이다.

다섯째, 독촉서신을 보내는 등 후속조처를 취하는 것이 응답률을 높이는 데 효과적이다. 예를 들면, 질문지를 우송한 1주일 후에 그것을 환기하는 엽서를 보내고, 3주일 후에는 조사를 재환기하는 서신과 함께 질문지와 반송용 봉투를 우송하고, 7주일 후에 동일한 작업을 한 번 더하면 회수율이 크게 높아진다(Dillman, Carpenter, Christenson and Brooks, 1974: 744-756). 물론 그러한 작업을 하기 위해서는 모든 대상자들의 신원을 알아야 하고, 독촉해서 회신할 경우에는 응답의 성실성이나 질이 저하될 수 있는 문제점이 있다.

한편, 조사의 취지문에는 조사자의 연락처와 전화번호 · 실시기관 · 지원기관 · 연구목적 · 연구의 중요성 · 표본선정에 대한 내용을 포함하고, 응답에 대한 비밀유지와 개인의 신원이 밝혀지지 않음을 강조해 두어야 한다(참고 3-3 참조).

면접조사와 우편조사의 단점을 보완하여 피조사자에게 질문지를 직접 교부해서 스스로 기입하게 하는 방법을 쓰기도 한다. 이것은 표본이 되는 응답자의 가정 또는 직장을 찾아가 질문지를 배부하면서 연구에 대해 설명한 후, 응답자가 완성하도록 시간적 여유를 주고 이후에 조사자가 찾아가는 방법인데 우편조사보다 회수율이 높은 편이다.

참고 3-3 | 우편조사 취지문의 예

조사기관의 연락처/전화번호	서울대학교 사회과학대학 부설 인구및발전문제연구소 전화 877-4171~8 (교)2444
	____________ 님
실시기관 지원기관	서울대학교 사회과학대학 부설 인구및발전문제연구소에서는 한국학술진흥재단(이사장 : 조성옥)의 지원으로 미국 하와이주 소재 동서문화센터 인구연구소(East-West Population Institute ; 소장 : 조이제)와 공동으로 「국가발전과 사회지도층의 역할」에 관한 연구를 2개년(1983~1985) 계획으로 진행하고 있습니다.
연구목표	본 연구는 우리 사회의 지도적 위치에 계신 분들이 지난 20여 년간의 우리 사회의 성장과 발전을 어떻게 생각하고 계시고, 미래의 한국 사회를 어떻게 내다보고 계신지에 대해 학술적인 관심을 가지고 이 분들의 솔직하신 고견을 듣고자 하는 것입니다.
왜, 누구에게 중요한가?	이 분야의 연구가 미진한 현재에 본 연구의 결과는 매우 가치 있는 기초 업적을 이루게 되리라고 믿고 있습니다. 본 연구에서의 사회지도층의 표본은 다음의 기준에 해당되는 분들 중에서 추출하였습니다.
표본선정	① (대)기업의 소유주 및 경영진 ② 정부의 부이사관급 이상 공무원 ③ 국회의원 ④ 지방법원 부장판사급 이상 판사 ⑤ 군의 대령급 이상 장교
	공사간에 바쁘신 어른들께 매우 번거로운 일임을 잘 알고 있습니다만, 이 질문지조사의 결과는 저희들에게 무엇보다도 귀중한 자료가 되고 있습니다.
비밀유지 보장 · 통계 숫자로 처리 됨을 강조	덧붙여서 (1) 연구결과에서 개인의 신원은 밝혀지지 않고 통계적으로만 처리된다는 점과 (2) 대리기재는 연구 전체를 그르칠 수 있다는 점을 강조하여 말씀올립니다. 도와주시는 데 대하여 다시 한 번 감사드리옵고, 본 연구소 연구원 일동은 귀댁의 안녕과 번창하심을 빕니다.
	1984년 9월 서울대학교 사회과학대학 부설 인구및발전문제연구소 소장 한 상 복(인류학과 교수)

이 방식은 대면적 면접조사를 행할 때보다 비용이 적게 들고 조사자가 조사 과정을 통제할 수 있다. 응답 상황에서 응답자의 익명성이 우편조사에서처럼 보장되면서도 조사자와의 대면부족 때문에 생길 수 있는 질문에 대한 오해를 피할 수 있고 대면적 면접조사나 우편조사보다 시간이 적게 걸린다.

제 4 절 집단조사

집단조사(group questionnaire survey)는 집합조사(collective survey)라고도 부르는데, 이 조사는 자기기입식 조사의 일종으로 연구대상자를 개별적으로 만나서 면접하는 것이 아니라 집단적으로 모아 놓고 질문지를 교부해서 응답자가 직접 기재하게 하는 방식이다.

특정의 목적을 위해 정규적으로 모여 왔던 집단이나 조사를 위해 일정한 장소에 모일 수 있는 사람들에 대해 사용하는 방법으로 같은 시간, 같은 장소에서 조사를 실시한다. 예를 들면, ○○중학교 2학년 학생을 대상으로 한다든가, 아니면 공무원 교육원에서 피교육 중인 공무원을 대상으로 했을 때, 그들을 강당이나 강의실 같은 장소에 모이게 하여 일제히 실시할 수 있다. 학교 · 기업 · 군 · 교도소 · 사회복지기관 · 기타 각종 사회단체나 집단을 대상으로 연구할 때 유용한 방법인데, 조사하고자 하는 조직으로부터 적절한 협력을 구하는 것이 필요하다.

응답자들이 모이면, 먼저 연구의 취지를 설명하여 협조와 양해를 구하고 나서, 질문지에 지시된 요령대로 각자가 응답을 기입하도록 당부하게 된다. 질문지 작성 도중 의문 나는 점들에 대해서는 조사시행자에게 질문하도록 한다. 그러나 초등학교 저학년 학생들이라든가 사회복지시설에 수용된 노인들 또는 학력이 낮은 근로자를 대상으로 조사할 경우에는 조사시행자가 질문을 처음부터 하나씩 읽어 주고 간단한 보충설명을 해 주는 방식으로, 집단을 대상으로 한 면접 방식과 자기기입식 조사 방식을 조합하여 실시하기도 한다.

이 방법은 무엇보다도 비용과 시간을 절약하고 동일성을 확보할 수 있다는 장점이 있다. 동시에 응답자들이 질문을 제기할 수 있고 조사자들과 직접 대화할 수 있는 기회가 있어서 질문 문항에 대한 오해를 최소로 줄일 수 있다.

그러나 집단조사는 몇 가지 단점을 가지고 있다.

첫째, 집단 상황이 응답을 왜곡할 가능성이 있다. 그것은 특히 질문이 비정상적인 행위나 개인 간 관계에 대한 것일 때 그러하다. 그러한 질문들은 집단적 상황에서 응답자들을 매우 민감하게 만들 수 있다. 집단 상황에서의 묵시적인 집단 압력은 "잘 모르겠다"나 "그저 그렇다" 등 중립적인 응답의 가능성을 높일 수 있고, 또한 각 응답자로 하여금 집단을 위해 바람직스러운 것이라고 인식하는 응답을 하게 할 수도 있다.

둘째, 응답자들에 대한 통제가 때로는 용이하지 않다. 적절히 통제되지 못할 때 일부 응답자들은 조사자에게 적대감을 가지고 전체 집단에까지 그러한 분위기를 형성할 수 있다. 집단의 상황에서는 응답자들이 서로 의사를 교류하는 기회가 마련될 수 있기 때문에 조사자가 집단을 통제하기란 쉽지 않다.

셋째, 집단조사를 승인해 준 당국에 의해 조사결과가 이용될 것이라고 인식될 가능성이 있다. 그러한 경우 응답결과에 대한 비밀유지가 안 될 것이라는 염려 때문에 집단 또는 조직의 규범이나 이상 쪽으로 응답하여 자료를 왜곡할 수 있다.

이러한 어려움에도 불구하고 연구의 성격과 상황을 잘 고려해서 선택한다면 집단조사는 면접조사나 우편조사보다 더 효율적으로 활용할 수 있는 방법이다.

제 5 절 기타 면접법

앞에서 소개한 여러 가지 자료 수집 방법 이외에도 면접조사의 한 방식으로 집단면접조사(group interview)를 들 수 있다. 집단면접조사란 용어 자체가 의미하는 바대로 면접자와 피면접자가 1 대 1의 개별 면접을 하는 것이 아니라, 다수의 대상자를 하나의 집단으로 하여 면접하는 형식이다. 즉, 집단으로 하여금 자유로운 대화나 토론을 하게 하여 문제점을 찾아내고 그 해결책 등을 찾아 나가는 방법이라 볼 수 있다. 그러한 면접법은 각 개인이 갖는 문제보다는 집단 전체와 관련된 주제나 문제에 더 초점을 맞추고 있다. 앞 절에서 소개한 '집단조사' 는 조사자와 조사대상자 간의 상호작용 없이 조사대상자 스스로가 질문지를 작성해 나가는 것임에 반하여, '집단면접조사' 에서는 면접자와 피면접집단 간에 여러 가지 형태의 상호작용이 있게 된다.

집단면접조사의 예로, 홍두승(1991)은 해군 하사관들이 현재 처해 있는 근무 여건과 처우, 그리고 그들이 군복무와 관련하여 갖고 있는 직무만족 여부 등을 파악하기 위해 실제로 구축함 상에서 30여 명의 하사관들과 계급별로 5회에 걸쳐 집단으로 함상면접을 실시하고 그 결과를 보고한 바 있다. 면접 시 구조화된 질문지를 사용하지 않고 당면한 문제로 등장하고 있는 봉급 및 제반수당, 근무시간, 승진 가능성, 장기복무 여부, 가족생활, 복지후생 등과 관련된 대략적인 문제점을 열거해 나가면서 하사관들의 자유로운 견해를 청취하고 기록하였다.

집단면접조사의 한 방법으로, 집단 역동성을 활용해 자료를 수집하는 초점집단면접(focus group interview: FGI)이 있다. 그것을 초점집단토의(focus group discussion: FGD)라고도 한다. 초점집단면접 또는 초점집단토의는 좁게 초점이 맞추어진 주제에 대하여 집단 참여자가 활발하게 의견을 개진하게 하고, 연구자가 그러한 상호작용에서 자료를 수집하는 연구방법이다. 그 조사에서 가장 중요한 역할은 면접진행자(moderator)가 맡는다. 면접진행자는 참여자들의 내면 깊숙이 있는 생각들을 끌어낼 수 있는 질문들을 제기하고, 대화내용이 특정 부분에서 장기간 머물지 않고 계속적으로 진행될 수 있도록 유도해야 한다. 집단구성원 간의 친근감을 형성하고, 자유로운 참여를 유도해야 하며, 토의주제에 대한 기술 · 지식 · 경험이 풍부해야 한다. 응답자들 간의 상호작용을 통하여 유익한 정보가 도출되어야 하므로, 면접진행자는 응답자 전원이 자유스러운 분위기에서 자신의 의견을 말할 수 있도록 유도해야 한다. 초점집단면접 또는 초점집단토의는 소수의 응답자들 간의 자연스러운 대화 과정에서 조사목적과 관련된 유용한 정보를 얻거나 표준화된 면접조사에서 기대하지 못한 결과를 발견하는 것을 목적으로 한다. 응답자들은 대화 과정에서 다른 사람들의 의견으로부터 새로운 생각을 떠올릴 수 있으며, 응답자들의 자연스러운 의사표시에 자극을 받아 다른 응답자들도 부담 없이 의견을 표시할 수 있다. 조사자는 종종 일면거울(one-way mirror), 폐쇄회로 TV 등이 설치된 방에서 토의를 진행하여, 그러한 과정을 녹음기 또는 비디오카메라 등을 이용하여 기록하기도 한다. 이 연구방법은 일차적 자료 수집 방법의 하나로 독자적으로 사용되기도 하지만, 때로는 예비연구 또는 다른 연구방법으로 수집된 자료를 검정하는 보조적 용도로 사용하기도 한다. 그것은 연구자가 참여자들의 의견 · 태도 · 경험 · 관점 · 생각이 무엇인지를 파악하고, 또 왜 그렇게 생각하는지를 알아내는 데 적합한 방법이라고 할 수 있다.

그 밖에 비구조화된 조사도구를 사용하는 집중면접, 임상면접, 비지시적 면접 방법 등이 있다. 집중면접(focused interview)은 특정한 경험이 어떠한 결과를 초래하는가에 관심을 갖고 면접자 주도하에 피면접자로 하여금 자유로이 의사를 표현하도록 하는 방법이다. 말하자면 특정한 경험이 어떠한 태도변화 등을 초래하였는가를 밝히고자 하는 것으로 특정한 가설을 개발하고자 할 때 효율적으로 사용되고 있다. 임상면접(clinical interview)은 집중면접과 유사하지만, 집중면접이 특정한 경험에 초점을 맞추는 것에 반하여, 임상면접은 보다 광범한 개인의 감정이나 동기 또는 생활경험 등에 관심을 갖는다. 주로 사회사업 사례연구라든가 교도행정, 정신과 등에서 개인의 생활사 또는 생활경험을 알아보고자 할 때 많이 활용한다. 예를 들면, 비행청소년의 경우에 그 부모를 방문하여 가정환경이나 성장 과정 등 그 자녀에 대해 이야기하도록 하는 방법일 것이다. 비지시적 면접(nondirective interview)은 정신요법에서 유래된 것으로서 면접자(의사)가 아무런 암시 없이 피면접자(환자)로 하여금 자유로이 자기감정을 표현하도록 하는 것이다. 그 경우에 면접자의 역할은 이야기의 방향을 특정한 곳으로 이끌어 가는 것이 아니라 피면접자가 자유롭게 지속적으로 이야기할 수 있도록 도움을 주는 정도에 그친다.

최근에는 공론조사(deliberative polling)도 종종 실시되고 있다. 공론조사는 일정 기준에 의해 선정된 일반 사람들에게 정해진 주제에 대해 1차 면접조사를 실시한 후, 주제에 대한 상세한 정보를 제공하고 전문가의 설명 · 질의 · 응답 · 토론 과정을 거친 뒤 2차 면접조사를 실시해 여론 추이를 파악하는 조사방법이다.

한편, 투표를 마치고 나오는 유권자들을 대상으로 투표소 근처에서 "누구를 찍었느냐"를 물어보는 면접조사의 한 형태로 '투표소 출구조사'(exit poll)가 있다. 출구조사에서 자료 수집 방법은 두 가지가 있다. 하나는 조사자가 응답자와 면접조사를 하는 방법이고, 다른 하나는 응답자가 스스로 질문지를 작성하여 수거함에 직접 넣는 비밀기표 방식(secret-ballot technique)이다. 비밀기표 방식이 면접조사보다 응답자들의 응답 거부율이 훨씬 낮다. 선거 종류에 따라 조사대상 투표소를 선정한 다음 일정 간격으로 투표자를 표집하여 투표자 분포와 정당별 · 후보자별 지지율 등을 조사한다.

표 3-1 | 주요 자료 수집 방법의 비교

기 준	개별 면접조사	전화조사	우편조사
① 비용	높다	중간	낮다
② 자료의 질			
응답률	높다	중간-높다	낮다
응답자 응답동기	높다	높다	낮다
면접자 편향	중간	낮다	없다
③ 표본의 질	높다	중간-높다[1] 높다[2]	낮다[3]
④ 응답내용 확인 가능성	높다	높다	없다
⑤ 시각적 보조자료 사용 가능성	높다	없다	약간
⑥ 속도(시간소요)	낮다	높다	낮다
⑦ 면접자에 대한 감독	낮다	높다	–
⑧ 익명성	낮다	낮다	높다
⑨ 컴퓨터 사용 가능성	가능	높다	없다
⑩ 응답자의 독해능력에 대한 의존성	없다	없다	높다

주 : 1) 전화번호부를 사용할 경우.
2) 무작위로 번호를 돌렸을 경우.
3) 응답률이 높지 않을 경우.

자료 : Kidder and Judd (1986: 231)에서 발췌.

끝으로 지금까지 설명한 자료 수집 방법 중 개별 면접조사 · 전화조사 · 우편조사 등 빈번히 사용되고 있는 세 가지 방법의 특징을 비교 · 정리해 보면 앞의 〈표 3-1〉과 같다.

제 6 절 온라인 사회조사

온라인 사회조사(online survey)는 컴퓨터 통신망 상에서 이루어지는 여러 형태의 사회조사를 일컫는 말로, 인터넷조사 등 전산망을 이용한 조사들을 모두 포함한다(보다 자세한 내용은 조동기, 2000을 참조할 것). '컴퓨터를 이용한 전화면접', '음성자동응답시스템 조사' 등의 예에서 볼 수 있듯이, 사회조사에 컴퓨터가 사용되기 시작한 것은 오래 전의 일이지만, 최근 인터넷 사용자의 급격한 증가로 인해 사이버공간에서의 사회조사가 크게 활성화되어 있다. 특히 면접조사 · 전화조사 · 우편조사 등 전통적 조사에 비해 짧은 기간에 비교적 저렴한 비용으로 조사를 실시할 수 있다는 장점을 가지고 있다. 그러나 온라인조사가 갖는 유용성에도 불구하고, 일부에서는 온라인조사는 신뢰할 수 없고 여론조사라고 부르기에 많은 문제점을 내포하고 있다는 점을 지적하고 있다(http://www.ncpp.org/?q=node/31).

온라인조사는 보통 전자우편조사 · 웹조사 · 다운로드조사 중 한 가지 방법으로 이루어진다.[5] 첫째, 가장 간단하고 빠른 방법인 전자우편조사(e-mail survey)는 전자우편주소를 가지고 있는 사람이면 누구나 참여할 수 있으며 프로그램을 설치하는 데에도 시간이 별로 소요되지 않는다. 질문지는 보통의 텍스트 형식을 취하며, 따라서 응답자가 추가적인 소프트웨어를 다운로드하거나 웹브라우저를 사용할 필요가 없다.

---

5) 온라인조사의 변형으로 응답자가 조사기관에 전화를 하도록 하여 조사를 실시하기도 한다. 응답자가 컴퓨터화된 질문을 듣고 '전화기 번호판 숫자 입력'(touchtone data entry: TDE) 방식으로 대답하거나, 목소리로 대답한 것을 '음성 인식'(voice recognition: VR)하여 처리하기도 한다.

둘째, 웹조사(HTML form survey)는 보다 복잡한 형식의 조사에 적합하며 그래픽이나 음향도 포함할 수 있다. 그렇지만 웹조사는 질문지를 디자인하고 구성하는 데 보다 많은 시간이 소요된다. 일반적으로 전자우편을 통해 응답대상자의 참여의사를 묻고 응답에 동의한 사람들에게는 질문지를 찾아 작성할 수 있는 웹주소를 알려 주는 방식을 취하는데, 그것을 '컴퓨터를 이용한 웹조사' (computer-assisted web interviewing: CAWI)라 한다.

셋째, 다운로드조사(downloadable survey)는 응답자가 웹사이트에서 직접 작성하도록 하는 것이 아니라, 질문지를 컴퓨터에서 실행 가능한 파일로 제작하여, 그 파일을 응답자로 하여금 자신의 컴퓨터에 다운로드하여 응답하도록 하는 것이다. 그것을 '컴퓨터화된 자기기입식 질문지' (computerized self-administered questionnaire: CSAQ)라 한다. 응답자들이 질문지 파일을 다운로드하기를 꺼리므로, 응답자의 협조를 얻는 데 어려움이 있다.

온라인조사는 누구를 대상으로 하느냐에 따라 가입자조사 · 회원조사 · 방문자조사로 구분하기도 한다. 가입자조사란 특정 전산망에 가입한 사람이나 전자우편주소를 소유하고 있는 모든 사람을 대상으로 하는 조사다. 회원조사는 온라인조사에 참여하겠다고 의사를 표시한 사람으로 조사대상 집단(panel)을 구성하고, 그중에서 일정한 수를 표집하여 실시하는 조사다. 방문자조사는 웹사이트에 방문한 불특정 다수를 대상으로 하는 조사다.

온라인조사에서 최대의 쟁점은 조사모집단을 어떻게 규정하며, 표본의 대표성을 어떻게 확보할 수 있는가 하는 것이다. 가입자조사에서는 가입한 모든 사람들의 명부로부터, 회원조사에서는 회원명부로부터 표집하게 된다. 그러나 방문자조사에서는 모집단을 따로 규정할 수가 없으며, 따라서 표본은 임의표본이 된다. 다수의 인터넷 기반조사는 단지 방문자조사이거나 특정 웹사이트를 우연히 찾은 사람들만을 대상으로 질문한 것이다. 그러한 조사들은 특정 모집단을 대표한다고 가정할 수 없다.

연구자는 어떤 종류의 명부든, 다른 조사에서와 마찬가지로 모집단은 무엇이고, 그 명부가 어느 정도 완벽한 것인지 등을 점검해야 한다(이상경, 2000 참조). 회원조사의 경우 자발적으로 참여한 사람들이기 때문에 대표성을 확보하는 일이 쉽지 않다. 조사대상자 선정에 전화 또는 면접 방법과 같은 오프라인 방식을 병행함으로써 표본의 신뢰성을 높이려 하기도 한다. 이론적으로는 명부 데이터베이스를 확보할 수 있다 하더라도 표본선정에서 조사대상자의 사전 동의를 받는 것이 중요하다. 또한 전자우편조사를 실시할 때에 주제명과 개요, 전자우편주소 취득 출처, 조사시행자, 조사목적 및 주된 고객, 소요시간, 유인요소 등과 같은 내용을 포함하는 것이 효과적이다.

온라인조사에서 유의해야 할 사항은 한 사람이 여러 차례 응답할 가능성을 차단해야 하는 것이다. 특정인이 2회 이상 응답할 수 있는 개연성을 배제할 수 없다. 단순무작위 표집은 그 사이트를 자주 방문하는 사람들을 과잉대표하게 될 것이다. 이와 같은 문제점을 해결하기 위해 여러 가지 전략들이 사용되고 있다. 예컨대, 미국의 해리스폴 온라인(Harris Poll Online)은 조사대상 집단에 참여하고자 할 때 이름 · 전자우편주소 · 주소 · 연령 · 소득수준 등 기초적 개인정보를 기재해 넣도록 요구하고 있다. 그러한 정보는 패널이 대표성을 가지도록 하는 데에 유용하다. 또한 그러한 정보는 특정 표본을 추출하는 데에도 필요

표 3-2 | **온라인조사의 응답자 특성 비교, 1999** (단위 : %)

사이버공간		인터넷				PC통신망	
자료명		DB-1	DB-2	MBC	광고단체 연합	DB-3	DB-4
응답자		회원	회원	방문자	방문자	가입자	가입자
성별	남자	79.6	72.6	64.5	79.9	76.3	70.0
	여자	20.4	27.3	35.5	20.1	23.7	30.0
연령	10대	6.0	12.2	6.1	12.8	12.8	12.9
	20대	63.7	59.3	68.8	58.1	43.2	43.7
	30대	27.1	21.2	21.1	29.2	28.9	27.4
	40대 이상	3.2	7.3	4.0		15.0	16.1
지역	서울	38.3	35.2	–	35.8	38.4	32.8
	광역시	25.5	25.3		24.1	20.9	26.1
	기타	36.2	39.5		40.1	40.7	41.2

자료 : 조농기 (2000: 93)에서 빌췌.

하다.

실제 온라인조사에서 조사대상자들은 전체 인구를 대표하기보다는 특정 인구사회학적 집단에 치우쳐 있다. 1999년 실시한 몇몇 인터넷조사에 응한 사람들의 특성을 살펴보면, 여성에 비해 남성의 비율이 월등히 높다. 연령을 보면, 20대가 주류를 차지하고 있다(〈표 3-2〉 참조). 인구센서스에서 20대가 차지하는 비율이 22~23%인 것을 고려하면, 그 연령층이 과다대표되고 있음을 알 수 있다. 또한 지역적으로는 서울이 과다대표되고 있다.

끝으로 조사대상자를 조사에 응하게 만드는 유인이 있어야 한다. 특히 문항들이 난해하거나 상당한 시간이 소요되는 내용이라면 더욱 유인이 커야 할 것이다. 조사대상 집단에 가입하여 조사에 응할 경우, 여러 가지 혜택을 제공함으로써 참여를 유도한다. 온라인조사를 시행하는 조사기관에서는 응답자에게 누적 마일리지와 경품을 제공하며, 설문조사 결과를 조회할 수 있도록 한다. 미국의 해리스폴 온라인에서는 조사대상 집단에 가입하여 등록한 사람에게 해리스폴이 실시하는 조사에 참여할 수 있는 기회를 부여하고, 조사결과에 관한 정보를 제공하며, 경품을 얻을 수 있는 기회도 준다. 한 예로, 2000년 2월 1일부터 6월 30일까지 해리스폴이 실시하는 조사에 1회 이상 참여한 사람들 중에서 추첨하여 유람선 탑승권을 준다고 하였다. 이 기관은 조사에 보다 많이 참여한 응답자의 경품당첨 가능성이 높아지도록 하여, 조사참여의 유인을 제공하고 있다(http://vr.harrispollonline.com).

| 제 4 장 |

표집 방법

제 1 절 표집의 의미

대부분의 조사연구는 모집단에 대하여 전수조사를 실시하는 것이 아니라, 모집단의 일부를 뽑아내어 그 성격을 파악함으로써 모집단의 속성을 추리하게 된다. 모집단의 일부, 즉 표본을 추출하는 과정을 표집(sampling)이라 부른다. 전수조사를 실시하게 될 경우, 대체로 엄청난 시간과 경비가 들어야 하고 또한 많은 노력이 필요하다. 그렇다고 전수조사가 표본조사보다 그 결과에서 반드시 더 정확하다고 볼 수 있는 것도 아니다. 때에 따라서는 표본조사가 더 효율적이고 신뢰성도 더 높을 수 있다. 만약 전수조사에 긴 기간이 소요되어야 한다면 조사기간의 초기에 얻어지는 자료와 마지막 시기에 얻어지는 자료는 시간의 변화에 따른 차이 때문에 크게 다를 수 있다. 예를 들어, 전수조사에 약 1년이 필요하다고 했을 때 조사의 내용이 정치사회적 상황변화에 매우 민감한 것이라면 우리나라와 같이 급격히 변화하는 사회적 분위기 속에서는 매우 다른 반응이 기간별로 나타날 수 있다. 그 때에는 단기간 내에 끝날 수 있는 표본조사가 훨씬 안전하다.

따라서 사회조사라 함은 대부분의 경우 표본조사(sample survey)를 지칭한다. 표본조사에서 표본이 모집단을 잘 대표하도록 추출해 내는 작업은 매우 중요하다. 한쪽으로 치우쳐진 표본을 분석하여 모집단의 성격을 파악하려 한다면 두 말할 필요도 없이 그릇된 결론에 도달하게 될 것이다. 생활에 대한 만족도를 연구하고자 하면서 농촌지역을 배제하고 도시지역에서만 표본을 추출한다면 그 결과는 전 국민의 생활 만족도라기보다는 도시인의 생활 만족도일 것이며, 그 이상으로 확대해석하는 것은 매우 위험하다.

제 2 절 표집의 기본 용어들

구체적인 표집 방법을 살펴보기에 앞서 표집에서 꼭 알아두어야 할 기본적인 용어들을 정리하여 보기로 한다.

1. 모집단

모집단(population)이란 우리가 구명(究明)하고자 하는 집단의 총체다. 그러나 때로는 모집단이 관념적인 수준의 집단이라서 그 실체를 정확히 명시하기 어려울 때가 있다. 그 때에는 조사의 목적을 위해 조작적으로 조사모집단(survey population)을 규정짓게 된다. 조사모집단이란 표본이 실제로 추출되는 모집단을 의미한다. 예컨대, 한국 대학생들의 직업관에 대하여 조사연구를 하고자 했을 때, 모집단은 현재 전국 대학에 학적을 두고 있는 모든 학생이 되며, 거기에는 특수대학이나 2~3년제 대학에 재학 중인 학생들도 포함된다. 그러나 조사를 위해 4년제 대학에 현재 등록하고 있는 학생들을 모집단으로 규정하고, 거기에서 표본을 추출하고자 한다면 그 때의 모집단은 보다 제한적인 조사모집단이 된다.

2. 표집단위

모집단이 설정되면 표집단위(sampling unit)를 정해야 한다. 표집단위란 표집 과정의 각 단계에서의 표집 대상을 지칭한다. 표집단위는 개인일 수도 있지만 표본추출이 여러 단계에 걸쳐 이루어질 때에는 개인이 아닌 집합체가 되기도 한다. 예를 들어, 우리가 어느 한 도시에 거주하는 시민들의 태도를 조사하기 위해 처음에 동을 선정하고 다음에 각 동에서 가구들을 선정한 다음 최종적으로 각 가구 내에서 한 명씩 성인을 추출한다고 할 때, 거기에서 표집단위는 동 · 가구 · 개인이 되며, 그것들을 각각 1차 표집단위 · 2차표집단위 · 최종 표집단위라 한다.

3. 관찰단위

관찰단위(observation unit)는 직접적인 조사대상을 뜻한다. 관찰단위는 분석단위와 동일한 경우가 많지만 반드시 일치해야 할 필요는 없다. 만약 조사자가 가구구성원들에 대한 자료를 수집하기 위하여 가구주를 면접한다면, 그 때 분석단위는 개별 가구구성원들이지만 관찰단위는 가구주가 된다. 분석단위와 관찰단위가 일치할 경우, 조사자의 역할이 보다 쉽겠으나 그렇지 않을 때에는 실제로 분석단위를 관찰하지 않고서도 그에 대한 적절한 자료를 얻을 수 있도록 유의해야 한다.

4. 표집간격

표집간격(sampling interval)은 모집단으로부터 표본을 추출할 때, 추출되는 요소와 요소 간의 간격을 의미한다. 표집간격은 뒤에서 소개할 계통표집과 주로 연관되어 있다. 예를 들어, 10,000명의 모집단에서 1,000명을 추출하기 위해 10명 간격으로 표본을 뽑아냈다면 그 때의 표집간격은 10이 된다.

5. 표집률

표집률(sampling ratio)이란 모집단에서 개별 요소가 선택될 비율이다. 앞의 예에서 표집률은 1,000/10,000 = 10%가 된다.

6. 모 수

모수(parameter)란 모집단에서 어떤 변수가 가지고 있는 특성을 요약한 통계치를 말한다. 조사연구의 가장 중요한 목적 중의 하나는 표본관찰을 통해 그 모수들을 추정해 내는 데 있다.

7. 통계량

통계량(statistic)은 표본에서 어떤 변수가 가지고 있는 특성을 요약한 통계치를 말한다. 대부분의 경우 모수는 정확히 알아내기가 어렵기 때문에 표본조사를 통해 얻은 통계량을 바탕으로 모수를 추정하며 여러 가지 통계적 계산에서도 모수 대신 사용한다.

8. 표집틀

표집은 일반적으로 어떤 목록으로부터 표본들을 선택함으로써 이루어진다. 예를 들어, 어느 대학 학생들을 대상으로 표본조사를 하고자 할 때, 아마 학생들의 이름이나 학번을 적어 놓은 학생명부를 기초로 하여 표본을 추출하게 될 것이다. 그 때 학생명부가 표집틀(sampling frame)이 되는 셈이다. 표집틀은 바로 연구대상 모집단 전체의 목록을 의미한다.

파울러(Fowler, 1984)는 표집틀을 평가하는 주요 요소로서 다음 세 가지를 지적한다.

① **포괄성**(comprehensiveness): 표집틀이 연구하고자 하는 전체 모집단 중 얼마나 많은 부분을 포함하고 있느냐 하는 것이다.

② **추출확률**(probability of selection): 모집단에서 개별 요소가 추출될 수 있는 확률이 동일한가를 알아보고, 동일하지 않은 경우 그것을 조정할 수 있어야 한다. 만약 추출확률을 알 수 없다면 표본통계량과 모집단의 모수 사이의 관계를 정확하게 추정하기가 곤란하다.

③ **효율성**(efficiency): 가능한 한 조사자가 바라는 대상만을 표집틀 속에 포함하여야 한다는 것이다. 만약 조사자가 표집하고자 하지 않는 요소들이 표집틀 속에 포함되어 있다면 그러한 요소들을 제외하는 것이 바람직하다.

제 3 절 표집의 종류

일반적으로 사회조사에서는 확률표집 방법(probability sampling)과 비확률표집 방법(nonprobability sampling) 등 두 가지 형태의 표집 방법을 사용하고 있다. 확률표집 방법의 논리는 모집단의 개별 구성요소가 표본에 포함될 확률이 동일하다는 것이다. 그러나 확률표집을 위해서는 모집단의 규모와 성격을 정확히 규명하여야 하는데, 개별 요소의 추출확률을 동일하게 해야 할 필요가 없거

그림 4-1 | 표집 방법

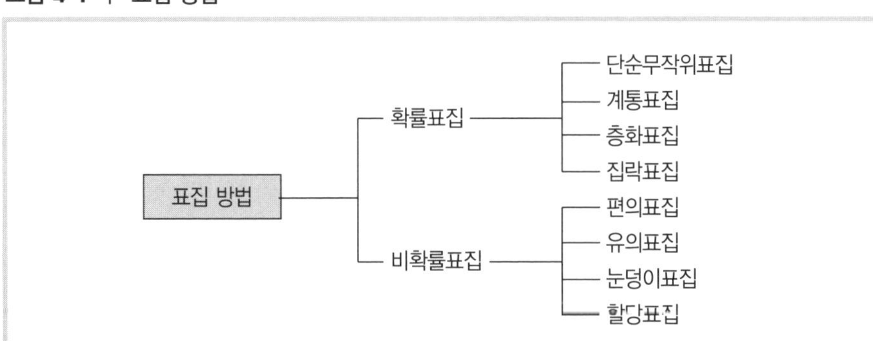

나 불가능할 경우에는 비확률표집 방법을 쓴다.

확률표집 방법에는 단순무작위표집 · 계통표집 · 층화표집 · 집락표집 등이 있고, 비확률표집 방법에는 편의표집 · 유의표집 · 눈덩이표집 · 할당표집 등이 있다([그림 4-1]). 이와 같은 여러 방법들은 필요에 따라 복합적으로 사용한다(Ackoff, 1953: 123-126).

1. 확률표집

만약에 모집단을 구성하고 있는 개별 요소들이 동질적이라면 어떤 요소를 추출해 내더라도 모집단의 성격을 규명하는 데 어려움이 없을 것이다. 극단적인 경우에는 단 하나의 사례로도 충분하다. 그러나 사회과학에서 대상으로 하고 있는 모집단은 내적으로 매우 다양하고 이질적인 요소로 구성되어 있기 때문에 모집단을 잘 대표할 수 있도록 표본을 추출하는 일은 매우 중요하다. 확률표집은 그러한 의미에서 기본적으로 각 요소가 표본에 포함될 수 있는 확률을 같게 하려고 하는 것이다.

1) 단순무작위표집

단순무작위표집(simple random sampling)이란 모집단의 전체 구성요소를 파악한 다음 개별 요소에 대하여 일련번호를 부여하고, 난수표(亂數表, table of random numbers)를 이용하여 필요한 수의 표본을 추출하는 방법을 말한다. 그러나 실제로 이 방법을 적용하는 데에는 많은 어려움이 따른다. 단순무작위표집 방법을 사용하기 위해서는 우선 모집단의 구성요소를 정확히 파악하여 명부를 작성하여야 하는데, 그 작업이 여간 어려운 것이 아니다. 예를 들어 서울시민을 조사대상으로 한다고 했을 때 2010년 인구주택총조사에 따르면 서울의 상주인구는 1,000만 명을 초과하고 있으며, 20~64세 성인인구도 600만 명을 초과하고 있어서 시민의 명부를 마련한다는 것은 개별 연구자의 입장에서 보면 현실적으로 불가능한 것이다. 따라서 단순무작위표집은 흔하게 쓰이지 않으며,

또한 그 방법으로 추출된 표본이 반드시 가장 정확하다고 할 수도 없다.

2) 계통표집

그러한 까닭에서 단순무작위표집을 수정한 계통표집(系統標集, systematic sampling)이 많이 쓰이고 있다. 물론 이 방법에서도 명부는 작성되어야 한다. 일단 명부가 마련되면 그 명부에서 매 몇 번째 사람을 뽑는 식으로 표본을 추출해 낸다. 모집단의 크기가 10만 명이고 표본의 크기를 1,000명으로 한다면 매 100번째 사람을 고르면 된다. 그러나 최초의 사람만은 무작위로 선택하게 된다. 말하자면 최초의 1번에서 100번 사이에서 무작위로 한 사람을 고르고 그 다음부터는 100의 표집간격으로 추출하면 되는 것이다.

그런데 명단이 어떠한 유형을 가지고 배열되어 있다면, 계통표집의 방법은 편중된 표본을 추출하게 한다. 특히 명단이 어떠한 주기를 나타내고 있고, 그 주기가 표집간격과 우연히 일치할 때 그러한 문제가 발생한다. 예를 들어, 고층아파트에서 세대주 명단이 동 · 호수 순으로 작성되어 있다면, 계통표본은 때로는 저층이나 고층으로만 몰릴 수도 있고, 때로는 각 층의 제일 끝집이나 아니면 엘리베이터 옆집만이 추출될 수도 있다. 따라서 계통표집을 사용하기 전에는 명단이 특정한 규칙을 가지고 배열되어 있는가를 살펴보고, 그러한 순서가 편중된 표집을 가져올 가능성 여부를 검토해 보아야 할 것이다.

3) 층화표집

층화표집(stratified sampling)이란 전체의 모집단에서 표본을 추출하는 것이 아니라, 모집단을 일련의 하위집단들로 층화한 다음 각 하위집단에서 적절한 수의 표본을 뽑아내는 방법이다. 층화표집은 동질적인 하위집단에서의 표집오차가 이질적인 집단에서의 오차보다 더 작다는 데에 그 논리적인 근거를 두고 있다. 따라서 층화표집에서는 모집단을 동질적인 하위집단으로 재구성한다. 모집단을 어떠한 기준에 따라 층화할 것인가는 어떤 변수가 사용 가능한가와, 그러한 변수가 어느 정도 중요한 의미를 갖는지를 판단한 후에 결정한다. 층화표집의 방법에는 모집단의 상대비율에 근거하여 각 층별로 표본을 무작위로 추출하는 방법과, 모집단을 주요 변수별로 층화하여 연속적인 명단을 마련한 후 거기에서 계통적으로 추출하는 방법이 있다. 어느 방법이든 층화표본은 단순무작위추출에서 얻어진 표본보다 모집단을 더 잘 대표하고 있다고 볼 수 있다.

4) 집락표집

집락표집(cluster sampling)은 표집단위를 개인이 아닌 집락(cluster)으로 한다. 개인 단위의 명부를 마련하는 것이 현실적으로 불가능할 때에 일단 집락으로 추출하고 거기에서 다시 개인을 추출하는 방법을 쓰게 된다. 집락표집에서는 층화표집과는 달리 가급적이면 집락을 이질적인 요소로 구성하고자 한다. 앞에서 설명한 대로 층화표집에서는 각 계층에서 개별 요소를 추출하고자 하기 때문에 모든 계층이 표본에 포함되고, 따라서 각 계층 내에서는 가급적 동질적으로 그리고 계층 간에는 가급적 서로 다르게 구성되게 된다. 반면에 집락표집에서는 모든 집락을 선택하는 것이 아니라 그중 일부를 표본으로 택하기 때문에 만약 집락이 내부적으로 동질적이라면 한쪽으로 치우친 표본을 택하게 될 위험성이 있다(Blalock, 1979: 567-571). 많은 경우에서 집락표집은 여러 단계에 걸쳐 이루어지고, 또한 앞에서 소개한 다른 표집 방법과 병행해서 사용된다. 예를 들어, 모집단을 먼저 지역크기 등으로 층화표집한 이후에 각층 내부에서 집락표집을 실시할 수 있다.

대부분의 집락표집에서는 집락의 크기(집락을 구성하는 요소의 수)가 다르기 때문에 각 구성요소가 추출될 수 있는 확률을 동일하게 하기 위해서는 추가 고려사항들이 필요하다. 이를테면, 각 동을 집락으로 했을 때 각 동의 주민수가 다르기 때문에 모집단의 각 요소당 추출확률이 달라진다. 그러한 문제에 대한 대응으로 규모비례확률(probability proportionate to size: PPS)표집 방법을 쓰기도 한다. 이 방법은 각 집락이 그 크기에 비례해서 표집되도록 하는 것이다. 따라서 집락의 크기가 클수록 그 집락에서 표본이 추출될 확률도 높아진다. 그렇게 해서 집락을 선정한 후 각 집락에서는 동일한 수의 요소를 뽑는다. 규모비례확률표집은 실제 적용에서 다소 번거로울 수 있기 때문에 일정크기 이상의 집락만을 선택한 다음 거기에 동일한 표집률을 적용하는 다소 변형된 방법을 쓰기도 한다.

집락표집 방법에서 고려해야 할 사항 중의 하나는 집락의 수와 집락 내의 요소의 수를 어떻게 배분할 것인가라는 점이다. 예를 들어, 표본의 크기를 1,000으로 한다 했을 때, 집락의 수를 1로 하면 집락 내의 구성요소의 수는 1,000이 될 것이고, 반대로 집락의 수를 1,000으로 하면 구성요소의 수는 1이 될 것이다. 보다 구체적으로 보면, 서울시에는 424개의 행정 동이 있는데(2012년 1월 기준), 동을 집락으로 하고 표본수를 1,000으로 잡으면 1개 동에서 2명 남짓 정도가 추출될 것이다. 1개 동에서 몇 명 정도를 뽑아야 할 것이냐에 따라 집락의 수도 결정된다.

5) 가중표집

가중표집(weighted sampling)은 확률표집의 논리를 따르면서도 필요에 따라 표집률을 달리하여 표본을 추출하는 방법이다. 모집단에서의 비율은 1/2에 지나지 않는데 표본의 수를 동일하게 한다든가, 반대로 모집단에서는 동일한 비율인데 표본의 수를 달리하는 경우와 같은 것이다. 모집단의 비율과 동일한 비율로 표집하게 되면 그 수가 적어서 유용한 분석을 하기 힘들 때 그러한 방법을 많이 쓴다. 각각의 표본을 별개로 분석하거나 비교연구의 목적으로 자료를 수집할 때에는 표집률이 다른 것에 크게 개의할 필요가 없지만, 각각의 표본을 합쳐서 하나의 표본으로 만들고자 할 때에는 서로 다른 표집률을 고려하여야 모집단의 비율로 다시 환원하여 분석할 수 있다.

2. 비확률표집

확률표집이 사실상 불가능하거나 모집단을 정확하게 규정지을 수 없는 경우,

또는 표집오차가 큰 문제가 되지 않거나 반드시 확률표집을 써야 할 필요가 없는 경우에는 비확률표집의 방법을 쓰게 된다. 비확률표집은 확률표집에 비해 훨씬 간편하고 경제적이라는 장점을 가지지만 그것을 통계적 검정의 근거로 삼기는 어렵다.

1) 편의표집

편의표집(convenience sampling)이란 손쉽게 이용 가능한 대상만을 선택하는 방법이다. 그러므로 그것을 때로는 우연표집(accidental or incidental sampling)이라고 부르기도 한다. 예를 들어, 광화문거리에서 길을 지나는 최초의 100명을 골라 면접을 한다거나 강의실에 들어온 학생들을 대상으로 하여 어떤 조사를 실시하는 것 등은 모두 편의표집의 방법에 의한 것이다.

이 방법으로 얻어진 표본은 그 대표성을 추정할 길이 없으며 결과에 대해서 표준오차의 추정치를 부여할 수도 없다. 또한 편의표집으로 내적 타당도는 유지할 수 있겠으나 외적 타당도는 유지하기 힘들다. 다시 말하면, 일반화에 어려움이 있다(외적 타당도에 관해서는 제6장을 참조할 것).

그러나 이 방법이 갖는 한계성뿐만 아니라 유용성에 대해서도 관심을 기울여야 한다. 편의표집을 통해 획득된 자료라 할지라도 때에 따라서는 매우 유용할 수 있기 때문이다. 특히 여러 가지 제약으로 인해 엄격한 표집계획이 어려운 경우, 편의표집으로 수집된 자료라도 우리가 필요로 하는 정보를 충분히 제공해 줄 수 있다. 엄밀히 이야기하면, 상당수의 표집계획에 어느 정도의 편의성이 개재되어 있다고 볼 수 있다.

2) 유의표집

유의표집(purposive sampling)은 때로 판단표집(judgemental sampling)이라고도 부르는데, 모집단에 대한 연구자의 사전지식을 바탕으로 하여 표집하는 것이다. 유의표집은 일반적으로 연구자에게 자신의 이론적 · 실용적 관심을 고려할 수 있도록 융통성을 부여한다. 따라서 유의표집이 갖는 장점 중의 하나는 연구자가 자신의 연구능력과 사전지식을 활용하여 응답자를 고를 수 있다는 점이다.

이 방법은 연구대상자의 일부분은 쉽게 식별할 수 있지만 모집단 전체를 모두 확인하는 일이 거의 불가능할 경우 사용한다. 예를 들면, 청소년 비행에 대해 연구를 하고자 했을 때 비행청소년들을 개별적으로는 쉽게 찾아볼 수 있겠지만 모집단으로서의 비행청소년 전체의 규모나 성원을 식별하고 규정짓는 일은 매우 어렵다. 따라서 이 경우에 비행청소년의 전형이라고 판단되는 청소년들을 선정하여 면접하는 방법을 택하게 된다.

유의표집은 특히 연구계획의 초기단계에서 질문의 적용 가능성과 조사도구의 타당성 등을 검토하기 위하여 많이 사용하고 있으며 사전검사(pre-test)를 위해 쓰이기도 한다.

3) 눈덩이표집

눈덩이표집(snowball sampling)은 최근 들어 점차 그 사용빈도가 커져 가는 표본추출 방법이다. 작은 눈뭉치를 굴려 점점 더 큰 눈덩이를 만들어 가듯이, 처음 단계에는 표집 대상이 되는 소수의 응답자들을 찾아내어 면접하고, 다음 단계에서는 그 응답자들을 정보원으로 활용하여 비슷한 속성을 가진 다른 사람들을 소개하도록 하고 그들을 대상으로 면접한다. 그와 같은 절차를 지속적으로 반복하여 연구수행에 필요한 만큼의 표본수가 충족될 때까지 표집해 나가면 된다. 예를 들어, 최초 단계에서 10명의 응답자를 선정하여 면접하고 그들이 각각 5명씩을 소개한다면 두 번째 단계에서는 50명을 추가로 면접할 수 있을 것이고, 그들이 각각 또 다시 5명씩을 소개한다면 세 번째 단계에서는 250명이 추가되어 모두 310명의 응답자를 대상으로 면접할 수 있게 된다.

이 방법은 모집단을 잘 모르는 경우나 대상자가 눈에 잘 띄지 않아 일상적 표집절차로서는 조사를 쉽게 수행해 나가기가 현실적으로 어려운 경우—예를 들어 성매매 · 마약 · 동성연애 · 불법체류외국인 등 일탈적 하위문화에 관한 연구—에 보다 적합하다. 또한 이 방법은 관찰연구나 지역사회연구에 특히 유용하다.

눈덩이표집은 기본적으로 비확률표집법 중의 하나지만 확률적 눈덩이표본을 추출하는 전략도 개발되고 있다. 만약 확률적인 방법을 쓴다면 각 단계에서 표본은 무작위로 추출하여야 할 것이며, 비확률표본일 경우에는 각 단계에서 할당표집과 같은 방법을 사용할 수 있을 것이다. 이 방법은 연쇄소개표집(chain referral sampling)이라 한다.

4) 할당표집

할당표집(quota sampling)은 모집단이 갖는 특성의 비율에 맞추어 표본을 추출하는 방법이다. 근자에는 확률표집 방법과 병행하여 쓰이기도 하는데, 다단계표집 과정의 마지막 단계에서 많이 사용한다. 특히 선거와 관련된 조사나 일반적인 여론조사에서 많이 활용되고 있다. 모집단의 특성(예를 들면, 성별 · 교육수준별 구성 등)을 정확히 알아야 그것에 근거하여 할당기준을 마련할 수 있다.

할당은 일반적으로 전체 인구와 같은 비율로 한다. 그러나 필요에 따라서는 특정 속성을 갖는 대상을 가중표집할 수 있으며 그 경우에 모집단의 특성을 추정하고자 한다면 다시 가중치를 주어 모집단의 분포와 같아지도록 하여야 할 것이다. 할당표집을 하기 위해서는 우선 할당표를 작성한 다음, 할당표에 따라 미리 정해진 방법으로 응답자를 선정하여 면접하고, 해당 기준에 따른 할당이 채워지면 대상자가 나타나더라도 배제하게 된다.

서울대학교 인구및발전문제연구소에서 1990년 12월에 실시한 전국국민의식조사에서 사용한 할당표집의 방법을 예로 들어본다. 그 조사에서는 성별과 연령에 따라 할당을 부여하는데 남녀의 비율은 5 : 5로, 그리고 연령은 기준연령(각 지역 성인인구의 연령의 중앙값)을 중심으로 위와 아래가 5 : 5가 되도록 설정하여 할당표를 만들었다. 서울지역의 경우는 기준연령이 남녀 모두 34세다. 표집단위는 집락으로 하고 행정동에서 통이 결정되면 선정된 통에서의 표본수를 20명으로 하여 〈표 4-1〉에서 보는 바와 같이 할당하였다.

〈표 4-1〉에 제시된 할당표에 따라 대상자를 표집하는데, 예를 들어, 34세 미만의 남자를 5명 모두 면접하게 되면 6번째로 만나는 34세 미만의 남자는 더 이상 면접할 필요가 없다.

표 4-1 | **성별 · 연령별 할당표의 예** (단위 : 명)

	남자	여자	계
34세 미만	5	5	10
34세 이상	5	5	10
계	10	10	20

참고 4-1 | **응답자 선정원칙의 예**

면접조사를 위해 서울대학교 인구및발전문제연구소에서 사용한 조사원 지침 중 중요한 것을 발췌해 보면 다음과 같다(미간행자료).

1. 조사는 만 20세 이상의 성인남녀를 대상으로 한다.
2. 남녀의 비율은 5 : 5가 되도록 한다.
3. 연령집단별 응답자의 비율은 각 시 · 도별로 주어진 기준연령을 중심으로 그 이상과 이하의 연령에 해당하는 대상자의 수가 각각 50%가 되도록 한다(지역별 연령기준표 참조).
4. 해당 지역에서 한 반(도시) 또는 한 마을(농촌)을 선택한 다음, 임의의 가옥(예를 들어, 반장 또는 이장 댁 기준)에서 시작하여 순서대로 조사한다. 한 반(또는 마을)에서 할당이 모두 채워지지 않을 경우 그 다음 반(또는 마을)으로 옮겨간다.
5. 지정된 동이나 리에서 조사할 통과 반은 다음과 같이 정한다.
   ① 도시에서는 지정된 동에서 통의 전체 수를 파악한 후 가운데의 통을 선정한다. 통이 선정되면 통의 두 번째 반을 조사한다. 동일 반 내에서는 반장집에서 시작하여 한 집 건너씩을 조사한다(반장집을 반드시 포함하여야 할 필요는 없다).
   ② 농촌에서는 지정된 리에서 임의의 자연마을(이장집이 소재한 마을도 무방)을 선정하고, 임의의 지점(예를 들어, 이장집)에서 시작하여 도시와 마찬가지로 한 집 건너씩 조사한다(이장집을 반드시 포함하여야 할 필요

는 없다).

6. 조사는 가급적 조사대상자들이 퇴근하여 집에 있는 저녁시간 또는 주말을 이용하여 실시한다.

표 4-2 | 지역별 연령기준표*

(단위 : 세)

지역	대도시		지역	시부		군부	
	남	여		남	여	남	여
서울	34	34	경기	32	31	34	37
부산	34	34	강원	35	37	38	42
대구	33	34	충북	33	35	40	46
인천	32	32	충남	33	33	39	44
광주	33	35	전북	34	35	41	47
대전	33	34	전남	35	36	40	46
			경북	34	35	41	46
			경남	33	32	38	45

* 20세 이상 성인인구의 지역별 · 성별 연령의 중앙값.

그러나 할당기준이 설정되어 있다 하더라도 실제 표본추출 과정에서 조사자의 편견이 개재될 수 있는 여지는 얼마든지 있다. 할당량을 채우기 위해 지속적으로 조사해 나가는 과정에서 어떤 대상들은 쉽게 배제된다. 예를 들어, 사나운 개가 있는 집의 사람이라든가, 귀가시간이 늦는 사람들은 조사대상에 잘 포함되지 않을 수 있다. 따라서 할당표집은 표본선정 시 편의(偏倚)가 없고 가능한 한 대표성을 갖고 일반화될 수 있도록 유의하여야 할 것이다.

제 4 절 표집오차와 표본의 크기

1. 표집오차

연구자들은 표본 자체의 특성보다는 그것을 통해 모집단의 특성을 추리하는 데 관심을 가지고 있다. 그러나 확률표집의 방법을 통해 얻어진 통계량들은 대개의 경우 모수와 정확하게 일치하지는 않는다. 그러한 불일치는 한편으로는 표집 과정에서의 체계적인 오차 때문이고, 또 다른 한편으로는 확률적인 오차(표집오차) 때문이다. 표집오차(sampling error)란 통계량들이 모수와 정확히 일치하지 않고 그 주위에 분산되어 있는 정도를 말한다. 일반적으로 표본의 크기가 클수록, 그리고 표본의 분산이 작을수록 표집오차는 작아지며, 따라서 표본에 근거한 모집단의 추정이 보다 정확하게 된다. 비확률표집일 경우에는 그러한 표집오차를 계산해 내기가 어렵지만 확률표집의 경우에는 확률이론에 근거하여 각 표집 방법에 따른 표집오차를 추정해 볼 수 있다.

단순무작위표집 · 계통표집 · 집락표집 등의 여러 가지 표집 방법 중 어느 것을 선택하느냐에 따라 표집오차를 측정하는 방법도 달라진다. 그중 기본이 되는 것은 단순무작위표집에서의 표집오차다. 단순무작위표집에서 표집오차를 알아내기 위해 가장 손쉽게 사용되는 통계량은 표준오차(standard error)다. 표준오차는 다음 공식으로 계산한다.

$$\text{표준오차} = \sqrt{\frac{s^2}{n}}$$

여기에서 s^2은 표본의 분산이고 n은 표본의 크기다.

층화표집에서는 표본의 크기가 같다고 했을 때, 단순무작위표집에서보다 표집오차가 작다. 왜냐하면, 층화표집에서는 우선 비교적 동질적인 각 계층별로 분리하고 그 안에서 표본을 추출하기 때문이다. 그와 반대로 집락표집에서는 표본의 크기가 같을 때 단순무작위표집에서보다 표집오차가 크다.

결국 표집오차는 분산의 정도, 표본의 크기, 표집 방법에 따라 달라진다고 볼 수 있다. 실제 조사 과정에서는 그러한 표집오차 이외에도 오차의 원인이 여러 가지 존재한다. 표집틀을 구성할 때 배제되어 버리거나 잘못 포함된 자료들, 무응답, 응답 시의 잘못 등도 오차를 야기하는 중요한 원인이 된다. 따라서 조사 과정을 통한 추정이 얼마나 정확한 것인가 하는 것을 평가할 때에는 그러한 요소들이 동시에 고려되어야 할 것이다. 신뢰도를 높이기 위해 표본수를 늘리는 것은 표집오차를 줄이는 데에는 도움이 될지라도, 응답률이라든가 자료의 질적인 면에서 조사의 정확도를 높이는 데는 반드시 도움이 되지 않을 수도 있다.

2. 표본의 크기

우리는 흔히 사회조사를 계획하는 단계에서 표본의 크기를 어느 정도로 잡아야 할 것인가에 대해 고심한다. 표본조사를 하는 목적이 원래 시간과 경비를 절감하기 위한 것이기 때문에, 표본의 대표성을 유지하기 위한 최소 표본 수를 얼마로 할 것이냐에 늘 관심을 가진다. 표본의 수는 모집단의 크기와 동질성 정도에 의해 좌우된다. 모집단의 크기가 아주 작을 경우에는 전수조사를 하는 것이 좋을 것이고, 모집단이 동질적인 개체로 구성되어 있다면 어느 요소를 택하여 표본으로 하더라도 대표성을 유지하는 데 어려움이 없을 것이다.

단순무작위표집일 경우 다른 조건이 동일하다면 모집단이 클수록, 모집단이 보다 이질적일수록 표본의 수도 커야 한다.

통계적으로 표본의 크기를 정하기 위해서는 추정치의 허용오차를 어느 정도로 할 것인가를 결정하여야 하고, 그것이 정해지면 허용오차를 신뢰도구간의 형식으로 표현한다(제9장 참조). e를 표본평균의 허용 가능한 오차라 하고, 오차가 e를 초과할 확률을 5%라고 하자. 즉, 표본평균이 모집단의 평균으로부터 일정거리 내에 있을 확률을 95%로 본다. 정규분포에서 표본평균의 95% 신뢰도구간을 $\overline{Y} \pm 2S/\sqrt{n}$ 이라 했을 때(95% 신뢰도수준에서 1.96S를 개략적으로 2S로 간주한다), $e = 2S/\sqrt{n}$ 이다. 여기서 필요한 표본수 $n = 4S^2/e^2$이다.

이 관계를 사용할 때 모집단 표준편차의 추정치(S)를 알아야 한다. 대체로 동일모집단이나 유사모집단으로부터 표집된 선행연구의 결과를 이용할 수 있다. 그러나 참고할 추정치가 가용하지 않을 경우, 그것을 추정하는 방법이 있다. 즉, 모집단의 최솟값 및 최댓값과 분포의 모양에 대해 대략적으로 알고 있다면 σ는 그것으로부터 추정할 수 있다. 최댓값에서 최솟값을 뺀 값을 h라 할 때 정사각형의 균일분포이면 $\sigma = 0.29h$이고, 좌우대칭의 이등변삼각형 모습의 분포를 보이면 $\sigma = 0.24h$, 한쪽으로 편포가 이루어지면 $\sigma = 0.21h$로 추정이 가능하다(Snedecor and Cochran, 1980: 441-442).

그 외에 표본의 수를 결정하는 보다 실용적인 기준으로, 모아진 자료를 어떻게 분석할 것이며 변수는 몇 개나 사용하는가라는 점들이 중요하다(Fowler, 1984: 40-43). 예를 들어, 두 변수를 사용하여 3×3표를 만들어 분석하고자 한다면, 분석이 되기 위해 한 칸에 최소한 5사례 정도는 확보되어야 하고 그러기 위해서는 3×3×5 = 45사례는 있어야 할 것이다. 만약 이 분석에서 변수를 추가한다면 그 이상의 표본수를 마련하여야 한다. 또한 응답자가 서둘러서 질문지를 완성하려 하여 몇몇 변수에 대한 응답을 빠뜨릴 수도 있고, 예민한 주제일 경우 응답을 회피할 수도 있기 때문에 결측값(missing values)이 있는 자료가 나타나기도 한다. 표본의 크기를 결정할 경우 그러한 결측값에 대한 고려도 동시에 있어야 한다.

잘 선정된 표본이라면 그 규모가 반드시 크지 않더라도 모집단을 효율적으로 대표해 줄 수 있다. 미국 시카고대학교 전국여론조사연구소(National Opinion Research Center: NORC)가 매년 실시하는 전국사회조사(General Social Survey: GSS)를 보면 표본수가 1,500명 정도다(본장 제5절 참조). 즉, 1,500명의 표본이 3억1천만 명(2011년 기준)의 미국시민을 대표하고 있는 것이다.

참고 4-2 | 표본의 크기가 크다고 무조건 좋은 조사결과를 산출하는 것은 아니다

1920~1936년 미국 시사주간지 「리터러리 다이제스트」(*Literary Digest*)는, 대통령선거 당선자를 예측하기 위하여, 정기구독자 등을 대상으로 우편엽서를 발송하고 회신받는 방식의 지상투표(紙上投票)식 조사를 실시하였다. 1920~1932년의 네 차례 선거에서 당선자를 정확히 예측한 실적이 있는 「리터러리 다이제스트」는 1936년 1,000만 명에게 우편엽서를 발송하였고, 2,367,230장을 회수하였다. 그 조사결과를 토대로, 「리터러리 다이제스트」는 공화당의 알프 랜던(Alf Landon) 후보가 민주당의 프랭클린 루스벨트(Franklin D. Roosevelt) 후보를 57% 대 43%라는 압도적인 차이로 이기는 것으로 예측하였다.

그러나 조지 갤럽의 미국여론연구소, 엘모 로퍼(Elmo Roper) 및 아치볼드 크로스리(Archibald Crossley) 등 조사기관에서는 전국의 유권자를 할당표집(quota sampling)하여 50,000명의 표본을 추출하고, 그들을 대상으로 면접조사를 실시하여, 프랭클린 루스벨트 후보의 당선을 예측하였다.

투표 결과, 루스벨트는 523개 선거구에서 승리하였고, 이에 비해 랜던은 8개 선거구에서만 승리하였다. 「리터러리 다이제스트」는 당선자 예측에 실패했을 뿐 아니라 무려 19%p나 틀려 여론조사 사상 최대 오차를 기록한 반면, 갤럽 등의 조사기관에서는 6.8%p 차이로 당선자를 예측하는 데 성공하였다.

그 차이는 표집틀과 조사방식에서 비롯된 것이다. 「리터러리 다이제스트」에서는 정기구독자명부 · 전화번호부 · 자동차등록부 · 주요 대학동창회명부 등에서 1,000만 명의 조사대상자를 선정했는데, 그들은 대체로 부유층이고 친공화당 성향이었다. 잡지를 정기구독하거나 전화를 살 여유가 없었던 빈곤층은 조사대상자가 될 수 없었다. 경제 불황기였던 1936년 미국의 근로계층이 뉴딜 정책을 펼친 루스벨트 후보를 압도적으로 지지하고 있었음을 고려하면, 그것은 매우 심각한 문제라 할 수 있다. 조사방식이 우편조사였고, 응답률이 20%에 불과하였다는 점도 문제점으로 지적된다. 반면, 갤럽 등의 조사기관에서는 미국 유권자 모집단의 소득계층을 파악하여, 조사대상자가 각 소득계층을 대표할 수 있도록 표본을 추출하여 면접조사를 수행하였다. 그들은 상대적으로 소규모 표본자료를 분석하여 선거결과를 정확히 예측할 수 있었다. 그 사건을 계기로 '표본의 크기'가 크다고 무조건 좋은 조사결과를 산출하는 것이 아니라는 인식이 일반인에게까지 확산되었다.

제 5 절 표집 과정의 예

지금까지 여러 가지 형태의 확률 및 비확률 표집 방법이 소개되었지만, 실제 적용에서는 여러 방법이 함께 쓰인다. 표집 과정의 구체적인 예를 몇 가지 들어 보기로 한다.

1. 통계청의 '사회통계조사'

사회통계조사는 통계청이 사회지표를 보완 · 개발하기 위한 기초 자료를 수집할 목적으로 1977년부터 매년 실시하고 있다. 그러나 부문별 조사주기를 4년으로 하여 시행하고 있기 때문에 매년 조사내용이 달라진다. 예컨대, 1998년에는 총 13개 부문 중 가족 · 복지 · 노동 등 3개 부문에 국한하여 조사하였다. 조사대상은 전국 30,000 표본가구 내의 만 15세 이상 가구원이다.

표집 과정을 보면 우선 서울 · 부산 · 대구 · 인천 · 광주 · 대전 · 울산 등 7대 도시와 9개 도로 층화한 후, 9개의 도는 다시 동부(洞部)와 읍 · 면부로 나누어 모두 25개 층으로 구성한다. 표본조사구의 수는 서울 160개, 경기 118개 등 총 1,231개로 설정되어 있다.

표본조사구를 추출하기 위해 먼저 각 층별로 명부를 작성한다. 개별 층에서 조사구는 주택 특성(30평 초과 대형 아파트, 30평 이하 중소형 아파트, 연립다세대, 단독주택, 기타 등)에 따라 분류하고, 같은 특성에서는 조사구 내 취업자의 산업 구성비로 재분류한다. 즉, 7대 도시와 도의 동부(총 16개 층)에서는 농림어업 종사자 비율로 1차 분류하고, 광공업 종사자 비율로 2차 분류한다. 도의 읍 · 면부(총 9개 층)에서는 광공업 종사자의 비율로 1차 분류한 후, 서비스업 종사자의 비율로 2차 분류한다. 마지막으로는 행정구역번호별로 분류한다.

1998년도 사회통계조사에서 실제 사용된 표집틀은 〈표 4-3〉과 같은 형식으로 되어 있다. 일련번호 1에서 행정구역번호(1123070)는 서울특별시(11) 강남구(230) 개포3동(70)을 나타낸다. 조사구번호(0751)는 인구센서스를 위해 구획해

표 4-3 | 사회통계조사 표집틀(서울특별시의 예)

일련번호	행정구역번호	조사구번호	가구수	인구수	15세이상	취업자	농업(%)	광공업(%)	서비스(%)	주택특성	분류지표
1	1123070	0751	45	77	77	77	0	0	100	12	1200
2	1123070	0851	53	193	120	73	0	0	100	12	1200
3	1103070	0381	33	99	76	40	0	10	90	12	1201
4	1105062	0871	53	197	142	64	0	9	91	12	1201
5	1106069	0061	61	196	158	72	0	10	90	12	1201
6	1106071	0821	34	110	81	42	0	7	93	12	1201
7	1108064	0871	68	241	145	77	0	1	99	12	1201
8	1109062	0151	60	232	169	88	0	5	95	12	1201
9	1110054	0151	62	228	151	71	0	7	93	12	1201
10	1110058	0081	65	249	165	79	0	9	91	12	1201
⋮	⋮	⋮	⋮	⋮	⋮	⋮	⋮	⋮	⋮	⋮	⋮

자료 : 통계청 사회통계과.

놓은 고유번호로, 그 조사구에는 45개의 가구가 있으며, 가구원수는 77명이다. 77명 모두가 취업하고 있고, 전원이 서비스업에 종사한다. 주택 특성은 중소형 아파트(12) 지역임을 나타낸다. 그러한 특성을 바탕으로 분류지표를 구성하는데, 분류지표(1200)에서 앞의 두 자리는 주택 특성(12)을, 그 다음 숫자(0)는 농림어업 종사자의 비율(0)을, 그리고 마지막 숫자(0)는 광공업 종사자의 비율(0)을 나타낸다.

이와 같이 명부가 작성되면, 각 지역별로 설정된 표본수를 규모비례확률(PPS)표집 방법으로 표본조사구를 계통표집하게 된다. 표본으로 선정된 조사구는 평균 8개의 가구를 묶은 구역으로 분할하고, 인접한 3개 구역을 무작위로 추출한 다음, 조사구역 내의 모든 가구(평균 24가구)를 표본가구로 결정한다. 그렇게 28,800가구를 최종 표본으로 확정하였다. 시도 및 전국 총수는 해당 지역별 15세 이상 추계인구를 분자로 하고, 표본조사에서 집계된 15세 이상 총인구를 분모로 한 승수를 곱하여 추정하고 있다(통계청, 1999b 참조).

2. 미국의 '전국사회조사'

미국 시카고대학교에 소재하고 있는 전국여론조사연구소(National Opinion Research Center)는 전국사회조사(General Social Survey)를 정기적으로 실시하고 있다(http://www3.norc.org/GSS+Website). 전국사회조사는 개인면접조사로서 최초로 조사가 실시된 1972년 이후 2010년까지 연인원 55,087명의 응답자들이 5,417개 질문에 응답하였다. 1994년까지는 매년 조사가 이루어졌지만(1979년, 1981년, 1992년은 미실시), 그 후에는 매 2년마다 짝수연도에 실시되고 있다.

표집 방법도 시기별로 달리하고 있다. 1977년 이후 조사에서는 확률표집 방법을 전면적으로 쓰게 되었지만, 1972년에서 1974년까지의 조사에서는 수정된 확률표집 방법을 사용하였다. 수정된 확률표집 방법이란 구역(block) 단위를 추출할 때까지는 다단계 지역확률표집 방법을 따르나, 구역 단위에 가서는 할당표집 방법을 사용하는 것이다.

이것을 좀 더 자세히 살펴보면, 제1차 표집단위(Primary Sampling Units: PSUs)는 표준대도시지역(Standard Metropolitan Statistical Areas: SMSAs)과 그 지역 이외의 군부(non-metropolitan counties)로 하고 종교 · 연령 · 인종에 따라 그들 지역을 층화한 후 추출한다. 제2차 표집단위는 구역군(Block Groups: BGs)과 조사구(Enumeration Districts: EDs)로 하고, 인종과 소득수준에 따라 층화한 후 추출한다. 3단계의 추출단위는 구역(block)인데, 구역은 규모비례확률표집 방법으로 선택한다. 개별 구역에 대한 통계자료가 없는 경우에는 실제로 세어서 구역의 크기를 측정한다. 구역 단위에 가서는 성 · 연령 · 고용상태에 근거한 할당표집 방법을 사용한다. 그 구역의 서북쪽 모퉁이에서 시작하여 지정된 방향으로 이동하면서 할당량이 채워질 때까지 면접대상주거(dwelling units)를 고르게 된다. 할당배분의 근거는 인구센서스자료인데, 실제 조사에서 직장여성이나 35세 이하의 남성을 만나기가 힘들기 때문에, 여성의 경우 직장을 가진 사람과 갖지 않은 사람이, 남성의 경우는 35세 이상과 미만인 사람이 골고루 추출되도록 조사자들에게 지시되고 있다. 할당표집에 드는 비용은 같은 크기의 완전확률표집에 비해 크게 저렴하지만, 부재자로 인한 표본편향의 가능성이 있기 때문에, 그러한 편향을 줄이기 위해 면접자는 주중에는 오후 3시 이후에, 그리고 주말이나 공휴일에 면접하도록 지시되고 있다.

전국사회조사의 목표 표본수는 원래 1,500명이었으나, 1994년부터 매 2년마다 시행하면서 표본수도 3,000명으로 늘어났다. 표본은 각각 1,500명씩 A표본과 B표본으로 나누어 핵심문항은 공유하되 서로 다른 주제를 다루고 있다. 말하자면, 두 해에 걸쳐 실시하였던 것을 한 번에 함께 실시하는 것으로 이해할 수 있다.

현재 사용하고 있는 1990년 표본틀은 이전의 표본틀과 마찬가지로 2단계 선정 방식을 취하고 있다. 제1차 표집단위(PSU)는 대도시지역과 그 이외 지역의 군부로 한다. 미국 전역을 2,489개의 PSU로 나누고 그것을 층화한다. 각 층은 4개의 센서스 권역 내에서 대도시지역 PSU와 기타 지역의 PSU로 묶는다. 기타 지역 PSU는 주별로 분류한다. 각 주에서는 소수민족의 비율에 의해 분류한다. 마지막으로 1인당 소득에 따라 분류한다. 각 PSU는 소수민족의 인구비율에 따라 분류된다. 대도시지역 PSU는 센서스 구획, 소수민족비율, 1인당 소득에 의해 분류된다. 그러한 절차를 거친 다음, 계통표집에 의해 PSU를 선정하는데, PSU는 그 크기, 즉 가구수에 비례하여 추출될 수 있도록 한다. 그중 가구수가 많은 19개의 PSU는 우선적으로 표본에 포함한다. 그렇게 해서 1단계로 100개의 PSU를 선정한다.

제2차 표집단위는 하나 또는 두 개 이상의 인접구역으로 이루어진 구역군(segments, block groups와 대동소이하다)이다. 각 PSU 내에서의 구역군들은 대도시지역의 경우 도시 중심지역인지 외곽지역인지, 주 경계를 넘어서는 경우에는 주 · 군, 지리적 위치, 소수민족의 비율, 센서스 구역(census tract) 등에 따라 분류한 후, 가구수에 비례하여 계통표집 방법으로 표집한다. 우선적으로 선택된 19개 PSU에서는 적게는 3개, 많게는 26개의 구역군이 선정되었다. 나머지 81개 PSU에서는 각각 3개의 구역군이 추출되었다. 그렇게 해서 제2단계에서는 모두 384개의 구역군이 선택되었다.

PSU의 크기가 아주 작은 경우 특정 구역군이 1회 이상 선정될 수도 있다. 그와 같은 경우나 하나의 구역군이 예상외로 많은 수의 가구를 포함할 경우, 3단계 표집이 이루어진다. 그 때에는 구역군을 몇 부분으로 다시 나누어 그중 하나를 선택하게 되는데 규모비례확률표집 방법을 따른다. 그러나 대부분의 지역에서는 실제로 3단계 표집이 필요하지 않았다(http://www.icpsr.umich.edu/GSS99/appendix/apdxa.htm).

3. 일본의 '사회계층과 사회이동 전국조사'

'사회계층과 사회이동 전국조사'(社會階層と社會移動全國調査, national survey of social stratification and social mobility)는 1955년에 제1회 전국조사를 시작한 이래로 매 10년마다 동일한 조사를 수행하여 2005년에는 제6회 조사를 실시한 바 있다. 이것은 흔히 'SSM조사'(SSM調査)로 약칭한다. 1985년 SSM조사의 예를 들면, 1915년 11월 1일부터 1965년 10월 31일 사이에 태어난 20세 이상 69세 이하의 남녀를 모집단으로 하고, 2단계 층화표집 방법을 사용하였다.

표집 과정을 살펴보면 전국의 시구정촌(市區町村)을 지방성, 인구규모, 산업구성 등을 고려하여 층화한다. 구체적으로는 시구정촌을 구부 · 시부 · 군부 · 오키나와로 대별하고 최종적으로 56개의 층으로 나눈다. 거기에서 정령(政令) 지정도시인 삿포로 · 가와사키 · 히로시마 · 기타큐슈 · 후쿠오카 시(市) 등의 각 구는 하나의 시로 간주한다. 각 층에서 모두 300개 지점(시구정촌)을 확률비례표집 방법으로 선정한다. 이어서, 선정된 지점에서는 유권자 명부를 사용하여 첫 번째 유권자를 무작위로 선정하고 그 지점에 할당된 남녀 각각 20명씩 모두 12,000명을 시구(市區)에서는 21명, 정촌(町村)에서는 11명의 간격으로 계통표집하여 대상자 명단을 작성한다. 그러나 명단에 등재되어 있는 모든 사람을 조사대상자로 하는 것은 아니고 대상자 명단에서 각 지점에 할당된 표본수까지를 대상자로 하는 것이다(直井 優 · 盛山和夫, 1990: 185-186).

4. 한국갤럽조사연구소의 표본조사

우리나라의 민간사회조사기관으로서 그간 많은 조사업무를 수행해 온 한국갤럽조사연구소의 표집절차를 알아보기로 한다. 한국갤럽은 미국갤럽과 비슷한 방법을 사용하는데 규모비례확률표집 방법을 사용하여 전국에서 200개의 표집지역을 선택한 후, 일련의 계통표집으로 최종 표집단위인 가구와 개별 응답자를 뽑는다.

참고 4-3 | 표본의 대표성

사회조사란 대부분이 시간과 비용의 제약 속에 수행되는 것이기 때문에 센서스와는 달리 표본조사를 통하여 전체 집단, 즉 모집단의 성격을 추론하게 된다. 따라서 표본을 어떻게 추출하느냐 하는 것이 무엇보다도 중요하며, 그것이 바로 조사의 생명이다. 기법상 여러 가지 방법이 가능하지만, 모집단의 내적 특성을 표본에 대표하도록 한다는 것이 중요하다. 제한된 대상, 예를 들어 근로자를 대상으로 한 조사라도 표집계획에 따라 그 결과가 상당히 달라질 수 있다. 다시 말하자면 모든 근로자를 대상으로 할 것인지, 노조가 결성되어 있는 업체의 근로자를 대상으로 할 것인지, 아니면 단위노조에 가입된 근로자만을 대상으로 할 것인지에 따라 조사결과는 매우 다른 모습으로 나타날 수 있다.

노사관계와 관련된 조사의 예를 통하여 근로자의 특성별로 응답유형이 어떻게 달라지고 있는가를 알아보기로 한다. 〈표 4-4〉에서 볼 수 있는 바대로 동일한 진술에 대해서도 근로자가 현재 노동조합에 가입되어 있는가 여부에 따라 커다란 차이를 보여 주고 있다. 근로자들의 임금인상 요구에 대한 반응을 보면 비조합원이나 노조가 아예 결성되어 있지 않은 사업체의 근로자들은 부정적인 견해가 더 강한 반면, 노조원의 경우에는 그 반대의 성향을 보여 주고 있다. 또한 전국민주노동조합총연맹(민주노총)의 전신인 전국노동조합협의회(전노협)에 대한 반응도 노조에 가입되어 있는 근로자들이 보다 더 긍정적임을 알 수 있다. 따라서 근로자를 대상으로 한 조사연구에서 조사의 실시기관이나 주체가 표본을 추출하는 과정에서 노동조합 결성 여부를 고려치 않고 조사를 설계하고 실시하였을 경우 그 결과에서는 상당한 왜곡이 초래될 수 있음에 유의하여야 할 것이다.

표 4-4 | 노사관계 진술에 대한 동의비율 (단위 : %, (*N*))

진술 내용	노조가입 여부		
	가입 (791)	비가입 (410)	노조 미결성 (970)
최근 근로자의 임금인상 요구는 경제여건과 회사사정을 고려할 때 지나치다	44	69	65
재야민주노조(전노협) 중심으로 제2노총을 결성하여야 한다	30	17	15
노사협의회가 좀 더 강화되어 근로자 대표가 인사/경영에 참가해야 한다	68	38	56

자료 : 한국노동연구원, 「노동문제 및 노사관계에 대한 근로자의식조사연구」, 1990년 1월.

표집은 4단계로 이루어지는데, 그것을 보다 구체적으로 살펴보기로 하자.

제1단계에서는 최상위 행정구역인 7개의 특별도시(서울 · 부산 · 대구 · 인천 · 대전 · 광주 · 울산)와 9개의 도(경기 · 강원 · 충북 · 충남 · 경북 · 경남 · 전북 · 전남 · 제주)를 층으로 나누고, 도는 다시 중간단위의 행정구역인 시 · 읍 · 면으로 나눈다.

제2단계에서는 특별도시와 시 · 읍 · 면의 모집단을 배열한 후, 동 또는 리를 뽑는데, 그것이 제1차 표집지역(primary sampling location)이 된다. 표집지역의 수는 표본수에 따라 달라지나 1,500개의 표본을 얻으려고 하는 경우 200개 정도의 표집지역을 선택하는 것이 보통이며, 표집지역의 수는 특별도시와 도의 인구비례에 맞게 할당한다.

제3단계에서는 최종실행표집지역(actual final sampling location)인 반(班)과 부락이 선택될 때까지 계통표집을 반복하여 인구비례로 정해진 표집지역의 수만큼 뽑는다. 반은 대략 20가구, 부락은 20~80가구로 구성된다.

마지막 제4단계에서는 응답자를 선택하는데, 조사자는 그가 맡은 최종실행표집지역을 방문하여 반장 또는 이장이 가지고 있는 주민명부에서 8가구를 추출한다. 그 다음 조사자는 선택된 가구들로부터 단순무작위표집으로 응답자를 고르는데, 18세 이상의 가구원 중에서 생일이 가장 빠른 사람이 조사대상자가 된다. 제1차 방문 시 해당 대상자를 만나지 못하면, 다시 한번 더 방문하도록 지시되고 있다(박무익, 1989 참조).

참고 4-4 | 출구조사와 표집

투표소 출구조사(exit poll)는 선거결과의 예측을 위해 광범하게 사용되어 왔다. 그러나 우리나라에서 그 방법이 사용된 것은 비교적 최근의 일이다. 1997년 경기도 안양시 만안구 국회의원 보궐선거에서 최초로 사용되었고, 2000년 4월 13일 제16대 국회의원 총선거에서 본격적으로 도입되었다. 출구조사는 조사대상자가 유권자가 아니라 실제 투표자여서 투표결과의 예측 적중률을 높일 수 있는 방법으로 인식되어 왔다. 출구조사에서 중요한 점은 선거구에서 투표구(투표소)를 어떻게 선정하느냐 하는 것이다. 출구조사에서 표본의 대표성을 유지하는 일은 매우 중요하다. 일반적으로 출구조사에서는 투표를 하고 나오는 사람을 대상으로 매 N번째 사람을 택하는 계통표집 방법을 사용하고 있다.

제16대 총선에서 선거구는 총 227개였는데 각 선거구에는 평균적으로 50~60개 정도의 투표구가 있었다. 현실적으로 각 선거구의 모든 투표구를 대상으로 할 수는 없었고, 그중 몇 투표구를 골라 표본조사를 하였다. 결국 해당 선거구의 특성을 가장 잘 반영하는 투표소를 선정하는 것이 관건이었다. 제16대 총선에서 KBS와 SBS 방송이 주관하고 4개 조사기관이 실시한 조사에서는 각 선거구당 평균 6개의 투표구를 선정하였다. 투표구의 수는 시간, 비용, 그리고 각 조사기관이 감당할 수 있는 범위 내에서 결정하였다.

출구조사의 방법은 나라마다 차이가 있으며 또한 선거구의 여건에 따라서도 달라질 수 있다. 따라서 모든 상황에 적용될 수 있는 최적의 방법이 있는 것은 아니다. 지금도 여러 가지 가능한 방법들이 연구 · 개발되고 있는 중이다. 투표구 선정에 사용할 수 있는 몇 가지 방법을 소개한다(김창환, 2000 참조).

(1) 최소제곱법

최소제곱법은 해당 선거구의 전체 결과와 각 투표구의 결과를 비교하여 그 차이가 가장 작은 투표구를 대표 투표구로 선정하는 것이다. 즉, 해당 선거구의 각 후보별 득표율과 각 투표구의 후보별 득표율의 차이의 제곱의 합이 가장 작은 투표구를 선정하는 방법이다. 그 때 활용하게 되는 자료는 과거 선거

결과 자료이며, 따라서 과거 선거의 투표행태가 이번 선거에서도 그대로 재현될 것이라는 전제에서 출발한다.

어느 선거구에 J명의 후보자가 있고 I개의 투표구가 있다고 할 때, j번째 후보가 선거구 전체에서 얻은 득표율을 ρ_j라 하고 i번째 투표구에서 얻은 득표율을 ρ_{ij}라 하면, i번째 투표구의 편차의 제곱합은 $\sum(\rho_{ij} - \rho_j)^2$이며, 그 값이 최소화되는 투표구를 선택하면 된다.

제16대 총선의 서울 강동갑구의 투표결과를 이용하여 설명해 보기로 한다. 투표결과는 〈표 4-5〉에 나타나 있다. 편의상 부재자투표 결과는 제외하였고, 후보자도 실제는 5명이었으나 한나라당과 민주당 후보로만 국한하였다. 또한 각 동은 약 4~6개의 투표구로 구성되어 있지만, 각 동이 단일투표구로 되어 있는 것으로 가정하였다.

표 4-5 | 16대 총선 서울 강동갑구 한나라당-민주당 득표율

투표구	선거인수(명)	투표율(%)	득표율(%)		편차의 제곱합
			한나라당	민주당	
전체	177,228	56.5	52.1	41.5	–
강일동	4,041	58.7	45.5	47.7	82.00
상일동	21,875	59.5	54.6	39.2	11.54
명일1동	20,583	58.0	57.2	37.4	42.91
명일2동	13,364	63.3	63.9	31.3	115.84
고덕1동	17,284	56.9	52.7	41.6	0.37
고덕2동	14,964	55.1	50.7	42.7	3.40
암사1동	17,848	47.9	44.2	48.3	108.65
암사2동	4,453	51.3	44.6	48.4	103.86
암사3동	11,796	54.9	48.3	44.9	26.00
암사4동	11,678	51.6	47.3	45.8	41.53
길1동	15,663	51.5	47.2	46.3	47.05
길2동	18,967	54.8	53.7	40.2	4.25

자료 : 동아일보 (2000년 4월 21일자).

예컨대, 강일동의 편차의 제곱합은 $(45.5 - 52.1)^2 + (47.7 - 41.5)^2 = 82.0$이 된다. 상일동은 $(54.6 - 52.1)^2 + (39.2 - 41.5)^2 = 11.54$ 등 모든 투표구에 대해 편차의 제곱합이 계산된다. 〈표 4-5〉에서 보면 고덕1동(0.37), 고덕2동

(3.40), 길2동(4.25), 상일동(11.54), 암사3동(26.00) 등, 편차의 제곱합이 작은 순으로 필요한 수만큼 투표구를 선정하면 된다. 그러나 신규개발지역 등 자료가 가용하지 않은 경우나 투표구의 관할 선거구가 변경되었을 경우에는 이 방법을 직접 적용하기 어렵다.

(2) 층화법

층화법은 한 선거구 내에서도 개별 투표구의 정치적 성향이 서로 상이할 수 있다는 전제하에서, 동질적인 정치적 성향을 가진 투표구를 묶어 몇 개의 층으로 구분하고, 각 층에서 투표구를 선정하는 방법이다. 층화하는 방법 중의 하나는 특정 정당에 대한 지지율이 높은 순으로 배열하고 그것을 몇 개의 층으로 구분한 다음, 유권자의 비율에 따라 투표구의 수를 결정하여 각 층에서 선정한다. 각 층 내에서의 투표구 선정은 무작위로 하는 것이 일반적이다.

예를 들면, 〈표 4-6〉처럼 투표구를 한나라당 득표율의 크기순으로 배열할 수 있다. 물론 민주당의 득표율로 배열할 수도 있으나, 강동갑구의 경우에는 거의 동일한 순서를 가지고 있어 결과적으로는 큰 차이가 없다. 한나라당 지지율은 명일2동 63.9%에서 암사1동 44.2%까지 이른다. 다만 몇 개의 층으로 나누는가는 주관적 판단에 따라 달라질 수 있다. 강동갑구의 경우는 대체로 3개의 층으로 나눌 수 있다. 어디를 분리점으로 하여 구분할 것인가 하는 것은 연구자가 결정할 사안이다.

표 4-6 | 한나라당 득표율에 따른 투표구 순위

투표구	선거인수(명)		득표율(%)	
			한나라당	민주당
명일2동	13,364	33,947	63.9	31.3
명일1동	20,583		57.2	37.4
상일동	21,875	73,090	54.6	39.2
길2동	18,967		53.7	40.2
고덕1동	17,284		52.7	41.6
고덕2동	14,964		50.7	42.7
암사3동	11,796	65,479	48.3	44.9
암사4동	11,678		47.3	45.8
길1동	15,663		47.2	46.3
강일동	4,041		45.5	47.7
암사2동	4,453		44.6	48.4
암사1동	17,848		44.2	48.3

동일한 층으로 묶인 투표구들은 가급적 동질적이어야 하고, 다른 층과는 가능하면 차이가 나도록 하여야 한다. 명일2동 · 명일1동을 하나로 하고, 상일동 · 길2동 · 고덕1동 · 고덕2동을 하나로 묶고, 나머지를 하나로 하여, 세 집단으로 구분할 수 있다. 유권자의 비율은 세 층이 각각 19.7%, 42.4%, 38.0%이며, 만약 투표구를 5개 선정하고자 하면 투표구의 수는 1개, 2개, 2개 정도로 배정할 수 있을 것이다. 각 층 내에서 투표구 선정은 무작위로 하면 된다. 그러나 이 방법에서는 층화하는 방법에 따라 투표구 선정이 크게 달라질 수 있다. 예컨대, 명일1동의 경우 명일2동과 같은 층에 속할 수도 있고, 아니면 상일동 등과 함께 새로운 층을 구성할 수도 있을 것이다.

(3) 순환식 조사법

순환식 조사법은 투표구를 순회하면서 조사하는 방법이다. 즉, 앞의 두 방법들은 투표구를 미리 정하여 그곳에서 투표시간대 내내 조사하는 것에 반하여, 순환식 조사법은 하나의 조사팀이 특정 투표구에 머물지 않고 몇 개의 투표구를 이동하면서 조사하는 것이다. 이 방법은 특히 투표자의 성향이 시간대별로 차이가 있기보다는 투표구별로 차이가 더 클 수 있다는 가정하에서 시행되는 것이다. 투표구별 표본수는 유권자의 수에 따라 비례적으로 결정된다. 한 투표구에서 할당량이 채워지면 다른 투표구로 옮겨가게 된다. 이 방법은 보다 많은 투표구를 조사할 수 있는 장점을 가지고 있다. 또한 과거의 투표성향에 대한 자료가 가용하지 않을 경우에도 이 방법은 사용될 수 있나. 그러나 이 방법을 사용할 경우 투표시간대별로 성별 · 연령 · 직업 등에서 현격한 차이가 있다면 문제가 될 수 있다.

(4) 대표지역 선정법

대표지역 선정법은, 각 선거구의 정치적 성향을 가장 잘 대표하는 지역(동 · 읍 · 면)이 있다고 가정하고 그것을 추출한 다음, 거기서 모든 투표구를 선정하는 방식이다. 투표구의 수가 많을 때에는 그중 일부를 무작위로 추출할 수도 있다. 각 선거구의 특성을 가장 잘 대표하는 지역을 찾는 일은 최소제곱법에서와 그 논리가 같다. 단지 최소제곱법에서는 표집단위가 투표구가 되나, 대표지역 선정법에서는 여러 개의 투표구로 이루어진 동 · 읍 · 면 등의 지역이 된다는 점에서 다르다.

예컨대, 각 정당 지지율을 통해 볼 때 고덕1동이 선거구 전체 비율과 가장 유사하여 고덕1동을 강동갑구의 대표지역으로 간주할 수 있다. 따라서 고덕1

동의 전 투표구를 대상으로 조사를 실시하게 된다. 〈표 4-5〉에서는 설명을 위해 각 동이 하나의 투표구로 이루어져 있다고 가정하였지만 실제로 5개의 투표구가 있는 셈이다. 그러나 대표지역 선정법은 선정된 특정 동의 성향변화에 의해 크게 영향을 받게 된다. 따라서 제16대 총선 출구조사에서는 이 방법을 거의 사용하지 않았다.

| 제 5 장 |

질문지 작성

연구주제를 설정하고 구체적인 연구내용이 마련되면 그것을 측정하기 위한 도구를 준비하게 된다. 우리가 흔히 질문지로 부르는 도구는 엄밀히 말하면 질문지(questionnaire)와 면접조사표(interview schedule)로 구분된다. 질문지란 응답자에게 직접 배포하여 그들로 하여금 스스로 기입해 넣도록 하는 것으로서 자기기입식 질문지(self-administered questionnaire)라고도 하며, 면접조사표는 응답자가 직접 기입하는 것이 아니라 면접자가 질문을 읽어 내려가면서 응답자로부터 대답을 얻어 써넣는 것을 가리킨다. 그러나 우리가 일반적으로 질문지라고 할 때는 그 두 가지를 모두 포함한다.

제 1 절 질문의 미묘함

어떤 사람은 "말 한 마디로 천 냥 빚을 갚기"도 하지만, 잘못 내뱉은 한 마디 말 때문에 신세를 망치는 사람도 있는 게 사회현실이다. 이것을 두고 우리 속담은 "아 다르고 어 다르다"고 표현한다. 이 말은 '질문' 문항의 경우에 확실히 적용된다. 조사나 접미사 한두 글자만 바꾸더라도 그 의미가 달라질 수 있는 게 인간의 언어이기 때문이다. 다시 말해, 글자 몇 자로 전혀 다른 사회현상을 측정할 수 있게 된다는 뜻이다.

코리아리서치센터(2003)의 「리서치용어집」에 제시된 사례에 의하면, 1985년 국내 한 조사기관에서 정치인에 대한 태도를 조사하면서 "우리나라 정치가들 중에는 정직한 사람이 많다"라는 의견에 대해 찬성과 반대의 태도를 알아보았다. 결과는 반대 의견이 찬성 의견보다 거의 두 배나 높게 나타났다. 그 다음 해 비슷한 시기에 "우리나라 정치가들 중에도 정직한 사람이 많다"로 문항을 약간 수정하여 조사를 진행했다. 두 문항의 차이는 단지 토씨 하나, 즉 '정치가들 중에는'과 '정치가들 중에도'의 차이밖에 없었다. 그럼에도 불구하고 결과는 정반대로 나왔다. 한마디로 말해, 질문 문항에서는 확실히 "'는' 다르고 '도' 다르다."

1969년 미국의 대표적 여론조사기관인 갤럽(Gallup Poll, 1969. 6.)과 해리스(Harris Poll, 1969. 9.~10.)가 3개월의 시차를 두고 "베트남에서 미군이 철수하는 것"에 대해 조사한 결과는 매우 상이한 결과를 보고하였다. 다음은 그 각각의 질문 문항과 응답자 분포를 보여 준다(Marsh, 1979).

〈문 1〉 닉슨 대통령은 금후 3개월 사이에 베트남에서 2만 5천 명의 미군을 철수시키겠다고 발표하였습니다. 귀하는 그것에 대하여 어떻게 생각하십니까? 군대 철수 속도를 더 빨리 하여야 한다고 생각하십니까, 아니면 더 천천히 하여야 한다고 생각하십니까?

① 더 빨리 하여야 한다 (42%)
② 그대로가 좋다 (29%)
③ 더 천천히 하여야 한다 (16%)
⑨ 무응답 (13%)

〈문 2〉 귀하는 닉슨 대통령에 의한 베트남의 미군 철수 속도를 어떻게 생각하십니까? 빠르다고 보십니까? 느리다고 보십니까? 아니면 적당한 속도라고 생각하십니까?

① 빠르다 (29%)
② 적당하다 (49%)
③ 느리다 (6%)
⑨ 무응답 (16%)

〈문 1〉에서 '그대로가 좋다' 에 응답한 사람의 비율은 29%이지만, 〈문 2〉에서 '적당하다' 고 응답한 사람의 비율은 49%다. 그 정도 차이는 3개월이라는 조사시점으로 설명하기에는 너무나 크다. 그 원인을 찾기 위하여 이 두 질문의 내용을 검토해 보면, 〈문 1〉은 '미군 철수 상황과 속도' 를 기정사실화하지 않은 채 응답자의 태도를 측정한 것이고, 〈문 2〉는 '미군 철수 속도' 를 기정사실화하고 그에 대한 응답자의 태도를 측정한 것임을 알 수 있다. 그 결과 〈문 1〉에서 '더 빨리 하여야 한다' 또는 '더 천천히 하여야 한다' 에 응답한 사람들 중 상당수가 〈문 2〉에서는 '적당하다' 고 대답한 것이다. 그 두 질문은 유사한 내용의 별개 측면을 질문한 것이다. 다시 말해, 이 경우는 응답자의 태도가 3개월 사이에 달라진 것이라기보다는, 두 조사기관이 각기 다른 내용을 조사한 것으로 보아야 한다.

한편, 거의 유사한 의미를 담고 있는 용어라도 '정치적 민감성' 을 갖는 경우 응답자들이 제각각 달리 해석하는 경우가 종종 있다. 미국 시카고대학교 전국여론조사연구소에서 1998년에 실시한 전국사회조사에서는 조사대상자들에게 미국사회의 '복지'(welfare)와 '가난한 사람 지원'(assistance to the poor) 예산에 대하여 평가하도록 요구하였다. 그 때 사용한 질문은 다음과 같다(Davis, Smith and Marsden, 2000).

> "우리는 이 나라(미국)에서 쉽사리 또는 값싸게 해결될 수 없는 많은 문제들에 직면하고 있습니다. 저는 이 문제들에 이름을 붙이고, 그 각각에 대하여 우리가 너무 많은 돈을 쓰고 있는지, 너무 적은 돈을 쓰고 있는지, 아니면 적당한 돈을 쓰고 있는지에 대한 귀하의 생각을 듣고 싶습니다. 우리는 _____에 대해서 너무 많은 돈을 쓰고 있습니까? 너무 적은 돈을 쓰고 있습니까? 아니면, 적당한 돈을 지출하고 있습니까?"

조사결과, 응답자들은 미국사회의 '복지' 예산이 '너무 많다' 는 의견이 가장 다수(45%)였고, 동시에 '가난한 사람 지원' 예산은 '너무 적다' 는 의견이 역시 가장 다수(62%) 범주를 차지하였다(Bradburn, Sudman and Wansink, 2004: 7). '복지' 와 '가난한 사람 지원' 이 결코 동의어는 아니지만, 상당 부분 중첩되는 내용을 갖고 있음을 고려할 때, 이렇게 대조되는 결과가 나타난 것은 '복지' 라는 용어에 대해 조사대상자들이 민감하게 반응한 결과로 해석된다.[1)]

표 5-1 | **정치적 어감의 쟁점** (단위 : %)

	'복지' (N= 1,317)	'가난한 사람 지원' (N= 1,390)
너무 적다	17	**62**
적당하다	38	26
너무 많다	**45**	12
계	100	100

자료 : Bradburn, Sudman and Wansink (2004: 7).

이상의 사례는 조사자의 질문에 대한 응답자의 반응으로 사회현상을 측정하거나 해석할 때 약간만 방심하면 엄청난 실수를 저지를 수 있음을 보여 준다. 또 조사자가 고의로 그러한 장치를 삽입하여 여론을 오도할 가능성이 있음을 시사하는 것이기도 하다. 다시 말해, 우리가 흔히 '사회적 사실' (social fact)로 간주하는 조사결과가 경우에 따라서는 의도적으로 얼마든지 조작될 수 있음에 유의해야 한다. 그 점을 명심하고, 질문 문항의 작성 방법을 살펴보기로 하자.

제 2 절 질문의 유형

질문은 응답의 범주들을 간단히 선택하도록 하는 폐쇄형 질문(closed-ended questions)과 선택의 범주들을 제시하지 않고 자유롭게 응답하게 하는 개방형 질문(open-ended questions)으로 나누어 볼 수 있다. 개방형 질문은 모든 가능한 범주를 알 수 없거나 응답자의 창의적 응답을 기대할 때 사용하고, 폐쇄형

1) 일반 미국인들은 '복지' 라는 용어에 대해 대체로 부정적인 이미지를 갖고 있다.

질문은 주요 가설을 표준화된 선택 범주로 제시하고 그에 대한 응답자의 반응을 집계할 때 사용한다. 동일한 내용을 묻더라도 질문지의 구성은 다음과 같이 달라진다(사회지도층조사 84).[2)]

폐쇄형

"현재 우리나라가 안고 있는 문제점 가운데에서 가장 심각한 것은 다음 중 무엇이라고 생각하십니까?"

__ ① 빈부의 격차
__ ② 제한된 자유
__ ③ 사회질서의 문란
__ ④ 일부층의 특권의식
__ ⑤ 서구풍조의 범람
__ ⑥ 불신풍조의 만연

개방형

"현재 우리나라가 안고 있는 문제점 가운데에서 가장 심각한 것은 무엇이라고 생각하십니까? 자유롭게 말씀해 주십시오."

이 두 형태의 질문이 갖는 장단점을 알아보기로 한다.

1. 폐쇄형 질문

우선 폐쇄형 질문이 갖는 장점으로는 다음과 같은 점들을 들 수 있다(Bailey, 1987: 123-128).

① 질문에 대한 대답이 표준화되어 있기 때문에 비교가 가능하다.

② 부호화(coding)와 분석이 용이하여 시간과 경비를 절약할 수 있다.

③ 질문의 의미가 응답자에게 보다 명확하게 전달될 수 있다. 즉, 질문이 다소 모호하게 던져진다 하더라도 주어진 선택 항목을 통해서 그 질문의 의미를

2) 설명 및 분석에 사용된 조사 자료 목록은 부록 1 참조.

보다 잘 파악할 수 있다.

④ 민감한 주제에 보다 적합하다. 소득과 같이 밝히기를 주저하거나 개인의 사생활과 깊이 관계되는 물음인 경우에는 선택할 수 있는 범주를 마련해 주어 그중에서 고르도록 하는 것이 좋다.

⑤ 고르기만 하면 되기 때문에 응답자가 쉽게 응답할 수 있으며, 따라서 적합하지 않은 응답을 최소화할 수 있다.

반면에 단점으로는 다음과 같은 것들이 있다.

① 응답을 모르거나 특별한 견해가 없는 경우 또는 자신의 의도를 명확히 나타내 주는 응답의 범주가 없을 경우에 적절한 응답을 상상하거나 아무것에나 응답할 수 있다.

② 응답자가 질문의 의도를 잘못 이해하고 응답한다거나 응답자가 잘못 기재할 때(예를 들어 1번이라고 생각하면서도 실수로 2번에 표시하게 될 때) 그것을 찾아낼 길이 없다.

③ 동일한 선택 항목을 택한다 하더라도 개인에 따라 느낌이나 견해가 서로 다를 수 있는데, 그것이 인위적으로 무시되고 있다.

④ 응답의 범주가 많을 경우 응답자는 그것을 모두 기억할 수 없다. 그러한 때에는 응답의 내용을 다시 읽어 주어야 하는데, 그 과정에서 오류가 발생할 수 있다.

2. 개방형 질문

개방형 질문은 응답자의 견해를 보다 잘 서술할 수 있도록 해 주는데, 장점으로는 다음과 같은 것을 들 수 있다.

① 모든 가능한 응답의 범주를 모르거나 응답자가 어떻게 응답하는가를 탐색적으로 살펴보고자 할 때 적합하다. 따라서 이 방법을 쓰면 연구자가 앞서 기대하지 못했던 응답들도 얻을 수 있다. “현재 우리나라가 안고 있는 문제점 가운

데에서 가장 심각한 것은 무엇이라고 생각하십니까?"라고 질문하였을 때 빈부 격차의 심화, 지역 간 불균형 발전, 부정부패, 인구 고령화, 청년 실업, 비정규직 증가 등과 같은 내용은 일반적으로 기대할 수 있는 것들이다. 그러나 국민이 공감하는 국가정책의 부재라든가 모든 국민이 장래를 보지 않고 단기간에 승부를 내려고 하는 현실과 같은 응답도 나타난다. 그러므로 개방형 질문은 특히 예비조사(pilot study)에서 유용하다.

② 응답자로 하여금 그가 원하는 방향으로 자세히 응답하게 함으로써 창의적인 자기표현의 기회를 줄 수 있다.

③ 질문지에 열거하기에는 응답 범주가 너무 많을 경우에 사용하면 좋다.

④ 몇 개의 범주로 압축할 수 없을 정도로 쟁점이 복합적일 때 적합하다.

반면에 개방형 질문은 몇 가지 단점도 가지고 있다.

① 응답자료가 개인별로 표준화되어 있지 않기 때문에 비교나 통계 분석이 어렵다.

② 부호화작업이 어렵고 주관적이어서 그 작업을 하는 사람들 간에 차이가 날 수 있다.

③ 자기의 생각이나 견해를 말과 글로 표현할 수 있는 능력을 가져야 하기 때문에 응답자가 어느 정도의 교육수준을 갖추어야 한다.

④ 완전개방형 질문이 주어지면 희귀한 응답을 하는 사람들이 많아지는데 그러한 응답은 분석적으로 유용하지 못하다.

⑤ 응답하는 데 시간과 노력이 더 들기 때문에 무응답이나 거절의 빈도가 높을 수 있다.

3. 선택 범주의 포괄성과 상호배제성

폐쇄형 질문에서 선택 범주는 서로 겹치지 않아야 하고(mutually exclusive), 또 모든 부분을 포괄하여야(exhaustive) 한다. 그러나 [그림 5-1]에 예시한 것처럼, 그 내용을 충실히 준수하기 힘든 경우가 적지 않다. 그 해결 방법은 두 가지가 있다.

그림 5-1 | 선택 범주의 포괄성과 상호배제성 문제와 그 해결 방법

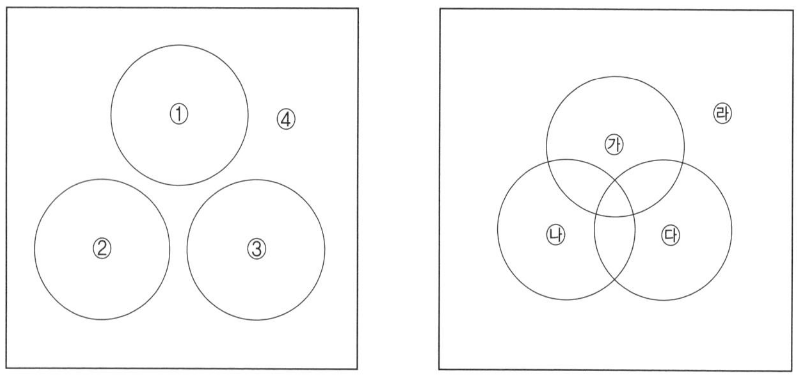

(가) 포괄성 문제 해결 : 기타 범주　　(나) 상호배제성 문제 해결 : 복수응답

첫째, 포괄성 문제는 '기타' 범주를 사용하여 해결할 수 있다. 사전조사나 기존 연구 검토를 통해 응답 범주를 만들더라도, 그것이 모든 부분을 포괄할 수 없기 때문에 '기타(구체적으로 : ________________________)' 범주를 제시하도록 한다. 응답결과는 개방형 질문과 마찬가지로 처리하여 폐쇄형 범주와 결합시킨다.

둘째, 상호배제성 문제는 복수응답으로 질문 형태를 변환함으로써 해결할 수 있다. 외국인 노동자가 한국에 오기 위하여 필요한 돈을 마련하는 데 빚을 내고, 저축한 돈을 쓰거나, 퇴직금을 활용하는 등 다양한 방법을 동원하는데, 어느 한 가지 방법만 이용하기보다는 여러 가지 방법을 병행하는 것이 많다(설동훈, 1999: 548 참조).

귀하는 한국에 오기 위하여 필요한 돈을 어떻게 마련하였습니까? 해당하는 곳에 모두 ○표 하여 주십시오.

__ ㉮ 빚을 내었다
__ ㉯ 저축한 돈을 사용하였다
__ ㉰ 퇴직금을 사용하였다
__ ㉱ 기타(구체적으로 : ______________________)

4. 질문의 형태

첫째, 자료 수집 방법에 따라 질문의 형태가 달라져야 한다. 면접조사는 조사 비용과 시간이 가장 많이 들지만 최적의 질문 형태를 사용할 수 있다는 장점이 있다. 우편조사는 면접조사와 동일한 질문지를 사용할 수는 있으나, 응답자가 이해하지 못한 내용이 있을 경우 부연설명해 줄 방법이 없다는 단점이 있다. 온라인 사회조사의 경우 그래픽과 음향 등 멀티미디어 매체를 병행할 수 있는 이점이 있으나, 우편조사와 마찬가지로 응답자가 조사자의 질문 의도를 제대로 이해하지 못할 때 되물을 수 있는 방법이 없으므로, 질문의 의미를 최대한 명료하게 만드는 데 힘써야 한다. 다음은 선택 범주에 그래픽을 사용한 사례다.

다음은 여러 가지 감정상태를 나타내는 얼굴 표정입니다. 어느 얼굴 표정이 귀하의 감정상태와 가장 가깝습니까?

① ② ③ ④ ⑤ ⑥ ⑦

자료 : Andrews and Withey (1976).

한편, 전화조사를 통해 동일한 내용을 측정하고자 할 경우 문항이 훨씬 간결해져야 하는 것은 물론이고, 문항수도 줄여야 한다. 그렇지 않으면 응답자가 전화조사 도중에 전화를 끊어버리는 일이 자주 발생한다.

둘째, 분석 기법에 따라 질문의 형태가 달라져야 한다. 질문 형태는 범주형 변수(문 1)와 척도형 변수(문 2)로 대별된다. 그 예는 다음과 같다(서울대학교 사회발전연구소, 1996).

〈문 1〉 우리나라 재벌에 대해 떠오르는 가장 나쁜 점은 무엇입니까? 하나만 골라 주십시오.

__ ① 소비자를 희생하였다
__ ② 중소기업의 영역을 침해하였다
__ ③ 부동산에 투기하였다
__ ④ 빈부격차를 심화시켰다
__ ⑤ 독과점으로 폭리를 취하였다
__ ⑥ 지역 간 불평등을 심화시켰다
__ ⑦ 탈세를 일삼았다
__ ⑧ 정치권력과 밀착하였다
__ ⑨ 지역감정을 심화시켰다
__ ⑩ 기타(____________________)

〈문 2〉 귀하는 다음 전문가 집단을 얼마나 신뢰하고 계십니까? '전혀 신뢰하지 않는다' …… '매우 신뢰한다' 중 귀하의 의견에 해당하는 곳에 ○표 하여 주십시오.

	불신					중간					신뢰	모르겠다
(가) 국회의원	⓪	①	②	③	④	⑤	⑥	⑦	⑧	⑨	⑩	⑨⑨
(나) 변호사	⓪	①	②	③	④	⑤	⑥	⑦	⑧	⑨	⑩	⑨⑨
(다) 행정관료	⓪	①	②	③	④	⑤	⑥	⑦	⑧	⑨	⑩	⑨⑨
(라) 대기업 임원	⓪	①	②	③	④	⑤	⑥	⑦	⑧	⑨	⑩	⑨⑨
(마) 기자	⓪	①	②	③	④	⑤	⑥	⑦	⑧	⑨	⑩	⑨⑨
(바) 교수	⓪	①	②	③	④	⑤	⑥	⑦	⑧	⑨	⑩	⑨⑨
(사) 의사	⓪	①	②	③	④	⑤	⑥	⑦	⑧	⑨	⑩	⑨⑨
(아) 치과의사	⓪	①	②	③	④	⑤	⑥	⑦	⑧	⑨	⑩	⑨⑨
(자) 한의사	⓪	①	②	③	④	⑤	⑥	⑦	⑧	⑨	⑩	⑨⑨
(차) 약사	⓪	①	②	③	④	⑤	⑥	⑦	⑧	⑨	⑩	⑨⑨
(카) 시민운동가	⓪	①	②	③	④	⑤	⑥	⑦	⑧	⑨	⑩	⑨⑨

제 3 절 질문지 작성 원칙

우리가 구체적으로 질문지를 작성하고자 할 때 어떠한 점들을 고려하여야 하는가? 대상자의 견해를 가장 잘 얻어낼 수 있는 질문이라면 훌륭한 질문지가 될 것이다. 질문지를 구성할 때 일반적으로 요구되는 원칙이 있다.

1. 간결성

질문은 간결하게 한다. 즉, 질문은 짧을수록 좋고 부연설명이나 단어의 중복 사용은 피해야 한다. 질문이 길어지면 핵심이 흐려지고 응답자에게도 불편을 주게 된다. 다음 질문을 예로 살펴보자(복지의식조사 79).

> "우리나라에서 몇 년 전에 국민의 노후생활안정을 위하여 국민복지연금제도를 제정하였습니다. 그 제도를 보면 18세 이상 60세까지 봉급생활자는 누구나 매월 자기봉급의 약 3%를 일정기간(20년) 불입하고 기업주도 약 4%를 부담해 주며 자영자는 본인이 전액을 부담합니다. 그리고 정부에서는 운영비만을 부담하게 되어 있습니다. 선생님께서는 그러한 연금제도의 실시에 대하여 어떻게 생각하십니까?"
>
> __ ① 곧 실시되기를 바란다
> __ ② 더 연기되기 바란다
> __ ③ 별 필요성이 없을 것 같다

이러한 질문이 주어졌을 때 질문이 너무 장황하기 때문에 많은 수의 일반 응답자들은 당혹해 하거나 쉽게 흥미를 잃을 수 있다.

2. 명확성

질문은 명확하게 한다. 즉, 질문은 그 자체로서 의미가 명확히 전달될 수 있도록 언어구성(wording)을 하고 모호한 질문은 피하여야 한다. 교육을 많이 받은 사람들만이 이해할 수 있거나 특정 집단의 사람들만이 알아들을 수 있는 단어는 피해야 할 것이다. 설사 이해할 수 있다 하더라도 그 단어에 대한 정의가 사람마다 달라질 수 있는 경우에는 그것을 명확히 밝혀 주는 것이 좋다. 다시 말해, 질문은 모든 응답자에게 같은 의미를 갖도록 해야 한다.

예를 들면, "귀하께서는 현재 우리나라가 택하고 있는 사회체제에 대하여 어떻게 생각하십니까?"라고 질문하였을 때 많은 사람들은 '사회체제'의 의미를 잘 이해할 수 없을 것이다. 또 다른 예로서 "귀하의 고향은 어디십니까?"라고 물어보았다고 하자. 그러한 질문에 출생지를 고향으로 대답하는 사람도 있을 것이고 자신의 성장지를 대답하는 사람도 있을 것이다. 또 어떤 사람은 조상대대로 뿌리를 박고 살아왔던 곳을 생각할 것이다. 그런데 조부세대까지는 시골에 거주하다가 부모세대에 중소도시로 와서 살았고 자신은 교육을 위해 일찍이 서울에 올라와서 생활의 기반을 잡게 되었다면, 그 사람은 스스로 고향을 어디와 동일시할 것인가?

사회이동을 연구하는 조사에서는 항상 부친의 직업을 묻게 된다. 부친의 직업을 물으면, 응답자는 부친의 현재 직업을 밝혀야 되는 것인지 아니면 과거의 주된 직업을 말해야 되는 것인지를 망설이게 된다. 따라서 이 경우에는 질문에 시점을 명시해 주어야 한다. 부친의 직업이 응답자가 16세(즉, 성장기)일 때의 직업인가, 주된 직업인가, 아니면 현재의 직업인가를 밝혀야 한다.

3. 적절한 언어 사용

응답자의 수준에 맞는 언어를 사용한다. 특히 일반인을 대상으로 하는 사회조사에서는 누구나 쉽게 이해할 수 있는 평이한 언어를 사용하여야 한다. 언어

구성의 수준은 응답자의 교육수준에 달려 있는데, 누구에게나 같은 의미를 갖는 단어를 사용하여야 할 것이다. 만약 응답자가 질문의 의미나 질문에 담겨진 단어의 뜻을 이해 못하면 당황해 할 수 있고, 결과적으로 아무것에나 응답할 위험성이 있다.

4. 단순성

복합적인 질문은 피한다. 즉, 두 개 이상의 질문은 하나로 묶지 말아야 한다. 복합적인 질문이 주어졌을 때 응답자들은 종종 대답에 곤란을 느낄 것이다. 예를 들어 "귀하는 직장에서의 안정성과 적정임금을 어느 정도 중요하게 생각하십니까?"라고 물었을 때, 응답자들은 직장의 안정성과 임금수준을 모두 중요시하되 반드시 동일한 정도로 중요하게 생각하지 않을 수도 있기 때문에 혼란스러울 것이다.

5. 가치중립성

질문은 가치중립적이어야 한다. 응답의 선택 범주에 모든 가능한 대안을 제시하되, 특정 대답을 암시하거나 유도해서는 안 된다. 특히 편견이 들어가 있는 질문은 피해야 한다.

그러나 우리는 드물지 않게 특정한 응답을 얻어내기 위하여 질문을 왜곡하는 경우를 목격하곤 한다. 예를 들면, 1989년 12월 당시 모 정부부처가 민간조사연구소에 의뢰하여 노사문제에 관한 여론조사를 실시한 바 있었다. 그 조사의 질문지에는 "현재 우리나라가 당면하고 있는 경제위기의 원인 중 노사분규가 경제위기에 얼마나 영향을 미쳤다고 생각하는가?"라는 질문이 있었다. 만약 노사분규와 경제위기와의 관계가 국민들의 눈에 어떻게 비치고 있는가를 객관적으로 알고자 한 의도였다면 노사분규와 경제위기와의 관계를 미리 설정하기보다는 "노사분규가 우리 경제에 미치는 영향은 어떠하다고 생각하십니까?"라고 다소 중립적인 문장을 선택하는 것이 보다 바람직스러울 것이다. 더욱이 그 조사결과를 보도한 「주간국정뉴스」(1989년 12월 25일자)는 "노사분규가 경제위기에 심대한 영향 끼쳐 87.5%"라는 소제목으로 그 질문의 응답결과를 제시하였다. 그러나 그 내용을 살펴보면 '매우 큰 영향을 미쳤다' 는 32.3%에 불과하고 '약간 영향을 미쳤다' 가 55.2%인데, 그 모두를 '심대한 영향' 의 범주로 묶어버리는 오류를 범하고 말았다.

6. 규범적 응답의 억제

규범적인 응답을 자아내지 않도록 한다. 혼전성경험이나 동성연애 또는 대마초흡연경험 등과 같은 민감한 주제들은 때로 규범적인 응답을 자아낼 수 있다. 즉, 미혼여성에게 이성과의 성경험이 있는가라고 질문하였을 때 실제로 있었다 하더라도 스스로 그러한 경험이 바람직스러운 것이 아니라고 생각한다면 사실대로 대답하지 않을 것이다. 그러한 경우에 진실한 대답을 구해 내는 것은 매우 중요하고도 어렵다. 규범적인 응답이 기대될 경우, 혼전성경험과 같은 행위가 반드시 일탈적인 것이 아니라는 점을 강조해 두거나, 아니면 그러한 질문에는 "맞고 틀리는 것이 없다"라는 등 두 가지 이상의 가능성이 있음을 명시하여 주는 것이 좋다.

7. 응답자의 자존심 보호

응답자의 자존심을 보호해 주어야 한다. 이것은 조사연구의 윤리문제와도 관련이 된다. 어떠한 정보를 얻어내기 위해 신문(訊問)하는 것처럼 질문을 한다든가, 조사대상자의 자긍심을 건드리는 질문은 피하여야 할 것이다. 또한 부정적인 감정에 대한 사항을 알고 싶을 때에는 긍정적인 감정을 표시할 수 있는 기회를 먼저 주도록 한다. 즉 "……에 대해 좋아하는 점이 무엇입니까?"를 먼저 질문한 후, 그러면 "……에 대해 좋아하지 않는 점은 무엇입니까?"로 연결한다.

8. 완전한 문장

질문은 가급적 완전한 문장이 되도록 한다. 연령을 알고자 할 때, "나이는?"이라고 하는 것보다 "귀하의 나이는 만 몇 살입니까?"라고 묻는 것이 더 공손하고 바람직스럽다.

제 4 절 질문지 작성 시 고려사항

1. 범주의 수

폐쇄형 질문을 구성할 때 우리는 가능한 모든 응답을 제시해 주어야 한다. 그때 응답의 범주를 몇 개로 제시할 것인가를 결정해야 한다. 태도나 견해에 대한 질문에는 서열척도를 많이 사용하게 되는데 서열척도에는 명목척도보다 주관적인 요소가 더 많이 개재될 수 있다. 일반적으로 많이 사용하는 응답 범주의 예는 다음과 같다.

(가) 3점척도 : 매우 심각하다/다소 심각하다/별 문제가 안 된다
(나) 4점척도 : 전적으로 동의한다/대체로 동의한다/대체로 반대한다/전적으로 반대한다
(다) 5점척도 : 매우 만족한다/대체로 만족한다/그저 그렇다/대체로 불만이다/매우 불만이다

이처럼 응답의 범주를 3점, 4점, 또는 5점 등으로 명시하여 주기도 하고, 다음과 같이 양극단을 제시하고 가운데는 눈금을 주어 표시하게 하는 방법도 있다.

“대체로 보아 귀하가 살고 계시는 고장은 얼마나 살기 좋은 곳이라고 생각하십니까?”

(가장 살기 나쁜 고장) 1 2 3 4 5 6 7 8 9 (가장 살기 좋은 고장)

참고 5-1 | 응답 범주가 갖는 의미

구조화된 응답 범주가 응답자의 특성별로 그리고 다루는 주제별로 과연 동일한 의미를 가지고 있는 것일까? 동일한 응답 범주라 할지라도 아마도 응답자가 모두 같은 형태로 받아들인다고 가정하기는 힘들 것이다. 예를 들어, ‘자주’라는 표현을 사용할 때에 어느 정도의 빈도를 지칭하게 되는 것인지는 받아들이는 사람에 따라 매우 다를 수 있다.

강현두 · 박은희(1985)는 그러한 문제들을 경험적으로 밝히고자 하였다. 그것을 위해서 이들은 응답자들로 하여금 동일한 질문에 대해 두 가지 형태의 응답 범주로 각각 응답하도록 하였다. 첫 번째 유형은 “매우 자주 - 대체로 자주 - 때때로 - 전혀”의 4점척도로 이루어져 있고, 두 번째 유형은 구체적인 빈도가 제시된 6개 범주로 구성되어 있다. 두 가지 유형에 따라 얻어진 응답결과를 〈표 5-2〉에서 보는 바대로 교차분류하였다.

“귀하는 귀교의 교수님과 교수님 연구실 또는 그 밖의 장소에서 면담기회를 얼마나 자주 갖고 계십니까?”라는 질문에 대한 응답 내용을 살펴보면, ‘때때로’라고 응답한 학생 중 ‘한 달에 한두 번 정도’를 그렇게 생각한 사람이 30%, ‘일 년에 3~6회 정도’가 30%, ‘일 년에 한두 번 정도’를 ‘때때로’라고 생각한 학생이 34%에 이른다. ‘일주일에 한 번 이상’이거나 아니면 ‘전혀 면담기회를 갖지 못한 경우’도 일부 나타나고 있다. ‘대체로 자주’나 ‘매우 자주’의 경우에도 그 분포가 마찬가지로 다양하다. 〈표 5-2〉에서 응답의 대체적인 흐름은 □로 묶어 놓았다. 이 연구의 결과를 바탕으로 강현두 · 박은희(1985)는 받아들이는 의미에서 개별 응답자별로 차이가 있고 다루는 주제에 따라서도 달라지고 있으나, 지역이나 계층별로는 큰 차이가 보이지 않는다는 점을 밝혔다.

표 5-2 | 응답 범주에 관한 의미상의 비교 (단위 : %)

교수와의 면담빈도	전혀	때때로	대체로 자주	매우 자주
전혀	61	2	0	0
일년에 1~2회 정도	34	34	10	14
일년에 3~6회 정도	3	30	7	0
한달에 1~2회 정도	2	30	51	29
일주일에 1회 정도	0	3	17	0
일주일에 1회 이상	0	1	15	57
계	100	100	100	100

자료 : 강현두 · 박은희 (1985: 33).

몇 개의 범주를 사용할 것인지는 물론 연구자가 결정해야 할 사항이지만, 그것을 결정하면서 차후에 어떤 분석 기법을 사용할 것인가를 염두에 두어야 한다. 척도를 세분화할수록 응답자들 사이의 미묘한 태도 차이를 파악할 수 있는 장점이 있으나, 무한정 세분한다고 해서 측정수준이 높아지는 것은 아니다. 왜냐하면 응답자가 식별할 수 있는 수준 이상으로 척도를 세분하는 것은 의미가 없기 때문이다.

2. 조건부 질문

질문에 따라서는 모든 응답자들이 대답하지 않고 특정한 응답을 한 사람 또는 선별적인 사람들만이 응답하여야 하는 경우가 있다. 그 예를 들어보기로 하자(임번장 외, 1986).

〈문 1〉 (가) 선생님께서는 요즈음 규칙적인 운동(적어도 한 달에 2~3번 이상)을 하고 계십니까?

__ ① 예 ☞ (나)로 가시오

__ ② 아니오 ☞ 〈문 2〉로 가시오

(나) 얼마나 자주 운동을 하십니까?
__ ① 매일
__ ② 일주일에 4~5일
__ ③ 일주일에 2~3일
__ ④ 일주일에 하루 정도
__ ⑤ 한 달에 2~3일

〈문 2〉 (규칙적인 운동을 할 수 없는 경우) 그 이유는 무엇입니까?
__ ① 일(가사 · 직장 · 공부)이 바빠서
__ ② 몸이 약해서/나이가 들어서
__ ③ 게을러서
__ ④ 주위에 운동할 장소 · 도구 · 시설이 없어서
__ ⑤ 같이 할 사람이나 지도자가 없어서
__ ⑥ 경제적 여유가 없어서

이 예에서 보면 (가)의 질문에 '예' 라고 대답한 사람들은 (나)의 질문으로 가고, '아니오' 라고 대답한 사람들은 (나)문항에 대답할 필요 없이 〈문 2〉로 옮겨 가게 된다. 따라서 '아니오' 라고 대답한 사람들은 (나)문항에서 '비해당' 으로 처리될 것이다.

3. 조사자 관찰

질문지에는 응답자의 대답을 듣고 기재하거나 아니면 응답자로 하여금 직접 써넣게 하는 질문 이외에 조사자가 면접하기 전 또는 후에 기재해 넣어야 할 사항들이 있다. 우선, 질문지 표지에 가구번호, 면접자 이름, 방문일시, 면접시간, 그리고 필요하다면 응답자의 주소 · 성명 등을 써넣어야 한다. 응답자가 느끼지 못하도록 조사자가 따로 기재하는 문항들이 있을 수 있는데, 면접자에게 다음과 같이 응답자의 동네환경이나 응답자의 협조상태 등을 표시하도록 지시하기도 한다.

(가) 동네환경

__ ① 잘 사는 동네
__ ② 중간 정도 사는 동네
__ ③ 못 사는 동네
__ ④ 아주 못 사는 동네

(나) 응답자의 협조상태

__ ① 매우 좋았다
__ ② 좋은 편이었다
__ ③ 보통이었다
__ ④ 나빴다

4. 판단유보의 범주

언어구성과 함께 질문을 주고 응답을 얻어낼 때 선택 범주를 어떻게 구성하느냐 하는 것이 중요하다. '그저 그렇다', '보통이다', 또는 '잘 모르겠다' 등 판단을 보류하거나 의견을 표명하지 않은 범주를 포함할 것인가 아니면 배제할 것인가는 연구자들이 결정해야 할 문제이지만, 그에 대한 해석은 매우 주의해서 하지 않으면 안 된다. 특히 '잘 모르겠다' 라는 반응은 응답을 귀찮게 생각할 때 나타나기도 하고 실제로 잘 모를 경우에 그렇게 대답할 수도 있다.

원자력발전소의 안전성에 관해 질문한 한 조사를 보면 선택 범주에 '보통이다' 와 '모르겠다' 를 포함하고 있다. 그 결과 〈표 5-3〉과 같은 응답을 얻고 있다. 거기서 안전한 편도 위험한 편도 아닌 '보통이다' 에 26.7%, 그리고 '모르겠다' 에 16.2%가 응답함으로써 전체 응답자의 4할 이상이 판단을 유보하고 있다. 특히 '모르겠다' 의 경우 무학자는 34.1%, 초등학교 학력자는 25.4%가 그렇게 응답한 반면, 대학 이상 학력자는 9.3%가 그렇게 대답함으로써 저학력자에게서는 실제로 잘 모르는 경우가 많음이 나타나고 있다(서울대학교 인구및발전문제연구소 외, 「방사성폐기물처분장 부지확보 및 지역협력방안연구」, 1991년 12월).

표 5-3 | 원자력발전소의 안전성에 대한 견해

"귀하는 우리나라의 원자력발전소의 안전성에 대해서 어떻게 생각하십니까?	
① 매우 안전하다	0.5%
② 안전한 편이다	15.1
③ 보통이다	26.7
④ 위험한 편이다	36.5
⑤ 매우 위험하다	5.0
⑥ 모르겠다	16.2
계(*N*)	100.0%(1,527)

이 때 원자력발전소의 안전성을 부각하고자 하는 사람들은 '위험한 편이다'와 '매우 위험하다'를 더하여 41.5%만이 '위험하다'고 본다고 이야기할 수 있고, 반대로 위험성을 강조하고자 하는 사람들은 불과 15.6%만이 '안전하다'고 응답하였다고 주장할 수 있다. 이와 같이 판단유보의 범주를 포함하는 것은 조사결과를 해석할 때 많은 논란을 불러일으킬 수 있다.

참고 5-2 | 판단유보 범주와 관련된 해석

1990년 초 민주정의당, 통일민주당, 신민주공화당 등 3당이 통합을 발표한 직후 각 언론사들은 제각기 여론조사를 실시하고 그 결과를 보도한 바 있다. 그러나 통합을 찬성하는 비율이 각 언론사마다 큰 차이를 보여 줌으로써 그러한 보도를 접한 일반 국민들은 여론의 흐름을 읽기가 쉽지 않았다. 잘된 일/잘못된 일, 지지/반대, 긍정적/부정적, 찬성/반대 등 선택 범주는 조사마다 차이가 있지만, 〈표 5-3〉에 제시된 그 일련의 조사결과는 우리에게 두 가지 주목할 만한 사실을 알려 준다.

첫째로, 찬성의 비율만을 보면 시사저널의 39%에서 중앙일보의 61%까지 큰 차이를 보이고 있다. 22%포인트 차이로서 오차의 허용치를 고려하더라도 크나큰 차이가 아닐 수 없다. 「시사저널」은 "3당통합에 45%가 부정적"이라 보도하면서 범보수연합에 의한 신당창당이 국민적 호응을 얻지 못하고 있음을 강조하고 있는 반면(「시사저널」, 1990년 2월 11일자 12~13면), 「중앙일보」는

표 5-4 | 3당(민정-민주-공화당) 통합에 관한 국민여론조사

주관	시행기관	대상*	표본수 (명)	조사 방법	응답유형(%) 찬성	반대	유보	유보 제외 찬성 %	출처
조선일보사	한국갤럽 조사연구소	전국남녀 20세 이상	522	전화	53	34	12	61	조선일보 1990.1.23.
공보처	한국갤럽 조사연구소	전국남녀 20세 이상	1,500	면접	49	38	12	56	동아일보 1990.2.10. 서울신문 1990.2.11.
한국일보사	서강대 김학수 교수	전국남녀 20세 이상	1,192	전화	45	31	24	60	한국일보 1990.1.25.
중앙일보사	중앙일보 JOINS	전국남녀 20세 이상	982	전화	61	38	1	61	중앙일보 1990.1.23.
시사저널사	시사저널 조사분석실	27개 도시 20세 이상	993	전화	39	45	15	46	시사저널 1990.2.11.
세계일보사	한국여론 조사연구소	7대 도시 18세 이상	1,000	전화	48	35	17	58	세계일보 1990.1.29.
문화방송사	코리아 리서치센터	전국남녀 20세 이상	1,000	전화	45	32	23	58	MBC 밤 9시뉴스 1990.1.23.

* 전국이 대상이라 할지라도 일반적으로 제주도는 제외하였음에 유의할 것.

"3당합당 찬성 60.8%"로 찬성하고 있는 것으로 보도하였다(「중앙일보」, 1990년 1월 23일자).

둘째로, '잘 모르겠다', '모르겠다', '두고봐야 알겠다', 무응답 등 응답유보 범주의 비율이 큰 차이를 보인다. 작게는 「중앙일보」의 1%에서, 크게는 「한국일보」의 24%에 이른다. 그러나 응답유보 사례를 제외하고 찬성비율만을 계산해 보면, 흥미롭게도 「시사저널」만 제외하면, 56~61% 사이에서 찬성하고 있음을 본다. 그렇다면 각 조사마다 그 결과가 반드시 크게 차이가 나는 것만은 아닌 것 같다. 단지, 응답유보 범주를 어느 정도 허용하고 있느냐의 여부가 일차적으로 그 결과에서 차이를 초래한다고 볼 수 있다.

제 5 절 질문의 배열 및 사전검사

1. 질문의 배열

알아보고자 한 내용들을 질문으로 작성한 후에는 그것을 어떤 순서로 배열할 것인가를 결정해야 한다. 질문의 순서는 응답자로 하여금 조사에 자발적으로 응하도록 하는 데 매우 중요한 영향을 미친다. 잘 배열되지 않은 질문지로는 소기의 목적을 성공적으로 달성할 수 없음은 두말할 나위가 없다. 문항을 어떻게 배열할 것인가는 조사연구의 내용과 대상자의 성격에 따라 달라질 수 있겠지만 일반적으로 우리가 염두에 두어야 할 요소들이 몇 가지 있다.

① 시작하는 질문은 응답자의 흥미를 유발하는 것으로 쉽게 대답할 수 있는 것으로 한다. 조사대상자로 하여금 조사에 응할 마음가짐을 갖도록 하는 것이 중요하기 때문에, 앞부분에서 던져지는 질문들이 위협적이라든가 아니면 깊이 생각해야 하는 질문이어서는 안 된다.

② 개인의 사생활에 대한 것이라든가 민감한 질문은 가급적 뒤로 돌린다. 수입, 성행위, 또는 개인이 평소 밝히기를 꺼리는 내용들을 미리 물으면 조사연구 자체에 대해 일단 경계하게 되고 응답 자체에 흥미를 잃게 된다.

③ 질문은 자연스러우면서도 논리적인 순서에 따라 배열함으로써 응답자 자신도 조사의 의미를 찾을 수 있도록 한다. 생활사를 알아보고자 한다면 그것을 시간의 순서에 따라 질문하여야 할 것이며, 하나의 내용이 끝난 후에 그 다음으로 넘어가도록 해야 할 것이다. 질문에 어떠한 흐름이 없이 이것저것을 두서없이 묻게 되면, 응답자는 조사의 의도를 잘 파악하지 못하고 쉽게 혼돈하게 된다.

④ 일반적인 것을 먼저 묻고 그 다음에 특수한 것을 질문하도록 한다. 일반적인 것을 질문하여 알고자 하는 내용의 전체적인 윤곽을 설정한 후, 보다 세부적인 사항을 질문하는 것이 바람직하다. 차후의 질문에서 필요한 정보는 앞에서 미리 질문해 두는 것이 좋다. 출산력조사에서는 자녀를 포함한 가족성원 전체의 명단을 미리 파악해 두고 그것을 바탕으로 자녀출산과 관련된 질문을 던진

다(경제기획원, 1977의 질문지 참조).

⑤ 비슷한 형태로 질문을 계속하면 응답에 정형이 생길 수 있기 때문에 그것을 피하도록 한다. 예를 들어, 신뢰도 측정을 위해 동일한 내용을 긍정과 부정의 질문으로 제시할 때, 그것을 연이어 묻는 것은 좋지 않다.

2. 사전검사

질문지의 초안이 일단 작성되면 사전검사(pre-test)의 절차를 거친다. 사전검사를 통해 질문들이 갖는 문제점을 찾아내고 그것을 보다 명료하게 수정한다. 그 과정에서 모호하거나 부적절한 것, 중복된 것이나 누락된 것 등을 찾아낸다. 사전검사는 반드시 많은 수의 응답자를 상대로 실시할 필요가 없으며 또한 사전검사를 위한 응답대상자가 반드시 대표성을 가져야 하는 것은 아니다. 그러나 가능하다면 대상이 골고루 대표될 수 있도록 하는 것이 좋다. 사전검사의 방법은 본조사에서 사용하고자 하는 방법과 동일하게 한다. 본조사에서 우편조사를 실시하고자 한다면 사전검사에서도 우편조사의 방법을 택하는 것이 좋다.

참고 5-3 | 조사지역 개관의 예

면접조사자들은 조사종료 후 때로 완결된 질문지 이외에도 조사 과정에서 관찰한 사실들을 기록하여 조사본부에 제출하라는 지시를 받는다. 그 때 그늘은 조사지역의 특성이라든가 조사 시에 느낀 사항 등을 기재한다. 일반적으로 연구책임자가 조사현장에서 직접 면접을 하거나 면접원들을 통제하는 것이 아니기 때문에 실제 상황에서 발생하는 모든 사실을 파악하기가 힘들다. 따라서 면접원들이 작성한 조사지역 개관은 조사 자료에 대한 질적 통제를 위해 유용하다. 조사지역 개관은 특별한 양식이 있는 것은 아니며, 거기에 포함할 내용들은 조사의 대상 및 목적에 따라 연구자가 결정하면 된다. 1990년 12월에 서울대학교 인구및발전문제연구소에서 실시한 국민의식조사에서 면접자가 조사종료 후 제출한 조사지역 개관의 예를 제시하기로 한다.

조사지역 개관

1. 면접지역

부산 ㊉/도 부산진 ㉠/군 개금2 ㉢/읍/면 20 ㉤/리

2. 면 접 자

동아대학교 사회과학대학 사회학과 4학년 주××

3. 표집 방법(응답자 선정 방법)

우선 개금2동 20통 통장댁을 찾아가서 2반의 위치를 확인한 후 연령별, 성별로 구분해 놓은 설문지를 응답자에게 제시하고 면접에 들어갔다. 방문한 집의 연령이나 성이 적합하지 않으면 그 옆집이나 윗집(아파트 2~5층)을 방문하여 응답자가 면접을 수락할 경우 면접을 했다.

	남	여
34세 미만	3	2
34세 이상	3	2

원칙적으로 한 집 건너 그 다음 집을 방문하였으며, 그 다음 집에 해당되는 적합한 응답자가 없을 경우 바로 옆집이나 윗집을 택했다.

4. 기타(조사소감, 애로점 등)

해당 조사지역이 13평형 아파트단지라서 경제적 여건이 거의 비슷했고, 낮 시간에 부업을 하는 여성들이 많아서 면접을 거절당하는 수도 있었다. 남자들을 만나기 위해서는 부득이 오후 7시 이후에 방문을 해야 했는데 대부분의 남자들이 속옷차림으로 있었기 때문에 매우 민망했다. 한편, 질문의 내용이 무엇인지를 잘 모르는 사람들에게는 잘 이해되도록 설명을 다시 해야 했기 때문에 다소 시간이 걸렸으나 무엇보다 힘들었던 경우는 애써 설명을 했는데도 면접을 거절당할 때였다.

5. 조사지역의 일반적 특성(조사지역의 약도 포함)

조사지역은 개금주공아파트단지로서 해발 300m 이상의 고지대에 위치해 있고 13평형 서민용 아파트가 주류를 이루고 있다. 노점과 상가가 주변에 즐

비하고 병원 · 학교 등의 시설이나 기관들도 주변에 위치해 있으나, 사상공단이 근접한 탓으로 공기는 탁한 편이다.

〈약도〉

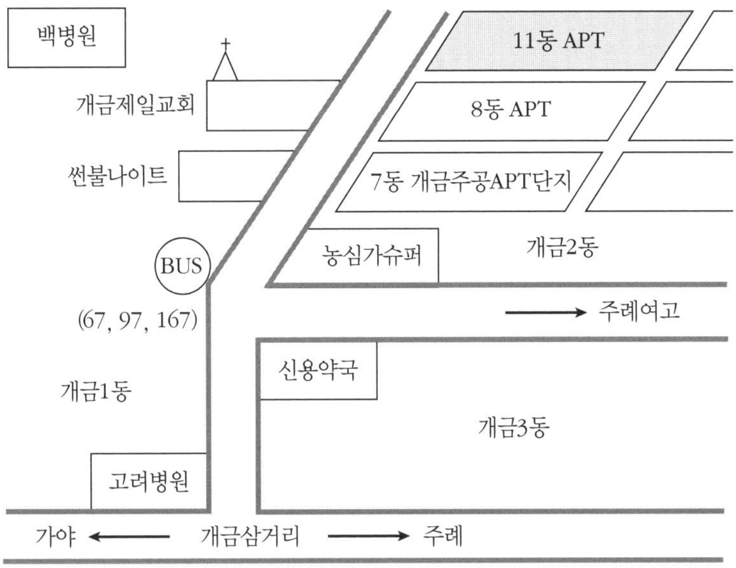

| 제 6 장 |

측 정

제 1 절 측정의 의미

측정이란 관찰된 현상의 경험적인 속성(변수)에 대해 '일정한 규칙'에 따라 수치를 부여하는 것으로 규정할 수 있다(Stevens, 1951). 예를 들어, 교육수준을 측정하면서 초등학교 졸업 이하의 학력을 가진 사람에게는 1점, 중학교 졸업자에게는 2점, 고등학교 졸업자에게는 3점, 대학교육 이상을 받은 사람에게는 4점을 부여하는 방식이다. 측정은 이론과 경험적 사실을 연결하여 주는 고리에서 사실과 가장 가까운 위치에 있으면서 이론을 경험적으로 검증해 주는 수단이 된다.

수치는 연구자가 의미를 부여하지 않을 때에는 수량적인 의미를 갖지 않는다. 운동선수의 등번호나 주민등록번호 등은 그 자체로서는 아무런 의미가 없다. 앞서 언급한 '일정한 규칙'이란 대상이나 사건에 대해 수치가 주어지는 방법이라고 할 수 있다. 그러한 규칙은 측정의 질을 결정하는 것으로서 측정 과정에서 가장 중요한 요소다.

사회과학에서는 대부분의 경우 대상이 갖는 속성(attributes) 자체보다는 속성의 지표들(indicators)을 측정하기 때문에, 관찰한 것에 대해 수치를 부과하는 일이 자연과학에서보다 훨씬 어렵고 또한 논란의 여지가 많다. 연령이나 성별 또는 교육수준이나 거주지와 같이 객관적으로 파악될 수 있는 변수들은 비교적 손쉽게 처리할 수 있지만, 생활 만족도라든가 소외감 또는 사회적 상황에 대한 주관적 인식과 같이 개인의 태도나 견해를 묻는 항목에서 측정의 문제는 매우 복잡하다. 특히 사회학이나 심리학 연구에서 태도를 측정하는 경우가 많은데, 태도(attitudes)란 구체적인 행동(behavior)과는 달리 직접 관찰될 수 있는 것이 아니므로, 어떤 속성을 반영하는 지표를 관측해서 추론해야만 한다. 예를 들어, 동기(motivation)를 측정하는 검사에서 어떤 사람이 특정 점수를 얻었다고 하자. 그 사람이 얻은 동기 점수로부터 어떤 사실을 추론하고자 할 경우 때때로 상당한 논리적 비약을 하지 않으면 안 된다.

측정의 문제를 다룰 때 우리는 두 가지 매우 중요한 문제에 부딪치게 된다. 첫째는 측정하고자 하는 것을 과연 제대로 측정하고 있는가 하는 타당성(validity)의 문제고, 둘째는 반복해서 측정했을 때 어느 정도 동일한 결과를 얻을 수 있는가 하는 신뢰성(reliability)의 문제다. 사회과학에서 측정의 문제는 많은 논란의 대상이 되어 왔다. 그 이유는 우선 측정하고자 하는 개념들이 명확히 규정되지 못하고 연구자에 따라 정의가 달리 내려진 경우가 많았으며, 그 다음으로 측정기간 중에 대상자들이 변화하지 않았다 하더라도 다시 측정했을 때 과연 어느 정도 동일한 결과를 나타내 줄 것인가에 대한 의문 때문이다(Bohrnstedt, 1970: 80-99). 타당도와 신뢰도에 관해서는 제3절에서 보다 자세히 설명하기로 한다.

제 2 절 측정수준

사회조사에서 변수는 명목척도 · 서열척도 · 등간척도 · 비율척도로 측정된다. 그 네 가지 형태의 척도는 제공되는 정보의 수준과 자료 분석에 이용할 수 있는 통계적 방법의 수준에 따라 순위가 정해진다. 즉, 명목척도 < 서열척도 < 등간척도 < 비율척도의 순으로 보다 많은 정보를 제공해 주며, 활용할 수 있는

통계적 기법도 다양해진다.

1. 명목척도

명목척도(nominal scale)는 단지 분류적인 개념만을 내포한다. 성별이라든가 종교, 출신 시 · 도 등의 변수가 이에 속한다. 그 척도에서는 각 응답 범주에 똑같은 비중이 주어진다.

"귀하의 종교는?"
__ ① 개신교
__ ② 가톨릭
__ ③ 불교
__ ④ 원불교
__ ⑤ 천도교
__ ⑥ 기타 종교
__ ⑦ 종교 없음

이 예에서 보면 각 범주에 부여되는 점수는 아무런 계량적 의미를 갖지 않는다. 개신교에 1점을 주고 불교에 3점을 주고 있지만 불교가 개신교보다 어떤 특성을 많이 갖고 있다든가, 3배만큼 크다는 것을 나타내지는 않는다. 그것은 운동선수의 등번호와 마찬가지로 각 범주를 식별해 주는 목적 이상의 별다른 의미를 가지고 있지 않기 때문이다.

2. 서열척도

서열척도(ordinal scale)는 명목척도가 가지고 있는 속성 이외에 서열성을 갖고 있어, 특정의 성격을 가지고 있는 정도에 따라 범주들을 서열화할 수 있다. 사회계층적 지위를 측정하기 위하여 우리는 다음과 같은 질문을 자수 던진다.

"우리나라 사람들을 아래와 같이 4개의 계층으로 나눈다면 귀하의 가족은 어디에 속한다고 생각하십니까?"

__ ① 상층
__ ② 중의 상층
__ ③ 중의 하층
__ ④ 하층

이 때 우리는 지위의 서열상 상층은 중의 상보다 높고, 중의 상은 중의 하보다 높고, 중의 하는 하층보다 높다는 것을 가정하고 있다. 서열척도는 개개인들을 서로 구분되는 범주들로 나눌 수 있을 뿐만 아니라 그들을 일정한 기준에 따라 서열화할 수 있기 때문에 명목척도보다 상위수준의 척도다.

그러나 서열척도에서 각 범주 간의 간격이 반드시 같다고 보기는 힘들다. 즉, 상층과 중의 상과의 간격이 중의 상과 중의 하와의 간격과 동일한 것은 아니다.

조사연구에서는 서열척도가 많이 사용되고 있는데, 태도를 묻는 질문에 대한 응답에서 '전적으로 동의한다', '동의한다', '반대한다', '전적으로 반대한다'와 같은 범주가 전형적인 예다.

3. 등간척도

등간척도(interval scale)는 대상을 서열화할 수 있을 뿐만 아니라 대상들 간의 간격을 표준화된 척도로 표시할 수 있다. 예를 들어, 길이는 보통 미터 또는 피트로, 온도는 섭씨 또는 화씨로, 소득은 원(₩) 또는 달러(US$)로 측정한다.

그러나 사회과학에서 모든 사람들이 동의할 수 있고, 상황에 관계없이 일정한 결과를 가져오는 측정치를 찾기는 힘들다. 특히 태도를 나타내는 측정치의 경우 연구자에 따라 수치부여 방법을 달리할 수 있기 때문이다. 예를 들어, 지능이나 권위주의 또는 위신(威信, prestige)과 같은 추상적 개념을 측정하는 표준화된 단위를 찾는다는 것은 어려울 수밖에 없다. 표준화된 측정단위가 있다면 두 점수의 차이가 20단위라든가, 하나는 다른 하나의 2배라고 이야기할 수 있을 것이다. 우리는 저울 위에다 물건을 놓아 무게를 더할 수도 있고, 긴 나무토막을 10cm 정도 잘라내어 길이를 줄일 수도 있다. 마찬가지로 남편과 아내의 소득을 더하여 가구소득을 산출할 수도 있다. 그러나 두 사람의 IQ점수를 더하는 것은 의미가 없다.

사회과학에서는 엄밀한 의미의 등간척도를 찾기가 그리 쉽지 않다. 등간척도로 측정된 값이라 해도 엄밀하게 말해서 그 값이 대상의 실젯값을 나타내 주는 것이라고 하기 어렵고 수량적으로 표시되었다 하더라도 대상 자체가 갖는 속성의 크기가 아닐 수도 있다. 그렇지만 IQ점수와 같은 척도는, 자연과학에서 사용되고 있는 등간척도보다 엄밀성이 떨어짐에도 불구하고, 사회과학에서는 일반적으로 등간척도로 인정하고 있다.

4. 비율척도

비율척도(ratio scale; 또는 비척도, 比尺度)는 등간척도와 모든 다른 특성에서 동일하나 0이 자의적으로 부여된 값이 아닌 절대적 의미를 갖게 된다는 점에서 등간척도와 구분된다. 온도의 측정치와 IQ점수를 예로 들어보자. 온도에서 섭씨 0도라 함은 온도가 없다는 뜻이 아니며, 지능지수가 0이라 함도 지능이 없다는 이야기가 아니다. 이 때의 0은 척도구성상의 어느 하나의 위치일 따름이다. 섭씨 30도가 10도보다 3배 더 더운 것이 아닌 것과 마찬가지로 등간척도인 연령에서 0은 나이가 없다는 뜻이 아니며, 60세가 30세보다 두 배 더 늙었다고 이야기하는 것은 의미가 없다.

참고 6-1 | IQ점수

개인의 지능을 나타내기 위하여는 IQ(intelligence quotient)점수를 많이 쓴다. 가장 보편적으로 사용되는 것은 스탠포드-비네 지능척도(Stanford-Binet Intelligence Scale)다. 이것은 1900년대 초에 프랑스의 비네(Albert Binet,

1857~1911)에 의해 개발되고, 미국 스탠포드대학의 심리학자 터만(Lewis Terman, 1877~1956)이 표준화한 것이라 스탠포드-비네(Stanford-Binet)검사라고도 부른다.

이 지능검사에서 얻어지는 개인의 점수는 그 개인이 속해 있는 연령집단의 평균을 100으로 하여 표준화한다. 예를 들어, 어느 개인의 점수가 180점이고 그가 속한 연령집단의 평균점수가 150점이라면, 그 개인의 IQ점수는 100×(180/150) = 120이 된다. 따라서 IQ의 평균은 언제나 100이다.

그러나 비율척도는 진정한 의미에서의 0의 존재를 설정하고 있다. 예를 들어, 특정 지역 인구가 0이라면 그 지역에 살고 있는 사람이 없다는 것이고, 소득이 0이라 함은 소득이 없다는 뜻이다.

비율척도에는 사람이나 행위 또는 집단들을 세어서 얻은 것이 많다. 예를 들어, 범죄율은 기록된 범죄행위의 수를 세어 그것을 전체 인구로 나누어 표준화한 것이다. 도시화율, 실업률, 평균가족크기 등에서 0의 의미는 분명하다. 특정 지역에서 여자가 차지하는 백분율이 0이라고 할 때, 그 지역에는 여자가 한 명도 없다는 뜻이다. 그러나 그 차이에도 불구하고 실제 자료를 분석할 때에는 등간척도와 비율척도를 구분하지 않고 동일한 기법을 적용하는 것이 보통이다.

우리는 수집된 조사 자료를 분석할 때 항상 각 척도의 특성을 염두에 두고 자료의 측정수준에 합당한 통계적 방법을 쓰지 않으면 안 된다. 자료는 명목척도의 수준에서 측정되어 있는데, 서열척도나 등간척도에 적합한 통계 방법을 쓴다면 논리적으로 오류를 범하게 되고, 반대로 자료는 보다 정교한 수준에서 측정되어 있는데 분석 방법은 더 낮은 수준의 것을 사용한다면, 분석 과정에서 유용한 정보를 많이 잃게 될 것이다([그림 6-1] 참조). 그러한 이유에서 정확한 통계적 방법을 사용하는 것은 매우 중요하며, 어떠한 분석 방법을 쓸 것인지를 자료 수집 과정에서 미리 구상해 두는 것이 좋다.

각 측정수준의 특징을 요약하면 〈표 6-1〉과 같다. 여기서 같은 내용의 변수라도 여러 가지 척도로 전환 가능하다는 점을 고려해 두는 것이 좋겠다.

그림 6-1 | **측정된 변수와 사용된 통계치와의 관계**

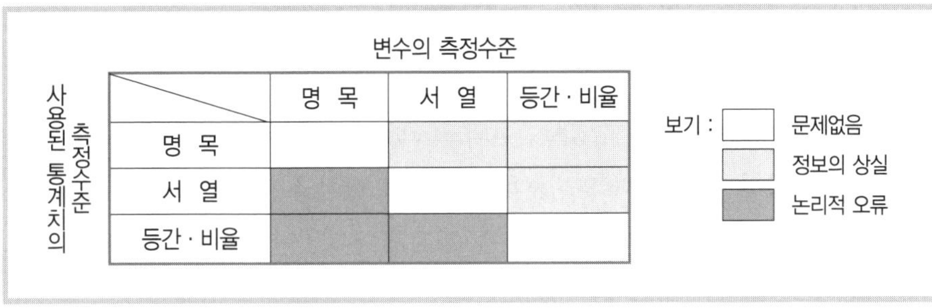

자료 : Loether and McTavish (1974: 20).

표 6-1 | **각 측정수준의 특징** (+ : 특성이 있음)

측정수준	범주의 특성			
	상호배제성 · 포괄성	서열성	표준 측정단위 유무	0의 의미 유무
명목척도	+			
서열척도	+	+		
등간척도	+	+	+	
비율척도	+	+	+	+

자료 : Loether and McTavish (1974: 19).

예를 들어, 연령을 생후의 연수로 나타내면 등간척도상의 변수이지만, 그것을 생애수기(life cycle)별로 나누어 ① 유아기 ② 소년기 ③ 청년기 ④ 중년기 ⑤ 노년기로 구분하거나, ① 20세 미만 ② 20~29세 ③ 30~39세 ④ 40~49세 ⑤ 50~59세 ⑥ 60세 이상 등으로 구분하여 서열변수로 사용할 수도 있고, ① 피부양인구(0~14세 또는 65세 이상)와 ② 부양인구(15~64세)로 나누어 명목변수로 쓸 수도 있다(참고로 총부양비는 0~14세, 65세 이상 인구/15~64세 인구로 구한다).

제 3 절 신뢰도와 타당도

측정의 문제는 측정도구가 갖는 신뢰도(reliability)와 타당도(validity)의 문제로 귀결됨을 이미 지적한 바 있다. 우리가 어떤 현상을 측정하고자 했을 때 측정값은 반드시 어느 정도의 측정오차를 가지게 된다. 만약에 측정오차가 없다면 측정값은 물론 진실값과 같아질 것이다.

$$\text{측정값} = \text{진실값} + \text{측정오차}$$

측정도구의 신뢰도는 진실값이 변하지 않는다는 가정하에서 동일대상에 반복해서 적용했을 때 어느 정도로 동일한 결과가 나오는가를 나타내는 것으로 측정오차와 관계된다. 그런데 측정오차가 확률오차(random error)인지 아니면 체계오차(systematic error)의 부분도 포함되어 있는지를 살펴보아야 한다. 확률오차란 오차의 총합이 0이 되는 것으로 오차의 평균값이 오차에 의해 영향을 받지 않는다. 말하자면, 오차의 기댓값이 0이 된다.

만약에 측정오차가 확률오차 이외에 체계오차의 부분도 포함하게 된다면, 그것은 측정도구의 타당도의 문제와 관련된다. 즉, 측정값이 측정하고자 하는 변수가 아닌 다른 변수에 의해 체계적으로 영향을 받고 있음을 뜻하는 것이다.

$$\text{측정값} = \text{진실값} + \text{확률오차} + \text{체계오차}$$

그러나 고전적인 신뢰도이론에서는 체계오차의 값을 0으로 가정해 왔다. 여기서 확률오차와 체계오차가 모두 0이라면 측정값은 진실값과 같아질 것이고, 그 때에 측정도구는 타당하고, 또한 신뢰할 수 있다. 체계오차는 0이지만 확률오차가 0이 아니라면 측정도구는 타당하지만 신뢰할 수 없고, 반면에 확률오차는 0이지만 체계오차가 0이 아니라면 신뢰할 수는 있지만 타당한 측정값은 아닐 것이다. 이 경우는 측정값이 측정하고자 하는 진실값을 제대로 반영하고 있지 못한 셈이 된다.

신뢰도와 타당도의 관계를 [그림 6-2]에서 보는 바대로 표적에 비유해 보기로 한다. 우선 (가)의 그림은 '신뢰할 수 있으나 타당하지 않은 상태'를 나타낸다. 다시 말하자면, 탄착이 일관성 있게 밀집되어 있기 때문에 신뢰할 수는 있으나 원하는 표적중심에서는 벗어나 있어서 타당하다고 보기 어렵다. (나)의 그림은 '타당하지만 신뢰할 수 없는 상태'다. 대체로 표적중심을 둘러싸고 탄착이 형성되어 있지만 확률오차가 크고 일관성이 있어 보이지 않는다. (다)의 그림은 탄착이 표적중심에 밀집되어 있기 때문에 '타당할 뿐만 아니라 신뢰할 수 있는 상태'로 볼 수 있다. 따라서 신뢰도와 타당도는 어느 것도 소홀히 할 수 없음에 유의하여야 한다.

그림 6-2 | 신뢰도와 타당도의 관계에 대한 비유

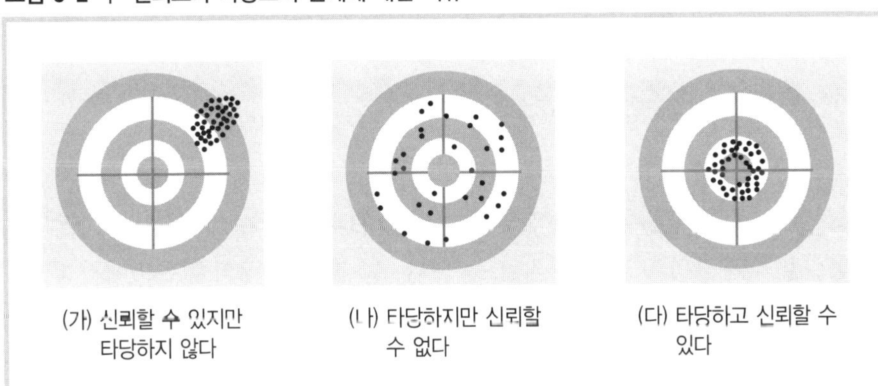

자료 : Babbie (2011: 162).

이제 신뢰도와 타당도의 문제를 좀 더 자세히 살펴보도록 하자.

1. 신뢰도

1) 신뢰도의 의미

신뢰도란 반복되는 측정에서 어느 정도 동일한 결과를 얻게 되는가를 뜻한다. 측정값(X')이란 직접 측정될 수 없는 (이론적) 개념(X)과 측정오차(e)로 구분된다.

$$X' = X + e$$

여기서 e는 확률오차로서 그 기댓값 $E(e)$는 0이 되고, 이론적 개념(X)과의 상관관계는 0이라고 가정한다.

X의 측정값으로서의 X'의 신뢰도계수 ρ_x (로오 x라고 읽음)는 다음과 같다.

$$\rho_x = \mathrm{Var}(X)/\mathrm{Var}(X') = 1 - [\mathrm{Var}(e)/\mathrm{Var}(X')]$$

여기서 $\mathrm{Var}(X)$란 X의 분산을 뜻한다. 측정값의 신뢰도는 측정값의 분산에 대한 진실값의 분산의 비율로 정의될 수 있다. 그 때 신뢰도의 값은 0에서 1까지의 범위에 있다. 측정값의 분산이 모두 측정오차에 의해서 생겨난 것이라면, 진실값의 분산은 0이 되고 신뢰도계수도 0이 될 것이다. 반대로 측정오차가 전혀 없다면, 즉 $\mathrm{Var}(e) = 0$이라면 측정값의 분산은 진실값의 분산과 같아지고 신뢰도계수는 1이 된다.

동일한 문항을 두 시점에서 측정하거나 아니면 하나의 개념을 측정하기 위해 두 개의 문항을 가지고 있을 경우에, 우리는 경험적으로 신뢰도를 측정할 수 있다. 따라서 신뢰도는 시간의 흐름에 따른 일관성을 뜻하기도 하고, 척도를 구성하는 항목 간의 내적 일관성의 정도를 가리키기도 하지만, 궁극적으로는 측정오차의 문제와 직결된다.

2) 신뢰도평가의 기준

아마 신뢰도와 가장 가까운 용어는 일관성일 것이다. 신뢰도란 진실값이 변화하지 않는다고 가정했을 때 태도를 측정하는 척도가 일관성 있게 동일한 결과를 가져올 것인가를 가리킨다. 만약 동일한 결과를 가져오지 못한다면 그 측정도구는 신뢰성을 갖지 못한다. 일반적으로 신뢰도의 측정치는 안정성과 동등성의 두 기준에 따라 살펴볼 수 있다(Bohrnstedt, 1970).

(1) 안정성

안정성(stability)은 두 시점 또는 그 이상의 시점에서 동일한 내용을 측정할 때에 나타난다. 두 번에 걸쳐 측정할 때에 첫 번째의 측정과 두 번째의 측정 간에는 시간의 간격에 따라 그 결과가 달리 나타날 수 있다. 두말할 나위없이, 두 시점 간의 간격이 길면 길수록 신뢰도의 추정값은 낮아질 것이다. 그러나 두 시점 간의 간격이 짧을 경우에는 첫 번째에 측정되었던 내용들을 조사대상자들이 기억할 수 있기 때문에, 두 번째 측정에서 연구자들은 첫 번째 측정에서와 같은 내용과 같은 수준의 문항들을 사용하되 구체적으로는 서로 다른 문항들을 사용하기도 한다.

안정성과 관련된 또 다른 문제는 측정 간 시간의 간격이 길어질 경우 진실값 자체가 변화할 수 있다는 점이다. 이것은 명백히 측정오차와 구분되어야 할 부분이다. 이러한 문제점들 때문에 우리는 동등성의 측정치에 관심을 돌린다.

(2) 동등성

동등성(equivalence)의 문제는 태도 등을 측정하기 위하여 여러 개의 문항을 더하여 사용할 경우에 등장한다. 이 때의 신뢰도란 태도의 지표로 각 문항이 갖는 동등성을 가리키는 것이다. 이러한 평가기준을 근거로 하여 구체적으로 어떠한 방법으로 신뢰도가 평가되고 있는지 살펴보기로 한다.

3) 신뢰도의 구체적 평가

신뢰도를 구체적으로 평가하는 방법으로는 재조사법 · 반분법 · 내적 일관성법 등이 주로 쓰인다.

(1) 재조사법

재조사법(test-retest method)은 앞서 제시한 안정성의 기준과 관련되어 있다. 재조사법이란 동일한 개념 X를 한 시점과 또 다른 시점에서 각각 측정하여 그들 간에 어느 정도로 높은 상관이 있는가를 보고 신뢰도를 평가하는 방법이다.

$$X \begin{cases} \nearrow X_1 \longleftarrow e_1 & X_1 = X + e_1 \\ \searrow X_2 \longleftarrow e_2 & X_2 = X + e_2 \end{cases}$$

여기서 측정하고자 하는 개념 X는 두 시점에서 변함이 없고, e_1의 분산과 e_2의 분산은 동일하다고 가정한다. 또한 X_1과 e_2, X_2와 e_1, e_1과 e_2의 공분산은 0이라고 가정한다. 이 때의 신뢰도계수 ρ_x는 X_1과 X_2의 상관계수가 된다.

$$\rho_x = \rho_{x_1 x_2}$$

그러나 재조사법은 다음과 같은 한계를 가지고 있다.

첫째, 많은 경우에서 사회현상들은 한 시점에서밖에 측정하지 못한다.

둘째, 두 시점 간의 사실상의 변화를 파악할 수 없다.

셋째, 두 번째 시점에서는 첫 번째 시점에서의 기억에 의해 영향을 받을 수 있다.

(2) 반분법

반분법(split-halves method)은 전체의 문항을 두 개의 조로 나눈 다음, 각 조 간의 상관계수를 보고 신뢰도를 평가하는 방법이다. 이 경우 전체의 문항을 어떻게 둘로 나누느냐에 따라서 신뢰도계수는 달라진다. 어떤 사람은 문항번호를 홀수와 짝수로 나누어 그들 간의 상관계수를 살펴보고자 할 것이고, 어떤 사람은 전반부와 후반부로 나누어 검토하기도 할 것이다. 반분법에서의 신뢰도계수란 전체 문항의 반에 대한 것이라고 볼 수 있기 때문에 일반적으로는 다음과 같은 스피어만-브라운 예시(Spearman-Brown Prophecy) 공식을 많이 쓰는데, 그 공식은 신뢰도계수를 전체 문항에 대한 것으로 조정한 것이다.

$$\rho_x = \frac{n\rho_{xx'}}{1 + (n-1)\rho_{xx'}}$$

여기서 ρ_x는 전체 문항에 대한 신뢰도계수고, $\rho_{xx'}$는 두 부분 간의 반분상관계수다. n은 조(組)의 수인데 반분했을 경우 n은 2가 되어 공식은 다음과 같이 된다.

$$\rho_x = \frac{2\rho_{xx'}}{1 + \rho_{xx'}}$$

그러나 이 공식에서도 전체 문항의 반이 임의로 추출되기 때문에 신뢰도계수로 적극 권장되고 있지는 않다. 이러한 문제점들은 내적 일관성을 살펴보는 쿠더-리차드슨(Kuder and Richardson)의 방법에 의해서 해소되었다. 그 방법은 모든 문항 간의 공분산을 동시에 살펴보는 것으로 초기의 공식은 2분화된 문항, 즉 2분변수에만 적용되었었다. 쿠더-리차드슨의 방법을 보다 일반화한 것이 크론바하의 알파(Cronbach's alpha)인데, 이것은 2분화된 문항뿐만 아니라 일반적인 문항에도 적용된다.

반분법과 유사한 방법으로는 교육학 등에서 사용하는 대안형 방법(alternative-form method)이 있는데, 이것은 대안형 검사지를 만들어 동일한 대상에 대해 각각 실시하는 방법이다. 대안형 방법은 같은 수준의 질문지를 따로 작성하는 것이 현실적으로 어렵다는 문제점을 가지고 있다.

(3) 내적 일관성법

내적 일관성법(internal consistency method)은 문항 상호간에 어느 정도 일관성을 가지고 있는가를 측정하는 방법으로 크론바하의 α값은 다음 식으로부터 얻어진다.

$$\alpha = \frac{k}{k-1}\left(1 - \sum_{i=1}^{k} S_i^2 / S_T^2\right)$$

여기서 k는 문항수이고, S_i^2은 문항 i의 분산이며, S_T^2은 k개의 문항 모두를 더한 총화척도의 분산이다. α값은 각 문항 간의 평균상관계수 $\bar{r}$를 사용해서 구하기도 하는데, 그 경우 α값은 다음과 같이 구한다.

$$\alpha_S = \frac{k\bar{r}}{1 + (k-1)\bar{r}}$$

이 때의 α_S값을 특히 '표준화된 알파'(standardized alpha)라고 부른다. α값은 0에서 1까지 이르는 값으로, 문항 간 평균상관관계가 증가할수록, 문항의 수가 증가할수록 커진다. 참고 삼아 문항수와 평균상관계수의 값이 α값에 미치는 영향을 그림으로 살펴보기로 한다. [그림 6-3]에서 보면, $\bar{r}$값이 동일할 때 문항수를 추가할수록 α값은 커지나 그 영향은 감소하고 있다(Carmines and Zeller, 1979).

그림 6-3 | 문항 간 평균상관계수별 문항수와 α값과의 관계

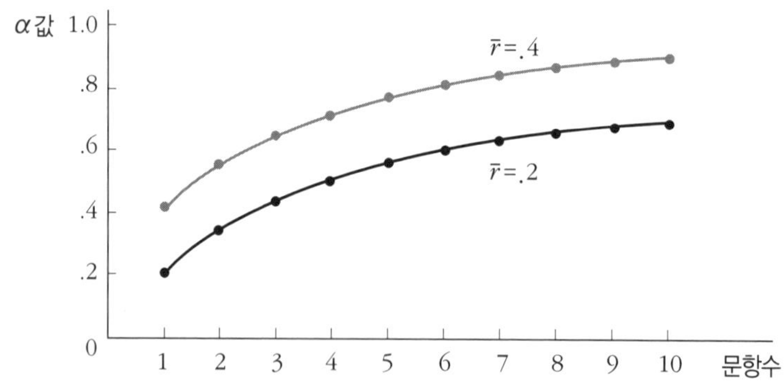

참고 6-2 | 신뢰도와 안정도

단순한 재조사법은 신뢰도계수를 제대로 측정하지 못할 수가 있다. 앞서 지적했던 바와 같이 측정오차뿐만 아니라 시간이 변함에 따라 측정하려는 개념 자체가 변할 수 있기 때문이다. 따라서 개념의 변화와 측정오차는 분석적으로 구분하여야 하는데, 측정을 두 시점에서 하지 말고 세 시점에서 하게 되면 그 문제가 해결될 수 있다(Heise, 1969). 다음 설명을 이해하기 위해서는 제12장에서 소개하는 경로분석(path analysis)에 대한 기초 지식이 필요하다.

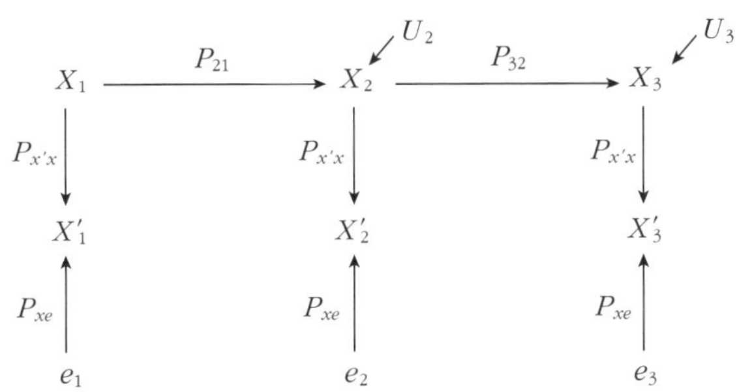

여기서 개념 X_1이 두 번째 시점에서는 X_2로, 세 번째 시점에서는 X_3로 변하기 때문에 X_1, X_2, X_3는 별개의 변수들이다. 신뢰도를 평가하기 위해서는 몇 가지 가정이 필요하다.

첫째, 개념(X_i)과 측정값(X'_i)의 관계는 시간에 관계없이 항상 일정하다($P_{x'x}$).

둘째, 오자와 개념 간에는 상관관계가 존재하지 않는다. 즉, $\text{Cov}(X_i e_j) = 0$이다.

셋째, 오차항 간에는 상관관계가 없다. 즉, $\text{Cov}(e_i e_j) = 0$이다.

넷째, $\text{Cov}(X_1 U_2) = \text{Cov}(X_1 U_3) = \text{Cov}(X_2 U_3) = 0$ 등이다.

각 시점 간의 변화를 나타내 주는 안정도계수(stability coefficient) S_{12}와 S_{23}는 P_{21}, P_{32}와 각각 같다. 각 측정값 간의 상관계수는 다음과 같다.

$$r_{12} = p^2_{x'x}\, p_{21}$$
$$r_{23} = p^2_{x'x}\, p_{32}$$
$$r_{13} = p^2_{x'x}\, p_{21}\, p_{32}$$

위의 세 공식에서

$$p_{21} = \frac{r_{12}}{p^2_{x'x}}$$

$$p_{32} = \frac{r_{23}}{p^2_{x'x}}$$

$$p_{13} = p^2_{x'x} \cdot \frac{r_{12}}{p^2_{x'x}} \cdot \frac{r_{23}}{p^2_{x'x}} = \frac{r_{12}r_{23}}{p^2_{x'x}}$$

여기서 $p^2_{x'x} = \frac{r_{12}r_{23}}{r_{13}}$ 이다.

안정도계수 S_{12}, S_{23}, S_{13}는 다음과 같이 정리된다.

$$S_{12} = p_{21} = r_{13} / r_{23}$$

$$S_{23} = p_{32} = r_{13} / r_{12}$$

$$S_{13} = p_{13} = p_{21}\,p_{32} = r^2_{13} / r_{12}r_{23}$$

예를 들어 설명하면, IQ점수를 초등학교 3학년(시점 1), 6학년(시점 2), 그리고 중학교 3학년(시점 3) 때 각각 측정하여 상관관계를 구해서 다음과 같은 결과를 얻었다고 하자.

$$r_{12} = .56, \quad r_{23} = .65, \quad r_{13} = .52$$

이 때 각 시점 간 안정도계수는 위 공식에 따라 다음과 같이 된다.

$$S_{12} = .52/.65 = .80$$

$$S_{23} = .52/.56 = .93$$

$$S_{13} = (.52)^2 / (.56)(.65) = .74$$

결국 IQ점수는 초등학교 3학년과 6학년 사이보다는 6학년과 중학교 3학년 사이에서 더 안정적이라고 볼 수 있다.

2. 타당도

1) 타당도의 의미

타당도는 연구자가 관찰하려고 하는 것을 어느 정도 제대로 관찰하였는가를 나타내 준다. 타당도의 문제가 제기되는 것은 주로 조사 설계와 측정의 단계에서다. 여기에서는 특히 측정과 관련된 타당도의 의미를 살펴보기로 한다. 측정의 타당도는 측정도구가 우리가 측정하려고 하는 구성체 또는 개념을 어느 정도 잘 측정하고 있는가를 반영한다(Bohrnstedt, 1970). 보다 구체적으로 말하면, 타당도는 우선 측정도구가 실제로 측정하고자 하는 개념을 측정하고 있는가, 그리고 그 개념을 정확히 측정하였는가 하는 두 요소를 포함하고 있다.

측정도구의 타당도를 평가하는 데에는 몇 가지 방법이 있다. 보른슈테트(Bohrnstedt, 1983)는 타당도를 이론적 타당도와 경험적 타당도로 나누어 설명하였다. 이론적 타당도(theoretical validity)는 구성체(또는 개념)와 측정치와의 상관계수로 표시할 수 있고, 경험적 타당도(empirical validity)는 구성체 대신 또 다른 측정치와의 상관계수로 나타낸다.

타당도를 분류하는 방법에는 여러 가지가 있지만 타당도를 설명할 때 미국심리학회(American Psychological Association, 1966)에서 발간한 지침서를 논의의 근거로 삼는 경우가 많기 때문에 그것을 중심으로 살펴보기로 한다. 그 지침서에는 내용타당도 · 기준관련타당도 · 구성체타당도의 세 가지 타당도가 소개되어 있다. 구성체타당도란 이론적 타당도를 지칭하며, 기준관련타당도는 경험적 타당도와 같은 개념이고, 내용타당도는 엄밀한 의미에서 타당도의 측정치라기보다는 오히려 이론적 타당도에 이르기 위한 절차로 이해하는 것이 좋을 듯하다.

2) 타당도의 구분

(1) 내용타당도

내용타당도(content validity)란 점수 또는 척도가 일반화하려고 하는 개념을 어느 정도로 잘 반영해 주고 있는가를 가리킨다. 일반적으로 사회과학적 개념들은 연구자에 따라 여러 가지 의미로 파악된다. 예를 들어, 소외(alienation, 疏外)는 무기력감(powerlessness) · 무의미성(meaninglessness) · 무규범성(normlessness) · 사회적 고립(social isolation) · 자기소원(自己疏遠, self-estrangement) · 문화적 소원(文化的 疏遠, cultural estrangement)의 여섯 차원으로 파악되는 다차원적인 개념이다(Seeman, 1959, 1972). 그 차원들을 각기 하나의 내용영역(하위층)이라고 한다면, 우리는 그 각각의 하위영역들을 측정하기 위해 여러 문항들을 만들어 볼 수 있다. 측정도구의 내용타당도는 그러한 문항 구성 과정이 그 개념을 얼마나 잘 반영하고 있는가, 문항들이 각 내용영역들의 독특한 의미를 얼마나 잘 나타내 주고 있는가 하는 것을 의미한다.

참고 6-3 | 표면타당도

내용타당도는 때로 표면타당도(face validity) 또는 논리적 타당도(logical validity)라고 불리기도 한다(Kidder and Judd, 1986; Bailey, 1987). 지금까지 사회과학적 연구에서는 대체로 신뢰도에 더 큰 관심을 가져 왔으므로, 타당도는 표면타당도에 의존하는 경우가 허다하였다. 표면타당도는 설명하기는 쉽지만 그것을 실제 연구에서 수행하기란 그리 용이하지 않다. 측정도구가 측정하고자 하는 개념 또는 구성체에 적합한지 여부는 바로 연구자의 판단에 달려 있기 때문이다. 측정도구가 표면타당도를 가지고 있느냐 여부를 알기 위해서는 측정할 개념에 대한 정의가 먼저 내려져 있어야 하며, 만약 측정하고자 하는 개념에 대한 정의가 명료하게 이루어지지 못할 경우 표면타당도는 쉽게 달성되지 못할 것이다.

일반적으로 표면타당도는 일군의 평가자들에 의한 평가에 의존하고 있다. 어떤 의미에서는 연구자 자신도 평가자인 셈이다. 표면타당도란 주관적 판단에 의해 이루어지는 것이지만 특정 도구에 대해 평가자들 간에 견해가 어느 정도 일치되고 있는가를 수치로 나타낼 수도 있다. 특정 도구가 측정하고자 하는 개념을 제대로 측정하고 있다고 평가한 사람의 비율이 높을수록 표면타당도가 높은 것으로 볼 수 있다(Kidder and Judd, 1986).

내용타당도를 간단한 수치로 나타낼 수는 없지만, 보른슈테트(Bohrnstedt, 1970)는 다음과 같은 몇 가지 단계를 제시하고 있다.

① 측정하고자 하는 개념을 주요 영역별로 층화한다. 주요 하위영역들은 가급적이면 모든 의미를 포함할 수 있도록 한다. 예를 들면, 무기력감을 정치적 · 경제적 · 가정적 무기력감 등으로 구분할 수 있다.

② 각 층이 뜻하는 의미를 포착할 수 있도록 여러 개(7~10개 이상)의 문항을 만든다.

③ 자료를 수집한 후 각 하위영역별로 구성한 문항들이 함께 집락을 이루는지를 살펴보기 위해 문항들을 가지고 집락분석을 해 본다.[1] 또한 같은 영역에 속한 문항들 간의 상관관계가 다른 영역에 속한 문항들과의 상관관계보다 더 높은지를 살펴본다. 집락 내 문항 간의 평균상관계수가 집락 간의 평균상관계수보다 크다면 집락으로 묶는 것이 타당할 것이다.

내용타당도를 하나의 수치로 나타낼 수는 없다고 하더라도 문항들이 내용적으로 타당하다는 것은 논리적으로나 통계적으로 나타낼 수 있다.

(2) 기준관련타당도

기준관련타당도(criterion-related validity)는 사용하고 있는 측정도구의 측정치와 기준이 되는 측정도구의 측정치와의 상관관계로 나타난다. 기준관련타당도는 실용적 타당도(pragmatic validity)라고 불리기도 한다. 기준관련타당도는 사용하는 기준에 따라 동시적 타당도와 예시적 타당도로 나눌 수 있다. 동시적 타당도(concurrent validity)란 측정도구가 현재 서로 상이한 두 대상을 판별해 낼 수 있는 정도를 의미한다. 예를 들어, 우리가 사람들의 정치적 보수성을 측정한다고 할 때, 사용하는 척도가 보수적인 집단과 진보적인 집단으로 알려진 두 집단을 판별해 낼 수 있다면 그 척도의 동시적 타당성을 인정할 수 있다.

예시적 타당도(predictive validity)란 현재의 상태로부터 차후의 차이를 예측해 내는 정도를 가리킨다. 예를 들어, 적성검사의 예시적 타당도는 그 측정치가 장래의 성공적인 직무수행을 예측해 내는 정도에 비추어 가늠해 볼 수 있다. 그

---

1) 집락분석에 대한 설명은 제14장 참조.

두 과정은 모두 기준이 되는 척도를 사용한다는 점에서 기준관련타당도로 불린다. 즉, 동시적 타당도는 두 대상이 상이함을 알려 주는 기준척도를 전제로 하고, 예시적 타당도는 장래의 차이를 판별하는 척도를 필요로 한다. 여기에서 주의할 것은 기준관련타당도가 기준변수의 수만큼 많을 수 있다는 점이다.

(3) 구성체타당도

구성체타당도(construct validity)란 어떤 척도가 그것이 측정하려 하는 이론화된 과학적 구성체(theorized scientific construct)와 어느 정도 상관관계를 갖고 있는가를 나타낸다. 여기서, 구성체란 기존 지식의 어떤 측면을 설명하고 체계화하기 위하여 개발한 이론적 개념이다. 달리 말해, 구성체타당도는 어떤 척도가 원래 측정하려 의도했던 내용을 실제로 잘 측정하고 있는 정도를 가리킨다.

우리가 경제적 보수성을 측정한다고 할 때 조사에는 여러 가지 방법이 사용될 수 있다. 즉, 질문지를 통해 수입개방정책이나 경제분야에 대한 정부의 개입 등에 관해 직접 의견을 물어볼 수도 있고, 아니면 응답자의 친구들이나 주위사람들에게 응답자의 성향에 대해 물어볼 수도 있을 것이다. 여기서 문제가 되는 것은 사용하는 측정도구가 다른 개념이 아닌 바로 경제적 보수성을 측정하고 있는가, 그리고 경제적 보수성을 측정하는 여러 가지 방법들이 비슷한 결과를 나타내는가 하는 것이다. 캠벨과 피스크(Campbell and Fiske, 1959)는 그것을 각각 판별적 타당도(discriminant validity)와 수렴적 타당도(convergent validity)라고 부른다. 어떤 개념(또는 구성체 construct)을 구성하는 두 개의 측정치(또는 지표 indicator)를 각각 M_1과 M_2라고 하고, 그 개념과 또 다른 개념 또는 변수와의 관계를 서술하는 명제가 있다고 하자. 그 명제는 처음의 개념이 측정치 M_1으로 측정되어 검정되었다고 가정한다. 그 명제에서 측정치 M_1을 측정치 M_2로 바꾸고 전체 이론을 다시 검정할 때 M_1을 사용하여 검정하였을 때와 동일한 결과를 얻는다면 새로운 측정치 M_2는 구성체타당도가 높다고 말할 수 있다.

3) 타당도의 비교

타당도에 관한 지금까지의 설명을 종합해 보면 구성체타당도가 그 가운데에서 가장 강한 형태라고 볼 수 있다. 가장 간단한 형태인 표면타당도는 개념과 측정치를 각각 하나만을 필요로 하고, 기준관련타당도는 개념 하나에 두 개 이상의 측정치가 필요하다. 구성체타당도를 위해서는 둘 이상의 개념과 각 개념의 측정치들이 있어야 하고, 그 개념들은 명제의 형식으로 서로 관련을 맺어야 한다(Bailey, 1987: 69-70). 구체적 예를 통하여 다시 한 번 비교해 보기로 한다.

(1) 표면타당도

우리가 측정하고자 하는 개념 또는 구성체를 사회경제적 지위(F)로 하고, 사회경제적 지위의 측정치 또는 지표로서 직업(M_1)을 선택한다고 하자. 여기서 사회경제적 지위란 개념적 수준에서의 구성체고, 직업은 경험적으로 직접 측정 가능한 측정치다. 직업이 사회경제적 지위를 어느 정도 잘 측정하는가를 (평가자를 활용하여) 평가함으로써 표면타당도를 파악할 수 있다.

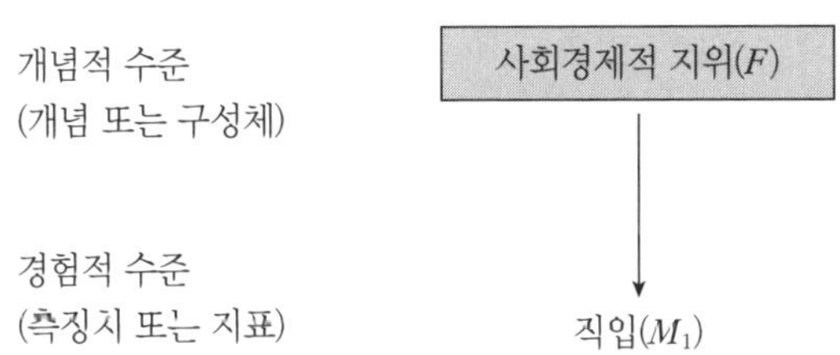

(2) 기준관련타당도

기준관련타당도를 포착하기 위해서는, 하나의 개념(F)에 둘 이상의 측정치를 필요로 한다. 즉, 사회경제적 지위를 측정하는 지표로서 직업(M_1), 소득(M_2), 교육수준(M_3)을 선택한다고 하자. 각 측정치의 어느 것을 기준으로 하여 다른 측정치의 타당도를 검정할 수 있으며, 그 때의 타당도는 각 측정치 간의 상관계수를 통하여 추정할 수 있다. 따라서 타당도계수는 기준으로 삼는 측정치의 수만큼 많아질 것이다.

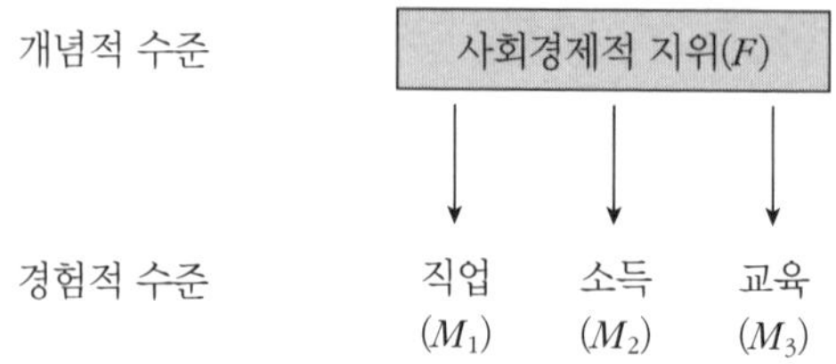

(3) 구성체타당도

구성체타당도를 파악하기 위해서는 두 개 이상의 개념(F_1과 F_2)이 있어야 하고, 그들은 서로 이론적으로 연결되어 있어야 한다. 가령 사회경제적 지위(F_1)가 높을수록 정치적 소외감(F_2)이 커질 것이라는 이론적 가설(또는 명제)이 있다고 하자. 또한 사회경제적 지위는 M_1(직업), M_2(소득), 교육수준(M_3)으로 측정되고, 정치적 소외감은 M_4, M_5, M_6로 측정된다고 하자. 만약 M_1, M_2, M_3 등이 사회경제적 지위를 측정하는 지표라고 한다면, 각각의 지표와 정치적 소외감(또는 개별 측정치)과의 상관은 비슷하게 나타나야 할 것이다. 또한 사회경제적 지위와 이론적으로 관련을 맺는 다른 변수들과 각 지표와의 관계는 그 관계의 방향, 강도 등에서도 유사하여야 할 것이다. 만약 그렇지 못하면 각 지표들이 동일한 이론적 개념을 측정하는 것들이라고 단정하기에 어려움이 따른다.

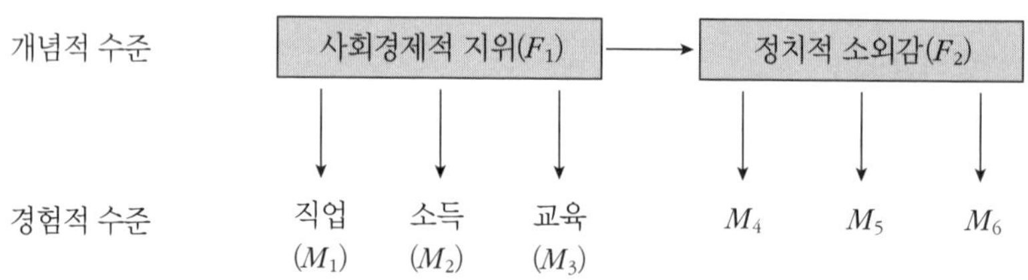

만약 각 측정치 또는 지표들이 동일한 구성체를 측정한다고 한다면 각 측정치들 간에는 높은 상관이 있어야 하고, 그러한 높은 상관은 바로 구성체타당도를 평가하기 위한 근거가 된다. 구성체타당도를 평가하기 위한 가상적인 표를 작성해 보기로 한다.

다음의 〈표 6-2〉에서 보는 바대로 같은 개념을 측정하는 측정치들 간에 보다

표 6-2 | 측정치들 간의 가상적인 상관계수표

	사회경제적 지위			정치적 소외감		
	M_1	M_2	M_3	M_4	M_5	M_6
사회경제적 지위(F_1)						
M_1	1.00	.71	.82	.22	.18	.30
M_2		1.00	.85	.15	.21	.24
M_3			1.00	.19	.14	.20
정치적 소외감(F_2)						
M_4				1.00	.69	.74
M_5					1.00	.80
M_6						1.00

높은 상관이 있어야 한다. 즉 M_1, M_2, M_3가 동일한 사회경제적 지위를 측정한다면 그들 간에 높은 상관이 있어야 하고, 마찬가지로 M_4, M_5, M_6가 정치적 소외감을 측정하는 지표라고 한다면 그들 간에도 내적으로 높은 상관관계가 있어야 한다.

참고 6-4 | 내적 타당도와 외적 타당도

본문에서 소개한 여러 가지 형태의 타당도와는 다소 다른 맥락에서 내적 타당도와 외적 타당도가 고려되고 있다. 이들 용어는 특히 실험연구와 관련되어 발전되었다.

내적 타당도(internal validity)란 독립변수가 실제로 종속변수의 변화를 가져왔는가를 적절하게 추론할 수 있느냐 여부를 가리킨다. 많은 경우에 종속변수의 변화를 가져오는 것은 실험의 대상이 되는 독립변수뿐만이 아니라 제3의 변수에 의해서도 그 변화가 초래될 수 있기 때문이다(제1장 참조). 실험의 상황에서는 우선 연구대상이 되는 독립변수 이외에 다른 변수들의 영향은 일단 통제한다고 가정한다. 그러나 실험상황을 신중하게 설정한다 하더라도 미처 통제하지 못한 변수의 영향이 개재될 수 있고, 그것이 바로 내적 타당도를 위협한다. 실험대상 집단과 통제집단, 또는 사전검사와 사후검사 사이에 어떠한 차이가 나타난다 하더라도, 그것을 조작된 독립변수의 영향이라고만 단정지을 수 없게 되며, 그 때에는 대안적 가설이나 설명이 필요할 것이다. 즉, 내적 타당도가 결여되어 있다면 실험의 결과는 쉽게 해석할 수 없다.

한편, 외적 타당도(external validity)는 연구결과의 일반화 가능성 또는 대표성을 가리킨다. 연구의 결과가 어떠한 조건하에서 그리고 어떠한 집단에 대해 일반화할 수 있는가 하는 문제인데, 외적 타당도에서는 특히 표집이 중요하다. 보다 광범한 대상에서 표본이 추출되었을 경우 그 결과를 일반화할 수 있는 폭은 훨씬 확장될 것이다.

캠벨과 스탠리(Campbell and Stanley, 1963)는 내적 타당도와 외적 타당도를 제한하는 요소를 몇 가지 열거하고 있다. 그 내용을 간략히 추려보기로 한다. '내적 타당도를 위협하는 요소'로는 첫째, 특정 사건의 영향을 들 수 있다. 즉, 첫 번째 측정과 두 번째 측정 사이에 특정한 사건이 발생할 수 있는데, 그 때에는 종속변수의 변화가 독립변수로부터 기인한 것인지 아니면 특정한 사건 때문에 그러한 것인지를 판단하기 힘들다. 둘째, 피실험자가 변화하는 데 따르는 영향이다. 이를테면, 시간의 흐름에 따라 실험대상자들도 나이를 먹어가는 등 변할 수 있다. 셋째, 대상자를 차별적으로 선정함으로써 야기되는 영향을 지적할 수 있다. 이 경우에는 실험집단과 통제집단에 배정되는 대상자들을 인구학적 특성 등에서 동일하게 하여야 한다. 넷째, 사전검사의 영향이 있을 수 있다. 사전검사의 점수가 사후검사에 영향을 미칠 수 있기 때문이다. 다섯째, 측정도구나 관찰자에 따라 측정이 달라질 수 있다. 말하자면, 상이한 관찰자나 측정자들이 동일하지 않은 기준을 사용할 수도 있는 것이다. 여섯째, 통계학적 회귀효과(statistical regression effect)가 있을 수 있다. 첫 번째 검사에서 아주 높거나 아주 낮은 점수를 낸 사람이 두 번째 검사에서는 중간에 가까운 쪽으로 점수를 내게 될 경향이 확률적으로 존재한다. 일곱째, 피실험자의 탈락에 따른 영향이 있을 수 있다. 예를 들어, 첫 번째 실험에서 대상이 되었던 사람들이 두 번째 실험에서는 그간 이사를 갔다거나 아니면 아프다거나 하는 등의 이유로 인해 계속 실험대상이 될 수 없는 경우가 생길 수 있다. 그러나 지금 열거한 모든 영향은 실험대상자들을 실험집단과 통제집단에 모두 무작위로 배정함으로써 일단 통제된다고 볼 수 있다.

'외적 타당도를 저해하는 요소'로는 첫째, 반작용효과(reactive effects)를 들 수 있다. 측정 그 자체가 행동을 변화시킬 수 있다는 것이다. 실험의 초기

단계에서 실험대상자들이 측정하고 있는 행위나 태도가 무엇인지를 나름대로 파악하게 되면, 그러한 인지가 차후의 행동에 영향을 미칠 수 있다. 그렇기 때문에 일부 실험연구에서는 여러 가지 수단을 동원하여 실험의 본래 목적을 은폐하려 하기도 한다. 둘째, 실험대상자 선정에서 오는 편향과 독립변수 간에 상호작용이 있을 수 있다. 외적 타당도를 높이기 위해서는 대상자들을 모집단에서 무작위로 선정하여야 하지만, 실험에서는 일반적으로 무작위표본을 사용하는 일이 드물고, 실험대상자들도 대부분 지망자 가운데에서 선정하기 때문에 더욱 문제시된다. 따라서 연구자는 실험대상자의 편향성이 인과관계에 영향을 미치지 않음을 변호할 수 있어야 한다. 셋째, 연구의 결과가 일반화될 수 있는가의 여부는 표집뿐만 아니라 생태학적 상황에 의해서도 결정될 수 있다. 연구가 아마도 자연상태에서 수행된다면 생태학적으로 타당하다고 간주할 수 있을 것이다. 그러나 실험이 일반적으로 인간모형에 대한 검정을 목표로 하는 것이라고 본다면 대표성의 문제는 부차적일 수도 있다. 그것은 각 학문이 추구하는 목적이 다르다는 점을 통해서도 짐작할 수 있다(보다 자세한 내용은 Campbell and Stanley, 1963 참조).

| 제 7 장 |

지수와 척도

제 1 절 지수와 척도의 의미

관찰된 현상에 대해 일정한 규칙에 따라 수치를 부여하는 것을 측정(measurement)이라고 한다면, 척도는 그러한 측정을 위한 도구라고 할 수 있다. 가장 간단한 측정도구로는 단일문항척도, 즉 하나의 문항을 사용하여 하나의 응답을 얻어내는 측정도구가 있을 수 있다. 그것을 우리는 개별 지표(指標, indicator)라고 부른다. 지표란 특정 사실이나 사건 또는 사회현상 등을 나타내는 수치 내지 기호로 정의되는데, 사회조사에서는 각각의 문항을 통해 측정한다. 예를 들어, 어떤 정당의 특정 정책에 대해 ① '대단히 찬성한다' ② '찬성한다' ③ '그저 그렇다' ④ '반대한다' ⑤ '대단히 반대한다' 라는 선택 범주를 주어 응답을 알아내는 경우가 그것에 해당한다. 사회조사에서 살펴보고자 하는 변수들 중에는, 연령이나 교육수준 · 성별과 같이 여러 문항을 사용할 필요가 없이 문항 하나로 충분히 알아낼 수 있는 것도 적지 않다.

그렇지만 사회과학에서는 대부분의 개념이 여러 차원으로 구성되어 있고 여러 가지 종류의 측정오차가 생길 수 있기 때문에 단일문항으로 측정해 내기 어려운 경우가 많다. 이를테면, '평화' 나 '탈물질주의' (post-materialism) 또는 '사회적 거리' 등의 개념은 여러 개의 문항을 통해서 측정할 수밖에 없다. 더욱이 단일문항으로 구성된 측정도구는 신뢰도, 단일차원성 여부, 문장구성으로부터 오는 오차 등의 문제를 내포하고 있기 때문에(McKennel, 1977), 종종 여러 문항으로 구성된 지수 또는 척도를 사용하게 된다(Babbie, 2011).

사회과학에서 지수 또는 척도를 사용하는 데에는 네 가지 이유가 있다. 첫째, 지수 또는 척도는 하나의 지표로는 제대로 측정해 내기 어려운 복합적인 개념들을 측정할 수 있다. 둘째, 지수 또는 척도는 여러 개의 지표를 하나의 점수로 나타냄으로써 자료의 복잡성을 덜어줄 수 있다. 셋째, 지수 또는 척도는 변수에 대한 양적인 측정치를 제공함으로써 정확성을 높이고 통계적으로 조작이 가능하도록 해 준다. 넷째, 지수 또는 척도는 측정의 신뢰도를 높여준다. 예를 들어, 시험문제 하나로 성적을 평가하는 것보다 여러 개로 평가하는 것이 보다 신뢰도가 높을 것이다.

지수 또는 척도란 논리적으로 또는 경험적으로 서로 연관되어 있는 여러 개의 문항들로 이루어진 복합적 측정도구를 가리키는데, 보통 그 두 개념을 아울러 '척도'라고 표현하기도 한다. 그렇지만 여기서는 그 둘을 분석적으로 구분하여 설명하기도 한다.

지수(指數, index)란 여러 지표의 관찰값을 요약하고 서열을 매겨 좀 더 일반적 차원을 나타내도록 만든 복합측정치를 뜻하는데, 개별 속성들에 할당된 점수를 합산하여 구성한다. 예컨대, 〈표 7-1〉에 제시된 것처럼, 시민의 정치참여지수(political participation index)를 '사회적 · 정치적 활동을 위해 기부하거나 모금', '진정서 제출 또는 서명', '집회 · 시위에 참가', '나의 의견을 알리기 위해 정치인이나 공무원과 접촉하거나 접촉 시도', '나의 의견을 알리기 위해 시민사회 활동가와 접촉하거나 접촉 시도', '나의 의견을 알리기 위해 언론기관 접촉 또는 인터넷 토론 등에 참여' 등 여섯 개 지표를 이용하여 구성한다고 하자. 그 여섯 개 지표의 합계치로서의 정치참여지수는 0점부터 6점 사이에 분포한다. 여기서 유의하여야 할 사항은 연구자가 각각의 정치참여행동지표를 동등한 가치를 갖는 것으로 파악하고 있다는 점이다.

표 7-1 | 정치참여지수의 예시

사람들은 여러 가지 방식으로 정치적 · 사회적 행동을 합니다. 귀하는 다음과 같은 행동을 지난 1년 동안 또는 그 이전에 하신 적이 있습니까?

	있다	없다
(가) 사회적 · 정치적 활동을 위해 기부하거나 모금	①	⓪
(나) 진정서 제출 또는 서명	①	⓪
(다) 집회 · 시위에 참가	①	⓪
(라) 나의 의견을 알리기 위해 정치인이나 공무원과 접촉하거나 접촉 시도	①	⓪
(마) 나의 의견을 알리기 위해 시민사회 활동가와 접촉하거나 접촉 시도	①	⓪
(바) 나의 의견을 알리기 위해 언론기관 접촉 또는 인터넷 토론 등에 참여	①	⓪

자료 : 설동훈 (2010: 384) 수정.

한편, 척도(尺度, scale)는 연구자가 어떤 변수의 강도 · 방향 · 수준 · 유효성 등을 파악하고자 할 때 구성하는 측정치다. 척도를 구성하는 여러 지표들 사이에는 논리적 또는 경험적 구조가 존재한다. 그러므로 척도는 지표마다 각기 다른 가중치를 부여하여 종합 점수를 산출하는 방식으로 구성한다. 예컨대, [그림 7-1]에서 보는 바와 같이, 정치참여지향척도(political activism orientation scale)를 구성하기 위하여 '공직선거 출마', '선거유세 참여', '선거자금 기부', '투표 참여' 의향 유무를 조사하였다고 하자. 이 네 개의 정치참여의향지표는 적극성에서 수준 차이가 난다. 단순히 투표만 하는 것보다는 선거자금 기부를 하는 것이 적극성이 높고, 또 그보다는 선거유세에 참여하는 것이 더 적극적인 것으로 파악할 수 있으며, 공직선거에 후보로 출마하는 것이 가장 적극성이 높은 것으로 이해할 수 있다. 그러므로 [그림 7-1]처럼 각 지표에 4, 3, 2, 1의 값을 부여하는 것도 가능하다. 그렇게 지표별로 가중치를 부여하여 구성한 정치참여지향척도는 0부터 4의 값을 가진다.

그림 7-1 | 정치참여지향척도의 예시

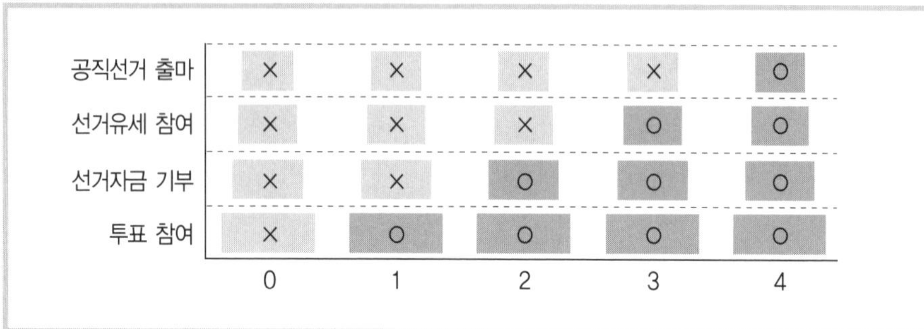

자료 : Babbie (2011: 217).

척도는 각 지표의 강도를 고려하기 때문에 지수보다 더 나은 방법이다. 〈표 7-1〉과 [그림 7-1]을 비교하면 쉽게 알 수 있듯이, 척도점수는 지수점수보다 더 많은 정보를 전달한다.

척도에 대해 유의해야 할 사항은 두 가지가 있다. 첫째, 여러 지표들의 복합이 척도가 되는지 여부는 연구의 대상이 되는 표본의 성격에 달려 있다. 동일한 문항들이 기존 연구에서 척도를 구성했다 하더라도 표본의 성격이 다를 경우 그렇게 하지 못할 수도 있다. 둘째, 특정 척도 구성 기법을 사용한다고 해서 척도가 만들어지는 것은 아니다. 그러한 기법은 문항들이 척도를 구성하는지 여부를 판단하는 데 쓰일 뿐이다.

제 2 절 지수의 구성

지수를 구성하는 과정에서는 가능한 문항 선정, 문항 간의 경험적 관계 검사, 지수점수 부여, 결측값 처리, 지수의 타당도 검사라는 다섯 단계를 거친다 (Babbie, 2011: 171-187; Seol, Kim and Lee, 2011: 12-17, 35).

1. 문항 선정

지수 구성의 첫 단계는 복합지수를 위한 지표들, 다시 말해 '문항들을 선정하는 것'(item selection)이다. 지수에 포함할 문항을 선정하는 첫째 기준은 내용타당도(content validity)다. 측정도구가 측정하고자 하는 개념 또는 구성체에 적합한지 여부를 따져서 부적합한 것은 제거하고 누락된 것은 보충하여야 한다. 둘째 기준은 단일차원성(unidimensionality)이다. 지표는 특정 개념의 한 차원만을 나타내어야 한다. 셋째, 문항의 성격에 따라 측정지표가 얼마나 일반적인지 또는 구체적인지를 결정하여야 한다. 넷째, 지수를 위해서 문항을 선택할 때에는 개별 문항 각각의 응답 분포를 고려해야 한다. 대부분의 응답자들이 특정 응답 범주에 집중해 있는 경우 그 지표는 상수와 다름이 없으므로 지수 구성에 도움이 되지 않는다.

2. 경험적 관계 검사

지수 구성의 둘째 단계는 지수에 포함하려고 고려하고 있는 문항들 사이의 '경험적 관계를 검사하는 것'(examination of empirical relationship)이다. 한 응답자가 하나의 질문에 어떻게 응답했는지를 알면 다른 질문에 어떻게 답변할지를 예측할 수 있는 경우 '경험적 관계'가 성립된다. 만일 두 문항이 서로 경험적으로 관계가 있으면 각 문항이 동일한 변수를 나타낸다고 주장할 수 있고, 두 문항을 모두 동일한 지수에 포함할 수 있다. 세 개 이상의 문항들에서도 경험적 관계가 있는지를 따져보아야 한다. 즉, 어느 문항이 바로 그 지수에 포함되어야 하는지를 결정하기 위해서, 문항들 사이의 관련성을 찾아내어야 한다.

3. 지수점수 부여

지수를 위한 최선의 문항들을 선정한 다음, 특정 응답들에 점수를 할당함으로써 여러 문항들을 이용하여 하나의 복합측정치를 만들게 된다. 그것을 '지수 점수 부여'(index scoring)라 한다. 이 단계에서는 두 가지 기본적 의사결정을 해야 한다. 첫째, 지수점수가 가질 바람직한 범위를 정하는 것이다. 하나의 문항을 사용하는 것과 비교할 때, 지수를 구성하여 변수를 측정하면 등급의 범위를 갖는 장점이 있다. 그렇지만 극단치의 경우 거의 사례수가 없는 경우가 종종 발생한다. 그 경우에는 '지수가 갖는 측정범위'와 '지수의 각 점수에 배당된 적절한 사례수'를 고려하여 극단치를 '얼마 이상' 또는 '얼마 이하' 등으로 재부호화할 것인지 여부를 결정해야 한다. 둘째, 각 특정 응답에 대해 실제 점수를 부여하는 것이다. 기본적으로 지수를 구성하는 문항들에 동일한 가중치를 줄 것인지, 또는 다른 가중치를 줄 것인지를 결정해야 한다. 정해진 규칙이 있는 것은 아니지만 특별히 가중치를 다르게 주어야 할 분명한 사유가 없으면 동일한 가중치를 주는 것이 좋다. 즉, 다른 가중치를 부여하는 데에는 증명이 따라야 한다는 부담이 있으며, 동일한 점수 부여가 기본이다.

4. 결측값 처리

지수점수를 매길 때 특정 문항에 응답하지 않은 사례에 대해서 '결측값 처리'(handling missing data)를 하여야 한다. 결측값 처리 방식은 여러 가지가 있다. 첫째, 결측값을 가진 사례가 매우 적을 때에는 지수 구성과 분석에서 그 사례를 배제할 수 있다. 그 경우, '배제하고도 남은 사례수가 충분한지'와 '남은 사례가 표본의 대표성을 유지하고 있는지'를 따져 보아야 한다. 둘째, 합당한 근거가 있는 경우 결측값을 하나의 응답 범주로 처리할 수 있다. 예컨대, 응답자에게 특정 활동에 참여하는지 여부를 '예' 또는 '아니오'라고 답하게 하였는데, 많은 응답자들이 '예'에만 표기하고 나머지는 응답하지 않고 남겨둔 경우, 응답하지 않은 것을 '아니오'라고 응답한 것으로 간주하여 값을 부여할 수도 있다. 셋째, 결측값을 세밀하게 분석하여 그 의미를 해석할 수 있는 경우가 있다. 유효 응답 변수들과 결측값의 관계를 유심히 살펴서 특정 패턴을 발견하면 결측값에 대한 의미 부여가 가능해진다. 넷째, 결측값을 보인 사례와 유사한 패턴을 가진 사례들을 특정 변수들을 기준으로 설정하여, 그 평균값을 부여한다.[1] 다섯째, 여러 개의 문항으로 지수를 구성한 경우 그중 일부 문항에서 값이 누락된 경우는 유효응답문항의 패턴을 살펴서 값을 부여한다.

이상의 여러 방법 중 어느 것을 사용할 것인가는 자료의 상태에 따라 제각각일 수밖에 없다. 결측값을 가진 사례를 모두 배제하면 발견한 연구결과의 대표성이 편향될 수 있다. 그러나 결측값을 임의의 값으로 대체하여 그 사례를 포함하게 되면 연구결과가 달라질 수 있다. 가장 안전하고 좋은 방법은 그러한 방법들 가운데 하나 이상의 방법을 사용하여 지수를 구성하고, 그 각각의 방식으로 구성한 지수를 사용해도 동일한 결론에 이르는지를 따져보는 것이다.

5. 지수의 타당도 · 신뢰도 검정

1) 타당도 검정

지금까지 살펴본 네 단계를 꼼꼼히 수행하면 지수가 개념을 제대로 측정할 가능성이 높아진다. 그러나 그것이 성공하였음을 입증하기 위해서는 '지수의 타당도 검정'(index validation)을 거쳐야 한다. 타당도 검정의 기본 논리에 따라, 우리는 지수가 특정 개념을 측정하는 것으로 가정한다. 즉, 지수의 점수는 그 개념의 서열과 일치해야 한다. 그 점을 확인하는 작업이 타당도 검정이다. 지수의 타당도 검정은 두 단계에 걸쳐 이루어진다.

지수의 타당도 검정에서 첫 단계는 문항 분석(item analysis)이라고 불리는 '내적 타당도'(internal validity) 검정이다. 문항 분석은 지수가 그것을 구성하는 개별 문항들과 관련되는 정도를 확인하는 작업이다.

둘째, 문항 분석 결과 지수가 주어진 개념을 적절히 측정하고 있는 것이 입증

---

1) 통계 패키지의 결측값 분석(missing value analysis)을 활용하여 대쳇값을 부여할 수도 있다. 그 경우, 연구자가 결측값을 대체하는 데 논리가 있어야 한다. 연구자는 기준 변수를 설정하고, 그 대쳇값으로 회귀방정식을 이용한 기댓값 또는 평균값 등 중에서 적절한 것을 골라야 한다.

된다면, 그 개념의 다른 요소들도 성공적으로 예측할 수 있어야 한다. 그것을 '외적 타당도 검정' (external validation)이라 한다. 외적 타당도(external validity)는 지수가 그 구성지표들뿐 아니라 다른 유관 문항들을 설명할 수 있는 정도를 의미한다.

지수 작업을 하는 연구자는 언젠가는 타당도 검정에서 실패를 경험하게 될 것이다. 내적 타당도 검정에서 지수에 포함된 지표들과 지수 그 자체 사이에 일관성이 없는 관계가 발견이 되면, 그것은 지수에 무언가 문제가 있음을 뜻한다. 그 경우, 지수를 재구성하여 문제를 해결하면 된다.

내적 타당도 검정을 통과한 특정 지수가 제3의 문항을 강하게 예측하지 못하는 경우는 ① 지수가 그 문항을 적절히 예측하지 못하거나(나쁜 지수, bad index), ② 타당도를 검정하는 그 문항이 주어진 개념을 적절히 측정하지 못하여 지수를 적절히 검정하지 못하는(나쁜 타당도 검정 문항, bad validators) 상황 중 하나일 것이다.

외적 타당도 검정에 실패하면, 먼저 지수를 살펴보아야 한다. 그 방법은 '타당도를 검정하는 문항'과 '지수를 구성하는 개별 문항들' 간의 관계를 살펴보는 것이다. 지수 구성 문항들 가운데 일부는 검정 문항과 관계가 있고 나머지는 관계가 없다는 사실을 발견한다면 처음에 구성한 지수의 특성을 더 잘 이해하게 될 것이다. 그 후 지수를 재구성하여, 동일한 절차를 밟으면 성공할 가능성이 높아질 것이다.

다른 한편으로, 연구자는 지수에는 문제가 없고, 타당도를 검정하는 문항에 문제가 있다는 결론을 내릴 수도 있다. 최상의 지표들을 지수에 포함하였다고 확신하는 연구자는 타당도 검정 문항을 열등한 이류지표(second-rate indicators)로 여길 것이다. 어느 판단이 옳은지를 밝혀 줄 정해진 해결책은 없다. 그렇지만 연구자는 생존하기 위해서 반드시 그 난관을 돌파하지 않으면 안 된다.

2) 신뢰도 검정

개별 지표들이 어떤 개념(지수)을 구성하는 부분 개념을 반영한다고 가정할 때, 각 문항들은 서로 높은 상관관계를 맺고 있어야 한다. 즉, 문항들 간 상관관계가 높을수록, 그 문항들은 같은 구성적 개념을 측정하고 있다는 확신을 더 가질 수 있다. 그리고 지표가 많을수록 그 측정치로 구성된 지수에 대해 더 높은 신뢰를 할 수 있다. 학생들의 학점을 10회에 걸친 시험 점수의 평균을 기준으로 산출하는 것이 단 한 차례 시행한 시험 점수를 기준으로 하는 것보다 신뢰도가 높은 것과 마찬가지다. 그러므로 어떤 지수의 신뢰도는 그것을 구성하는 지표의 수에 따라 증가한다. 그렇지만 중요한 가정은 모든 문항이 실제로 동일한 개념(지수)의 구성부분을 나타내고 있어야 한다는 것이다. 요컨대, 지수의 질은 지표들 사이의 평균적 상관관계와 지수를 구성하는 지표들의 수에 의해 결정된다(Knoke, Bohrnstedt and Mee, 2002).

지수의 신뢰도를 요약해 주는 통계치는 크론바하의 α(Cronbach's alpha)다(제6장 참조). α값은 개별 지표들의 '내적 일관성'(internal consistency)을 측정하는데, 그 범위는 0(내적 일관성이 전혀 없음)부터 1(완전한 내적 일관성)까지다. 일반적으로, α값이 .70 이상인 경우 지수의 신뢰도가 높은 것으로 간주한다. 크론바하의 α값 계산공식은 다음과 같다.

$$\alpha = \frac{k\bar{r}}{1+(k-1)\bar{r}}$$

여기서 k : 지수를 구성하고 있는 문항의 수
$\bar{r}$: 지수를 구성하는 k개 문항 간의 평균상관계수

제 3 절 척도의 구성

특정 개념을 나타내는 좋은 지수는 그 사례들을 서열화하여 잘 나타낸다. 그러나 지수는 한 개념을 측정하는 모든 지표들이 그 중요성에서 균일하지 않다는 사실을 고려하지 못한다. 그렇지만 척도는 지표들 간의 구조화된 강도(intensity)를 반영함으로써 더욱 확실한 서열성(ordinality)을 부여한다. 복합척도

로 합하게 되는 여러 문항들은 변수의 강도 면에서 서로 다를 수 있다. 여기서는 대표적인 척도들의 구성 방식을 살펴보기로 한다. 비교적 초기에 개발되어 자주 사용되어 왔던 척도로는 서스톤척도, 리커트척도, 보가더스척도, 거트만척도, 의미분화척도 등이 있다.

서스톤척도는 개개인을 등급화하는 방법으로서 등급 간의 간격이 거의 동일하도록 조정한다. 그래서 그 척도를 유사등간기법(類似等間技法, technique of equal-appearing intervals)이라고도 부른다. 서스톤기법의 일반적인 과정을 보면 우선 평가자로 하여금 개별 문항을 일정한 범주로 등급화하도록 한 다음, 연구자가 그 범주들 중에서 척도를 구성할 문항을 선택하게 된다. 서스톤(Louis Leon Thurstone, 1887~1955)이 척도 구성법을 제시한 이래 서스톤의 방법은 주로 심리학자들이 많이 사용하였다. 그렇지만 서스톤의 방법은 몇 가지 통계적 가정에 근거하고 있고 또 그 방법 자체가 매우 번거로워서 최근에는 별로 쓰이지 않고 있다.

서스톤의 척도가 갖는 몇 가지 문제점을 고려하여 리커트(Rensis Likert, 1903~1981)는 보다 간편한 방법을 제시하였다. 리커트척도는 총화평정기법(總和評定技法, summated rating technique)이라고도 하는데, 척도 문항들을 모은 후에 그 문항들을 무작위로 추출된 응답자들에게 나누어 주어 응답하게 한 다음, 각 응답자의 전체 점수를 계산하고 각 문항의 변별력을 결정한 후에 최종적인 척도 문항을 선택하는 것이다.

서스톤의 척도 구성법이 더 나은가 아니면 리커트가 제시한 방법이 더 나은가에 대해서는 명확하게 대답하기 힘들지만, 일반적으로 주어진 문항을 점수화하는 데 리커트의 방법이 더 신뢰성 있는 결과를 보여 주고 있고, 또 동일한 수의 문항을 사용했을 때 리커트척도가 서스톤척도보다 더 높은 신뢰도를 보여주고 있다는 점이 밝혀졌다(Summers, 1970: 125-126).

보가더스척도는 인종 · 종족, 직업, 종교에 대한 거리감을 측정하기 위한 것으로, 문항들이 어떤 태도나 속성의 강도가 다른 내용을 담고 있다는 점에서 누적척도(累積尺度, cumulative scale)로 간주된다. 보가더스(Emory S. Bogardus, 1882~1973)는 일정한 기준에 의하여 일련의 문항들을 논리적으로 완벽한 서열로 배열할 수 있다는 가정을 하였다. 그리고 문항들이 그렇게 서열을 이루고 있다면, 응답자들도 그 문항들에 대답한 유형에 따라 순위를 부여하여 배열할 수 있다고 가정하였다. 보가더스척도는 집단 간 사회적 거리감을 측정하는 목적으로 요즘도 널리 사용되고 있다.

거트만척도 기법은 척도를 구성하는 과정에서 문항들의 단일차원성을 경험적으로 검증하도록 설계한 것이다. 거트만척도는 단일차원적일 뿐 아니라 누적적이기도 하므로, 그것은 보가더스척도처럼 누적척도의 일종이다. 문항들은 하나의 차원에서 등급화될 뿐 아니라 가장 강한 정도를 나타내는 문항에 대한 응답으로부터 다른 문항에 대한 응답을 예측할 수 있다. 또한, 완전한 척도유형(perfect scalable pattern)과의 일치 정도를 측정하기 위해 거트만(Louis Guttman, 1916~1987)은 재생계수(coefficient of reproducibility)의 개념을 제시하였다.

의미분화척도는 어떤 대상이 개인에게 주는 의미를 측정하는 방법으로, 일종의 태도척도를 구성한다. 연구자는 어떤 개념의 의미를 구성하는 여러 차원을 찾아낸 다음, 각각에 대해 양극적(bipolar) 형용사를 배치하여, 그 문항들을 응답자에게 제시하는 방식을 취한다. 오스굿(Charles E. Osgood, 1916~1991)이 유형별로 형용사를 짝을 지어 배열하였다는 점을 고려하여, '오스굿 유형척도'(Osgood-type scale)라고도 한다. 이어서 개별 척도들이 갖는 특징적인 요소들을 좀 더 자세히 살펴보기로 한다.

1. 서스톤척도

서스톤척도(Thurstone scale)는 각 문항이 척도상의 어디에 위치할 것인가를 평가자들로 하여금 판단하게 한 다음, 그것을 바탕으로 연구자가 대표적인 문항을 선정하여 척도를 구성하는 방법이다. 각 문항에 대한 평가에서 평가자들 간에 불일치도가 높다면 그 문항은 제외하고 척도상의 각 점수를 대표할 수 있는 문항을 몇 개씩 고르게 된다.

척도 구성의 단계는 다음과 같이 요약할 수 있다(Thurstone, 1928).

첫째, 측정하고자 하는 변수를 명확히 규정한다.

둘째, 그 변수와 관련된 의견들을 광범위하게 수집한다. 그 때 여러 사람들에게 연구주제에 대한 자신들의 견해를 쓰도록 한다든지 또는 문헌조사를 통해 척도 구성에 적합한 진술을 찾아낼 수 있을 것이다.

셋째, 그렇게 수집한 자료를 편집하여 100개 정도의 간단한 진술로 압축한다. 그 때 가능한 한 모든 견해들이 다 망라되도록 한다. 진술을 선정할 때에는 특히 다음과 같은 점에 유의하여야 한다. ① 진술은 가급적 간결해야 한다. ② 모든 진술은 응답자 자신의 견해를 밝힐 수 있도록 구성하여야 한다. 어떤 진술은 사실적이기 때문에 그에 대해 응답자가 찬성 또는 반대할 수 있을 뿐 그 응답이 응답자의 견해를 반영한다고 볼 수 없는 경우가 있음에 주의해야 한다. ③ 양면성을 가진 진술은 가급적 피해야 한다. ④ 측정하고자 하는 변수와 무관한 진술이 남아 있게 되면 바람직스러운 척도 구성이 이루어질 수 없기 때문에, 변수와의 유관성을 항상 염두에 두어야 한다.

넷째, 그렇게 하여 진술들이 선정되면 각 진술을 작은 카드에 하나씩 적은 다음 약 200~300명의 평가자들에게 제시하여 판단하도록 한다. 그 방법은 가장 긍정적인 것에서부터 가장 부정적인 것에 이르기까지 11개 묶음으로 분류하도록 하는데, 11개 묶음 중에서 가운데 1개 묶음은 중립적인 견해를, 5개의 묶음은 긍정적인 견해를, 나머지 5개의 묶음은 부정적인 견해를 반영하도록 한다.

다섯째, 평가자의 판단을 바탕으로 각 진술의 척돗값을 계산한다.

여섯째, 최종적으로 척도 구성에 포함할 문항을 선정한다. 그 때 평가자들 간에 불일치가 심하거나 측정하고자 하는 변수와 무관한 진술은 제외하고 척도상 각 점들이 같은 간격으로 잘 나타나도록 약 20~30개의 진술을 선택한다.

그렇게 하여 선정한 문항들을 질문지에 포함한다.

서스톤척도를 실제 연구에 적용한 한 예로 나이스트롬(Nystrom, 1933)이 미국 생활에 대한 필리핀 유학생들의 태도를 측정한 연구가 있다. 그는 우선 간단한 진술들을 수집하기 위하여 인종관계문헌, 연구주제와 관련되어 이미 이루어진 사회조사, 재미아시아유학생회의 미간행보고서 등을 조사하였다. 그것을 바탕으로 113개의 진술을 작성한 다음, 1931년 당시 미국에 유학하고 있었던 필리핀 학생 중 무작위로 50명을 선정하여 그들에게 전체 진술을 11개의 묶음으로 분류하도록 하였다. 11개의 묶음은 미국생활에 대해 가장 부정적인 태도에서 가장 긍정적인 태도를 나타내는 것에 이르기까지 동일한 간격을 나타내 주도록 마련한 것이다. 그는 평가자들이 진술을 분류하는 작업 과정에서 미국에 대한 각자의 견해를 나타내는 것이 아니라 각 진술이 갖는 태도의 강도를 객관적으로 평가하도록 하였다.

최종 척도에 포함할 진술들을 선정할 때 평가자들 간 견해 차이가 크거나 미국생활에 대한 태도와 무관한 진술은 제외하였다. 각 진술의 척도점수는 평가자에 의한 진술의 누적비율이 50%를 초과하는 그 지점의 점수다. 가령 어떤 문항에 대해 5명이 첫 번째 묶음에 포함되고, 20명이 두 번째 묶음에, 15명이 세 번째 묶음에, 10명이 네 번째 묶음에 포함되었다면, 중앙값은 두 번째 묶음이 되며, 따라서 척돗값은 2점이 된다. 나이스트롬은 그렇게 하여 척도의 각 점수 간 간격이 동일하도록 문항을 선정한 다음, 그것을 또 다른 필리핀 유학생 100여 명에게 보내어 그들의 견해를 측정하였다. 그 결과 미국생활에 대해 가장 강한 편견을 보일 경우에 1점, 반대로 가장 우호적인 견해를 보일 경우에 11점으로 했을 때 전체 평균점수는 6.3점(정확하게 중립적인 경우는 6점이 됨)이었고, 응답사의 응답 범위는 2.5에서 8.5까지에 이르는 것으로 나타났다.

서스톤척도는 문항 평가를 위해 많은 시간과 노력을 들여야 하기 때문에 오늘날의 사회조사연구에서는 거의 사용하지 않고 있다. 평가자의 경험이나 지식이 일정하지 않고 또한 각 문항이 갖는 의미도 시간의 흐름에 따라 변화할 수 있기 때문에 더욱 그러하다.

2. 리커트척도

서스톤척도가 제시한 가장 특징적인 요소는 태도척도에서 각 범주 간 거리를 같게 하려는 것이었다. 그러나 서스톤척도 구성의 근저에 깔려 있는 가정은 평가자가 그들이 가지고 있는 태도와 관계없이 질문들을 객관적으로 분류할 수 있다는 것이다. 즉, 진술이 갖는 척돗값은 그 진술을 분류하는 평가자의 태도분포와 통계적으로 독립적이라는 것이다. 그렇지만 그러한 가정은 검증되지 못하였다. 또한 앞서 지적한 바와 같이 그 방법은 실제 적용에서 매우 번거롭다.

그러한 서스톤척도의 문제점들을 염두에 두고 리커트는 보다 간단하면서도 서스톤척도에서와 같은 타당도를 얻을 수 있는 척도 구성법을 제시하였다. 그는 국제관계, 인종문제, 경제 · 정치 · 종교문제 등을 다루면서 이미 다른 심리학자들에 의해 사용되어 왔던 것들과 신문, 잡지, 서적, 연설문, 기타 팸플릿 등을 참조하여 질문지를 구성하였다. 질문은 사실에 대한 판단보다는 개인의 가치를 묻는 것을 중심으로 하여 간결하고도 명료하게 작성하였고, '대단히 찬성한다', '찬성한다', '찬성도 반대도 아니다', '반대한다', '대단히 반대한다' 라는 5점척도에 응답하게 하였다.

리커트는 5점척도상의 응답 유형이 대체로 정규분포와 흡사하다고 보고, 그러한 가정을 바탕으로 서로 다른 진술들을 합쳐서 하나의 척도로 사용할 수 있음을 제시하였다.

리커트는 우선 특정 진술에 대해 '대단히 찬성한다' 에서 '대단히 반대한다' 에 이르기까지 5점척도 중 어느 하나를 선택한 사람들의 백분율을 시그마값으로 전환하였다. 시그마값이란 −3에서 +3까지에 모든 응답자가 포함되도록 조정한 것으로서, 음의 값을 피하기 위하여 시그마 −3을 0으로 재조정한다. 시그마값은 100개의 표본에서 얻은 백분율로 계산하게 되는데, 시그마 기법은 여러 가지 면에서 서스톤척도보다 뛰어난 기법이다. 무엇보다도 따로 평가자집단을 사용할 필요가 없으며, 적은 문항으로도 높은 타당도를 얻을 수 있다. 서스톤척도에서는 단일한 연속선상에서 각각의 진술이 차지하는 척돗값을 찾았고, 어떤 사람의 점수는 그가 택하는 문항의 척돗값에 의해 결정되었다. 그러나 거기에서는 각각의 진술이 그 자체로서 척도가 되고, 각 진술에 대한 각자의 반응이 점수화된다. 또 극단적인 태도를 나타내는 문항에 대해서는 응답자의 반응이 극단화되어 나타나고, 그다지 강한 태도를 나타내는 문항이 아닐 때에는 반응 역시 그에 상응하게 나타나도록 되어 있다. 서스톤척도의 가장 뛰어난 점은 모호성과 비적합성을 객관적으로 점검할 수 있다는 것인데, 시그마 기법에서도 그와 같은 정도의 객관적인 점검이 이루어질 수 있다.

리커트는 시그마 기법과 비슷한 결과를 내면서도 보다 간편한 기법을 찾아내기 위해 시그마값 대신에 1에서 5까지의 값을 부여하는 방법을 사용했다(〈표 7-2〉 참조). 즉, 시그마척도의 부정적인 극단에 1점을, 긍정적인 극단에 5점을 부여한 후, 각 개인의 척돗값은 각 진술에 대한 값의 평균으로 결정한 것이다. 실제로 진술(문항)의 수가 모든 사람에게 같기 때문에 평균 대신에 총점을 사용하여도 마찬가지다. 리커트는 그 방법에 의한 신뢰도가 시그마 방법을 사용하였을 때와 동일하고 두 방법을 사용했을 때 각각 얻어지는 점수 간의 상관관계가 거의 1에 가까움을 밝혔다. 또한 1, 2, 3, 4, 5점 대신에 양극단에 비중을 더 두어 1, 3, 4, 5, 7점으로 했을 때에도 동일한 결과가 나타나고 있음을 보여 주었다. 리커트척도는 시그마 기법과 동일한 결과를 가져오고, 평가자를 사용하지 않아도 된다는 점에서 시그마 기법과 서스톤척도 구성법보다 우월한 방법이라고 할 수 있다(Likert, Reslow and Murphy, 1934; Likert, 1970).

표 7-2 | 특정 진술에 대한 응답

선택 범주	매우 찬성한다	찬성한다	찬성도 반대도 아니다	반대한다	매우 반대한다
응답자의 비율	13	43	21	13	10
시그마값	−1.63	−0.43	+0.43	+0.99	+1.76
1~5점 척도	1	2	3	4	5

자료 : Likert, Reslow and Murphy (1934: 153).

요약하면, 리커트척도는 다음과 같은 몇 가지 단계를 밟아 구성된다.

① 살피고자 하는 변수와 관련된 진술들을 수집한다.

② 각 진술에 5점척도로 구성된 응답 범주를 설정한다. 각 진술이 하나하나의 지표가 되며, 전체 척도는 그 각각의 지표를 합한 것이 된다.

③ 각 진술 중에서 최종적으로 몇 개의 진술을 선택하여 질문지에 포함한다. 진술을 선택할 때에는 그 진술이 가지고 있는 변별력에 기초하게 된다(변별력이란 전체 문항에 대한 응답을 기초로 피조사자들을 서열화하였을 때 그 문항이 서열이

높은 사람들과 낮은 사람들을 구별해 내는 정도를 의미한다).

3. 보가더스척도

보가더스 사회적 거리척도(Bogardus social distance scale)는 응답자가 다른 유형의 사람들과 친밀한 사회적 관계를 차등적으로 맺고자 하는 의사를 측정하는 기법이다. 보가더스는 다른 사람들과 교제할 의사를 측정하기 위하여 다양한 수준의 강도(intensity)를 나타내는 몇 가지 질문들을 개발했다. 처음에는 7문항 척도를 개발하였으나(Bogardus, 1925), 나중에는 60문항 척도와 그 축약본으로서 수정7문항 척도를 개발하기도 하였다(Bogardus, 1933). 그렇지만 처음 개발한 척도가 아직도 널리 사용되고 있으므로, 여기서는 그것을 제시하기로 한다.

1. 배우자 또는 가족의 배우자
2. 가까운 친구 또는 선·후배
3. 가족을 동반한 이웃주민
4. 우리나라에서 나와 같은 직업 종사자
5. 우리나라에 정착하여 사는 사람
6. 우리나라 단기 방문자
7. 우리나라에 발붙이지 못할 사람

경험적으로 생각해 보면 수많은 사람들이 이방인이 같은 나라에 사는 것은 허용할지라도 결혼은 소수만이 허용할 것이다. 그러한 의미에서, 그는 '쉬운 문항'(예, 정착 거주)과 '어려운 문항'(예, 결혼)을 나누었다. '어려운 문항'보다는 '쉬운 문항'에 보다 많은 사람들이 동의한다. 어떤 사람이 '쉬운 문항'을 거부한다면 그는 논리적으로 그 후에 나오는 '어려운 문항' 역시 거부할 것이다. 그것은 자료 축소 기제로서 척도가 갖는 이점을 잘 보여 준다. 특정 응답자가 어떤 인종·종족 집단과 얼마나 많은 관계를 수용할 것인지를 알면 우리는 어

표 7-3 | 보가더스 사회적 거리척도

다음을 읽고 귀하에게 해당하는 곳에 모두 ×표 하여 주십시오.
"즉각적으로 떠오르는 느낌에 따르면, 나는 다음 각 인종 · 종족 구성원들(내가 아는 '가장 훌륭한 사람'이나 '가장 못된 사람'이 아니라 '평균적인 사람')을 ______(으)로 기꺼이 인정하고 싶다."

	1	2	3	4	5	6	7
	배우자/ 가족의 배우자	가까운 친구 또는 선·후배	가족을 동반한 이웃주민	우리나라에서 나와 같은 직업 종사자	우리나라에 정착하여 사는 사람	우리나라 단기 방문자	우리나라에 발붙이지 못할 사람
노르웨이	×	×	×	×	×		
독일	×	×	×	×	×		
루마니아	×	×	×	×	×		
아일랜드	×	×	×	×	×		
영국(북아일랜드)	×	×	×	×	×		
영국(스코틀랜드)	×	×	×	×	×		
영국(잉글랜드)	×	×	×	×	×		
캐나다	×	×	×	×	×		
캐나다(프랑스어)	×	×	×	×	×		
프랑스	×	×	×	×	×		
네덜란드				×	×		
덴마크				×	×		
미국원주민(인디언)				×	×		
스웨덴				×	×		
영국(웨일즈)				×	×		
이탈리아				×	×		
핀란드				×	×		
러시아						×	
멕시코						×	
불가리아						×	
세르비아-크로아티아						×	
스페인						×	
아르메니아						×	
유대인(독일)						×	
유대인(러시아)						×	
중국						×	
체코슬로바키아						×	
포르투갈						×	
폴란드						×	
필리핀						×	
헝가리						×	
그리스							×
시리아							×
일본							×
터키							×
한국							×
흑인							×
흑인-인디언혼혈(물라토)							×
힌두교도							×

주 : 인종 · 종족이 알파벳 순서로 되어 있는 것을, '인종거리지수' 값과 가나다 순서를 고려하여 재배열하였다.

자료 : Bogardus (1925: 301).

떤 관계가 수용되었는지를 알 수 있다. 따라서 하나의 수치로 정보의 손실 없이 일곱 개 문항을 정확히 요약할 수 있다.

〈표 7-3〉은 보가더스(Bogardus, 1925: 301)가 실제 조사에 사용한 질문지다. 이 표에는 영국(잉글랜드) 출신 아버지와 영국(북아일랜드) 출신 어머니를 둔 한 미국 시민이 39개 인종 · 종족 집단 구성원을 어떻게 받아들이는지에 관해 응답한 결과가 제시되어 있다. 이 표에서 배우자 1점, 친구 2점, 이웃주민 3점, 같은 직업 종사자 4점, 정착자 5점, 단기 방문자 6점, 우리나라에 발붙이지도 못할 사람 7점 등 문항마다 각기 다른 값을 주어,[2] 각 인종 · 종족 집단별 거리감을 측정하면 다음과 같다.

- 1점 : 노르웨이 · 독일 · 루마니아 · 아일랜드 · 영국(북아일랜드) · 영국(스코틀랜드) · 영국(잉글랜드) · 캐나다 · 캐나다(프랑스어) · 프랑스
- 4점 : 네덜란드 · 덴마크 · 미국원주민(인디언) · 스웨덴 · 영국(웨일즈) · 이탈리아 · 핀란드
- 6점 : 러시아 · 멕시코 · 불가리아 · 세르비아-크로아티아 · 스페인 · 아르메니아 · 유대인(독일) · 유대인(러시아) · 중국 · 체코슬로바키아 · 포르투갈 · 폴란드 · 필리핀 · 헝가리
- 7점 : 그리스 · 시리아 · 일본 · 터키 · 한국 · 흑인 · 물라토(흑인-인디언혼혈) · 힌두교도

이 표에 제시된 응답자는 자신과 출신 배경이 비슷한 '백인 앵글로-색슨 개신교도'(White Anglo-Saxon Protestant: WASP)는 '매우 가깝게'(1점) 여기고, 북유럽 · 남유럽(이탈리아) · 미국원주민은 그 다음으로 '비교적 가깝게'(4점) 느끼지만, 동유럽 · 남유럽(스페인) · 중국 · 필리핀 · 유대인은 '멀게'(6점) 느끼고, 남유럽(그리스) · 중동 · 일본 · 한국 · 흑인 등은 '매우 멀게'(7점) 느낀다. 보가더스가 이 표를 논문에 제시한 것은 그 응답자의 생각이 당시 미국 주류사회의

2) 보가더스(Bogardus, 1933: 271)는 이것을 인종 · 종족거리지수(racial distance quotient)라고 불렀다. 그는 인종 · 종족거리지수와 직업거리지수(occupational distance quotient) 및 종교거리지수(religious distance quotient)를 각각 산출하여, 그 세 값을 산술평균한 것을 사회적 거리지수(social distance quotient)로 파악한다.

인식과 흡사하였기 때문으로 여겨진다.

보가더스척도는 주류사회 또는 지배집단이 소수민족집단에 대해 느끼는 사회적 거리를 측정한다는 지적이 있었다. 그러한 사실을 강조하기 위하여, 미국의 인종 · 종족문제를 연구하는 사회학자들은 소수민족집단에게 주류사회에 비친 자신의 모습을 평가하도록 한 '역 사회적 거리척도'(reverse social distance scale)를 개발하였다(Lee, Sapp and Ray, 1996). '역 사회적 거리척도' 도 소수민족 응답자들이 몇 번 문항에 동의했는지를 알면 다른 어떤 문항에 동의했는지를 알 수 있다(〈표 7-4〉 참조). 그들의 논문에서는 98.8% 알 수 있었다.

표 7-4 | 역 사회적 거리척도

귀하가 아는 (어느 특정인이 아니고 '가장 훌륭한 사람' 이나 '가장 못된 사람' 이 아닌) 전형적인 백인 미국인을 염두에 두고, 다음 질문에 대한 귀하의 의견을 '예' 또는 '아니오' 에 동그라미로 표시하시오.

	예	아니오
(가) 그들은 귀하가 이 나라에 정착하여 사는 것을 싫어합니까?	①	②
(나) 그들은 귀하가 같은 동네 주민으로 사는 것을 싫어합니까?	①	②
(다) 그들은 귀하가 바로 옆집에 사는 것을 싫어합니까?	①	②
(라) 그들은 귀하가 가까운 친구 또는 선·후배가 되는 것을 싫어합니까?	①	②
(마) 그들은 귀하가 결혼을 통해 자신의 인척(姻戚)이 되는 것을 싫어합니까?	①	②

자료 : Lee, Sapp and Ray (1996: 20).

4. 거트만척도

거트만척도는 루이 거트만(Louis Guttman)에 의해 고안된 척도로 오늘날 많이 사용되고 있는 척도 중의 하나다. 그 척도의 기본 구상은 어떤 문항은 다른 문항보다 강도가 더 크기 때문에 그것을 척도화할 수 있다는 것이다. 다시 말하면, 강한 태도에 긍정적인 견해를 표명한 사람은 약한 태도를 나타내는 문항에 대해서도 긍정적일 것이라는 논리다.

거트만이 제시하고 있는 사례를 통해서 그 척도의 특성을 알아보기로 한다(Guttman, 1944: 146-147). 제2차 세계대전 중 미 육군에서는 병사들의 사기진작과 관련하여 여러 가지 사회심리학적 연구를 실시하였다. 그중 한 가지로, 전쟁이 끝난 후 병사들이 어느 정도로 학업을 계속하기를 바라고 있는지 알아보고자 한 조사가 있다. 그 조사에서는 학업에 대한 열망의 정도를 척도화하기 위하여 다음 세 가지 질문을 사용하였다(다음에서 제시하고 있는 자료는 설명을 위하여 재구성한 것이지만 실제 연구에서도 이와 유사한 질문을 사용하였다).

질문 1 : 좋은 일자리가 있다고 취직 제의를 해올 때 어떻게 하겠는가?
① 취직하겠다.
② 정부로부터 학비보조가 있다면 그 제의를 거절하겠다.
③ 어떤 경우든 그 제의를 거절하고 학업을 계속하겠다.

질문 2 : 좋은 자리는 아니지만 일자리가 있다고 취직 제의를 받으면 어떻게 하겠는가?
① 취직하겠다.
② 정부로부터 학비보조가 있다면 그 제의를 거절하겠다.
③ 어떤 경우든 그 제의를 거절하고 학업을 계속하겠다.

질문 3 : 만약 일자리를 쉽게 구할 수 없다면 어떻게 하겠는가?
① 그래도 학업을 계속하지는 않겠다.
② 정부로부터 학비보조가 있다면 학업을 계속하겠다.
③ 정부의 도움이 없더라도 학업을 계속하겠다.

이 세 가지 질문은 그 강도에서 차이를 보이고 있기 때문에, 그것들에 대한 응답을 바탕으로 우리는 서열화된 하나의 척도를 구성할 수 있다. 그 세 질문에 대한 응답의 유형은 $3 \times 3 \times 3 = 27$의 경우가 될 것이지만, 그 응답들을 바탕으로 척도가 구성되기 위해서는 최대 7개의 유형만이 나타날 것이다.

예를 들어, 전체 응답자의 10%는 아무리 좋은 일자리 제의가 있어도 그것을 거절하고 학업을 계속하겠다고 하고, 20%는 정부의 도움이 있을 경우에만 그 제의를 거절하겠다고 하며, 나머지 70%는 좋은 일자리가 생기면 바로 취직하겠다고 한다고 하자. 이 때 아무리 좋은 일자리가 주어져도 학업을 위해 그것을 거절하겠다고 한 10%에게 보통의 일자리가 주어진다면 그들은 당연히 거절할 것이다. 그렇게 배열한 문항에 각 응답 유형별로 0점에서 6점을 부여한다고 하자. 여기서 척도상 2점을 갖는 사람은 좋은 직장이 주어지면 취직하려 할 것이고, 좋은 직장이 아니거나 직장사정이 여의치 않다면 정부의 학비보조가 있을 경우 학업을 계속하려 할 것이다. 따라서 척도상의 점수를 알게 되면 그 사람의 응답 유형을 알 수 있게 된다. 그것을 '재생 가능성'(reproductibility)이라고 한다. 그렇지만 모든 자료가 척도로 구성될 수 있는 것은 아니다. 척도 구성이 불가능한 경우에는 보다 복잡한 분석이 필요하다.

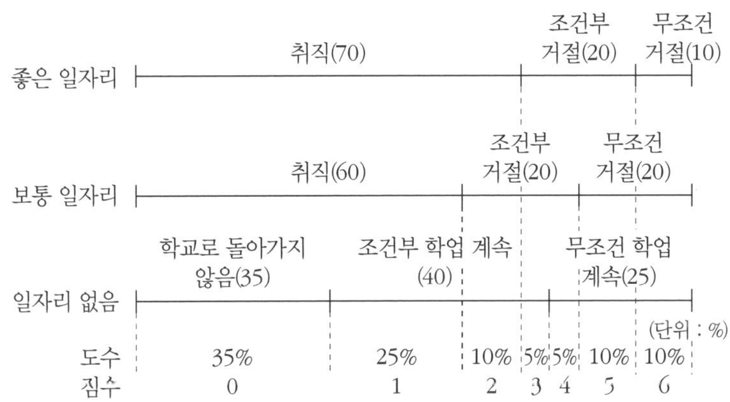

이제는 응납의 범주가 각 질문당 세 가시가 아니고 두 가시의 범주, 즉 ① '그렇다' ② '그렇지 않다' 만이 사용되는 2분화된 응답 범주로 이루어져 있다고 가정하자. 그러한 경우 응답 유형은 다음 표에서 보는 바와 같이 8개가 될 것인데, 그것은 척도 구성이 가능한 유형과 혼합된 유형으로 구분해 볼 수 있다.

혼합 유형에서 (−+−)는 지수상 1점이다. 그러나 1점이 주어지면 우리는 (+−−)유형을 예측하게 된다. 그 때 2개의 오차가 생기게 되는데 척도점수를 부여할 때에는 오차가 하나만 되도록 한다. 가령 그 유형에 대해 척도점수를 2로 하면 우리는 (++−)를 예측하게 되며, 따라서 오차가 하나로 줄게 된다. 그와 비슷한 방식으로, 표에서 보듯 혼합 유형의 각각에 대해 2, 3, 0, 3의 척도점수를 부여했을 때 전체 오차의 수는 60개가 된다. 그리고 400명의 응답자가 3개의 문항에 대답하고 있기 때문에 총예측문항수는 1,200개가 된다.

	문항 1	문항 2	문항 3
척도 유형	+	+	+
	+	+	−
	+	−	−
	−	−	−
혼합 유형	−	+	−
	+	−	+
	−	−	+
	−	+	+

* (+) 그렇다
(−) 그렇지 않다

	응답 유형	사례수	지수점수	척도점수	척도오차
척도 유형	+ + +	60	3	3	0
	+ + −	150	2	2	0
	+ − −	130	1	1	0
	계	340			0
혼합 유형	− + −	15	1	2	15
	+ − +	20	2	3	20
	− − +	15	1	0	15
	− + +	10	2	3	10
	계	60			60

정확한 예측의 백분율을 '재생계수'(coefficient of reproductibility)라고 부른다. 재생계수는 다음과 같이 계산한다.

(총예측문항수 − 오차의 수) / 총예측문항수

앞의 예에서 재생계수는 (1,200 − 60)/1,200 = .95, 즉 95%이다. 재생계수를 평가하는 데 절대적 기준은 없으나 대개 85% 이상이면 무난한 것으로 보고 문항들을 척도화한다. 유의해야 할 사항은 거트만척도는 일단 자료가 수집된 이후에 구성된다는 점이다.

5. 의미분화척도

의미분화척도(semantic differential scale)는 어떠한 개념에 함축되어 있는 의미를 평가하기 위한 방법으로 고안되었다(Osgood, Suci and Tannebaum, 1957).

하나의 개념을 주고 응답자들로 하여금 여러 가지 의미의 차원에서 그 개념을 평가하도록 한다. 가령 다음과 같은 질문 문항을 구성했다고 하자. 이 때 한국이라는 개념은 세 가지 의미의 차원에서 차지하는 위치에 의해 그 의미를 부여받게 된다.

(의미 차원)		한국(개념)							
평가	좋다	1	2	3	4	5	6	7	나쁘다
능동성	능동적	1	2	3	4	5	6	7	수동적
힘	강하다	1	2	3	4	5	6	7	약하다

의미분화척도 기법은 비교적 쉽게 이용될 수 있고 응답자들이 신속히 응답할 수 있기 때문에 사회조사에서 널리 사용되고 있다. 또한 그 내용이나 결과를 해석하는 방법에서도 체계화되어 있는 편이다.

의미분화척도가 구체적인 연구에 활용된 예를 들어보기로 한다. 박영순(1985)은 제품디자인의 평가도구를 개발하고자 의미분화척도를 사용한 바 있다. 도구개발을 위한 구체적 절차를 살펴보면 다음과 같다.

우선, 어느 가전제품 제조회사에 보내온 소비자품질제안카드에서 디자인 평가에 사용된 어휘들을 220개 수집하였다. 제2차로 대학생 · 주부 · 전문디자이너 등 70명을 대상으로 하여 텔레비전 · 냉장고 · 의자의 모습이 들어 있는 슬라이드를 보여주고 각각의 디자인을 묘사하는 형용사를 자유 연상으로 적도록 하여 114개의 어휘를 추가로 획득하였다. 두 결과를 종합하여 그중에서 빈도가 높고 보편적인 것을 추린 다음, 서로 반대되는 의미끼리 짝을 짓거나 반대의 어의가 없는 경우 새로이 만드는 등 46쌍의 기초 도구를 개발하였다. 예비조사를 통해 수집된 자료를 요인분석하고 그중 고윳값이 높은 요인 7개를 뽑아 각 요인별 어휘를 검토한 후 처음의 4개 요인에서 요인부핫값이 .40 이상인 어휘들

표 7-5 | **디자인 특성별 제품디자인 평가도구**

	아주	어느 정도	약간	중간	약간	어느 정도	아주	
기능성								
기능적이다								비기능적이다
실용적이다								비실용적이다
견고하다								약하다
편리하다								불편하다
경제적이다								비경제적이다
효율적이다								비효율적이다
심미성								
아름답다								추하다
조화감이 있다								조화감이 없다
정돈감이 있다								산만하다
균형이 잡혔다								균형이 안 잡혔다
깨끗하다								지저분하다
안정감이 있다								불안정하다
상징성								
고급스럽다								대중적이다
품위 있다								품위 없다
현대적이다								고전적이다
유행이다								유행이 아니다
새롭다								구식이다
세련되었다								촌스럽다
매력 있다								매력 없다

자료 : 박영순 (1985).

을 추출하는 절차를 거쳐 26쌍의 어휘를 최종적으로 선정하였다. 그렇게 선정된 어휘들은 디자인의 특성에 따라 크게 기능성 · 심미성 · 상징성 등으로 묶여진다. 선정된 26쌍의 어휘 중 7쌍은 디자인의 어느 특성으로 분류하기가 명확하지 않아 디자인 특성별 점수를 산출할 때에는 그것을 배제하고 19쌍만을 분석에 사용하였다(〈표 7-5〉 참조).

제 4 절 척도 구성 기법

이제 척도는 구체적으로 어떠한 통계적 기법을 활용하여 구성되는지 알아보기로 한다. 다음에서 소개하는 척도 구성 기법들은 제Ⅲ부에서 설명하게 될 통계 분석 기법에 근거하고 있기 때문에 이 절을 이해하기 위해서는 제12~14장을 먼저 읽어 보는 것이 좋을 듯하다.

사회조사에서는 어떤 태도를 측정하기 위하여 여러 개의 질문을 던지는 경우가 많다. 질문을 여러 개 주어 응답하게 한 다음, 그중에서 가장 좋은 문항들을 골라 차후의 분석과 척도 구성에 사용하는 방법이 흔히 사용되는데, 일반적으로 단일지표보다는 여러 개의 지표를 사용하는 것이 측정의 신뢰성을 높여 준다. 척도 구성의 방법을 구체적 예를 통해서 알아보기로 하자.

노인의 생활 만족도에 관한 연구에서 최혜경(1985)은 생활 만족도를 결정하는 변수로 가족 내 결속을 선정하였다. 이 연구는 가족 내 결속의 개념을 측정하기 위해 벵슨과 커틀러(Bengtson and Cutler, 1976)가 분류한 차원들을 근거로 하여 20개 문항을 작성하고, 그에 대한 응답은 ① '동의한다' ② '그저 그렇다' ③ '동의하지 않는다' 등 3점 리커트척도로 측정하였다. 전체 문항 중 문항번호 1, 2, 3, 5, 8, 9, 12, 17, 19 등 9개의 문항은 긍정적 진술로 되어 있기 때문에 '동의한다'에 2점, '그저 그렇다'에 1점, '동의하지 않는다'에 0점을 주었고, 나머지 11개 문항들은 부정적 진술로 되어 있기 때문에 반대로 '동의한다'에 0점, '그저 그렇다'에 1점, '동의하지 않는다'에 2점을 주어 척도화하였다

(〈표 7-6〉 참조). 가족 내 결속은 20개 문항에서 얻은 점수를 모두 합하여 0점에서 40점에 이르는 척도로 구성했다. 따라서 점수가 높을수록 결혼한 자녀와의 관계를 통해서 본 가족 내 결속도는 높게 된다. 그렇게 해서 20개 문항으로 구성한 척도의 크론바하의 α값은 .82로 나타났다.

이 연구에서 사용된 자료들을 다시 한 번 활용하여 척도 구성의 기법을 설명하기로 한다(Piazza, 1980 참조).

표 7-6 | '가족 내 결속'을 측정하기 위한 문항들

문항	내 용
1	자녀들은 외식이나 외출할 때 나를 함께 데리고 가준다.
2	자녀들과 더불어 많은 대화를 나눈다.
3	자녀들은 집안일이나 중요한 일에 대해서는 반드시 나와 상의하여 결정한다.
4	자녀들이 나의 도움을 필요로 하더라도 나에게는 경제적 · 정신적으로 그들을 도와줄 능력이 없다.
5	모든 자녀들은 나의 생일을 기억하고 찾아온다.
6	자녀들이 바캉스나 여행을 갈 때면 나는 으레 혼자 남아서 집을 지킨다.
7	어려운 일이나 불만스러운 일이 있어도 자녀들에게 마음을 터놓고 이야기할 수가 없다.
8	자녀부부나 손자녀 간에 다툼이 생기면 나에게 중재를 부탁한다.
9	점차 늙어감에 따라 다른 사람의 도움을 필요로 하는 경우가 많은데 그럴 때마다 자녀들은 나를 열심히 도와준다.
10	나이를 먹어갈수록 자녀들에 대한 애정이 점차 식어감을 느낀다.
11	자녀들과 함께 있을 때에도 그들로부터 거리감을 느낀다.
12	나는 자녀들을 내 힘껏 성공적으로 키웠으며 지금도 그들이 자랑스럽다.
13	요즈음 들어 자녀들의 행동이 못마땅하게 여겨진다.
14	자녀들이란 부모와는 달라서 어려울 때에는 부모생각을 덜하게 마련인데 나의 자녀들도 마찬가지일 것이다.
15	자녀들은 예전에 비해 나를 소홀하게 대한다.
16	자녀들은 내가 그들을 편애한다고 불평한다.
17	나는 아직도 훌륭한 부모이며 자녀들은 내가 그들에게 한 모든 일에 감사한다.
18	세대차가 있어서 그런지 자녀들은 나의 말과 행동을 이해하지 못한다.
19	자녀들은 내가 이제까지 그래 왔던 것처럼 앞으로도 그들만을 위해 줄 것이라고 믿는다.
20	나와 자녀들은 충효사상 · 종교 등 일상적인 가치관의 차이로 인해 갈등을 일으킨다.

1. 개별 문항과 척도 간의 상관관계분석

여러 문항이 하나의 공통적인 의식이나 태도를 측정하고 있는가를 알아보기 위해서는, 우선 문항 간 상관관계를 살펴보아야 한다. 여러 문항이 하나의 공통 개념을 측정하는 것이라면, 각 문항은 보다 근저에 있는 태도를 반영하는 하나의 지표로 볼 수 있는 것이며, 문항들 간의 상관관계는 높게 나타날 것이다. 문항 간 상관관계를 알아보기 위해서는 피어슨의 적률상관계수(積率相關係數, product-moment correlation coefficient)를 많이 쓰게 되는데, 여기서 높은 관계를 갖지 않는 문항은 일단 동일한 개념을 측정하고 있지 않은 것으로 결론짓게 된다. 그런데 〈표 7-8〉에서 20개의 문항들을 둘씩 비교해야 한다면 $k(k-1)/2$개, 즉 $20 \times (20-1)/2 = 190$개의 개별 상관계수를 살펴보아야 하므로 여간 번거로운 일이 아니다. 따라서 그 방법보다는 20개 문항을 종합하여 하나의 척도를 구성하고, 그 척도와 개별 문항 간의 상관계수를 검토해 보는 방식을 취한다. 이 방법에 따라 〈표 7-7〉에서 상관계수가 .50 미만인 11개의 문항을 제외한다면 9개의 문항만이 남는다. 여기서 사용하고 있는 .50이라는 기준은 자의적인 것인데 반드시 그 기준을 사용해야 하는 것은 아니다(이 계수들은 모두 0.1%의

표 7-7 | **개별 문항과 척도 간의 상관계수표**(N=307)

문항	r	문항	r
1	.46	11	**.53**
2	**.62**	12	**.51**
3	**.56**	13	**.59**
4	.32	14	.34
5	.47	15	**.63**
6	.28	16	.40
7	.42	17	**.59**
8	.37	18	**.55**
9	**.61**	19	.32
10	.41	20	.48

* .50 이상은 굵은 글자로 표시.

수준에서 유의하다).

그렇지만 상관계수를 통한 문항 분석에서 문항들 간에 상관관계가 높다고 해서 그 문항들이 반드시 동일한 개념을 측정하고 있는 것으로 볼 수는 없다. 다음 그림과 같이 *F*와는 전혀 관계가 없는 또 다른 요인 *F'*에 의해서 측정치인 M_4와 M_5의 관계가 높아질 수도 있기 때문이다. 만약 이질적인 문항을 척도 구성에 포함한다면 그 결과로서 얻어지는 척도는 왜곡될 수 있다.

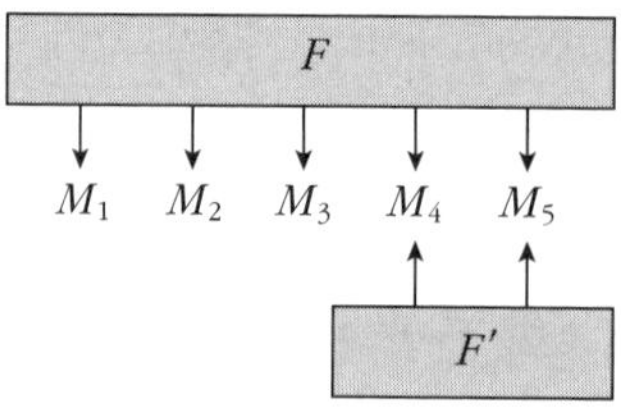

2. 요인분석을 통한 척도의 구성

개별 문항과 척도(종합점수)와의 상관계수 중 어느 수준 이상(〈표 7-7〉의 예에서는 .50)의 것만을 골라 요인분석을 실시함으로써 척도 구성의 타당성을 검정해 볼 수 있다. 9개 문항의 요인분석에서는 회전하지 않은 상태에서 고윳값이 1보다 큰 것이 두 개 나타나는데, 첫 번째 주성분(principal component)은 전체 분산의 84.7%를 설명하고 있다. 요인분석을 이용한 방법은 최초의 20개 개별 문항과 척도의 상관계수를 참조하지 않고 바로 실시할 수 있다는 장점을 가지고 있다.

이 분석에서 고윳값이 1보다 큰 것은 하나이므로, 요인 하나가 설명하기에 충분하다. 요인부핫값이 .50을 초과하는 것만을 선택하면 8개의 문항이 되는데, 여기서 빠지는 문항 하나도 요인부핫값이 .49로서 거의 .50에 가깝다. 요인분석의 결과는 앞의 상관분석 결과와 대동소이한데, 그것으로 보아 어떤 방법을 쓰더라도 큰 차이가 없음을 알 수 있다.

표 7-8 | 문항 간 상관계수 및 요인부핫값

	문항 2	문항 3	문항 9	문항 12	문항 13	문항 15	문항 17	문항 18	요인부핫값 (첫 번째 주성분)
문항 2	…	…	…	…	…	…	…	…	.61
문항 3	.50	…	…	…	…	…	…	…	.55
문항 9	.37	.38	…	…	…	…	…	…	.61
문항 12	.33	.21	.25	…	…	…	…	…	.50
문항 13	.29	.21	.42	.32	…	…	…	…	.61
문항 15	.33	.30	.38	.21	.53	…	…	…	.64
문항 17	.35	.28	.36	.51	.37	.32	…	…	.61
문항 18	.23	.23	.29	.26	.35	.32	.28	…	.51

3. 회귀분석을 이용한 척도의 구성

앞의 두 방법을 따를 경우 척도 구성을 위해서는 8~9개의 문항을 가져야 한다. 그러나 척도 구성 자체가 목적이 아니고 그 척도를 통해 다른 변수와의 관계를 분석하고자 한다면 다소 축소된 척도가 유용할 때가 있다. 이처럼 여러 문항 가운데에서 보나 적은 수의 좋은 문항을 고르고자 할 때 회귀분석의 방법을 사용하기도 한다.

예를 들어, 9개 문항 중 가장 나은 문항 5개를 선택한다고 하면, 9개 문항의 개별 점수를 더하여 구성한 척도를 종속변수로 하고 개별 문항을 독립변수로 하여 단계별 회귀분석을 행하게 된다. 단계별 회귀분석이란 종속변수를 가장 많이 설명해 주는 변수부터 하나씩 더해 가면서 회귀분석을 실시하는 방법이다 (Booth, Johnson and Edwards, 1983에 이것과 유사한 분석이 있으니 참고하기 바란다).

〈표 7-9〉에서 보면 문항 13은 척도가 갖는 총분산의 46%를 설명해 준다. 여기에 문항 2를 추가하면 설명력은 69%로 증가한다. 즉, 문항 2를 추가함으로써 설명력은 23%포인트가 증가하는 것이다. 같은 요령으로 문항 18, 9, 17을 더해 가면서 회귀분석을 계속할 때 설명력은 점차 증가하게 되고 5개 문항 전체로는 89%가 설명된다. 또 다른 문항들을 추가하면 설명력은 더 커질 것이나, 가장

좋은 항목 5개를 고르고자 했기 때문에 회귀분석은 거기서 멈춘다. 이들 5개 문항의 크론바하의 α값은 .71로서 20개 문항을 모두 사용했을 때 .82인 것에 비해 α값은 조금 떨어지고 있다. α값은 문항 간 평균상관계수와 문항수에 의해 결정되므로 같은 정도의 문항 간 평균상관관계를 가진다면, 문항수가 늘어날수록 α값도 커질 것이다(제6장 참조). 예를 들어, 문항 간 평균상관계수가 .2일 때 문항수가 2개라면 α값은 .33이 되지만, 문항수가 10개라면 α값은 .71이 된다. 우리는 그러한 점을 염두에 두고 적절한 수의 문항을 선택해야 한다.

표 7-9 | 개별 문항을 사용한 단계별 회귀분석

문항 번호	문 항	회귀식에 문항이 추가된 후의 R^2
13	요즈음 들어 자녀들의 행동이 못마땅하게 여겨진다.	.46
2	자녀들과 더불어 많은 대화를 나눈다.	.69
18	세대차가 있어서 그런지 자녀들은 나의 말과 행동을 이해하지 못한다.	.78
9	점차 늙어감에 따라 다른 사람의 도움을 필요로 하는 경우가 많은데 그럴 때마다 자녀들은 나를 열심히 도와준다.	.85
17	나는 아직도 훌륭한 부모이며 자녀들은 내가 그들에게 한 모든 일에 감사한다.	.89

4. 기준변수와의 관계분석

다음으로 사용할 수 있는 방법은 개별 문항과 이론적으로 관련을 갖는 변수들과의 상관관계를 살펴보는 것이다. 다시 말하면, 이론적으로 타당한 변수들을 기준변수(criterion variables)로 설정하고 개별 문항이 그들 변수와 같은 유형으로 관계를 갖는지를 알아보는 것이다(제6장의 타당도를 참조할 것).

〈표 7-10〉에서는 교육수준 · 결혼상태 · 건강상태 · 사회참여도 · 생활 만족도 등 5개의 변수를 기준변수로 삼고 각 문항과의 상관계수를 살펴보았다.

표 7-10 | 개별 문항과 기준변수와의 상관계수표

	교육수준 (5개 범주)	결혼상태 (기혼동거)	건강상태 (4개 범주)	사회참여도 (4개 문항)	생활 만족도 (20개 문항)
문항 13	.07	.07	.06	.11	.39
문항 2	.07	.13	.14	.22	.30
문항 18	.05	.14	.10	.11	.36
문항 9	−.01	.06	.11	.15	.40
문항 17	.07	.04	.19	.17	.49

만약 두 개의 문항이 동일한 개념을 측정한다면 각 문항이 갖는 기준변수와 상관계수의 비율은 기준변수별로 같아질 것이다. 즉, 기준변수가 어떤 문항과 높은 상관관계를 가진다면 다른 문항과도 높은 상관관계를 가지게 되고 부호도 같은 방향이 될 것이다. 즉, 문항별로 기준변수와의 상관계수의 값을 그래프로 그릴 때, 5개의 문항이 동일한 개념을 측정하고 있다면 그 유형도 같아질 것이다([그림 7-2] 참조). 예를 들어 생활 만족도와는 다 같이 높은 상관관계를 갖게 되고, 교육수준과는 모두 낮은 상관관계를 가져야 할 것이다. 만약 그래프가 무정형하게 나타난다면 그 5개 문항은 사실상 동일한 태도를 측정하는 항목들이라고 볼 수 없다.

그림 7-2 | 문항별 기준변수와의 상관계수

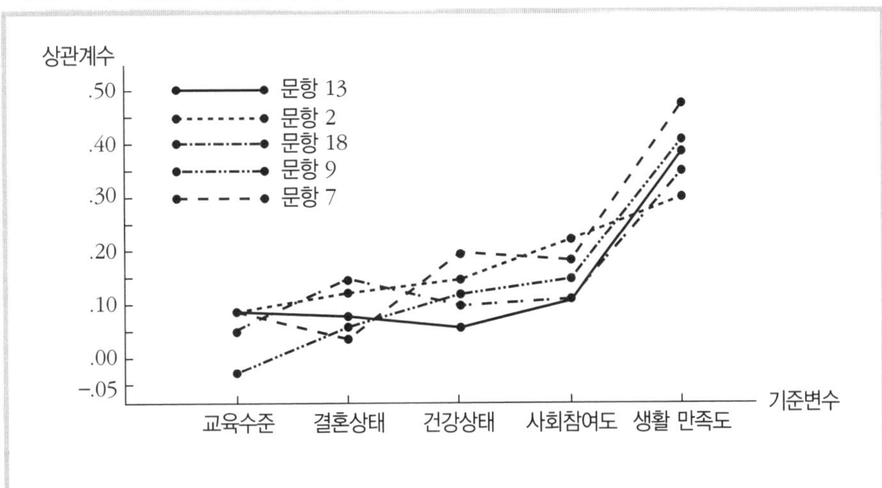

참고 7-1 | 문항 간 비례지수

문항들이 동일한 태도를 측정하고 있다는 전제조건하에서 문항 간 비례지수 (index of proportionality) $P^2_{X_1 X_2}$은 다음과 같이 구할 수 있다.

$$P^2_{X_1 X_2} = \left(\sum_k r_{X_1 Z_k} r_{X_2 Z_k}\right)^2 \bigg/ \left(\sum_k r^2_{X_1 Z_k} \sum r^2_{X_2 Z_k}\right), \qquad k = 1, \cdots, N$$

여기서 Z_k는 k번째의 기준변수다. 두 개의 문항이 각 기준변수와 정확하게 비례적인 상관관계를 가질 때 비례지수는 +1.0이 되고, 비례적이지만 부호의 방향이 반대일 때에는 −1.0, 비율에 일관성이 없다면 0이 된다(Piazza, 1980: 591-595). 비례지수로 상관계수표와 유사한 표를 만들면 〈표 7-11〉과 같다.

표 7-11 | 문항 간 비례지수표

	문항 13	문항 2	문항 18	문항 9	문항 17
문항 13	…				
문항 2	.84	…			
문항 18	.96	.90	…		
문항 9	.95	.86	.93	…	
문항 17	.95	.87	.92	.92	…

제 5 절 지수와 척도 구성의 예

이제 지수와 척도 구성의 구체적인 예를 들어보기로 하자. 척도 구성에 대한 설명에서 나타나는 일부 통계학적 개념과 용어들은 다소 생소할 것이다. 그러한 용어들은 제Ⅲ부를 참고하기 바란다.

예 1 평등성평가지수

로빈슨과 벨(Robinson and Bell, 1978)은 사람들이 평등 및 불평등의 공정성에 대해서 어떻게 평가하고 있으며, 거기에 영향을 미치는 요인이 무엇인지를 경로분석을 통한 인과모형을 사용하여 밝혀내고자 하였다. 종속변수는 평등 또는 불평등의 공정성에 대한 개개인의 가치판단이며, 그것을 측정하기 위하여 다섯 개의 문항으로 평등성평가지수(index of evaluated equality)를 만들었다.

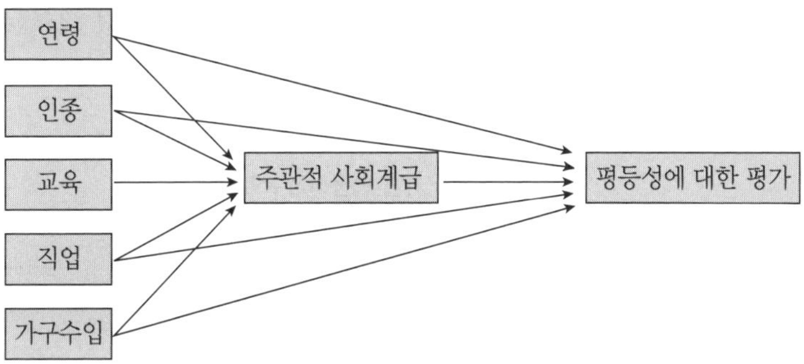

각 문항은 다음과 같다.

문항 1 : 같은 죄를 지었을 때, 돈 많은 사람은 벌금을 내고 징역을 살지 않고, 가난한 사람은 징역을 살아야 하는 것은 공정한 일이다.

문항 2 : 어떤 직업에 종사하는 사람들은 다른 직업에 종사하는 사람들보다 남들로부터 더 많은 존경을 받고 있는데 그것은 공정한 일이 못된다.

문항 3 : 집주인이 집을 임대하려고 하는 사람에게 인종적인 이유 때문에 임대를 거절하는 것은 허용되어야 한다.

문항 4 : 그 사람이 무슨 일을 하고 있느냐보다는 인간답게 살기 위해 얼마나 많은 돈을 필요로 하고 있는가에 따라 경제적 보상을 해 주는 것이 더 공정한 것 같다.

문항 5 : 만약 의회와 대통령이 우리나라의 모든 돈을 국민에게 균등하게 배분하도록 결정하게 된다면 좋을 듯싶다.

응답 범주는 ① '대단히 찬성한다' ② '찬성하는 편이다' ③ '찬성도 반대도 아니다' ④ '반대하는 편이다' ⑤ '대단히 반대한다'의 5점척도로 하였다. 문항의 배열은 한 문항이 다음 문항에 영향을 미치지 않도록 질문을 엇갈리게 해 놓았다. 즉 응답자가 1과 3의 문항에는 반대할수록, 2, 4, 5의 문항에는 찬성할수록 평등성을 지향하는 것으로 해석된다. 척도 구성의 타당성 여부를 알아보기 위해 요인분석을 해본 결과, 영국의 경우 첫 번째의 요인이 총분산의 100%를, 미국의 경우는 82%를 설명해 주고 있음이 나타나 그 척도의 단일차원성을 보여 주고 있다. 두 나라의 자료에서 문항 간 평균상관계수는 약 .2이며, 신뢰도는 약간 낮기는 하나 그래도 만족스러운 편이다. 내적 일관성 여부를 나타내 주는 크론바하의 α는 영국이 .58이고 미국이 .56이다.

표 7-12 | 국가별 평등성점수 분포

평등성점수	영국(%)	미국(%)
16점 이상(평등지향)	11.9	18.6
11~15점	38.6	40.7
6~10점	33.7	31.9
5점 이하(불평등지향)	15.8	8.8
합계(*N*)	100.0 (101)	100.0 (113)

자료 : Robinson and Bell (1978).

각 문항의 응답 범주는 1에서 5에 이르는 점수 대신 0에서 4까지 값을 갖도록 하고 평등성지향에 높은 점수를 주어, 5개의 문항을 합한 전체 척도의 점수가 0점에서 20점까지 되도록 하였다. 척도점수를 4개 집단으로 구분하여 그 분포를 나라별로 비교해 보면 〈표 7-12〉에서 보여 주는 바와 같다.

예 2 청렴도지수

고영복 등은 공직사회의 청렴도를 알아보고자 공직사회청렴도지수를 구성하였다(현대사회연구소, 1983). 즉, 이 척도를 통하여 공직자들이 어느 정도로 깨끗

하고 공정하게 그리고 진실되게 일하고 있는가를 측정해 보고자 한 것이다. 전체의 청렴도를 산출하기 위하여 이 연구는 ① 금품수수행위 ② 특권의식행위 ③ 무사안일 ④ 인사 · 예산부조리 등 네 가지의 문제 영역을 우선 설정하였다. 그 문제 행위를 측정하기 위하여 다음과 같은 질문을 사용하였다.

> PI_1 금품수수행위 : "요즈음 업무를 처리하는 과정에서 금품이나 접대를 은근히 요구하는 공무원들은?"
> PI_2 특권의식행위 : "요즈음 국민들에게 불친절하거나 위압적인 태도를 보이는 공무원들은?"
> PI_3 무사안일 : "무사안일에 젖어 자신의 책임과 의무를 다하지 못하는 공무원들은?"
> PI_4 인사부조리 : "공무원의 임용 · 승진 · 전보 등 인사상의 부조리는?"
> 예산부조리 : "공무원들이 공금낭비 · 공금유용 및 변칙적 지출을 하여 국가 예산을 낭비하는 경우는?"

이 물음에 대한 응답은 5점리커트척도로 하되 청렴도지수의 수치가 높을수록 청렴한 상태를 나타낼 수 있도록 재구성하였다.

0	1	2	3	4
매우 많다	많다	다소 있다	별로 없다	전혀 없다

$$\text{공직사회청렴도지수} = \left(\frac{PI_1 + PI_2 + PI_3 + PI_4}{4} \right) \times 25$$

인사부조리와 예산부조리는 인사 · 예산부조리로 묶여질 수 있기 때문에 청렴도지수는 결국 4개의 문제 영역에 대한 반응을 단순산술평균으로 구한 것이라 볼 수 있다. 청렴도지수를 구할 때 25를 추가로 곱한 것은 지수의 범위가 0에서 100에 이르도록 하기 위함이었다. 그렇게 해서 구한 공직사회청렴도지수는 문제 행위별로 다음과 같은 결과를 보여 준다.

공직사회청렴도 (62.4)	대민금품수수	69.7
	무사안일	61.5
	인사 · 예산부조리	59.2
	특권의식적 행위	59.1

전체 청렴도평가지수를 교육수준별로 살펴보면 다음과 같다.

교육수준	청렴도지수
초등학교 이하	69.1
중학교	64.9
고등학교	62.1
전문대학	59.7
4년제대학	55.9
대학원 이상	53.2

분석 결과는 응답자의 교육수준이 높을수록 공직사회의 청렴성에 대해 보다 회의적인 반응을 보이고 있다는 점을 제시해 준다.

예 3 세계평화지수

설동훈 · 김병조 · 이현송(Seol, Kim and Lee, 2012)은 세계 143개국의 평화수준을 측정하여 세계평화지수(world peace index)를 개발하였다. 그들은 평화를 이분법적 관점이 아니라 연속선상의 분포로 보는 관점을 채택하였다([그림 7-3] 참조). 그들은 세계평화지수를 평화와 관련된 개별 측정 지표들에 가중치를 주어 종합한 측정치로 정의한다.

그림 7-3 | 갈등과 평화를 보는 두 가지 관점

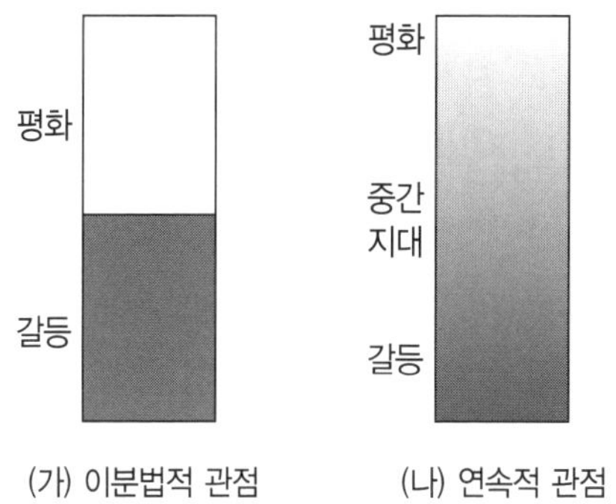

연구자들은 분석 및 관찰의 단위를 '국민국가 단위의 사회'로 하고, 평화의 영역을 ① 국내정치, ② 군사 · 외교, ③ 사회 · 경제의 세 부문으로 구분하였다. 그리고 〈표 7-13〉에 제시한 것과 같이, 측정 지표를 선정하였다.

표 7-13 | 세계평화지수의 세 가지 하위개념과 그 측정 지표

A 정치	B 군사 · 외교	C 사회 · 경제
A_1 역사적 국내정치 갈등	B_1 역사적 국가 간 갈등	C_1 안전과 안정
A_{11} 내전	B_{11} 전쟁 경험	C_{11} 생태적 · 사회적 안전
A_{12} 쿠데타와 정치적 폭동	B_{12} 식민지 경험	C_{12} 사회 · 경제적 안정
	B_{13} 지정학적 조건	
A_2 민주주의와 국가역량	B_2 군사화 정도	C_2 사회적 배제와 불평등
A_{21} 민주화 정도	B_{21} 군사비	C_{21} 빈곤
A_{22} 인권 보장 수준	B_{22} 병력수	C_{22} 사회적 불평등
A_{23} 정치적 투명성	B_{23} 대량살상무기의 소유 · 실험 관련 국제협약 가입 건수	
A_3 현재 국내정치 갈등	B_3 현재 국제정치 갈등	C_3 삶의 질
A_{31} 내전	B_{31} 전면 전쟁	C_{31} 삶의 질 수준
A_{32} 쿠데타와 정치적 폭동	B_{32} 전투 또는 국제분쟁	
A_{33} 민주주의를 증진하기 위한 조치	B_{33} 국제적 평화와 안보를 증진하기 위한 조치	

역사적 사건들은 1945년부터 2011년까지의 과거 67년의 경험을 분석 대상으로 하되, 1945~1979년과 1980~2011년으로 구분하여 후자에 두 배의 가중치를 주었다. 그리고 당해 연도 지표의 경우, 군사비 등과 같이 집계 자료는 가용한 최근 연도 자료를, 사건 · 사고는 그 전년 1월 1일부터 12월 31일까지 발생한 사건의 강도와 빈도를 고려하여 값을 부여하였다. 역사적 자료의 경우 미시간대학교(University of Michigan)의 Correlates of War (COW) Project 등 널리 사용되고 있는 자료를, 당해 연도 자료는 세계의 주요 뉴스 요약집인 *Facts on File*®과, *World Development Indicators, Human Development Report* 등 각종 국제통계 자료집에서 찾았다.

오늘날 세계에는 200개를 상회하는 국민국가가 있다. 그러나 그 나라들 중에는 연구자들이 측정하고자 하는 자료를 거의 산출하지 않는 나라도 있어, 그들은 분석 대상국을 143개로 제한하였다. 그 나라들 중에서도 특정 지푯값이 누락된 사례가 종종 발견되었는데, 그 경우 세계평화지수 원자료 데이터베이스에서 가용한 최근 연도 자료를 찾아 대체하였고, 그것도 불가능한 경우에는 지역적으로 인접한 국가 중 처지가 비슷한 나라의 값으로 대체하였다. 결측값 대체 작업은 주로 사회 · 경제 부문 지표들에서 이루어졌다. 즉, 자료가 누락된 나라는 '국민1인당 국내총생산값' 과 '해당국이 위치한 대륙' 을 고려하여 유사한 처지의 나라를 찾아서, 그 나라의 값을 부여하였다.

여러 지표를 지수로 종합하는 절차는 여러 단계를 밟았다. 우선, 여러 개의 지표를 종합하여 그것을 포함하는 하위개념에 대한 측정치를 구하였다. 산술평균으로 종합한 각 개념의 분포는 0에서 100점의 값을 갖도록 조정하였다. 여기서 0점은 완전한 비평화, 100점은 완전한 평화 상태를 의미한다. 그러한 방식을 가장 하위 단계부터 적용하여, 점점 상위개념으로 올라가면서 종합하여, 각 부문별로 정치적 세계평화지수, 군사 · 외교적 세계평화지수, 사회 · 경제적 세계평화지수를 만들어 내었고, 또다시 그것의 산술평균으로 세계평화지수 점수를 계산하였다.

앞서 제시한 지표들을 종합하여 다음과 같이 세계평화지수를 계산하였다.

- 세계평화지수 = $(A_1 + A_2 + A_3 + B_1 + B_2 + B_3 + C_1 + C_2 + C_3) / 9$
- 정치적 평화지수 = $(A_1 + A_2 + A_3) / 3$
- 군사 · 외교적 평화지수 = $(B_1 + B_2 + B_3) / 3$
- 사회 · 경제적 평화지수 = $(C_1 + C_2 + C_3) / 3$

[그림 7-4]는 세계 143개국의 평균 평화지수와 한국과 북한의 평화지수를 보여 준다. 그림에 표기한 연도의 기준 시점은 1월 1일 0시다. 한국과 북한의 평화수준을 세계 평균과 비교하여 살펴보기로 한다. 한국의 평화수준은 세계 평균과 비슷하지만, 북한은 그보다 훨씬 낮음을 알 수 있다. 한국의 2012년 세계 평화지수 순위는 41위로 143개 국가 중 중간보다 약간 상위에 자리잡고 있다. 영역별로는 정치 평화수준 31위, 군사 · 외교 평화수준 120위, 사회 · 경제 평화수준 19위였다. 정치와 사회 · 경제 평화수준은 상위국에 근접하고 있지만, 군사 · 외교 평화수준은 극도로 낮다. 즉, 한국의 평화수준을 높이려면, 군사 · 외교 평화수준을 제고하여야 한다. 한편, 2012년 북한의 평화순위는 143개국 중 127위로, 북한은 평화지수 하위국이다. 영역별로는 정치 평화수준 94위, 군사 · 외교 평화수준 138위, 사회 · 경제 평화수준 99위다. 정치와 사회 · 경제

그림 7-4 | 한국과 북한의 평화지수, 2001~2012년

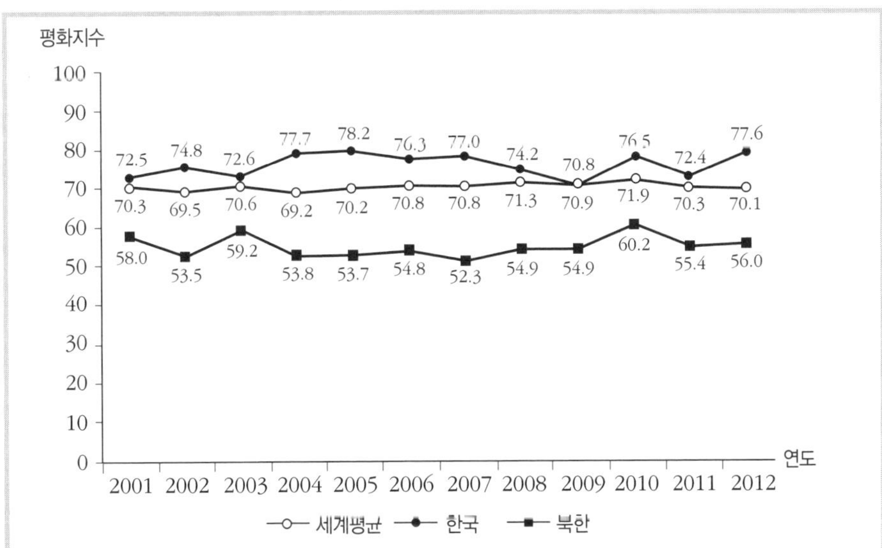

평화수준에서 남북한 간 격차가 매우 크다. 북한 역시 군사 · 외교 평화수준이 낮은 것이 평화지수 순위를 떨어뜨리는 데 결정적으로 기여하고 있다. 결국, 남북한의 평화수준을 높이려면, 군사 · 외교 평화수준을 향상시켜야 함을 알 수 있다.

예 4 사회적 위치지수

사회적 지위 또는 사회경제적 지위를 수치화해 보려는 노력들이 사회과학에서 많이 있어 왔다. 그와 관련하여 홀링스헤드와 레드리치(Hollingshead and Redlich, 1972)는 지역사회의 지위체계에서 한 개인이 차지하고 있는 위치를 객관적으로 파악하고 그것을 용이하게 적용할 수 있는 사회적 위치지수(index of social position)를 제시한 바 있다. 그들은 사회적 위치를 평가할 수 있는 요소로서 거주지, 가구주의 직업 및 교육정도를 선택하였다.

거주지역은 주소지의 경제적 수준을 바탕으로 1점에서 6점까지 부여하였다. 주소지에 대한 평가는 연구하고자 하는 지역을 이미 6개의 단계로 구분해 놓은 선행연구를 참조하였는데 가장 부유한 지역에 1점을, 반대로 가장 빈곤한 지역에 6점을 각각 부여하였다.

직업은 다음과 같이 7점척도로 구성하였다. 직업척도에서 자영업주는 사업의 규모에 따라 차등화하였고, 전문직 종사자도 세분하였다.

① 대기업의 경영주 및 전문경영인, 상위전문직 종사자
② 중소기업의 경영주 및 전문경영인, 일반전문직 종사자
③ 소규모기업의 경영주, 하위전문직 종사자
④ 영세 자영업주, 사무직 · 판매직 종사자, 기술공
⑤ 숙련 노동자
⑥ 반숙련 노동자
⑦ 비숙련 노동자

교육수준도 7점척도로 구성하였다.

① 대학원 졸업
② 4년제대학 졸업
③ 대학 중퇴
④ 고등학교 졸업
⑤ 고등학교 중퇴
⑥ 중학교 졸업 또는 중퇴
⑦ 초등학교 졸업 이하

거주지역 · 직업 · 교육수준의 세 요인으로 전체 지위점수를 구성하는 데 각 요인의 가중치를 산출해 내기 위하여 기준변수로서 계급적 지위를 설정하였다. 계급적 지위는 객관적으로 구해지는 것이 아니라 면접자료와 면접자의 인상을 바탕으로 두 사람의 연구자가 서로 상의 없이 5점척도로 평가한 다음 그것을 비교 · 조정한 점수다. 두 사람의 평가 결과는 조사대상자의 96%에 대해서 서로 일치하였고, 나머지 4%도 그 차이가 크지 않았다. 이상 네 요소 간의 상관관계는 〈표 7-14〉에 제시되어 있다.

표 7-14 | **요소 간 상관계수표**

	거주지	직업	교육수준	평가된 계급
거주지	–			
직업	.505	–		
교육수준	.451	.721	–	
평가된 계급	.692	.881	.782	–

이 연구에서는 각 요소의 가중치를 얻기 위해 평가된 계급적 지위를 종속변수로, 거주지 · 직업 · 교육수준을 독립변수로 하여 중회귀분석을 실시하였다. 각 독립변수의 회귀계수를 구하여 그것을 가중치로 사용하기 위한 것이다. 분석 결과 다음과 같은 회귀식을 얻었다.

$$X_1(\text{평가된 계급적 지위}) = .183X_2(\text{거주지}) + .154X_3(\text{교육수준}) + .269X_4(\text{직업}) + .884$$

이 식에서 계산의 편의를 위해 회귀상수(.884)를 무시하고 보면 나머지 회귀계수 .183, .154, .269는 대략 6 : 5 : 9의 비율로 이루어져 있음을 알 수 있다. 따라서 X_2, X_3, X_4에 원래의 회귀계수 대신 개략적인 가중치 6, 5, 9를 적용한다. 거주지는 1~5점척도이기 때문에 가중치 6을 적용하면 6점에서 36점에 이르는 척도가 되고, 같은 요령으로 교육수준은 5점에서 35점까지, 그리고 직업은 9점에서 63점까지 가는 점수가 되어 전체적인 지위점수는 20(6+5+9)점에서 134(36+35+63)점에 이르게 된다.

이와 같이 해서, 일단 거주지, 가구주의 직업 및 교육수준을 알면 특정인의 사회적 위치점수를 구할 수 있게 된다. 예를 들어, 그렇게 부유하지도 빈곤하지도 않은 중간 정도의 지역에 거주하는 고졸의 사무직 종사자라면 그의 사회적 위치점수는 다음에서 보는 바와 같이 74점이 될 것이다.

요소	척돗값	가중치		척도점수
거주지	3(중간지역)	6	=	18
교육수준	4(고등학교 졸업)	5	=	20
직업	4(사무직 종사자)	9	=	36
	사회적 위치지수		=	74

예 5 직업의 사회경제적 지위척도

홍두승(1983)은 직업에 대한 사람들의 평가를 바탕으로 하여 그 직업의 지위점수를 산출하였다. 모든 직업을 사람들에게 제시하여 평가하게 하는 것은 현실적으로 불가능하기 때문에, 여기에서는 대표적인 직업을 평가하게 한 후, 그렇게 평가된 점수가 그 직업의 평균적인 소득과 교육수준으로 어떻게 예측될 수 있을 것인가를 나타내는 하나의 공식을 구하고, 그것을 바탕으로 하여 소득 및 교육수준에 관한 자료가 가용한 모든 직업에 대하여 사회적 평가에 상응하게 점수를 얻는 방법을 택하였다.

이 연구에서는 1975년 센서스자료에서 직업의 소분류별 소득과 교육의 중앙값을 구하고, 1976년 여름에 실시된 서울시계층구조조사에서 측정한 31개 대표직업의 위신점수를 사용하여 회귀식을 구하였다.

위신점수가 산출되는 과정을 간단히 살펴보면 응답자들에게 31개의 직업을 제시한 다음 "다음 직업과 귀하의 현 직업을 비교하여 볼 때 그 직업의 사회적 위신은 귀하의 직업보다 어떠하다고 생각하십니까?"라는 질문에 ① '월등히 낫다' ② '낫다' ③ '비슷하다' ④ '못하다' ⑤ '월등히 못하다' 등 다섯 개 중 하나를 선택하게 하였다. '월등히 낫다' 라고 평가한 경우에는 100점을, '낫다' 에는 75점, '비슷하다' 에는 50점, '못하다' 에는 25점, '월등히 못하다' 에는 0점을 부여한 후, 전체 응답자들의 평균점수를 구하여 그 직업의 사회적 위신점수로 삼았다.

이와 같이 직업의 위신에 관한 척도를 구성한 다음, 그것을 이용하여 소득과 교육수준에 관한 정보로부터 직업의 사회경제적 지위를 예측할 수 있는 공식을 구하기 위해 회귀분석을 하였다. 사회경제적 지위의 평가점수를 종속변수로 하고, 소득과 교육을 독립변수로 하였을 때 구해진 회귀식은 다음과 같다.

$$\hat{Y} = -4.60 + 0.39X_1 + 2.89X_2$$

$\hat{Y}$: 직업의 사회경제적 지위의 예측값
X_1 : 소득(단위 : 1,000원)
X_2 : 교육연수

그 결과로 얻어진 직업의 지위점수를 일부 소개하면 다음의 〈표 7-15〉와 같다.

예 6 주거계층점수

주거규범과 주거결함의 개념을 기초로 하여 주거계층을 분류하고자 한 연구가 있다. 박정희(1992)는 도시주거계층을 구분하기 위한 기준으로 주거규범을 사용하였다. 주거규범이란 대다수의 가구가 추구하는 이상적인 상태를 말하고, 주거결함은 그러한 규범과 현실과의 격차를 뜻한다. 주거결함은 주택소유형태, 주택의 규모, 주택의 질, 사용방수 그리고 거주지 등에서 모두 나타날 수 있다. 주거결함은 각 변수마다 현재의 상태에서 주거규범을 빼서 구하게 된다. 따라

표 7-15 | 직업별 소득 · 교육 및 사회경제적 지위점수

직 업	소득(중앙값)	교육연수(중앙값)	지위점수
변호사	₩120,000	15.6	86.9
의사	106,000	16.5	84.1
대학교수	98,800	16.7	81.9
대회사 과장	98,700	15.3	77.8
소규모 회사 사장	98,900	12.2	69.0
신문기자	67,500	15.6	66.6
관공서 국장	59,300	15.7	63.7
건축사	59,300	15.3	62.5
초등학교 교사	57,700	13.8	57.6
4 · 5급(구) 공무원	48,400	12.4	50.0
은행의 평행원	49,000	12.3	49.9
대회사 평사원	46,200	12.2	48.6
큰 음식점 주인	59,300	9.8	46.7
철도역원	38,700	11.6	43.9
트럭운전수	44,800	9.4	40.4
소매상 주인	40,100	9.6	38.7
큰 빌딩 수위	37,100	9.9	38.4
인쇄공	36,000	10.0	38.2
보일러공	36,400	9.5	37.0
정비공	37,100	9.2	36.3
복덕방 주인	33,000	9.5	35.6
백화점 점원	26,600	9.8	34.0
광부	45,800	6.4	31.6
목수	35,900	6.9	29.2
호텔 보이	18,400	9.1	28.8
이발사	28,300	7.0	26.6
소규모 공장 직공	27,500	6.9	26.0
도로공사장 인부	23,500	6.3	22.7

* 소득 및 교육연수는 1975년도 인구센서스 자료에서 계산.
직업의 지위점수는 본문 참조.
자료 : 홍두승 (1983).

서 현 상태가 주거규범을 달성하였으면 0, 초과하면 +, 그리고 미달되면 −가 되는 것이다.

주거계층을 분류하기 위하여 우선 주거결합점수를 산출한다. 구체적으로 살펴보면, 주택소유형태는 가족생활주기와 가족유형에 따라 달리 평가한다. 이를테면, 가족형성기에서 자녀양육기까지의 핵가족에서는 자가에 +2, 전세는 0, 월세는 −1점을 각각 부여한다. 주택의 평수를 동거가구수로 나눈 주택의 규모는 45평 이상의 +2점에서 14평 이하의 −2점에 이르기까지 1점 간격의 5점척도로 이루어진다. 주택의 질은 난방시설 · 화장실 · 부엌 · 목욕실 등의 시설수준으로 평가되는데, 규범을 달성한 경우에는 0점, 기타는 −1점으로 하여 모두를 더한 후 2로 나눔으로써 −2에서 0점까지의 척도가 되도록 하였다. 거주지는 자신이 살기 원하는 동네에 살면 0점, 그렇지 않은 경우는 −2점, 그리고 적지 않은 사람들에 의해 선호되는 종로구 · 강남구 · 서초구 등에 거주하는 가구에 대해서는 2점을 가산하였다. 사용방수는 가족원수와 가족구성을 고려하여 산출되는 필요방수와 비교하여 '사용방수−필요방수' 한 것의 값이 +2 이상이면 +2, −2 이하이면 −2로 하는 등 5점척도로 구성하였다.

주거계층점수는 다음 식에서 보는 바대로 각 주거특성변수의 결합점수에다가 각 변수들의 중요도에 따른 가중치를 곱한 것을 모두 더하여 산출하였다. 가중치는 주거규범의 측면 중에서 가장 중요하다고 대답한 요소의 백분율을 정수비로 환산하여 구하였는데, 소유형태는 4, 규모는 2, 주택의 질은 2, 거주지역은 2, 사용방수는 1이 되었다.

$$TD = 4 \times DT + 2 \times DS + 2 \times DQ + 2 \times DN + 1 \times DR$$

TD : 주거계층점수
DT : 소유형태 결합
DS : 주택의 규모 결합
DQ : 주택의 질 결합
DN : 거주지 결합
DR : 사용방수 결합

주거계층점수를 구성하는 각 변수는 기본적으로 −2에서 0을 거쳐 +2에 이르는 5점척도로 구성하고 가중치를 부여하였기 때문에, 주거계층점수는 이론적으로는 −22에서 +22에 이르는 값을 갖는다. 그러나 주택의 질에서는 규범을 초과하는 상태를 구분할 수 없어서 양의 값을 갖지 않도록 하였기 때문에 최댓값은 +22가 되는 것이 아니라 +18에 그친다. 주거계층점수 0이란 주거결함이 없는 상태를 가리킨다. 주거계층점수를 산출한 후 그 점수의 단순빈도, 거주에 정기간, 주거만족점수 등과의 관계를 고려하여 주거계층을 상, 중상, 중하, 하등 네 집단으로 분류하였다. 연구자는 그렇게 분류한 주거계층을 주거만족과 주거선택행동 등을 설명하기 위한 변수로 사용하였다.

주거계층	점수영역	분포(%)
상	+3 이상	10.3
중상	+2~−2	34.5
중하	−3~−8	42.2
하	−9 이하	13.0
계		100.0

예 7 탈물질주의 척도

잉글하트(Inglehart, 1998)는 43개 나라 국민의 가치관을 비교하기 위하여, 탈물질주의 척도(post-materialism scale)를 개발하였다. 제2차 세계대전 이후 선진국에서 경제적 풍요는 대중들의 삶의 목표에 변화를 가져왔고, 그 과정에서 경제적 · 물질적 안정을 강조해 왔던 물질주의적 가치관이 점차 사라지고, 개인의 자유, 자기표현, 삶의 질을 강조하는 가치관이 지배적으로 등장하였다. 잉글하트는 그러한 가치관을 가리켜 '탈물질주의' 라고 명명하였고, 그것을 12개 범주 또는 4개 범주의 선택지를 이용하여 측정하였다. 실제 조사에 사용한 문항은 다음과 같다.

여러 가지 국가 목표 중 장기적으로 볼 때, 다음 각 묶음에서 가장 중요한 것과 두 번째로 중요한 것을 하나씩 선택하여 그 번호를 적어 주십시오.

(가) 첫째 ☐ 둘째 ☐

① 높은 경제성장률 유지	② 직장과 사회에서 시민의 발언권 증대
③ 방위력 증강	④ 환경 개선

(나) 첫째 ☐ 둘째 ☐

① 언론자유 보장	② 물가 인상 · 인플레이션 억제
③ 정부 정책결정에 시민의 발언권 증대	④ 사회의 질서 유지

(다) 첫째 ☐ 둘째 ☐

① 경제 안정	② 좀 더 인간적인 사회로의 발전
③ 각종 범죄 소탕	④ 돈보다 아이디어가 중요시되는 사회

조사자는 응답자에게 "여러 가지 국가 목표 중 장기적으로 볼 때, 다음 각 묶음에서 가장 중요한 것과 두 번째로 중요한 것을 하나씩 선택하여 그 번호를 적어 주십시오."라고 요구하고 (가), (나), (다)의 문항에서 각각 가장 중요한 것과 두 번째로 중요한 것을 고르도록 하였다. 연구자는 물질적 가치에 해당하는 항목을 5개 이상 고르거나, 탈물질주의 가치에 해당하는 항목을 5개 이상 고른 응답자는 각각 물질주의자와 탈물질주의자로 분류하고, 그 이외의 응답자를 혼합형으로 분류하였다.

4개 범주만으로 가치유형을 구분할 경우에는 (가) 문항만 이용한다. 응답자가 가장 중요한 것과 두 번째로 중요한 것을 모두 탈물질주의에 해당하는 항목을 선택한 경우는 탈물질주의자로 분류되며, 물질주의자는 가장 중요한 것과 두 번째로 중요한 것 모두를 물질주의 항목에서 선택한 사람이다. 한편 혼합형은 가장 중요한 것과 두 번째로 중요한 것 중의 하나를 물질적인 것, 다른 하나를 탈물질주의적인 것으로 선택한 경우다.

표 7-16 | 한국의 물질주의자 · 혼합형 · 탈물질주의자의 연령별 비율, 1995~2010 (단위 : %, %p)

연령별	물질주의자				혼합형				탈물질주의자			
	1995	1998	2010	증감	1995	1998	2010	증감	1995	1998	2010	증감
20~29세	7.3	51.0	10.5	43.7 −40.5	83.0	39.7	76.0	−43.3 36.3	9.6	9.1	13.5	−0.5 4.4
30~39세	15.7	60.5	18.5	44.8 −42.0	77.4	36.8	75.5	−40.6 38.7	6.9	2.7	6.0	−4.2 3.3
40~49세	23.0	64.8	14.5	41.8 −50.3	72.8	32.4	82.0	−40.4 49.6	4.2	2.8	3.5	−1.4 0.7
50~59세	32.6	71.9	20.5	39.3 −51.4	65.2	25.1	75.5	−40.1 50.4	2.2	3.0	4.0	0.8 1.0
전체 평균	19.7	62.1	16.0	42.4 −46.1	74.6	33.5	77.3	−41.1 43.8	5.7	4.4	6.8	−1.3 2.4
20~50대 세대차	−25.3	−20.9	−10.0	4.4 10.9	17.8	14.6	0.5	−3.2 −14.1	7.4	6.1	9.5	−1.3 +3.4

자료 : 나은영 · 차유리 (2010: 78).

나은영 · 차유리(2010)는 탈물질주의 척도를 통해 한국사회의 변동을 분석하였다(〈표 7-16〉 참조). 1997년 외환위기 직전에 탈물질주의로 치닫던 경향이 1998년에는 대체로 주춤해지면서 물질주의 쪽으로 후퇴하는 경향을 보였고, 그러한 역방향의 변화속도도 젊은 층이 더 빨랐다. 그러나 2010년의 조사결과에서는, 외환위기 직후 급등했던 물질주의자의 비율이 급격히 낮아졌고(16.0%−62.1%=−46.1%p), 혼합형이 많아졌으며(77.3%−33.5%=43.8%p), 탈물질주의자도 조금 늘어나는 경향을 보였다(6.8%−4.4%=2.4%p).

한 가지 흥미로운 사실은 1995년과 2010년을 비교할 때 20대와 30대 젊은 세대는 물질주의자의 비율이 증가한 반면(20대: 10.5%−7.3%=3.2%p, 30대: 18.5%−15.7%=2.8%p), 40대와 50대 기성세대는 동일한 기간 중 물질주의자의 비율이 감소하여(40대: 14.5%-23.0%=-8.5%p, 50대: 20.5%-32.6%=-12.1%p), 15년 간 세대차가 줄어들었다는 점이다. 혼합형의 비율은 반대로 20대와 30대에서는 비율이 감소하였고(20대: 76.0%-83.0%=-7.0%p, 30대: 75.5%-77.4%=-1.9%p), 40대와 50대에서는 비율이 증가하여(40대: 82.0%-72.8%=9.2%p, 50대: 75.5%-65.2%=10.3%p), 결과적으로 세대차가 줄어드는 효과가 나타났다. 즉, 한국사회는 경제적 선진화와 함께 탈물질주의 가치가 점점 늘어나고 있는 것으로 볼 수 있다.

제 III 부

자료의 분석

제Ⅲ부에서는 수집된 자료를 어떠한 통계적 기법을 사용하여 분석할 것인가를 살펴본다. 제Ⅰ부에서 설명한 바와 같이 분석 기법은 자료가 어느 수준에서 측정되어 있는가와 밀접하게 관련되어 있다. 즉, 자료의 측정수준에 적합한 분석 방법을 사용하여야 한다.

자료가 모아지면 그 자료의 분포상태를 먼저 검토해 보고, 그 다음 변수 간의 관계를 알아보게 된다. 표본자료를 통해 모집단의 특성을 추리하기도 한다. 명목척도 또는 서열척도로 측정되어 있는 변수들 간의 관계는 분할표분석을 통해 파악하며 등간척도로 측정된 변수는 회귀분석 등의 방법으로 알아보게 된다. 사회과학에서는 상이한 집단 간에 현상적 특징이 어떻게 다르게 나타나는가에 관심을 가지는 경우가 많다. 따라서 두 개 이상의 집단 간의 차를 식별하고 검정하는 방법을 살펴본다. 그리고 요인분석 · 대응분석, 집락분석 · 다차원척도분석 · 판별분석, 중분류분석 · 로지스틱회귀분석 · 로그선형모형분석, 구조방정식모형분석, 다층모형분석 등 고급통계 분석 기법의 개념과 분석 절차를 실제 사례를 들어 설명한다.

| 제 8 장 |

기술통계

자료를 수집하고 나면 우리는 그것을 어떻게 요약·설명할 것인가라는 문제에 접하게 된다. 자료에 포함된 모든 개별 내용들이 연구자에게 유용한 정보를 제공해 줄 수 있겠지만 그 양이 방대할 경우 그것을 일일이 열거하면서 설명하기란 여간 번거로운 일이 아닐 것이다. 따라서 대푯값, 변동(variation)의 크기, 분포의 형태 등 자료를 요약해 주는 통계치를 통해서 자료가 가지고 있는 특징을 쉽게 알아보게 된다. 대부분의 경우 우리는 개별적인 관찰값보다는 그것을 요약한 대푯값이나 분포 등에 더 많은 관심을 기울인다. 기술통계(descriptive statistics)는 관찰 자료의 속성 요약에 관한 것이다. 기술통계는 구체적 조사결과를 통해 사실을 판단하고, 사실 속에 숨은 일정한 유형을 찾아내는 데 유용하다. 우리는 수집된 자료를 체계적으로 제시하기 위하여 도표를 사용하고, 그것을 요약하는 여러 가지 기술통계치들과 중심집중치 등을 사용한다. 이 장에서는 그것들을 살펴보기로 한다.

제1절 도 표

1. 도수분포표

도수분포(frequency distribution)는 자료를 통계적으로 처리할 때 가장 먼저 검토해 보아야 하는 것으로 기초적이면서도 중요하다. 도수분포표를 만들기 위해서는 각 변수의 범주별로 관측값의 도수를 파악해야 한다. 예를 들어, 어떤 기업에 고용되어 있는 근로자의 수를 성별로 파악하려고 할 때 남자가 12명, 여자가 8명이라고 하면, 그것은 (남, 12) (여, 8)로 나타낼 수 있다. 여기서 남·여는 성별이라는 변수의 변숫값들이고, 12와 8은 각 변숫값에 해당되는 관측값의 수, 즉 도수(frequency, 度數)다. 때로는 (남, 0.6) (여, 0.4)와 같이 상대도수(relative frequency)를 사용하여 상대도수분포표를 만들기도 한다. 상대도수란 전체 사례수 중 그 범주에 속한 사례의 비율을 말하며, 따라서 상대도수의 합은 1(백분율로 나타낼 경우 100)이 된다.

표 8-1 | 종교의 도수분포

종 교	도 수	상대도수(백분율)
불교	10,726,463	22.8
개신교	8,616,438	18.3
가톨릭	5,146,147	10.9
원불교	129,907	0.3
기타 종교	351,811	0.7
종교 없음	21,867,055	46.5
무응답	188,104	0.4
계	47,025,925	100.0

자료 : 통계청, 「인구주택총조사보고서 2005」, 2006.

2005년 실시한 인구주택총조사의 응답자들의 종교분포가 〈표 8-1〉과 같이 나타났다. 총응답자 47,025,925명의 도수분포는 (불교, 10,726,463) (개신교,

8,616,438) (가톨릭, 5,146,147) (원불교, 129,907) (기타 종교, 351,811) (종교 없음, 21,867,055) (무응답, 188,104)와 같고, 상대도수는 (불교, 22.8) (개신교, 18.3) (가톨릭, 10.9) (원불교 0.3) (기타 종교, 0.7) (종교 없음, 46.5) (무응답, 0.4)로 제시되어 있다. 자료 해석의 첫 단계 작업으로 〈표 8-1〉과 같은 표를 많이 사용하는데, 그러한 도표를 통해 우리는 자료에 포함된 정보의 전체적인 윤곽을 파악할 수 있다.

각 변수가 갖는 범주의 수, 즉 변숫값의 수가 제한되어 있는 이산변수(離散變數, discrete variable)에서는 범주별로 관측값의 수를 세어서 도수분포표를 만들 수 있겠지만, 변숫값의 수가 무한한 연속변수의 경우에는 각 변숫값에 해당하는 관측값의 수를 일일이 셀 수 없다. 따라서 연속변수(連續變數, continuous variable)의 경우에는 우선 전체 변숫값을 몇 개의 범주로 나눈 다음, 각 범주에 해당되는 관측 사례가 몇 개인지 세어야 한다. 예를 들어, 실제 가구소득의 변숫값이 90만 4천 원이나 151만 5천 원이라고 해도 도수분포표를 만들기 위해서는 그것을 ① 50만 원 미만 ② 50~99만 원 ③ 100~149만 원 ④ 150~199만 원 ⑤ 200~249만 원 ⑥ 250~299만 원 ⑦ 300만 원 이상 등과 같이 범주화할 필요가 있다(사회조사에서는 자세한 액수를 묻기보다는 미리 묶어 놓은 선택 범주를 응답자에게 제시하여 그중 하나에 표시하게 하는 경우가 많다).

이와 같이 범주화할 때에 범주의 간격을 어느 정도로 할 것인가 하는 문제가 생기는데, 그 간격은 동일하게 설정하는 것이 보편적이지만 반드시 그래야 할 필요는 없다. 예를 들어, 소득의 경우 120만 원 미만에서는 20만 원 간격으로, 120만 원 이상 150만 원 미만의 범위에서는 30만 원 간격으로, 150만 원 이상 300만 원 미만은 50만 원 간격으로, 300만 원 이상 400만 원 미만은 100만 원 간격으로, 그 이상은 한계를 정하지 않고 400만 원 이상과 같이 그대로 열어 놓는 방법을 쓸 수도 있다. 여기에서 중요한 것은 모든 관측값이 어느 범주에든 반드시 들어가도록 하여야 하며, 또한 반드시 하나의 범주에만 속하도록 해야 한다는 점이다. 각 범주는 ① 20만 원 이상~40만 원 미만 ② 30만 원 이상~50만 원 미만 등과 같이 그 범위가 중복되어서는 안 되며, 동시에 ① 20만 원 이상~40만 원 미만 ② 50만 원 이상~70만 원 미만과 같이 누락되는 범위가 있어서도 안 될 것이다([그림 8-1] 참조).

그림 8-1 | 올바른 범주화

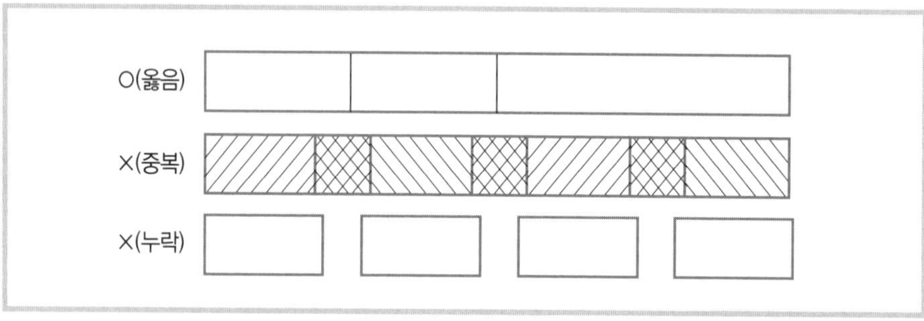

도수분포에서 범주의 수를 몇 개로 할 것인가는 사례수나 변숫값의 범위 등을 고려하여 연구자가 결정할 일이지만, 보통 사례수가 많을수록 범주의 수도 많아진다. 그러한 과정을 거쳐 일단 분포를 구한 뒤에는, 그 분포를 쉽고 정확하게 이해할 수 있도록 자료를 제시하는 방법을 생각하여야 한다.

2. 그림표

그림표(graph)는 변수의 분포를 시각적으로 파악할 수 있도록 해 준다. 그러나 변수가 어떤 수준에서 측정되었는가에 따라 사용하는 그림표는 달라진다. 자주 사용하는 그림표에는 파이그림표(pie graph), 막대그림표(histogram),[1] 꺾은선그림표(polygon), 누적백분율곡선(ogive)이 있는데, 명목변수는 파이그림표나 막대그림표로, 서열변수는 막대그림표로, 등간변수는 막대그림표나 꺾은선그림표로 나타내는 것이 좋다.

---

1) 때로는 막대그림표(bar chart)와 기둥그림표(histogram)로 구분하여 사용하기도 한다. 이들 간에 큰 차이는 없으나 막대그림표는 도수를 나타내는 막대 사이가 떨어져 있어서 명목변수에 주로 사용되는 반면, 기둥그림표는 기둥들 사이가 서로 붙어 있어서 명목변수뿐만 아니라 서열변수나 등간변수에도 사용된다. 그렇지만 많은 경우에 이 두 가지를 서로 구분하지 않고 혼용하고 있어서 이 책에서도 그것을 구분하지 않고 막대그림표로 통일하여 사용하기로 한다.

그림 8-2 | 주택보유율의 파이그림표

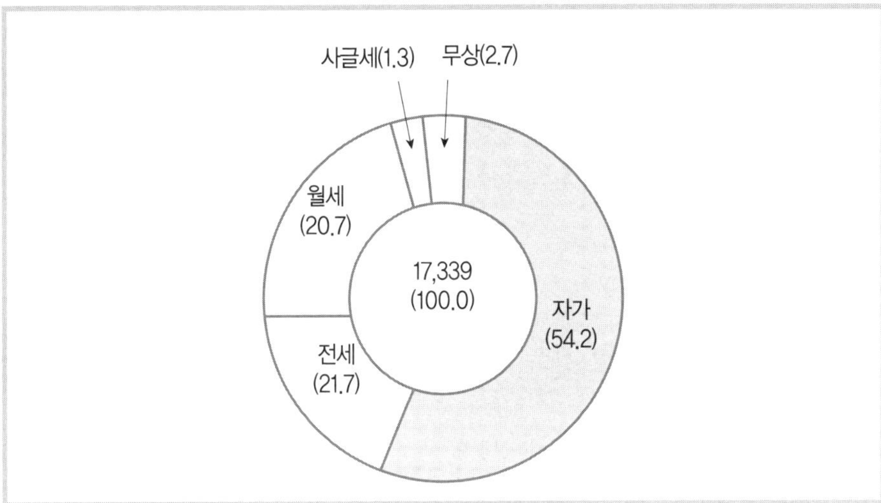

자료 : 통계청, 「2010 인구주택총조사 전수집계 결과(가구 · 주택부문)」, 2011, p. 22.

1) 파이그림표

파이그림표(pie graph)는 [그림 8-2]와 같은 모양으로 나타내는데 전체를 나타내는 원을 그린 후 각 범주가 전체에서 차지하는 비율만큼 면적을 차지하도록 그린다. 주택보유 여부를 나타내는 이 그림에서 자가의 경우 54.2%이므로 자가가 원의 전체 도수에서 차지하는 비율은 (54.2/100)×360 = 195.12도가 된다. 전세, 월세, 기타의 경우도 이와 같은 방식으로 계산하여 그린다. 파이그림표는 변숫값을 서열화할 필요가 없는 명목변수에 주로 사용한다.

그렇지만 파이그림표는 때로는 서열변수에도 사용된다. 서열변수를 파이그림표로 제시할 때에는 서열의 순서대로 파이가 할당되도록 하는 것이 바람직하다. 서열에 관계없이 그리게 되면 쪼개진 부분들을 더하여 해석하는 것이 용이하지 않다. 다음의 예를 통하여 살펴보도록 하자. [그림 8-3]은 통일 가능시기를 묻는 질문에 대한 응답을 파이그림표로 나타낸 것이다. 선택범주는 1~5년 후, 6~10년 후, 11~20년 후, 25~30년 후, 35~90년 후, 그리고 기타 등 6개로 이루어져 있다. 그러한 경우, 파이그림표는 어디에서 시작하든 순서대로 그려

두는 것이 보다 자연스럽다. (가)는 1~5년 후에서 시작하여 기타에 이르기까지 순서대로 파이를 분할해 간 것이고, (나)의 그림은 순서에 관계없이 그린 것이다. 태도를 묻는 질문에 대한 응답에서도 '대단히 찬성한다', '찬성하는 편이다', '찬성도 반대도 아니다', '반대하는 편이다', '대단히 반대한다'로 선택범주가 주어질 때, 파이그림표는 역시 그 순서대로 그려나가야 될 것이다.

그림 8-3 | 파이그림표의 예

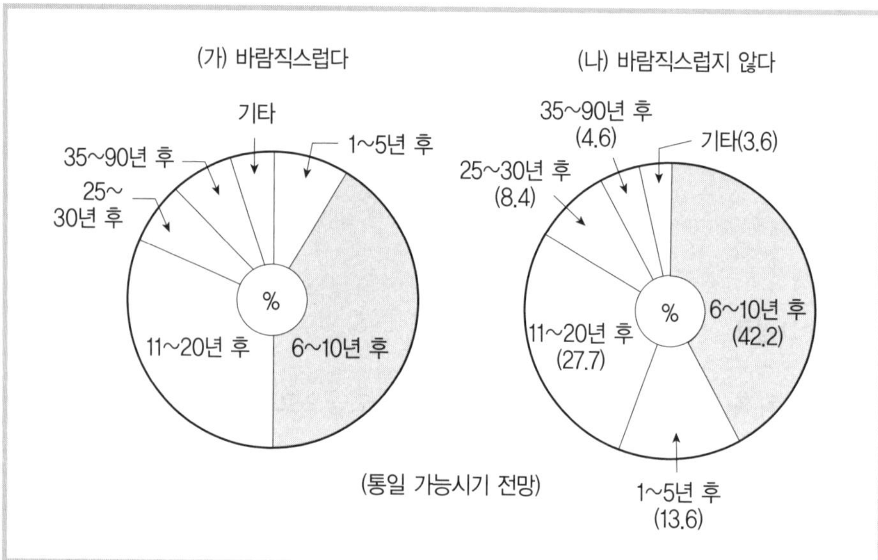

자료 : 「전교학신문」, 1990년 9월 5일자.

2) 막대그림표

막대그림표(histogram)는 변숫값을 가로축으로 하고 관측도수를 세로축으로 하여 그린다(다음 그림 참조).

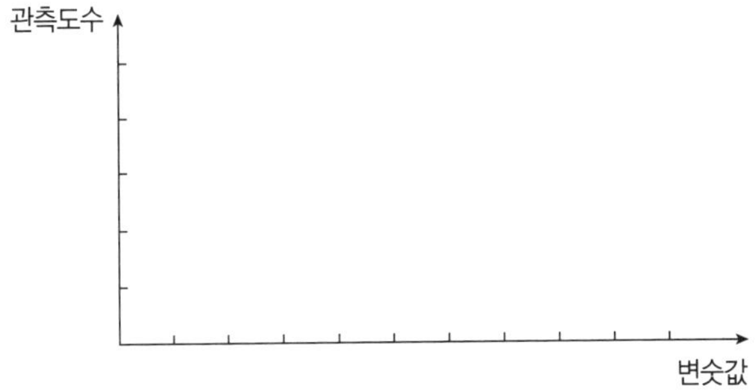

[그림 8-2]의 주택보유율을 막대그림표로 나타내면 [그림 8-4]와 같다.

그림 8-4 | 주택보유율의 막대그래프

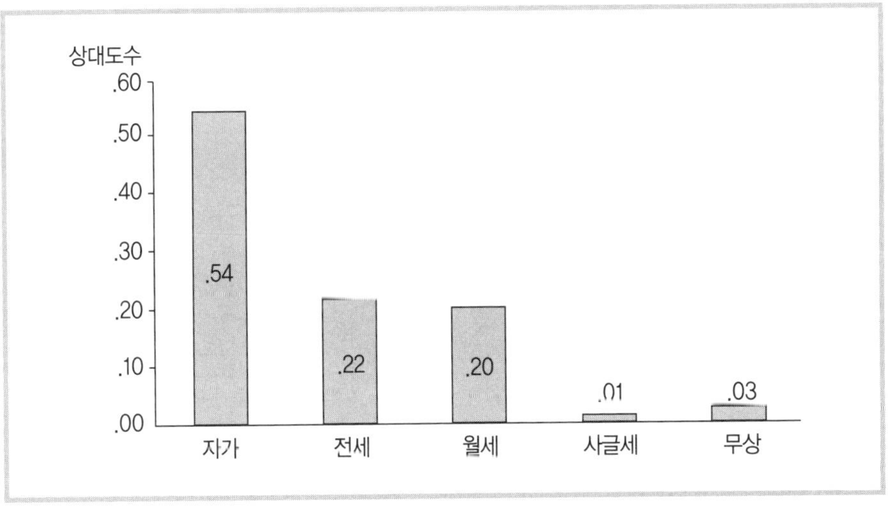

[그림 8-4]에서는 5개의 변숫값이 가로축에 나타나 있고, 상대도수가 각각의 변숫값에 따라 막대로 나타나 있다. 그 5개의 막대는 밑변의 길이가 같으며 막대의 높이는 각 변숫값의 관측도수에 상응한다. 명목변수에 대해 막대그림표를 그릴 경우에는 변숫값을 서열화할 필요가 없기 때문에 변숫값은 가로축의 어디에라도 위치할 수 있다. 각 변숫값은 같은 간격으로 배열하는 것이 보통이며, 막대의 폭은 자유로이 결정하면 된다. 명목변수를 막대그림표로 나타낼 때 대

개 변숫값의 막대를 띄어서 그린다. 세로축은 보통 0에서 시작하고, 0이 아닌 다른 숫자에서 시작하는 경우에는 각 변숫값의 관측빈도가 그 수치보다 크다는 것을 의미한다. 막대그림표를 제시할 경우, 때로는 변숫값과 도수의 위치를 바꾸어 세로축에 변숫값을, 가로축에 도수를 표시하기도 한다.

서열변수의 분포를 막대그림표로 나타내는 경우에는 변숫값을 서열화하여야 한다. 막대의 밑변을 동일하게 하고 막대들을 띄우지 않고 붙여서 그린다. 서열변수의 예는 [그림 8-5]에 제시되어 있다.

그림 8-5 | 내년 가구의 재정상태 전망의 막대그림표

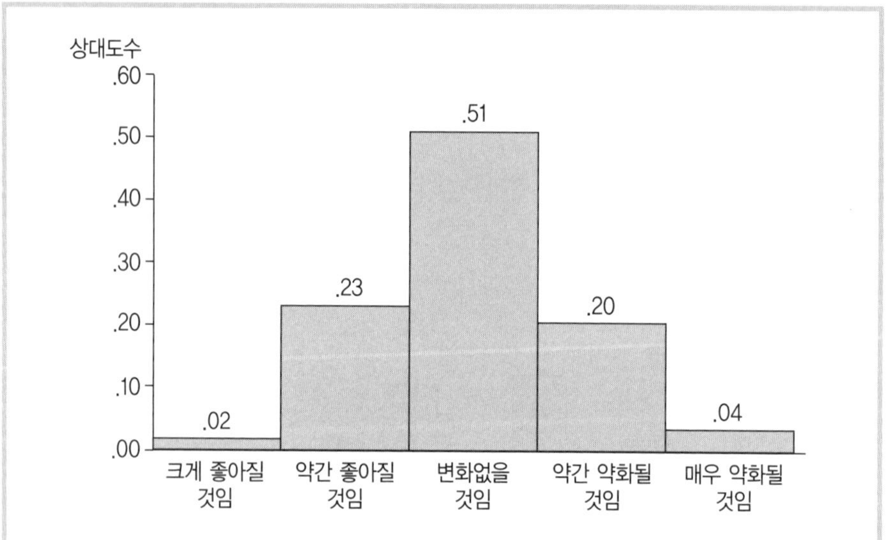

자료 : 통계청, 「2011년 사회조사 결과(복지 · 사회참여 · 문화와 여가 · 소득과 소비 · 노동)」, 2011, p.39.

등간변수의 예로서 2010년 인구주택총조사에 나타난 전국인구의 연령분포를 살펴보기로 하자. 그 분포를 막대그림표로 나타낼 때에 변숫값은 수평축에, 상대도수는 수직축에 두며 변숫값의 밑변은 동일하게 한다([그림 8-6] 참조). 또한 막대의 높이는 각 변숫값이 갖는 도수에 비례하도록 한다.

그림 8-6 | **연령별 인구분포(2010년도)**

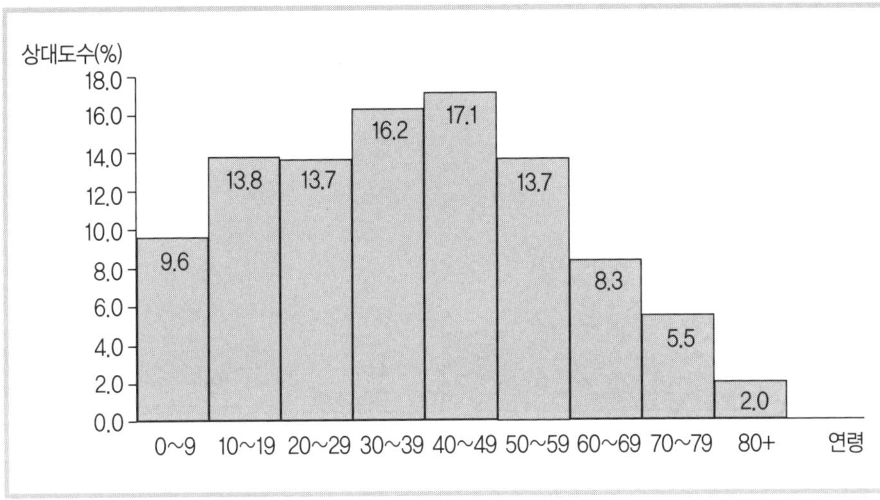

자료 : 통계청, 「2010 인구주택총조사 전수집계 결과(인구부문)」, 2011, pp. 48-49.

[그림 8-6]을 보면 40~49세 인구가 전체 인구의 17.1%로서 가장 많고, 그 다음이 30~39세 인구(16.2%), 10~19세 인구(13.8%) 등의 순이다.

[그림 8-6]은 변숫값의 범주를 동일간격으로 구획짓고 있기 때문에, 막대의 높이를 도수에 비례하도록 그리더라도 별다른 문제가 없다. 그러나 각 범주 간의 간격이 서로 다를 때 도수에 비례하여 높이를 설정한다면 자료의 성격을 제대로 반영해 주지 못할 뿐만 아니라 분포 상황을 오도할 수 있다.

[그림 8-7]과 같은 경우, 도수분포표는 1천만 원까지는 1천만 원 단위로 범주화하고 있지만, 5~7천만 원대는 2천만 원 단위로, 7천만 원~1억 원대는 3천만 원 단위로 도수를 제시하고 있다. 따라서 범주의 간격이 2배인 경우에는 막대의 높이를 1/2로 줄여줌으로써 막대의 넓이가 도수에 비례하도록 그림표를 그려주는 것이 보다 올바른 방법일 것이다. [그림 8-7]에서 5~7천만 원 구간의 상대도수는 11.7%이지만 밑변이 다른 범주의 2배가 되기 때문에 막대의 높이는 1/2로 줄여 5.85%에 해당되는 높이만큼 그려준다. 7천만 원~1억 원 구간도 동일한 요령으로 처리할 수 있다. 즉, 그 구간의 상대도수는 4.1%이지만 밑변이 다른 범주의 3배이므로 막대의 높이를 1/3로 줄여 1.36%에 해당하는 높이만큼

그림 8-7 | 연간 소득계층별 가구분포(2006년, 전국)

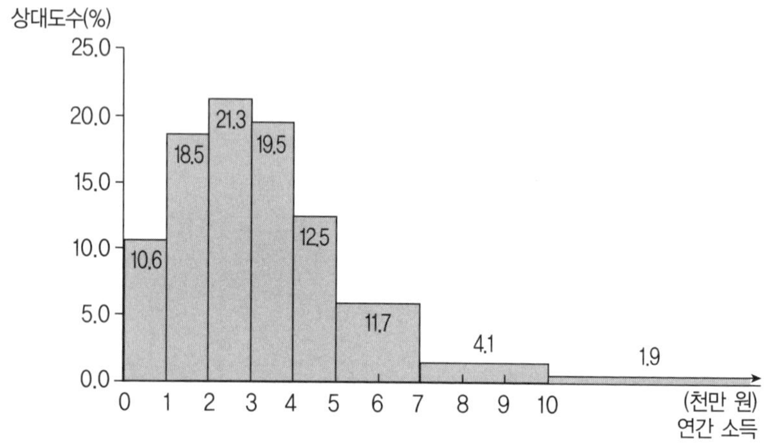

자료 : 통계청, 「2006년 가계자산조사」 원자료 분석.

그린다.

3) 꺾은선그림표

변수의 분포는, 특히 등간변수의 경우 꺾은선그림표(polygon)를 통해서도 나타낼 수 있다. 꺾은선그림표는 막대그림표에서 막대의 양쪽을 없애고 변숫값의 바로 위에 도수에 해당되는 높이로 하나의 점을 찍은 다음 각각의 점들을 이어서 완성한다. [그림 8-7]에 제시된 연간 소득계층별 가구분포를 꺾은선그림표로 나타내면 [그림 8-8]과 같다.

각 변숫값의 도수를 찾아내는 데에는 꺾은선그림표보다 막대그림표가 더 편리하지만 꺾은선그림표는 분포의 유형과 변숫값에 따른 빈도의 변화를 더 잘 보여 줄 수 있다는 장점을 가지고 있다.

그림 8-8 | 연간 소득계층별 가구분포의 꺾은선그림표

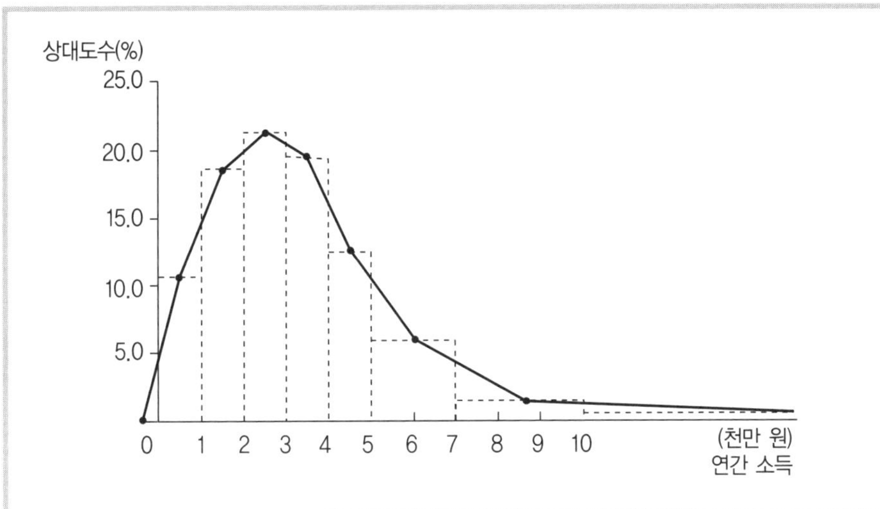

4) 누적백분율곡선

누적백분율곡선(cumulative percentage curve 또는 ogive)이란 누적상대도수(cumulative relative frequency)를 도표상에 나타낸 것이다. [그림 8-8]의 꺾은선그림표를 누적백분율곡선으로 표시하면 [그림 8-9]와 같다.

누적백분율곡선을 통해 우리는 개별 관측값이 그 집단에서 개략적으로 어디쯤 위치하는가를 파악해 볼 수 있다. [그림 8-9]에서 보면 50%의 가구가 연평균 3천만 원보다 적은 소득을 얻고 있음을 알 수 있다. 또한 연평균가구소득이 4,300만 원인 사람은 자기보다 못사는 사람이 75%인 것으로 인식하게 된다.

이와 같이 변수의 도수분포와 분포의 유형을 살펴본 후 변숫값을 요약해서 대표해 주는 대푯값과 산포도에 관심을 갖게 된다.

그림 8-9 | 연간 소득계층별 가구분포의 누적백분율곡선

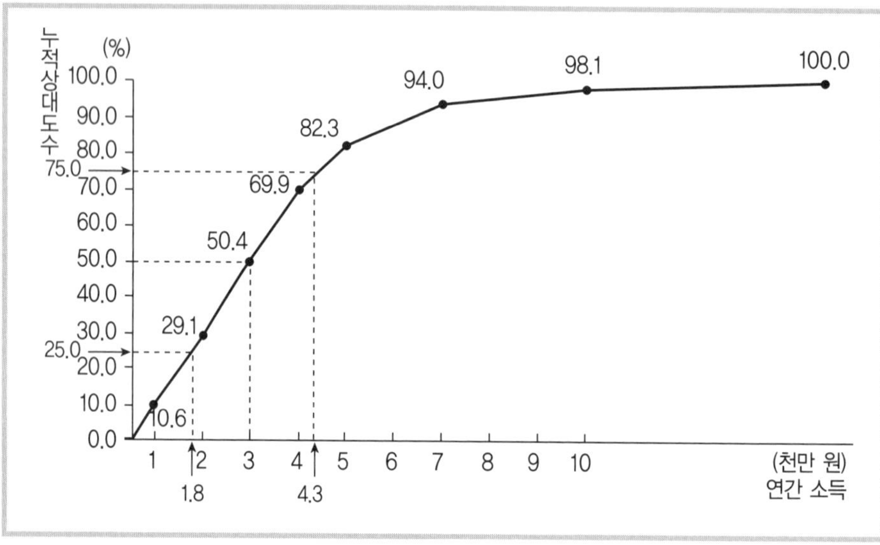

제 2 절 기술통계치

우리는 앞서 특정 변수의 분포를 나타내는 방법으로, 변숫값들의 상대도수를 살펴보았다. 그러나 때로는 그것을 하나의 수치로 요약하여 제시해 주어야 할 필요가 있다. 그중의 하나가 변수의 대푯값이다.

등간변수나 서열변수와 비교해 볼 때 명목변수의 대푯값은 비교적 간단히 제시할 수 있다. 가장 기초적인 방법은 각 범주에 속하는 사례의 수를 센 다음, 비율 · 백분율 · 비 · 율과 같은 통계치로 나타내 주는 것이다.

1. 비 율

비율(proportion)은 개별 관측값을 해당 범주에 하나씩 집어넣었을 때 각 범주 속에 포함된 사례수를 전체의 사례수로 나눈 것으로서 상대도수와 같은 개

념이다. 〈표 8-1〉에서 전체의 사례수를 N(47,025,925)이라 하고, 종교별 분포에서 불교신자수를 n_1(10,726,463), 개신교신자수를 n_2(8,616,438), 가톨릭신자수를 n_3(5,146,147), 원불교를 n_4(129,907), 기타 종교를 n_5(351,811), 종교를 가지지 않은 사람의 수를 n_6(21,867,055), 그리고 무응답자 수를 n_7(188,104)이라 할 때 불교신자의 비율은 n_1/N(10,726,463/47,025,925)이 된다. 같은 요령으로 개신교신자의 비율은 n_2/N, 가톨릭신자의 비율은 n_3/N, 원불교는 n_4/N, 기타 종교는 n_5/N, 종교를 가지지 않은 사람은 n_6/N, 무응답자의 비율은 n_7/N이 되고, 각 범주의 비율을 모두 더하면 1이 된다. 즉, $\frac{n_1}{N}+\frac{n_2}{N}+\frac{n_3}{N}+\frac{n_4}{N}+\frac{n_5}{N}+\frac{n_6}{N}+\frac{n_7}{N}=1$이 된다.

비율은 각 범주가 0에서 1의 값 사이에 있도록 표준화하였기 때문에 집단 간 비교가 용이하다. 〈표 8-2〉의 산업별 취업자 구성의 예를 살펴보기로 한다.

표 8-2 | 산업별 취업자 구성비율, 2008 (단위 : 1,000명)

산업	한국	일본
농림어업	.072 (1,686)	.042 (2,680)
광공업	.169 (3,986)	.184 (11,770)
사회간접자본 등	.759 (17,905)	.774 (49,400)
계(N)	1.000 (23,577)	1.000 (63,850)

자료 : 통계청, 국가통계포털 http://kosis.kr

〈표 8-2〉에서 산업별 취업자수를 그대로 제시한다면, 국가별 경제활동인구의 크기가 다르기 때문에 두 나라의 산업별 취업자의 구성이 어떻게 다른지를 직관적으로는 알 수가 없다. 그러나 실제의 산업별 취업자수를 비율로 나타내면 두 나라를 직접 비교하는 것이 가능하다. 즉, 한국의 농림어업 종사자의 비율은 1,686/23,577=.072다. 일본의 비율은 2,680/63,850=.042가 된다. 다른 범주의 비율도 이와 같은 식으로 계산할 수 있다. 〈표 8-2〉에서 보면 농림어업 등 1차산업 종사자의 비율은 한국이 일본보다 높고, 그 대신 사회간접자본 등 3차산업 종사자의 비율은 일본이 약간 높음을 알 수 있다.

2. 백분율

백분율(百分率, percentage)은 비율에 100을 곱하여 구한다. 백분율은 매우 보편적으로 사용되고 있는데, 전체의 사례수를 100으로 표준화시킨 것이기 때문에 이것을 사용하면 사례수를 달리하는 집단 간 또는 범주 간 비교가 용이하다. 〈표 8-2〉를 백분율로 표시하면 〈표 8-3〉과 같다.

표 8-3 | 산업별 취업자 구성(백분율)

산업	한국	일본
농림어업	7.2	4.2
광공업	16.9	18.4
사회간접자본 등	75.9	77.4
계	100.0	100.0

3. 비

비(比, ratio)는 두 범주 간의 관계를 나타내는 것으로 X/Y와 같은 형태를 취한다. 즉, Y에 대한 X의 크기다. 그러한 의미에서 비율도 비의 한 형태라고 볼 수 있다. 비의 대표적인 예로서 성비를 들 수 있다. 성비는 대개 여성 100명당 남성의 수로 나타낸다. 즉, X는 남성의 수가 되고, Y는 여성의 수가 되는 것이다. 1995년도의 우리나라 통계를 보면 총인구의 성비는 100.7이었다. 그런데 성비는 연령집단별로 다르다. 0~4세 인구에서는 113.4, 25~29세에서는 100.9, 60~64세에서는 82.0, 70세 이상에서는 53.1로 나타난다. 〈표 8-4〉는 또 다른 예로 교육정도별 임금수준을 비로 나타낸 것이다. 이 표에 제시된 수치는 고졸자의 평균임금을 100으로 했을 때 중졸 이하, 전문대졸 및 대졸 이상의 임금을 표시하고 있다. 중학교 졸업 이하자와 고등학교 졸업자, 그리고 고등학교 졸업자와 전문대학 졸업자 간 상대적 임금격차는 1980년 이래로 점차 줄어들어 왔고, 고졸자와 대졸자 간의 임금격차도 1980년대 중반까지는 큰 변화가 없었으나 1990년 이후 크게 감소하였음을 알 수 있다. 한마디로, 1980년 이후 2000년에 이르는 기간 동안 한국에서 교육정도별 임금수준 격차는 줄어들어 왔다.

표 8-4 | 교육정도별 임금수준, 1980~2010

연도	중졸 이하	고졸	전문대졸	대졸 이상
1980	68.8	100.0	146.3	228.5
1985	74.7	100.0	129.8	226.5
1990	83.8	100.0	117.4	185.5
1995	87.2	100.0	108.4	155.9
2000	87.8	100.0	103.4	150.9
2005	85.5	100.0	103.5	154.9
2010	86.0	100.0	106.3	154.4

자료 : 통계청, 「한국의 사회지표」, 각 연도.

참고 8-1 | 교육수준별 임금격차와 교육열

1980년 이후 한국사회에서 교육기회가 크게 확대됨에 따라, 노동시장에서 고졸자가 중졸 이하 자에 대해 갖는 프리미엄이 크게 약화되는 한편, 대졸자의 희소성이 줄어들었다. 고등학교 졸업생의 대학 진학률은 1980년대를 거쳐 1990년대 초반까지는 30%대에 머물렀으나, 1994년 45.3%로 40%대에 올라섰고, 1995년 50%를 넘어선 이후 1997년 60.1%, 2001년 70.5%로 꾸준히 상승하였다.

〈표 8-4〉를 보면, 2000년 이후 교육수준별 임금격차는 거의 변동 없이 일정 수준을 유지하고 있음을 알 수 있다. 이를테면, 2010년대 대졸자는 고졸자보다 절반 정도 더 많은 임금을 받았다(154.4%). 과거에 비하면 그 격차가 크게 줄어든 것은 사실이지만, 여전히 매우 큰 차이가 있다. 이처럼 심한 교육수준별 임금격차는 한국인의 교육열을 더욱 높이는 데 기여하였다. 고등학교 졸업생의 대학 진학률은 2004년 81.3%, 2008년 83.3%까지 상승했다. 한국의 대학 진학률은 2009년 81.9%로 전년도에 비해 1.4%포인트 하락하였지만, 여전히 세계 최고 수준을 유지하고 있다. 즉, 노동시장 상황과 대학 진학률은 서로 밀접하게 맞물려 있음을 확인할 수 있다.

4. 율

율(率, rate)도 역시 비의 한 형태로서 인구성장률 또는 경제성장률 등에서 볼 수 있는 바와 같이 증가 또는 감소의 변화를 나타내고자 할 때 많이 쓰인다(그림 8-10] 참조). 또한 자살률과 같이 인구 10,000명 또는 100,000명당 자살건수를 나타내는 경우도 있다.

그림 8-10 | 연도별 인구성장률

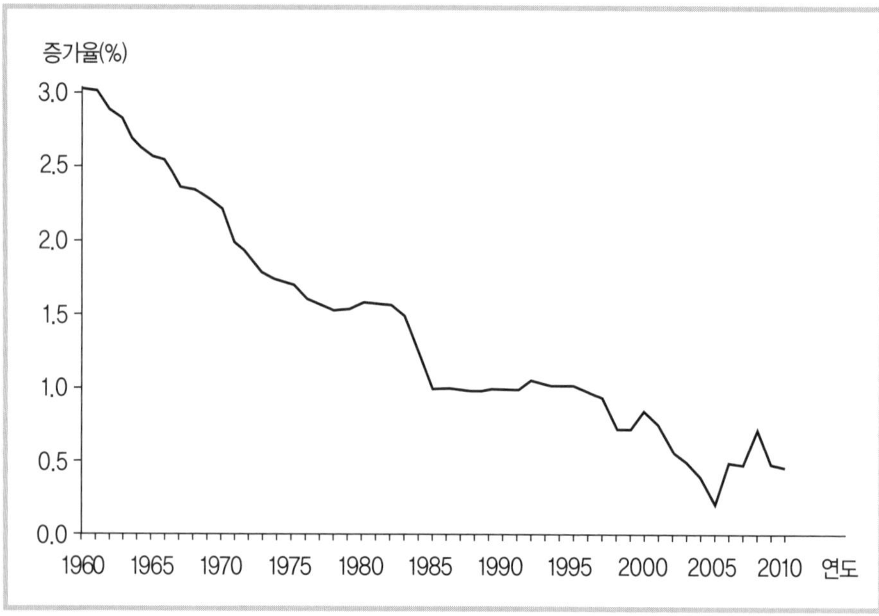

자료 : 통계청, e-나라지표 http://www.index.go.kr

제 3 절 중심집중치

명목척도는 백분율, 비율, 비, 율 등으로 요약할 수 있다. 등간척도인 경우에는 도수분포를 통해 자료를 요약 · 제시할 수도 있지만 자료가 갖는 전형적 이질성의 정도를 하나의 수치로 나타내기도 한다. 그것을 중심집중치(measure of central tendency)라 하는데, 도수분포의 중심을 특징짓는 기술통계치를 의미한다.

1. 평균값

중심집중치 중 가장 중요한 것은 산술평균(arithmetic mean, 이후로는 단순히 평균(average)이라고 함)과 중앙값(median)이다. 그중에서도 평균은 가장 보편적으로 쓰이는 것으로서 개별 관측값을 모두 더한 다음 그것을 관측사례(표본)의 수로 나누어 얻게 된다. 개별 관측값을 $X_1, X_2, \cdots, X_n$이라고 하고 표본의 수를 N이라 하면, 표본의 평균값 $\overline{X}$는 $\overline{X} = (X_1 + X_2 + \cdots + X_n) / N$으로 얻어진다. 그것은 다시 $\sum_{i=1}^{n} X_i / N$와 같이 표시할 수 있는데, 여기서 그리스문자 Σ(시그마)는 합계를 가리킨다.

우리는 평균값을 중심으로 한 분포에서 다음 그림과 같이 좌우대칭적(symmetric) 분포를 흔히 본다. 그러나 모든 분포가 반드시 좌우대칭적으로 나타나는 것만은 아니다.

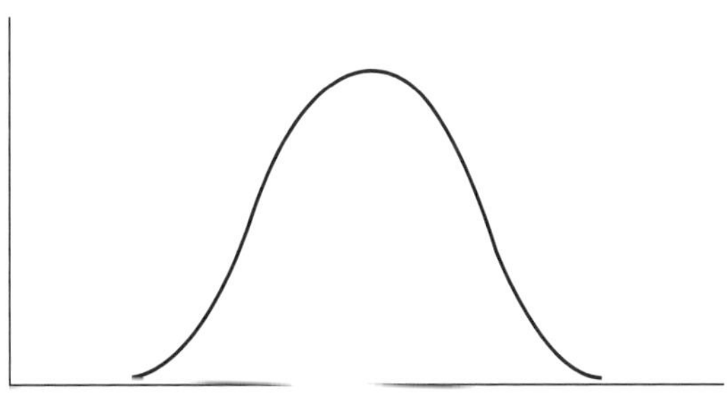

만약 두 집단이 있어 각각의 평균값이 $\overline{X}_1$와 $\overline{X}_2$이고, 표본수가 n_1과 n_2라면 두 집단을 합한 전체의 평균은 $\overline{X} = (n_1\overline{X}_1 + n_2\overline{X}_2) / (n_1 + n_2)$와 같이 구할 수 있다. 집단이 셋 이상 있을 경우에도 마찬가지며, 그것을 일반화하면 다음과 같다.

$$\overline{X} = \sum_{i=1}^{k} n_i \overline{X}_i / \sum n_i = \sum_{i=1}^{k} n_i \overline{X}_i / N$$

$\overline{X}_i$: i번째 집단의 평균
n_i : i번째 집단의 사례수
k : 집단의 수

이 때 구해진 평균값을 가중평균(weighted average)이라 부른다.

평균의 기초적인 특성을 보면, 첫째로 평균은 적어도 등간척도의 수준에서 측정된 자료에 사용되어야 한다. 명목척도나 서열척도가 편의상 수치화되었다 할지라도 그 변수에 대해서 평균을 계산하는 것은 의미가 없다. 둘째로, 평균은 각 관측값에 동일한 가중치가 주어질 때, 수치상의 균형점으로 해석될 수 있다. 말하자면, 관측값의 중심(重心)이라고 할 수 있다.

평균은 자료들의 무게중심을 나타내며, 모든 자료의 값을 이용하기 때문에, 자료의 정보를 최대로 사용한다는 장점이 있다. 그러나 평균은 이상점(異常點, outlier)에 민감하게 반응하기 때문에, 이상점이 있는 경우에는 사용하는 데 유의해야 한다.

2. 중앙값

중앙값(median)은 표본의 변숫값들을 크기순으로 배열하였을 때 중앙의 위치에 놓이게 되는 값으로서, 특히 표본의 변숫값의 분포가 한쪽으로 치우쳐 있을 때 도수분포의 대푯값으로 자주 사용하는 중심집중치다. 표본의 수가 홀수일 경우에는 중앙값은 하나이지만, 짝수일 경우에는 중앙에 위치하는 두 값의 평균이 중앙값이 된다.

$$\tilde{x} = \begin{cases} x_{(\frac{n+1}{2})}, & n = \text{홀수} \\ \dfrac{x_{(n/2)} + x_{(n/2+1)}}{2}, & n = \text{짝수} \end{cases}$$

중앙값의 속성을 살펴보면 다음과 같다.

첫째, 중앙값은 서열척도 이상의 수준에서 측정한 자료에 사용할 수 있다. 왜냐하면 중앙값을 계산하기 위해서는 자료들을 서열화해야 하기 때문이다.

둘째, 종모양의 대칭적 분포에서는 중앙값과 평균값이 동일하다.

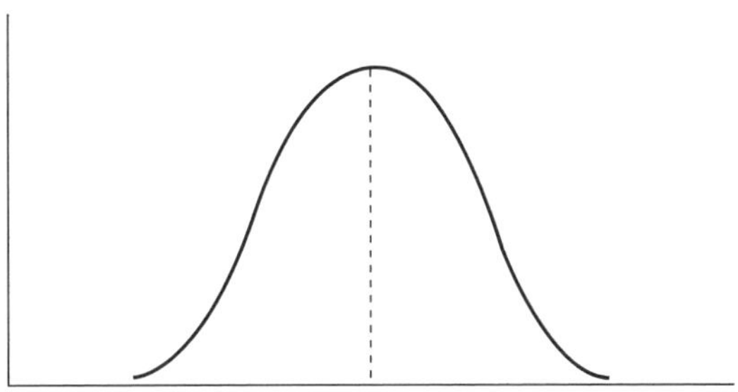

평균값 = 중앙값

셋째, 한쪽으로 치우쳐진 분포에서 중앙값은 평균값에 비해 상대적으로 짧은 꼬리쪽에 위치한다(참고 8-2 참조). 소득분포와 같은 것은 빈도가 높은 봉우리가 왼쪽으로 치우쳐지는 경우가 많은데, 이 때 가구소득의 중앙값은 대체로 가구 평균소득보다 더 작은 경향이 있다. 그 반대의 예로, 학생들의 시험결과 특별히 성적이 나쁜 학생들이 여러 명 있을 경우 성적분포는 오른쪽으로 치우친다. 그러한 분포에서는 중앙값이 평균값보다 크다.

넷째, 중앙값은 단순히 자료의 서열적 특징에 기초한 것이므로 최소 또는 최대 값이 다르더라도 중앙값은 동일할 수 있다. 예를 들어, 다음 ①, ②, ③의 중앙값은 3으로 동일하다.

① 1, 2, 3, 4, 5

② 1, 2, 3, 3, 3

③ 1, 2, 3, 10, 100

그렇기 때문에 등간척도로 측정된 변수에서는 중앙값이 가용한 모든 정보를 제공해 주지 못한다. 중앙값은 이상점에 영향을 받지 않는다는 장점이 있으나, 자료가 가지고 있는 많은 정보를 사용하지 않는다는 단점이 있다. 따라서 중앙값은 추리적인 목적을 위한 대푯값으로는 평균보다 우월하지 않으며, 또한 평균과 달리 여러 하위집단의 중앙값을 안다고 해서 전체 집단의 중앙값을 계산할 수는 없다. 그러한 경우에는 여러 하위집단의 원래 관측값들을 하나로 모은 다음 그것을 서열화한 후에야 중앙값을 계산할 수 있다.

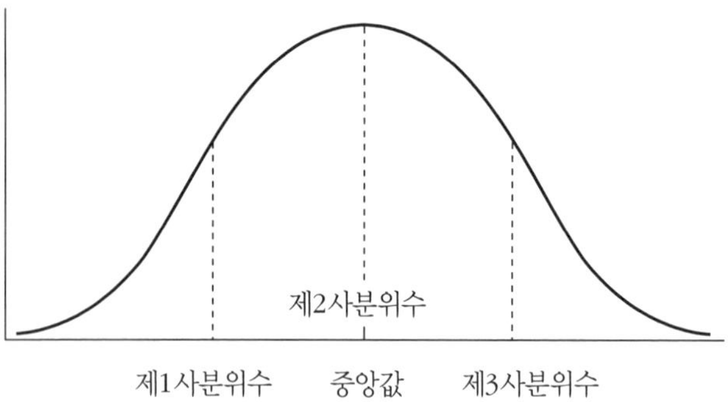

중앙값은 백분위수(percentile)라는 보다 일반적인 측정치의 특수한 사례라고 볼 수 있다. 제*p*백분위수는 *p*%의 점수에 해당되는 수치다. 즉, 자료를 크기순서로 배열했을 때 적어도 *p*%의 관측값이 그 값보다 작거나 같고, 또한 적어도 (100−*p*)%의 관측값이 그 값보다 크거나 같게 되는 값을 말한다. 중앙값은 50번째의 백분위수로서 50%의 관측값보다 크거나 같고, 나머지 50%의 관측값보다 작거나 같다. 백분위수 이외에 사분위수(quartile)도 더러 사용되는데 사분위수는 분포를 4등분했을 때 각 4등분 지점의 값을 말한다. 따라서 중앙값은 제2사분위수, 제50백분위수가 된다.

3. 최빈값

최빈범주(modal category)는 도수가 가장 많은 범주를 말하며, 범주화된 도수분포에서 많이 사용한다. 〈표 8-1〉에서 보면 '종교 없음'이 최빈범주다.

최빈범주 또는 최빈값이 반드시 분포의 중심 가까이에 있는 것은 아니다. 오히려 다음 그림에서처럼 극단치일 수도 있다. 이러한 점에서 최빈값을 중심집중치라고 말하는 것은 정확한 표현이 못된다. 그러나 사회과학에서 다루어지는 많은 정량적 변수의 분포를 볼 때, 최빈값은 양극단보다는 가운데에 놓이는 것이 보통이다.

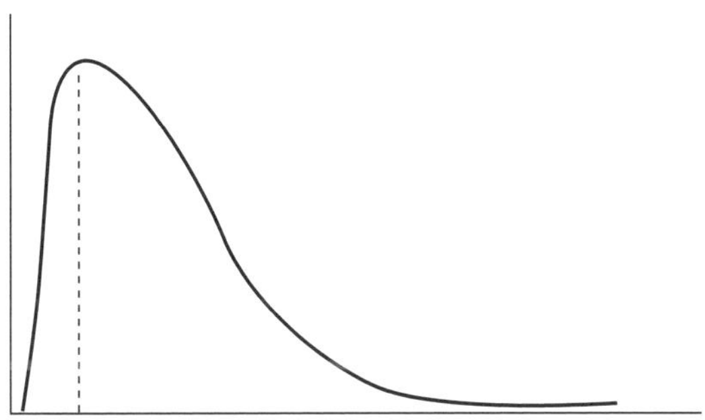

최빈값의 속성을 보면, 첫째로 최빈값은 모든 측정수준에서 사용될 수 있다. 예를 들어, 우리는 신도수가 가장 많은 종교(명목변수)에 관심을 가질 수 있고, 다섯 범주의 계층구분에서 가장 도수가 많은 계층(서열변수)을 알아볼 수도 있으며, 최빈교육연수(등간변수)를 찾아볼 수도 있다.

둘째로, 도수분포에서 빈도가 가장 많은 값이 두 개 또는 그 이상일 경우 2봉적(二峰的, bimodal) · 3봉적(trimodal) · 다봉적(multimodal)이라고 부른다. 그중에서도 2봉적 분포(bimodal distribution)는 응답자들의 태도가 서로 다른 방향에서 대조를 이루어 나타날 때 자주 보인다.

셋째로, 종모양의 대칭적 분포에서 평균값 · 중앙값 · 최빈값은 동일한 값이 된다.

최빈값은 등간변수의 분포를 나타내는 데 평균값이나 중앙값만큼 자주 사용하지는 않지만, 가장 자주 발생하는 사례를 알고자 할 경우에는 평균값이나 중앙값보다 최빈값을 사용하는 것이 더 적절하다.

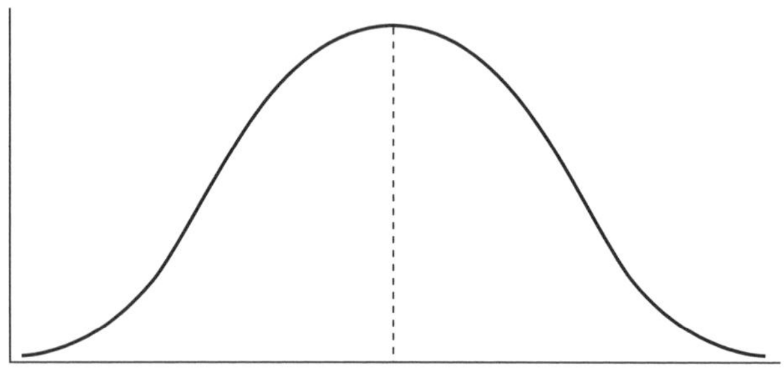

평균값=중앙값=최빈값

여기서 유념해 두어야 할 것은 지금까지 소개한 기술통계치들은 상호보완적으로 사용하여야 한다는 점이다. 각각의 통계치는 자료분포의 다른 측면들을 반영해 주고 있기 때문에 어느 하나가 다른 것보다 우월하다고 잘라서 말할 수 없다.

제 4 절 산포도

대푯값만으로는 분포의 형태를 정확히 나타낼 수 없기 때문에 특히 등간변수 이상의 자료를 분석할 때는 산포도(散布度, dispersion)를 나타내는 측정치를 함께 사용하게 된다.

다음과 같은 소득분포의 그림표를 얻었다고 하자.

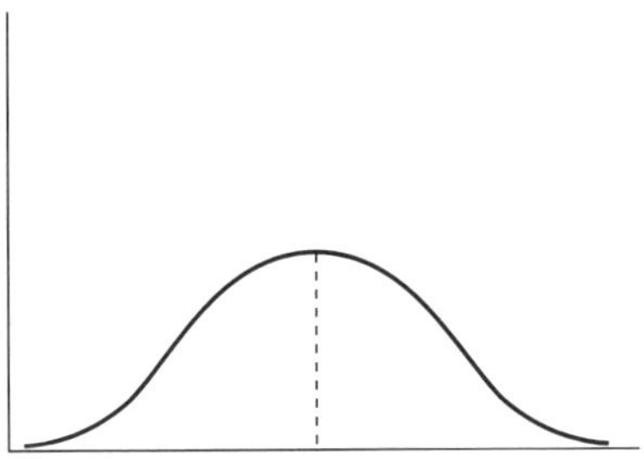

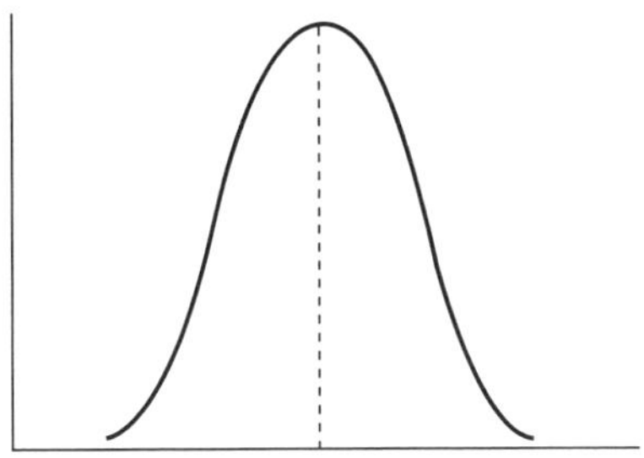

(가)지역에서는 소득의 분포가 월평균소득 300만 원을 중심으로 하여 비교적 넓게 퍼져 있고, (나)지역에서는 역시 300만 원을 중심으로 분포되어 있지만 밀집된 형태를 띠고 있다. 이와 같이 두 자료에서 평균이나 중앙값이 같다고 하더라도 분포의 형태가 다를 때에는 단순히 대푯값만으로 자료의 성격을 충분히 나타내지 못함을 알 수 있다.

따라서 관측된 자료의 산포도는 그 자료를 분석하는 데 대단히 중요한 요소가 된다. 산포도를 알아내는 측정치로서는 범위(range), 사분편차(quartile deviation), 분산(variance), 표준편차(standard deviation) 등이 널리 사용된다.

1. 범 위

범위(range)는 관측된 자료의 최댓값과 최솟값의 차이를 의미한다. 가령 (가)지역에서 가장 높은 소득을 올리는 사람이 월 1,000만 원을 벌고 가장 낮은 소득을 얻는 사람이 월 60만 원을 번다면, 그 때 분포의 범위는 1,000−60=960만 원이 된다. 반면 (나)지역에서 소득의 최댓값과 최솟값이 각각 500만 원, 100만 원이라면 범위는 400만 원이 된다. 이처럼 범위가 제시되었을 경우에 우리는 분포그림표를 보지 않고서도 (나)지역이 (가)지역보다 더 밀집된 소득분포를 보이고 있음을 알 수 있다.

2. 사분편차

범위는 산포도를 나타내는 측정치들 중에 가장 쉽게 이용되는 것이다. 그러나 범위는 일반적인 관측결과에서 동떨어진 사례가 있을 경우 분포를 제대로 반영해 내지 못한다는 약점이 있다. 그러한 약점을 보완하기 위하여 사분편차(quartile deviation)가 사용된다. 사분편차 Q는 자료를 일정순서에 따라 배열했을 때 25%와 75%에 해당되는 값들, 즉 제1사분위수 Q_1과 제3사분위수 Q_3의 차를 2로 나누어 구한다.

$$Q = \frac{Q_3 - Q_1}{2}$$

사분편차는 예외적인 사례로부터 영향을 덜 받기 때문에 분포가 비대칭적인 경우에 특히 많이 사용된다.

3. 분산과 표준편차

분산(分散, variance)은 산포도를 나타내는 가장 중요한 측정치 중의 하나다. 앞의 그림에서 알 수 있듯이 두 개의 자료가 동일한 평균값을 가지더라도 분포의 형태에서 많은 차이를 보일 때 그것을 적절히 나타내는 방법 중의 하나는 개개의 관측값들이 평균으로부터 얼마나 떨어져 있는가를 계산해 보는 것이다.

예를 들어, 다음과 같은 관측값들이 있다고 하자.

$$2 \quad 4 \quad 6 \quad 8 \quad 10$$

여기에서 평균은 6이 된다. 개별 관측값들이 평균과 떨어져 있는 정도, 즉 편차는 각각

$$-4 \quad -2 \quad 0 \quad +2 \quad +4$$

이다. 그 편차들을 모두 합한 것은 언제나 0이 되기 때문에 편차의 크기를 나타낼 때에는 편차의 제곱을 사용하게 된다. 각각의 관측값이 가지고 있는 편차의 제곱은

$$16 \quad 4 \quad 0 \quad 4 \quad 16$$

이 되며, 그 합은 40이 된다. 그런데 편차의 제곱의 합은 같은 정도의 분포라면 표본의 수가 많을수록 커지기 때문에 표준화하기 위해서는 그것을 표본의 수로 나누어야 한다. 통계학에서는 이 때 단순히 표본수 N으로 나누지 않고 자유도 $(N-1)$로 나누는 것이 보통이다.[2] 자유도란 독립적으로 결정지을 수 있는 요소의 수라고 이해하면 된다. 표본의 수가 N이라면, $(N-1)$개의 요소가 결정되면 N번째의 요소는 따라서 결정되는 원리에 근거한 것이다. 표본의 분산 S^2은

$$S^2 = \frac{\sum_{i=1}^{N}(X_i - \overline{X})^2}{N-1}$$

으로 계산된다. 표준편차 S는 분산에 제곱근을 씌운 값이다.

$$S = \sqrt{S^2} = \sqrt{\frac{\sum_{i=1}^{N}(X_i - \overline{X})^2}{N-1}}$$

분산과 표준편차는 등간변수의 산포도를 나타내기 위해 가장 널리 사용되는 측정치며, 우리는 표본으로부터 얻어진 분산 및 표준편차를 통해 모집단의 모수들을 추정한다.

2) 때로는 표본의 수 N으로 나눈 분산을 S^2으로, 그리고 자유도 $(N-1)$로 나눈 분산의 통계량을 $\hat{\sigma}^2$으로 표시하여 구분짓기도 하는데 특히 $\hat{\sigma}^2$을 '모집단의 분산 σ^2을 추정하기 위한 불편추정량'(不偏推定量, unbiased estimator of population variance σ^2)이라고 부른다(제9장 참조).

4. 변동계수

평균이 크게 다른 두 개 이상의 집단을 비교하고자 했을 때 때로는 각 집단의 상대적 동질성을 기준으로 비교할 필요가 있다. 동일한 정도의 분포를 갖는다면 평균값이 클수록 표준편차의 값도 커지기 때문에 평균값이 크게 다른 집단을 비교할 때 표준편차의 절대크기만을 비교하게 되면 오류에 빠질 수 있다. 변동계수는 바로 그러한 이유에서 고안된 것으로 평균에 대한 표준편차의 상대적 크기에 주목한다. 즉, 변동계수(coefficient of variation: *cv*)란 다음 식에서 보는 바대로 표준편차를 산술평균으로 나눈 값으로서 일부에서는 변동비(variation ratio) 또는 상대변동계수(coefficient of relative variation)라 부르기도 한다. 그러나 사회학 문헌에서는 그리 자주 나타나지 않는다.

$$cv = \frac{s}{\overline{X}}$$

가상 사례를 통해 변동계수를 살펴보기로 한다. 〈표 8-5〉에서 사무직과 생산직 근로자의 임금의 표준편차를 비교해 보면 사무직이 60만 원, 생산직이 45만 원으로서 생산직이 사무직보다 더 동질적인 것으로 보인다. 그러나 그들의 평균임금은 각각 300만 원과 180만 원으로 큰 차이가 있어서 표준편차를 단순히 비교하는 데에는 무리가 따른다. 각각의 표준편차를 평균값으로 나누어 변동계수를 구해 보면 사무직 근로자가 .20, 그리고 생산직 근로자가 .25로서 생산직이 오히려 더 크다. 임금수준에서 볼 때 생산직이 사무직보다 더 동질적이라고 결코 말할 수 없는 것이다.

표 8-5 | 근로자 임금의 평균, 표준편차 및 변동계수* (단위 : 만 원)

집단	$\overline{X}$	s	cv
사무직	300	60	.20
생산직	180	45	.25

*가상 자료임.

변동계수는 때로 100을 곱하여 백분율의 개념으로 표시하기도 한다. 그러나 최댓값이 100%가 아니기 때문에 적절한 측정치라고 보기 힘들며, 또한 그 범위를 규정짓기가 힘들다. 상대적 분포를 측정하자면 어떠한 형태로든 최댓값에 대한 비율로 표시되어야 할 것이다. 그러한 문제점에서 출발하여, S-측정치라 불리는 표준화된 측정치를 사용하기도 한다. S-측정치 $S(d)$는 0에서 1에 이르는 값을 갖는다.

$$S(d) = V(d) / V_{\max}(d)$$

여기서 $V(d) = \frac{s}{\overline{X}}$이고, $V(d)$의 최댓값 $V_{\max}(d) = \sqrt{N-1}$이다(보다 자세한 내용은 Martin and Gray, 1971 참조).

참고 8-2 | 편포도와 첨도

자료가 정규분포한다고 가정할 수 있을 때에는 평균과 표준편차로 결과를 해석할 수 있을 것이다. 그러나 많은 경우에 자료는 정규분포를 이루지 못하고 있기 때문에 분포와 관련된 또 다른 기술측정치인 편포도(偏布度, skewness)와 첨도(尖度, kurtosis)에 주목해 둘 필요가 있다. 물론 편포도와 첨도는 사회학 연구에서 빈번히 사용되는 것은 아니다.

편포도란 분포가 어느 정도 한쪽으로 치우쳐져 있느냐, 즉 편포의 정도를 가리킨다.

$$\text{편포도} = \frac{3(\overline{X} - Md)}{s}$$

여기서 $\overline{X}$는 평균이고, Md는 중앙값, s는 표준편차다. 이 식에서 보듯이 평균이 중앙값보다 크면($\overline{X} > Md$) 편포도는 양의 값을 갖고, 반면에 평균이 중앙값보다 작으면($\overline{X} < Md$) 편포도는 음의 값을 갖는다. 평균과 중앙값의 차이가 커질수록 편포도의 값은 커진다. 편포도 계산식을 달리 표현하면 다음과 같다.

$$\sqrt{b_1} = \frac{n}{(n-1)(n-2)} \sum_{i=1}^{n} \left(\frac{x_i - \bar{x}}{s} \right)^3$$

이것을 그림으로 그려보면 [그림 8-11]과 같은데, 편포도가 양의 값일 경우 오른쪽으로 꼬리부분이 길게 뻗은 모양(right-skewed: (가)의 그림)을 가지고, 반면에 음의 값을 가질 경우 왼쪽으로 꼬리부분이 뻗은 모양(left-skewed: (나)의 그림)을 띤다.

편포도의 해석에 대해서는 크게 합의되어 있는 바가 없으며 아마도 궁극적으로는 연구자 자신이 결정해야 할 문제다. 정규분포와 비교해 볼 때 편포하에서는 표준편차의 중요성이 상대적으로 약하다.

그림 8-11 | 편포의 예

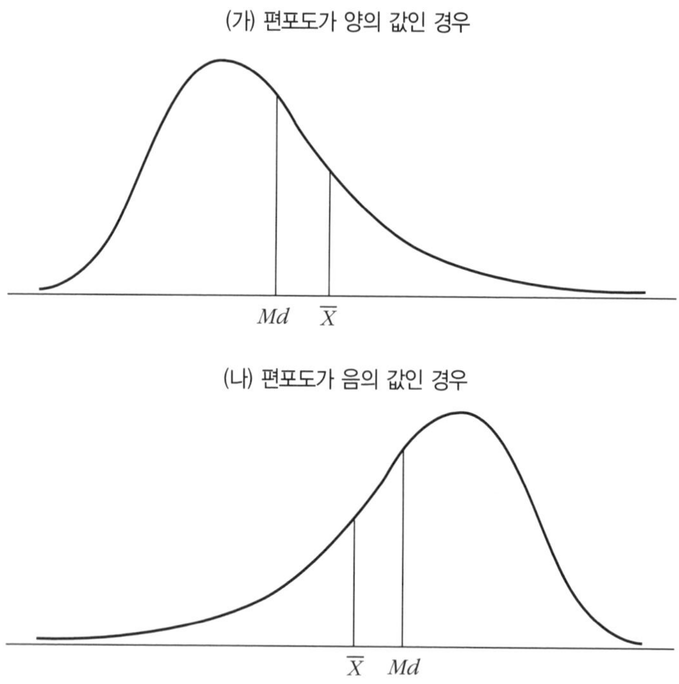

한편, 첨도란 분포가 가진 첨예의 정도, 즉 어느 정도 뾰족하게 나타나느냐를 가리킨다. 다시 말해, 첨도는 자료의 분포에서 꼬리부분의 두터움과 중앙

부분의 뾰족한 정도를 나타낸다. 계산식은 다음과 같다.

$$b_2 = \frac{n(n+1)}{(n-1)(n-2)(n-3)} \sum_{i=1}^{n} \left(\frac{x_i - \overline{x}}{s} \right)^4 - \frac{3(n-1)^2}{(n-2)(n-3)}$$

첨도가 양의 값인 경우 정규분포에 비해 중심부분이 뾰족하고 꼬리부분이 두텁다(급첨, leptokurtosis). 그것이 음의 값인 경우 정규분포에 비해 중심부분이 완만하고 꼬리부분이 짧다(완첨, platykurtosis). 첨도가 3인 경우 정규분포의 형태를 띤다(중첨, mesokurtosis). 즉, 첨도는 크게 보아 세 가지의 형태를 갖는다. [그림 8-12]에서 보는 바와 같다. 그림의 (가)는 좌우대칭이지만 분포의 중심 가까이에 밀집되어 있는 모습이다. 따라서 평균으로부터 좌우로 1

그림 8-12 | 첨도의 예

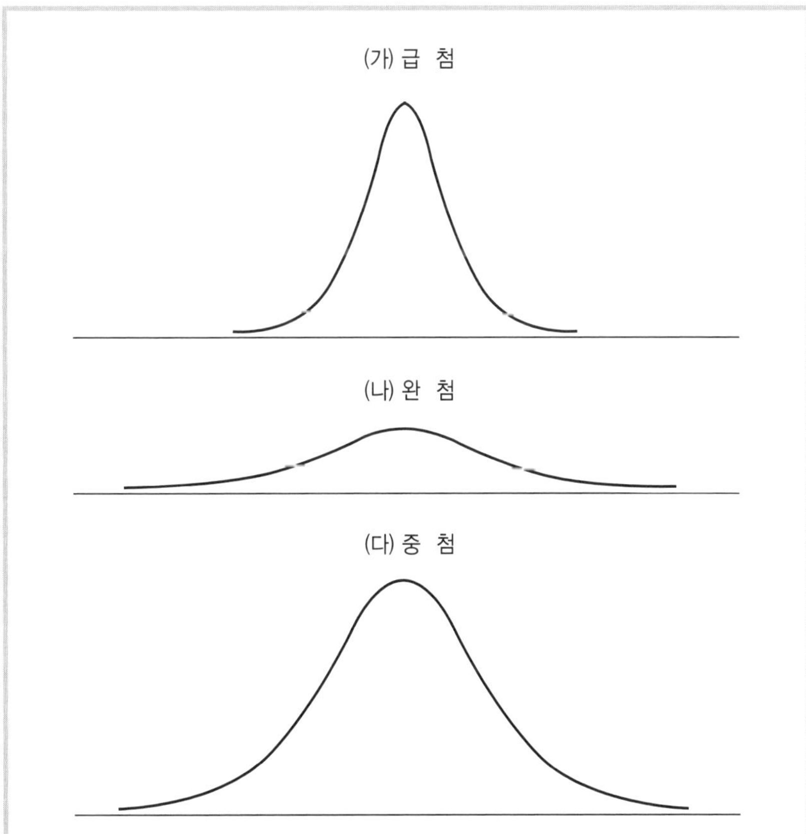

표준편차 내에 들어갈 확률은 표준정규분포보다 훨씬 크다. (나)는 널리 퍼져 있는 분포다. 따라서 평균으로부터 좌우로 1표준편차 내에 들어갈 확률은 표준정규분포와 비교해 볼 때 훨씬 작다. (다)는 세 그림 가운데에서 가장 정규분포와 유사한 모습이다(첨도의 검정에 대해서는 Snedecor and Cochran, 1980: 79-81 참조).

5. 표준점수

사람들은 가끔 평균과 표준편차가 다른 둘 이상의 분폿값을 비교한다. 평균과 표준편차가 다른 경우에는 같은 값이라도 각 표본에서 가지는 의미가 다르다. 어떤 고등학생이 중간고사에서 국어 성적 80점, 수학 성적 60점을 받았다고 하자. 과목별 평균점수가 국어 70점, 수학 50점이고, 각각의 표준편차가 국어 10점, 수학 5점이라고 한다면, 그 학생은 국어에서 수학보다 분명히 높은 성적을 받았지만, 같이 시험을 치른 다른 학생들과 비교할 때에는 상대적으로는 수학을 더 잘하는 것으로 볼 수 있다. 그렇지만 그런지 아닌지를 따져보기란 간단하지 않다.

이처럼 각각 다른 평균과 표준편차를 고려하여 분포 간의 점수를 비교하려면 원래 점수를 표준점수(standardized score)로 변환해야 하는데, 그것을 흔히 Z점수(Z-score)라고 한다. 분포의 평균과 표준편차를 사용하여 원래 점수를 Z값으로 전환하면 각 분포의 모든 점수들은 같은 척도상에 있게 되는데, 그 척도의 측정단위는 표준편차가 된다. 분포의 i번째 사례에 대한 Z값을 구하는 공식은 다음과 같다.

$$Z_i = \frac{d_i}{S_X} = \frac{(X_i - \overline{X})}{S_X}$$

앞에서 예를 든 고등학생의 국어와 수학 점수의 Z값은 다음과 같이 계산할 수 있다.

국어 Z점수 : $(80-70)/10=1$
수학 Z점수 : $(60-50)/5=2$

이 학생은 수학시험을 국어시험보다 훨씬 잘 치렀음을 확인할 수 있다.

어떤 주어진 X_i값에 상응하는 Z_i값은 분포에서 사례 i가 평균으로부터 몇 표준편차 상위 또는 하위에 있느냐를 말해 준다. 정적(+) 또는 부적(−) 방향으로 Z값이 커질수록 그 사례는 표본평균으로부터 더 멀리 떨어져 있다. 어떤 주어진 값이 분포의 평균과 정확히 일치할 때, 그것을 Z값으로 전환하면 0이 된다. 'Z값으로의 변환'은 점수의 분포를 표준화하기 때문에, 모든 Z값 분포의 평균 · 분산 · 표준편차는 동일하다. Z값 분포의 평균은 항상 0이고, 분산과 표준편차는 항상 1이다. 참고 8-3은 표준정규분포의 평균과 분산의 계산식을 보여 준다.

참고 8-3 | Z값 분포의 평균과 분산

어떤 점수 분포든 Z값으로 전환되면, 그것은 특수한 평균과 분산을 가지는 분포가 된다. 그러므로 평균을 구하는 공식을 사용하여 Z값 분포의 평균을 계산할 수 있다. X 대신 Z를 대입하여 Z값 분포의 평균을 구하는데, 그 공식은 다음과 같다.

$$\overline{Z}=\frac{\sum_{i=1}^{N}Z_i}{N}$$

여기서 분자($\sum Z_i$)는 $\sum(X_i-\overline{X})$와 같고 그 값은 항상 0이므로, $\overline{Z}=0$이다.

Z값의 분산은 다음과 같다.

$$S_Z^2=\frac{\sum(Z_i-\overline{Z})^2}{N-1}$$

Z값의 평균($\overline{Z}$)은 0이므로, 분산 공식은 다음과 같이 단순화할 수 있다.

$$S_Z^2=\frac{\sum(Z_i-0)^2}{N-1}=\frac{\sum Z_i^2}{N-1}$$

Z값 분포의 분산의 수칫값을 알아보기 위해서는 표준화된 점수를 다시 원래 X값으로 바꾸어야 한다. 원래 X점수 형태의 Z값은 $Z_i = (X_i - \overline{X})/S$이다. Z의 분산을 계산하기 위해서는 그것을 공식에 대입하여야 한다.

$$S_Z^2 = \frac{\Sigma Z_i^2}{N-1} = \frac{\Sigma\left[\frac{(X_i - \overline{X})}{S_X}\right]^2}{N-1} = \frac{\Sigma\frac{(X_i - \overline{X})^2}{S_X^2}}{N-1}$$

S_X는 상수이므로 $\Sigma\frac{(X_i - \overline{X})^2}{S_X^2} = \frac{\Sigma(X_i - \overline{X})^2}{S_X^2}$이다. 이 값을 대입하여 공식을 정리하면 다음과 같다.

$$S_Z^2 = \frac{\frac{\Sigma(X_i - \overline{X})^2}{S_X^2}}{N-1} = \frac{\Sigma(X_i - \overline{X})^2}{(N-1)(S_X^2)}$$

$S_X^2 = \frac{\Sigma(X_i - \overline{X})^2}{N-1}$으로 정의되므로, 이것을 대입하면 다음과 같이 정리된다.

$$S_Z^2 = \frac{S_X^2}{S_X^2} = 1$$

즉, Z값의 분산 S_Z^2은 1이다.

| 제 9 장 |

추리통계

변수의 대푯값과 변동의 정도를 기술해 주는 기술통계치는 관찰한 표본의 특성을 요약하지만, 그 표본이 추출된 모집단에 대한 설명을 직접적으로 제공하지는 못한다. 우리가 일반적으로 관심을 가지는 것은 모집단의 특성 즉 모수(母數, parameter)인데, 그것은 전수조사를 하지 않으면 알 수 없다. 그 대안으로 통계학자들은 모집단에서 추출한 표본에서 산출한 통계량을 이용하여 모수를 추정하는 방법을 개발하여 왔다. 그것을 추리통계(推理統計, inferential statistics)라 한다. 추리통계는 모집단을 대표하는 표본자료들을 분석하여 표본의 특성을 파악하고, 그것을 토대로 모집단의 성격을 추리하는 것과 관련된 통계 지식으로 정의한다. 여기서 추리(inference)란 표본의 결과를 기초로 모집단의 속성에 대한 결론을 내리거나 일반화를 하는 것을 뜻한다.

그렇지만 표본 통계치가 모수와 일치하지 않는 사례가 종종 발생한다. 표본자료가 표집오차(sampling error)를 포함하고 있기 때문이다. 표본 통계치의 결과가 정말로 모집단에서 그런 것인지, 아니면 해당 표본에 한정된 특수 현상인지를 면밀히 검토하여 판단하여야 한다. 우리는 통계적 유의도 검정(statistical significance test)을 통해 가설적 관계가 실제로 발생할 수 있는 확률을 진술할 수 있다. 만약, 표본자료가 무작위표집을 통해 수집되어 모집단을 잘 대표한다면, 우리는 확률의 원리와 신뢰구간을 이용하여 그 표본이 추출된 모집단에 대한 추리를 할 수 있다. 이 장에서는 그와 관련된 내용을 살펴보기로 한다.

제1절 확 률

1. 확률 개념

통계적 조사에서는 모집단의 일부만 관찰하고 그것을 바탕으로 모집단 전체에 대한 결론을 귀납적으로 이끌어 내는데, 그 논리적 근거는 확률 개념에서 출발한다. 확률은 어떤 특정한 사상(事象)이 발생할 가능성을 수치로 나타낸 것이다. N개의 원소로 구성된 표본공간 S에서 각각의 사상이 일어날 가능성이 같은 경우에 m개의 원소로 구성된 사상 A의 확률을 다음과 같이 정의한다.

$$P(A) = \frac{m}{N}$$

확률은 개념적으로 상대도수와 유사하다. 그것을 수식으로 표현하면 다음과 같다.

$$P(A) = \frac{f}{n}$$

f : 사상 A가 관측된 횟수
n : 실험의 반복 횟수

어떤 사상이 발생할 가능성을 검증하는 실험이 무한히 반복되면 상대도수로 얻어지는 어떤 사상의 확률은 이론적 확률에 근접한다. 그것을 '큰 수의 법칙'(law of large number)이라 한다.

2. 확률의 특성

1) 확률 계산

확률은 다음 다섯 가지 특성을 가진다.

첫째, 표본공간 S에서 임의의 사상 A에 대해, $0 \leq P(A) \leq 1$이다. 어떤 사상이 틀림없이 발생한다면 그 사상이 발생할 확률은 1이고, 그 사상이 발생할 가능성이 전혀 없다면 그 사상이 발생할 확률은 0이다. 사상 A가 발생할 확률은 최소 0부터 최대 1 사이에 분포한다.

둘째, 가능한 모든 사상들의 집합을 표본공간 S라 정의하면, $P(S) = 1$이다. 모집단에서 모든 관찰대상이 뽑힐 확률을 합하면 1이 된다.

셋째, '사상 A 그리고 사상 B가 발생할 확률' 은 '사상 A가 발생할 확률' 에 '사상 B가 발생할 확률' 을 더한 것에서 '사상 A와 사상 B가 동시에 발생할 확률' 을 뺀 값으로 계산된다. $P(A \cup B) = P(A) + P(B) - P(A \cap B)$. 그런데 만약 사상 A와 사상 B가 동시에 일어나지 않으면, 다시 말해 $A \cap B = 0$이면, $P(A \cup B) = P(A) + P(B)$이다.

넷째, 사상 A가 발생하지 않을 확률 $P(A^c) = 1 - P(A)$이다. '사상 A가 발생하지 않을 확률' 은 1에서 '사상 A가 발생할 확률' 을 뺀 값이다.

다섯째, 사상 A가 사상 B에 포함되는 관계, 즉 $A \subset B$이면 $P(A) \leq P(B)$이다. 사상 A가 사상 B에 포함되는 경우 '사상 A가 발생할 확률' 은 '사상 B가 발생할 확률' 보다 작거나 같다.

2) 조건부 확률과 독립사상

'사상 A가 주어졌을 때 발생하는 사상 B의 조건부확률' $P(B|A)$는 '사상 A 또는 사상 B가 발생할 확률' 을 '사상 A가 발생할 확률' 로 나눈 값이다.

$$P(B|A) = \frac{P(A \cap B)}{P(A)}, \quad P(A) > 0$$

확률의 곱셈법칙으로 $P(A)>0$, $P(B)>0$이면, $P(A\cap B)=P(A|B)\,P(B)=P(B|A)\,P(A)$인 관계가 성립한다.

사상 A와 사상 B가 독립이면, 다음 세 가지 관계가 확인된다.

$$P(A\cap B)=P(A)\,P(B)$$
$$P(A|B)=P(A)$$
$$P(B|A)=P(B)$$

그리고 '사상 A가 발생할 확률' $P(A)$와 '사상 A가 아닌 다른 사상이 발생할 확률' $P(\tilde{A})$의 합은 1이다.

$$P(A)+P(\tilde{A})=1$$

제 2 절 확률분포

모집단에서의 관찰은 확률분포(probability distribution)와 관련되어 있다. 확률분포는 어떤 사상이 발생할 가능성의 분포를 말한다. 확률분포는 k개 사상들의 조합, 즉 $X_1, X_2, \cdots\cdots, X_k$로 이루어져 있고, 그 사상들의 발생확률은 $p(X_1), p(X_2), \cdots\cdots, p(X_k)$이다. 예를 들어, 주사위를 던지면 눈(pointer)이 1개일 확률, 2개일 확률, ……, 6개일 확률이 각각 1/6이다. 그 때 확률분포는 1, 2, 3, 4, 5, 6이 각각 1/6로 나타난다. 확률분포의 합은 1이다.

확률분포를 설명하기 위해서 확률변수의 개념을 먼저 도입할 필요가 있다. '확률변수'(random variable)는 여러 가지 값을 가질 수 있으며, 각 값을 가질 확률이 규정되어 있는 변수로 정의한다([그림 9-1] 참조).

그림 9-1 | 확률변수의 예시

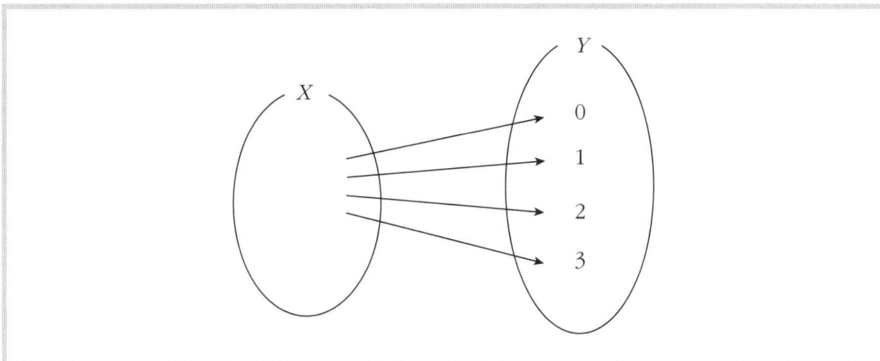

확률변수는 이산형과 연속형의 두 가지가 있다. '이산확률변수'는 셀 수 있는 값을 가지는 확률변수를 가리키고, '연속확률변수'는 값이 구간을 포함하는 확률변수를 의미한다. 예컨대, '동전을 세 개 던져서 나오는 앞면의 수'는 0, 1, 2, 3의 값을 갖는 이산확률변수고([그림 9-1] 참조), '어느 초등학교 재학생의 키'는 연속확률변수라 할 수 있다. 따라서 확률분포 역시 '이산형 확률분포'와 '연속형 확률분포'의 두 가지가 있다.

1. 이산형 확률분포

1) 이산형 확률분포의 의미

이산확률변수는 주사위나 동전 던지기의 경우처럼 취할 수 있는 값이 유한하거나 또는 셀 수 있는 변수를 가리킨다. '이산확률변수의 확률분포' 또는 '이산형 확률분포'(discrete probability distribution)는 어떤 이산확률변수가 가질 수 있는 모든 가능한 값들과 그들에 대응하는 확률의 리스트를 뜻한다.

이산형 확률분포의 모집단을 설명해 주는 세 가지 중요한 수치는 평균 · 분산 · 표준편차다. 그 수치들을 '모집단의 모수'(population parameters)라고 부른다. 그 수치들은 모집단에서 상수(constant)이기 때문이다. 그와는 반대로, 표본에서는 평균 · 분산 · 표준편차가 변수(variable)다. 그 까닭은 그 수치들이 표본에 따라 다르기 때문이다. 모집단의 모수들은 종종 알 수 없으므로 표본통계량을 모수 추정치로 사용한다.

확률분포의 평균(μ, mean of a probability distribution)은 다음처럼 정의한다.

$$E(X) = \sum Xp(X)$$

'확률분포의 평균' 은 '확률분포의 기대치' 와 동일한 개념으로, 각 사상의 값에다 그것의 발생확률을 곱한 다음 그것들을 모두 더하면 된다. 즉, i번째 범주의 관찰점수에 그 범주에 속하는 사례의 발생확률을 곱한 다음, 분포의 모든 k개 범주에 대한 그 결과들을 모두 더하는 것이다. 예컨대, 주사위를 던져 발생한 사상에 대한 분포의 평균은 던져서 나온 각 주사위 값에 그것의 발생확률을 곱한 다음 그것들을 모두 더하여 산출한다. 즉, 1(1/6) + 2(1/6) + 3(1/6) + 4(1/6) + 5(1/6) + 6(1/6) = (1 + 2 + 3 + 4 + 5 + 6)(1/6) = 21/6 = 3.5이다.

이산확률변수 X의 분산(σ^2)은 관찰값의 확률분포가 모집단 평균 μ에 대해서 퍼진 정도를 말해 준다. 즉, 분산이 클수록 확률분포가 넓게 퍼져 있음을 의미한다. 분산과 표준편차의 계산식은 다음과 같다.

$$\text{Var}(X) = E[(X-\mu)^2]$$
$$\text{Sd}(X) = \sqrt{\text{Var}(X)}$$

주사위 던지기의 예($\mu = 3.5$)에서 분산을 계산하면, $(1-3.5)^2(1/6) + (2-3.5)^2(1/6) + (3-3.5)^2(1/6) + (4-3.5)^2(1/6) + (5-3.5)^2(1/6) + (6-3.5)^2(1/6) = (17.5)/6 = 2.92$이고, 표준편차는 $\sqrt{2.92} = 1.71$이다.

연구자는 보통 모집단 전체를 관찰하지 못하기 때문에 모수 μ와 σ^2은 대개 이론적 측면에서 관심의 대상이 된다.

이산확률변수의 각각의 값에 대응하는 확률을 일일이 나열하는 것은 복잡하고 번거로운 일이므로, 확률분포의 특징을 찾아 간단하게 어떤 함수 모양으로 표현하기도 한다. 그것을 이산확률변수의 확률밀도함수(probability density function)라고 하는데,[1] 다음과 같이 나타낼 수 있다.

$$p(x)=\begin{cases} P(X=x_i), & x=x_i \\ 0, & e/w \end{cases}$$

이산확률변수의 확률밀도함수는 x축에 확률변수의 값을, y축에 확률변수가 갖는 일정 구간값이 나타날 확률을 나타낸다. 이산확률변수의 확률밀도함수에서는 특정 사상 X의 함숫값이 바로 그 확률이 된다. 예컨대, '동전을 세 개 던져서 앞면이 나오는 개수'를 변수로 하는 확률밀도함수에서 0이 될 확률은 1/8(뒤뒤뒤), 1이 될 확률은 3/8(앞뒤뒤, 뒤앞뒤, 뒤뒤앞), 2가 될 확률은 3/8(앞앞뒤, 앞뒤앞, 뒤앞앞), 3이 될 확률은 1/8(앞앞앞)이 된다. 그것을 그래프로 나타내면 [그림 9-2]와 같다.

그림 9-2 | 동전을 세 개 던져 앞면이 나오는 개수의 확률밀도함수

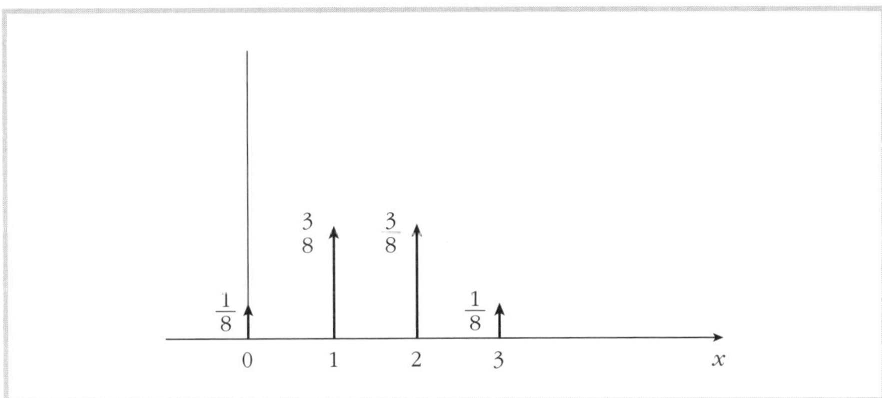

1) '이산확률변수의 확률밀도함수'를 '연속확률변수의 확률밀도함수'와 구분하기 위하여, 확률질량함수(probability mass function)라고 부르기도 한다.

2) 이산형 확률분포의 종류

이산형 확률분포의 종류로는 이항분포, 포아송 분포, 초기하분포, 기하분포, 음이항분포, 다항분포 등이 있다. 여기서는 그 개요만 소개하니, 자세한 내용은 통계학 교과서를 참조하기 바란다.

첫째, 이항분포(二項分布, binomial distribution)는 연속된 n번의 독립적 시행(施行, trial)에서 각 시행이 확률 p를 가질 때의 이산확률분포다. '동전을 세 개 던져 앞면이 나오는 개수의 확률'이 바로 그 예다. 그러한 시행은 '베르누이 시행'(Bernoulli trial)이라고도 한다.[2] n=1일 때 이항분포는 '베르누이 분포'(Bernoulli distribution)다.

둘째, '포아송 분포'(Poisson distribution)는 프랑스 수학자 포아송(Siméon-Denis Poisson, 1781~1840)이 제시한 확률적 특성을 따르는 분포로서, 시간 · 거리 · 공간상에서 발생하는 사상의 수를 나타내는 확률분포다. 예컨대, 단위 시간당 도착하는 고객의 수, 인쇄물 한 페이지당 오자의 수, 일정 지역 내의 야생동물의 수 등이 포아송 분포를 따른다. 포아송 분포는 이항분포에서 성공횟수의 기댓값은 그대로 유지한 채, 구간을 무한대로 늘리고 (따라서 시행횟수를 무한대로 늘리고) 매 시행에서의 성공확률은 반대로 무한소로 줄여버린 것이다.

셋째, 초기하분포(超幾何分布, hypergeometric distribution)는 '성공할 확률이 매회 일정하지 않을 경우'(상호종속 사상)에 사용한다. 복원추출(sampling with replacement)에서는 이항분포를, 비복원추출(sampling without replacement)에서는 초기하분포를 사용한다. 이항분포는 '성공할 확률이 매회 일정한 경우'(상호독립 사상)에 사용하고, 초기하분포는 비복원추출인 경우 또는 모집단의 크기가 작은 경우에 주로 사용한다.

넷째, 기하분포(幾何分布, geometric distribution)는 단 한 번의 성공을 위해 실패를 거듭해야 하는 경우에 사용한다. 기하분포는 성공의 횟수를 1로 정해 놓고 성공이 나올 때까지 반복해야 하는 베르누이 시행의 수가 갖는 분포다.

다섯째, 음이항분포(陰二項分布, negative binomial distribution)는 성공확률이

---

2) 베르누이 시행의 기댓값은 p이고, 표준편차는 $\sqrt{p(1-p)}$ 이다.

p인 베르누이 시행을 독립적으로 반복 시행할 때 k번 성공하기까지의 시행횟수 X의 확률분포다. 기하분포는 음이항분포의 특별한 형태인데, '상호독립' 이고 동일한 분포를 갖는 기하확률변수의 합은 음이항분포를 따르는 성질을 가지고 있다. 기하분포는 첫 번째 성공이 발생할 때까지 시행을 하는 것이고, 음이항분포는 성공의 횟수가 k개가 될 때까지 계속 시행하는 분포다. 즉, $k=1$인 음이항분포는 기하분포와 동일하다.

여섯째, 다항분포(多項分布, multinomial distribution)는 이항분포의 일반화로 볼 수 있는 다차원 격자점상의 이산형 확률분포로, 매회 독립으로 같은 시행을 반복할 때, 각 시행에서 k개의 실현 가능성이 있는 경우를 대상으로 한다. $k=2$인 경우가 이항분포다.

2. 연속형 확률분포

1) 연속형 확률분포의 의미

연속확률변수는 가능한 값이 실수의 어느 특정 구간 전체에 해당하는 확률변수를 말한다. 즉, 그것은 특정 실수구간에서 0이 아닌 확률을 가지며, 일정한 범위 내의 모든 실숫값을 연속적으로 취한다. 연간 소득, 실업률, 이혼율 등을 예로 들 수 있다. 연속형 확률분포(continuous probability distribution)는 특징 변수의 변숫값 사이에 단절이 없는 분포를 가리킨다. 어떤 구간의 확률은 0과 1 사이의 값을 갖고, 전체 확률은 1이 된다. 그것을 수식으로 표현하면 다음과 같다.

$$p(x) \geq 0, \quad \int p(x)\,dx = 1$$

연속확률변수의 확률밀도함수(probability density function)는 연속확률변수 X가 취할 수 있는 실수 구간에 대하여 확률을 대응시키는 방법 또는 규칙을 말한다. 연속확률변수는 취할 수 있는 실수의 수가 무한히 많기 때문에, 그 무한히 많은 수 중에서 어떤 값을 취할 확률은 거의 0에 가깝다. 연속확률변수에서 개별 변숫값의 확률을 실제로 측정할 방법이 없으므로, 연속변수에 대한 확률은 그 변수가 어떤 실수구간에 속할 확률을 구하여 파악한다. X가 a와 b 사이의 구간에 속할 확률은 그 구간 사이의 면적(area)으로 측정한다. 그것은 다음과 같이 적분(積分)을 이용하여 계산한다.

$$P(a \leq X \leq b) = \int_a^b p(x)\, dx$$

구간 $[a, b]$에 대한 X의 확률은 그 구간에서 확률밀도함수 $f(x)$로 만들어지는 면적의 크기인데, [그림 9-3]과 같이 나타낼 수 있다.

그림 9-3 | 연속확률변수의 확률밀도함수

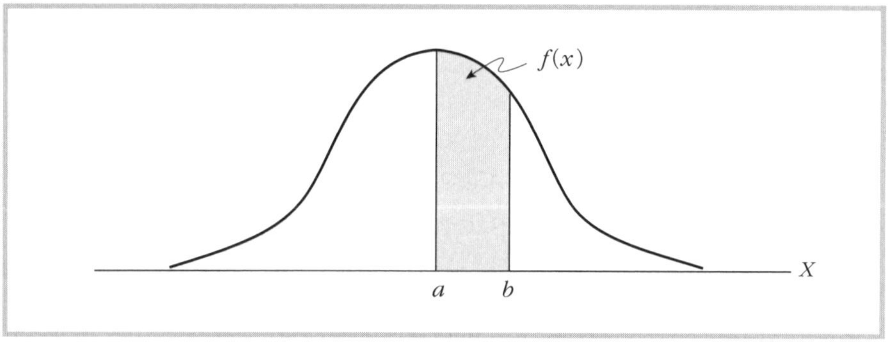

확률밀도함수 곡선은 항상 수평축 위에 있고, 그 곡선 아래 면적의 합은 1이다. 연속확률변수 x의 확률밀도함수를 $f(x)$라 하면, x의 평균(기댓값) $E(X)$는 다음과 같다.

$$E(X) = \int_{-\infty}^{\infty} x \cdot f(x) dx$$

연속확률변수 X의 분산(σ^2)은 관찰값의 확률분포가 모집단 평균 μ에 대해서 퍼진 정도를 말해 주는데, 이산확률변수와 동일한 방식으로 계산한다.

$$\mathrm{Var}(X) = E[(X-\mu)^2]$$

[그림 9-4]에서 보듯이, 분산이 클수록 평균과 거리가 멀어져 낮게 퍼지고, 반대로 분산이 작을수록 평균 근처로 모이고 평균에서 높이 올라가게 된다.

그림 9-4 | 연속확률변수에서 분산의 크기

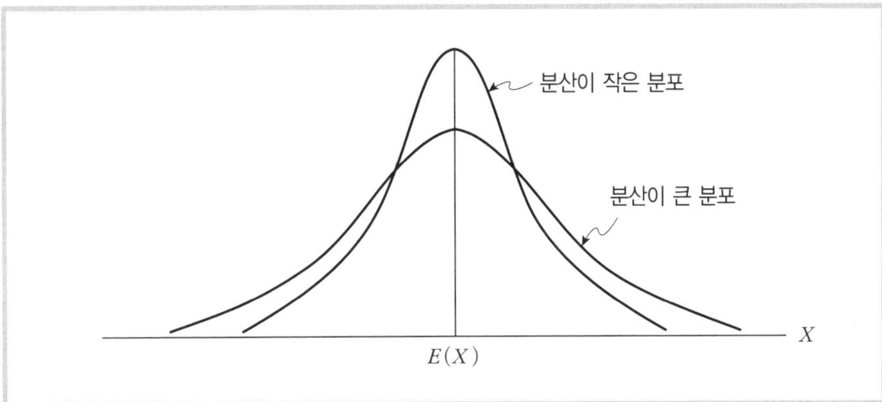

연속확률변수 X의 표준편차(σ)는 분산의 제곱근으로 계산한다.

$$\mathrm{Sd}(X) = \sqrt{\mathrm{Var}(X)}$$

연속형 확률분포의 종류로는 ① 균등분포, 지수분포, 와이블 분포, 감마분포, 베타분포 ② 정규분포 ③ 표준정규분포 ④ 로그정규분포, χ^2분포, t-분포, F-분포 등이 있다. 그 각각을 크게 네 갈래로 구분하여 살펴보기로 한다.

2) 균등분포 · 지수분포 · 와이블 분포 · 감마분포 · 베타분포

첫째, 균등분포(uniform distribution)는 임의의 구간 a부터 b 사이에서 확률변수 X가 동일한 확률을 가지는 분포를 가리킨다. 균등분포를 따르는 확률변수의 예로는 특정 노선을 운항하는 비행기의 운항 시간, 지하철 순환선을 운행하는 전동차가 1회 순환하는 소요 시간, 승객의 버스 정류장 도착 시간 등이 있다.

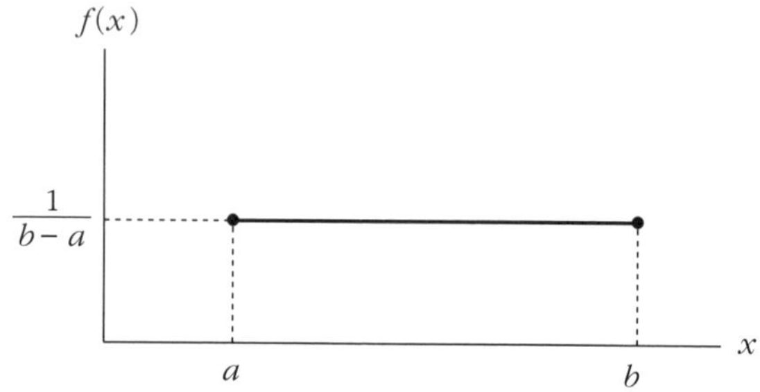

둘째, 지수분포(exponential distribution)는 사상과 사상 사이의 경과 시간을 확률변수로 하는 분포다. 그것은 포아송 분포와 직결되어 있다. 어떤 사상이 포아송 분포에 따라 발생하면, 그 사상들 간의 경과 시간은 지수분포를 따른다. 즉, 시간 간격이 지수분포를 따르면 일정 시간 내의 도착수는 포아송 분포를 따르고, 단위 시간당 도착수가 포아송 분포를 따르면 도착과 도착 사이의 시간 간격은 지수분포를 따른다. 예컨대, '지진이 일어난 후 다음 지진이 일어날 때까지 걸리는 시간'과 같은 발생시간은 지수분포를 따른다. 지수분포는 무기억성(memoryless property)을 갖는다. 그것은 어떤 사상이 발생하기를 기다린 시간에 상관없이 미래는 동일함을 의미한다. 오래 기다린 사람이나 방금 기다리기 시작한 사람이나 기회는 평등하다는 뜻이다.

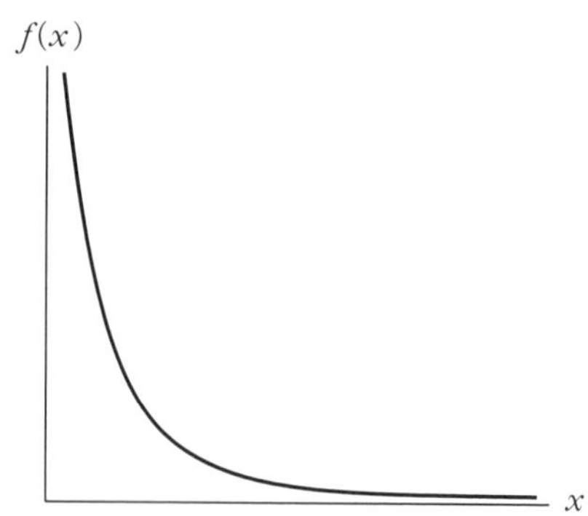

셋째, '와이블 분포'(Weibull distribution)는 제품의 수명 데이터 분석에 자주 쓰이는데, 고장 날 확률이 시간이 지나면서 '높아지는 경우'와 '줄어드는 경우' 및 '일정한 경우' 모두 사용할 수 있다.[3] 고장 날 확률이 시간에 따라 일정한 경우, '와이블 분포'는 지수분포와 같다. 스웨덴 수학자 와이블(Waloddi Weibull, 1887~1979)의 이름에서 따왔다.

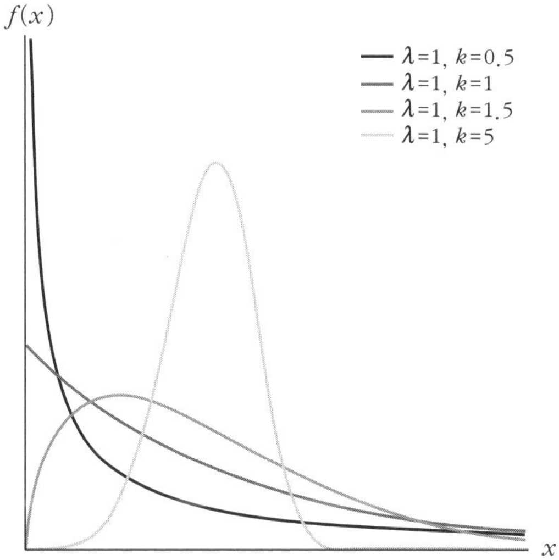

넷째, 감마분포(gamma distribution)는 지수분포를 일반화한 것으로, 지수분포와는 달리 감마분포는 무기억성을 갖지 않는다. 지수분포가 인접한 사상들 간의 시간 간격을 주로 나타내는 반면에, 감마분포는 어떤 사상과 k번째 후의 사상과의 시간 간격을 나타낸다. 모수가 (k, λ)인 감마분포는 실제로 총 k번의 사상이 발생할 때까지 걸린 시간에 대한 분포를 보인다. 감마분포에서 $k=1$이면 지수분포가 된다.

3) 지수분포에서 실패율은 일정한 상수, 즉 모수 λ와 동일하므로 실패율 함수가 일반적으로 증가한다는 조건에 맞지 않을 수 있다. 예를 들어, '의료사고' 또는 '폭풍 등으로 인한 재해'에 대한 재해보험의 보험료 산정 금액의 실패율 함수 $h(x)$는 시간에 따라 증가하는 함수로 나타나므로, 그것에 적합한 확률모형은 와이블 분포다.

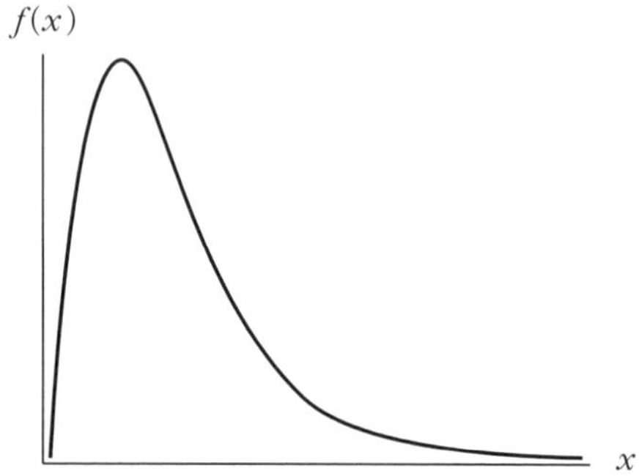

다섯째, 베타분포(beta distribution)는 어떤 서비스에 만족하는 고객의 비율, 전체 보험증권의 한계 금액에 대한 손실비율 등과 같은 확률모형을 표시할 때 사용한다. 연속확률변수 X가 일정하게 고정되어 있지 않고 [0,1] 사이에서 변한다면, 확률변수 X의 분포는 베타분포를 따른다. 베타분포의 두 모수 알파(α)와 베타(β)가 모두 1일 때, 확률변수는 균등분포 (0,1)이 된다.[4)]

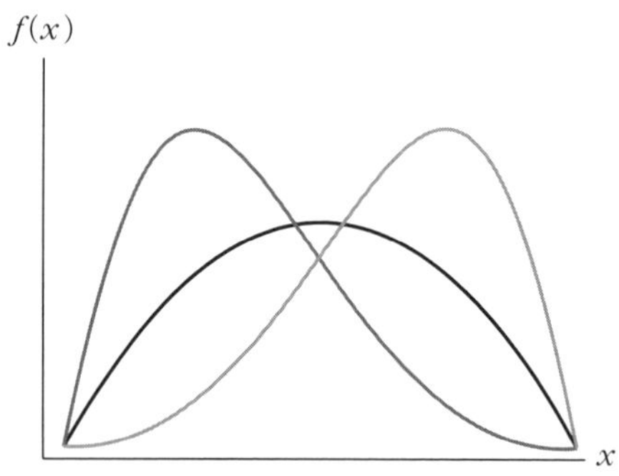

3) 정규분포

정규분포(normal distribution)는 도수분포곡선이 평균값을 중앙으로 하여 좌우대칭인 종(鐘, bell) 모양을 이루는 확률분포다. 오류분포를 모형화하거나 자

4) 연속확률변수 X에 관한 확률이 구간 $[a, b]$의 위치에 무관하고 구간의 범위 $b-a$에 비례하면, 확률변수 X의 분포는 균등분포를 따른다.

연적으로 발생하는 현상을 모형으로 만든 것이다. 독일 수학자 가우스(Karl Friedrich Gauss, 1777~1855)가 측정오차의 분포에서 그 중요성을 강조하였기 때문에 '가우스 분포'(Gaussian density)라고도 한다. 그 분포에 '정규'(正規, normal)라는 명칭을 붙인 것은 통계학의 발전 초기에 정규분포가 많은 종류의 변수들을 위한 사회적 표준을 확립하는 데 유용하다는 인식이 자리 잡았기 때문이다. 정규분포의 모양을 한 분포는 실제 사회 자료에서 거의 발견할 수 없음에도 불구하고, 정규라는 용어는 오늘날에도 계속 널리 사용되고 있다. 평균 μ와 표준편차 σ를 가진 정규분포는 다음 공식으로 나타낸다.

$$f(x) = \frac{1}{\sqrt{2\pi}\,\sigma} e^{-\frac{(x-\mu)^2}{2\sigma^2}}$$

정규분포 곡선 아래의 전체 면적은 1이고, 곡선은 평균에 대해 대칭이며, 양 끝은 0에 무한히 접근한다. 그것은 종 모양의 좌우 대칭 그래프로서, 평균 주위에 많은 값이 분포하며, 평균과 표준편차에 의해 분포가 완전히 결정되는 특징이 있다. 중심극한정리(central limit theorem)에 의하여[5] 일반 표본평균의 분포를 정규분포로 근사(近似, approximate)시켜 근사확률값을 계산할 수도 있다.

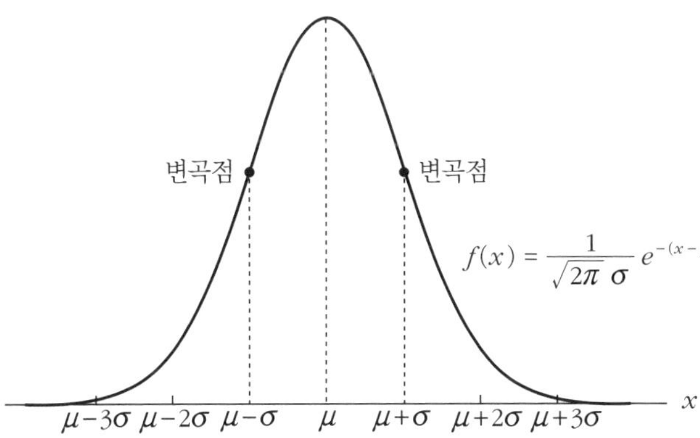

5) 중심극한정리는 프랑스 수학자 드무아브르(Abraham de Moivre, 1667~1754)와 라플라스(Pierre-Simon Laplace, 1749~1827)가 각각 발견하고 확립한 통계학 원리다. "평균이 μ이고 분산이 σ^2인 모집단으로부터 추출한 크기가 n인 확률분포의 표본평균 $\overline{X}$는 n이 증가할수록 모집단의 분포유형에 상관없이 근사적으로 평균이 μ이고 분산 $\frac{\sigma^2}{n}$인 정규분포를 따른다." 제3절 표본분포 참조.

한편, 이항분포 $B(n, p)$에서 p값에 관계없이 n값이 충분히 커지면 그 분포는 정규분포에 근사하게 된다. 시행횟수가 충분히 크고, 성공률이 0이나 1에 가깝지 않은 경우 특히 그러하다. 여기서 이항분포의 평균은 이항분포의 시행횟수×성공률이 된다. 시행횟수×성공률 > 5이고 시행횟수×(1−성공률) > 5인 경우 정규분포에 매우 근접하게 된다. 다음 그림은 $p=0.2$이고 $n=10$, 20, 30, 40, 50인 이항분포를 하나의 좌표에 나타낸 것으로, 사례수가 충분히 커지면 정규분포로 근사하는 것을 확인할 수 있다.

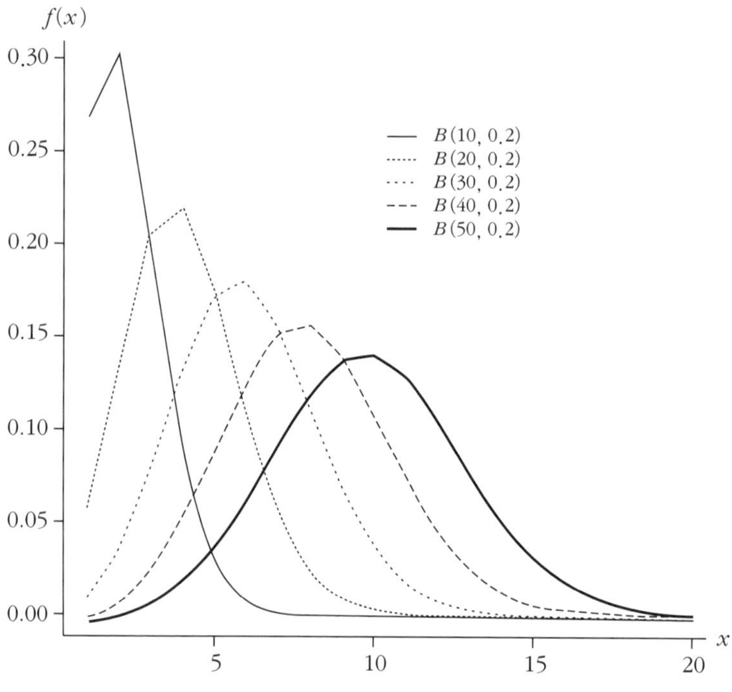

4) 표준정규분포

표준정규분포(standard normal distribution)는 정규분포의 성질을 이용하여 확률 계산을 할 목적으로 임의의 정규분포를 변환하여 만든 것이다. 표준정규분포는 정규분포를 따르는 확률변수 X를 다음의 선형변환에 의해 표준화시킨 새로운 확률변수 Z의 분포로서, 확률변수 X의 평균과 분산에 관계없이 Z는 평균이 0이고 분산이 1이라는 일정한 형태를 갖는다.

$$Z = \frac{\text{확률변숫값} - \text{평균}}{\text{표준편차}} = \frac{X-\mu}{\sigma}$$

표준정규분포 곡선하에 있는 전체 면적은 1이다. 표준정규분포 곡선에서 면적의 반은 평균 오른쪽에 있고, 그 부분에서의 모든 Z점수는 양(+)의 값을 갖는다. 정규곡선 아래 면적의 나머지 반은 평균의 왼쪽에 있으며, Z점수는 모두 음(−)의 값을 갖는다. 표준정규분포의 확률밀도함수는 다음과 같다.

$$f(x) = \frac{1}{\sqrt{2\pi}} e^{-\frac{x^2}{2}}$$

그것을 그래프로 나타내면 다음과 같다.

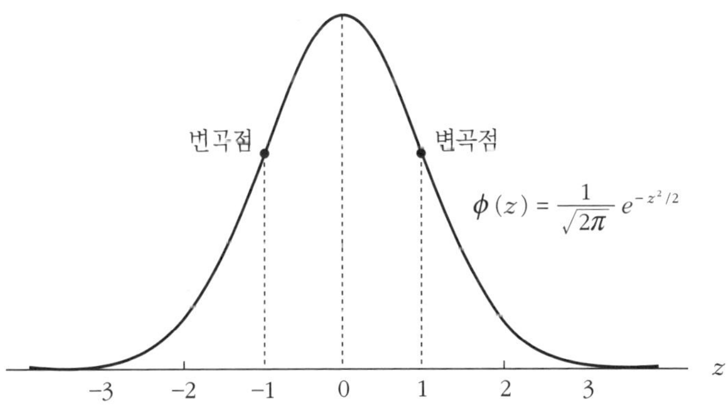

다음 그림에서 Z_α는 우리가 발생확률을 구하고자 하는 한 특정 Z점수를 가리킨다. 회색 영역은 어떤 값이 0과 Z_α 사이에 있을 확률을 나타낸다. 예컨대, 정규분포의 평균으로부터 최소한 1.55 표준편차 위에 있을 한 사상의 확률을 구한다고 가정해 보자. Z점수의 표준편차(σ_Z)는 언제나 1이므로, 그 경우 $Z_\alpha = (+1.55)(\sigma_Z) = +1.55$이다. 그 확률을 구하기 위해서는 [부표 1]을 보아야 한다. 먼저, 1.55를 발견할 때까지 표의 맨 왼쪽 열을 따라 내려간다. 그 후, 그 줄(行

의) 여섯 번째 열(列)을 보면 숫자 .0606이 있다. 그 값은 Z_α가 +1.55이거나 그보다 클($Z_\alpha \geq +1.55$) 확률로서 정규분포의 오른쪽 꼬리부분의 면적을 말한다. 정규분포는 대칭적이기 때문에 −1.55 표준편차 또는 그 이하(즉, 평균의 왼쪽)에 있는 어떤 관찰치의 확률도 .0606이다. 또한 정규곡선의 평균 양쪽 면적의 확률을 더할 수 있으므로, 면적의 .8788은 $Z_\alpha = -1.55$와 $Z_\alpha = +1.55$ 사이에 있다(즉, $p(|Z_\alpha| \leq 1.55) = .4394 + .4394 = .8788$).[6] 그리고 단지 면적의 .1212만이 Z_α점수 −1.55와 +1.55의 바깥 양쪽 꼬리부분에 있다(즉, $p(|Z_\alpha| \geq 1.55) = .0606 + .0606 = .1212$).

우리가 α를 꼬리 양쪽으로 나눈다고 가정해 보자. 만일 $\alpha = .05$로 설정했다면, $\alpha/2 = .025$이다. 정규분포에서 각 꼬리부분의 면적을 2.5%로 설정하는 한 쌍의 $Z_{\alpha/2}$를 알기 위해서, 먼저 .5000/2 = .0250을 구한다. 그런 다음, [부표 1]을 통해 .0250에 상응하는 $+Z_{\alpha/2}$가 +1.96임을 확인한다. 정규곡선은 대칭적이기 때문에 역시 $-Z_{\alpha/2} = -1.96$이다. 그러므로 표준화된 정규분포 아래 면적의 95%는 $-Z_{\alpha/2} = -1.96$과 $+Z_{\alpha/2} = +1.96$ 사이에 있다. 그것은 사상들의 5% 모두가 평균으로부터 멀리 떨어져서 양쪽 꼬리부분에 위치하고 있음을 말해 준다. 같은 방식으로, 정규분포에서 사상의 68.26%가 표준편차 −1과 +1 사이에 있고, 사상의 95.44%가 표준편차 −2와 +2 사이에 있으며, 사상의 99.74%가 표준편차 −3과 +3 사이에 있음을 확인할 수 있다.

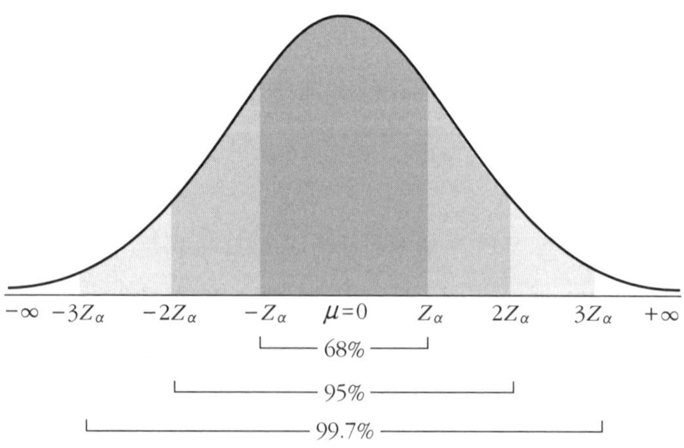

6) 어떤 사상이 $Z = 0$과 $Z_\sigma = 1.55$ 사이에 있을 확률은 다음과 같이 계산할 수 있다. 0.5 − .0606 = .4394.

같은 요령으로 신뢰도 $(1-\alpha)$의 값을 찾아서 임계치$(Z_{\alpha/2})$를 확인하면 〈표 9-1〉과 같다.

표 9-1 | **표준정규분포에서 신뢰도별 임계치**

신뢰도$(1-\alpha)$	$Z_{\alpha/2}$
.90	1.645
.95	1.960
.99	2.575

5) 로그정규분포 · 카이제곱분포 · *t*-분포 · *F*-분포

정규분포와 관련된 연속형 확률분포로 로그정규분포 · 카이제곱분포 · t-분포 · F-분포 등이 있다. 첫째, 로그정규분포(log-normal distribution)는 투자에 대한 환원 또는 보험 청구금액과 같이 대칭성을 갖지 않고, 양의 편포도를 가지는 확률모형에 적용하는 분포다.

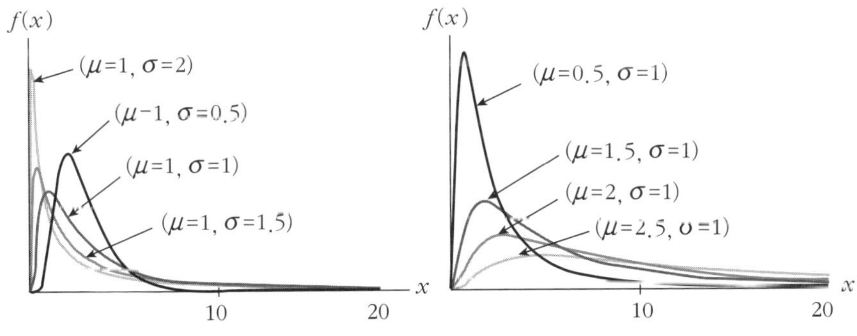

둘째, 카이제곱분포(χ^2分布, chi-square distribution)는 k개의 서로 독립적인 표준정규 확률변수를 각각 제곱한 다음 합해서 얻어지는 분포다. 그 때 k를 자유도라고 하며, 카이제곱분포의 매개변수가 된다. 카이제곱분포는 좌측으로 기울어진 분포를 보이는데, 자유도 k의 크기에 따라 그 모양이 변한다. 자유도가 커질수록 카이제곱분포는 정규분포에 근접한다([부표 3] 참조). 카이제곱분포는 여러 집단들 사이의 독립성 검정과 적합도 검정을 하는 데 주로 사용한다(제10장 참조).

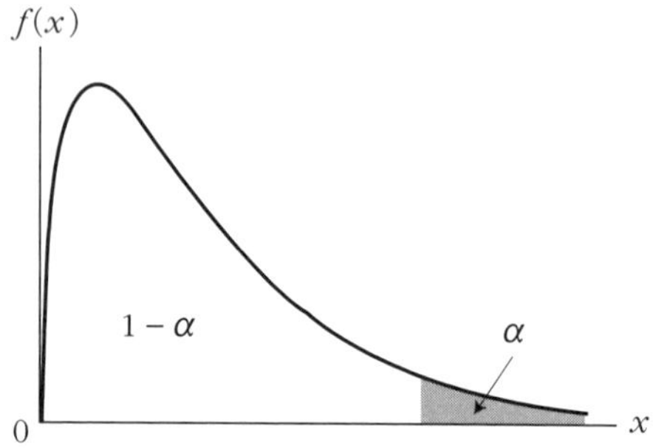

셋째, t-분포(Student's t-distribution)는 영국 통계학자 고셋(William Sealy Gosset, 1876~1937)이 1908년 스튜던트(Student)라는 필명으로 발표한 논문을 통해 도입되었다.[7] 그는 모집단의 표준편차를 알지 못하여 표본의 표준편차로 모집단의 표준편차를 대용(代用)할 때 표본의 크기가 작을수록(자유도가 낮을수록) 표준정규분포에서 벗어나는 확률분포를 나타낸다는 사실을 발견하였다. t-분포는 표준정규분포와 동일하게 종 모양의 분포를 이루고 있으며, $t=0$에 대하여 좌우 대칭이다.

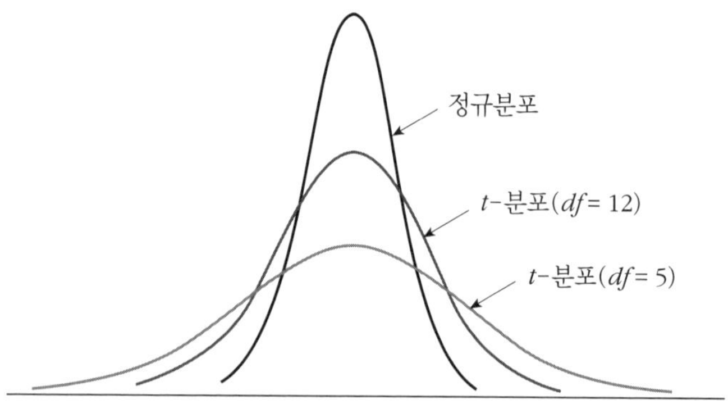

그림에서 보는 것처럼, t-분포는 꼬리부분이 표준정규분포보다 약간 두텁다.

---

7) 고셋은 양조기술과 관련하여 맥아(麥芽)를 발효시키는 이스트 양을 일정하게 하는 방법을 연구했다. 그런데 그 때 고셋이 얻을 수 있는 표본의 수는 많지 않았다. 소규모 표본에 대한 분포를 고민하던 고셋은 t분포를 발견하고 그 결과를 담은 논문을 「바이오메트리카」(*Biometrika*)에 실었다. 기네스맥주회사(Guinness brewery)는 회사의 자료를 이용한 논문을 외부 학회지에 싣지 못하게 하였으므로, 고셋은 스튜던트라는 필명을 사용하였다. 그래서 지금도 이 분포를 스튜던트 t분포라고 한다.

자유도(사례수－1)가 낮을수록 봉우리가 낮아지고 꼬리가 높아지는 형태의 분포를 취한다. 자유도가 증가함에 따라 t-분포는 표준정규분포와 유사한 모양을 띤다. 즉, t-분포는 자유도가 ∞일 때 표준정규분포에 접근한다([부표 2] 참조). t-분포는 표본의 크기 n이 작을 때, 즉 $n < 30$일 경우에 주로 사용하며 모집단 평균, 모집단 평균의 차이 또는 회귀계수의 추정이나 검정에 쓰인다(제11장과 제12장 참조).

넷째, F-분포(F-distribution)는 '집단 내 분산'과 '집단 간 분산'의 비교를 통해 얻어진 분포비율이다.[8] 그 비율을 이용하여 각 집단의 모집단 분산이 차이가 있는지에 대한 검정과 모집단 평균이 차이가 있는지를 검정하는 방법으로 사용한다. 즉, F = (집단 간 분산)/(집단 내 분산)이다. 만약 '집단 내 분산'이 '집단 간 분산'보다 크다면, '집단 간 평균 차이'를 확인하는 것이 어렵다.

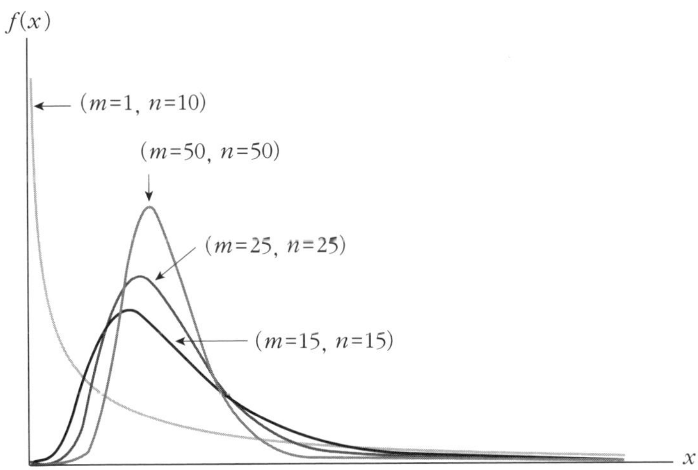

F-분포는 왼쪽으로 치우친 모양을 이루고 있지만, 자유도가 증가함에 따라 분포의 중심이 오른쪽으로 이동하면서 $\mu = 1$을 중심으로 좌우대칭이 되는 정규분포 곡선과 비슷해진다([부표 4] 참조). F-분포는 분산분석, 회귀분석 등에 사용된다(제11장과 제12장 참조).

8) F는 분산분석(analysis of variance: ANOVA)을 발전시킨 영국 통계학자 피셔(Ronald A. Fisher, 1890~1962)의 성(姓)에서 따왔다.

제 3 절 표본분포

1. 표본분포 개념

모집단을 구성하는 모든 부분이 원소가 표본으로 뽑힐 확률이 같도록 표본을 추출하는 방법을 무작위표집(random sampling)이라 한다. '모집단의 특성값' 을 '모수' (parameter)라 하고, '표본으로부터 계산되는 표본의 특성값' 을 '통계량' (statistic)이라고 하면,[9] 표본분포(sampling distribution)는 한 모집단에서 같은 크기로 뽑을 수 있는 모든 표본에서 통계량을 계산할 때 그 통계량이 이루는 확률분포를 가리킨다.

실제 연구를 수행할 때에는 시간 · 비용 또는 정확한 모집단을 파악하기 어려운 점 등의 제한 때문에 모집단으로부터 표본을 추출하여 조사를 수행하고, 그것을 통해 계산한 통계량을 이용하여 모수를 추정하게 된다. 표본분포는 그처럼 모집단으로부터 추출한 일정한 크기의 표본들을 대상으로 분석한 결과 나타난 통계량들의 분포를 말한다.

표본평균의 기댓값은 모집단 평균 μ와 같다.

$$E(\overline{X}) = \mu$$

한편, 표본평균의 분산은 표집방법에 따라 달리 계산된다.[10] 복원추출의 경우 분산은 '모집단의 분산 σ^2' 을 '표본의 크기 n' 으로 나눈 값으로 계산하지만, 비복원추출에서는 그 값에 '모집단의 크기(N)에서 표본의 크기(n)를 뺀 값' 을 '자유도' (N-1)로 나눈 값을 곱하여 계산한다.

9) 모집단에 속하는 개체들의 총수를 '모집단의 크기' (size of population: N)라 하고, 표본을 구성하는 개체의 수를 '표본의 크기' (sample size: n)라 한다.

10) 복원추출(sampling with replacement)이란 추출하였던 것을 제자리에 돌려놓고 다음 것을 추출하는 방법이고, 비복원추출(sampling without replacement)은 추출한 것을 제자리에 되돌리지 않고 다음 것을 추출하는 방법이다. 두 개 이상의 표본을 추출하는 경우 비복원추출이라면 같은 표본을 중복해서 추출하는 것이 불가능하다. 실제로 표본을 추출하는 경우 대부분 비복원추출을 하게 된다.

$$\text{복원추출 : Var}(\overline{X}) = \frac{\sigma^2}{n}$$

$$\text{비복원추출 : Var}(\overline{X}) = \frac{N-n}{N-1} \cdot \frac{\sigma^2}{n}$$

2. 중심극한정리

추리통계에서 정규분포 곡선을 사용하는 중요한 이유는 중심극한정리(central limit theorem)에 있다. 평균이 μ이고 분산이 σ^2인 무한모집단에서 크기 n인 무작위 표본을 뽑았을 때, n이 충분히 크면 모집단의 분포 모양에 관계없이 표본평균 $\overline{X}$는 근사적으로 $N\left(\mu, \frac{\sigma^2}{n}\right)$을 따른다.

중심극한정리에 의하면, 어떤 모집단에서 무작위로 뽑은 특정 n크기의 모든 표본평균들의 평균은 그 모집단의 평균과 같다. 더욱이, 그 표본평균들로 이루어진 분포의 분산은 원래 모집단의 분산보다 $1/n$만큼 작다.

표본크기가 n인, 가능한 모든 표본평균의 가설적 분포를 '표본평균의 표본분포' (sampling distribution of the sample mean)라고 한다. '표본평균의 표본분포' 는 모집단에서 크기가 n인 모든 가능한 표본들을 뽑아 얻은 표본들의 평균으로 이루어져 있다. 대규모의 모집단으로부터는 수십억 내지 수조의 표본을 뽑을 수 있기 때문에, 실제로는 어느 누구도 표집분포를 구성하는 평균들을 계산할 수 없다. 그러므로 '표본평균의 표본분포' 는 순전히 이론적인 구성물이다.

그러나 중심극한정리에 의하면 모집단의 두 모수(μ, σ^2)와 표집분포의 평균과 분산($\overline{X}, S^2$)은 각기 서로 관련되어 있으므로, 표집분포의 모양은 단지 그 두 모집단 모수에 의해 전적으로 결정된다. 중심극한정리를 통해서 표본의 크기(n)가 커질수록 표본평균은 모집단 평균에 가까워짐을 알 수 있다. 표집분포의 분산은 n이 커질수록 작아지기 때문이다. 모집단이 정규분포를 따를 경우 표본평균 역시 정규분포를 따르며, 모집단이 정규분포를 따르지 않더라도 표본의 크기가 30 이상으로 충분히 크면[11] 표본평균은 정규분포를 따른다. 즉, 모집단

11) 중심극한정리를 적용하기 위해서는 n이 충분히 커야 한다고 했으나, 표본의 크기가 얼마나 커야 하는 것에 합의한 바는 없다. 어떤 통계 교과서에서는 30이라고 하고, 다른 어떤 책에서는 100을 제시한다.

이 정규분포를 따를 경우 '표본평균의 표본분포'는 평균이 0이고 분산이 1인 표준정규분포를 따른다.

$$Z = \frac{\overline{X} - \mu}{\frac{\sigma}{\sqrt{n}}}$$

표본집단의 평균과 모집단의 평균 사이에는 표집오차(sampling error)가 발생한다. 여기서 오차는 실수를 범한다는 의미의 오류가 아니라, 모집단 평균과 표본평균의 차이를 의미한다. 즉, 표집오차는 모평균과 표본평균의 차이로 계산한다.

$$\text{표집오차} : e = \mu - \overline{X}$$

표집오차 e를 추정할 수 있다면 표본평균을 이용하여 모평균을 추정할 수 있다. 표집오차는 표본에 따라 다르지만, 보통 표본의 크기와 반비례한다. 즉, 표본의 크기가 클수록 표집오차는 작아진다.

그렇지만 모집단의 평균을 알 수 없는 경우, 그 표집오차는 추정밖에 할 수 없고, 또한 그렇게 추출한 표본집단이 얼마나 모집단을 잘 대표하는지를 알기 위해서 '표준오차'(standard error) 개념을 사용한다. 표준오차를 구하기 위해서는 일단 모집단이 정규분포를 이루고 있다는 가정하에 모집단의 평균과 가까워지기 위해 여러 차례 표집을 통해 각 표본집단의 평균들로 이루어진 '표본평균분포'를 얻는다. '표집분포의 표준편차'가 표준오차다. 표준오차는 표본자료(추정량, estimators)의 정밀도(精密度, precision)를 측정한다. 정밀도란 같은 양을 반복 측정하는 동안 측정된 값들의 차이를 뜻한다. 표준오차의 계산 공식은 다음과 같다.

기존 연구에 비추어 볼 때, 표본의 크기가 100 이상이면 평균들의 표집분포는 거의 정규분포를 이룬다고 할 수 있다. 그러나 30 또는 그보다 적은 사례를 가진 표본의 경우에는 정규표집분포를 가정하기 어렵다. 표본의 크기가 30과 100 사이인 경우 모집단이 극단적으로 이상한 형태가 아니라면 중심극한정리를 조심스럽게 적용할 수 있다(Knoke, Bohrnstedt and Mee, 2002).

$$표준오차 = \frac{\sigma}{\sqrt{n}}$$

여기서 n : 표본의 크기
σ : 모집단의 표준편차

표준오차는 모평균과 표본평균 사이에 평균적으로 얼마나 많은 오차가 있는지 알려 준다. 표준오차는 모집단의 표준편차가 클수록 커지고, 표본의 사례수가 많아질수록 작아진다.[12] 표준오차가 작을수록 표본집단은 그만큼 모집단을 잘 대표하는 것으로 여겨진다.

n이 충분히 클 경우, 표본이 추출된 모집단의 모양에 관계없이 표본평균들이 정규적으로 분포되어 있다는 것을 알 수 있으므로, 우리는 몇 가지 중요한 결론에 도달할 수 있다. 평균(μ)이 100이고 표준편차(σ)가 15인 모집단에서 크기(n)가 400인 표본을 무작위로 뽑는다고 가정해 보자. 그 공식을 사용하여 크기가 400인 모든 가능한 표본들로 이루어진 표집분포의 표준오차는 다음과 같이 계산할 수 있다.

$$\frac{15}{\sqrt{400}} = 0.75$$

정규분포에 대해 잘 이해하고 있으므로, 우리는 표본평균들의 95%는 모집단 평균의 ±1.96 표준오차 이내에 있을 것임을 안다. 그러므로 이 보기의 경우, 모든 표본평균들의 95%는 98.53과 101.47 사이에 있을 것이다.[13]

중심극한정리를 통해, 우리는 다음 두 가지 사실을 확신할 수 있다. 첫째, 무작위 표본의 평균은 모집단 평균(100)과 같고, 둘째, 단지 그 표본들의 평균 중 5%만이 98.53에서 101.47까지의 구간 밖에 위치할 것이다. 만약 표본의 크기를 400에서 1,000으로 늘리면, 표집분포의 표준오차는 더욱 작아질 것이다. 그때 표준오차는 다음과 같이 계산된다.

---

12) 표준오차는 '표본의 크기'가 크면 클수록 작아지기 때문에 그 경우 표본평균들은 모평균 가까이에 몰려 있게 된다.

13) $\mu \pm 1.96\sigma = 100 \pm (1.96)(.75)$.

$$\frac{15}{\sqrt{1,000}} = .47$$

n=1,000인 경우에는 표집분포의 평균들의 95%가 99.08과 100.92 사이, 즉 100±(1.96)(.47) 구간 안에 있을 것이다. 따라서 평균적으로 표본평균 20개 중 하나만이 그 구간 밖에 있을 것이다. 그것을 통해, 우리는 표본크기 1,000으로 뽑은 어떠한 무작위 표본도 그 표본이 추출된 모집단의 평균을 정확히 추정해 줄 수 있을 것이라는 확신을 가질 수 있다. 다시 말해, 모집단에서 완전한 무작위 표집을 할 수 있다면, 크기 1,000의 표본으로 거의 완벽한 예측을 할 수 있는 것이다.

제4절 추 정

1. 통계적 추정

1) 불편추정량

추정(estimation)은 표본에서 얻은 정보를 이용하여 모수를 추리하는 과정을 뜻한다. 표본에서 구한 통계량으로 모수를 추정하므로, 그 통계량은 추정량(推定量, estimator)이라 한다. 표본에서 구한 추정량의 기댓값이 그 추정량이 추정하고자 하는 모수와 일치할 때, 그 통계량을 불편추정량(不偏推定量, unbiased estimator)이라 한다.

표 9-2 | 모수와 불편추정량

모수	불편추정량
모집단 평균(μ)	표본평균($\overline{X}$)
모집단 분산(σ^2)	표본분산(S^2)
모집단 표준편차(σ)	표본표준편차(S)
모집단 비율(p)	표본비율($\hat{p}$)

불편추정량인 경우, '표집분포의 표준편차', 즉 표준오차를 통해 그 정도를 파악할 수 있다. 표준오차의 크기가 작을수록 같은 조사를 반복 수행하는 동안 측정된 값들의 차이가 작아진다. 모수를 알 수 없는 경우에는 불편추정량으로 모수를 추정하는 것이 바람직하다. 〈표 9-2〉에는 모수와 불편추정량이 제시되어 있다. 예컨대, 모집단 평균 μ의 불편추정량은 표본평균 $\overline{X}$다. 그것은 표본평균의 기댓값이 모평균과 일치하기 때문이다. 또 모집단 표준편차 σ의 불편추정량은 표본표준편차 S인데, 그것은 표본표준편차의 기댓값이 모집단 표준편차와 일치하기 때문이다.

$$E(\overline{X}) = \mu$$
$$E(S^2) = \sigma^2$$

한편, 모수와 차이가 나는 표본추정량은 편의추정량(偏倚推定量, biased estimator)이라고 하는데, 그것은 모수추정에 사용할 수 없다. 다음 그림은 불편추정량과 편의추정량을 예시한 것이다.

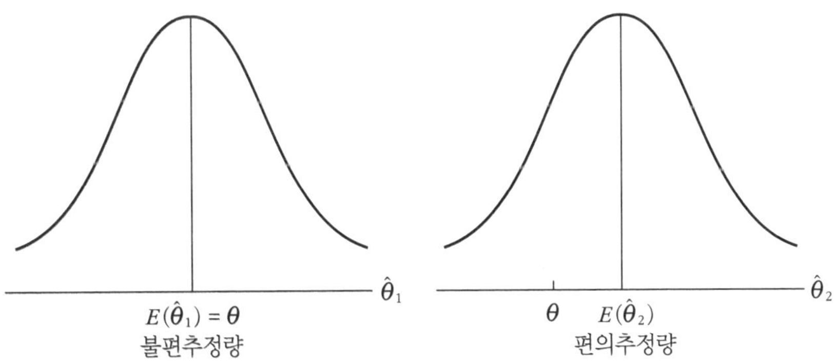

추정은 두 가지 종류가 있는데, 모수를 하나의 값으로 추정하는 것을 점추정(點推定, point estimation), 구간으로 추정하는 것을 구간추정(區間推定, interval estimation)이라고 한다.

2) 점추정

무작위 표본의 평균($\overline{X}$)은 그 표본이 추출된 모집단의 평균(μ)에 대한 가장 좋은 점추정량(point estimator)이다. 그것은 단 하나의 값이 추정되기 때문이다. 모집단의 평균과 분산 및 표준편차 추정량 공식은 다음과 같다.

모집단 평균 : $\overline{X} = \frac{\sum X_i}{n}$

모집단 분산 : $S^2 = \frac{\sum (X_i - \overline{X})^2}{n-1}$

모집단 표준편차 : $S = \sqrt{S^2} = \sqrt{\frac{\sum (X_i - \overline{X})^2}{n-1}}$

3) 구간추정

구간추정은 점추정이 추정오차에 대한 정보를 포함하고 있지 않은 점을 보강하여 모수를 하나의 값(point)으로 추정하기보다는 구간(interval)으로 추정하는 방법이다. 예컨대, 점추정에서는 수집된 표본의 평균이 110이라면, 110으로 μ를 추정하지만, 구간추정에서는 평균이 110일 경우, 100에서 120 사이, 즉 [100,120]으로 추정한다. 그처럼 연구자가 표본평균 주위에 설정한 구간을 신뢰구간(confidence interval)이라 한다. 신뢰구간이란 모수가 일정한 확률로 포함되리라 기대되는 구간을 말한다. 다시 말해, 신뢰구간은 우리가 실제 모집단 평균이 그 구간 안에 있을 것이라고 믿을 수 있는 정도를 말한다.

2. 모집단 평균의 신뢰구간 추정

표본평균을 중심으로 신뢰구간을 설정하는 데는 다음 세 가지 가정을 필요로 한다. ① μ를 추정하기 위한 표본을 무작위로 선정한다. ② 표본의 크기(n)를 고려해야 한다. ③ 모집단의 분산(σ^2)을 알고 있어서 표집오차를 계산할 수 있거나, 표본자료에 기초하여 모집단의 분산을 추정해야 한다. 그중 두 번째와 세 번째 기준에 근거하여, 신뢰구간의 계산식을 세 가지로 구분하여 설명하기로 한다.

1) 모집단의 표준편차를 알고 있을 경우 신뢰구간 계산

신뢰도 $1-\alpha$의 신뢰구간에서 모집단의 표준편차 σ를 알고 있는 경우에는 중심극한정리에 기초하여 특정 확률 α에 대한 신뢰구간을 설정하기 위해 표준정규분포곡선을 사용한다. 신뢰구간 α수준에서 모수 θ에 대한 구간추정이 다음과 같이 주어졌다고 가정하자.

$$p(L \leq \theta \leq U) = 1-\alpha$$

여기서, L은 '신뢰구간의 하한'(upper confidence limit), U는 '신뢰구간의 상한(upper confidence limit), $1-\alpha$를 신뢰수준이라고 하며, $[L, U]$를 신뢰구간이라고 한다. 그것은 다음 공식으로 계산할 수 있다.

$$\overline{X} - Z_{\alpha/2}\frac{\sigma}{\sqrt{n}} \leq \mu \leq \overline{X} + Z_{\alpha/2}\frac{\sigma}{\sqrt{n}}$$

'신뢰구간의 상한'을 계산하기 위해서는 임계치($Z_{\alpha/2}$)에 표준오차를 곱한 다음, 그것을 표본평균에 더하면 된다. '신뢰구간의 하한'을 얻기 위해서는 표본

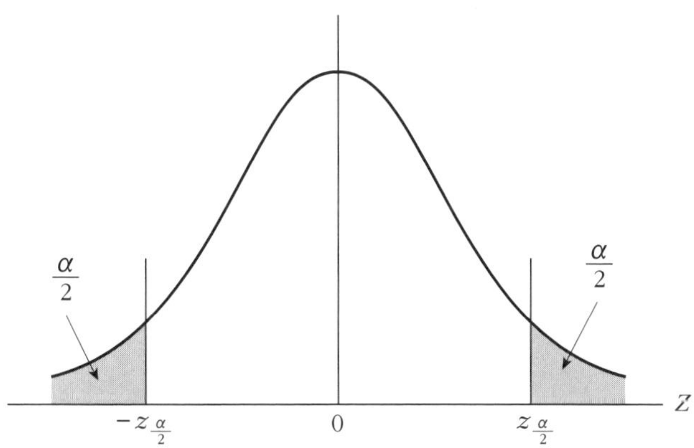

평균에서 임계치와 표준오차의 곱을 빼면 된다. 예컨대, $\alpha = .05$이면 정규분포의 각 꼬리부분의 .025에 해당하는 면적을 가지는 $Z_{\alpha/2}$의 임계치는 −1.96과 +1.96이다. 그 경우, 표본평균을 중심으로 ±1.96 표준오차로 설정된 신뢰구간들 중 95%가 모집단의 모수 μ를 포함하리라고 예상할 수 있다.

그 점을 고려하면, 표준정규분포에서 소개했던 $Z_{\alpha/2}$를 더욱 정확하게 정의할 수 있다. [부표 1]에서 $Z_{\alpha/2}$는 정규곡선의 오른쪽으로 $\alpha/2$에 해당하는 면적을 갖는 값이다. 어떤 주어진 구간이 μ를 포함할 것이라고 95% 확신할 경우 $\alpha = .05$고 $\alpha/2 = .025$다. $Z_{\alpha/2} = \pm 1.96$이므로, 우리는 특정 $\sigma_{\overline{X}}$에 대한 정확한 신뢰구간을 제시할 수 있다.

2) 모집단의 표준편차를 알지 못하고 표본의 크기가 클 경우 신뢰구간 계산

n이 30 이상이면 모집단의 분포에 대한 아무런 가정이 없더라도 중심극한정리에 의하여 $\overline{X}$는 정규분포를 한다. 또한 큰 표본이므로 $\sigma^2 \fallingdotseq S^2$으로 되어 σ^2 대신 S^2을 사용하여 μ의 구간추정을 할 수 있다. 즉, 모집단의 표준편차를 모르나 큰($n \geq 30$) 표본일 경우, 신뢰도 $1-\alpha$의 신뢰구간은 다음 공식에 의하여 계산할 수 있다.

$$\overline{X} - Z_{\alpha/2}\frac{S}{\sqrt{n}} \leq \mu \leq \overline{X} + Z_{\alpha/2}\frac{S}{\sqrt{n}}$$

3) 모집단의 표준편차를 알지 못하고 표본의 크기가 클 경우 신뢰구간 계산

모집단의 표준편차도 모르고 소표본(30개 미만)일 경우에는 정규분포를 하지 않고, 자유도가 $n-1$인 t-분포를 한다고 본다. 평균이 μ인 정규분포 모집단에서 추출한 크기가 n인 표본의 평균을 $\overline{X}$, 표준편차를 S라 하면 t는 자유도 $(n-1)$의 t-분포를 따른다. t의 계산식은 다음과 같다.

$$t = \frac{\overline{X} - \mu}{\frac{S}{\sqrt{n}}}$$

모집단의 표준편차를 모르고 n이 30 미만의 소표본일 경우, 신뢰도 $1-\alpha$의 신뢰구간은 다음과 같이 계산할 수 있다.

$$\overline{X} - t_{\alpha/2,n-1}\frac{S}{\sqrt{n}} \le \mu \le \overline{X} + t_{\alpha/2,n-1}\frac{S}{\sqrt{n}}$$

t-분포의 신뢰구간을 그림으로 나타내면 다음과 같다.

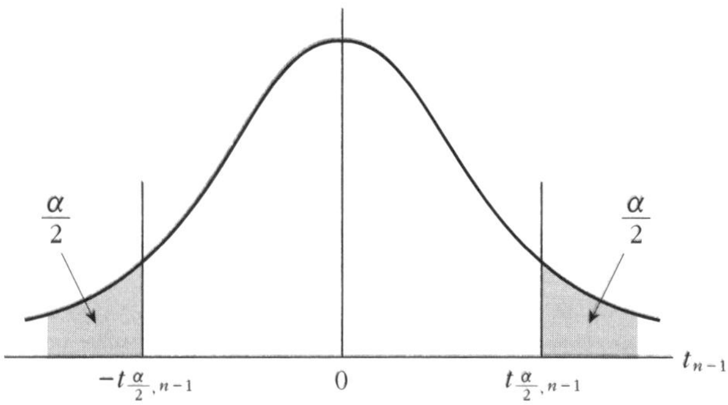

3. 모집단 비율의 신뢰구간 추정

정당 지지율, 특정 정책에 대한 찬성 또는 반대 비율 등과 같이 모집단의 비율에 관심을 갖는 연구가 매우 많다. 그 때에는 모집단 평균 μ가 아니라 모집단 비율 p의 신뢰구간을 추정하여야 한다.

모집단에서 어떤 성질 A를 가진 것의 비율을 '모집단 비율' 또는 '모비율'(population proportion)이라 하고 p로 나타낸다. 그 모집단에서 무작위로 표집한 표본에서 성질 A를 가진 것의 비율을 표본비율이라 하고, $\hat{p}$으로 나타낸다. 따라서 크기가 n인 표본에서 성질 A를 가진 것이 추출된 횟수를 확률변수 X라고 할 때, 표본비율 $\hat{p}$은 $\hat{p}=\frac{X}{n}$이다. 표본비율 $\hat{p}$의 평균 · 분산 · 표준편차는 다음과 갇디.

$$E(\hat{p}) = p$$

$$\sigma_{\hat{p}}^2 = \frac{p(1-p)}{n}$$

$$\sigma_{\hat{p}} = \sqrt{\frac{p(1-p)}{n}}$$

여기서 X를 어떤 특정한 속성을 가지고 있는 개체의 총수라 하면 X는 이항분포 $B(n, p)$를 따른다. n의 값이 충분히 클 때, X의 분포는 근사적으로 $N(np, np(1-p))$를 따른다. 즉, 이항분포의 정규근사치와 마찬가지로 표본의 크기 n이 커지면 표본비율의 분포도 정규분포를 이루게 된다. 표본비율은 모집단 비율의 불편추정량이므로 표본비율의 분포에서 표본비율의 기댓값, 즉 평균은 모집단 비율과 같다. 그리고 표본평균의 분포에서와 마찬가지로 표본비율의 표준오차 $\sigma_{\hat{p}}$은 표본의 크기 n이 커질수록 작아진다.

실제로는 모집단 비율 p를 알 수 없으므로 $\sigma_{\hat{p}}$ 대신 $S_{\hat{p}}$을 사용한다. $S_{\hat{p}}$의 계산 공식은 다음과 같다.

$$S_{\hat{p}} = \sqrt{\frac{\hat{p}(1-\hat{p})}{n}}$$

모집단에서 크기가 n인 표본을 무작위로 추출한 표본비율을 $\hat{p}$이라고 하면 n이 충분히 클 때, 모비율 p에 대한 $100(1-\alpha)$%의 신뢰구간은 다음과 같다.

$$\hat{p} - Z_{\alpha/2} \cdot \sqrt{\frac{\hat{p}(1-\hat{p})}{n}} \le p \le \hat{p} + Z_{\alpha/2} \cdot \sqrt{\frac{\hat{p}(1-\hat{p})}{n}}$$

여기서 $1-\alpha$: 신뢰구간
$\hat{p}$: 표본비율
n : 표본의 크기
$Z_{\alpha/2}$: 표준정규분포에서 유의확률 $\alpha/2$인 임계점

그것을 그림으로 나타내면 다음과 같다.

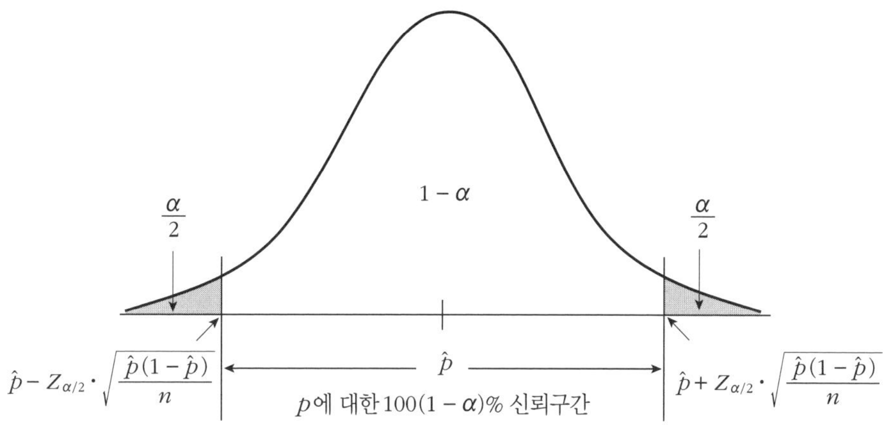

4. 표본의 크기

신뢰구간이 너무 넓으면 추정의 결과가 무의미해지기 때문에, 가능한 한 신뢰구간을 좁게 하여 추정의 정밀도를 높여야 한다. 그러기 위해서는 '표본의 크기'를 크게 하여야 한다. 그렇지만 표본의 크기를 늘리려면 조사비용과 시간이 더 많이 들게 되므로, 그 적절한 크기를 찾는 게 바람직하다.

어떤 주어진 표본이 정규분포를 한다면, 신뢰구간은 다음과 같이 표현할 수 있다.

$$P(-z_{\alpha/2} \leq Z \leq z_{\alpha/2}) = 1 - \alpha$$

그 때 신뢰구간의 임계점은 다음과 같이 계산할 수 있다.

모집단 평균을 추정하는 경우 : $\overline{X} \pm Z_{\alpha/2} \cdot \frac{\sigma}{\sqrt{n}}$

모집단 비율을 추정하는 경우 : $\hat{p} \pm Z_{\alpha/2} \cdot \sqrt{\frac{\hat{p}(1-\hat{p})}{n}}$

이 공식에서 신뢰구간의 범위는 '오차의 한계'(margin of error)인 $Z_{\alpha/2}\cdot\frac{\sigma}{\sqrt{n}}$ 또는 $Z_{\alpha/2}\cdot\sqrt{\frac{\hat{p}(1-\hat{p})}{n}}$에 달려 있으므로, 결국 신뢰구간의 범위는 신뢰도 $1-\alpha$와 표본의 크기 n에 의하여 결정된다고 할 수 있다. 그러므로 정해진 신뢰도 하에서 신뢰구간의 범위를 일정수준으로 유지하기 위해서는 표본의 크기를 조정하여야 한다.

1) 모집단 평균 추정

'주어진 신뢰구간에서 한쪽 폭의 오차의 한계'를 d라고 할 때, d는 다음과 같이 계산된다. 그 구체적인 값은 연구 목적을 고려하여 연구자가 설정한다.

$$d = Z_{\alpha/2}\cdot\frac{\sigma}{\sqrt{n}}$$

그것을 그림으로 나타내면 다음과 같다. 이 그래프는 표본평균과 모집단 평균 간의 차이가 d 이내에 있을 확률이 $1-\alpha$임을 말해 준다.

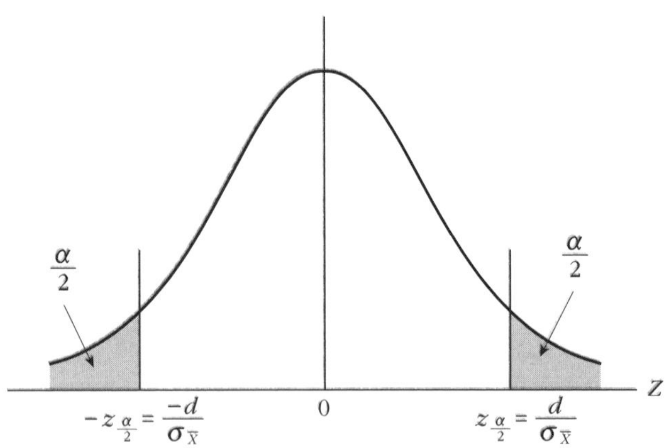

여기서 다음과 같은 공식을 구할 수 있다. 만약, 모집단 표준편차 σ를 알지 못하면 표본표준편차 S를 대입하면 된다.

$$\frac{d}{\sigma/\sqrt{n}} = z_{\alpha/2}$$

$$n = \left(\frac{z_{\alpha/2} \cdot \sigma}{d}\right)^2$$

우리가 α =.05($Z_{\alpha/2}$=± 1.96)에서 '오차의 한계'를 .25 표준편차 수준으로 원한다고 가정하면, 표본의 크기 n을 위한 계산식은 다음과 같다(σ = 1, 즉 표준정규분포의 표준편차는 1이다).

$$n = \left(\frac{1.96}{.25}\right)^2 = 61.47 \text{ 사례}$$

이 경우 적어도 62 사례가 필요하다. 만약, α =.05에서 '오차의 크기'를 .10 표준편차 수준으로 원한다면, n = 384.16이 되므로 최소 385 사례는 확보하여야 한다.

2) 모집단 비율 추정

주어진 신뢰구간하에서 한쪽 폭의 오차의 한계를 d라고 할 때, d는 다음과 같이 계산된다. 구체적 d값은 연구자가 연구 목적을 고려하여 설정한다.

$$d = Z_{\alpha/2} \cdot \sqrt{\frac{\hat{p}(1-\hat{p})}{n}}$$

이 식에서 n을 구하는 식을 도출할 수 있다.

$$n = Z^2_{\alpha/2} \cdot \frac{\hat{p}(1-\hat{p})}{d^2}$$

그런데 이 식에서 표본의 크기 n을 구하는 데 필요한 $\hat{p}(1-\hat{p})$은 표집을 거쳐 조사를 수행하여 자료를 분석하기 이전에는 미리 알 수 있는 방법이 없다. 표본비율 $\hat{p}$을 알 수 없는 경우에는 충분한 표본을 확보하려는 의미에서 $\hat{p}(1-\hat{p})$

을 가장 크게 하는 $\hat{p}$을 사용하는 것이 바람직하다. $\hat{p}$이 .5일 때 $\hat{p}(1-\hat{p})$은 .25라는 최댓값을 가지므로, 원하는 표본의 크기는 다음 식에 의해 구할 수 있다.

$$n = \left(\frac{Z_{\alpha/2}}{2d} \right)^2$$

한편, 모집단의 비율에 대해 경험적으로 개략적 수치를 알고 있으면, 그것을 이용하여 좀 더 정확한 표본의 크기를 계산할 수 있다.

$$n = \left(\frac{Z_{\alpha/2}}{d} \right)^2 \cdot \hat{p}(1-\hat{p})$$

5. 신뢰구간의 의미 해석

우리는 신뢰구간의 의미를 해석하는 데 유의해야 한다. 신뢰구간 95%란 "같은 크기의 표집을 반복하여 신뢰구간을 설정했을 경우 그 구간들 중 95%가 모집단의 모수를 포함할 것이다"라는 의미이지, "어떤 주어진 구간이 모집단의 평균을 포함하는 것으로 95% 확신한다"는 뜻으로 해석해서는 안 된다. 다시 말해, "어떤 조사에서 95% 신뢰구간에서 유의한 통계치를 얻었다는 것"은 그와 "동일한 형태의 조사를 100번 실시할 경우 95번은 그러한 결과가 나온다는 것"을 뜻한다.

- **잘못된 해석** : 모수가 신뢰구간 내에 있을 확률이 .95이다.
- **정확한 해석** : 우리가 무수히 많은 표본들을 추출하여 각 표본에 대하여 신뢰구간을 구할 경우, 그 신뢰구간들 중 95%가 모수를 포함하고 있다.

실제 우리가 관찰하는 것은 단일 표본이다. 그 하나의 표본을 토대로 모집단의 모수를 추정하는데, 무수히 많은 표본들을 생각하는 것은 자연스럽게 와 닿지 않는다. 그러나 우리가 사용하는 모든 통계 개념은 반복 표집(repeated sampling)을 가정하는 이론에서 도출되었으므로, 표본조사 결과를 정확히 이해하기 위해서는 그러한 개념을 정확히 파악하는 것이 필수적이다.

참고 9-1 | 표본조사에서 '오차의 한계'

언론에서 여론조사 결과를 보도할 경우, 예컨대 "95% 신뢰수준에서 최대 ±3.1%포인트의 표본오차를 갖는다"라는 형식의 문장을 사용하고 있다. 여기서 95% 신뢰수준이라는 것은 같은 조사를 100번 반복했을 때 95번은 '표본오차의 한계' 내에서 같은 조사 결과를 얻을 수 있다는 뜻이다. 표본비율 50%에서 최대 ±3.1%포인트의 표본오차란 모수가 다음과 같은 범위에 분포함을 의미한다.

$$46.9\% \leq p \leq 53.1\%$$

그것은 어떻게 계산하였을까? 표본의 크기를 알 때 '오차의 한계'를 계산하는 공식과, '오차의 크기'를 정하고 적절한 수준의 '표본의 크기'를 산출하는 공식을 알아보기로 한다. 우리가 알고 싶어하는 모수가 '모집단의 비율'이라는 점에 주목할 필요가 있다. 그러므로 표본비율을 이용하여 모집단의 비율을 추정하는 절차를 밟아야 한다.

앞서 살펴본 모집단 비율의 신뢰구간 추정 공식에서 '표준오차'와 '표준오차의 추정량'은 다음과 같이 유도할 수 있다.

$$\text{표준오차} : \text{SE}(\hat{p}) = \sqrt{\frac{p(1-p)}{n}}$$

$$\text{표준오차의 추정량} : \widehat{\text{SE}}(\hat{p}) = \sqrt{\frac{\hat{p}(1-\hat{p})}{n}}$$

사례수가 크다면 표준오차의 추정량으로 표준오차를 파악할 수 있다. 그러므로 우리가 95% 유의수준(α =.05, $Z_{\alpha/2}$=± 1.960)에서 표준오차를 구하려면, 다음 공식을 사용하면 된다.

$$1.960\sqrt{\frac{\hat{p}(1-\hat{p})}{n}}$$

여기서 표본비율은 제각각이므로, 무수히 많은 표준오차를 계산할 수 있다. 다음 표는 표본비율(관찰된 백분율)과 표본의 크기를 예시하여 계산한 것이다.

관찰된 백분율 (%)	표본의 크기별 표준오차					
	500 (±%p)	700 (±%p)	1,000 (±%p)	1,500 (±%p)	2,000 (±%p)	3,000 (±%p)
50	4.4	3.7	3.1	2.5	2.2	1.8
40 또는 60	4.2	3.6	3.0	2.5	2.1	1.8
30 또는 70	4.0	3.4	2.7	2.3	2.0	1.6
20 또는 80	3.5	3.0	2.5	2.0	1.8	1.4
10 또는 90	2.6	2.2	1.9	1.5	1.3	1.1

이 표를 보면, 관찰된 백분율이 50%일 때 표준오차가 가장 큼을 알 수 있다. 그것을 '오차의 한계' 또는 '최대허용표본오차'(maximum margin of error)라 한다. 앞의 공식의 $\hat{p}$에 .5를 대입하여 계산하면, $1.960 \times \sqrt{\frac{.5(1-.5)}{n}} = \frac{.980}{\sqrt{n}}$을 산출할 수 있다. 즉, 오차의 한계 또는 최대허용표본오차는 표본의 크기에 연동한다.

신뢰구간별로 표준점수 임계치가 달라지므로 각기 다른 값을 넣어서 계산하면, 다음 공식으로 단순화할 수 있다.

$$99\%\ 유의수준(\alpha = .01,\ Z_{\alpha/2} = \pm\,2.575)\ 오차의\ 한계 \doteqdot \frac{1.288}{\sqrt{n}}$$

$$95\%\ 유의수준(\alpha = .05,\ Z_{\alpha/2} = \pm\,1.960)\ 오차의\ 한계 \doteqdot \frac{.980}{\sqrt{n}}$$

$$90\%\ 유의수준(\alpha = .10,\ Z_{\alpha/2} = \pm\,1.645)\ 오차의\ 한계 \doteqdot \frac{.823}{\sqrt{n}}$$

한편, 표본의 사례수를 계산하려면 연구자가 설정하기를 원하는 오차의 한계 d값을 설정하여야 한다. 즉, $100(1-\alpha)$%의 오차의 한계를 d, 표본비율(p) 50%를 기준으로 할 경우, 표본의 크기를 구하는 공식은 다음과 같다.

$$n = \left(\frac{Z_{\alpha/2}}{2d}\right)^2$$

다음 그림은 오차의 한계(d)를 2%, 3%, 4%, 5%, 10%로 설정할 경우 필요한 각각의 표본의 크기(n)와 분포를 보여 준다.

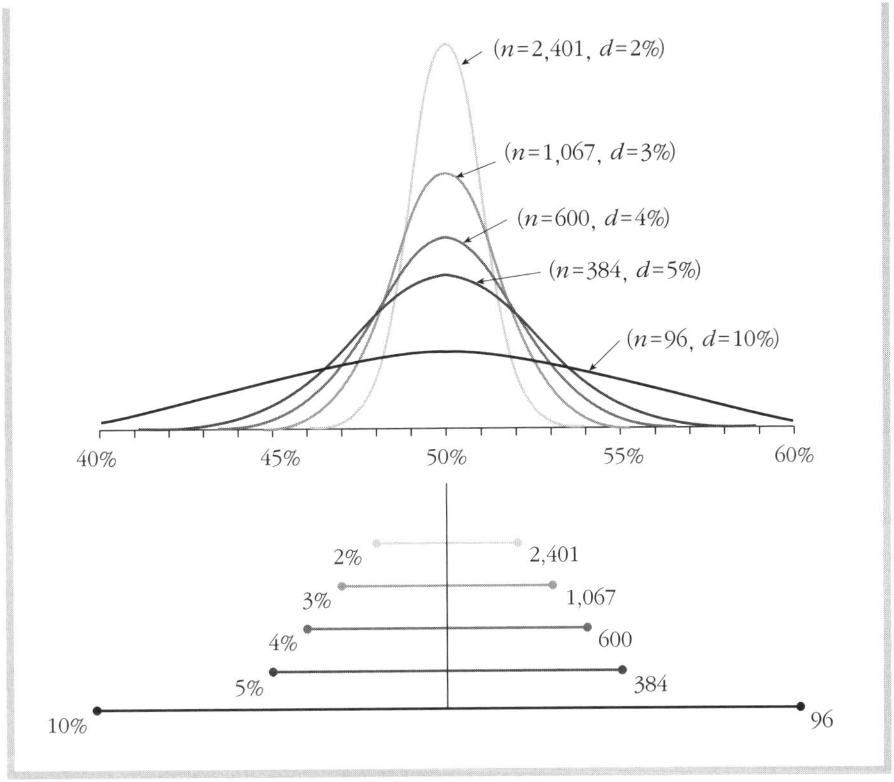

제 5 절 가설검정

가설검정(hypothesis testing)은 표본자료를 이용하여 통계적인 방법으로 모집단의 특성에 대한 주장을 채택하거나 기각하는 의사결정을 말한다. 달리 표현하면, 가설검정은 모수에 대한 특정한 가설을 세워 놓고 표본에서 계산된 통계량을 기초로 하여 그 '가설의 채택 여부'(영가설의 기각 여부)를 판단하는 것이다. 가설검정은 다음 여섯 단계에 걸쳐 이루어진다.

제1단계 대립가설의 설정 : 사실이라고 믿어지는 명제를 가설(정확히 표현하면 '통계적 대립가설')의 형태로 진술한다. 사실은 아직 경험적으로 검증되지 않은 일종의 예비이론으로서 둘 또는 그 이상의 변수들 간의 추측적 진술이다.

제2단계 영가설의 설정 : 가설은 이론 또는 경험에서 도출할 수 있는데, 영가설(零假設, null hypothesis: H_0)과 대립가설(對立假設, alternative hypothesis: H_1)의 형식이 있다. 영가설은 모집단에서 두 변수 간에 관계가 존재하지 않는다는 식으로 만들어진 가설이고, 대립가설은 영가설에 상반되는 가설이다. 예컨대, "사람들은 나이가 들수록 정치적으로 보수적이 된다"라는 가설은 대립가설이고, "사람들의 정치적 성향은 나이와 관계없다"라는 가설은 영가설이다. 그중 영가설이 통계적 가설검정의 대상이 된다. 연구자는 영가설이 그 상황에 대한 허위진술(false statement)이라는 점을 보여 주기를 원하기 때문이다.

제3단계 영가설 기각을 위한 통계적 유의수준(significance level)의 설정 : α 수준에는 1%, 5%, 10% 등이 있는데, 연구자의 연구 목적에 견주어 적절한 것을 선정한다. 사회과학 연구에서는 통상적으로 5%를 많이 이용한다.

제4단계 영가설 기각역(rejection region)과 수용역(acceptance region)의 설정 : 임계치(critical value)는 주어진 유의수준에서 영가설의 채택과 기각에 관한 의사결정을 할 경우, 그 기준이 되는 점으로 기각치라고도 한다. α 수준에서 영가설을 기각하기 위해서는 검정 통계치가 어느 정도의 값을 가져야 하는지 알아보기 위하여 해당 확률분포표에 제시된 값을 찾아본다. 그 경우 대립가설의 성격에 따라 양측검정(two-tailed test)과 단측검정(one-tailed test) 중 하나를 선택하여야 한다. 양측검정은 집단 간에 '차이가 있느냐 없느냐'에 관심을 두는 가설에 사용되고, 단측검정은 집단 간에 '어느 한쪽이 더 높으냐 또는 낮으냐'에 관심을 갖는 가설에 적용한다. 예컨대, 대립가설이 "대통령선거 투표 참가 의향에서 남녀 차이가 없을 것이다"라고 한다면 양측검정을 사용하고, 대립가설이 "남자가 여자보다 대통령 투표 참가 의향이 높다"라고 한다면 단측검정을 사용하여야 한다. 일반적으로 양측검정은 모평균이 어느 가정치와 동일한지 아닌지를 조사할 경우($\mu = \mu_0$ 또는 $\mu \neq \mu_0$)에 사용하고, 단측검정은 모집단 평균의 크기가 이론적 · 경험적으로 얼마 이상 또는 얼마 이하로 예상될 경우($\mu > \mu_0$ 또는 $\mu < \mu_0$)에 사용한다([그림 9-5] 참조).

그림 9-5 | 양측검정과 단측검정

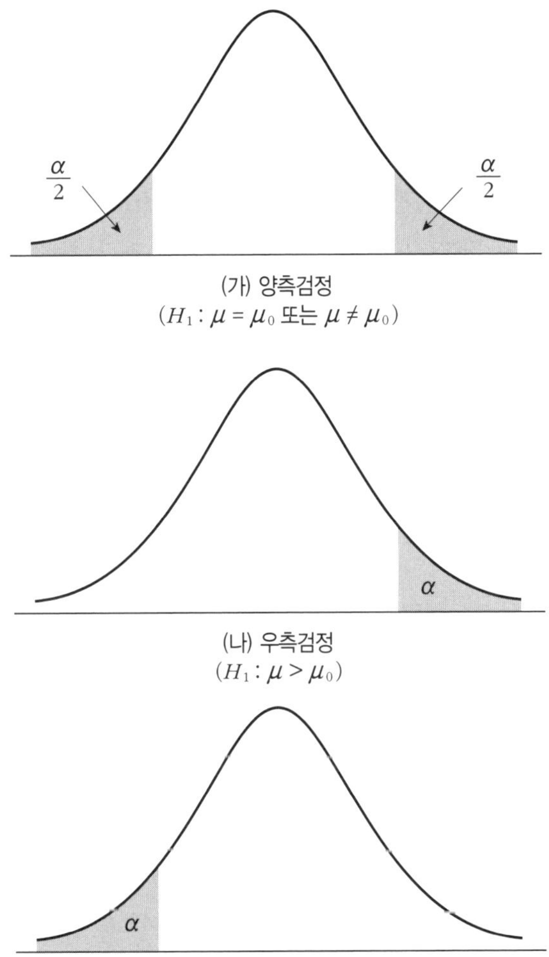

(가) 양측검정
($H_1 : \mu = \mu_0$ 또는 $\mu \neq \mu_0$)

(나) 우측검정
($H_1 : \mu > \mu_0$)

(다) 좌측검정
($H_1 : \mu < \mu_0$)

제5단계 검정통계량(test statistic)의 결정 : 적합한 공식에 표본 통계량을 대입하여 검정통계량을 계산한다. 표준정규분포와 t-분포 및 χ^2분포 등 각종 확률분포 중에서 가설검정에 적합한 것을 선정한다.

제6단계 결과 해석(decision making) : 통계적 유의수준(α)에 근거하여, 검정통계량과 임계치를 비교하여 영가설을 기각하거나 기각하지 못한다고 결정한다. 검정통계량이 임계치와 같거나 그보다 커서 기각역에 속하면, α오류(제1종 오류 type Ⅰ error, 또는 잘못된 부정 오류 false rejection error)를 범할 확률을 안고, 영가설 H_0를 기각하고 대립가설 H_1을 채택하게 된다. 검정통계량이 임계치보다 작아서 수용역에 속하면, β오류(제2종 오류 type Ⅱ error, 또는 잘못된 긍정 오류 false acceptance error)의 확률을 가지고, 영가설 H_0를 기각하지 못하고 대립가설 H_1을 기각하게 된다(〈표 9-3〉 참조). 영가설이 기각되는 경우는 "유의수준 α에서 통계적으로 유의하다"(statistically significant at level α)고 표현하고, 영가설을 기각하지 못하는 경우에는 "유의수준 α에서 통계적으로 유의하지 않다"(statistically insignificant at level α)고 표현한다.

표 9-3 | α오류와 β오류

		표본의 결과에 따른 결정: 영가설 기각	표본의 결과에 따른 결정: 영가설 기각하지 않음
모집단에서 영가설의 진위	진실	제1종 오류(α오류) 잘못된 부정 오류	옳은 결정
	허위	옳은 결정	제2종 오류(β오류) 잘못된 긍정 오류

여기서 '통계적으로 유의하다' 또는 '통계적으로 유의하지 않다'는 표현에 주목할 필요가 있다. 그것은 단지 영가설의 기각 여부만을 통계적으로 검정한 것일 뿐, 그것이 사회적으로 유의미한 것을 말해 주는 것이 아니라는 데 주목하여야 한다. 대부분의 확률분포에서 표본의 사례수(n)가 커지면 통계적 유의도가 높아진다는 점을 고려할 수 있다. 즉, 가설검정의 결과를 해석할 때, '통계적 유의성'과 '사회적 유의성'을 혼동하지 않도록 각별히 신경 써야 한다.

| 제 **10** 장 |

분할표분석

개별 변수의 분포를 알아본 다음 우리는 변수 간의 관계에 관심을 갖게 된다. 변수 간의 관계란 변수들이 서로 공변하는 경향을 의미하는데, 명목변수나 서열변수의 관계를 살펴보기 위해서 분할표(contingency table)를 작성하고 필요한 통계량을 구하게 된다.

제 1 절 명목변수의 측정치

우선 명목변수 간의 관계를 측정하는 통계량을 알아보기로 한다. 명목변수에서의 관계란, 한 변수가 어떤 속성을 가지고 있는 것이 다른 변수가 특정 범주에 속하는 데에 어느 정도 영향을 미치고 있느냐를 가리킨다. 명목변수 간의 관계를 나타내 주는 측정치로는 ① χ^2(카이제곱)을 이용한 것과 ② *PRE*(오차의 비례적 감소, proportional reduction in errors) 기법을 이용한 것이 있다.

1. 카이제곱을 이용한 측정치

1) 카이제곱

카이제곱(χ^2)을 설명하기에 앞서 두 변수 X와 Y의 관계를 양극단에서 생각해 보기로 하자. 한쪽의 극단은 X와 Y가 완전한 관계를 갖는 것이고, 또 다른 한쪽의 극단은 X와 Y가 아무런 관계를 가지지 않는 상태다. 여기에서 아무런 관계를 가지지 않는다는 것은 두 변수가 상호독립적이라는 것이다. 카이제곱검정에서는 통계적 독립성이라는 개념이 중요하다. 즉, 독립성을 영가설(零假說)로 설정하고 그것을 통계적으로 검정하게 된다.

카이제곱의 의미를 구체적인 표를 가지고 설명해 보기로 한다.

〈표 10-1〉은 현 거주지의 크기별로 종교인의 분포를 제시하고 있는데, 여기에서 수치는 조사 자료에서 직접 얻은 관측값이다. 거주지역(X)은 대도시, 중소도시, 읍 · 면 등 3개의 범주로 나누고, 종교(Y)는 기독교, 불교, 종교가 없는 사람 등 3개의 범주로 나누어 3×3 분할표를 만들었다. 예제를 단순하게 만들기 위해서 가톨릭은 기독교에 포함하였고, 기타 종교는 분석에서 제외하였다. 이 표에서 종교의 분포를 보면 총응답자 1,578명 중 기독교신자가 412명으로 전체의 26.1%가 되고, 불교신자가 377명(23.9%), 종교를 갖지 않은 사람이 789명(50.0%)이다. 거주지역별로 나누어 살펴보면, 대도시에서는 기독교신자의 수가 불교신자의 수보다 많고, 중소도시나 농촌지역에서는 불교신자의 수가 더 많다.

표 10-1 | 거주지역별 종교분포(관측도수)

종교(Y)	거주지역(X)			전체
	대도시	중소도시	읍 · 면	
기독교	301 (32.0%)	50 (20.4%)	61 (15.6%)	412 (26.1%)
불 교	182 (19.3%)	88 (35.9%)	107 (27.3%)	377 (23.9%)
종교 없음	458 (48.7%)	107 (43.7%)	224 (57.1%)	789 (50.0%)
계*	941(100.0%)	245(100.0%)	392(100.0%)	1,578(100.0%)

* 편의상 기타 종교 제외.

자료 : 정치사회의식조사 79.

〈표 10-1〉에서 독립변수의 각 열별로 백분율을 계산한 다음, 그것을 행으로 비교해 보면 두 변수 X와 Y 간의 관계의 유무를 개략적으로 알아볼 수 있다. 여기서 두 변수 X와 Y가 서로 독립적이라는 것은 거주지역과 종교 사이에는 아무런 관계가 없다는 뜻이고, 그 때 두 사상(事象)이 함께 나타날 확률은 각 독립사상이 나타날 확률의 곱과 같다.[1] 따라서 두 변수 X와 Y가 통계적으로 상호독립적이라고 가정할 때 각 칸에 기대되는 빈도는 각 변수의 개별 범주가 나타날 확률의 곱으로 표시될 것이다. 통계적 독립성의 가정하에서 대도시지역의 기독교신자가 발생할 확률은 전체 사례수에서 대도시지역 응답자의 비율(941/1,578)에다 기독교신자의 비율(412/1,578)을 곱한 값이다. 그러므로 기대되는 빈도는 $(941/1,578)(412/1,578) \times 1,578 = 245.7$ 사례가 될 것이다. 각 칸의 기대도수는 〈표 10-2〉에 제시되어 있다. 그러나 실제의 관측도수는 301로서 기대도수와 $(301 - 245.7 =)55.3$ 사례만큼 차가 나타난다. 실제분석에서 관측도수와 기대도수 간에 차이가 나타나지 않는다면 두 변수 간에 아무런 관계가 존재하지 않는다는 가설에 자료가 적합하다고 볼 수 있다. 그러한 의미에서 그것을 χ^2에 의한 적합도(goodness of fit)검정이라고도 하는데, 그 때 χ^2의 값은 다음과 같이 각 칸에서 관측도수(O)와 기대도수(E) 간의 차를 제곱하고 그것을 다시 기대도수로 나눈 다음 모든 칸을 더해서 구한다.

$$\chi^2 = \Sigma \frac{(O-E)^2}{E}$$

이와 같은 통계량은 피어슨(Karl Pearson)에 의해 제시되었는데, 표본의 수가 클 때 카이제곱분포를 따르게 된다. 카이제곱값은 다음과 같이 표기하기도 한다.

$$\chi^2 = \sum_{i=1}^{r} \sum_{j=1}^{c} \frac{(n_{ij} - \hat{n}_{ij})^2}{\hat{n}_{ij}}$$

여기서 n_{ij}는 각 칸의 관측도수고, $\hat{n}_{ij}$은 기대도수며, r은 행의 수고, c는 열의

1) 사상 X와 Y가 상호독립적일 때 $P(X \cap Y) = P(X)P(Y)$이다.

수다. 두 변수가 상호독립적일 때 기대되는 도수 $\hat{n}_{ij}$은 다음과 같이 구해진다.

$$\hat{n}_{ij} = n_{..} \cdot \frac{n_{i.}}{n_{..}} \cdot \frac{n_{.j}}{n_{..}} = \frac{n_{i.} n_{.j}}{n_{..}}$$

여기서 $n_{i.}$는 i번째 행의 누계고, $n_{.j}$는 j번째 열의 누계며, $n_{..}$는 총누계, 즉 표본의 수다.

표 10-2 | 거주지역별 종교분포(기대도수)

종교(Y)	거주지역(X)			전체
	대도시	중소도시	읍·면	
기독교	245.7 (26.1%)	64.0 (26.1%)	102.3 (26.1%)	412 (26.1%)
불 교	224.8 (23.9%)	58.5 (23.9%)	93.7 (23.9%)	377 (23.9%)
종교 없음	470.5 (50.0%)	122.5 (50.0%)	196.0 (50.0%)	789 (50.0%)
계	941 (100.0%)	245 (100.0%)	392 (100.0%)	1,578 (100.0%)

〈표 10-1〉과 〈표 10-2〉를 바탕으로 카이제곱값을 산출하면 다음과 같다.

$$\begin{aligned}\chi^2 = &\frac{(301-245.7)^2}{245.7} + \frac{(50-64.0)^2}{64.0} + \frac{(61-102.3)^2}{102.3} \\ &+ \frac{(182-224.8)^2}{224.8} + \frac{(88-58.5)^2}{58.5} + \frac{(107-93.7)^2}{93.7} \\ &+ \frac{(458-470.5)^2}{470.5} + \frac{(107-122.5)^2}{122.5} + \frac{(224-196.0)^2}{196.0} \\ = &63.39\end{aligned}$$

앞의 χ^2통계량은 $(r-1)(c-1)$, 즉 $(3-1)(3-1)=4$의 자유도를 갖는 χ^2분포를 따르게 된다.

〈표 10-2〉를 보면 두 변수가 상호독립적이라는 것은 결국 각 독립변수의 범주별 종속변수의 분포가 누계분포(marginal distribution)와 같아지는 상태임을 알 수 있다. 다시 말하면, 독립변수의 값이 무엇이라도 종속변수의 분포는 동일

하다는 것이다. 그러한 원리에서 카이제곱의 검정은 독립성뿐만 아니라 동일성을 검정하는 데에도 사용된다. 동일성 검정이란 어떤 변수에서 각기 다른 하위 모집단에서 추출된 표본이 서로 동일한 분포를 보여주는가를 검정하는 것이다.

이와 같이 구해진 χ^2은 음의 값을 가지지 않기 때문에 최솟값은 0이 된다. 그러나 χ^2은 그 자체로서 한계점을 가지고 있다. 즉, χ^2의 최댓값은 $N(k-1)$로서 표본의 크기 및 행과 열의 수에 의해 영향을 받고 있다. $N(k-1)$에서 N은 표본의 수고, k는 행과 열의 범주 수 중에서 작은 값이다(참고 10-1 참조). 따라서 동일한 정도의 내적 관계를 가졌다 하더라도 표본의 수가 커지면 χ^2의 값도 커지게 된다. 다음의 (가)와 (나)의 분할표에서 독립변수의 범주별 종속변수의 분포를 보면 두 표가 동일하다. 말하자면 독립변수 X와 종속변수 Y의 관계가 같은 정도라고 볼 수 있다. 그러나 (나)의 표본수가 (가)의 표본수의 두 배가 되므로 χ^2의 값도 두 배로 나타난다.

(가)

	X	
Y	32 (40%)	49 (70%)
	48 (60%)	21 (30%)
	80(100%)	70(100%)

$N = 150$
$\chi^2 = 13.5$
$df = 1$

(나)

	X	
Y	64 (40%)	98 (70%)
	96 (60%)	42 (30%)
	160(100%)	140(100%)

$N = 300$
$\chi^2 = 27.0$
$df = 1$

그러한 이유에서 χ^2은 추리통계학에서 유의도검정의 근거로 사용할 수는 있지만, 일반적으로 관계의 강도를 측정하는 통계량으로 사용하지는 않는다.

여기서 χ^2값을 적절하게 구하기 위하여 표본의 크기 N이 최소한 얼마가 되어야 할 것인가가 문제가 된다. N의 크기는 칸의 수가 몇 개인가에 따라 달라지겠지만 각 칸의 기대도수가 5 이하일 때에는 수정이 필요하다. 물론 한두 칸이 그러하다면 크게 문제될 것이 없겠으나, 칸의 도수가 5 이하인 경우가 많아진다면 몇 개의 범주를 하나로 합치거나 일부 범주를 제거한 후 분할표를 다시 꾸미는 것이 바람직하다.

참고 10-1 | χ^2의 최댓값

χ^2의 최댓값이 $N(k-1)$이 되는 것은 다음과 같은 증명을 통해 밝혀진다(Blalock, 1979 : 304-305 참조).

$$\chi^2 = \sum_{i=1}^{r}\sum_{j=1}^{c}\frac{(n_{ij}-\hat{n}_{ij})^2}{\hat{n}_{ij}}$$

$$= \sum_{i=1}^{r}\sum_{j=1}^{c}\frac{n_{ij}^2}{\hat{n}_{ij}} - 2\sum_{i=1}^{r}\sum_{j=1}^{c}n_{ij} + \sum_{i=1}^{r}\sum_{j=1}^{c}\hat{n}_{ij}$$

여기서

$$\sum_{j=1}^{c}n_{ij} = n_{i.},\ \sum_{i=1}^{r}n_{ij} = n_{.j},\ \sum_{i=1}^{r}\sum_{j=1}^{c}n_{ij} = n_{..} = N,\ \hat{n}_{ij} = \frac{n_{i.}n_{.j}}{n_{..}},$$

$\sum_{i=1}^{r}\sum_{j=1}^{c}\hat{n}_{ij} = N$이므로

$$\chi^2 = N\left[\sum_{i=1}^{r}\sum_{j=1}^{c}\frac{n_{ij}^2}{n_{i.}n_{.j}} - 1\right]$$

로 정리된다.

χ^2의 최댓값을 알아보기 위해 다음과 같은 절차를 살펴보자.

$$\frac{n_{ij}^2}{n_{i.}n_{.j}} = \frac{n_{ij}\,n_{ij}}{n_{i.}n_{.j}} \leq \frac{n_{ij}}{n_{i.}}\left(\because \frac{n_{ij}}{n_{.j}} \leq 1\right)$$

같은 요령으로

$$\frac{n_{ij}^2}{n_{i.}n_{.j}} \leq \frac{n_{ij}}{n_{.j}}\left(\because \frac{n_{ij}}{n_{i.}} \leq 1\right)$$

이것을 바탕으로

$$\sum_{i=1}^{r}\sum_{j=1}^{c}\frac{n_{ij}^2}{n_{i.}n_{.j}} \leq \sum_{i=1}^{r}\sum_{j=1}^{c}\frac{n_{ij}}{n_{i.}} = \sum_{i=1}^{r}1 = r$$

$$\sum_{i=1}^{r}\sum_{j=1}^{c}\frac{n_{ij}^2}{n_{i.}n_{.j}} \leq \sum_{i=1}^{r}\sum_{j=1}^{c}\frac{n_{ij}}{n_{.j}} = \sum_{j=1}^{c}1 = c$$

$$\therefore \sum_{i=1}^{r}\sum_{j=1}^{c}\frac{n_{ij}^2}{n_{i.}n_{.j}} \le \min(r,\ c) = k\ (k\text{는 } r\text{과 } c \text{ 중 작은것})$$

$$\chi^2 = N\left[\sum_{i=1}^{r}\sum_{j=1}^{c}\frac{n_{ij}^2}{n_{i.}n_{.j}} - 1\right] \le N(k-1)$$

따라서 χ^2의 최댓값은 $N(k-1)$이 된다.

〈χ^2의 수정치〉

2×2 분할표에서는 χ^2과 함께 χ^2수정치를 사용하기도 한다. 예이츠의 수정치(Yates' correction)로 불리는 이 통계량은 표본의 수가 작을 때 나타나는 오류를 수정하기 위한 것이다. 즉, 표본의 수가 작을 때에 χ^2값이 지나치게 커지게 되는 오류를 수정하기 위하여 다음의 표에서 보여 주는 바와 같이 누계분포를 변화시키지 않고 각 칸의 도수에 0.5씩 더하거나 빼서 χ^2값을 다시 구한다.

그러면 표본의 수가 작을 때에 χ^2검정은 어떤 요령으로 해야 하는가? 대체로 수정하지 않은 상태에서 계산된 χ^2값이 통계적으로 의미가 없을 때에는 원래의 값을 그대로 유지한다. 그러나 통계적으로 유의하다면 χ^2수정치를 다시 계산하고 그것을 바탕으로 가설의 채택 · 기각 여부를 결정한다. 다음의 예에서 표 (가)에서 구한 χ^2값은 5.04인데 자유도 1인 χ^2값이 5% 수준에서 의미 있기 위해서는 3.84보다 커야 하므로 독립성의 가설은 기각된다. 그러나 수정치는 3.45이므로 가설이 채택되어 통계적으로 의미가 없다. 그 때에는 수정된 χ^2값을 사용하여 가설을 채택하는 것이 바람직하다(Walker and Lev, 1953: 103-106; Blalock, 1979: 290-292).

(가) 원래의 분할표

		X	
Y	5	12	17
	8	3	11
	13	15	28

$\chi^2 = 5.04$

(나) 수정된 분할표

		X	
Y	5.5	11.5	17
	7.5	3.5	11
	13	15	28

$\chi^2 = 3.45$

2) 파이제곱

참고 10-1에서 χ^2의 값이 표본의 수 N에 의해 영향받는다는 것을 알았다. 그러므로 우리는 두 개의 분할표에서 표본의 수가 서로 다르더라도 각 칸의 비율이 동일할 경우에는 동일한 값을 갖는 측정치를 구할 필요가 있다. 이 책 277쪽의 표 (가)와 (나)에서 표본의 수는 다르나 두 변수 X와 Y 간의 관계의 강도는 같다고 볼 수 있다. 따라서 두 표에서 동일한 값을 가지는 측정치를 구하기 위해서는 표본의 수로 표준화시켜 줄 필요가 있다. 즉, χ^2/N은 두 분할표에서 각 칸의 비율이 동일한 경우에 표본의 수에 관계없이 동일한 값을 가지게 된다. χ^2/N을 파이제곱(ϕ^2)이라고 부르는데, 그 통계량은 χ^2과 마찬가지로 두 변수 간에 아무런 관계가 존재하지 않을 때 0이 된다.

$$\phi^2 = \frac{\chi^2}{N}$$

$2\times n$ 분할표에서 ϕ^2은 최댓값 1을 갖기 때문에 ϕ^2 또는 ϕ값은 2×2 분할표 분석에 많이 사용되고 있다. ϕ^2은 0에서 1까지의 범위에 놓여 있게 되므로 측정치에 요구되는 바람직한 특성을 갖추고 있다고 볼 수 있다. ϕ^2은 χ^2과는 달리 두 변수 간 관계의 유무뿐만 아니라 관계의 강도까지도 반영해 주는 측정치가 된다. 그러나 $2\times n$ 분할표가 아니고 보다 일반적인 $r\times c$ 분할표(r, c>2)에서 ϕ^2의 최댓값은 $k-1$이어서 1을 초과하게 된다. 그러한 이유에서 χ^2/N과 같은 기능의 측정치면서도 $r\times c$ 분할표에서 최댓값이 1이 되도록 조정한 여러 개의 측정치가 개발되어 사용되고 있다.

3) 유관계수

ϕ^2이 갖는 문제를 부분적으로 해결하고 있는 것이 유관계수(contingency coefficient) 또는 피어슨의 C(Pearson's C)라고 불리는 것이다.

$$C = \sqrt{\chi^2/(\chi^2+N)} = \sqrt{\phi^2/(\phi^2+1)}$$

유관계수 C는 χ^2이 0일 때 0이 된다.

그러나 C의 최댓값은 $\sqrt{(k-1)/k}$로서 C는 1을 초과할 수 없고, 1이 될 수도 없다. 2×2 분할표에서 C의 최댓값은 $\sqrt{1/2}=.707$이고, 3×3 분할표에서는 $\sqrt{2/3}=.816$이 된다. 행과 열의 수가 클수록 C의 최댓값도 커지기 때문에 행 또는 열의 수가 서로 다른 분할표 간의 비교는 무의미하다. 따라서 어떤 학자들은 5×5보다 큰 분할표에서만 C를 사용하도록 권장하고 있기도 하고, 또 일부에서는 C의 값을 C의 최댓값으로 나누어 수정치를 구하여 쓰고 있기도 하다 (Reynolds, 1977: 46).

$$C_{\text{adj}} = C/C_{\max}$$

여기에서 $C_{\max}$는 특정표에서 가능한 최대의 C값이다. 예를 들어 3×3 분할표에서 $C=.362$라는 값을 얻었다면 3×3 분할표에서 $C_{\max}=.816$이므로 $C_{\text{adj}}=.362/.816=.444$가 된다.

4) 쳐프로우의 *T*

ϕ^2이나 유관계수가 갖는 상한선의 문제는 바로 행과 열의 수에서 비롯된다. 행과 열의 수를 고려한 측정치가 쳐프로우의 T(Tschuprow's T)이다. 쳐프로우의 T도 χ^2이 0일 때 0이 된다.

$$T^2 = \frac{\chi^2}{N\sqrt{(r-1)(c-1)}} = \frac{\phi^2}{\sqrt{(r-1)(c-1)}}$$

$r=c$인 경우에, 즉 행과 열의 수가 같은 분할표에서는 행과 열의 크기에 관계없이 T의 최댓값은 1이 된다. 그러나 행과 열의 수가 다를 때, 즉 $r \neq c$일 때에는 T는 항상 1보다 작은 값이 된다.

5) 크레이머의 *V*

쳐프로우의 T가 갖는 문제는 r과 c 중에서 작은 값을 취함으로써 해결되는데, 그것이 크레이머의 V(Cramer's V)이다.

$$V=\sqrt{\chi^2/N(k-1)}=\sqrt{\phi^2/(k-1)}$$

여기서 k는 r과 c 중에서 작은 값이다. $\chi^2=0$일 때, 크레이머의 V는 0이 되고, 정사각형의 분할표가 아니더라도 최댓값은 항상 1이 된다.

이상에서 소개한 다섯 가지 측정치들은 모두 χ^2을 분자로 하고 있기 때문에 χ^2이 0일 때 그 값들도 모두 0이 된다. 그러나 분모가 상이하기 때문에 최댓값은 각각 달라진다. 그러한 측정치들 중 어느 것을 사용할 것인가 하는 것은 자료의 성격과 연구자의 선호에 따라 달라지겠지만 바람직한 측정치란 대체로 다음과 같은 기준에 합당한 것이면 좋다.

첫째, 측정치들이 나타내는 값이 의미를 가지고 있는 것이 바람직하다. 다시 말하면, 직관적으로 그 의미를 파악할 수 있어야 한다.

둘째, 측정치의 값에서 1의 의미가 부여될 수 있는 것이 좋다.

셋째, 측정치의 한곗값들이 의미 있게 규정되는 것이 좋다. 가령 완벽한 정(正)의 관계가 있을 때 +1, 아무런 관계가 없을 때 0, 완벽한 부(負)의 관계를 가질 때 −1로 규정될 수 있다면 바람직한 측정치라고 볼 수 있다(Loether and McTavish, 1974: 192-194 참조).

6) 카이제곱의 분할

일반적인 $r \times c$ 분할표에서 카이제곱이 통계적으로 유의할 때 때로는 표의 어느 부분이 전체의 카이제곱값에 가장 크게 기여하는가를 살펴볼 필요가 있다. 간단한 방법으로는 표준화된 잔차(standardized residuals, 관측값과 기댓값의 차이를 기댓값의 제곱근으로 나눈 값)를 살펴보는 방법이 있지만, 보다 체계적인 것으로는 전체표의 카이제곱값을 부분표(subtables)의 카이제곱값으로 분할해 보는 방법이 있다.

구체적인 절차를 살펴보면, 우선 행과 열을 원하는 방식대로 다시 정리하고(명목변수에서 각 변수의 범주의 위치를 바꾸더라도 카이제곱의 값은 변화하지 않는다), 처음 I행(또는 J열)으로 이루어지는 첫 번째의 부분표를 만들고, 그 다음 처음 I행을 모두 더하여 하나의 행(또는 열)으로 하고 나머지 행(또는 열)을 추가하여 두 번째 부분표를 만든다. 그 때 전체표의 카이제곱값은 부분표의 카이제곱값의 합과 같아진다. 여기서 유의해야 할 점은 우리에게 익숙한 피어슨의 적합도(goodness-of-fit) 카이제곱(χ^2)을 사용할 경우 부분의 합이 전체와 반드시 같아지지 않으나 가능도비(可能度比, likelihood ratio) 카이제곱(L^2)을 사용하게 되면 정확하게 같아진다(Reynolds, 1977: 13-18).

표 10-3 | 연령과 정치적 성향과의 관계

(가) 정치적 성향	연 령		계
	20~30대	40대 이상	
보수적	248	239	487
중도적	348	235	583
진보적	313	120	433
계	909	594	1,503

(나)	20~30대	40대 이상	계
보수적	248	239	487
중도적	348	235	583
계	596	474	1,070

(다)	20~30대	40대 이상	계
보수-중도	596	474	1,070
진보적	313	120	433
계	909	594	1,503

자료 : 국민의식조사 90.

그러나 적합도 카이제곱과 가능도비 카이제곱은 사실상 그 값이 크게 다르지 않기 때문에 적합도 카이제곱값을 분할된 카이제곱값을 검정하는 데 사용하여도 무방하다.

구체적인 예를 통하여 카이제곱의 분할을 살펴보자. 우리는 연령에 따라 정치적 성향이 어떻게 달라지는가에 관심을 가지고 있다. 그것을 위하여 연령과 정치적 성향과의 분할표를 구성하였다. 연령은 20~30대, 40대 이상 등 2개의 범주로 나눈다. 한편 정치적 성향은 스스로 자신의 성향을 평가하게 한 것으로 보수적 · 중도적 · 진보적 등 3개의 범주를 갖는다. 앞의 〈표 10-3〉의 (가)는 정치적 성향과 연령과의 관계를 나타낸 본래의 3×2 분할표다. 그 표의 적합도 카이제곱은 $\chi^2=44.009$(자유도=2), 가능도비 카이제곱은 $L^2=44.825$다. (가)의 전체표를 (나)와 (다)의 부분표로 분할한다. 우선, 정치적 성향이 보수적인 사람과 중도적인 사람만을 골라 연령과 교차시켜 (나)와 같은 2×2 부분표를 얻는다. (나)표에서 $\chi^2=8.266$, $L^2=8.267$(자유도=1)이다. 그 다음에 보수적인 사람과 중도적인 사람의 열을 더하여 하나의 열로 만들고 나머지 진보적인 사람을 추가하여 또 다른 2×2 부분표 (다)를 만든다. (다)에서 $\chi^2=35.476$, $L^2=36.558$(자유도=1)이다. (가)표와 (다)표는 0.1% 수준에서 유의하고 (나)표는 1% 수준에서 유의하다. 〈표 10-3〉의 결과를 요약 · 정리하면 다음과 같다.

표	근원	χ^2	L^2	자유도
(나)	보수 대 중도	8.266	8.267	1
(다)	보수-중도 대 진보	35.476	36.558	1
(가)	계(전체)	44.009	44.825	2

(가)표의 전체 L^2은 부분표 (나)와 (다)의 L^2의 합과 동일하다. 이 결과에서 보면 연령과 정치적 성향 간의 관계를 나타내 주는 전체 카이제곱값의 주된 근원은 보수적 성향과 중도적 성향 간에 나타난다기보다는 보수-중도적 성향과 진보적 성향 간에 보다 뚜렷하게 나타난다고 볼 수 있다.

그러한 절차는 또 다른 방법으로도 가능하다. 즉, 우리가 연령대별로 이념적 편향(보수 또는 진보)을 가진 사람과 중도적 성향을 가진 사람의 비율이 달리 나타나는가에 관심을 가지고 있다면 (나)에서 보수와 진보로 부분표를 만들어 검정하고($\chi^2 = 43.959$, 자유도 = 1, $p = .000$), (다)에서는 보수와 진보를 더하여 하나의 열로 만든 다음 여기에 중도적 성향을 추가하여 2×2 분할표로서 카이제곱 검정을 하면 된다($\chi^2 = .247$, 자유도 = 1, $p = .619$). 연령별로 이념적 편향과 중도적 성향 간에는 큰 차이가 없고, 따라서 전체표의 카이제곱값은 보수와 진보 사이에서 대부분이 설명되고 있음을 알 수 있다. 이와 같이 전체적인 카이제곱검정 이외에 특정의 하위가설을 검정하기 위한 카이제곱의 분할이 때로는 유용하다.

참고 10-2 | 가능도비 카이제곱

가능도비 카이제곱(likelihood ratio chi-square)은 다음 식을 통해 구한다.

$$L^2 = 2\sum_{i=1}^{r}\sum_{j=1}^{c} n_{ij}\,[\log(n_{ij}/\hat{n}_{ij})]$$
$$= -2\sum_{i=1}^{r}\sum_{j=1}^{c} n_{ij}\,[\log(\hat{n}_{ij}/n_{ij})]$$

이 식에서 log는 자연대수다. 우리는 지금까지 적합도 카이제곱 즉 피어슨의 카이제곱에 익숙해져 있으나, 가능도비 카이제곱이 갖는 장점이 있으며 특히 로그선형모형에서는 그러한 장점을 이용한다(제15장 참조). 독립성의 가정하에서 표본의 수가 충분히 크다면 χ^2이나 L^2 모두 $(r-1)(c-1)$의 자유도를 갖는 카이제곱분포를 따르게 된다(Reynolds, 1977: 7-18 참조).

2. *PRE*에 근거한 측정치

두 변수 간의 관계의 강도는 한 변수의 값을 바탕으로 다른 변수의 값을 어느 정도 예측할 수 있느냐로 나타낼 수도 있다. 예를 들어, 사회계층적 지위를 통해 생활 만족도를 잘 예측할 수 있다면, 사회계층적 지위와 생활 만족도는 높은 상관관계를 가지고 있다고 말할 수 있을 것이다.

여기서 다음과 같은 두 가지의 상황을 생각해 보기로 하자. 첫 번째의 상황은 종속변수 자체의 분포 이외에는 별다른 정보가 없는 상황이고, 두 번째는 독립변수의 범주별로 종속변수가 어떻게 분포되어 있는지에 대해 우리가 알고 있는 상황이다. 신문을 구독할 때 특히 관심을 가지고 보는 면이 남성과 여성에서 서로 다르게 나타나는지를 알아보기 위해 남녀 각각 100명씩 총 200명을 대상으로 하여 조사를 실시하였다고 하자. 첫 번째의 상황은 우리가 〈표 10-4〉와 같은 분포를 알고 있을 때다.

표 10-4 | 신문의 관심부분 분포

신문의 관심부분	사례수
정치 · 경제	74
사회 · 문화	91
스포츠	29
기타	6
계	200

자료 : 경제기획원, 「한국의 사회지표, 1986」, 1986, p.301에서 재구성.

두 번째의 상황은 〈표 10-5〉와 같이 독립변수, 즉 성별로 그러한 분포가 어떻게 나타나는지를 알고 있는 경우다.

표 10-5 | 성별 신문의 관심부분 분포

신문의 관심부분	성 별		전체
	남자	여자	
정치 · 경제	52	22	74
사회 · 문화	24	67	91
스포츠	22	7	29
기타	2	4	6
계	100	100	200

이 예에서 첫 번째 상황에서의 오차의 양을 E_a라 하고, 두 번째 상황에서의 오차의 양을 E_b라 하면 *PRE* 측정치는 다음과 같이 표시된다.

$$PRE = (E_a - E_b) / E_a$$

*PRE*란 오차의 비례적 감소(proportional reduction in errors)라는 의미로서, 추가변수의 도입으로 오차의 크기를 어느 정도 감소할 수 있는가에 따라 두 변수 간의 관계를 나타내는 것을 말한다.

이 공식에서 E_a와 E_b가 동일하다면 *PRE*값은 0이 된다. 즉, 오차의 양이 두 번째 상황에서도 첫 번째 상황과 같은 상태인데, 그것은 독립변수에 대한 추가 지식이 종속변수를 예측하는 데 아무런 도움을 주지 못한다는 뜻이고, 결국 독립변수와 종속변수 사이에는 아무런 관계가 존재하지 않는다는 의미가 된다. 만약에 E_b가 0이라면 *PRE*값은 1이 된다. 즉, 두 번째 상황에서 오차의 양이 0이 되므로, 독립변수에 대한 추가의 지식을 통해 종속변수의 분포를 완전하게 예측할 수 있고, 독립변수와 종속변수 사이에는 완벽한 관계가 존재한다고 볼 수 있다.

명목변수의 경우, 오차를 가장 작게 하기 위해서는 우리의 예측을 최빈도수에 맞추어야 한다. 앞의 예에서 사람들이 신문의 어느 면에 특히 관심을 갖는가라는 질문을 던졌을 때 최빈범주인 사회 · 문화면을 지적한다면 200명 가운데에서 91명에 해당되는 부분은 맞으므로 그 때 오차의 양은 (200−91=)109가 될 것이다. 109란 성별(독립변수)로 나타나는 분포를 알지 못한 상태에서 예측할 때 저지를 수 있는 오차의 총량이 되는 셈이다. 만약 성별로 관심부분이 어떻게 분포되어 있는가를 알 수 있다면, 남자는 정치 · 경제면이 52명으로 최빈범주가 되고 그 때 오차의 양은 (100−52=)48이다. 여자는 사회 · 문화면이 67명으로 제일 많기 때문에 오차의 양은 (100−67=)33이다. 따라서 두 번째의 상황, 즉 남녀별 관심부분의 분포를 알 때 저지르게 되는 오차의 총량은 (48+33=)81이다. 여기서 *PRE* 측정치는 (109−81)/109=.257이다. 다시 말하면, 성별과 관심구독면과의 상관관계는 .257이 되는 셈이다. 그것은 성별 관심구독면의 분포를 앎으로써 총오차 가운데 25.7%를 줄일 수 있다는 뜻이 된다. 만약 그것이 100%가 된다면 *PRE*는 1이며 두 변수 간에는 완전한 관계가 존재하게 될 것이고, 반면에 0%라면 *PRE*는 0이며 그 때에는 아무런 관계가 존재하지 않는다고 말할 수 있다.

PRE 원칙에 근거한 측정치들은 비단 명목변수 사이에만 적용되는 것이 아니라, 서열변수나 등간변수에서도 마찬가지로 쓰여지고 있다. 명목변수 간의 측정치들 중 대표적인 것으로는 굿맨과 크루스칼의 람다, 타우가 있다.

1) 람 다

람다(λ)는 굿맨과 크루스칼의 람다(Goodman and Kruskal's lambda)라고 부르며, 비대칭적인 측정치[2]로서 X가 독립변수, Y가 종속변수일 때에 λ_{yx}라고 표기한다. λ_{yx}는 다음과 같은 공식에서 구해진다.

$$\lambda_{yx} = \frac{(N-f_{m.}) - (N-\sum_{j=1}^{c} f_{mj})}{N-f_{m.}} = \frac{\sum_{j=1}^{c} f_{mj} - f_{m.}}{N-f_{m.}}$$

여기에서 N은 표본의 수고, $f_{m.}$는 종속변수 전체의 최빈도수며, $\sum f_{mj}$는 독립

2) 비대칭적 측정치(asymmetric measures)란 독립변수와 종속변수를 명시한 것으로서 일반적으로 독립변수와 종속변수를 바꾸어 넣을 때는 그 값이 달라진다(예 : $\lambda_{yx} \neq \lambda_{xy}$).

변수의 각 범주별 종속변수의 최빈도수를 합한 것이다. 그리고 $(N-f_{m.})$는 첫 번째 상황에서의 오차의 총량이고, $\left(N-\sum_{j=1}^{c} f_{mj}\right)$는 두 번째 상황에서의 오차의 양이다.

〈표 10-5〉에서 보면, $N=200$, $f_{m.}=91$, $\sum_{j=1}^{c} f_{mj}=52+67=119$이다. 따라서 $\lambda_{yx}=\frac{119-91}{200-91}=\frac{28}{109}=.257$이 된다.

λ값을 구할 때 유의해야 할 점은 $\sum f_{mj}$와 $f_{m.}$가 동일할 때에는 분자가 0이 되어 λ값도 0이 된다는 사실이다. 종속변수가 한쪽으로 치우쳐져 분포되어 있다면 X와 Y의 내적 관계에 무관하게 λ값은 0이 된다. 따라서 λ는 편포되어 있는 변수들 간의 관계를 설명하는 데에는 적절한 측정치가 되지 못한다.

만약 독립변수의 범주별로 백분율의 차이가 존재하는데 λ값이 0으로 나오는 경우에는 우선 종속변수의 편포 자체가 의미 있는 정보인지를 검토해 보아야 한다. 종속변수의 편포가 의미 없는 것이라면 관측자료를 표준화하거나 λ 이외의 다른 측정치를 선택해야 한다. 표준화하는 방법 중 가장 간단한 것으로는 각 칸의 백분율을 계산하고 그 백분율을 관측도수로 간주하는 방법이 있다.

2) 타 우

굿맨과 크루스칼의 타우(Goodman and Kruskal's tau)는 λ와 마찬가지로 비대칭적 측정치로서 0에서 1까지의 값을 갖는다. 0은 오차를 전혀 감소시키지 못하는 상태고, 반면에 1은 오차를 완벽하게 감소시키는 상태다. λ와의 차이는 λ가 최빈도수와 연관되는 것에 비해 tau는 종속변수의 분포에 관심을 가지고 있다는 점이다. 무작위로 할당했을 때 기대되는 각 범주의 오차는 '그 범주에 속하지 않을 비율×그 범주의 도수'로 구해진다. 이와 같이 얻어지는 값을 모든 범주에서 더하면 첫 번째 상황에서의 오차의 총량(E_a)이 된다.

$$E_a=\sum_{i=1}^{r}\left[\frac{N-f_i}{N}(f_i)\right]$$

동일한 작업을 독립변수의 각 범주별로 반복하면 두 번째 상황에서의 오차의 총량(E_b)을 얻을 수 있다.

$$E_b = \sum_{i=1}^{r}\sum_{j=1}^{c}\left[\frac{N_j - n_i}{N_j}(n_i)\right]$$

여기서 tau $= \dfrac{(E_a - E_b)}{E_a}$가 된다.

〈표 10-5〉의 자료로 tau를 계산해 보기로 한다.

$$E_a = \frac{200-74}{200}(74) + \frac{200-91}{200}(91) + \frac{200-29}{200}(29) + \frac{200-6}{200}(6)$$
$$= 126.83$$

$$E_b = \frac{100-52}{100}(52) + \frac{100-24}{100}(24) + \frac{100-22}{100}(22) + \frac{100-2}{100}(2)$$
$$+ \frac{100-22}{100}(22) + \frac{100-67}{100}(67) + \frac{100-7}{100}(7) + \frac{100-4}{100}(4)$$
$$= 111.94$$

$$\text{tau} = \frac{126.83 - 111.94}{126.83} = .117$$

참고 10-3 | 승산비

명목변수들 간의 관계를 나타내 주는 측정치 중의 하나로 승산비(乘算比, odds ratio)를 들 수 있다. 승산치(odds)란 '한 범주 속에 있을 빈도와 그 범주에 속하지 않을 빈도 간의 비', 승산비는 '승산치 간의 비'이다. 백분율로 이루어진 표에서 독립변수의 범주별 종속변수의 분포가 모두 누계분포와 동일할 때 두 변수가 서로 독립적인 관계에 있는 것과 마찬가지로, 각 독립변수의 범주별 승산치가 동일할 때 즉 승산비가 1일 때 두 변수 간에는 아무런 관계가 존재하지 않음을 말할 수 있다.

a	b	
c	d	

2×2 분할표에서 한 변수의 변숫값은 동일한데 다른 변수의 변숫값이 다른 경우 승산치는 a/c, b/d 등으로 표기될 수 있고, 승산비는 $\alpha = \frac{a/c}{b/d} = ad/bc$가 된다.

여기서 승산비가 갖는 몇 가지 특징에 주목해 둘 필요가 있다. 첫째, 승산치를 행으로 계산하든 열로 계산하든 그 결과는 마찬가지다. 즉 $\frac{a/c}{b/d} = \frac{a/b}{c/d} = ad/bc$이다. 둘째, 백분율의 분포가 동일한 한 승산비는 변하지 않는다. 다시 말하자면 277쪽에서 보는 바대로 χ^2의 경우 표본수가 커지면 동일한 분포를 가지고 있다 하더라도 카이제곱의 값이 달라졌으나, 승산비의 경우에는 그 값이 동일하다. 따라서 누계분포에 따라 값이 달라지는 다른 측정치들에 비해서는 매우 큰 장점이 된다. 셋째, 승산비는 음의 값을 갖지 않으며 또한 상한선도 없다. 그러나 c나 d가 0일 때는 부정(不定)이 된다. 더욱이 승산비는 매우 커질 수 있고 칸의 크기가 매우 작은 경우 약간의 변화에도 민감하다. 따라서 승산비를 로그화하여 사용하는 경우가 많다.

구체적 수치를 사용하여 살펴보기로 한다. 설명을 위하여 〈표 10-3〉의 (가)의 표에서 중도적 성향을 제외하고 다음과 같은 2×2 분할표를 만들었다.

정치적 성향	연 령		계
	20~30대	40대 이상	
보수적	248	239	487
진보적	313	120	433
계	561	359	920

20~30대에서 진보적 성향에 대비하여 보수적 성향을 가질 승산치는 248/313 = 0.792고, 40대 이상에서는 239/120 = 1.992다. 승산비는 α = 0.792/1.992 = 0.398이다. 만약 그 두 승산치가 서로 동일하다면, 승산치의 비 α는 1이 될 것이고, 그 때에는 연령과 정치적 성향 간에 통계적 독립성이 있다고 볼 수 있다.

2×2 분할표가 아닌 보다 일반적인 $r \times c$ 분할표에서 가능한 승산비는 매우 많다. 그 경우의 승산비는 비(ratio)나 백분율(percentage)에 비해 직관적으로 이해하는 데 어려움이 많다.

승산비는 로그선형모형에서 활용되는데(Fienberg, 1977; Blalock, 1979: 311-312; Knoke and Burke, 1980), 로그선형모형에 관해서는 제15장에서 설명할 것이다.

제 2 절 서열변수의 측정치

1. 기본 개념

서열변수 간의 관계를 나타내 주는 측정치들도 대부분 *PRE*의 원리에 근거하고 있다. 그러나 명목변수의 분석에서는 최빈도수가 초점이 되었던 반면, 서열변수의 분석에서는 독립변수 *X*의 순서를 아는 것이 종속변수 *Y*의 순서를 예측하는 데 어느 정도 오차를 감소시켜 주는가 하는 것이 초점이 된다. 따라서 서열변수의 측정치는 단일한 관측값에 기초한 것이 아니라 관측값들의 짝이 가지는 방향에서 출발한다.

두 변수 *X*와 *Y*의 관계를 *A*, *B*라는 두 사례를 비교하면서 살펴보기로 하자. 여기서 *X*와 *Y*는 모두 서열변수이며 편의상 상(上)과 하(下)라는 두 개의 범주만을 가지고 있다고 가정한다. 그 때 *A*와 *B*는 다음과 같은 다섯 가지 유형의 관계를 가질 수 있다.

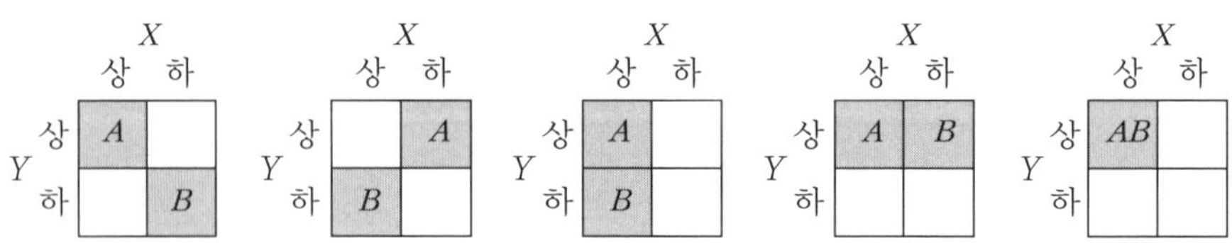

(1) (2) (3) (4) (5)

제(1)유형은 *A*는 *X*, *Y* 모두가 상이고, *B*는 *X*, *Y* 모두가 하인 경우다. 그 때 두 변수 *X*와 *Y*는 정(正, positive)의 방향에서 관계를 가진다. 즉 *X*가 클수록 *Y*도 크다. 제(2)유형은 *A*는 *X*가 하, *Y*가 상이고, *B*는 반대로 *X*가 상, *Y*가 하인 경우다. 그 때 *X*와 *Y*는 부(負, negative)의 방향에서 관계를 가진다. 즉 *X*가 클수록 *Y*는 작아진다. 제(3)유형은 *X*는 동일한데 *Y*가 다른 경우다. 제(4)유형은 *Y*는 동일한데 *X*가 다른 경우다. 그리고 제(5)유형은 *X*와 *Y*의 값이 모두 동일한 경우다. 이 예에서 *A*와 *B*는 편의상 부여한 이름이므로, *A*와 *B*가 바뀌더라도 유형에는 아무런 영향을 미치지 않는다. 단지 (3)의 경우에는 X가 상일 때와 하일 때가 있을 수 있고, (4)의 경우에는 Y가 상일 때와 하일 때가 있을 수 있지만 기본 유형에는 변함이 없다. (5)는 A, B가 모두 같은 칸에 있는 경우가 되므로 실제로는 네 가지가 가능하다.

전체의 짝의 수에서 (1)과 같이 정의 방향에서 관계를 갖는 짝의 수가 (2)와 같이 부의 방향에서 관계를 갖는 짝의 수보다 많다면 두 변수 X와 Y의 관계는 정(正)의 부호를 취할 것이고, 반대로 (2)의 짝의 수가 (1)의 짝의 수보다 많다면 부(負)의 부호를 갖게 될 것이다. 만약에 (1)과 (2)가 동일하다면 두 변수관계에서 부호를 정할 수 없을 것이고, 그 경우에 X와 Y 사이에는 관계가 존재하지 않는다고 볼 수 있다.

여기에서 (1)의 유형을 갖는 짝의 합을 N_s, (2)의 합을 N_d, (3)의 합을 T_x, (4)의 합을 T_y, (5)의 합을 T_{xy}라고 하자. 전체 표본의 수를 N이라고 했을 때 둘씩 짝을 지어 비교할 수 있는 총가짓수는 $N(N-1)/2$이 되고, 그것은 $N_s+N_d+T_x+T_y+T_{xy}$와 같은 값이 된다. 다섯 가지 유형의 짝 중에서 부호설정에서 가장 중요한 요소가 되는 것은 N_s와 N_d이며, N_s가 N_d보다 크면 X와 Y의 관계를 정의 관계로, N_s가 N_d보다 작으면 X와 Y의 관계를 부의 관계로 예측하게 된다. 실제로 서열변수 간의 관계를 분석하는 대부분의 측정치들은 분자가 (N_s-N_d)로 나타나며, (N_s-N_d)가 0보다 크면 측정치의 값이 +부호를, (N_s-N_d)가 0보다 작으면 −부호를 가지도록 되어 있다.

구체적인 예를 들어 그것을 설명해 보기로 하자. 〈표 10-6〉은 참고 10-3에서 활용한 것과 동일한 2×2 분할표로 연령이 정치적 성향에 어떠한 영향을 미치는가를 보여 준다.

표 10-6 | 연령과 정치적 성향과의 관계

정치적 성향 (Y)	연령(X)		계
	20~30대(하)	40대 이상(상)	
보수적(상)	248	239	487
진보적(하)	313	120	433
계	561	359	920

자료 : 국민의식조사 90.

이 표에서 표본의 짝의 총수는

$$T = N(N-1)/2 = 920(920-1)/2 = 422,740$$

이다. 한편,

$$N_s = 239 \times 313 = 74,807$$
$$N_d = 248 \times 120 = 29,760$$
$$T_x = (248 \times 313) + (239 \times 120) = 106,304$$
$$T_y = (248 \times 239) + (313 \times 120) = 96,832$$
$$T_{xy} = \sum f(f-1)/2$$
$$= 248(248-1)/2 + 239(239-1)/2 + 313(313-1)/2 + 120(120-1)/2$$
$$= 115,037$$

이다.

짝의 총수는 이들의 합과 같다.

$$T = N_s + N_d + T_x + T_y + T_{xy}$$
$$422,740 = 74,807 + 29,760 + 106,304 + 96,832 + 115,037$$

〈표 10-6〉은 보수성을 기준으로 서열화한 것이지만, 진보성을 기준으로 본다면 N_s와 N_d는 서로 바뀌게 될 것이다.

이제 좀 더 일반화된 3×3 분할표의 분석을 통해 서열변수의 측정치를 살펴보기로 하자. 〈표 10-7〉에서 X는 교육수준이고 Y는 월평균소득인데, 두 변수 모두 서열변수다.

그림 10-1 | 짝의 수 계산의 예

$T : N(N-1)/2 =$ 1,086(1,086−1)/2= 589,155

N_s:

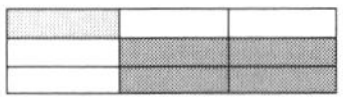 185 ×(204+111+130+162) = 112,295

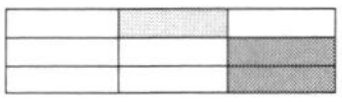 97 ×(111+162) = 26,481

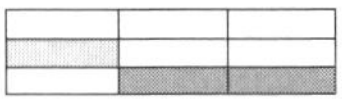 132 ×(130+162) = 38,544

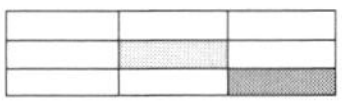 204 × 162 = 33,048

210,368

N_d:

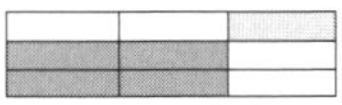 23 ×(132+204+42+130) = 11,684

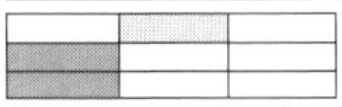 97 ×(132+42) = 16,878

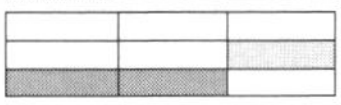 111 ×(42+130) = 19,092

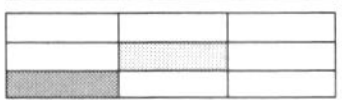 204 × 42 = 8,568

56,222

T_x:

 185 ×(132+42) = 32,190

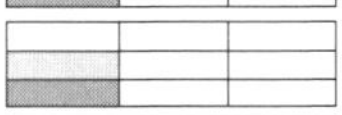 132 × 42 = 5,544

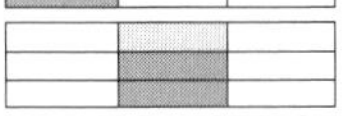 97 ×(204+130) = 32,398

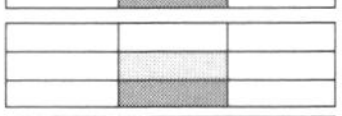 204 × 130 = 26,520

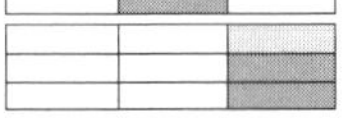 23 ×(111+162) = 6,279

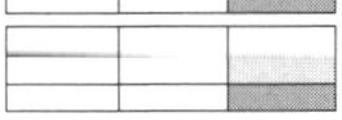 111 × 162 = 17,982

120,913

T_y:

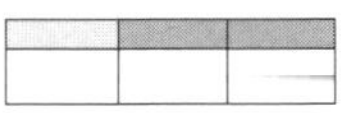 185 ×(97+23) = 22,200

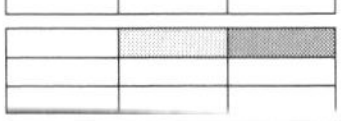 97 × 23 = 2,231

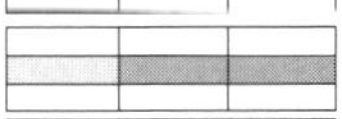 132 ×(204+111) = 41,580

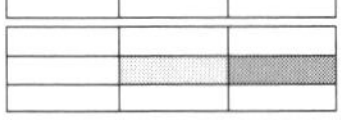 204 × 111 = 22,644

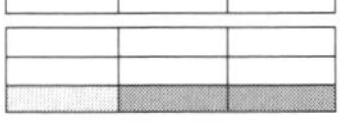 42 ×(130+162) = 12,264

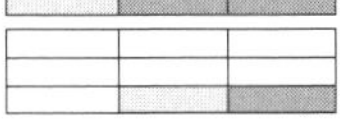 130 × 162 = 21,060

121,979

$T_{xy} : \Sigma f(f-1)/2 = 185(185-1)/2 + 97(97-1)/2$
$+ 23(23-1)/2 + 132(132-1)/2 + 204(204-1)/2$
$+ 111(111-1)/2 + 42(42-1)/2 + 130(130-1)/2$
$+ 162(162-1)/2 =$ 79,673

$$\begin{array}{ccccccccccc} T & = & N_s & + & N_d & + & T_x & + & T_y & + & T_{xy} \\ 589,155 & = & 210,368 & + & 56,222 & + & 120,913 & + & 121,979 & + & 79,673 \end{array}$$

표 10-7 | 교육과 소득의 관계

월평균소득 (Y)	교육수준(X)			계
	중학교 이하	고등학교	대학 이상	
30만 원 미만	185	97	23	305
30~49만 원	132	204	111	447
50만 원 이상	42	130	162	334
계	359	431	296	1,086

자료 : 교육여론조사 84.

이 표에서 짝의 총수와 각 유형별 짝의 수는 [그림 10-1]과 같다.

이렇게 하여 구해진 수치를 바탕으로 서열변수 간의 관계를 나타내 주는 측정치를 알아보자.

2. 대표적인 측정치

1) 켄달의 타우 *a*

켄달의 타우 a(Kendall's tau-a)는 $(N_s - N_d)$를 분자로, 전체 짝의 수를 분모로 하여 계산한다.

$$t_a = (N_s - N_d) / T$$
$$= (N_s - N_d) / (N_s + N_d + T_x + T_y + T_{xy})$$

앞의 예에서 t_a를 계산해 보면,

$$t_a = (210,368 - 56,222) / 589,155 = +.262$$

가 된다. 켄달의 타우 a가 가지고 있는 특징을 보면, 첫째로 t_a값의 범위는 −1에서 +1까지이지만 정확히 −1이나 +1의 값을 가질 수는 없다. X와 Y가 완전한 정의 관계를 가지고 있을 때에도 T_{xy}가 0이 될 수 없기 때문에 정확히 +1이 되지는 못한다. 둘째로 $N_s = N_d$일 때, 즉 t_a가 0이 될 때 두 변수 X와 Y는 아무런 관계를 가지지 않는 것으로 해석된다. 셋째로 t_a는 독립변수와 종속변수를 서로 바꾸어도 값이 변하지 않는 대칭적 측정치다. X가 독립변수일 때의 N_s, N_d와 Y가 독립변수일 때의 N_s, N_d는 동일한 값이며, 따라서 Y가 독립변수일 때 $t_a = (N_s - N_d) / (N_s + N_d + T_y + T_x + T_{xy})$로 X가 독립변수일 때의 t_a값과 동일하다.

2) 감 마

감마(gamma)는 $G = (N_s - N_d) / (N_s + N_d)$로 계산된다.

앞의 예에서 감마의 값을 구해 보면,

$$G = (210,368 - 56,222) / (210,368 + 56,222) = +.578$$

이다. 감마도 타우 a와 마찬가지로 대칭적 측정치며, 계산에 T_{xy}가 포함되어 있지 않기 때문에 +1이나 −1의 값을 가질 수 있다. 완전한 정의 관계를 가질 경우 G의 값은 N_s / N_s, 즉 +1이 된다.

한편, 감마의 값이 2×2 표에 적용될 때, 율의 Q(Yule's Q)와 같은 값이 된다. 율의 Q는 2×2 분할표에서 $(ad - bc) / (ad + bc)$로 계산되는데, 그것은 감마의 값과 동일하다. 따라서 감마는 율의 Q를 $r \times c$ 분할표로 일반화시킨 것이라고 볼 수 있다(참고 10-4 참조).

참고 10-4 | 율의 Q

율의 Q(Yule's Q)는 2×2 분할표에서 사용되는데, 교차하는 값의 곱(cross-product)을 사용하여 계산한다.

$$\text{Yule's } Q = \frac{ad - bc}{ad + bc}$$

		X 하	X 상
Y	상	a	b
	하	c	d

위의 그림에서 보듯이 a, b, c, d는 각 칸의 도수인데 다른 측정치들과 같이 두 변수가 서로 독립적이면, 즉 대각선상에 있는 각 도수의 곱인 ad와 bc가 같으면 0의 값을 가진다. 그러나 ϕ값이 대각선상의 두 칸 모두가 0일 때 1의 값을 갖는 것과는 달리 Q는 한 칸만이 0의 값을 갖더라도 1의 값을 가질 수 있다. 따라서 Q값이 1이라 하더라도 ϕ값이 1이 되지 않을 수 있다. 율의 Q는 또한 승산비(odds ratio)의 단순함수다. 즉 $Q = (\alpha - 1) / (\alpha + 1)$, 여기서 $\alpha = ad/bc$다(참고 10-3 참조).

3) 소머스의 d_{yx}

소머스의 d_{yx}(Somer's d_{yx})는 $(N_s - N_d)$를 분자로 하고 N_s, N_d 및 T_y(또는 T_x)의 합을 분모로 하여 계산된다. Y가 종속변수인 경우 소머스의 d_{yx}는 다음과 같이 구해진다.

$$d_{yx} = (N_s - N_d) / (N_s + N_d + T_y)$$

앞의 예에서 d_{yx}는 (210,368−56,222)/(210,368+56,222+121,979)=+.397

이다. 이 식에서는 분모에 T_y만이 포함되어 있기 때문에 소머스의 d_{yx}는 타우 a나 감마와 달리 비대칭적인 측정치다. 만약 X가 종속변수고 Y가 독립변수라면 다음과 같이 될 것이다.

$$d_{xy} = (N_s - N_d) / (N_s + N_d + T_x)$$

4) 켄달의 타우 *b*

켄달의 타우 b(Kendall's tau-b)는 소머스의 d를 대칭화시킨 경우로 다음과 같이 계산된다.

$$t_b^2 = d_{yx} \cdot d_{xy}$$

$$t_b = \frac{N_s - N_d}{\sqrt{(N_s + N_d + T_y)}\sqrt{(N_s + N_d + T_x)}}$$

앞의 예에서,

$$t_b = \frac{210,368 - 56,222}{\sqrt{210,368 + 56,222 + 121,979}\sqrt{210,368 + 56,222 + 120,913}} = +.397$$

이 된다. 타우 b의 값은 r과 c가 같을 때, 즉 분할표가 정사각형일 때 −1에서 +1까지의 범위를 갖는다. 분할표가 정사각형이 아닐 때에는 타우 b의 값은 +1보다 작거나 −1보다 큰 값이 된다.

5) 켄달의 타우 *c*

따라서 분할표가 정사각형이 아닐 때에는 타우 b보다 타우 c(Kendall's tau-c)를 사용하는 것이 낫다. 타우 c는 다음과 같이 계산한다. 여기서 k는 r과 c 중 작은 값이다.

$$t_c = \frac{2k(N_s - N_d)}{N^2(k-1)}$$

앞의 예에서,

$$t_c = \frac{2 \times 3 \times (210{,}368 - 56{,}222)}{1{,}086^2 \times (3-1)} = +.392$$

이다. 그 외에도 윌슨의 e 등이 소개되고 있다(참고 10-5 참조).

참고 10-5 | 윌슨의 *e*

윌슨의 e(Wilson's e)는 두 변수 X와 Y 값이 동일한 짝들(T_{xy})을 제외하고 계산한 값이다.

$$e = (N_s - N_d) / (N_s + N_d + T_x + T_y)$$

6) 순위상관계수

지금까지 설명한 서열변수의 측정치들은 분할표로부터 계산하였다. 그와는 달리 개별 관측값에 순위점수를 부여한 후 변수 간의 관계를 측정하는 방법이 있다. 즉, 관측값들의 상대적인 위치를 나타내게끔 각 관측값에 대해 1에서 N(표본크기)까지의 숫자를 부여한 후, 순위화된 자료 간의 관계를 측정한 기술통계량을 스피어만의 순위상관계수(Spearman's rho: r_s)라고 한다. 각 사례의 두 변수가 갖는 순위를 비교하기 위하여 우선 두 변수의 순위차(D_i)를 계산하고 그것을 제곱한 다음(D_i^2), 모두 더한다$\left(\sum_{i=1}^{N} D_i^2\right)$. $\sum_{i=1}^{N} D_i^2$을 사용하여 r_s를 구하는데, 그 때 r_s는 모집단 모수 ρ_s에 대한 표본추정치다. r_s는 두 변수 간의 순위점수의 차이를 비교하여 순위가 완전히 동일할 때 +1.0, 완전히 반대 방향일 때 −1.0, 아무런 관계가 없을 때 0이 되도록 만든 것인데 다음 식에 의해 구해진다.

$$r_s = 1 - \left[\frac{6 \sum_{i=1}^{N} D_i^2}{N(N^2 - 1)} \right]$$

여기서 N은 비교하는 관측값 쌍의 수고, D_i는 i번째 쌍에서의 순위차다. 이

표 10-8 | 직업평가의 순위(1978년도)

직업 \ 기준	사회적 지위	수입	경제발전 공헌도	D_i (수입－지위)	D_i^2
국회의원	1	2	15	1	1
법조인	2	4	17	2	4
대학교수	3	6	4	3	9
회사사장	4	1	8	−3	9
의사	5	3	11	−2	4
사회사업가	6	8	12	2	4
신문기자	7	10	16	3	9
방송프로듀서	8	9	19	1	1
성직자	9	14	22	5	25
군장교	10	12	13	2	4
교사	11	13	7	2	4
공무원	12	18	10	6	36
연예인	13	5	24	−8	64
엔지니어	14	11	1	−3	9
경찰관	15	20	20	5	25
회사원	16	15	5	−1	1
도매상	17	7	25	−10	100
간호사	18	19	18	1	1
운전수	19	16.5	14	−2.5	6.25
숙련공	20	21	3	1	1
소매상	21	16.5	23	−4.5	20.25
농 · 어부	22	22	9	0	0
직공	23	24	6	1	1
광부	24	23	2	−1	1
노동자	25	25	21	0	0
계				0	339.5

자료 : 김경동 (1979).

식에서 두 변수 간 순위에서 아무런 차이가 없다면 $\sum_{i=1}^{N} D_i^2$은 0이 될 것이고, 따라서 순위상관계수 r_s는 1이 된다. 반대로 순위가 완전히 거꾸로 되어 있다면 오른쪽 항은 2가 되어 r_s는 −1이 될 것이다.

예를 들어 설명해 보기로 하자. 김경동(1979)은 직업을 사회적 지위, 수입 정도, 경제발전에 대한 공헌도 등 세 가지 기준에 따라 평가해 보고자 하였다. 각 기준별로 평가자들에게 대표적인 직업 25개에 대하여 5점척도로 평가하게 한 다음, 평균점수를 내고 그에 따라 각 직업의 순위를 결정하였다. 그 결과가 〈표 10-8〉에 제시되어 있다. 이 표에서 국회의원은 사회적 지위에서는 1위로, 수입에서는 2위로 평가되고 있지만, 경제발전에 대한 공헌도는 15위에 불과하다.

여기서 사회적 지위와 수입 간의 순위상관계수를 산출해 보기로 한다.

$$r_s = 1 - \left[\frac{6 \times (339.5)}{25 \times (625 - 1)} \right] = 1 - .131 = .869$$

같은 방법으로 계산해 보면, 지위와 공헌도 간의 r_s는 −.033이 되고, 수입과 공헌도 간의 r_s는 −.143이 된다. 지위와 소득은 매우 높은 상관관계를 가지나, 경제발전에 대한 공헌도와는 약하나마 오히려 반대의 방향에서 관계를 맺는 것으로 나타난다. 우리는 순위상관계수에 대한 통계적 의미도 검정해 볼 수 있다. $N \geq 10$일 경우 r_s의 표집분포는 $1/\sqrt{N-1}$의 표준편차를 갖는 정규분포에 접근함이 증명되고 있다(Blalock, 1979: 434-436).

두 변수 간에 아무런 관계가 없다는 영가설 $H_0: \rho_s = 0$을 검정하기 위하여 Z값을 구하면 다음과 같다.

$$Z = \frac{r_s - 0}{1/\sqrt{N-1}} = .869\sqrt{24} = 4.257$$

지위와 수입 간의 순위상관계수 r_s는 1% 수준에서 유의하다.

한편, 수입과 공헌도는 $Z = -.143\sqrt{24} = .701$이고, 지위와 공헌도는 $Z = -.033\sqrt{24} = -.162$여서 5% 수준에서 유의하지 않다. 따라서 이 예에서 사회적 지위 및 수입과 경제발전에 대한 공헌도와의 순위상관은 통계학적으로 의미가 없음이 밝혀졌다.

지금까지 소개한 측정치들은 타우 *c*와 스피어만의 순위상관계수만을 제외하고는 모두 *PRE* 측정치다. 이들 가운데 어떤 것을 사용하는 것이 좋은가에 대해서는 확고한 규칙이 있는 것이 아니며 개별 연구자가 생각하여 적합하다고 판단되는 측정치를 사용하면 될 것이다. 단지 일반적으로 많이 사용하고 있고 또 권장되고 있는 것으로는 감마, 소머스의 d_{yx}, 타우 *b*, 타우 *c* 등을 들 수 있다. 두 변수가 비대칭적인 관계를 갖는 경우에는 소머스의 d_{yx}를, 대칭적인 관계를 갖는 경우에는 감마나 타우 *b*, 타우 *c*를 쓰는 것이 좋다. 타우를 쓸 때에는 분할표의 행과 열의 수가 동일한 경우, 즉 정사각형 분할표의 경우에는 타우 *b*를, 정사각형이 아닌 분할표의 경우에는 타우 *c*를 쓰도록 한다. 그러한 측정치들은 기술적인 목적으로 많이 쓰이고 있지만 때로는 가설검정을 위해서, 즉 표본조사에서 얻어진 측정치를 가지고 모집단의 관계를 추리하고자 할 때에 사용하기도 한다.

3. 측정치의 통계적 검정

1) 감마의 검정

감마는 다음 식을 통해 검정한다.

$$Z = (G - \gamma)\sqrt{\frac{N_s + N_d}{N(1 - G^2)}}$$

여기서 γ는 G의 모수다. 이 식은 G를 표준화된 점수로 전환하여 준다. 또한 이 식은 Z값을 다소 작게 추정하는 것이기 때문에, 그 값이 통계적으로 의미가 있게 나온다면 우리는 안전하게 통계량의 유의성을 결론지을 수 있다.

가설검정 시 표본의 계수를 미리 알고 있기 때문에 양측검정의 방법을 쓰지 않고, 단측검정의 방법을 쓴다.

$H_0 : \gamma = 0$이라고 했을 때 〈표 10-8〉의 예에서 Z점수는 다음과 같다.

$$Z = (.578 - 0)\sqrt{\frac{210,368 + 56,222}{1,086(1 - .578^2)}} = +11.1$$

단측검정 시 $Z > 2.326$이면 1% 수준에서 유의하므로 여기에서 영가설은 기각된다. G의 값은 통계적으로 유의한 값이고, 따라서 X와 Y, 즉 교육수준과 소득 간에는 유의한 관계가 있다고 결론지을 수 있다.

2) 타우 a의 검정

τ_a를 모집단의 켄달의 타우 a값이라 하고, 두 서열변수 간에 아무런 관계가 없는 상태, 즉 통계적으로 서로 독립적인 상태를 영가설로 설정한다.

$$H_0 : \tau_a = 0$$

이 상태는 정 방향의 짝과 부 방향의 짝의 수가 같을 때다. 대립가설은 $H_1 : \tau_a \neq 0$, $H_1 : \tau_a > 0$, 또는 $H_1 : \tau_a < 0$ 중의 어느 하나를 설정할 수 있다. 표본의 수가 10 이상인 경우 타우 a의 검정통계량 Z는 다음과 같아진다.

$$Z = t_a / S_{ta}$$

여기서 표준오차 $S_{ta} = \sqrt{\frac{2(2N+5)}{9N(N-1)}}$ 이다.

이 때의 Z값은 표준정규분포에 근사한다. 유의수준은 다른 Z-검정과 마찬가지로 평가된다. $N < 10$일 경우의 검정통계량에 대해서는 다른 통계학 교과서를 참조하기 바란다.

앞의 예에서 $t_a = +.262$고, $N = 1,086$이므로 S_{ta}는 다음과 같다.

$$S_{ta} = \sqrt{\frac{2(2 \times 1,086 + 5)}{9 \times 1,086(1,086 - 1)}} = .0202625$$

따라서 $Z = .262/.0202625 = 12.93$이 된다.

이 예에서 $H_0: \tau_a = 0$이고, $H_1: \tau_a > 0$이다. 여기서 대립가설을 $\tau_a > 0$로 설정하는 것은 이미 $t_a = .262$라는 값을 우리가 알고 있고, 단지 그것이 통계적으로 의미 있게 0과 다른가를 검정하기 위한 것이기 때문에 단측검정으로 충분하다. 1% 수준에서 H_0가 단측검정으로 기각되기 위해서는 $Z > 2.326$여야 하기 때문에 위의 예에서 H_0는 기각된다. 즉, 두 변수의 관계는 통계적으로 의미 있는 것으로 결론지어진다.

3) 타우 *b*의 검정

$H_0: \tau_b = 0$을 검정해 보기로 한다. 타우 b의 Z-검정은 표본의 수가 비교적 클 때에 적합하며, 대체로 $N_s + N_d$의 수가 200을 초과할 것을 요구하고 있다.

$Z = (N_s - N_d) / S_{(N_s - N_d)}$로 표시되며, $N_s + N_d$의 표집분포는 N이 클 경우 $(N > 30)$ 정규분포에 접근한다.

여기서 $S^2_{(N_s - N_d)}$는 다음과 같다.

$$S^2_{(N_s - N_d)} = \frac{N^3}{9}\left[1 - \frac{\sum_{i=1}^{r} n_{i.}^3}{N^3}\right]\left[1 - \frac{\sum_{j=1}^{c} n_{.j}^3}{N^3}\right]$$

이 식에서 N은 표본의 수, $n_{i.}$는 i번째 행의 합, $n_{.j}$는 j번째 열의 합이다. 검정통계량은 타우 b와 타우 b의 표준오차인 S_{tb}를 사용하여 산출할 수도 있다.

$$Z = t_b / S_{tb}$$

이 때 S_{tb}는 다음과 같이 구해진다.

$$S_{tb} = \frac{S_{N_s - N_d}}{\sqrt{(N_s + N_d + T_x)}\sqrt{(N_s + N_d + T_y)}}$$

4. 부분관계

두 변수 간의 관계를 볼 때에 제1장에서 토의했던 바와 같이 제3의 변수(검정요인)를 도입하여 원래의 관계가 어떻게 달라지는가를 살펴본다. 이 때 검정요인의 각 범주별로 나타나는 두 변수 X와 Y의 관계를 부분관계라 한다. 부분관계는 명목변수의 경우에도 해당되는 것이지만, 여기서는 서열변수의 측정치인 부분감마(partial gamma)를 통해서 설명해 보기로 한다.

예를 들어, 교육수준과 월평균소득과의 관계는 직업수준에 따라 달라질 수 있다. 그것을 살펴보기 위하여 직업을 상 · 중 · 하의 세 범주로 묶고 각 범주별로 교육과 소득의 관계를 살펴보고자 한다. 직업은 고급전문직 종사자와 관리 · 행정직 종사자를 상으로, 일반전문직 종사자 · 기술공 · 사무직 종사자 · 소규모 자영업자를 중으로, 생산직 종사자 · 단순 육체근로자 · 농업 종사자를 하로 하고, 무직자는 편의상 제외하였다. 부분관계는 다음의 〈표 10-9〉에서와 같이 얻어진다.

교육과 소득의 관계는 다음 세 표에서 모두 정의 관계를 보여 주고 있다. 교육이 소득에 미치는 영향은 직업수준이 상인 집단에서 상대적으로 약하게 나타나고 있음을 알 수 있다.

그러나 우리의 관심은 각각의 하위분할표에서 교육과 소득이 어떤 관계를 가지고 있는가에서 더 나아가 직업수준을 통제했을 때 교육과 소득의 관계는 전체적으로 어떻게 나타나고 있는가에 이르게 된다. 그것을 위해서 부분의 통계량을 계산해 본다. 부분감마 G_p는 다음과 같이 얻어진다.

표 10-9 | 직업별 교육과 소득과의 관계

직업: 하 (교육)

소득	중학	고등	대학	계
30만 원 미만	100	38	5	143
30~49 만 원	36	28	5	69
50만 원 이상	8	10	4	22
계	144	76	14	234

$N_s = 5,658$
$N_d = 2,396$
$G = +.405$

직업: 중 (교육)

소득	중학	고등	대학	계
30만 원 미만	56	46	10	112
30~49 만 원	76	139	57	272
50만 원 이상	22	82	65	169
계	154	267	132	553

$N_s = 45,027$
$N_d = 16,684$
$G = +.459$

직업: 상 (교육)

소득	중학	고등	대학	계
30만 원 미만	4	3	6	13
30~49 만 원	11	27	47	85
50만 원 이상	10	38	90	138
계	25	68	143	236

$N_s = 5,057$
$N_d = 3,105$
$G = +.239$

자료 : 교육여론조사 84.

$$G_p = (\sum N_s - \sum N_d) / (\sum N_s + \sum N_d)$$
$$\sum N_s = 5,658 + 45,027 + 5,057 = 55,742$$
$$\sum N_d = 2,396 + 16,684 + 3,105 = 22,185$$

따라서 $G_p = (55,742 - 22,185) / (55,742 + 22,185) = +.431$이다.

교육과 소득의 무차감마(zero-order gamma, 즉 총체적 관계)는 앞에서 +.578이었다. 1차 부분감마(first-order partial gamma)는 +.431인데, 그것은 제3의 변수 즉 직업을 통제했을 때 교육과 소득 간의 관계가 다소 약화되고 있음을 뜻한다.

부분관계를 나타내는 통계량에서 1차(first-order)라는 의미는 변수가 하나 통제된다는 것을 뜻하고, 2차(second-order)는 변수가 두 개 통제된다는 의미다. 만약 앞에서 직업 이외에 연령을 통제하여 교육과 소득의 관계를 본다면 그 때의 부분관계는 2차 부분관계가 될 것이다. 그와 같은 요령으로 우리는 부분감마뿐만 아니라 소머스의 d_{yx} 등 다른 통계량에서도 부분의 관계를 산출할 수 있다.

이처럼 부분관계를 포함하고 있는 분석은 주위에서 흔히 찾아볼 수 있다. 여기서 아노미와 결혼 만족도에 관한 리(Lee, 1974)의 연구를 살펴보기로 한다. 리는 이 연구에서 아노미와 결혼 만족도와의 관계는 사회경제적 계층이 낮을수록 더 강하다는 가설을 설정하고, 그것을 검정하고자 하였다. 아노미는 딘(Dean, 1961)이 소외척도의 하위개념으로 구성한 무규범척도(normlessness scale)를 사용하였고, 결혼 만족도는 부부간의 애정과 이해심에 대한 만족 여부를 측정하는 문항들로 구성하였다. 분석 시 무규범척도는 3분화하고, 결혼 만족도는 10점척도에서 7점 이상과 6점 이하로 양분하여 분할표분석을 실시하였다. 분석 결과, 여성에서는 〈표 10-10〉과 같은 결과를 얻었다.

표 10-10 | 결혼 만족도와 무규범성과의 관계

무규범성(Y)	결혼 만족도(X)	
	낮다	높다
낮다	23.1%	35.7%
중간	44.2%	49.6%
높다	32.7%	14.7%
계 (N)	100.0% (156)	100.0% (238)

$G = -.344$, $p < .001$.
자료 : Lee (1974).

〈표 10-10〉을 보면 결혼 만족도가 높을수록 아노미(무규범성)의 정도가 낮다는 잠정적인 설명을 가할 수 있다. 그것을 다시 남편의 사회경제적 지위에 따라 살펴보기 위해 사회경제적 지위를 2분화하여 분할표를 제시한 것이 〈표 10-11〉이다.

〈표 10-11〉에 따르면 남편의 사회경제적 지위가 높은 여자들에서 결혼 만족도와 무규범성의 관계는 더 강한 부의 관계를 보여 주고 있다. 즉, 사회경제적 지위가 높을수록 결혼에 대한 만족은 아노미의 정도를 더 크게 감소시켜 준다는 것이다. 결혼 만족도와 무규범성과의 인과관계를 명확하게 설정할 수는 없지만, 리(Lee, 1974)는 그의 연구에서 결혼 만족도를 원인변수로,무규범성을 결

과변수로 하여 논의를 전개하고 있다.

표 10-11 | **남편의 사회경제적 지위별 결혼 만족도와 무규범성과의 관계**

남편의 사회적 지위(Z)

	낮 다			높 다	
무규범성(Y)	결혼 만족도(X)		무규범성(Y)	결혼 만족도(X)	
	낮다	높다		낮다	높다
낮다	24.6%	30.4%	낮다	21.7%	40.9%
중간	40.6%	51.0%	중간	48.2%	47.7%
높다	34.8%	18.6%	높다	30.1%	11.4%
계	100.0%	100.0%	계	100.0%	100.0%
(N)	(60)	(102)	(N)	(83)	(132)

$G=-.244$, $p<.05$.　　$G=-.435$, $p<.001$.

| 제 11 장 |

집단 간 비교분석

제 1 절 두 집단의 비교

1. 집단 간 평균의 비교

사회조사의 결과를 분석할 때 두 집단을 비교해 보아야 할 경우가 흔히 있다. 예를 들면, 사무직 종사자의 월평균임금이 1,417,000원이고, 생산 · 기능직 종사자의 임금이 1,276,000원이라고 했을 때(1998년도 기준) 그들 간의 임금차가 통계적으로 의미 있는 차이인가라는 질문을 던져볼 수 있다. 비교하고자 하는 두 집단표본의 평균을 각각 $\overline{X}_1$와 $\overline{X}_2$라고 했을 때, $\overline{X}_1$와 $\overline{X}_2$의 차가 의미 있는 차이인가를 알아보기 위하여 t-검정을 이용한다.

우선 두 집단평균의 차를 검정하기 위한 통계적 원리를 정리해 보기로 하자. 우리는 중심극한정리(中心極限定理)로부터 첫 번째 집단의 표본의 크기 N_1이 충분히 크다면($N \geq 30$), 첫 번째 집단의 표본평균 $\overline{X}_1$의 표집분포는 평균 μ_1과 분산 $\sigma^2_{\overline{X}_1} = \sigma^2_1 / N_1$인 정규분포를 따른다는 것을 알 수 있다. 마찬가지로 두 번째 집단의 표본의 크기 N_2가 역시 충분히 크다면, $\overline{X}_2$의 분포는 평균 μ_2와 분산 $\sigma^2_{\overline{X}_2} = \sigma^2_2 / N_2$을 갖는 정규분포에 근사(近似, approximate)하게 된다. 두 집단표본이 상호독립적인 모집단으로부터 추출된 것이라면 두 집단 간 평균의 차 $\overline{X}_1 - \overline{X}_2$는 평균 $\mu_1-\mu_2$와 분산 $\sigma^2_{\overline{X}_1-\overline{X}_2}$을 갖는 정규분포에 따른다(집단 간 비교를 위한 통계학적 가정은 기초통계학 교과서를 참조).

> **참고 11-1 | 중심극한정리(中心極限定理, central limit theorem)**
>
> 평균이 μ이고 분산이 σ^2인 임의의 모집단으로부터 크기가 N인 확률표본을 추출할 때 N이 크면 표본평균 $\overline{X}$의 표집분포는 평균 μ이고 분산 σ^2/N인 정규분포에 접근하게 된다. 모집단이 정규분포를 이룬다면 여기에서 추출된 표본은 정규분포를 따르게 될 것이다. 그러나 이 정리에 따르면 모집단이 정규분포를 따르지 않더라도 N이 충분히 크다면 표집분포는 정규분포에 근사적으로 따른다(제9장 참조).

여기서 $\sigma^2_{\overline{X}_1-\overline{X}_2}=\sigma^2_{\overline{X}_1}+\sigma^2_{\overline{X}_2}=\sigma^2_1/N_1+\sigma^2_2/N_2$이다. 이 식에서 σ^2은 모수인데, 사회조사에서는 표본의 통계량을 통해서 모수를 추정하게 되며, 따라서 실제 계산에서는 다음과 같이 표본의 분산 S^2_1, S^2_2을 σ^2_1, σ^2_2에 대체하여 모집단의 추정량 $\hat{\sigma}^2_{\overline{X}_1-\overline{X}_2}$을 구한다.

$$\hat{\sigma}^2_{\overline{X}_1-\overline{X}_2}=\frac{S^2_1}{N_1}+\frac{S^2_2}{N_2}$$

이 때 영가설 $H_0: \mu_1-\mu_2=0$의 검정은 다음과 같은 t-검정을 사용한다.

$$t=\frac{(\overline{X}_1-\overline{X}_2)-(\mu_1-\mu_2)}{\hat{\sigma}_{\overline{X}_1-\overline{X}_2}}=\frac{\overline{X}_1-\overline{X}_2}{\hat{\sigma}_{\overline{X}_1-\overline{X}_2}}$$

만약 모집단의 분산 σ^2_1과 σ^2_2이 σ^2으로 동일하다고 가정하면 통합추정량 S^2 (S^2_{pooled})을 대체하여 사용한다.

$$\hat{\sigma}_{\overline{X}_1-\overline{X}_2}=\sqrt{S^2\left(\frac{1}{N_1}+\frac{1}{N_2}\right)}$$

여기서 $S^2 = \dfrac{(N_1 - 1)\,S_1^2 + (N_2 - 1)\,S_2^2}{N_1 + N_2 - 2}$ 으로 구해진다.

이와 같이 계산된 t값은 $(N_1 + N_2 - 2)$의 자유도를 가진 t분포표에 따라 영가설 검정에 사용된다. 만약 두 집단 간의 분산이 다를 경우, 구해진 t값은 스튜던트의 t분포를 따르지 않으며, 따라서 t의 근사치를 계산하여 사용하게 되는데 그 때의 자유도 df는 다음과 같이 구해진다.

$$df = \frac{(S_1^2/N_1 + S_2^2/N_2)^2}{(S_1^2/N_1)^2/(N_1 - 1) + (S_2^2/N_2)^2/(N_2 - 1)}$$

이 값은 거의 정수의 값을 취하지 않기 때문에 가장 가까운 정숫값을 택하여 t-검정을 하게 된다.

두 집단 간의 분산이 같은지를 알아보기 위해서는 F-검정을 사용한다. 그 때 F값은 $F = S_1^2/S_2^2$(S_1^2은 분산 중 큰 값)으로 계산한다. F-검정 결과 두 집단의 분산이 같으면 통합분산추정량(pooled variance estimate)을 사용하고, 두 집단의 분산이 다르면 개별분산추정량(seperate variance estimate)을 사용한다.

두 집단을 비교한 연구의 예를 들어보기로 한다. 〈표 11-1〉의 연구는 스트레스와 심리적 복지에서 사별자와 이혼자 간에 어떠한 차이를 보이는가를 알아보고자 한 것이다. 그것을 위해 편모 283명을 대상으로 조사하였으며, 그들을 다시 사별자(196명)와 이혼자(87명) 집단으로 구분하였다(김경신 · 김오남, 1998).

표 11-1 | **집단 간 평균 비교의 예**

변 수	사별자 $\overline{X}_1$(s.d.)	이혼자 $\overline{X}_2$(s.d.)	t값
자존감	3.33(0.67)	3.17(0.55)	2.05*
가족자원	2.94(0.41)	2.71(0.47)	4.18**
대처	3.22(0.42)	3.12(0.44)	1.84
스트레스	2.85(0.57)	2.88(0.56)	−0.32
생활 만족도	3.08(0.56)	2.80(0.62)	3.64**
N	196	87	

* $p<.05$, ** $p<.01$.

자료 : 김경신 · 김오남 (1998).

자존감(10문항), 가족자원(30문항), 대처(23문항), 스트레스(27문항), 생활 만족도(12문항)는 모두 5점척도로 이루어져 있는데, 스트레스를 제외하고는 점수가 높을수록 긍정적인 측면을 나타내고 있다. 두 집단을 비교한 결과 자존감, 가족자원 및 생활 만족도에서 사별집단과 이혼집단 간에 통계적으로 의미 있는 차이가 나타난다. 전체적으로 보면, 사별자보다 이혼자가 더 많은 어려움을 겪고 있음을 알 수 있다.

2. 쌍체비교

앞서 두 집단의 평균을 비교할 때 우리는 두 표본이 상호독립적이라고 가정하였다. 그러나 때로는 두 표본을 상호독립적이지 않게 설계하는 것이 유용하다. 실험연구에서 사전검사와 사후검사의 결과를 비교할 때라든가, 동일가구 내의 부부나 부모-자식을 비교할 때와 같은 경우다. 전자의 경우는 대상 관찰단위(개인 또는 집단)가 동일하며, 후자의 경우는 관찰단위가 다르다. 그렇지만 어느 경우에도 두 표본이 상호독립적이지 않기 때문에 평균의 차이를 검정하는 것은 적절하지 못하다. 그 때 독립된 사례수는 $2N$이 아니라 N이며, 각 사례는 관찰단위의 짝으로 이루어져 있게 된다. 그것을 쌍체비교(雙體比較, paired comparison)라 한다. 쌍체비교에서는 '평균의 차이' $(\overline{X}_1 - \overline{X}_2)$를 검정하는 것이 아니라, 각 짝의 '차이의 평균' $(\overline{X}_d = 1/N\,\Sigma(X_1 - X_2))$을 검정하게 된다. 따라서 영가설은 두 모집단 평균 간에 차이가 없다는 것이 아니라$(H_0: \mu_1 - \mu_2 = 0)$, 각 짝의 차이의 평균이 0이라는 것이다$(H_0: \mu_d = 0)$. 결국 단일표본에서 평균이 0이라는 것을 검정하는 것과 같다. t값은 $t = (\overline{X}_d - \mu_d)/(S_d/\sqrt{N})$로 구해진다. $\overline{X}_d$, S_d는 각각 관찰단위 짝의 평균과 표준편차다. 여기서 $S_d = \sqrt{\Sigma(X_d - \overline{X}_d)^2/(N-1)}$ 이다.

이제 두 개의 실제 연구결과의 예를 살펴보기로 한다. 〈표 11-2〉는 사전검사와 사후검사의 결과를 비교한 예다. 이 연구는 아동들의 정서지능(emotional quotient: EQ)을 높이기 위해 개발한 프로그램이 과연 효과가 있는지를 검증하고자 한 것이다(박성옥 외, 1999). 프로그램 영역은 아동들이 마음을 여는 '민감성', 자신의 존재를 깨닫고 나를 존중하는 '자아존중감', 나를 실현하는 '동기', 나를 표현하는 '의사소통' 등 4개로 설정하였다. 영역별 척도를 보면, 민감성은 점수가 높을수록 감정이입을 잘하는 것이고, 자아존중감은 점수가 높을수록 자기 자신을 긍정적으로 지각하고 있는 것이며, 동기는 점수가 높을수록 성취동기가 높은 것이고, 의사소통은 점수가 높을수록 의사소통 능력이 크다는 것을 뜻한다.

프로그램의 효과를 검증하기 위해 초등학교 6학년 아동 42명을 각각 21명씩 실험집단과 통제집단으로 구분하고, 실험집단에는 매주 2회씩 약 3개월 동안 방과후 시간을 이용하여 40~50분에 걸쳐 프로그램 활동을 실시하였으며, 통제집단에는 아무런 프로그램을 진행하지 않았다. 각 영역별로 프로그램을 시작할 때 사전검사를 실시하고, 마무리할 때 사후검사를 실시하였다.

본 프로그램 참여가 효과가 있는지 알아보기 위해 실험집단과 통제집단의 점수를 쌍체비교 t-검정하였다. 그 결과, 〈표 11-2〉에서 보는 바와 같이 실험집단의 경우에는 전 영역에서 유의하게 점수가 높아졌으나, 통제집단의 경우에는 사전검사와 사후검사 간에 유의미한 점수차이가 없었다. 따라서 연구자들은 자신들이 개발한 정서지능 프로그램이 감정이입 능력, 긍정적인 태도, 성취동기,

표 11-2 | 프로그램 영역별 사전검사 및 사후검사의 비교

프로그램 영역	집단	N	사전검사 $\overline{X}_1$(s.d.)	사후검사 $\overline{X}_2$(s.d.)	t값
민감성	실험집단	21	1.64(0.14)	1.80(0.09)	5.91**
	통제집단	21	1.75(0.11)	1.77(0.14)	0.77
자아존중감	실험집단	21	2.69(0.56)	3.07(0.52)	2.90**
	통제집단	18	2.74(0.76)	2.87(0.63)	1.28
동기	실험집단	19	2.80(0.52)	3.32(0.56)	2.89**
	통제집단	18	2.60(0.51)	2.25(0.82)	−1.93
의사소통	실험집단	20	3.24(0.22)	3.60(0.51)	3.36**
	통제집단	21	3.29(0.48)	3.33(0.43)	0.46

** $p<.01$.

자료 : 박성옥 외 (1999).

표 11-3 | 영역별 남편과 아내의 비교

(N= 212)

영 역	남편 $\overline{X}_h$(s.d.)	아내 $\overline{X}_w$(s.d.)	t값
재무관리 지식	10.61(2.92)	10.17(2.88)	2.14*
성역할 태도	46.95(10.20)	53.96(10.05)	−9.57**
재무관리 행동	17.66(4.33)	19.34(3.72)	−5.96**
재정 만족도	55.33(11.95)	55.53(10.41)	−0.30

* $p<.05$, ** $p<.01$.
자료 : 김효정 (1999).

의사소통 능력을 향상하는 데 효과가 있다고 결론짓고 있다.

두 번째의 예는 서로 관계가 있는 짝을 비교하고 있다. 〈표 11-3〉의 연구는 남편과 아내 간에 가계 재무관리 행동 등에서 차이가 있는지를 알아보고자 한 것이다(김효정, 1999). 부부를 대상으로 한 이 연구는 남편과 아내에게 각각 질문지를 배부한 후 스스로 기입토록 하는 방식을 취하였으며, 최종 분석에 사용한 사례수는 212쌍이다. 영역별로 보면, 재무관리 지식은 점수가 높을수록 지식이 많다는 것이고, 성역할 태도는 점수가 높을수록 근대적 태도를 갖고 있다는 것이며, 재무관리 행동은 점수가 높을수록 효율적으로 수행하고 있다는 것이고, 재정 만족도는 점수가 높을수록 재정 상태에 대해 만족하고 있음을 나타낸다.

분석 결과, 연구자는 재무관리 지식은 남편이 아내보다 더 많지만, 성역할 태도에서는 아내가 남편보다 더 근대적인 태도를 가지고 있고, 재무관리 행동도 아내가 더 효율적으로 수행하고 있음을 밝히고 있다. 그러나 재정 만족도는 부부간에 차이가 없다.

앞에서 설명한 바대로, 두 번째 예에서도 남편의 평균($\overline{X}_h$)과 아내의 평균($\overline{X}_w$)을 비교하는 것이 아니라, 부부간 차이의 평균, 즉 $\overline{X}_d = 1/N\sum(X_h - X_w)$를 검정한다. 만약 남편과 아내가 상호독립적인 표본이라고 가정한다면 영가설은 $H_0: \mu_h - \mu_w = 0$, 자유도는 $(N_1 + N_2 - 2) = 422$가 되겠지만, 이 경우에는 쌍체비교여서 영가설은 $H_0: \mu_d = 0$, 자유도는 $(N-1) = 211$이 된다.

제 2 절 분산분석

1. 분산분석의 의미

만약에 비교하고자 하는 집단이 두 개가 아니고 셋 이상일 때에는 어떻게 해야 하는가? 예를 들어, 교육수준에 따라 초졸 이하자, 중졸자, 고졸자, 전문대학 졸업자, 4년제대학 졸업자 등 5개 집단으로 구분하였을 때, 그들 간의 월평균소득의 차이가 통계적으로 의미 있는가의 여부는 어떻게 판단해야 하는가?

여러 집단 간의 비교를 위해서는 흔히 ANOVA라고 불리는 분산분석(analysis of variance)의 방법을 많이 사용하는데, 분산분석은 두 집단 간의 평균차를 검정하는 방법을 더욱 확대 · 일반화시킨 것이라고 볼 수 있다.

그러나 앞에서 두 집단평균 간의 차를 검정하는 데에서는 모집단이 서로 다른 것이었지만, ANOVA에서는 모집단이 동일하다.

분산분석을 할 때에는 '집단 간의 분산'과 '집단 내의 분산'을 비교하게 된다. 즉, 분산분석은 전체 평균 $\overline{X}$를 중심으로 각 집단 j의 평균 $\overline{X}_j$가 어느 정도 분산되어 있는가와, 각 집단 j에서 개별 관측값 X_{ij}가 그것이 속한 집단의 평균 $\overline{X}_j$를 중심으로 어느 정도 분산되어 있는가를 비교해 보는 분석 기법이다. 그 절차는 다음과 같은 몇 개의 단계를 거친다.

첫째, 모든 관측값 X_{ij}와 전체 평균 $\overline{X}$의 차의 제곱합, 즉 총제곱합(SS_{total}: sum of squares total)을 구한다.

$$SS_{\text{total}} = \sum_{j=1}^{k} \sum_{i=1}^{n_j} (X_{ij} - \overline{X})^2$$

여기서 k는 집단의 수, n_j는 j번째 집단의 표본수다.

둘째, 집단 간 차의 제곱합(SS_{between}: sum of squares between groups)을 구한다.

$$SS_{\text{between}} = \sum_{j=1}^{k} n_j (\overline{X}_j - \overline{X})^2$$

셋째, 집단 내 차의 제곱합(SS_{within}: sum of squares within groups)을 구한다.

$$\begin{aligned} SS_{\text{within}} &= SS_{\text{total}} - SS_{\text{between}} \\ &= \sum_{j=1}^{k} \sum_{i=1}^{n_j} (X_{ij} - \overline{X}_j)^2 \end{aligned}$$

넷째, 집단 간 차의 제곱합을 자유도 $k-1$로 나누어 집단 간 평균제곱(MS_{between}: mean square between groups)을 구하고, 집단 내 차의 제곱합을 자유도 $N-k$로 나누어서 집단 내 평균제곱($\text{MS}_{\text{within}}$: mean square within groups)을 구한다.

$$MS_{\text{between}} = SS_{\text{between}} / (k-1)$$

$$MS_{\text{within}} = SS_{\text{within}} / (N-k)$$

마지막으로, 집단 간 차에 대한 통계적 검정을 행한다. k개 집단의 평균에서 검정해야 할 영가설은 $H_0: \mu_1 = \mu_2 = \cdots = \mu_k$인데, F-검정을 사용한다.

$$F = \frac{MS_{\text{between}}}{MS_{\text{within}}}$$

즉, 우리는 집단평균의 분산이 집단 내의 개별 관측값들의 분산에 비해 클수록 집단평균 간의 차를 확신하게 되는 것이다.

이 공식을 실제 자료를 사용하여 확인해 보기로 하자. 999명의 표본을 교육수준별로 5개 집단으로 나누고, 각 집단별 소득을 비교해 보기 위해 분산분석을 실시하여 다음과 같은 결과를 얻었다.

분산	제곱합(SS)	자유도	평균제곱(MS)	F
집단 간	192,645.7635	4	48,161.4414	42.779
집단 내	1,119,056.3516	994	1,125.8111	
계	1,311,702.1151	998		

자료 : 교육여론조사 84.

여기서 $F = MS_{\text{between}} / MS_{\text{within}} = 48{,}161.4414/1{,}125.8111 = 42.779$이다. 집단의 수 $k = 5$이므로 집단 간 제곱합의 자유도는 $k - 1 = 4$이며, 집단 내 제곱합의 자유도는 $N - k = 999 - 5 = 994$고, 총제곱합의 자유도는 $N - 1 = 999 - 1 = 998$이다. F분포표로부터 $\alpha = .01$, 자유도 4, 994일 때 통계적으로 유의미하기 위해서는 F값이 3.32를 초과하여야 함을 알 수 있다([부표 4] 참조). 그런데 이 표에서 F값(42.779)은 3.32를 초과하고 있으므로, 우리는 학력에 따른 집단 간의 소득격차가 통계적으로 의미 있다고 해석할 수 있다.

그러나 여기에서 유의할 점은 분산분석은 일반적으로 집단평균의 차이 유무만을 보여줄 뿐 어느 집단 간에 차이가 있는지를 알려 주지 못한다는 것이다. 따라서 그러한 목적을 위해서는 제15장에서 소개할 중분류분석과 같은 기법들이 흔히 사용된다.

2. 분산분석의 예

분산분석의 기법은 원래 실험자료를 분석하기 위하여 고안된 것이지만 비실험적 자료, 즉 사회조사 등에서 얻어진 자료를 분석하는 데에도 유용하게 쓰인다. 추광영(1981b)은 자료가 가용한 94개국을 대상으로 국가의 특성과 언론통제 사이에 어떠한 관계가 있는지를 알아보기 위해 분산분석의 기법을 사용한 바 있다. 국가의 특성은 정치제도, 정치적 안정도, 국가발전도, 지배적 종교, 국제사회에서의 위치 등 5개의 측면에서 살펴보았다. 기준변수가 되는 언론통제도지수는 정치적 · 법적 통제, 경제적 통제, 사회적 · 윤리적 통제 등 3개의 차원별로 산출하였다.

분석에 사용된 가설 중 설명을 위해 하나만 골라보기로 한다. "정치제도가 상이한 나라들 사이에는 정치적 · 법적 언론통제에 유의한 차이가 있을 것이다"라는 가설을 살펴보기로 한다. 정치제도는 민주주의, 부분적 민주주의, 부분적 권위주의, 완전 권위주의 등 4개의 집단으로 나누고 있다.

분석 결과 정치제도에 따른 정치적 · 법적 언론통제도의 평균값이 〈표 11-4〉에 제시되어 있다. 이 표는 정치적 · 법적 언론통제가 국가의 권위주의적 성향이 높아짐에 따라 점점 증가함을 보여 준다.

표 11-4 | **정치제도별 정치적 · 법적 언론통제도의 평균값**

정치제도 구분	평균값	*N*
민주주의	−0.874	25
부분적 민주주의	−0.415	23
부분적 권위주의	0.550	23
완전 권위주의	1.064	25

자료 : 추광영 (1981b : 142).

그 평균값의 차의 통계적 유의도를 검정하기 위하여 *F*-검정을 실시한다. 〈표 11-5〉를 보면, 정치적 · 법적 통제의 *F*값은 55.51로서 정치제도에 따라 통계적으로 유의미한 차를 보이고 있다. 따라서 정치제도가 어느 정도 민주적이냐에 따라 언론통제의 정도가 달라진다고 해석할 수 있다.

표 11-5 | **정치제도와 정치적 · 법적 언론통제도의 일원분산분석표**

분산	제곱합(*SS*)	자유도(*df*)	평균제곱(*MS*)	*F*	p
집단 간	54.66	3	18.22	55.51	.0001
집단 내	26.26	80	.33		
전체	80.92	83			

자료 : 추광영 (1981b : 143)

제 3 절 다중 비교 기법

1. 다중 비교 기법의 의미

여러 집단을 비교할 때 분산분석 이외에 다중 범위 검정(multiple range test)의 방법을 사용하기도 한다. 다중 비교 기법은 분산분석과는 달리 예측변수가 하나인 경우에만 사용된다.

이 절에서는 다중 비교 기법 중 흔히 사용되는 던칸의 방법(Duncan's method)과 셰페의 방법(Scheffe's method)에 대해 간략히 설명하기로 한다. 던칸의 검정에서는 우선 *k*개 집단의 평균을 크기대로 배열한 후 평균값이 가장 큰 집단과 가장 작은 집단의 차를 먼저 검정하게 된다. 그 차이가 유의하지 않다면 다른 어떤 비교도 유의하지 않을 것이다. 그것이 유의하다면 그 다음으로 큰 것과 가장 작은 것을 비교 검정하는 등 동일한 방법으로 계속 검정하게 된다. 던칸의 기법은 하위집단의 단계별로 상이한 범윗값을 사용한다. 즉, 하위집단의 단계의 수가 클수록 유의하기 위해서는 평균차가 더 커야 하는 것이다. 단계의 수란 집단평균 간의 거리를 가리키는 것으로, 집단평균을 크기순으로 배열했을 때 인접한 두 평균 간의 단계의 수는 2가 되고 하나 더 떨어져 있을 때는 3이 된다.

한편, 셰페의 방법에서는 모든 비교에 하나의 범윗값만을 사용한다. 던칸의 경우 단계별로 상이한 값을 적용하지만 셰페는 단계에 관계없이 동일한 값을 사용한다. 셰페의 방법은 영가설을 기각하는 방법 중에서 가장 보수적이다. 즉, 셰페의 검정에서 집단 간의 차이가 의미 있게 판정되기 위해서는 보다 큰 값이 요구된다. 따라서 셰페에서 유의하다면 던칸을 포함한 다른 다중 범위 검정 방법에서는 모두 유의할 것이나, 던칸에서 의미 있는 경우라도 셰페에서는 의미가 없을 수도 있다. 특히 셰페가 갖는 장점은 각 집단의 크기가 다른 경우에 유용하게 사용될 수 있다는 점이다(보다 자세한 것은 Montgomery, 1984 ; Edwards, 1985 참조).

2. 다중 비교 기법의 예

이제 다중 비교 기법을 사용한 실제 분석의 예를 살펴보기로 하자. 이용학(1985)은 소비자 행동에 관한 연구에서 취업주부의 직업별로 소비자 행동이 어떤 차이를 나타내는가를 살펴보고자 하였다. 그것을 위해 취업주부를 직업에 따라 고급직과 저급직으로 나누고, 그들과 비교할 수 있도록 비취업주부도 표집의 대상으로 삼아, 표본을 모두 세 집단으로 구분하였다. 직업 구분에서 고급직에는 교수 · 의사 · 약사 · 직업간호사 · 교사 · 경영관리직을, 저급직에는 전화교환원 · 하위직 공무원 및 회사원 · 외판원 · 자영 소매업주 · 서비스업 종사자 등을 포함하였다. 소비자 행동의 차원별로 그 직업집단 간에 어떤 차이가 나타나는가를 살펴보기 위해 던칸의 다중 범위 검정 기법을 사용하였다. 분석 결과 중 일부를 추려 제시하면 〈표 11-6〉과 같다.

표 11-6 | **던칸의 다중 범위 검정의 예**

종속변수	평균	N	직업	하위집단
편의성 추구	3.19	306	고급직	A
	2.97	326	비취업	B
	2.82	311	저급직	C
가족중심 레저지향	3.11	306	고급직	A
	3.03	311	저급직	A B
	2.99	326	비취업	B
품질 우선주의	3.25	305	고급직	A
	2.95	328	비취업	B
	2.88	311	저급직	B
자립지향	3.77	311	저급직	A
	3.68	305	고급직	A
	3.44	325	비취업	B
전통주의	3.29	326	비취업	A
	3.07	310	저급직	B
	2.89	306	고급직	C

$\alpha = 0.05$.

자료 : 이용학 (1985 : 118-126).

이 표의 하위집단 구분에서 영문자 A, B, C 등의 표기는 동일문자 간에는 통계적으로 유의한 차이가 없음을 뜻한다. 각 직업집단 간의 차원별 차이를 살펴보면, 편의성 추구의 정도에서는 고급직 주부가 가장 높고, 그 다음이 비취업 주부이며, 저급직 주부가 가장 낮다. 또한 그들 간에는 통계적으로 유의한 차이가 있음을 알 수 있다. 가족중심 레저지향에서는 고급직 주부가 가장 높고, 그 다음이 저급직 주부이며, 비취업 주부가 제일 낮다. 여기에서 고급직 주부와 비취업 주부 간에는 유의한 차이가 있지만, 고급직과 저급직의 취업주부 간, 그리고 저급직 주부와 비취업 주부 간에는 의미 있는 차이가 없다. 품질 우선주의, 자립지향성, 전통주의 등 나머지 차원에서도 같은 요령으로 해석할 수 있다.

다음으로 셰페의 검정 방법을 사용하고 있는 예를 들어보기로 한다. 〈표 11-7〉의 연구는 집단별 사례수가 다르기 때문에 이 방법을 사용하고 있다. 그러나 표의 제시 방식은 던칸의 예와 동일하다. 그 연구는 중산층이 주로 다니는 대형교회의 신도들이 다른 유형의 교회 신도들과 종교성의 측면에서 어떠한 차이를 가지고 있는가를 살펴보고자 한 것이다(서우석, 1994). 여기서 신앙중요도와 신

표 11-7 | 셰페의 다중 범위 검정의 예

변수	평균	*N*	교회유형	하위집단
신앙 중요도	2.96	130	혼합계층 대형	A
	2.96	163	중산층 중소형	A
	2.89	401	중산층 대형	A
신앙깊이	3.85	130	혼합계층 대형	A
	3.59	163	중산층 중소형	B
	3.42	401	중산층 대형	B
경건생활	2.71	130	혼합계층 대형	A
	2.61	163	중산층 중소형	AB
	2.46	401	중산층 대형	B
정통주의 신앙	2.91	130	혼합계층 대형	A
	2.65	163	중산층 중소형	B
	2.54	401	중산층 대형	B

$\alpha = 0.05$.
자료 : 서우석 (1994).

앙의 깊이는 점수가 높을수록 종교성이 더 높은 것을 가리킨다. 경건생활의 정도는 점수가 높을수록 경건생활을 적극적으로 하는 것을 뜻한다. 정통주의 신앙은 점수가 높을수록 믿음이 강한 것을 나타낸다.

분석 결과, 신앙깊이와 정통주의 신앙에서 중산층 교회는 혼합계층 교회와 구분되고, 경건생활에서는 중산층 대형교회와 혼합계층 대형교회 간에 유의한 차이를 보인다. 신앙 중요도를 제외한 종교성의 모든 차원에서 통계적으로 유의한 차이가 나타났다. 결론적으로, 종교성은 혼합계층 대형교회가 가장 높고, 그 다음이 중산층 중소형교회이며, 중산층 대형교회는 가장 낮다.

| 제 12 장 |

회귀분석과 경로분석

제 1 절 회귀분석

회귀분석이란 두 개 이상의 변수들 간의 관련성을 찾아내기 위하여 사용하는 분석 기법으로 변수들 간의 관계식(그것을 회귀방정식 또는 회귀식이라고 한다)을 찾아내고, 그 관계식의 정확도 등을 검토하는 통계적 방법을 가리킨다. 따라서 표본으로부터 둘 또는 그 이상의 변수의 변숫값을 알면, 회귀분석을 통해 그들 간 관계의 형태를 알 수 있다.

1. 회귀분석의 기초

Y의 변숫값이 X의 변숫값의 변화에 따라 어떻게 변하는지를 알아보고자 하는 경우, 앞서 명목변수와 서열변수에서는 분할표분석을 통하여 그것을 살펴보았다. 그러나 등간척도로 측정된 두 변수 간의 관계를 찾아내기 위해서는 우선 도표상에 관측점을 그려보아야 한다. 교육수준과 월평균소득과의 관계를 알아보고자 할 때 교육수준을 독립변수 X, 월평균소득을 종속변수 Y라 하고 [그림 12-1]과 같이 산점도(散點圖, scatter plot)를 그리면 두 변수 간의 관계를 개략적으로 짐작할 수 있다.

그림 12-1 | 교육수준과 소득과의 관계

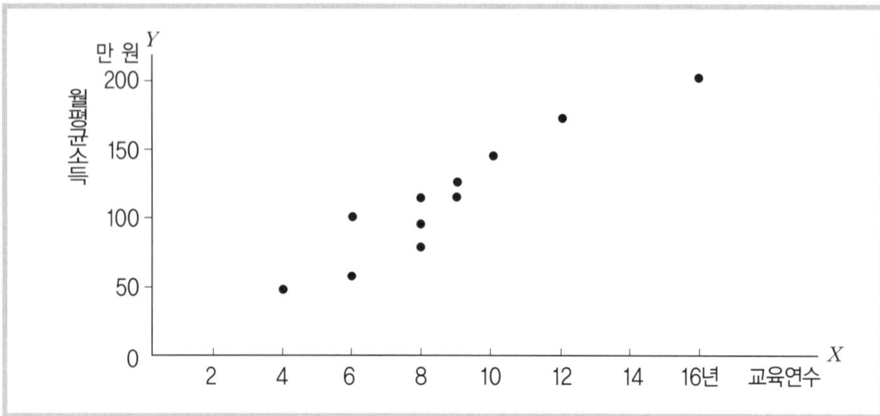

이 그림을 보면 X가 증가하면 Y도 증가하는 경향이 있으며, 그 관계는 대체로 선형적임을 알 수 있다.[1] 그 경우 X와 Y의 관계를 간략하게 나타내고자 한다면 하나의 직선으로 표시할 수 있다. 만약 모든 점들이 동일선상에 놓여 있다

1) 산점도를 그렸을 경우에 X와 Y의 관계가 직선보다는 곡선으로 표시되는 것이 더 적절하게 생각될 때가 있다. 그러한 경우에는 직선식보다는 곡선식을 구하여야 하는데, [그림 12-2]의 (가)와 (나)의 예가 이에 해당된다.

그림 12-2 | 곡선관계 산점도

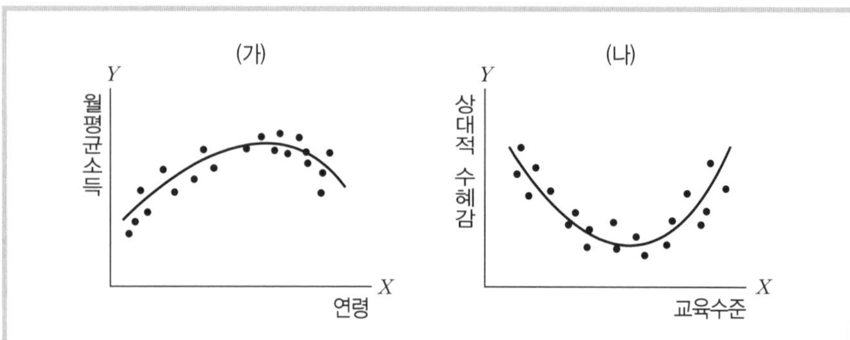

[그림 12-2]의 (가)는 연령과 월평균소득과의 관계를 나타내 주는데, 일반적으로 연령이 높아질수록 소득도 많아져서 45~54세를 정점으로 소득이 최대가 되며 그 이후에는 연령이 증가할수록 소득은 오히려 떨어지는 경향이 있다. 마찬가지로 (나)에서 볼 수 있는 바와 같이 교육수준에 따른 상대적 박탈감이나 수혜감 역시 반드시 선형의 관계로 나타나는 것은 아니다.

면 각 점들을 단순히 연결하면 될 것이다. 그러나 [그림 12-2]에서 보는 바와 같이 교육수준이 같다고 하더라도 월평균소득은 다를 수 있기 때문에 선은 정확하게 각 점들을 통과하는 것이 아니라 그 점들 사이의 적당한 곳을 지나게 된다. 그 선을 회귀선(regression line)이라 하는데, 그 선을 찾아내는 작업이 바로 회귀분석(regression analysis)이다.

1) 단순선형 회귀모형

회귀분석에서 가장 간단한 경우는 하나의 독립변수 X의 값으로 종속변수 Y의 값을 예측하는 단순회귀분석(simple regression analysis)이다. 만약 독립변수 X와 종속변수 Y 사이에 선형관계가 성립한다면 변수들 간의 관계는 $Y_i = \alpha + \beta X_i$의 식으로 나타낼 수 있다. $Y_i = \alpha + \beta X_i$의 식에 의하면 특정의 X값에 상응하는 Y의 값은 오직 하나뿐이다. 그러나 일반적으로 X값이 동일하다고 하더라도 Y값이 여러 개로 나타나는 경우가 많으므로 그러한 모형을 설정하는 것은 비현실적이다. 따라서 하나의 X값에 대한 Y값의 분포를 설명하려면 확률적 모형을 사용해야 한다. 즉, 다음과 같은 통계모형을 생각해 볼 수 있다.

$$Y_i = \alpha + \beta X_i + \varepsilon_i \quad (i = 1, 2, \cdots, n)$$

$X_1, X_2, \cdots, X_n$: 독립변수의 값
$\varepsilon_1, \varepsilon_2, \cdots, \varepsilon_n$: 비시의 오차항
α, β : 미지의 값

이러한 통계모형을 단순선형 회귀모형(simple linear regression model)이라고 한다. 이 모형에서 Y값은 각각의 X값에 $\alpha + \beta X_i$를 평균으로 하고 σ^2을 분산으로 하여 분포되어 있다. 여기서 분산 σ^2은 동일한 X값에 대한 관측값 Y의 변동을 나타내는 모수다. 오차항 ε_i는 Y_i와 $\alpha + \beta X_i$의 차이를 나타내는 미지의 확률오차다. 그러나 실제로 우리가 모수 α와 β를 알지 못하기 때문에 선형회귀식 $Y_i = \alpha + \beta X_i$를 정확히 알 수 없다. 따라서 회귀분석의 주된 목적은 관측된 자료로부터 α와 β를 추정함으로써 X와 Y 간의 관계를 규명하는 것이다.

2) 회귀분석에서의 가정

대부분의 경우 회귀분석에서는 모집단에서 추출한 표본으로부터 얻은 절편과 기울기를 통해 모수를 추정하는데, 표본의 통계량 a, b로부터 모집단의 계수 α와 β를 정확하게 추리하기 위해서는 다음과 같은 몇 가지 중요한 가정을 한다.

첫째, 특정화 과정에서 오차(specification error)가 없다. 즉, X와 Y의 관계는 선형이며, 종속변수를 설명하는 데 적절한 독립변수는 모두 회귀식에 포함되어 있다.

둘째, 측정오차가 없다. 다시 말하자면 변수 X와 Y는 정확하게 측정되어 있다.

셋째, 오차 ε_i에 대한 가정이 필요하다(그러한 가정들이 깨어지는 경우에 대한 보다 자세한 설명은 다른 통계학 교과서를 참조하기 바란다).

(가) $E(\varepsilon_i) = 0$, 즉 오차의 기댓값은 0이다.[2)]

(나) 동분산성(同分散性, homoscedasticity)을 가정한다. 즉, 각각의 X값에 대한 Y의 분산은 동일하다[$E(\varepsilon_i^2) = \sigma^2$].

(다) $E(\varepsilon_i \varepsilon_j) = 0\ (i \neq j)$, 즉 오차항 간에는 상관이 없다.

(라) 오차의 항(ε_i)은 정규분포한다.

3) 최소제곱법

미지의 회귀계수(regression coefficient)인 α와 β를 관측된 자료로부터 추정하기 위해서는 먼저 미지의 직선 $Y_i = \alpha + \beta X_i$를 추정하는 직선 $Y_i = a + bX_i$를 생각하기로 한다. 여기서 a는 X가 0일 때의 Y값이므로 Y의 절편이 되고, b는 기울기로서 X의 한 단위의 변화에 따른 Y의 변화량이다. 편의상 세 개의 점만을 생각하고, 그 각각을 $(X_1, Y_1), (X_2, Y_2), (X_3, Y_3)$라고 하자. X_i에서의 Y의 예측값은 $\hat{Y}_i = a + bX_i$가 된다([그림 12-3] 참조).

---

2) $E(\varepsilon_i)$는 기댓값, 즉 평균의 개념과 같다.

그림 12-3 | 단순선형 회귀모형

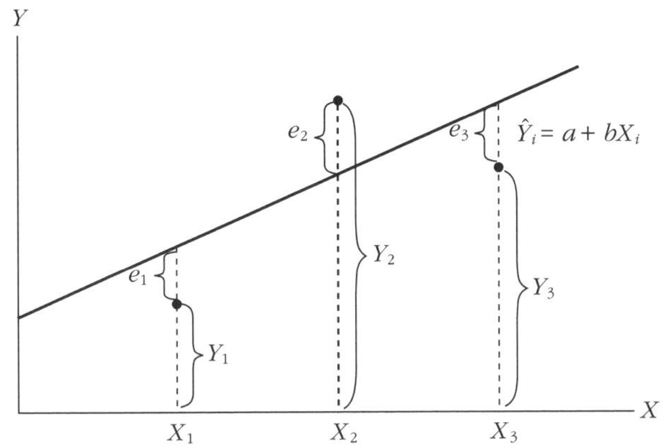

실제의 측정값을 Y_i라고 한다면 측정값 Y_i와 회귀선에 의한 예측값 $\hat{Y}_i$의 차, 즉 오차는 $e_i = (Y_i - \hat{Y}_i)$가 된다. 회귀식을 구하기 위해서는 그와 같은 차 e_i를 n개의 관측점에서 얻은 다음, e_i의 제곱의 합, 즉 $\sum_{i=1}^{n} e_i^2$을 계산한다. $\sum e_i^2$은 a와 b를 어떤 값으로 정하여 주느냐에 따라 변하는데 $\sum e_i^2$값이 작으면 작을수록 바람직한 회귀식으로 볼 수 있다. 회귀식을 찾는 데 가장 보편적으로 쓰이는 방법은 각 측정값과 예측값 간의 거리(오차)의 제곱합을 최소화하는 a와 b의 값을 구하는 것이다. 이 방법은 거리의 제곱합을 최소화하기 때문에 최소제곱법(least square method)이라고 부른다.

참고 12-1 | 최소제곱법

회귀식을 $\hat{Y}_i = a + bX_i$라 했을 때, 각 점들과 회귀선과의 수직거리는 $Y_i - \hat{Y}_i = Y_i - a - bX_i$다. 이는 다시 다음과 같이 쓸 수 있다.

$$Y_i - a - bX_i = (Y_i - \overline{Y}) - b(X_i - \overline{X}) + (\overline{Y} - a - b\overline{X})$$

이 식에서 양변을 제곱하여 N사례까지 합하면, 거리의 제곱합은 다음과 같다.

$$\sum(Y_i - a - bX_i)^2 = \sum(Y_i - \overline{Y})^2 + b^2\sum(X_i - \overline{X})^2 + \sum(\overline{Y} - a - b\overline{X})^2$$
$$-2b\sum(X_i - \overline{X})(Y_i - \overline{Y})$$
$$[\because \sum(\overline{Y} - a - b\overline{X}) = 0]$$

여기서
$$\sum(X_i - \overline{X})^2 = \sum X_i^2 - N(\overline{X})^2 = S_x^2$$
$$\sum(Y_i - \overline{Y})^2 = \sum Y_i^2 - N(\overline{Y})^2 = S_y^2$$
$$\sum(X_i - \overline{X})(Y_i - \overline{Y}) = \sum X_i Y_i - N(\overline{X})(\overline{Y}) = S_{xy}$$

라 하면 거리들의 제곱합은 다음과 같이 정리된다(여기서 S_x^2, S_y^2, S_{xy}는 X와 Y 각각의 변동 및 공변동을 가리키는 것으로 본문 중에 나타난 분산 및 공분산과 구분하여 이해하기 바란다).

$$S_y^2 + b^2 S_x^2 + N(\overline{Y} - a - b\overline{X})^2 - 2bS_{xy}$$
$$= N(\overline{Y} - a - b\overline{X})^2 + b^2 S_x^2 - 2bS_{xy} + S_y^2$$
$$= N(\overline{Y} - a - b\overline{X})^2 + \left(bS_x - \frac{S_{xy}}{S_x}\right)^2 + \left(S_y^2 - \frac{S_{xy}^2}{S_x^2}\right)$$

따라서 $\overline{Y} - a - b\overline{X} = 0$, $bS_x - \dfrac{S_{xy}}{S_x} = 0$일 때 그 값이 최소가 된다.

이것을 만족하는 a, b의 값을 구해 보면,

$$b = \frac{S_{xy}}{S_x^2}, \quad a = \overline{Y} - b\overline{X}$$

여기서 $X_i - \overline{X} = x$, $Y_i - \overline{Y} = y$라 하면, $b = \dfrac{\sum xy}{\sum x^2}$가 된다.

2. 상관관계

1) 상관관계의 의미

우리는 회귀모형을 사용하면서 회귀식이 종속변수의 변동을 어느 정도로 잘 설명해 주는가에 대해서 관심을 가진다. 그러나 회귀모형 자체로는 변수 간 관계의 유형만을 알 수 있을 뿐, 관계의 강도를 알 수는 없다. 관계의 강도는 어떤 변수가 다른 변수와 얼마나 밀접하게 연관되어 있는가에 의해 결정된다. 그러한 연관을 상관관계(correlation)라 하며, 상관의 정도는 상관계수(correlation coefficient)로 나타낸다.

사회과학에서 다루는 변수들은 서로 다양한 정도의 상관관계를 가지고 있는데, 예를 들어 교육수준과 직업적 지위는 비교적 높은 상관을 갖는 관계고, 자녀수와 정치적 무관심은 별다른 상관을 보이지 않는 관계다.

만약 두 변수가 완전한 상관관계를 가지고 있다고 한다면 우리는 한 변수의 변숫값을 앎으로써 다른 변수의 변숫값을 정확히 예측해 낼 수 있을 것이고, 반대로 상관관계가 전혀 없다고 하면 한 변수의 변숫값을 아는 것이 다른 변수의 변숫값을 아는 데 아무런 도움을 주지 못할 것이다. 상관관계는 결국 그들 양극단 사이에서 그 예측의 정도가 얼마나 정확한가에 따라 평가된다.

2) 결정계수와 피어슨의 적률상관계수

(1) 결정계수

결정계수(coefficient of determination)는 제10장에서 살펴본 오차의 비례적 감소(*PRE*)의 원리를 이용한 것이다. 우선, Y라고 하는 변수의 변숫값을 예측하는 문제를 그림을 통해 살펴보기로 하자. 만약에 우리가 Y의 분포상태만을 알고 있다면 Y에 대한 가장 정확한 예측치는 Y의 표본평균이 된다. 그러나 X와 Y 사이에 어떤 관계가 있을 경우에는 X의 값을 알게 되면 Y값을 보다 정확하게 예측할 수 있을 것이다.

그림 12-4 | 총편차의 분해

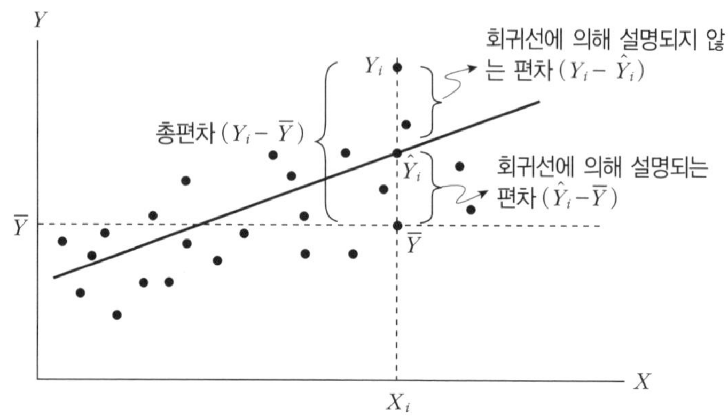

[그림 12-4]는 산점도와 회귀선을 나타내고 있다. 이 그림에서 X의 점수를 고려하지 않는다면 Y의 점수에 대한 가장 좋은 예측치는 평균인 $\overline{Y}$다. 이 때 예측에 따른 오차는 개별 관측값과 전체 평균의 차, 즉 $Y_i - \overline{Y}$가 된다. Y에 대한 X의 관계를 알게 될 경우에는 그것을 이용하여 보다 정확히 예측할 수 있다. 회귀선에 의하면 X_i에 대해 $\hat{Y}_i$이 예측되는데 그것은 $\overline{Y}$를 통한 예측보다 훨씬 정확하다. 회귀선은 관측값과 전체 평균과의 차 $Y_i - \overline{Y}$ 중에서 $\hat{Y}_i - \overline{Y}$의 부분을 설명해 주기 때문에 회귀선을 사용하는 경우에 오차는 $Y_i - \hat{Y}_i$으로 감소한다. 이 설명을 요약하면, 전체 평균 $\overline{Y}$로부터 Y_i의 거리는 다음과 같은 요소들로 나눌 수 있다.

$(Y_i - \overline{Y})$ = 평균 $\overline{Y}$로부터의 총편차
$(\hat{Y}_i - \overline{Y})$ = 회귀선에 의해 설명되는 Y_i의 편차
$(Y_i - \hat{Y}_i)$ = 회귀선에 의해 설명되지 않는 $\hat{Y}_i$으로부터의 Y_i의 편차(=잔차)

개별 관측값에 대해 그러한 편차를 계산하여, 그것을 제곱한 후 더하면 종속변수 Y_i의 변동(variation)은 다음과 같은 요소들로 구분된다.

$$\sum(Y_i - \overline{Y})^2 = \sum(\hat{Y}_i - \overline{Y})^2 + \sum(Y_i - \hat{Y}_i)^2$$

$\sum(Y_i - \overline{Y})^2$ = 총제곱합(SST)
$\sum(\hat{Y}_i - \overline{Y})^2$ = 회귀제곱합(SSR : 회귀선에 의해 설명되는 부분)
$\sum(Y_i - \hat{Y}_i)^2$ = 오차제곱합(SSE : 회귀선에 의해 설명되지 않는 부분)

이 때 SST(sum of squares total)는 우리가 설명하고자 하는 종속변수 Y_i의 총변동(total variation)인데 회귀식에 의해 설명되는 부분(SSR: sum of squares regression)과 회귀식에 의해 설명되지 않는 부분(SSE: sum of squares error)으로 나누어진다. 총변동에서 회귀제곱합이 차지하는 부분이 커질수록 Y에 대한 X의 설명력은 커진다고 볼 수 있다. 결정계수는 그 원리를 바탕으로 만들어진 개념이다. 즉, 결정계수 r^2은 다음과 같이 나타낼 수 있다.

$$\begin{aligned} r^2 &= SSR/SST \\ &= (SST - SSE)/SST \\ &= [\sum(Y_i - \overline{Y})^2 - \sum(Y_i - \hat{Y}_i)^2] / \sum(Y_i - \overline{Y})^2 \end{aligned}$$

결정계수는 다음과 같은 방법으로도 구할 수 있다.

$$r_{XY}^2 = S_{XY}^2 / S_X^2 S_Y^2$$

여기서 S_{XY}는 두 변수 X와 Y의 공분산이며, S_X^2은 X의 분산, 그리고 S_Y^2은 Y의 분산이다.[3)]

이 때 $S_{XY}/S_X S_Y$를 피어슨의 적률상관계수(Pearson's product-moment correlation coefficient) 또는 표본상관계수(sample correlation coefficient)라 하고 결정계수의 제곱근 $\sqrt{r^2}$, 즉 r로 나타낸다.

3) 표본에서 두 변수 X와 Y의 공분산 S_{XY}는 두 변수의 결합산포의 정도를 나타내는 측정치로서 다음과 같이 정의된다.

$$S_{XY} = \frac{1}{N-1}\sum_{i=1}^{N}(X_i - \overline{X})(Y_i - \overline{Y})$$

한편, Y의 총변동 가운데에서 X에 의해 설명되지 않는 부분은 $1-r^2$이 된다. 그것에 제곱근을 씌운 값 $\sqrt{1-r^2}$을 소원계수(coefficient of alienation)라고 부른다.

(2) 피어슨의 적률상관계수

흔히 상관계수라고 불리는 피어슨의 적률상관계수는 최소제곱법으로 구해진 선형회귀선의 주위에 관측값들이 밀집되어 있는 정도를 의미하는 것으로 다음과 같은 식을 통해 구해진다.

$$r_{XY} = \frac{\sum(X_i - \overline{X})(Y_i - \overline{Y})}{\sqrt{\sum(X_i - \overline{X})^2}\sqrt{\sum(Y_i - \overline{Y})^2}} = \frac{S_{XY}}{S_X S_Y}$$

$$= \frac{N\sum X_i Y_i - (\sum X_i)(\sum Y_i)}{\sqrt{N\sum X_i^2 - (\sum X_i)^2}\sqrt{N\sum Y_i^2 - (\sum Y_i)^2}}$$

즉, 상관계수는 X와 Y의 공분산을 X와 Y 각각의 표준편차로 나눈 것으로서 그것은 단순회귀식에서의 기울기, 즉 회귀계수를 표준화한 값과 같다.

피어슨의 적률상관계수와 결정계수는 대칭적 측정치(symmetric measures)로, X를 종속변수로 하고 Y를 독립변수로 하여도 그 값은 변하지 않는다.

상관계수는 $-1 \le r \le +1$의 범위를 취한다. r의 값이 -1이면 X와 Y 간에는 완전한 선형관계가 있으나 기울기는 음의 부호를 갖고, 그와 반대로 $r=+1$이면 역시 완전한 선형관계이나 기울기는 양이다. r이 0일 때는 X와 Y 사이에 아무런 선형적 상관관계가 없다.

상관계수 r은 관계의 강도를 나타내는 측정치로 많이 쓰이는데 자칫하면 r이 X와 Y의 관계를 크게 보이도록 할 수도 있다. 예를 들어, 상관계수가 .5일 때 Y의 총변동의 1/2이 설명되는 것으로 잘못 해석될 수 있으나 실제로 $r=.5$라는 것은 X가 Y의 변동을 25% 설명한다는 뜻이다($r^2=.25$이므로). 상관계수의 값이 1 또는 0일 때는 상관계수와 결정계수의 값은 일치한다.

여기서 유념할 것은, r^2의 값이 크다는 사실이 종속변수에 대한 인과적 설명력이 크다는 것을 의미하는 것이 아니라 단지 통계적인 설명력이 크다는 것을 뜻한다는 점이다. 예를 들어, 올해의 소득을 Y_2라 하고 작년의 소득을 Y_1이라고 할 때, 그것을 회귀식으로 나타내면 다음과 같다.

$$Y_2 = a + bY_1 + e$$

이 회귀식에서 r^2은 크게 나타날 수 있겠지만 그것이 소득변화의 원인을 말해주지는 못한다. 만약 이와 같은 회귀식에서 교육을 독립변수로 놓고 올해 소득을 종속변수로 삼을 경우, 올해 소득에 대한 설명력(즉, 결정계수)은 전년도 소득보다 작을지 모르지만 인과적으로는 소득을 보다 잘 설명해 준다고 할 수 있다.

결정계수와 표본상관계수에 대하여 또 하나 주의할 점은 r^2이나 r은 X와 Y 간의 선형관계를 나타내는 측정치라는 것이다. 예를 들어, [그림 12-5]에서 나타나는 관계는 곡선관계로는 거의 완벽하나 r^2이나 r의 값은 0이 된다. 그것은 결정계수와 상관계수가 X와 Y 간의 선형관계를 가정하기 때문이다.

그림 12-5 | 비선형관계의 예

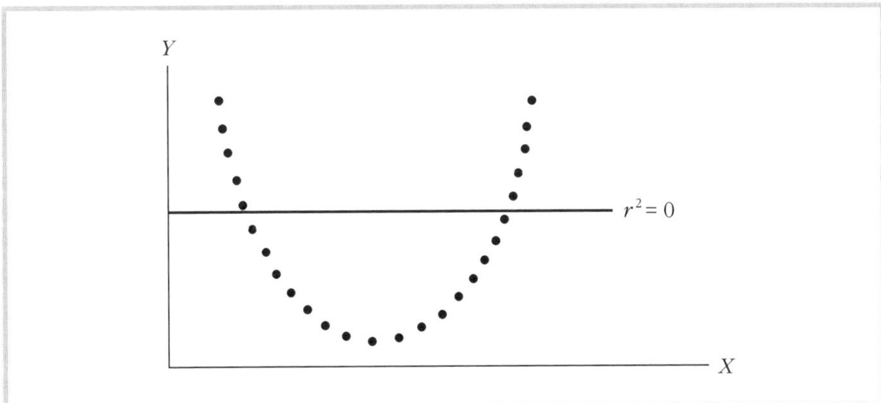

따라서 결정계수나 표본상관계수가 매우 작다고 해서 종속변수에 대한 독립변수의 설명력이 낮다고 단정할 필요는 없다. 때로는 r^2이나 r에 대한 선형적 가정이 잘못된 것일 수도 있기 때문이다. 이러한 점 때문에 회귀분석에 앞서 산점도를 살펴보고 X와 Y의 관계가 선형적인지 여부를 판단하여야 한다.

3) 상관비

피어슨의 적률상관계수 r의 값과 비교하여 비선형관계 여부를 판단하는 측정치로 상관비(correlation ratio)를 사용한다. 상관비는 에타(Eta, η, E_{yx})로 표기하며, 두 변수관계의 선형-비선형 여부를 나타내 주는 간단한 측정치로 본격적인 분석에 앞서 살펴본다(비선형관계에 관한 보다 자세한 내용은 비선형 회귀분석을 참조). 에타값은 다음과 같은 공식에 의해 산출된다.

$$E_{yx} = \sqrt{1 - [Y\text{의 범주 내 분산} / Y\text{의 전체 분산}]}$$
$$= \sqrt{1 - [\sum(Y_i - \overline{Y}_i)^2 / \sum(Y_i - \overline{Y})^2]}$$

여기서, Y_i는 개별 관측값이고 $\overline{Y}$는 Y의 전체 평균값이다. $\overline{Y}_i$는 다음의 그림에서 보는 것처럼 독립변수인 X의 범주별 종속변수 Y의 평균값이다. 이를테면, $\overline{Y}_1$란 X_1일 때의 Y의 평균값이 된다. 이 그림에서 $\hat{Y}_i$은 X_i일 때 회귀식에 의해 예측되는 Y값이다. 따라서 $\hat{Y}_i$은 모두 회귀선상에 놓인다. 만약 X와 Y가 선형의 관계를 갖는다면 X의 범주별 Y의 평균값 $\overline{Y}_i$와 회귀식에 의해 예측되는 $\hat{Y}_i$은 동일한 값이 될 것이다. 그림에서 보면, □는 모두 회귀선상에 나타나고 결국 □와 ○는 동일한 점이 되며, 그 때 E_{yx}와 r은 같아진다.

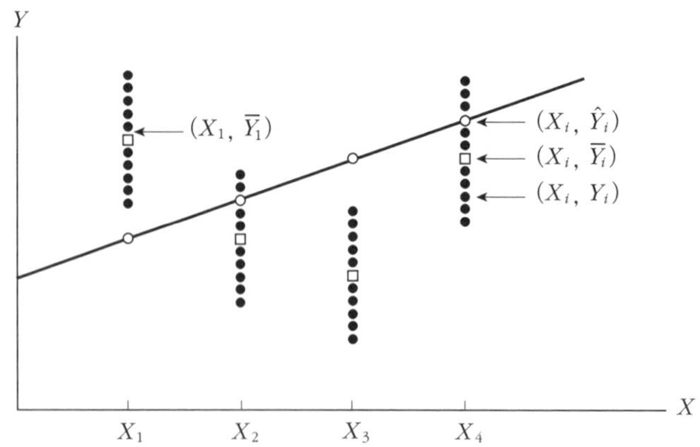

> 여기서 피어슨의 상관계수 r은 다음 공식에 의해 구해짐을 상기할 필요가 있다.
>
> $$r = \pm\sqrt{1 - [\sum(Y_i - \hat{Y}_i)^2 / \sum(Y_i - \overline{Y})^2]}$$

에타값의 특성을 정리해 보면 다음과 같다.

① 에타값은 비대칭적 측정치다. 즉, 독립변수와 종속변수가 바뀌었을 때, 그 값은 달라진다.

② 피어슨의 상관계수와 동일한 형태의 측정치다. 단지 E_{yx}와의 차이는, r은 $\overline{Y}_i$ 대신에 $\hat{Y}_i$을 사용하고 있다는 점이다.

③ 종속변수가 등간척도인 한, 독립변수는 명목척도, 서열척도 또는 등간척도일 수 있다.

④ $E_{yx} \geq 0$이기 때문에 에타값의 부호는 의미가 없다.

⑤ $E_{yx} > |r|$일 때 두 변수는 비선형의 관계를 갖는다. $E_{yx} = |r|$이면 독립변수의 범주별 평균이 회귀선상에 놓여 있게 되므로 두 변수는 선형의 관계에 있다. 그러나 $E_{yx} < |r|$는 불가능하다.

3. 중회귀분석과 중상관분석

1) 중회귀분석의 의미

앞에서는 두 등간변수 간에 회귀모형을 구성하는 방법에 대해 알아보았다. 그러나 실제 분석 과정에서는 종속변수 Y를 예측하기 위하여 두 개 이상의 독립변수를 고려하게 되는 경우가 많은데, 그 때에는 중회귀분석(multiple regression analysis)의 기법을 사용한다. 중회귀분석을 하게 되면 하나의 독립변수를 사용한 경우보다 종속변수를 더 정확히 예측할 수 있고, 다른 독립변수들을 통제한 상태에서 개별 독립변수와 종속변수 간의 부분관계를 분석할 수 있다는 장점이 있다.

여기서는 중회귀분석에서 가장 간단한 형태로서 독립변수가 둘인 경우를 통해서 설명해 보기로 한다. 종속변수를 Y, 두 독립변수를 X_1, X_2라 하면 표본의 회귀식은 다음과 같이 나타난다(편의상 Y_i는 Y로, X_i는 X로, 그리고 e_i는 e로 표기하기로 한다).

$$Y = a + b_1 X_1 + b_2 X_2 + e$$

앞에서 독립변수가 하나일 때 우리는 회귀선을 구했다. 그러나 독립변수가 둘이 되면 그 관계는 평면상에 나타나는 것이 아니라 공간에서 이루어지고 Y, X_1, X_2 세 변수의 관계는 선이 아니고 면으로 나타난다.

중회귀분석 시에는 단순회귀분석에서 설정했던 가정들 이외에 한두 가지 가정을 더 추가하여야 한다. 첫째, 표본의 수가 독립변수항의 수(상수항 포함)보다 항상 커야 한다. 둘째, 설명변수, 즉 독립변수들은 독립적이어야 한다. 다시 말하면, 설명변수 중 어느 하나가 또 다른 설명변수와 선형적 함수관계를 가져서는 안 된다. 따라서 높은 상관관계를 갖는 두 변수를 동일한 회귀식에 포함하여서는 안 된다. 그것은 통계학적인 쟁점을 떠나서 논리적으로도 의미가 없다. 여타 독립변수의 영향을 통제하면서 또 다른 독립변수가 종속변수에 미치는 영향을 보고자 할 때 두 변수가 정확하게 함수관계를 갖는다면 통제의 의미가 없어지기 때문이다.

중회귀분석에서도 단순회귀분석과 마찬가지로 최소제곱법을 사용한다. 관측값은 $Y = a + b_1 X_1 + b_2 X_2 + e$, 예측값은 $\hat{Y} = a + b_1 X_1 + b_2 X_2$이고, $e = Y - \hat{Y}$인데 여기에서 $\sum e^2$을 최소화하려 하는 것이다. 여기서 b_1과 b_2는 부분회귀계수(partial regression coefficients)이다. 만약 Y, X_1, X_2 등의 변수가 표준화되어 있다면(즉, 평균이 0이고 분산이 1인 표준화된 점수로 측정되어 있다면), b_1과 b_2는 각각 독립변수 X_1, X_2의 표준편차 1의 변화에 따른 Y의 표준편차의 변화량이 될 것인데, 이 때의 b_1, b_2의 값은 b_1^*, b_2^*로 표시하여 b_1, b_2와 구분하고자 한다.

그들의 관계는 다음과 같다(참고 12-2를 참조).

$$b_1^* = \frac{r_{Y1} - r_{12} r_{Y2}}{1 - r_{12}^2}$$

$$b_2^* = \frac{r_{Y2} - r_{12} r_{Y1}}{1 - r_{12}^2}$$

$$b_1 = b_1^* \cdot \frac{S_Y}{S_1}$$

$$b_2 = b_2^* \cdot \frac{S_Y}{S_2}$$

이 식에서 r_{Y1}은 Y와 X_1, r_{Y2}는 Y와 X_2, r_{12}는 X_1과 X_2의 단순상관계수(피어슨의 적률상관계수)고, S_Y, S_1, S_2는 각 변수의 표준편차다.

참고 12-2 | 회귀계수와 상관계수

$$Y = a + b_1 X_1 + b_2 X_2 + e \quad \cdots\cdots (1)$$

(1)의 식에서 양변을 N까지 더하면 $\sum e = 0$이 되므로 (2)와 같다.

$$\sum Y = aN + b_1 \sum X_1 + b_2 \sum X_2 \quad \cdots\cdots (2)$$

(1)의 식에서 양변에 X_1을 곱한 다음 N까지 더하면,

$$\sum YX_1 = a \sum X_1 + b_1 \sum X_1^2 + b_2 \sum X_1 X_2 \quad \cdots\cdots (3)$$

(독립변수항과 오차항 간의 공분산은 0으로 가정)

(2)의 양변을 N으로 나누면,

$$\overline{Y} = a + b_1 \overline{X}_1 + b_2 \overline{X}_2$$

$$a = \overline{Y} - b_1 \overline{X}_1 - b_2 \overline{X}_2 \quad \cdots\cdots (4)$$

(3)의 양변을 N으로 나누면,

$$\frac{1}{N} \sum YX_1 = a\overline{X}_1 + b_1 \left(\frac{1}{N} \sum X_1^2 \right) + b_2 \left(\frac{1}{N} \sum X_1 X_2 \right) \quad \cdots\cdots (5)$$

(5)에서 a 대신에 (4)를 대입하여 정리하면,

$$\frac{1}{N}\sum YX_1 = (\overline{Y} - b_1\overline{X}_1 - b_2\overline{X}_2)\overline{X}_1 + b_1\left(\frac{1}{N}\sum X_1^2\right) + b_2\left(\frac{1}{N}\sum X_1X_2\right)$$

$$\frac{1}{N}\sum YX_1 - \overline{Y}\,\overline{X}_1 = b_1\left(\frac{1}{N}\sum X_1^2 - \overline{X}_1^2\right) + b_2\left(\frac{1}{N}\sum X_1X_2 - \overline{X}_1\overline{X}_2\right) \cdots\cdots\cdots (6)$$

여기서 $\left(\frac{1}{N}\sum YX_1 - \overline{Y}\,\overline{X}_1\right)$는 Y와 X_1의 공분산 S_{Y1}(S_{YX_1}에서 편의상 X를 제거함), $\left(\frac{1}{N}\sum X_1X_2 - \overline{X}_1\overline{X}_2\right)$는 X_1과 X_2의 공분산 S_{12}($S_{X_1X_2}$에서 X를 제거함), $\left(\frac{1}{N}\sum X_1^2 - \overline{X}_1^2\right)$은 X_1의 분산 S_1^2이다.

(6)을 정리하면, $S_{Y1} = b_1S_1^2 + b_2S_{12}$가 된다.

양변을 S_YS_1으로 나누면,

$$\frac{S_{Y1}}{S_YS_1} = b_1\frac{S_1^2}{S_YS_1} + b_2\frac{S_{12}}{S_YS_1}\cdot\frac{S_2}{S_2}$$

$$r_{Y1} = b_1\frac{S_1}{S_Y} + b_2\frac{S_2}{S_Y}r_{12},$$

$$b_1\frac{S_1}{S_Y} = b_1^*,\ b_2\frac{S_2}{S_Y} = b_2^* \text{라 하면,}$$

$$r_{Y1} = b_1^* + b_2^*r_{12} \cdots\cdots\cdots (7)$$

같은 요령으로

$$r_{Y2} = b_1^*r_{12} + b_2^* \cdots\cdots\cdots (8)$$

(7)과 (8)에서

$$b_1^* = \frac{r_{Y1} - r_{12}r_{Y2}}{1 - r_{12}^2}, \qquad b_2^* = \frac{r_{Y2} - r_{12}r_{Y1}}{1 - r_{12}^2}$$

특히 여기에서 b_1, b_2는 비표준화 회귀계수(unstandardized regression coefficients), b_2^*, b_3^*는 표준화 회귀계수(standardized regression coefficients)라고 부른다.

만약 $r_{12} = 1$이라면, 즉 X_1과 X_2의 상관계수가 1이라면, 분모가 0이 되어 회귀계수의 값을 계산할 수 없다. 반대로 $r_{12}=0$이면, $b_1^*=r_{Y1}$, $b_2^*=r_{Y2}$가 되어 표준화 회귀계수는 단순상관계수와 같아지므로 단순회귀분석 시와 동일하다. 따라서 그 때에는 중회귀분석을 해야 할 필요가 없어진다.

2) 중결정계수와 중상관계수

앞의 단순선형 회귀모형에서 결정계수를 구했던 것과 동일한 방식으로 중회귀분석에서도 결정계수를 구해 볼 수 있다. 즉, 표본의 중회귀모형 $Y_i=a+b_1X_{1i}+\cdots+b_kX_{ki}+e_i$에서 총변동 중 회귀선에 의한 변동이 차지하는 비율이 바로 중결정계수(multiple coefficient of determination ; R^2으로 표시함)가 된다.

$$\begin{aligned} R^2 &= \text{SSR/SST} = (\text{SST}-\text{SSE})/\text{SST} \\ &= \frac{\sum(\hat{Y}_i-\overline{Y})^2}{\sum(Y_i-\overline{Y})^2} \\ &= \frac{\sum(Y_i-\overline{Y})^2-\sum(Y_i-\hat{Y})^2}{\sum(Y_i-\overline{Y})^2} \end{aligned}$$

피어슨의 상관계수는 중회귀모형에서 직접 구할 수 없기 때문에 중결정계수에 제곱근을 씌워 양의 부호를 취하는 값을 구하여 그것을 중상관계수(multiple correlation coefficient)라 한다.

중결정계수는 중회귀분석의 결과로 구해진 회귀식에서, 종속변수의 총변동 중 여러 개의 예측변수들이 동시에 설명하는 부분의 비율을 가리키는 것이다. 중결정계수와 중상관계수의 관계나 각각의 특징은 단순회귀모형에서의 결정계수 및 상관계수와 마찬가지다. 다만 피어슨의 상관계수가 −1에서 +1까지의 값을 가지는 데 반해, 중상관계수는 0과 +1 사이의 값만을 가진다.

3) 부분상관계수

중회귀모형에서의 회귀계수들은 다른 변수를 통제한 상태에서 각각의 예측변수의 변화에 따라 나타나는 종속변수의 변화량을 나타낸다. 그러나 단순회귀모형의 경우와 마찬가지로 부분회귀계수가 관계의 강도를 보여 주지는 않는다. 다른 변수를 통제한 상태에서 두 변수 간의 관계가 어느 정도인가를 알아보기 위해 부분상관계수(partial correlation coefficient)를 사용하는데 부분상관계수는 다음 식을 통해 구한다.

$$r_{ij \cdot k} = \frac{r_{ij} - (r_{ik})(r_{jk})}{\sqrt{(1 - r_{ik}^2)(1 - r_{jk}^2)}}$$

부분상관계수를 나타내는 $r_{ij \cdot k}$에서 점 다음에 나오는 변수는 통제된 변수를 의미한다.

예를 들어, X_1이라는 변수를 통제한 상태에서 Y와 X_2의 부분상관관계를 보고자 할 때, 부분상관계수는 다음과 같이 구한다.

$$r_{YX_2 \cdot X_1} = \frac{r_{YX_2} - r_{YX_1} r_{X_1 X_2}}{\sqrt{(1 - r_{YX_1}^2)(1 - r_{X_1 X_2}^2)}}$$

이처럼 하나의 변수를 통제한 상태에서의 부분상관계수를 1차 부분상관계수(first-order partial correlation coefficient)라 하고, 단순상관관계에서처럼 아무런 변수도 통제되지 않은 상태에서의 두 변수 간의 상관계수를 무차상관계수(zero-order correlation coefficient), 두 개의 변수가 통제된 상태에서의 상관계수를 2차 부분상관계수라 한다.

이와 유사한 방식으로 보다 높은 차수의 부분상관계수를 구해 볼 수 있다. 그러나 사회과학에서 4차 이상의 부분상관관계를 구해야 하는 경우는 그리 흔하지 않다.

피어슨의 적률상관계수와 마찬가지로 부분상관계수의 제곱은 다른 변수를 통제한 상태에서의 설명력, 즉 종속변수의 변동 중에서 그 변수에 의해 설명되는 부분을 나타낸다. 그것을 [그림 12-6]과 같이 나타낼 수 있다.

그림 12-6 | 중결정계수의 분해

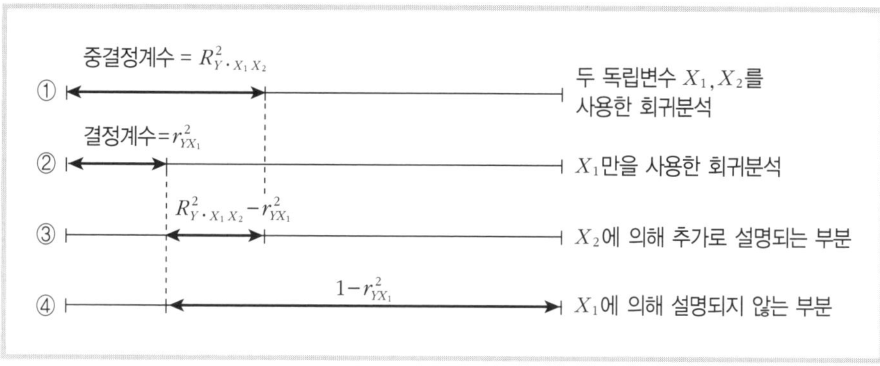

자료 : Agresti and Agresti (1979: 338).

[그림 12-6]에서, X_1을 통제한 상태에서 X_2의 결정계수는 ④ 중에서 ③이 차지하는 비율과 같다.

$$r^2_{YX_2\cdot X_1} = \frac{R^2_{Y\cdot X_1X_2} - r^2_{YX_1}}{1 - r^2_{YX_1}} = \frac{X_2\text{에 의해서만 설명되는 부분}}{X_1\text{에 의해 설명되지 않는 부분}}$$

4. 가변수를 사용한 회귀분석

우리는 때로 정성적 변수(定性的 變數, qualitative variable)를 회귀식에 포함시켜 분석하게 된다. 정성적 변수는 이분변수(二分變數, binary variable *or* dichotomous variable)로 전환할 수 있는데, 예를 들어 성별(남자 · 여자), 결혼 여부(미혼 · 기혼) 등의 변수가 그러한 경우다. 변숫값이 2분화된 변수들을 회귀분석에 사용할 때에는 그것을 가변수(假變數, dummy variable)로 만들어 회귀식에 포함하는데, 가변수는 어떤 특성을 가지고 있으면 1, 없으면 0의 값을 갖는 변수다. 예를 들어, 단순회귀분석에서 성별에 따른 소득을 예측하고자 할 때 $Y = a + bX + e$와 같은 회귀식을 설정한다고 하자. 여기에서 Y는 소득이고, X는 성별로서 남자 = 1, 여자 = 0이라는 값을 부여한다.

만약에 $X = 0$, 즉 대상자가 여자면 $\hat{Y} = a$이고, 이것은 여자의 평균소득에 대한 예측값이 된다. 반면에 $X=1$이면 $\hat{Y}=a+b$이고, 이것은 남자의 평균소득의 예측값을 나타낸다. 따라서 회귀계수 b는 여자와 남자의 평균소득의 차이가 된다.

정성적 변수 가운데에서 3개 이상의 범주를 가지고 있는 경우에는 여러 개의 가변수를 사용하여 중회귀분석을 행하게 된다. 서열변수인 교육수준을 예로 들어 보기로 한다. 교육수준(X)에 따른 월평균소득(Y)의 차이를 살펴본다고 할 때 교육수준을 교육연수로 나타낸다면 등간변수가 되지만, 중졸 이하 · 고졸 · 대졸 이상 등으로 범주화한다면 서열변수가 된다. 이 때 회귀모형은 다음과 같이 설정한다. 3개의 범주를 갖는 변수이므로 범주의 수보다 하나 적은 2개의 가변수로 전환시킨다(참고 12-3 참조).

$$Y=a+b_1X_1+b_2X_2+e$$

Y : 월평균소득
X_1 : 대졸 이상이면 1점, 나머지는 0점 부여
X_2 : 고졸이면 1점, 나머지는 0점 부여
e : 오차

이 식에서 중졸 이하의 월평균소득은 $\hat{Y}=a$, 고졸자의 월평균소득은 $\hat{Y}=a+b_1$, 대졸 이상의 월평균소득은 $\hat{Y}=a+b_2$가 되며, 따라서 b_1은 고졸과 중졸 이하의 소득격차, b_2는 대졸 이상과 중졸 이하의 소득격차를 의미한다. 이와 같이 여러 개의 범주를 가진 변수를 가변수화했을 때 각각의 부분회귀계수들은 기준이 되는 변수(여기에서는 중졸 이하)와 다른 변수(고졸, 대졸 이상)의 차이를 나타낸다.

참고 12-3 | 가변수 사용 시 유의사항

가변수를 사용하여 회귀분석을 할 때에는 다음과 같은 몇 가지 점에 유의해야 한다(Kmenta, 1971: 412-413).

첫째, 본문의 예에서 가변수를 하나만 사용하여 대졸 이상에 2점, 고졸자에 1점, 중졸 이하에 0점을 주었을 경우에는 통계적으로 문제가 생긴다. 즉, 이

식 대신에

$$Y = a + bX + e$$

X : 대졸 이상일 때 2, 고졸일 때 1, 중졸 이하일 때 0

의 식을 세우게 되면, $\hat{Y}$의 값은

① 대졸자의 경우에 $a + 2b$
② 고졸자의 경우에 $a + b$
③ 중졸 이하의 경우에 a

가 되기 때문에 대졸자-고졸자의 임금격차와 고졸자-중졸자의 임금격차가 같은 것으로 가정되어 잘못된 해석을 이끌어 낼 수 있다.

둘째, 가변수의 수는 그 변수가 가지고 있는 범주에서 1을 뺀 것이 된다. 만약 3분되어 있는 변수에서 가변수를 3개 사용하게 되면 회귀식은

$$Y = a + b_1 X_1 + b_2 X_2 + b_3 X_3 + e$$

X_1 : 대졸 이상이면 1, 나머지는 0
X_2 : 고졸이면 1, 나머지는 0
X_3 : 중졸 이하이면 1, 나머지는 0

이 될 것이다. 그런데 이와 같이 회귀식을 설정하게 되면 독립변수 하나가 나머지 독립변수들과 완전한 함수관계를 갖게 되기 때문에 부적합하다. 즉, 어느 응답자의 X_1값과 X_2값을 알게 되면 X_3값은 자동적으로 알 수 있게 된다. 어느 응답자가 X_1에서 0, X_2에서 1이라고 한다면 X_3의 값은 자동적으로 0이 되며, X_1값이 0, X_2값이 0이라면 X_3값은 1이 될 것이다.

따라서 이 예에서,

$$X_3 = 1 - X_1 - X_2$$

가 되어 하나의 독립변수가 다른 독립변수와 함수관계로 나타나기 때문에 회귀분석을 위한 가정에 위배된다.

5. 통계적 상호작용

1) 통계적 상호작용의 의미

상호작용효과란 종속변수에 대한 어떤 독립변수의 영향이 또 다른 독립변수와 복합되어 일어나는 것을 의미한다. 예를 들어, 교육수준별로 사회인식에 어떠한 차이가 나타나는가를 알아본다고 하자. 특히 교육수준과 사회인식의 관계를 성별로 나누어 살펴볼 때, 만약 그 관계가 [그림 12-7]의 (가)와 같이 나타난다면 사회인식을 예측할 때 교육수준과 성별 간에 통계적 상호작용이 존재하지 않는다고 볼 수 있다. 즉, 남녀 공히 교육수준이 증가하면 보다 진보적이 되고, 모든 교육수준에서 남성이 여성보다 더 진보적인 성향을 보여 주고 있다고 결론지을 수 있을 것이다.

그러나 [그림 12-7]의 (나)에서와 같이 여성은 교육수준이 높아질수록 더 진보적인 성향을 갖는 반면에 남성은 교육수준이 높은 사람이 더 보수적이라 한다면, 교육수준과 성별 사이에는 통계적 상호작용(statistical interaction)이 존재한다고 볼 수 있다. 이처럼 독립변수들 간에 상호작용이 존재할 때, 우리는 그것을 회귀식에서 어떻게 다루어야 할까?

그림 12-7 | 통계적 상호작용의 예

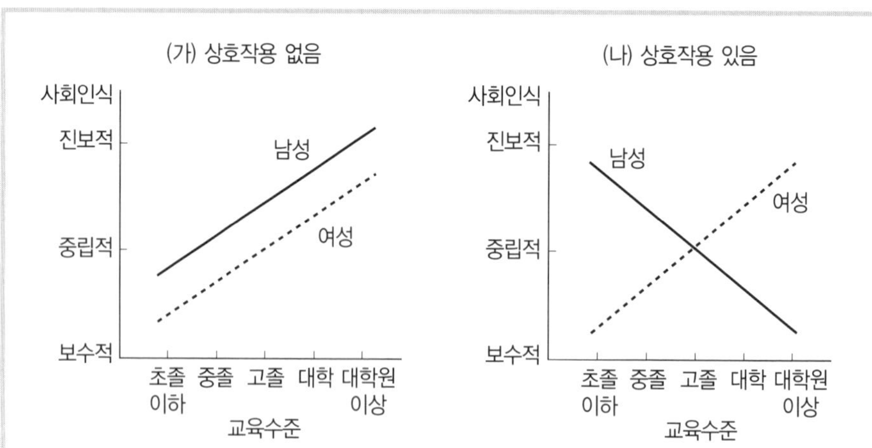

* 위의 그림은 실제 조사자료에서 도출된 것이 아님.

2) 회귀식에서의 상호작용항

소득수준(X)과 소비수준(Y)과의 관계를 살펴보기로 한다. 일반적으로 소득수준이 높아지면 소비수준도 높아진다. 그런데 소득과 소비의 관계가 정치사회적 상황(Z), 즉 평상시냐 아니면 전쟁중이냐에 따라 달라진다고 가정할 경우 회귀식은 다음과 같이 설정할 수 있다.

$$Y = a + b_1 X + b_2 Z + b_3 X \times Z + e$$

여기서, Z는 정치사회적 상황의 가변수로 전시를 1로 하고, 평상시를 0으로 하는 변수다. 회귀식은 전시와 평시에 따라 달라진다.

$$\text{전시} : Y = (a + b_2) + (b_1 + b_3) X + e$$
$$\text{평시} : Y = a + b_1 X + e$$

이것을 그림으로 표시하면 다음의 [그림 12-8]과 같다(Kmenta, 1971: 419-423).

그림 12-8 | 전시 및 평시별 소득수준과 소비와의 관계

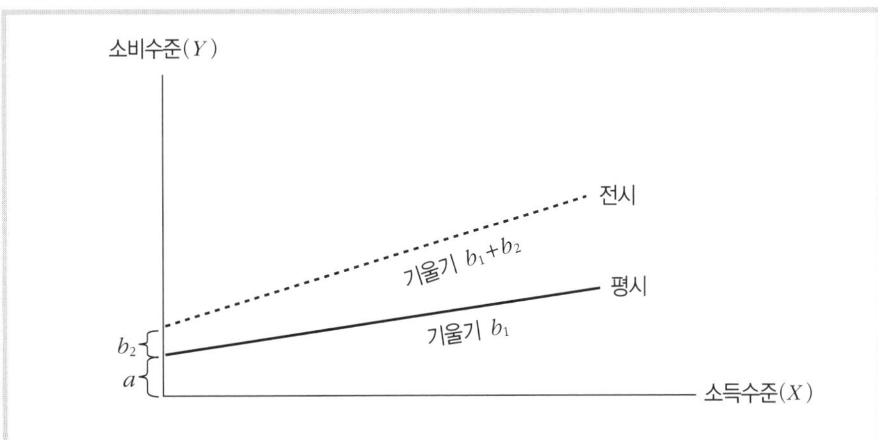

만약에 소득수준 X와 정치사회적 상황 Z 간에 통계적 상호작용이 존재하지 않는다면, 상호작용항의 회귀계수 b_3는 0이 되고 전시와 평시의 회귀선은 서로 평행이 될 것이다.

3) 상호작용의 통계적 검정

통계적 상호작용이 있음을 알아냈을 때 그 상호작용이 통계적으로 의미 있는 것인가를 검정해 볼 필요가 있다. 상호작용에 대한 가설검정은 $H_0: \beta_3 = 0$으로 했을 때 영가설 H_0가 채택되는지 여부에 의해 이루어진다. 즉, 영가설 H_0가 채택된다면 상호작용은 통계적으로 의미가 없다고 간주된다. 구체적인 예를 살펴보자.

잭맨의 연구는 교육수준과 주관적 계급귀속의식 간의 관계가 인종별로 다른 형태로 나타나고 있음을 보여 주려 하였다(Jackman and Jackman, 1973). 그 관계는 다음과 같은 회귀식으로 표시된다.

$$Y = a + b_1 X_1 + b_2 X_2 + b_3(X_1 \times X_2) + e$$

이 식에서 Y는 주관적 귀속계급인데 ① 하류계급 ② 근로계급 ③ 중간계급 ④ 중상계급 ⑤ 상류계급 등 다섯 개의 범주로 되어 있고, X_1은 무학에서 대학원까지 8개의 범주로 되어 있는 교육수준이며, X_2는 인종변수로 흑인이 1, 백인이 0으로 되어 있다. $X_1 \times X_2$는 교육과 인종 사이의 상호작용항이다. 자료 분석의 결과는 다음과 같다.

$$Y = 1.947 + .195X_1 + .644X_2 - .177X_1 \times X_2 + e \quad (R^2 = .135)$$

여기서, 교육수준과 주관적 계급 간의 관계는 두 개의 회귀식으로 나타난다.

흑인 : $Y = (1.947 + .644) + (.195 - .177)X_1 = 2.591 + .018X_1$

백인 : $Y = 1.947 + .195X_1$

이 두 식을 그림으로 나타내면 [그림 12-9]와 같다. 백인은 교육수준이 높아질수록 스스로 동일시하는 계급적 지위도 높아지지만, 흑인은 교육수준의 증가가 반드시 주관적으로 인지한 계급적 지위를 높이지는 않는다. 통계적으로 보면 상호작용항 $X_1 \times X_2$의 회귀계수가 유의하다.

그림 12-9 | 인종별 교육수준과 주관적 계급과의 관계

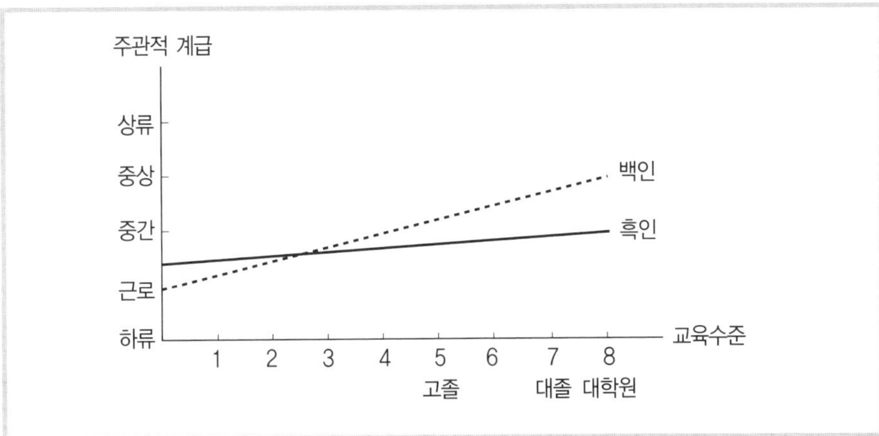

자료 : Jackman and Jackman (1973 : 577–578).

이 모형을 다소 변형시켜 상호작용의 통계적 검정을 해보기로 하자. 주관적 계급귀속의식(Y)을 결정짓는 변수로 교육연수(X_1), 가구수입(X_2), 도시지역거주 여부(X_3)를 선정하고 동시에 교육연수와 도시지역, 수입과 도시지역이 서로 상호작용하면서 계층의 귀속의식을 결정짓는지를 알아보기 위해 다음과 같은 회귀모형을 설정하였다. 다음 식에서 X_3는 도시지역에 거주하면 1, 농촌지역인 경우에는 0으로 하는 가변수다.

$$Y = a + b_1 X_1 + b_2 X_2 + b_3 X_3 + b_4 X_1 \times X_3 + b_5 X_2 \times X_3 + e$$

여기서, 교육과 도시지역, 수입과 도시지역이 통계적 상호작용을 하고 있는가를 검정해 보기 위해서는 상호작용항의 회귀계수 b_4와 b_5를 개별적으로 검정할 수도 있고, R^2의 증가분, 즉 상호작용을 포함하였을 때의 설명력 증가를 검정할 수도 있다. 특히 R^2의 증가분을 통한 검정은 상호작용 전체를 한꺼번에 검정할 수 있는 장점을 가진다.

상호작용을 포함한 회귀식은 다음 (A)와 같다.

$$Y_A = a + b_1 X_1 + b_2 X_2 + b_3 X_3 + b_4 X_4 + b_5 X_5 + e \quad \cdots\cdots\cdots\cdots \text{(A)}$$

여기서 $X_4 = X_1 \times X_3$, $X_5 = X_2 \times X_3$이다.

한편, 상호작용을 배제한 회귀식은 (B)와 같다.

$$Y_B = a' + b'_1 X_1 + b'_2 X_2 + b'_3 X_3 + e' \quad \cdots\cdots\cdots\cdots\cdots\cdots\cdots \text{(B)}$$

각각의 식에서 R_A^2과 R_B^2을 구할 수 있다. 만약 상호작용항을 포함함으로써 증가하는 R^2이 통계적으로 의미 있다고 하면, 통계적 상호작용이 존재한다고 볼 수 있다. R^2의 증가분은 다음과 같이 F-검정을 통해서 검정된다.

$$F = \frac{(R_A^2 - R_B^2)/(k_A - k_B)}{(1 - R_A^2)/(N - k_A - 1)}$$

R_A^2 : (A)식의 결정계수
R_B^2 : (B)식의 결정계수
k_A : (A)식의 독립변수의 항수
k_B : (B)식의 독립변수의 항수
N : 표본수

여기서 얻어진 F값은 $(k_A - k_B)$와 $(N - k_A - 1)$의 자유도를 가진 F분포에 준거하여 검정하면 된다.

6. 비선형 회귀분석

지금까지는 독립변수와 종속변수 간의 선형관계를 전제로 한 회귀모형을 살펴보았다. 산점도 상에서 보아 X와 Y 간의 관계가 직선으로 표현될 수 있는 경우에는 선형의 회귀모형이 적합하다. 그러나 산점도를 보았을 때 직선회귀보다는 곡선회귀로 나타내는 것이 더 적합하다고 판단될 경우에는 다항회귀분석(polynomial regression analysis)의 방법을 사용하는 것이 좋다. 다항회귀식의 일반적인 형태는 다음과 같다.

$$Y = a + b_1 X + b_2 X^2 + \cdots + b_N X^N + e$$

곡선회귀에서 회귀계수를 추정하는 방법은 앞에서 설명한 중회귀분석에서와 동일하다.

다항회귀분석을 사용한 예로서, 소득수준과 출산력의 관계를 연구한 김두섭(Kim, 1983)의 논문을 살펴보기로 한다. 김두섭은 소득과 출산력과의 관계를 3차함수의 관계로 보았다. 즉, 회귀식은 다음과 같이 표시된다.

$$Y = a + b_1 X + b_2 X^2 + b_3 X^3 + e$$

여기서, Y는 출산자녀수(children-ever-born : CEB)고, X는 가구수입, a는 회귀상수, b_1, b_2, b_3는 모두 비표준화 회귀계수다. 이 연구는 출산을 종료한 40~49세의 여성 1,174명을 대상으로 소득수준에 따라 상 · 중 · 하의 세 가지 계층으로 구분하고, 각 계층에서 가구수입과 출산자녀수의 관계가 각각 다른 형태로 나타나고 있음을 보여 준다. 다시 말하면, 하위계층에서는 소득이 증가할수록 자녀출산율이 높아지고, 중위계층에서는 소득이 증가할수록 출산력은 오히려 감소하며, 상위계층에서는 소득이 증가할수록 출산자녀수도 약간 증가하게 된다는 가설을 경험적으로 입증하였다. 가구수입을 측정하기 위한 변수로는 가구의 기대수입을 사용하고 있다. 기대수입은 부부의 학력 · 직업점수 · 거주지 · 부인의 직업 등을 독립변수로 하여 얻어낸 회귀식을 바탕으로 구하고 있다.

가구의 수입(기대수입의 표준화된 점수)과 출산력의 관계는 다항회귀분석을 통해 다음과 같이 표시된다.

$$\widehat{\mathrm{CEB}} = 5.82 - 0.98X - 0.13X^2 + 0.09X^3$$

X : 기대수입

이 식을 그림으로 표시하면 [그림 12-10]과 같다. 그림에 나타난 바와 같이, 가구소득과 출산력과의 관계는 단순한 선형관계보다는 곡선관계로 나타내는 것이 보다 적절하다.

그림 12-10 | 가구소득수준에 따른 출산자녀수

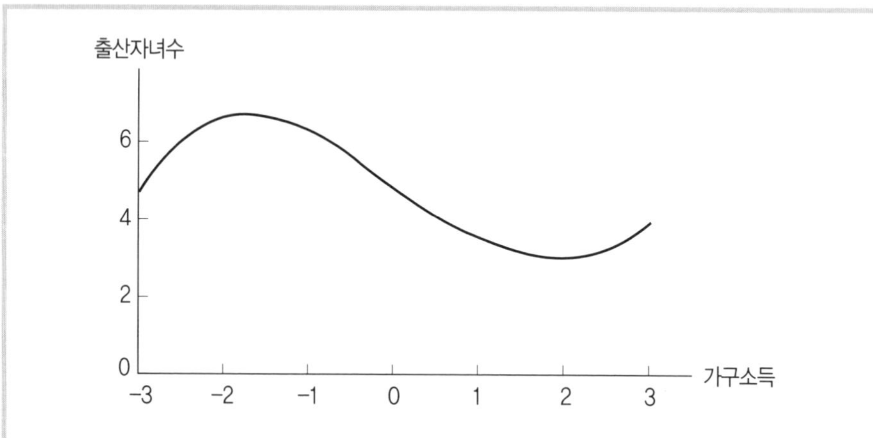

자료 : Kim (1983).

7. 회귀분석의 예

회귀분석은 사회과학에서 가장 보편적으로 사용되고 있는 분석기법 중의 하나로 그것을 사용한 연구는 주변에서 흔히 접할 수 있다. 여기에서는 회귀분석의 기법을 이용하여 분석한 연구 논문을 몇 가지만 소개하기로 한다.

1) 주거욕구에 관한 연구

김미희 · 윤복자(1983)는 주거욕구에 영향을 미치는 사회인구학적 · 물리적 환경요인을 찾아보고자, 1981년도에 서울시 소재 아파트단지에 거주하는 353가구를 대상으로 조사를 실시하였다. 이 연구는 주거욕구에 대한 분석을 위해 다음과 같은 회귀모형을 마련하였다.

$$Y = a + b_1 X_1 + b_2 X_2 + b_3 X_3 + b_4 X_4 + b_5 X_5 + e$$

Y : 주거욕구(32~96점)
X_1 : 사회경제적 지위(1~3)
X_2 : 주택소유형태(1 : 타가, 0 : 자가)
X_3 : 가족생활주기(4단계)
X_4 : 이전 주택유형(1 : 아파트, 0 : 단독주택)
X_5 : 예정거주기간(6단계)

그들은 주거욕구를 네 가지 하위개념으로 다시 구분하여 측정하였는데, 구체적으로는 이웃관계 · 지위상징 · 심미성 등을 포함한 사회심리적 욕구에 관한 10문항, 자녀의 사회성 · 교육환경 및 놀이공간 등 교육적 욕구에 관한 6문항, 투자가치성을 포함한 경제적 욕구에 관한 6문항, 편의성과 안전성 등 물리적 욕구에 관한 10문항 등 모두 32문항으로 구성하고, 각 문항을 3점척도로 조정하여 전체적으로 32~96점에 이르는 분포를 갖도록 하였다. 사회경제적 지위는 세대주의 직업 · 학력 · 월평균 생활비에 각각 1~5점을 주어 합산한 다음, 그것을 다시 상 · 중 · 하의 3단계로 구분하였다. 주택소유형태는 타가 1점, 자가 0점으로 가변수화하고, 가족생활주기는 가족형성기, 초등교육기, 중·고등교육기, 자녀독립기 등으로 4점척도화하였다. 이전의 주택유형은 아파트 1점, 단독주택 0점으로 가변수화하였고, 예정거주기간은 1년을 단위로 6개의 범주로 구분하였다.

회귀분석에 사용된 변수들의 평균 및 표준편차와 변수들 간의 상관계수는 〈표 12-1〉에, 회귀분석 결과는 〈표 12-2〉에 제시되어 있다. 〈표 12-1〉에서 주택소유형태(X_2)의 평균값은 .23인데, 가변수의 평균이란 1이 부여된 범주의 구성비가 되기 때문에, 이것은 타가에 사는 사람의 비율이 전체 표본의 23%임을 의미한다. 마찬가지로 이전주택유형(X_4)의 평균값 .61은 현재 거주하고 있는 아파트로 이사하기 전 역시 아파트에 거주했던 가구가 61%라는 것을 뜻한다.

표 12-1 | 회귀분석에 사용된 변수들 간의 상관계수표

	Y	X_1	X_2	X_3	X_4	X_5
주거욕구(Y)	1.00					
사회경제적 지위(X_1)	.34**	1.00				
주택소유형태(X_2)	.27**	−.21**	1.00			
가족생활주기(X_3)	.06	.19**	−.15**	1.00		
이전 주택유형(X_4)	.00	.08	.00	−.20**	1.00	
예정거주기간(X_5)	.00	.01	−.13*	.67**	−.08	1.00
평균	73.86	2.22	.23	2.29	.61	1.27
표준편차	11.05	.61	.42	1.20	.60	.81

* 5% 수준에서 유의.
** 1% 수준에서 유의.

〈표 12-2〉의 회귀분석 결과를 보면 독립변수로 선택한 다섯 개의 변수가 주거욕구를 16.1%(R^2=.161) 설명해 주고 있다. 개별 회귀계수에서 다른 독립변수를 통제했을 때 주거욕구(Y)를 통계적으로 의미 있게 설명해 주는 변수는 사회경제적 지위(X_1)와 주택소유형태(X_2)뿐이다. X_1의 비표준화 회귀계수(b값) 8.661은 다른 독립변수를 고려했을 때 사회경제적 지위가 한 단위 증가하면 주거욕구 점수는 8.661점만큼 높아짐을 가리킨다. X_2의 비표준화 회귀계수 −9.057은 자가를 소유하고 있는 사람들이 타가에 거주하는 사람들보다 주거욕

구 점수가 9.057점 더 높음을 나타낸다. 표준화 회귀계수(beta값)는 X_1이 .303으로 주거욕구에 가장 큰 영향을 미치고, X_2는 .219로 그 다음이 된다. 나머지 계수들은 모두 .03 정도로서 그다지 큰 기여를 하고 있지 않다.

표 12-2 | **주거욕구를 종속변수로 한 회귀분석표**

독립변수	비표준화 회귀계수 (b)	표준화 회귀계수 (beta)	F값
사회경제적 지위(X_1)	8.661	.303	34.83***
주택소유형태(X_2)	−9.057	.219	18.41**
가족생활주기(X_3)	−.431	.030	.33
이전 주택유형(X_4)	−.703	.033	.43
예정거주기간(X_5)	−.879	.031	.35
회귀상수	103.235		
R^2	.161		

** 1% 수준에서 유의.
*** 0.1% 수준에서 유의.
자료 : 김미희 · 윤복자 (1983).

2) 계급과 소득불평등연구

구해근 · 홍두승(Koo and Hong, 1980)은 1976년 여름 21~65세의 서울거주 세대주 774명을 대상으로 실시한 조사를 바탕으로 직업과 계급의 변수 중 어느 것이 소득에 더 큰 영향을 미치는가를 분석하고자 하였다. 그들은 소득에 영향을 미치리라고 판단되는 변수들을 독립변수로 선택하여 중회귀분석을 실시하였다. 이 연구에서 설정된 회귀식은 다음과 같다.

$$Y = a + b_1 X_1 + b_2 X_2 + b_3 X_3 + b_4 X_4 + b_5 X_5 + b_6 X_6 + b_7 X_7 + b_8 X_8 + b_9 X_9 + e$$

Y : 월평균소득(원단위)
X_1 : 교육수준(7점척도)
X_2 : 연령(만나이)
X_3 : 부친의 직업적 지위(9점척도)
X_4 : 농촌출신 여부(1 : 농촌출신, 0 : 도시출신)

X_5 : 직업적 지위(직업위신 점수)
X_6 : 자본가계급 가변수(1 : 자본가계급, 0 : 기타)
X_7 : 신중간계급 가변수(1 : 신중간계급, 0 : 기타)
X_8 : 쁘띠부르주아지 가변수(1 : 쁘띠부르주아지, 0 : 기타)
X_9 : 주변계급 가변수(1 : 주변계급, 0 : 기타)

소득(Y)은 원래 12개의 범주를 갖는 서열변수로 측정되었으나 각 범주의 중앙값(예를 들어, 10~20만 원의 범주는 15만 원으로)을 택하여 실제 화폐단위인 원으로 환산하였다. 교육수준(X_1)은 무학에서 대학원 이상까지 7점척도로 하였다. 본인의 직업(X_5)은 트라이만(Treiman, 1977)이 작성한 두 자릿수의 표준국제직업위신척도(standard international occupational prestige scale)를 사용하였고, 부친의 직업(X_3)은 트라이만 척도의 두 단위 점수 중 첫 자리만 취하여 1~9점으로 바꾸었다. 농촌출신 여부(X_4)는 부친의 직업이 농업인 경우 1로 하고, 비농업인 경우에는 0으로 하였다. X_6에서 X_9까지는 계급구분을 다섯 범주(자본가 · 신중간 · 쁘띠부르주아지 · 근로 · 주변)로 한 다음 근로계급을 제외한 나머지 네 계급범주를 가변수화하였다. 각 변수들의 평균값은 〈표 12-3〉에 나타나 있는데, 이 표에서 보면 계급별로 자본가계급의 소득이 182,050원으로 가장 높고, 주변계급은 47,380원으로 가장 낮다.

표 12-3 | **계급범주별 주요 변수들의 평균값**

계급범주	소득(원)	교육	연령	직업지위	부친직업	농촌(%)	N
자본가계급	182,050	4.6	45.0	54.1	4.2	57	128
신중간계급	142,240	5.3	38.3	54.0	4.3	48	193
근로계급	75,100	3.3	36.4	33.7	3.6	67	100
쁘띠부르주아지	120,480	3.8	41.4	43.5	3.8	60	151
주변계급	47,380	2.8	43.4	31.5	3.6	68	107

이 연구는 한 개인의 계급적 지위가 그의 소득에 미치는 독립적 효과가 어느 정도인가에 대해서 주요 관심을 가지고 있다.

〈표 12-4〉의 회귀식 (1)에서 보면 교육 · 연령 · 부친의 직업 · 농촌출신 여

부 · 직업적 지위 등 다른 독립변수들을 통제했을 때, 자본가계급은 근로계급보다 월평균소득이 38,957원만큼 더 많은 반면에, 주변계급은 27,127원 적으며, 그 차이는 각각 5% 수준에서 유의함을 나타내 주고 있다. 그러나 신중간계급이나 쁘띠부르주아지는 근로계급과 통계적으로 유의한 차이를 보이지 않는다. 회귀식 (1)에서는 그 모든 변수들이 소득의 분산을 55.7% 설명해 준다(R^2= .557). 회귀식 (2)에서 보면 일련의 계급가변수는 교육 · 연령 · 부친의 직업 · 농촌출신 여부와 함께 소득의 분산을 53.7% 설명한다. 그것은 직업적 지위가 다른 독립변수와 함께 설명해 주는 비율 49.9%보다 더 크다[회귀식 (3) 참조]. 회귀식 (3)에 계급가변수들을 추가할 때 설명력은 5.8% 증가하지만(.557 – .499), 회귀식 (2)에 직업적 지위변수를 추가하면 R^2의 증가는 2%에 불과하다(.557 –.537). 그것을 근거로 그들은 계급변수가 직업적 위신보다 더 큰 설명력을 가진다고 결론내렸다.

표 12-4 | 소득을 종속변수로 한 회귀분석표

독립변수	회귀식 (1)	회귀식 (2)	회귀식 (3)
교육	15,236(.32)*	21,063(.44)*	14,286(.30)*
연령	1,566(.19)*	1,798(.22)*	1,722(.21)*
부친직업	3,346(.05)	3,988(.06)	3,134(.04)
농촌출신	−1,573(−.01)	−1,072(−.01)	−1,432(−.01)
직업지위	1,646(.28)*	…	2,475(.43)*
자본가 D	38,957(.21)*	61,504(.33)*	…
신중간 D	246(.00)	19,118(.12)*	…
쁘띠부르주아지 D	12,775(.07)	23,119(.13)*	…
주변 D	−27,127(−.14)*	−30,523(−.15)*	…
회귀상수	−100,085	−72,881	−133,606
R^2	.557	.537	.499

주 : 괄호 안은 표준화 회귀계수.

* 5% 수준에서 유의함.

자료 : Koo and Hong (1980).

제 2 절 경로분석

1. 경로분석의 의미

경로분석(path analysis)은 여러 변수들 간의 인과적 관계를 설명하기 위하여 사용하는 기법 중의 하나다. 경로분석 기법은 통계적으로 보면 일련의 중회귀분석을 행하는 것에 지나지 않지만 변수들 간의 인과적 관계를 특정화하여 변수들의 관계에 대해 논리적으로 명확하게 설명해 주기 때문에 매우 유용하게 쓰인다.

제1장에서 설명한 바와 같이, 어떤 두 변수가 제3의 다른 변수에 인과적으로 종속되어 있는 경우, 두 변수 사이에 일정한 관계가 있는 것으로 보이지만 그 관계는 인과적인 것이 아니며, 따라서 제3의 변수를 통제할 경우 원래의 관계가 사라지게 된다. 그러한 점에서 인과적 모형에서 적절한 통제변수를 포함하는 이론을 발전시키는 것이 매우 중요하다. 두 변수 간의 관계가 다른 변수를 통제했을 경우에 사라지게 된다면, 우리는 두 변수 간에 인과적인 관계가 없다고 결론지을 수 있다. 그러나 두 변수의 관계가 사라지지 않더라도 우리는 그 관계가 인과적이라고 단정할 수는 없다. 왜냐하면 우리가 모르는 또 다른 어떤 변수들이 통제될 때 그 관계가 사라질 수 있기 때문이다. 결국 우리는 비인과성(non-causality)을 증명할 수는 있지만 인과성(causality)을 증명할 수는 없다. 그렇지만 우리가 적절하다고 간주하는 변수들을 통제했을 때에도 그 관계가 사라지지 않는다면 일단 인과관계에 대한 가설은 지지된다.

2. 경로분석의 절차

인과관계에 대한 이론적 설명에서 우리는 어떤 변수들로부터 영향을 받는 몇 개의 변수들이 다시 다른 변수들에게 영향을 미치는 관계들의 체계에 대해서 어떤 가설을 설정할 수 있다. 이 때에 단순선형 회귀모형은 하나의 종속변수만을 다루기 때문에 적절하지 못하다. 경로분석에서는 이론적 설명에서 모든 가능한 관계들을 포함하도록 하기 위해 여러 개의 회귀모형을 이용한다. 예를 들어, 청소년의 일탈이 여러 가지 원인, 특히 부모 및 학교에 대한 애착심(이하 애착심)과 기존 가치에 대한 순응도(이하 순응도)에 의한 것이라고 생각해 보자. 이와 함께 또 다른 가설을 생각해 볼 수 있다. 순응도는 부모의 사회경제적 지위, 청소년의 지적 능력, 애착심에 의해 결정되고, 애착심은 부모의 사회경제적 지위, 청소년의 지적 능력과 같은 몇 가지 다른 요인들에 의해 결정되며, 일탈은 부모의 사회경제적 지위와 청소년의 지적 능력과 직접적으로 연관된다는 것을 가정할 수 있을 것이다. 이와 같은 이론적인 설명을 [그림 12-11]과 같은 경로모형으로 나타낼 수 있다.

[그림 12-11]에서 볼 수 있는 바와 같이, 인과관계는 독립변수에서 종속변수를 향해 직선의 화살표로 나타낸다. 따라서 이 그림에서 일탈은 부모의 사회경제적 지위 · 지적 능력 · 애착심 · 순응도에 의해 영향을 받는 것으로, 순응도는 부모의 사회경제적 지위 · 지적 능력 · 애착심에 의한 것으로, 마지막으로 애착심은 부모의 사회경제적 지위와 지적 능력에 의한 것으로 나타난다. 부모의 사회경제적 지위와 청소년의 지적 능력 사이에 양쪽으로 화살표를 그린 곡선은

그림 12-11 | 일탈에 대한 경로모형

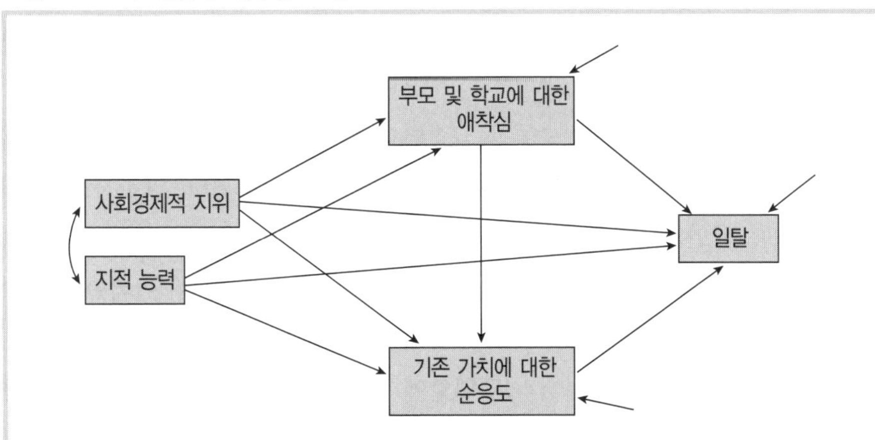

자료 : Wiatrowsk, Grisword and Roberts (1981)에서 재구성.

두 변수가 상관관계를 가지기는 하나 그들 간에 어떠한 인과적인 관계를 가정하지는 않음을 의미한다. 이 때 부모의 사회경제적 지위와 청소년의 지적 능력과 같이 상호간 인과적 관계를 설정하지 않고 경로모형에서 이미 주어진 것으로 간주하는 변수들을 외생변수(exogenous variables)라 하고, 애착심 · 순응도 · 일탈과 같이 그 모형에서 설명되는 변수들을 내생변수(endogenous variables)라 한다. 일반적인 경로모형에서는 각 경로의 화살표 위에 경로계수(path coefficient)를 쓰는데, 경로계수는 회귀식에서 독립변수의 표준화 회귀계수와 같은 값이다. 즉, 종속변수에 영향을 미치는 각 독립변수들의 상대적 크기를 나타내는 것이다. [그림 12-11]에서는 3개의 다른 종속변수가 있으므로 세 가지 묶음의 계수들을 계산하여야 한다. 애착심에 대한 경로계수는, 애착심을 종속변수로 하고 부모의 사회경제적 지위와 청소년의 지적 능력을 독립변수로 하는 중회귀분석의 표준화 회귀계수다. 순응도에 대한 경로계수는, 부모의 사회경제적 지위 · 지적 능력 · 애착심을 독립변수로 하고, 순응도를 종속변수로 하는 회귀식의 표준화 회귀계수가 된다. 마지막으로 일탈을 종속변수로 하는 4개의 경로계수는 부모의 사회경제적 지위 · 지적 능력 · 애착심 · 순응도를 독립변수로 하는 회귀식에서 계산된다. 측정되지 않은 잔여변수(residual variable)의 계수는 독립변수에 의해 설명되지 않는 변동을 나타내는데, 경로그림에서는 각각의 종속변수 옆에 표시한다. 잔여변수의 경로계수는 $\sqrt{1-R^2}$ 으로 구해지며, 여기서 R^2은 그 변수에 대한 독립변수들의 중결정계수다. 모든 종속변수는 하나의 잔여경로를 가지진다.

경로모형에 포함된 내생변수들은 최종변수(여기서는 일탈)만을 제외하고는 어떤 변수들의 종속변수인 동시에 또 다른 변수들의 원인이 된다. 말하자면, 매개변수가 되는 셈인데, 이 예에서 보면 애착심과 순응도는 부모의 사회경제적 지위 및 지적 능력과 일탈 사이에 존재하면서 그 영향을 전달한다. 이러한 의미에서 그 영향력은 간접적이기도 하지만 부모의 사회경제적 지위와 지적 능력은 애착심이나 순응도를 통제하더라도 일탈에 직접적으로 영향을 미칠 수 있다(참고 12-4 참조).

참고 12-4 | 상관계수와 경로계수

두 변수 간의 상관계수가 어떻게 일련의 경로계수로 분해되는지를 알아보기로 한다(Duncan, 1975 참조). 다음과 같은 가장 간단한 모형을 생각해 보자.

$$Y = b_{YX}X + U$$

각 변수는 각각의 평균으로부터의 거리로 측정되어 있다고 하면($Y = Y_i - \overline{Y}$, $X = X_i - \overline{X}$, $U = U_i - \overline{U}$), $\sum Y = \sum X = \sum U = 0$이 될 것이다. 잔차 U는 원인변수인 X와 어떠한 관계를 가지지 않는다고 가정한다. 즉 X와 U의 공분산은 0이다($\sum XU = 0$).

이 식에서 양변을 Y의 표준편차로 나누면

$$\begin{aligned} Y/S_Y &= b_{YX}\frac{X}{S_Y} + \frac{U}{S_Y} \\ &= b_{YX}\frac{S_X}{S_Y}\cdot\frac{X}{S_X} + \frac{S_U}{S_Y}\cdot\frac{U}{S_U} \end{aligned}$$

다. 여기서 $Y/S_Y = y$, $X/S_X = x$, $U/S_U = u$라 하면, $y = b_{YX}\frac{S_X}{S_Y}x + \frac{S_U}{S_Y}u$다. 이때 x, y, u는 모두 표준화된 점수다. $b_{YX}\frac{S_X}{S_Y} = p_{yx}$, $\frac{S_U}{S_Y} = p_{yu}$라 하면, 이 식은 $y = p_{yx}x + p_{yu}u$가 된다.

이 식에서 양변에 x를 곱해서 평균값을 취하면,

$$\frac{1}{N}\sum xy = p_{yx}\frac{\sum x^2}{N} + p_{yu}\frac{\sum xu}{N} = p_{yx} \quad (\because \sum x^2/N = 1,\ \sum xu = 0)$$

그런데 $\frac{1}{N}\sum xy = r_{xy}$이므로 $\frac{1}{N}\sum xy = r_{xy} = p_{yx}$다. 여기서 표준화된 두 변수의 공분산은 두 변수의 적률상관계수와 동일하다.

이제 몇 개의 변수를 더 도입하여 경로모형을 만들어 보자.

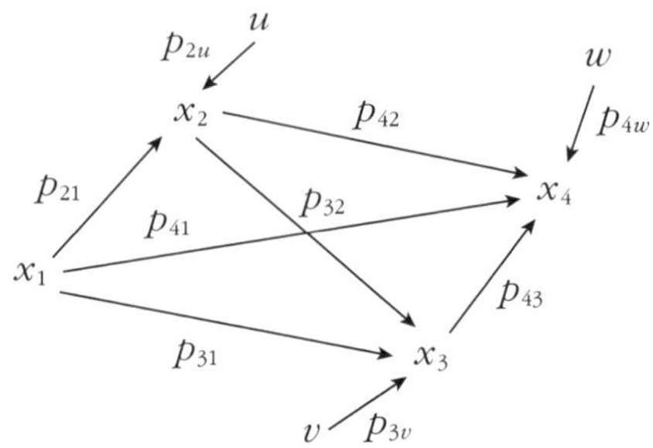

$$x_2 = p_{21}x_1 + p_{2u}u \quad \cdots\cdots (1)$$

$$x_3 = p_{32}x_2 + p_{31}x_1 + p_{3v}v \quad \cdots\cdots (2)$$

$$x_4 = p_{43}x_3 + p_{42}x_2 + p_{41}x_1 + p_{4w}w \quad \cdots\cdots (3)$$

(1)식의 양변에 x_1을 곱해서 평균값을 취하면,

$$\frac{1}{N}\Sigma x_1 x_2 = p_{21}\frac{\Sigma x_1^2}{N} + p_{2u}\frac{\Sigma x_1 u}{N}$$

$$r_{12} = p_{21} \quad \left[\because \Sigma x_1^2/N = 1,\ \Sigma x_1 u = 0\right]$$

(2)식의 양변에 x_1을 곱해서 평균값을 취하면,

$$\frac{1}{N}\Sigma x_1 x_3 = p_{32}\frac{\Sigma x_1 x_2}{N} + p_{31}\frac{\Sigma x_1^2}{N} + p_{3v}\frac{\Sigma x_1 v}{N}$$

$$r_{13} = p_{32}r_{12} + p_{31} = p_{32}p_{21} + p_{31} \quad \left[\because \Sigma(x_1 v) = 0\right]$$

(2)식의 양변에 x_2를 곱해서 평균값을 취하면,

$$\frac{1}{N}\Sigma x_2 x_3 = p_{32}\frac{\Sigma x_2^2}{N} + p_{31}\frac{\Sigma x_1 x_2}{N} + p_{3v}\frac{\Sigma x_2 v}{N}$$

$$r_{23} = p_{32} + p_{31}r_{12} = p_{32} + p_{31}p_{21} \quad \left[\because \Sigma x_2^2/N = 1,\ \Sigma x_2 v = 0\right]$$

(3)식의 양변에 x_1, x_2, x_3를 각각 곱하여 평균값을 취하면,

$$\frac{1}{N}\Sigma x_1 x_4 = p_{43}\frac{\Sigma x_1 x_3}{N} + p_{42}\frac{\Sigma x_1 x_2}{N} + p_{41}\frac{\Sigma x_1^2}{N} + p_{4w}\frac{\Sigma x_1 w}{N}$$

$$\begin{aligned} r_{14} &= p_{43}r_{13} + p_{42}r_{12} + p_{41} \\ &= p_{43}(p_{32}p_{21} + p_{31}) + p_{42}p_{21} + p_{41} \\ &= p_{43}p_{32}p_{21} + p_{43}p_{31} + p_{42}p_{21} + p_{41} \quad \left[\because \Sigma x_1 w = 0\right] \end{aligned}$$

$$\frac{1}{N}\sum x_2 x_4 = p_{43}\frac{\sum x_2 x_3}{N} + p_{42}\frac{\sum x_2^2}{N} + p_{41}\frac{\sum x_1 x_2}{N} + p_{4w}\frac{\sum x_2 w}{N}$$
$$\begin{aligned} r_{24} &= p_{43} r_{23} + p_{42} + p_{41} r_{12} \\ &= p_{43}(p_{32} + p_{31} p_{21}) + p_{42} + p_{41} p_{21} \\ &= p_{43} p_{32} + p_{43} p_{31} p_{21} + p_{42} + p_{41} p_{21} \quad [\because \sum(x_2 w) = 0] \end{aligned}$$

$$\frac{1}{N}\sum x_3 x_4 = p_{43}\frac{\sum x_3^2}{N} + p_{42}\frac{\sum x_2 x_3}{N} + p_{41}\frac{\sum x_1 x_3}{N} + p_{4w}\frac{\sum x_3 w}{N}$$
$$\begin{aligned} r_{34} &= p_{43} + p_{42} r_{23} + p_{41} r_{13} \\ &= p_{43} + p_{42}(p_{32} + p_{31} p_{21}) + p_{41}(p_{32} p_{21} + p_{31}) \\ &= p_{43} + p_{42} p_{32} + p_{42} p_{31} p_{21} + p_{41} p_{32} p_{21} + p_{41} p_{31} \\ &\quad [\because \sum x_3^2 / N = 1,\ \sum x_3 w = 0] \end{aligned}$$

우리는 경로분석을 통해 이것을 검정해 볼 수 있다. 만약 지적 능력이 애착심을 통해서만 일탈에 영향을 준다면 애착심을 통제했을 때의 직접경로의 계수는 통계적으로 무의미할 것이다. 그러나 지적 능력이 직접적 · 간접적으로 영향을 준다면 지적 능력에서 일탈로 가는 모든 경로계수가 유의하게 된다. 만약 어떤 직접경로가 통계적으로 무의미하다면 그 경로를 모형에서 삭제하고 나머지 경로의 계수를 다시 조정하여 새로운 모형을 구성하게 된다.

두 변수의 상관계수는 두 변수를 잇는 일련의 경로계수로 분해된다(참고 12-4 참조). 다음 그림에서 X_1과 X_3의 상관계수는 $r_{13} = p_{31} + p_{32} p_{21}$이 된다.

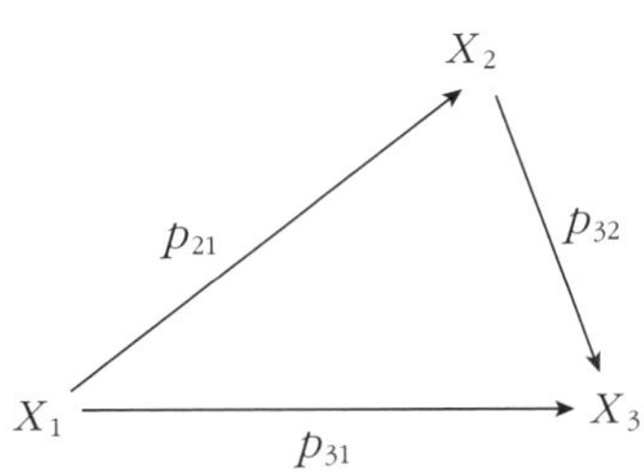

X_1에서 X_3에 미치는 총효과(r_{13})는, X_2를 통제했을 때 X_1에서 X_3에 직접 미치는 직접효과(p_{31})와 X_1이 X_2에 영향을 미치고 X_2가 다시 X_3에 영향을 미침

으로써 얻어지는 간접효과($p_{32}\,p_{21}$)의 합으로 이루어져 있음을 본다. 여기서 직접효과와 간접효과는 모두 인과적 효과다. 비인과적 효과가 있을 수 있기 때문에 총효과(상관계수로 표시)가 모두 인과적 효과로 이루어지는 것은 아니다(그것은 구체적 예를 통해 설명하겠다).

총효과 = 인과적 효과(직접효과 + 간접효과) + 비인과적 효과

경로분석의 기본적인 단계를 요약하면 다음과 같다.

제1단계 : 예비적인 이론을 정립하고, 검정할 가설적인 경로모형을 그림으로 나타낸다.
제2단계 : 경로계수와 잔차계수를 계산하는 데 필요한 일련의 회귀모형을 구성한다.
제3단계 : 회귀모형을 평가하여 무의미한 경로는 배제하고 새로운 모형으로 회귀분석을 다시 실시한다.
제4단계 : 회귀분석 결과 얻어진 표준화 회귀계수를 경로계수로 삼는다.

3. 경로분석의 예

경로분석을 사용한 분석의 예를 소개하기로 한다.

1) 블라우와 던칸의 사회계층연구

경로분석의 기법을 사회계층연구에 도입한 블라우와 던칸의 경로모형은 이미 고전적인 예가 되었다(Blau and Duncan, 1967: 169-170).

표 12-5 | 경로분석에 사용된 상관계수표

	Y	W	U	X	V
아들의 현재직업(Y)	…	.541	.596	.405	.322
아들의 첫 번째 직업(W)		…	.538	.417	.332
아들의 교육수준(U)			…	.438	.453
아버지의 직업(X)				…	.516
아버지의 교육수준(V)					…

자료 : Blau and Duncan (1967 : 169).

[그림 12-12]의 경로모형을 그려내기 위해 그 모형에 사용된 변수들 간의 상관계수가 먼저 〈표 12-5〉에 제시되어 있다.

그림 12-12 | 지위획득의 경로모형

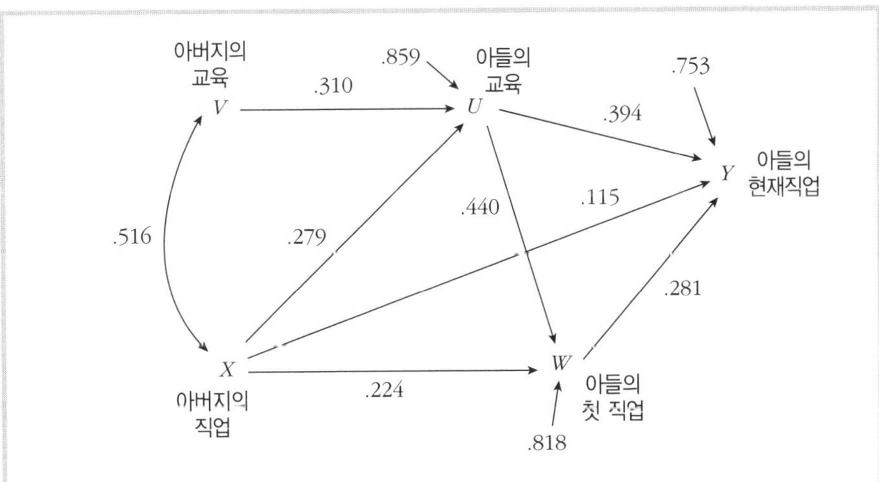

자료 : Blau and Duncan (1967 : 170).

우리는 [그림 12-12]에서 나타날 수 있는 몇 가지 의문에 대해 먼저 설명할 필요가 있다.

첫째, 왜 아버지의 교육(V)과 아버지의 직업(X) 간에는 직선의 화살표 대신에 구부러진 화살표가 그려져 있느냐 하는 것이다. 이미 설명한 바와 같이 이 모형에서 V, X는 모두 외생변수고 U, W, Y는 내생변수인데 외생변수들 간의 연결에는 일반적으로 구부러진 화살표를 사용한다. 여기서 외생변수라 함은 모형 내에서 설명하고자 하는 변수들이 아니라 이미 주어진 것으로 간주하는 변수다. 블라우와 던칸의 연구는 계층화의 과정, 즉 아버지세대의 지위체계가 아들세대에 어떻게 전수되는가에 관심을 가지고 있기 때문에 아버지의 교육과 직업의 관계는 그 모형에서 설명하고자 하는 것이 아니다. 만약 *V*에서 *X*까지 직선의 화살표를 긋는다 해도 논리적으로 틀린 것은 아니며, 그 경우에 경로계수는 두 변수 간의 단순상관계수와 같은 값이 된다.

둘째, 아버지의 교육(*V*)에서 아들의 첫 번째 직업(*W*)과 현재의 직업(*Y*) 간에는 왜 화살표가 없느냐 하는 것이다. 최초에 경로분석을 할 때에는 일단 가능한 모든 경로를 그린다. 최초의 모형에 따라 회귀분석을 실시한 후 특정 경로가 통계적으로 의미가 없으면 그 경로를 제거하고 다시 회귀분석을 하여 계수를 조정한다. 따라서 $V \rightarrow W$, $V \rightarrow Y$까지 직접경로가 없다는 것은 그 모형에 포함된 다른 변수들을 통제했을 때 직접적인 영향이 크지 않음을 의미한다.

365쪽의 모형의 예에서 아버지의 직업적 지위가 아들의 직업적 지위에 미치

경 로			영향력
총효과			.405
인과적 효과			.322
직접효과	$X \rightarrow Y$		.115
간접효과			.207
	$X \rightarrow U \rightarrow Y$ (.279 × .394)	.110	
	$X \rightarrow W \rightarrow Y$ (.224 × .281)	.063	
	$X \rightarrow U \rightarrow W \rightarrow Y$ (.279 × .440 × .281)	.034	
비인과적 효과			.083
	$X \leftrightarrow V \rightarrow U \rightarrow Y$ (.516 × .310 × .394)	.063	
	$X \leftrightarrow V \rightarrow U \rightarrow W \rightarrow Y$ (.516 × .310 × .440 × .281)	.020	

주 : 총효과를 인과적 효과와 비인과적 효과로 분해하는 요령은 Alwin and Hauser (1975)를 참조.

는 총효과(r=.405)는 인과적 효과와 비인과적 효과로 구분해 볼 수 있고, 인과적 효과는 다시 직접효과와 간접효과로 분해된다. 그것을 요약하면 366쪽의 그림과 같다.

2) 개발도상국의 경제적 불평등에 관한 연구

에반스와 팀버레이크(Evans and Timberlake, 1980)는 개발도상국에서 외국자본이 경제성장에 어떠한 영향을 미쳐 왔는가에 관심을 가지고, 저개발국가의 경제적 불평등은 서구 선진국가들의 다국적기업의 투자에 의한 경제침투 때문이라는 주장을 경험적으로 확인해 보기 위해 다음과 같은 네 가지의 가설을 설정하여 검정하고자 하였다.

가설 1 : 개발도상국에서 해외로부터 투자된 자본의 규모가 클수록 소득불평등의 정도가 심할 것이다.
가설 2 : 개발도상국에서 해외로부터 투자된 자본의 규모가 클수록 3차산업 부문에 고용된 노동력 인구의 비율이 더 빠르게 성장할 것이다.
가설 3 : 3차산업 노동력의 비율이 증가할수록 소득불평등의 정도는 심화될 것이다.
가설 4 : 3차산업의 성장과 투자종속을 동시에 고려할 때, 해외투자가 불평등에 미치는 효과는 감소될 것이다.

이와 같은 네 가지의 가설은 다음과 같은 간단한 모형으로 요약된다.

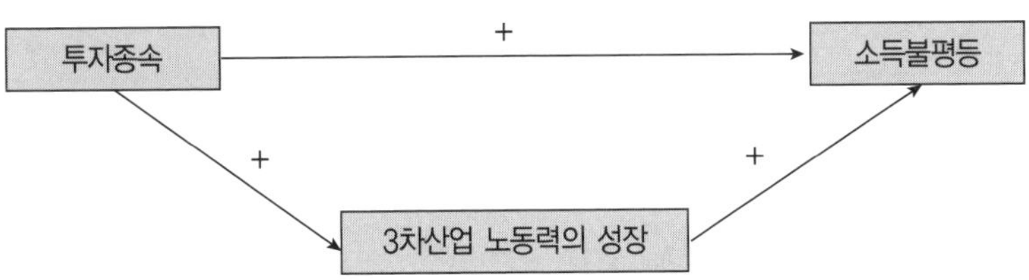

분석을 위해 그들은 회귀분석과 경로분석의 기법들을 사용하였다. 그 논문에서 투자종속은 두 가지의 측정치를 사용하여 분석하였는데, 그중의 하나는

OECD국가가 개발도상국에 직접 투자한 총액을 그 개발도상국의 인구로 나누고 그것을 다시 로그척도로 전환시켜 구성한 측정치인데, 설명을 위해 여기서는 그것만을 사용하기로 한다. 소득불평등은 지니지수(Gini index)를 사용하였고, 3차산업 노동력은 1950년에서 1960년 간에 변화한 3차산업에 종사하는 노동인구의 비율로 나타내었다. 이와 함께 각국의 경제발전 정도를 고려하기 위하여 1인당 국내총생산(GDP per capita)을 추가시켜 분석에 사용하였다. 대상국은 1965년을 기준으로 하여 1인당 GDP가 950달러 이상인 국가를 제외한 56개국을 선정하였다.

분석 결과는 투자종속이 3차산업 인구성장에 유의한 영향을 주고 있음을 보여 준다. 개발도상국이 해외자본에 많이 의존할수록 3차산업 노동력의 비율이 빨리 증대하는 경향이 있다. 또한 3차산업이 크게 성장한 개발도상국은 불평등의 정도가 보다 심하다. 3차산업 종사 인구의 성장은 〈표 12-6〉의 회귀분석 결과가 보여 주는 바와 같이 투자종속과 경제발전 정도를 통제하더라도 소득불평등에 강한 영향을 미친다.

표 12-6 | 소득불평등(Gini지수)을 종속변수로 한 회귀분석 (*N*=21)

독립변수	종속변수 : Gini지수			
	비표준화 회귀계수(*b*)	표준화 회귀변수(beta)	*b*의 표준오차	*F*값
투자종속	2.858	.544	1.898	2.27
3차산업변화율	113.684*	.511	49.362	5.30
1인당 GDP	−.029**	−.597	.016	3.59
회귀상수	45.064			
R^2	.48			

* 5% 수준에서 유의함.
** 10% 수준에서 유의함.
자료 : Evans and Timberlake (1980 : 544).

이 논문에서 연구자는 분석 결과로서 [그림 12-13]과 같은 투자종속모형을 제시하고 외국자본 투자가 노동력 구조를 왜곡시킴으로써 불평등을 심화시켰다고 주장하였다. 즉, 외국자본이 침투한 제3세계의 경제는 3차산업에 고용된 노동력 인구를 급격히 증가시켰고, 3차산업 인구의 증가가 종속이 불평등에 미치는 영향을 매개하였다.

그림 12-13 | 투자종속모형

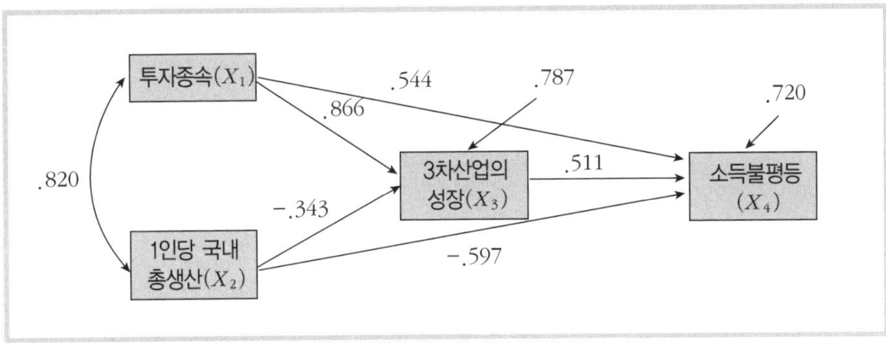

자료 : Evans and Timberlake (1980: 546).

[그림 12-13]의 모형에서 투자종속이 소득불평등에 미치는 총효과를 분해해 보면 직접효과는 p_{41}=.544이고, 3차산업의 성장을 통한 간접효과는 $p_{31} \times p_{43}$=.866×.511=.4425이며, 인과적 효과는 $p_{41}+p_{31} \times p_{43}$=.544+.4425=.9865가 된다. 즉, 투자종속이 소득불평등에 미치는 영향의 상당부분은 3차산업에 종사하는 노동력 인구의 변화를 통해 설명된다.

| 제 13 장 |

요인분석과 대응분석

우리는 복잡한 구조로 되어 있는 자료를 보다 간결한 형태로 나타냄으로써 차후 분석의 기초로 삼거나, 보다 용이하게 해석하고자 한다. 이와 같이 자료축소(data reduction)를 목적으로 하는 분석 기법의 예로 요인분석과 대응분석을 소개한다.

제 1 절 요인분석

1. 요인분석의 의미

사회조사를 통해 얻어진 자료를 분석할 때, 우리는 수없이 많은 변수를 다루게 되는데, 때로는 하나의 동일한 개념을 측정하기 위해 여러 개의 문항을 만들어 분석하기도 한다. 지수 또는 척도를 구성하기 위하여 다수의 문항을 질문지에 포함하는 것이 대표적인 예일 것이다. 그러한 경우 개별 문항에 관심을 가지기도 하지만, 그보다는 그 문항들이 궁극적으로 측정하고자 하는 보다 근저에 깔려 있는 개념을 찾아내고자 하는 것이 주된 목적인 경우가 많다. 만약 그 변수들(여기서는 문항들)이 동일한 개념을 반영하는 것이라면 변수들 간의 상관관계는 그 근저의 개념을 통해서 설명될 수 있을 것이다.

그러한 목적을 위해 사용되는 요인분석(factor analysis)은 다변량분석 기법 중의 하나로, 여러 개의 변수를 보다 적은 수의 가설적 변수, 즉 요인(factor)으로 바꾸기 위한 통계적 기법을 의미한다. 요인분석의 과정에서 우리는 첫째로 변수들 간의 관계의 유형을 밝히고, 둘째로 밀접하게 상호연관되어 있는 변수들의 묶음을 발견해 내며, 셋째로는 그러한 작업을 거쳐 많은 수의 변수들을 보다 적은 수의 변수, 즉 요인들로 바꾼다.

요인분석에서 관측된 변수들은 요인이라고 하는 가설적 개념의 선형적 복합체로 가정된다. 여기에서 요인은 여러 변수들에 대해 공통되는 개념(공통요인)일 수도 있고 아니면 하나의 변수에만 해당되는 개념(개별 요인)일 수도 있는데, 그중 앞의 것 즉 공통요인만이 각 변수들 간의 상관관계를 분석하는 데 유용하다.

요약하면, 요인분석의 가장 주된 목적은 변수들 간에 존재하는 상호관계의 유형을 밝혀 그들을 보다 적은 수의 요인들로 축소하는 것이다. 물론 여기에는 개별 요소변수들이 요인을 측정하는 타당한 지표고, 요인이 각 요소변수들 간의 상관관계를 나타나게 한 것이라는 가정이 전제되어 있다.

적절한 요인분석을 위해서는 요인의 인과성과 간결성의 요건이 갖추어져야 한다(Kim and Mueller, 1978a). 요인의 인과성이란 요인과 개별 요소변수들 사이에 인과적 관계가 높고 따라서 단일한 요인구조가 형성된다는 것, 바꾸어 말하면 그 요인이 개별 변수들에 대해 높은 설명력을 가진다는 것을 의미하며, 간결성이란 되도록 적은 수의 요인으로 설명력을 확보하고자 하는 것을 뜻한다.

요인분석은 탐색적 목적으로 사용되기도 하고, 확인적 목적 다시 말해 가설검정의 목적으로도 사용된다. 가령 우리가 여러 개의 변수들을 놓고 그들 중 어떤 것들이 같은 의미를 가진 것으로 함께 묶여질 수 있는가를 탐색해 보고자 할 때 요인분석의 방법을 쓰기도 하고, 연구자가 변수 간의 관계와 그들이 어떻게 서로 묶여질 수 있는가에 대해 이론적인 지식을 가지고 있을 때, 그것을 확인해 보는 방법으로 사용하기도 한다.

2. 요인분석의 논리적 기초

1) 단일요인과 다수의 변수들

우리가 사회적 분화라는 개념(요인)을 구성한다고 하자. 여기에서 사회적 분화라는 개념은 직접 측정 가능한 것이 아니라 측정 가능한 변수들을 통해서 재구성되는 개념이다. 반면에, 실제로 측정 가능한 변수들은 조작적으로 규정지을 수 있다. 만약 우리가 경제적으로 더 발전된 사회가 사회적으로 더 분화되어 있다고 하는 이론을 받아들인다면, 사회적 분화라는 개념을 구성하기 위하여 관측 가능한 변수로 1인당 국민총생산량이라든가 경제활동인구 중 비농업에 종사하는 인구의 비율 또는 국민 1인당 에너지소비량 등과 같은 변수들을 생각해 볼 수 있다. 실제로 마쉬(Marsh, 1967)는 비농업인구의 비율과 1인당 에너지소비량으로 사회분화척도(index of social differentiation)를 구성한 바 있다.

우리는 여기에서 1인당 국민총생산량, 비농업인구의 비율 및 1인당 에너지소비량 등의 변수들을 개별적으로 분석에 사용할 수도 있겠지만, 그러한 측정치 또는 지표를 사용하는 것도 보다 근원적인 개념인 사회적 분화의 정도를 알고자 하는 것이기 때문에, 그 변수들을 종합하여 하나의 가설적 개념을 재구성할 필요가 있다. 앞에서 설명한 대로 이 모형에서 1인당 국민총생산량, 비농업인구의 비율, 1인당 에너지소비량 등 측정된 변수들 간의 상관관계는 사회적 분화를 통해서 설명된다고 가정한다. 물론 그 측정변수들 간의 관계는 또 다른 공통의 요인에 의해 발생한 것일 수도 있지만, 그러한 가능성을 일단 배제했을 때 우리는 이 예를 다음과 같은 경로모형으로 나타낼 수 있다.

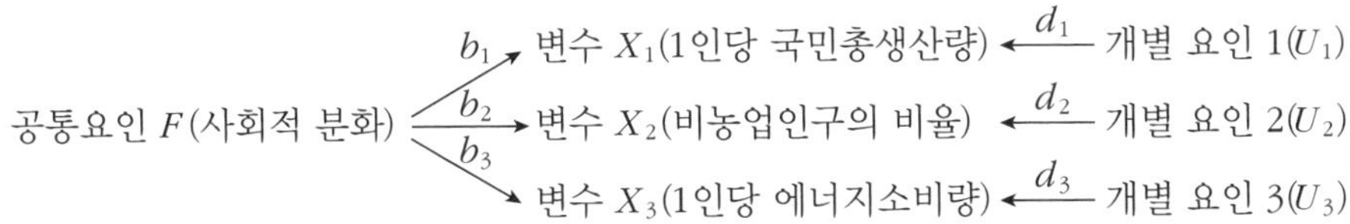

이 예는 하나의 요인과 여러 개의 변수를 포함시킨 요인분석의 사례다. 여기

에서 요인 F와 잔차 U_i는 통계적으로 독립적인 것으로 가정한다(제12장의 경로분석 참조). 즉, 요인 F와 잔차 U_i의 공분산 $\text{Cov}(F, U_i)=0$, $\text{Cov}(U_i, U_j)=0\,(i \neq j)$으로 가정된다. 따라서 이 예에서 보면 개별 변수들은 다음과 같은 식으로 나타난다.

$$X_1 = b_1 F + d_1 U_1$$
$$X_2 = b_2 F + d_2 U_2$$
$$X_3 = b_3 F + d_3 U_3$$

이것을 일반화하면, 공통의 요인이 하나고 변수가 여러 개인 경우 개별 변수들은 $X_i = b_i F + d_i U_i$의 식으로 만들어진다.

이처럼 각 요인들(F, U_i)이 서로 독립적인 경우, 요인과 변수들의 상관관계 b_i를 그 측정변수의 요인부핫값(factor loadings)이라고 한다. 요인부핫값은 회귀분석에서의 표준화 회귀계수라든가 경로분석의 경로계수와 동일하다. 요인부핫값은 미지의 모수이기 때문에 우리는 측정된 자료를 바탕으로 하여 그것을 추정한다.

한편, 요인부핫값의 제곱, 즉 $b_1^2, b_2^2, \cdots, b_k^2$ 등을 각 변수의 공통분산비(communality)라고 하고 h^2으로 표시한다. 공통분산비는 개별 변수의 분산 중 k개 요인들에 의해 설명되는 비율, 바꾸어 말하자면 공통요인에 의해 설명되는 R^2(결정계수)과 동일한 개념이라고 볼 수 있다.

참고 13-1 | 측정변수의 분산 : 단일요인의 경우

각 변수의 분산은

$$\text{Var}(X_i) = E(X_i - \overline{X}_i)^2$$

인데, 각 변수가 표준화되어 있으면 $\overline{X}_i = 0$이므로

$$
\begin{aligned}
\text{Var}(X_i) &= E(X_i^2) = E(b_i F + d_i U_i)^2 \\
&= b_i^2 E(F^2) + d_i^2 E(U_i^2) + 2b_i d_i E(FU_i) \\
&= b_i^2 \text{Var}(F) + d_i^2 \text{Var}(U_i) + 2b_i d_i E(FU_i)
\end{aligned}
$$

$E(FU_i) = 0$ 이고, $\text{Var}(X_i) = \text{Var}(F) = \text{Var}(U_i) = 1$이므로

$$
\begin{aligned}
&\text{Var}(X_i) = b_i^2 + d_i^d = 1 \\
&d_i = \sqrt{1 - b_i^2}
\end{aligned}
$$

이 된다(보다 자세한 내용은 Kim and Mueller, 1978a 참조).

측정변수들 사이의 상관관계는 r_{ij}로 표시되며, 그 값은 다음과 같다.

$$
r_{12} = b_1 b_2,\ r_{13} = b_1 b_3,\ \cdots,\ r_{ij} = b_i b_j
$$

2) 다수의 요인과 다수의 변수들 : 직교모형의 경우

이제 공통의 요인이 하나가 아니라 두 개 이상인 경우를 생각해 보자. 여기에는 두 가지 종류가 있을 수 있다. 하나는 공통요인들이 서로 독립적인 경우고, 또 하나는 공통요인들이 상관관계를 가지고 있는 경우다. 앞의 경우에 해당하는 요인분석의 모형을 직교모형(直交模型, orthogonal model)이라 하고, 뒤의 것을 사각모형(斜角模型, oblique model)이라고 하는데, 공통요인이 2개인 경우에 직교모형과 사각모형을 그림으로 나타내면 다음과 같다.

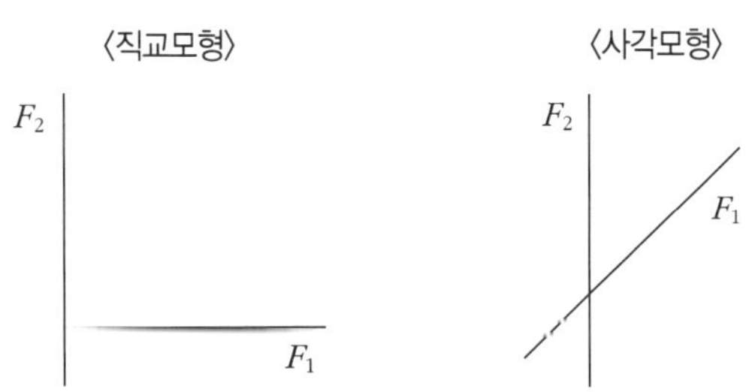

그림 13-1 | 직교모형

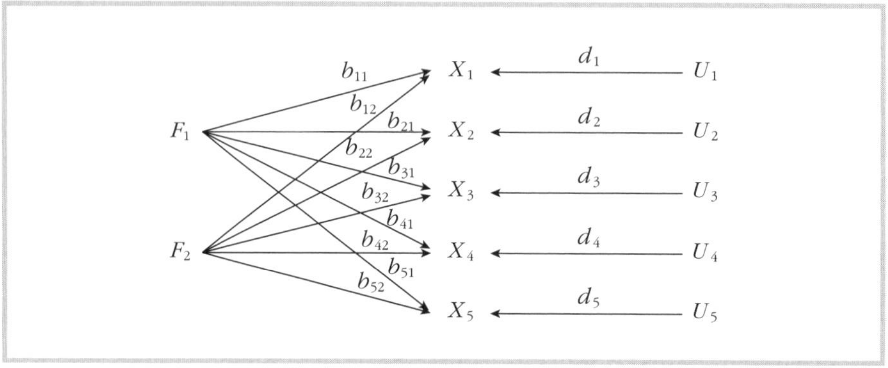

직교모형에 대해서 먼저 알아보기로 한다. 간단한 예로서 공통의 요인이 2개고 측정된 변수가 5개인 경우, 그것을 경로모형으로 나타내면 [그림 13-1]이 될 것이다. 그림에서 보면 두 요인 F_1과 F_2는 서로 독립적이다. 이 모형에서 측정된 변수 X_1, X_2, ⋯, X_5는 각각 F_1과 F_2라는 2개의 공통요인과 U_1, U_2, ⋯, U_5 등의 개별 요인에 의해 설명되고 있다. 그것을 경로식으로 나타내면 다음과 같다.

$$
\begin{aligned}
X_1 &= b_{11}F_1 + b_{12}F_2 + d_1U_1 \\
X_2 &= b_{21}F_1 + b_{22}F_2 + d_2U_2 \\
&\vdots \\
X_5 &= b_{51}F_1 + b_{52}F_2 + d_5U_5
\end{aligned}
$$

측정된 변수(X_i)는 측정되지 않은 가설적 요인들(F_1, F_2, U_i)의 선형적 함수로 표시된다. 여기에서 공통요인과 개별 요인 사이, 각 개별 요인 사이에는 상관관계가 없는 것으로 가정되며, 따라서 각각의 공분산은 0이 된다.

$$\mathrm{Cov}(F_iU_i) = \mathrm{Cov}(F_iU_j) = \mathrm{Cov}(U_iU_j) = 0 \quad (i \neq j)$$

요인분석의 결과로 두 가지 행렬표가 제시되는데, 그 하나는 요인부핫값 b_{11},

b_{21}, …, b_{ij} 등으로 이루어진 요인유형행렬표(factor pattern matrix) 또는 요인부핫값행렬표(factor loadings matrix)고, 또 하나는 각 변수와 각 요인과의 상관계수들로 이루어진 요인구조행렬표(factor structure matrix)다. 다시 말하면, 유형행렬표는 공통요인과 측정변수 간의 인과관계의 정도를, 구조행렬표는 둘 사이의 상관관계의 강도를 나타낸다. 직교모형에서는 두 요인이 서로 독립적이라고 가정하고 있으므로 유형행렬표와 구조행렬표가 동일하다.

참고 13-2 | 측정변수의 분산 : 다수요인의 경우

측정변수 X_1의 분산을 구해 보면,

$$\begin{aligned} \mathrm{Var}(X_1) &= E(X_1^2) \\ &= E(b_{11}F_1 + b_{12}F_2 + d_1U_1)^2 \\ &= E(b_{11}^2F_1^2 + b_{12}^2F_2^2 + d_1^2U_1^2 + 2b_{11}b_{12}F_1F_2 + 2b_{11}d_1F_1U_1 + 2b_{12}d_1F_2U_1) \\ &= b_{11}^2E(F_1^2) + b_{12}^2E(F_2^2) + d_1^2E(U_1^2) + 2b_{11}b_{12}E(F_1F_2) \\ &\quad [\because E(F_1U_1) = E(F_2U_1) = 0] \end{aligned}$$

각 변수들이 표준화되어 있다고 하면

$$E(X_1^2) = E(F_1^2) = E(F_2^2) = E(U_1^2) = 1$$

이며, 따라서

$$\begin{aligned} \mathrm{Var}(X_1) &= b_{11}^2 + b_{12}^2 + d_1^2 + 2b_{11}b_{12}r_{F_1F_2} \\ &= (b_{11}^2 + b_{12}^2 + 2b_{11}b_{12}r_{F_1F_2}) + d_1^2 = 1 \end{aligned}$$

여기서 측정값의 분산은 다음과 같이 나타난다.

$$\mathrm{Var}(X_i) = (b_{i1}^2 + b_{i2}^2 + 2b_{i1}b_{i2}r_{F_1F_2}) + d_i^2 = 1$$

직교모형에서는 두 공통요인 간의 상관관계가 없는 것으로 가정하였으므로 $r_{F_1F_2}=0$이 되며, 따라서 다음과 같다.

$$\mathrm{Var}(X_i)=b_{i1}^2+b_{i2}^2+d_i^2=1$$

이 때 총분산 $\mathrm{Var}(X_i)$ 중에서 공통요인에 의해 설명되어지는 비율, 즉 공통분산비 h^2은 다음과 같다.

$$h_i^2=b_{i1}^2+b_{i2}^2$$

3) 다수의 요인과 다수의 변수들 : 사각모형의 경우

앞에서는 공통의 요인들이 서로 독립적인 것으로 가정한 상태에서 요인분석을 다루었다. 이제 2개 이상의 공통요인들이 상관관계를 가지고 있는 경우를 생각해 보기로 하자. 이 경우 경로모형을 그리면 [그림 13-2]와 같다.

그림 13-2 | 사각모형

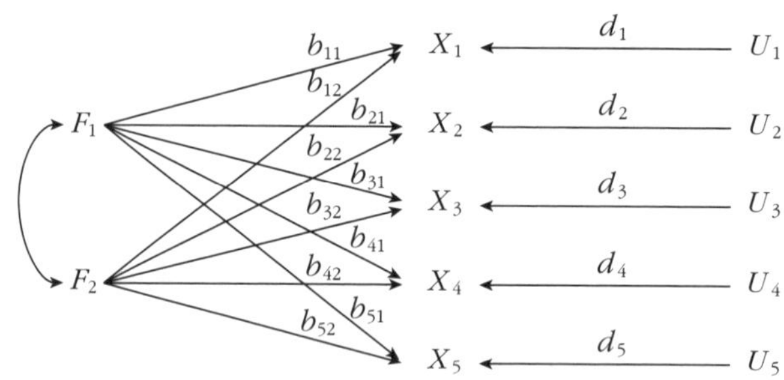

여기에서 $\mathrm{Cov}(F_1F_2)\neq 0$이며, 이 때 우리는 이 모형을 사각모형(oblique model)이라고 부른다. 측정변수의 분산을 나타낸 이 식에서 사각모형의 경우는 $r_{F_1F_2}\neq 0$이므로

$$\mathrm{Var}(X_i) = (b_{i1}^2 + b_{i2}^2 + 2b_{i1}b_{i2}r_{F_1F_2}) + d_i^2 = 1$$

이 되며, 그중 $(b_{i1}^2 + b_{i2}^2 + 2b_{i1}b_{i2}r_{F_1F_2})$ 부분이 공통분산비가 된다.

여기서 두 측정변수 간의 관계는 공통요인이 2개일 때 4개의 구성부분을 갖는다. 두 개의 공통요인과 두 개의 측정변수가 있는 경우를 보자.

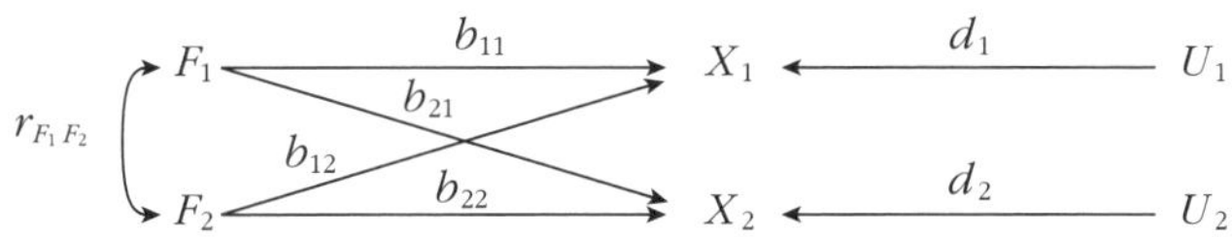

여기에서 두 변수 X_1과 X_2의 상관관계는 다음과 같이 표시될 수 있다.

$$r_{12} = \underset{①}{b_{11}b_{21}} + \underset{②}{b_{12}b_{22}} + \underset{③}{b_{11}b_{22}r_{F_1F_2}} + \underset{④}{b_{12}b_{21}r_{F_1F_2}}$$

여기에서 ①은 F_1이라는 공통의 요인에, ②는 F_2라는 공통의 요인에, ③과 ④는 F_1과 F_2 사이의 상관관계에 기인한 두 측정변수 간의 상관관계다.

3. 요인분석의 절차

이제 요인분석의 구체적인 절차에 대해 알아보기로 하자. 요인분석은 다음과 같은 단계를 거쳐 이루어진다(Kim and Mueller, 1978a).

1) 자료의 수집과 공분산행렬표의 작성

요인분석을 하고자 할 때에는, 우선 측정변수들 간의 상관관계를 살펴보고 변수들 간에 어떤 형태의 묶음이 존재하는가를 미리 판단해 보는 것이 필요하다. 변수들을 몇 개의 묶음으로 나눌 수 있는지를 보기 위해서는 먼저 변수들 간의 공분산행렬표 또는 상관계수표를 만들어 보아야 한다. 일반적으로 많이 사용되는 방법은 상관계수표를 만들어 보는 것이다. 그것은 상관계수표를 이용한 요인분석이 기존에 많이 이루어져 왔고 컴퓨터 처리 과정에서도 상관계수표를 자료로 입력하는 것이 용이하기 때문이다.

2) 요인추출과 회전

요인분석의 두 번째 단계는 관측된 상관관계를 적절하게 설명해 줄 수 있는 요인들을 추출하는 것이다. 이 때 연구자는 공통요인의 수와 그것을 결정짓는 기준을 제시해 주어야 한다. 공통요인들 간에 상관관계가 없다는 가정하에서 최초의 요인들(initial factors)을 추출해 내는데, 가장 많은 변동을 설명하도록 첫 번째 요인을 추출하고, 설명되지 않은 나머지 변동 중에서 설명력이 가장 높은 것을 두 번째 요인으로 하는 등의 요령으로 요인들을 추출한다.

그러한 과정을 거쳐 얻어진 요인들은 회전(rotation)을 통해 다음 단계에서 수정한다. 회전이란 보다 간단하면서 쉽게 해석할 수 있도록 요인들을 재배치하는 과정을 의미한다. 여기에서 유의할 것은 회전이 요인구조의 적합성을 높여주는 것은 아니라는 점이다. 다시 말하면, 회전을 통해 얻어진 요인이 최초의 요인에 비해 변수들의 공변동을 보다 정확히 설명해 주는 것이 아니라, 회전의 목적은 단지 각 변수의 부핫값을 0 또는 1에 근접시켜 각 변수가 하나 또는 두 개의 요인하고만 높은 상관관계를 가지도록 하여 요인구조를 단순화하는 데 있는 것이다. 각 요인의 축을 회전하게 되면, 개별 변수를 나타내는 점들은 하나의 요인에만 크게 관계되고 다른 요인과는 별다른 관계를 가지지 않는 것으로 나타나게 되므로 요인을 명백히 가려낼 수 있다.

회전의 방법은 요인들 간의 상관관계를 가정하는지 여부에 따라 직교회전(orthogonal rotation)과 사각회전(oblique rotation)으로 나누어진다. 직교회전이 보다 이해하기 쉽기 때문에 요인들 간에 상관관계를 가정해야 하는 특별한 사유가 없을 때에는 대개 직교회전의 방법을 사용한다.

3) 요인척도의 구성과 사용

요인분석은 변수들 간의 요인구조를 밝히는 데 그치는 것이 아니라 다른 연구에 사용될 수 있도록 요인척도(factor scales)를 구성하기 위하여 실시하는 경우가 많다. 컴퓨터 출력에는 변수들을 요인으로 결합할 때에 개별 변수에 부여하는 가중치가 제시되기 때문에 요인분석을 사용하여 척도를 구성하는 것이 그다지 어려운 일은 아니다. 다만 요인척도가 요인분석의 결과로 얻어진 기본 요인들과 완전히 일치하는 것은 아니며 일정한 오차를 포함하고 있다는 점에 유의할 필요가 있다.

우리는 때로 요인분석을 통해 요인의 구조를 찾아낸 다음, 척도를 구성할 때에는 가중치를 사용하지 않고, 단순히 개별 변수를 더하여 지수를 만들어 사용하기도 한다.

4. 요인분석의 예

1) 탐색적 요인분석

대부분의 요인분석은 탐색적인 목적으로 실시하는데, 여기서는 두 가지 예를 들어보기로 한다.

(1) 경제발전 및 배분에 관한 연구

'사회지도층연구 84' 에서 경제발전과 재분배에 관한 견해를 측정하기 위하여 10개의 문항을 만들어 보았다. 이들 문항을 보다 적은 수의 가설적 개념으로 재구성하기 위하여 요인분석을 실시하였다. 개별 문항들은 다음과 같은 서술로 이루어져 있고, 응답범주는 '전적으로 동의한다', '동의한다', '반대한다', '전적으로 반대한다' 등 4점척도로 구성되어 있다.

이 문항들 각각은 하나의 태도를 측정하는 측정변수가 된다. 이와 같이 일련의 변수들이 마련되었을 때, 그 관측값을 기초로 하여 변수 간 상관계수를 우선 살펴본다. 만약 여러 개의 문항들이 동일한 개념을 측정하는 것이라면 그 문항

문항	내 용
1	소비를 통한 만족보다는 우선 경제발전을 해야 한다.
2	만약 경제발전이 국민들에게 일시적으로나마 고통을 주게 된다면 경제발전을 계속 추구해서는 안 된다.
3	궁극적으로 경제발전만이 국민의 복지와 행복에 필요한 모든 것을 제공해 줄 것이다.
4	소득계층 간의 격차를 줄이기 위해서는 소득의 상한선을 마련하는 것이 좋다.
5	상속세의 부과를 보다 강화하여 부모의 재산이 자녀들에게 상속되는 것을 막아야 한다.
6	현행의 소득세 및 재산세의 누진율을 높여서 아주 잘 사는 사람이 없도록 해야 한다.
7	사회발전은 기존 질서를 크게 변화시키지 않는 범위 내에서 이루어져야 한다.
8	어떤 경우에도 잘 사는 사람보다는 못 사는 사람들에게 더 많은 기회가 주어져야 한다.
9	국가발전의 목표는 경제성장보다 국민 간에 조화를 유지하는 데에 주어져야 한다.
10	어떤 정책이라도 그것이 우리 사회에서 특정의 계층이나 집단을 소외시키는 것이라면 유보되어야 한다.

들 간의 상관관계는 매우 높게 나타날 것이고, 반대로 서로 다른 개념을 측정하는 문항들이라면 그것들 간의 상관관계는 낮은 수치로 나타나 통계적으로 유의미하지 않을 것이다.

〈표 13-1〉과 같이 상관계수를 구한 다음 〈표 13-2〉와 같은 최초의 요인(회전 전의 요인)을 추출한다. 〈표 13-2〉의 결과는 [그림 13-3]과 같은 형태로 그려진다.

[그림 13-3]에서 보면 문항 1, 2, 3이 하나의 집락으로 묶이고, 문항 4, 5, 6이 또 다른 집락으로 묶여 있다. 그러나 개별 문항과 두 요인과의 관계는 그리 명확하지 않다.

표 13-1 | 요인분석에 사용된 변수 간 상관계수표 (N=837)

항목	1	2	3	4	5	6	7	8	9	10
1	1.00									
2	.21**	1.00								
3	.27**	.14**	1.00							
4	.02	−.12**	.13**	1.00						
5	.10*	.07	.02	.25**	1.00					
6	.03	−.01	.02	.47**	.39**	1.00				
7	.20**	−.05	.05	.03	.05	.06	1.00			
8	.11**	−.03	.17**	.25**	.14**	.25**	.14**	1.00		
9	.01	−.13**	−.10*	.18**	.14**	.19**	.19**	.26**	1.00	
10	.05	−.15**	−.01	.07	.09*	.08*	.16**	.19**	.28**	1.00
$\overline{X}$	3.52	2.83	2.97	2.35	3.23	2.75	3.52	3.10	3.18	3.21
s.d.	.55	.83	.76	.94	.75	.84	.56	.71	.65	.73

* 1% 수준에서 유의함.
** 0.1% 수준에서 유의함.
자료 : 사회지도층연구 84(이하 동일).

표 13-2 | 회전 전의 요인행렬표(경제발전 및 분배의 예)

문항	요인 1	요인 2	요인 3	h^2
1	.20	.65	.15	.48
2	−.07	.38	−.17	.17
3	.12	.39	−.04	.17
4	.55	−.08	−.21	.36
5	.44	.04	−.18	.22
6	.69	−.09	−.36	.61
7	.23	.12	.32	.17
8	.45	.06	.15	.23
9	.44	−.20	.35	.37
10	.30	−.11	.37	.23
고윳값	2.20	1.49	1.31	

그림 13-3 | 회전 전의 변수(문항)와 요인과의 관계

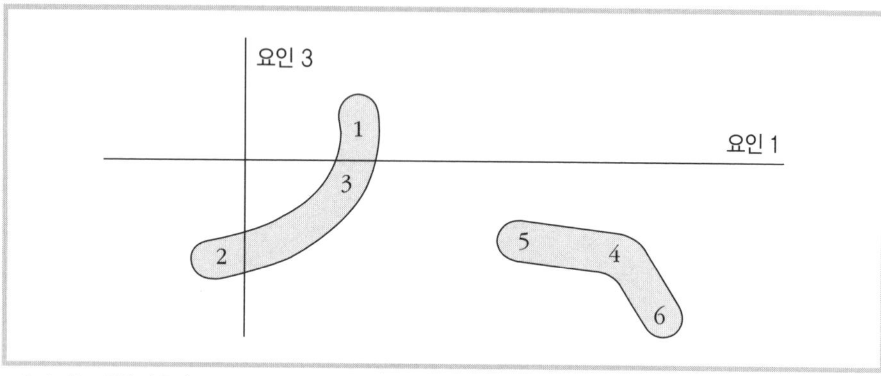

* 숫자는 문항번호임.

표 13-3 | 직교회전 후의 요인행렬표(경제발전 및 분배의 예)

문항	요인 1	요인 2	요인 3
1	.01	.20	.67
2	−.01	−.20	.37
3	.08	.01	.41
4	.58	.12	−.01
5	.46	.08	.10
6	.78	.07	−.00
7	.01	.38	.15
8	.29	.36	.12
9	.20	.54	−.15
10	.06	.47	−.08

이와 같이 구해진 요인을 가지고 다시 직교회전을 하면 〈표 13-3〉과 같은 결과를 얻을 수 있고, 그것은 [그림 13-4]와 같이 나타난다.

[그림 13-4]는 [그림 13-3]에서와는 달리 변수(문항)들과 요인의 관계가 보다 명확해짐을 보여 준다. 문항 1, 2, 3은 요인 3과 관련되고, 문항 4, 5, 6은 요인 1에서 함께 묶여짐을 알 수 있다.

좀 더 자세히 설명하면 회전 전인 〈표 13-2〉에서는 문항과 요인과의 관계가 명확하게 나타나지 않으나 회전 후인 〈표 13-3〉에서는 그들 관계가 보다 선명

그림 13-4 | 직교회전 후의 변수(문항)와 요인과의 관계

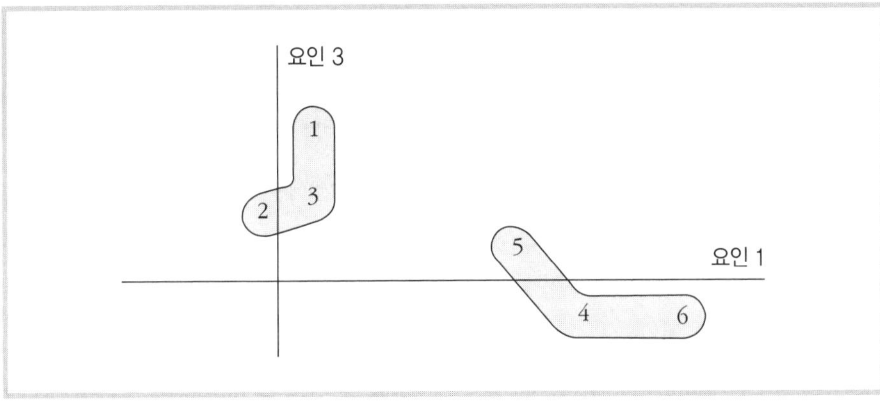

해지고 있다. 〈표 13-3〉에서 요인부핫값이 .30 이상인 것에 밑줄을 그어보면 10개의 개별 문항은 3개의 요인으로 묶여진다. 물론 여기서 .30의 기준은 다소 자의적인 것으로, 연구자에 따라서는 .35 또는 .40의 기준을 사용하기도 한다.

〈표 13-3〉에서 보면 문항 4, 5, 6이 첫 번째 요인으로, 문항 7, 8, 9, 10이 두 번째 요인으로, 문항 1, 2, 3이 세 번째 요인으로 분류되고 있다. 우리는 그 문항들을 이용하여 3개의 새로운 척도를 구성해 볼 수 있다. 첫 번째의 척도는 문항 4, 5, 6을 사용하여 만들게 되는데, 가령 각 문항이 5점척도로 구성되어 있다고 하면 그것을 모두 합하여 3~15점까지의 척도로 만들고 그것에 분배적 정의라고 하는 이름을 부여함으로써 새로운 변수로 간주할 수 있다. 마찬가지 방식으로 문항 1, 2, 3으로 경제발전이라고 하는 척도를, 문항 7, 8, 9, 10으로 사회적 조화라고 하는 척도를 만들어 볼 수 있다. 이와 같이 하여 새로운 세 개의 척도가 구성되면 이제 우리는 10개의 변수(문항)들이 아니라 그 세 개의 척도를 추후 분석에 사용할 수 있다. 여기서 지적해 두어야 할 사항은 요인분석을 사용한 통계적 분석은 요인이 구성될 수 있는 가능성만을 보여 주는 것이지 그 요인의 의미까지 부여하는 게 아니라는 점이다. 따라서 각 요인에 명칭과 의미를 부여하는 것은 개별 연구자가 해야 할 일이다. 그러므로 동일한 분석 결과에 연구자들마다 각기 다른 이름을 부여할 수도 있다.

(2) 언론통제에 관한 연구

두 번째의 예로 추광영(1981a)이 행한 언론통제에 관한 연구를 살펴보기로 한다. 연구자는 세계각국의 언론의 자유와 통제의 정도를 측정하기 위한 새로운 지수를 개발하기 위해, 이미 소개되어 활용되고 있는 PICA(press independence and critical ability)지수를 수정하여 새로운 언론통제의 측정치를 제시하였다. PICA지수란 1966년에 로웬스틴(Ralph L. Lowenstein)이 94개국을 대상으로 23개의 평가기준(변수)에 따라 평정한 지수로, 각국 언론의 자주성과 비판능력을 나타내 주는 측정치다. 23개의 변수는 각각 9점 리커트척도로 작성되어 있는데, PICA지수는 23개 항목에 대한 평가점수를 단순산술평균으로 나타낸다. 그것에 대해 연구자는 각 항목을 동일한 비중으로 다루면 각 변수들이 언론통제에 미치는 상대적 영향력을 고려치 못하게 되고, 한 개의 지수로 종합함으로써 언론통제를 1차원적인 단일개념으로 취급하게 된다고 비판하였다.

그는 다양한 언론통제수단에 잠재하고 있는 기본적인 차원(요인)을 찾아내려는 목적에서 요인분석을 실시하였다. 연구자는 PICA지수에 사용된 23개 항목 중 적합하지 않은 것으로 판단되는 4개 항목을 제외하고 19개 개별 변수를 바탕으로 요인을 찾으려 하였다. 요인분석을 통해 19개 변수를 보다 적은 수의 요인으로 간결화하고, 동시에 각 요인의 중요성이 나라별로 다르다고 보고 요인점수를 찾아내어 그것을 추후 분석에 활용하였다.

주성분분석 방법(principal component method)에 따라 최초의 요인들을 추출한 결과 고윳값이 1인 요인이 3개 나타났는데, 각각 전체 분산의 43.5%, 22.4%, 6.0%를 설명하고 있다. 즉, 그 세 요인이 전체 분산의 71.9%를 설명한다. 그런 다음 연구자는 직교회전을 통해 〈표 13-4〉와 같은 요인행렬표를 구하였다. 요인분석을 실시한 결과 언론통제의 요인을 3개 찾아낸 것이다(회전을 하면 요인별 고윳값이 달라진다).

〈표 13-4〉에서 보면 요인부핫값이 .40 이상인 것에는 밑줄이 그어져 있으며, 법적 · 통제 등 10개의 항목(변수)은 요인 1에 높게 부하되고, 야당간행물 금지 등 7개 항목은 요인 2에 높게 부하되며, 명예훼손법규 등 3개 항목은 요인 3에 높은 부핫값을 보여 준다. 여기서 뉴스제공에서의 특혜주의는 .40을 기준으로

표 13-4 | 직교회전 후의 요인행렬표(언론통제의 예)

변 수	요인 1 (정치적 · 법적 통제)	요인 2 (경제적 통제)	요인 3 (사회적 · 윤리적 통제)	공통분산비 (h^2)
법적 통제	.88	.06	−.09	.79
법외적 통제	.81	−.00	−.27	.73
정부에 의한 언론인 면허 · 임명	.82	−.15	−.18	.73
외국통신사 접근통제	.72	−.05	−.28	.60
국내통신에 대한 정부통제	.79	−.10	−.00	.64
인쇄매체의 면허제	.79	−.00	.14	.65
보급 · 배포에 관한 통제	−.84	−.14	−.38	.86
정부의 언론기관 소유	.77	−.35	−.12	.73
노조로부터의 압력	−.57	.37	.01	.46
뉴스제공에서의 특혜주의	.78	.00	−.42	.78
야당간행물 금지	.27	.70	.20	.60
신문용지 통제	.10	.83	.18	.72
외환 및 장비구입 통제	−.01	.78	.30	.71
언론에 대한 장려금 · 증회	−.12	.88	.05	.81
매체에 대한 정부대출	−.17	.80	.02	.66
정부광고에 대한 의존도	−.34	.77	.12	.73
타산업과 차등화된 세율	−.31	.54	−.08	.39
명예훼손법규	.34	.36	.55	.54
조직된 자율규제	−.34	.30	.52	.47
고윳값	7.96	3.94	.72	
분산의 백분율	63.1	31.2	5.7	
누적백분율	63.1	94.3	100.0	

자료 : 추광영 (1981a: 360).

할 때 요인 1과 요인 3에 다 같이 높게 부하되지만, 요인 1에 크게 나타나고 요인 3은 .40을 약간 넘는 수준이어서 요인 1에 부하되는 것으로 간주하였다.

요인 1이 언론에 가해지는 법적 · 법외적 통제 등에 높은 부핫값을 보이고 있으므로, 연구자는 '정치적 · 법적 통제' 라는 이름을 붙였다. 요인 2는 정부에 의해 언론에 가해지는 경제적 차별수단에 높은 부핫값을 보여 주기 때문에 '경제적 통제' 라고 지칭하였고, 요인 3은 주로 명예훼손법과 조직적 자율규제에 높은 부핫값이 나타나기 때문에 '사회적 · 윤리적 통제'라고 명명하였다. 연구결과에 따라 연구자는 19개의 다양한 언론통제 방법의 저변에는 정치적 · 법적 통제, 경제적 통제, 사회적 · 윤리적 통제 등 3개의 주요 차원이 내재하고 있으며, 따라서 언론통제의 수단은 크게 그러한 세 범주로 묶여질 수 있음을 밝혔다. 직교회전 전의 요인행렬표에서 보는 바와 같이 세 요인이 전체 분산의 72% 정도(19개 변수를 19개의 요인으로 할 경우 100% 설명됨) 설명할 수 있으므로 자료를 축소하여 보다 간결하게 하고자 하는 원래의 목표를 달성한 것으로 본다.

요인분석은 더 나아가 각 변수들을 요인으로 묶어 새로운 지수로 활용할 수 있는 요인점수(factor scores)를 제시해 주기 때문에 각 요인들의 가중치를 얻어낼 수 있다. 예를 들어, 어떤 나라에서 언론통제의 수단 중 경제적 통제가 가장 중요한 위치를 차지한다고 하면, 세 요인 중 경제적 통제의 요인점수가 가장 크게 나타날 것이기 때문에 단순산술평균으로 얻어진 지수보다 한 단계 더 나아진 것이라고 볼 수 있다. 또한 요인점수는 각 요인별로 표준화되어 있으므로 각 나라의 상대적 위치를 파악하는 데 사용할 수 있다.

2) 확인적 요인분석

확인적 요인분석(confirmatory factor analysis)을 이용한 실제의 연구를 살펴보기로 한다. 스패스(Spaeth, 1979)는 직업이 적어도 세 가지 수직적 차원에 따라 분화되어 있다는 이론을 개진하고, 그것을 확인하기 위해 센서스에 나타난 323개 직업에 대한 자료를 바탕으로 요인분석의 기법을 사용하였다. 이 논문에 의하면, 지금까지의 연구는 주로 사람들이 평가한 직업의 서열에 준거하여 직업을 파악해 왔으나, 그러한 기준에 의거한 직업서열은 직업 간의 소득의 격차라든가 직업에서의 성별 권위관계 및 소득의 차이를 만족할 만큼 설명해 내지 못하고 있다. 또한 일반인들이 행하는 직업에 대한 평가는, 그 직업에 대해 정확한 지식을 갖추지 못한 상태에서 이루어지는 경우가 많기 때문에 그 직업이 차지하는 사회경제적 위치를 정확히 지적해 내기 어려운 점도 있다.

스패스는 그러한 문제점을 해결하기 위하여 기존의 직업평가척도(위신척도)

에 덧붙여 직업에서의 역할수행과 관련된 두 가지의 새로운 기준을 도입할 것을 제안하였는데, 그 두 가지의 기준은 그 직업이 가지는 권위와 복합성이다. 요인분석의 방법은 그 두 가지 기준을 도입하는 것이 타당한가를 경험적으로 검토하기 위해서 사용하였다. 분석의 결과 세 가지의 기준이 서로 독자적인 것으로 나타나면 후속 연구에서 직업의 서열을 결정하는 데 세 가지 기준을 조합하여 사용할 수 있을 것이고, 반대로 위신이라는 기존의 요인이 새롭게 도입한 권위 및 복합성 등의 요인과 크게 차이가 나지 않는다면 새로운 기준들을 도입하는 의의가 없어질 것이다.

〈표 13-5〉는 가설적 요인모형이다. 〈표 13-5〉와 같은 모형을 찾아내기 위해서 각 요인(차원)에 기준지표(reference indicator)를 부여하고, 기준지표의 부핫값이 1이 되도록 고정함으로써 다른 보조지표들은 기준지표와 비교해서 평가한다. 각 요인의 계수는 기준지표와 비교하여 보조지표가 요인을 반영하는 정도를 나타낸다. 이 작업을 위해 다른 요인의 지표는 0으로 한다. 모형으로부터 추정한 분산-공분산행렬표를 실제로 측정하여 얻은 행렬표와 비교하여 모형이 자료에 적합한지를 검정한다. 만약 적합치 않은 경우 또 다른 요인을 도입한다.

스패스는 권위 · 복합성 · 위신에 대한 지표로서 각각 1개의 기준지표와 2개의 보조지표를 열거하였다. 먼저 권위의 기준지표로서는 감독서열상 그 직업의

표 13-5 | 가설적 요인모형

지표(변수)	권위	복합성	위신
하위직급수*	X	0	0
대인업무평가	X	0	0
재량권	X	0	0
훈련의 정도*	0	X	0
지식습득능력	0	X	0
자료처리복합성	0	X	0
직업위신척도*	0	0	X
학력	0	0	X
소득	0	0	X

*표는 기준지표임.

하위에 있는 직급들의 수(하위직급수)를 들고, 보조지표로는 그 직업의 대인업무가 어느 정도 복잡한가에 대한 평가(대인업무평가), 그 직업이 역할을 수행할 수 있는 정도(재량권)를 들었다. 복합성의 기준지표로서는 직무수행에 필요한 훈련기간(훈련의 정도)을 택하였고, 보조지표로는 도구적 지식을 포함한 지식습득능력(지식습득능력)과 자료를 분석 · 조정 · 종합하는 데서의 복합성의 정도(자료처리복합성)를 들었으며, 위신의 지표로는 기준지표로 위신평가척도(직업위신척도)와 보조지표로 학력 및 소득을 들었다.

표 13-6 | 직무의 특성과 위신지표의 요인분석

변수(지표)	요인 1(권위)	요인 2(복합성)	요인 3(위신)
하위직급수	1.0	-.177	0
대인업무평가	.609	0	0
재량권	.413	0	0
훈련의 정도	-.135	1.0	0
지식습득능력	0	.993	0
자료처리복합성	.160	.786	0
직업위신척도	0	0	1.0
학력	0	.201	.747
소득	.125	0	.691

자료 : Spaeth (1979 : 753).

분석 결과에서 요인 간 상관계수는 매우 높게 나타나고 있어(권위-복합성 .813; 권위-위신 .779; 복합성-위신 .739), 각 요인들 즉 직업서열의 기준들이 서로 밀접히 연관되어 있음을 알 수 있다. 그런데 그러한 관련성에도 불구하고 〈표 13-6〉의 분석 결과에서는 변수들이 기준에 따라 상이한 요인부핫값을 가지고 있는 것으로 나타났다. 이것은 세 가지 기준이 동일한 현상을 측정하는 것이 아님을 보여 준다. 이러한 결과는 최초의 이론적 모형을 '확인' 해 주는 것이라 할 수 있다(확인적 요인분석에 관한 보다 자세한 설명은 Kim and Mueller, 1978b : 46-60을 참조).

제 2 절 대응분석

1. 대응분석의 의미

대응분석(correspondence analysis)은 빈도로 이루어진 교차표를 분석하여 그래프로 나타내 줌으로써 자료를 보다 쉽게 해석하고 이해할 수 있도록 하는 기법이다. 따라서 범주형 자료를 분석하는 데 매우 유용하다. 이 분석의 목적은 복잡한 자료를 보다 간결한 형태로 제시하고자 하는 데 있다. 그 결과는 시각적으로 나타나며 해석도 비교적 용이하다.

대응분석에서는 두 개 이상의 범주형 변수 간의 관계를 분석할 때 각 변수의 범주를 공간 상에 점으로 표시한다. 비슷한 분포를 갖는 범주들은 공간에서 서로 가까운 곳에 점으로 나타나고, 상이한 분포를 갖는 범주들은 서로 멀리 떨어져 나타난다. 따라서 위치가 가깝다는 것은 곧 서로 관계가 있다는 것을 의미한다. 대응분석이란 결국 각 점에 가장 적합한 n차원의 공간을 찾아내는 것이라 볼 수 있는데, 대응분석에서 각 변수의 범주의 수에 따라 분석 결과가 3차원 이상의 형상으로 나타날 수 있지만, 해석은 대개 2차원 평면 상에서 용이하게 할 수 있다. 형상은 첫 번째 차원(요인)에 의해 설명되는 분산이 최대가 되도록 회전하고, 그 다음 두 번째 차원을 찾는 등 주성분분석(principal component analysis)과 유사하다.

대응분석 기법의 연원은 50년 이상 된 것이지만 1960년대 초반에 프랑스 학자들에 의해 보급되기 시작하였다. 대응분석은 정준상관분석(canonical correlation analysis)의 일종으로 볼 수 있으나, 이산변수의 범주 간의 관계(즉, 분할표)를 분석하는 것이어서 정준상관분석과는 구분된다(정준상관분석에 대해서는 Levine, 1977 참조).

2. 대응분석의 주요 개념들

구체적인 자료를 통해 주요 개념들을 살펴보도록 한다. 신문에서 가장 관심 있게 읽는 기사가 무엇인지를 알아보기 위해 전국의 15세 이상 인구 800명을 대상으로 조사를 실시하였다. 조사결과가 〈표 13-7〉에 제시되어 있다.[1] 그들 중 250명은 정치면에 주로 관심을 가지고 읽고, 125명은 경제면을, 225명은 사회·문화면을, 나머지 200명은 스포츠·레저면을 특히 관심 있게 보는 것으로 나타났다. 그런데 정치면을 주로 보는 사람들 가운데 50명은 청년층이고, 125명은 중장년층, 75명은 노년층이다. 여기서 각 빈도를 전체로 나누어 비율을 구하면 각각 0.20, 0.50, 0.30이 되는데, 이와 같은 상대빈도를 프로필(profile)이라 한다. 프로필은 대응분석에서 가장 기초적인 개념이다. 프로필은 물론 백분율로 표시할 수도 있다. 〈표 13-7〉에서 각 행의 프로필을 계산하면 〈표 13-8〉과 같아진다. 이 표에는 네 개의 신문기사 분야 프로필 이외에 평균 프로필, 즉 전체 응답자의 연령집단별 비율이 있다. 〈표 13-8〉은 연령집단별로 나타낸 것이지만, 신문의 관심기사별 프로필도 산출할 수 있다. 그것을 각각 행 프로필(row profiles), 열 프로필(column profiles)이라 부른다. 행 변수의 누계분포의 상대빈도인 평균 열 프로필을 행 크기(row masses)라 부른다. 연령별 프로필에서 평균 행 프로필은 관심기사별 프로필에서는 열 크기(column masses)가 된다.

표 13-7 | 연령층별 관심구독기사 (단위 : 명)

부호	관심기사	연령집단			전체
		청년층	중장년층	노년층	
A	정치	50	125	75	250
B	경제	35	60	30	125
C	사회·문화	90	90	45	225
D	스포츠·레저	150	40	10	200
	계	325	315	160	800

1) 문화체육부·한국문화정책개발원(1998: 91)에서 발췌하였으나, 설명을 보다 간결하게 하기 위하여 자료를 일부 조작하였다.

표 13-8 | 연령별 프로필

부호	관심기사	연령집단			계	행 크기
		청년층	중장년층	노년층		
A	정치	0.20	0.50	0.30	1.00	0.312
B	경제	0.28	0.48	0.24	1.00	0.156
C	사회 · 문화	0.40	0.40	0.20	1.00	0.281
D	스포츠 · 레저	0.75	0.20	0.05	1.00	0.250
	평균	0.41	0.39	0.20	1.00	

이제 공간 상에서 세 개의 축을 생각해 보자. 각각의 축은 연령집단을 나타낸다. 각 관심기사 분야의 좌표를 그 공간 상에 표시할 수 있다. 정치면의 좌표는 [0.20 0.50 0.30], 경제면은 [0.28 0.48 0.24], 사회 · 문화면은 [0.40 0.40 0.20], 스포츠 · 레저면은 [0.75 0.20 0.05] 등이 될 것이다. 4개 관심기사면의

그림 13-5 | 3차원공간에서의 열 프로필과 평균 프로필의 위치

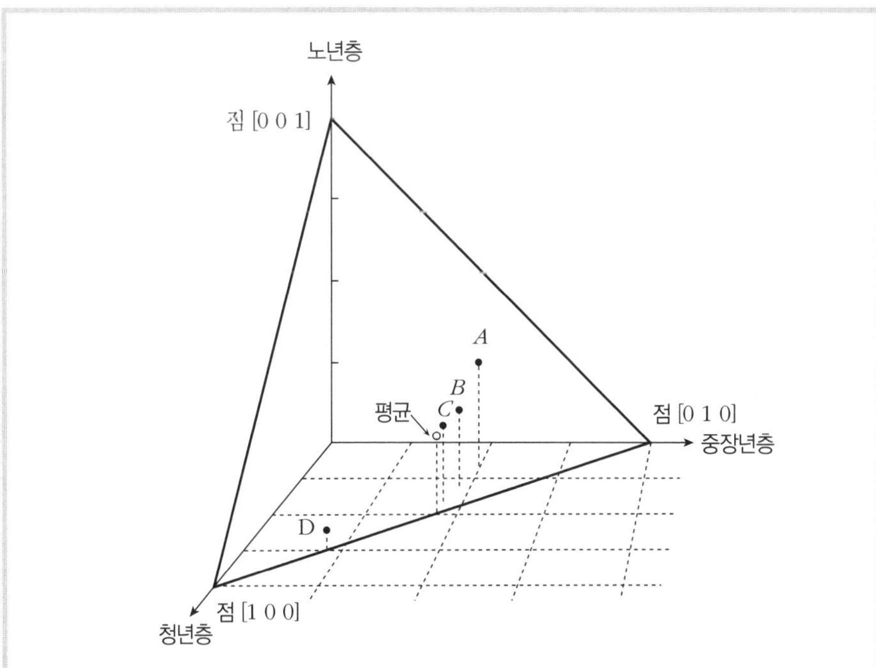

좌표를 그려 넣으면 [그림 13-5]와 같은 모습이 된다. 또한 평균의 프로필 [0.41 0.39 0.20]도 그려 넣을 수 있다. 평균 행 프로필은 열의 합을 전체로 나눈 것으로 행 프로필의 가중평균이 되며, 그것을 중심(重心, centroid)이라 부른다.

중심은 주된 축의 기점이 되며, 프로필이 평균 프로필과 크게 차이가 날수록 그 점은 기점으로부터 멀리 떨어져 있게 되며, 반대로 평균에 가까울수록 중심에 근접하게 되는 것이다. 여기서 각 축의 세 점, 즉 [1 0 0], [0 1 0], [0 0 1]을 연결하면 하나의 평면을 이루게 되며, 모든 점들은 바로 그 삼각형의 평면 상에 놓이게 된다. 그러한 점들을 단위벡터(unit vectors) 또는 단위점(unit points)이라 부른다. [그림 13-5]의 삼각형을 평면에 배치하면 [그림 13-6]과 같은 모습이 될 것이다. 이 그림에서 청소년층은 중장년층이나 노년층보다 스포츠 · 레저 관련 기사에 더 많은 관심을 가지고 있음을 쉽게 파악할 수 있다.

대응분석에서 카이제곱거리(chi-squared distance)와 관성(慣性, inertia)의 개념은 중요하다. 카이제곱거리는 행 프로필 간, 열 프로필 간에 각각 계산된다. 카이제곱거리가 크다는 것은 두 프로필이 크게 다름을 의미한다. 카이제곱거리는 각 열에서 두 행 프로필 간의 거리를 제곱하고 그것을 평균 프로필로 나눈 다

그림 13-6 | 삼각형 평면 상에서의 열 프로필과 평균 프로필의 위치

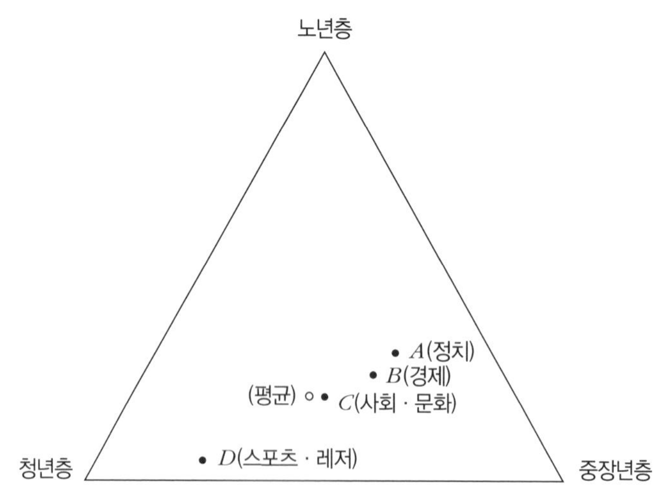

음, 다시 모든 열을 더하여 제곱근을 취하여 구한다.

예컨대, 〈표 13-8〉에서 정치 행 프로필과 경제 행 프로필의 거리는 $d=\sqrt{(0.20-0.28)^2/0.41+(0.50-0.48)^2/0.39+(0.30-0.24)^2/0.20}=0.187$과 같이 얻어진다. 그리고 정치 행 프로필과 평균 행 프로필의 거리는 $d=\sqrt{(0.20-0.41)^2/0.41+(0.50-0.39)^2/0.39+(0.30-0.20)^2/0.20}=0.435$가 된다.

분할표에서 관성이란 카이제곱을 표본의 수로 나눈 것이다. 즉 관성$=\chi^2/N$으로, 파이제곱과 같은 값이 된다(파이제곱에 대해서는 제10장을 참조할 것). 관성은 행(또는 열) 프로필과 평균 프로필 간의 차이제곱의 가중평균으로 해석될 수 있다. 가중평균에서 가중치는 평균 프로필이 된다. 카이제곱거리는 곧 가중유클리디안거리(weighted Euclidean distance)라 볼 수 있다. 〈표 13-8〉에서 각 행의 프로필과 행의 평균 프로필의 거리를 계산하면 각각 0.435, 0.265, 0.032, 0.698이 된다. 그 값들의 제곱에 각 행의 크기(row masses)를 곱하여 합하면 바로 전체 관성(total inertia : TI)이 된다.

$$TI=0.312(0.435^2)+0.156(0.265^2)+0.281(0.032^2)+0.250(0.698^2)=0.19208$$

〈표 13-8〉에서 진체 관성을 계산하면 0.19237이 된다. 위의 수치와 약간 차이를 보이는 까닭은 반올림 오차 때문이다. 이 표에서 피어슨의 카이제곱은 153.896(자유도 = 6)이며, 그것은 TI× N(0.19237 × 800 = 153.896)과 같다. 따라서 대응분석은 파이제곱을 분해하는 기법으로도 이해할 수 있다. 그 이상의 설명은 이 책의 범위를 넘어서는 것이어서 생략한다. 대응분석에 대한 보다 상세한 내용은 그린에이커(Greenacre, 1993)와 클오젠(Clausen, 1998)을 참조하기 바란다.

3. 대응분석의 예

끝으로 대응분석을 사용하여 분석한 연구의 예를 살펴보기로 한다. 홍두승 ·

그림 13-7 | 서울특별시의 구와 직업의 관계형상, 1995

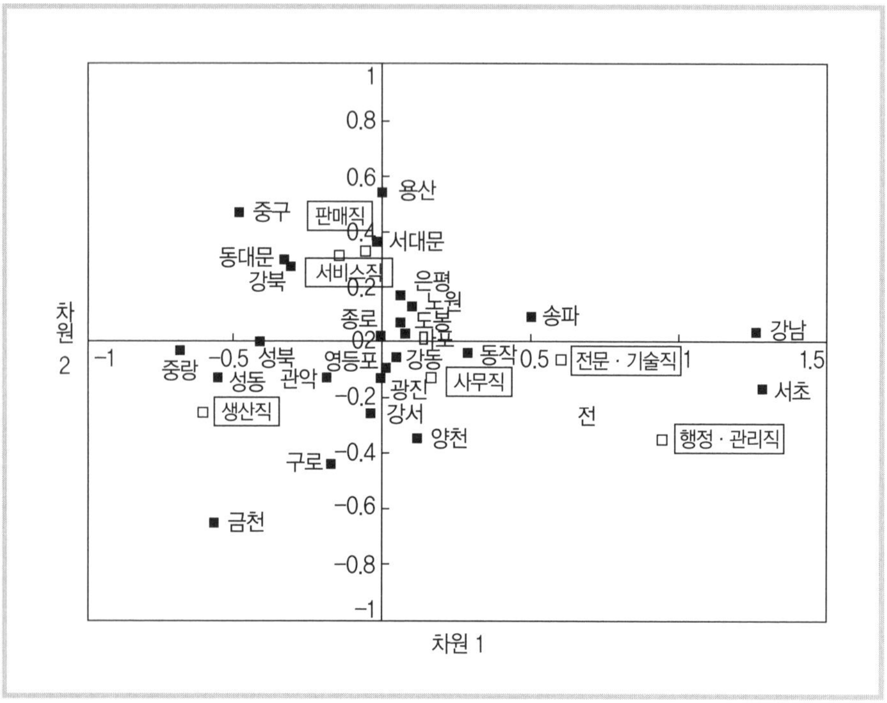

자료 : 홍두승 · 김병조 · 조동기 (1999 : 101).

김병조 · 조동기(1999)는 직업의 공간적 분포를 대응분석을 통해 설명하려고 하였다. 1995년 당시 서울시는 모두 25개 구로 이루어져 있었다. 구 단위를 행으로 하고 직업 범주를 열로 하여 분할표를 작성한 다음, 대응분석을 통해 행 점수와 열 점수를 얻고 그것을 평면에 그리면 [그림 13-7]과 같다.

그림에서 첫 번째 차원에 따르면 강남구와 서초구가 축의 한쪽 끝에 있고 중구, 중랑구, 성동구, 금천구가 또 다른 한쪽 끝에 있다. 그 상대적 위치는 행정 · 관리직, 전문 · 기술직, 사무직, 판매직, 서비스직, 생산직의 순서와 같다. 두 번째 차원에 따르면 용산구, 중구, 서대문구가 축의 한쪽을 차지하고 있고, 또 다른 끝에는 금천구, 구로구가 위치하고 있다. 직업의 순서는 판매직, 서비스직, 사무직, 생산직, 전문 · 기술직, 행정 · 관리직으로 나타난다. 두 번째 차원만으로 해석하기는 용이하지 않으나 판매직과 서비스직이 축의 한쪽 끝을 형성하고 있는 것은 자영업주의 상대적 크기와도 무관하지 않은 것으로 보인다. 두 차원을 평면 상에서 동시에 고려했을 때 직업분포에서 강남구와 서초구에는 행정 · 관리직과 전문 · 기술직 종사자들이 많이 거주하고 있고, 반면에 성북구, 중랑구, 성동구, 금천구에는 특히 생산직 종사자가 많이 거주하고 있다. 또한 용산구와 서대문구에는 판매 · 서비스직 종사자가 많이 있다. 사무직 종사자들은 그림의 중앙에 모여 있는 여러 구에 광범하게 거주하고 있다(홍두승 · 김병조 · 조동기, 1999 : 98-105).

| 제 14 장 |

집락분석과 다차원척도분석 및 판별분석

사회과학에서 집단 분류는 연구자들이 많이 시도하는 분석 방법이다. 집단을 자료로부터 사후적으로 구성해 내는 것이 '집락분석'과 '다차원척도분석'이라면, 이미 사전적으로 구별되어 있는 집단들을 비교함으로써 그 집단들을 가장 잘 식별하여 줄 수 있는 특성을 통계적으로 찾아내는 것이 '판별분석'이다. 이 장에서는 집단 분류에 사용되는 세 가지 통계 기법을 살펴보기로 한다.

제 1 절 집락분석

1. 집락분석의 의미

집락분석(cluster analysis)은 다른 자료 분석 방법과 마찬가지로 복합적인 자료로부터 간결한 구조를 찾아내고 그것을 서술 · 설명하고자 하는 기법이다. 개별 관측값을 몇 개의 동질적인 집단으로 묶을 수 있다면 자료축소의 목표는 달성한 셈이고, 그 때 요약된 자료는 보다 쉽게 서술할 수 있고 또한 자료의 근저에 깔려 있는 이론적 구조도 탐색해 볼 수 있다. 집락분석은 자료들을 요약하는 수단으로 생각할 수도 있고, 분류하기 위한 수단으로 생각할 수도 있다.

간단히 말하면, 집락분석은 유사한 요소를 같이 묶고 상이한 요소를 분리하려고 하는 통계 기법이다. 따라서 각 집락은 비교적 동질적인 개별 단위로 이루어지는데 집락 내의 단위들이 집락 밖의 단위보다 더 유사하다. 즉, 모든 유사한 단위들이 같은 집락 내에 포함되는 것이다. 그 분석의 기본 목표는 각 집락 내에서 동질성을 최대화하는 반면에 변동을 최소화하는 것인데, 집락분석에서 각 점은 고정되어 있고 단지 경계선만이 움직인다.

집락으로 구분하고자 하는 노력은 1930년대에 이미 심리학이나 인류학 등에서 소개되었지만 계산상의 어려움 때문에 1950년대 말까지도 크게 발전하지 못하다가 최근 컴퓨터의 성능 향상에 힘입어 크게 발전하였다. 집락분석은 특히 생물학 · 계통발생학 · 인지심리학 · 사회심리학 등에서 광범위하게 사용되고 있다. 1960년대 이후에는 경제학 · 지리학 · 경영학 · 정치학 등 사회과학의 여러 분야에서도 큰 관심을 보이고 있다. 사회학에서 집락분석의 기법에 관심을 갖게 된 것은 그 후의 일이며, 사회학자들은 집락분석보다는 그와 유사한 기법인 최소공간분석이나 다차원척도분석을 더 빈번히 사용해 왔다. 그렇지만 집락분석이 사회구조를 분석하기 위한 좋은 도구임이 밝혀지고 있다.

지금까지 여러 가지 집락분석의 방법이 제시되어 왔지만 기법 자체로서 아직 확고한 체계가 잡혀져 있지는 않다. 재래의 표집이론이나 가설검정의 방법은 적용하기 힘들며 따라서 통계적 방법은 거의 역할을 하지 못하고 있다. 일상적인 집락화를 위해서는 엄청나게 많은 계산이 필요하기 때문에 그것을 다소 수정한 위계적 방법(hierarchical clustering analysis)을 많이 사용하고 있다. 그것은 하나 또는 그 이상의 단위를 차례로 묶어가면서 집락을 만드는 방법이다. 즉, 가장 가까운 집락의 짝을 찾아 보다 큰 새로운 집락으로 묶어 나가는 방식이다. 최초에는 한 단위로 이루어진 N개의 집락이 있게 된다. 그 다음에 만들어지는 새로운 집락은 각각 두 단위로 이루어진 집락이다. 그 과정은 N집락에서 시작하여 각 단계를 지나는 동안 하나씩 줄어 $N-1$단계 후에는 N항목이 모두 하나의 큰 집락으로 묶여진다. 단계별 집락화의 과정은 [그림 14-1]에 제시되어 있다. [그림 14-1]은 어느 수준에서 두 개의 단위가 집락을 이루며 두 개의 집락이 어떻게 새로운 집락을 구성하는가를 보여 준다.

그림 14-1 | 집락화의 과정

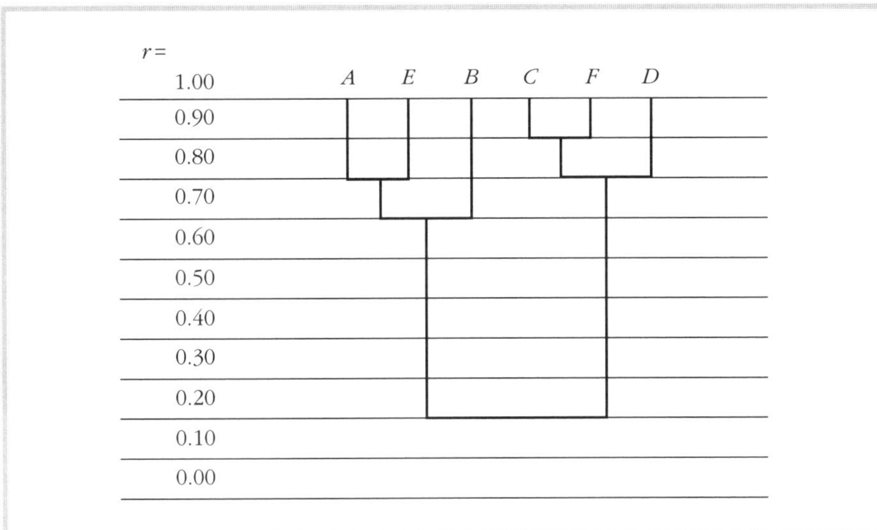

자료 : Bailey (1974).

이 그림에서 보면 수직척도는 거리측정치고 r의 수치가 작을수록 두 집단 간의 거리는 멀다. 각 연결점의 수직위치는 합쳐진 두 집단이 어느 정도 상이한가를 나타내 준다. 위쪽에 가까운 집락일수록 보다 동질적인 집단이고, 반대로 아래쪽에 가까운 집락일수록 서로 상이한 집단이다. 그러한 일련의 과정에서 집락화를 어디에서 멈추어야 하는가, 즉 나무를 어디에서 잘라야 할 것인가에 대해서 정해진 규칙이 있는 것은 아니다. 그것은 연구자가 경험적으로 결정해야 할 사안이다(Wallace, 1968 ; Bailey, 1974).

2. 집락분석의 절차

집락분석의 방법으로 ① 연결(joining *or* tree clustering), ② 2원배치연결(two-way joining), ③ k-평균 집락(k-means clustering) 등 세 가지를 사용할 수 있다. 자료는 원자료 파일이나 거리측도행렬(matrix of distance measures; 예, 상관계수표)을 이용할 수 있다(홍두승, 2003 참조).

연결(joining)은 대상(objects)을 유사성 또는 거리의 측정값을 사용하여 보다 큰 집락으로 계속 묶어 나가는 것이다. 위계적 나무그림으로 나타내는 것이 보통이다. 대상을 연속적으로 보다 큰 집락으로 묶어 나가는데 유사성 또는 거리 측정치를 사용하여 묶어 나간다.

집락분석에서는 변수를 묶을 수도 있고, 사례를 묶을 수도 있다. 또한 그 둘을 동시에 묶을 수도 있는데, 2원배치연결(two-way joining)은 사례와 변수를 동시에 묶어 나가는 방법이다. 사례와 변수를 동시에 묶는 것이 집락의 구조를 보다 의미 있게 파악할 수 있다고 판단하는 경우에 유용하지만, 사실 그 방법은 그리 흔하게 사용되지는 않는다. 결과를 해석할 때, 상이한 집락 간의 유사성이 서로 다른 변수의 부분 집합에 기인한 것일 수 있다. 따라서 결과적으로 나타나는 구조는 동질적이지 않다.

k-평균 집락(*k*-means clustering)은 앞의 두 방법과는 사뭇 다르다. 사례 또는 변수의 집락 수에 관한 가설을 이미 가지고 있다고 가정하고 가능한 집락의 수를 정한다. 그 방법은 가장 뚜렷이 구별되는 *k*개의 집락을 산출해 내고자 하는 것이다. 일반적으로 각 집락의 평균을 살펴봄으로써 *k*개의 집락이 얼마나 명료한지를 평가할 수 있다. 그 방법은 정확하게 *k*개의 상이한 집락을 산출하는데 가능한 가장 크게 구별되는 집락의 수다. 계산상으로 이 방법은 '분산분석(ANOVA)의 역' 으로 생각할 수 있다. 이 방법은 *k*개의 무작위 집락으로 시작하고 대상을 집락 간으로 이동시키는데 집락 내 변동을 최소화시키고 집락 간 변동을 최대화시킨다. ANOVA의 역에 비유하는 이유는 ANOVA의 유의도 검증은 집단 간 변동과 집단 내 변동을 평가하기 때문이다. *k*-평균 집락 방법은 대상(즉 사례)을 움직이고 집단(즉 집락)으로부터 가장 유의한 ANOVA 결과를 얻는다. 분석 결과, 연구자는 각 집락의 평균을 보고 *k* 집락이 어느 정도 구분되는가를 평가한다.

3. 집락분석의 예

집락분석은 각 계급의 내부구성을 파악하고자 하거나 계급구성을 개념화하고자 할 때 특히 유용하다. 집락분석의 기법을 사용한 연구의 예를 통하여 그 기법의 구체적인 적용방식을 알아보기로 한다. 베느만(Vanneman, 1977)은 미국의 직업구조를 분석하기 위하여 위계적 집락분석의 방법을 사용하였다. 그는 집락분석을 통하여 정신노동과 육체노동의 구분이 과연 적절한가, 사무직 근로자가 중간계급인가 노동계급인가, 직업구조를 보다 잘 서술해 줄 수 있는 체계는 어떤 것인가 등의 질문에 대한 해답을 구하고자 하였다. 위계적 체계의 장점은 집락이 보다 작은 하위의 집락들로 구성된다는 점이다. 하나의 집락이 완벽하게 동질적일 필요가 없고 여러 하위집단으로 나누어질 수 있다.

그림 14-2 | 직업적 연관성에 따른 집락분석(나무그림)

자료 : Vanneman (1977: 788).

[그림 14-2]를 보면 직업을 바탕으로 한 계층체계를 정신노동과 육체노동으로 구분한다 했을 때 정신노동자는 중상층 · 쁘띠부르주아지 · 중하층 등으로

더욱 세분할 수 있고, 육체노동자는 숙련공과 반숙련공으로 나눌 수 있다. 그러한 분석은 궁극적으로 화이트칼라의 프롤레타리아화라든가 노동계급의 부르주아화 등의 가설을 검정하게 한다. 그 결과 만약 사무직 근로자가 육체노동자와 유사하게 집락이 묶여진다면, 사무직의 대부분은 중간계급의 직업보다 육체노동자에 더 가깝다는 프롤레타리아화 가설이 받아들여질 것이다.

집락분석과 요인분석 간에는 유사한 점이 많다. 어떤 의미에서는 요인분석도 바로 집락을 찾기 위한 방법 중의 하나라고 볼 수 있다. 집락분석이 요인분석, 다차원척도분석 등과 다른 점은 요인분석에서 개별 관측값 또는 개인은 하나 이상의 요인에 속할 수 있지만 집락분석에서 각 개인은 단지 하나의 집단에만 속하도록 경계선을 긋게 된다는 점이다. 또한 요인분석과 다차원척도분석은 연속적인 차원에 따라 서열화하는 데 반해, 집락분석은 상이한 특성을 가진 불연속집단에 근거한 모형에 적합하다. 앞의 예에서 보는 바와 같이 집락분석의 결과로 나타난 집락들은 명목적 분류다.

제 2 절 다차원척도분석

1. 다차원척도분석의 의미

다차원척도는 여러 개체들을 대상으로 몇 개의 특성변수들을 측정한 후에, 이 변수들을 이용하여 개체들 사이의 비유사성(=거리)을 측정하고, 그것을 이용하여 개체들을 2차원 혹은 3차원 공간 상의 점으로 표현하는 통계적 분석 방법이다. 연구자들이 다차원척도분석을 하는 목적은 개체들 간의 유사성 혹은 비유사성을 설명할 수 있는, 의미 있는 잠재 차원들(meaningful underlying dimensions)을 찾아내는 데 있다. 즉, 다차원척도분석은 변수들 간의 정보를 단순화하여 '숨어 있는 구조'를 밝히는 데 사용하는 통계 기법이다(설동훈, 2003 참조).

표 14-1 | 두 유형의 세 도시 간의 거리

(가)				(나)			
	A	*B*	*C*		*D*	*E*	*F*
A	0			*D*	0		
B	90	0		*E*	90	0	
C	90	90	0	*F*	180	90	0

예컨대, 도시들 간의 거리가 〈표 14-1〉과 같이 주어진 경우, 그 거리들을 이용하여 도시들의 위치를 나타내는 지도를 그려볼 수 있다. 먼저, (가)에서는 *A*, *B*, *C* 사이의 거리가 모두 균일하게 90km이다. *A*, *B*, *C* 세 도시는 각각의 거리가 90km인 정삼각형 모양으로 배치되어 있다. 다음, (나)에서는 *D*와 *E*, *E*와 *F* 사이의 거리가 각각 90km이고, *D*와 *F* 사이의 거리는 180km이다. 이것은 *D*—*E*—*F*가 일직선상에 분포하고 있음을 나타낸다. 이처럼 개체들 간의 거리 자료가 주어지면, 그것을 분석하여 개체들이 분포하고 있는 형상을 그릴 수 있고, 또 그것을 가장 잘 나타내는 차원의 수도 찾아낼 수 있다. 즉, *A*, *B*, *C*는 2차원(평면)으로, *D*, *E*, *F*는 1차원(직선)으로 그려낼 수 있다.

그림 14-3 | 세 도시 간의 거리: 2차원과 1차원 형상

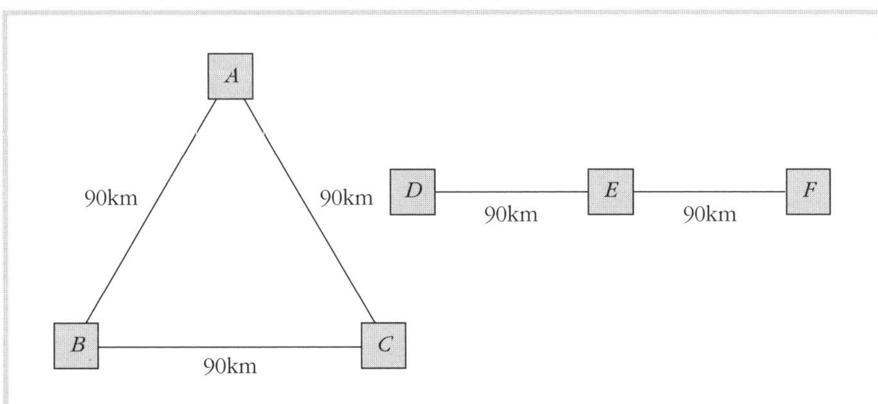

그런데 *A*, *B*, *C* 세 꼭지점의 위치는 [그림 14-3]에 나타낸 것과 얼마든지 다를 수 있다. 각각의 위치를 바꾸더라도 각 도시 간 거리 90km라는 조건을 충족

시킬 수 있기 때문이다. *D*, *E*, *F*의 경우도 마찬가지다. *E*를 중간에 두고 *D*와 *F*의 위치가 좌우로 바뀔 수도 있고, 상하로 배치될 수도 있다. 그러므로 *A*, *B*, *C* 도시의 위치, 혹은 *D*, *E*, *F* 도시의 위치를 지도로 그릴 경우 동서남북을 바꾸고 높낮이를 바꾸어 가며 회전하여 실제 모습을 찾는 작업이 필수적이다. 즉, 축(軸, axes)을 회전시킴으로써, 분석 결과를 쉽게 해석할 수 있다. 그리고 우리는 그 축에 의미를 부여함으로써 개체들 사이에 존재하는 구조를 파악한다.

2. 다차원척도분석의 절차

1) 자료 입력

개체들 간의 거리를 측정한 자료를 입력하여야 한다. 그 측정 방법은 두 가지가 있다. 하나는 질문지 조사를 하여 응답자에게 연구대상들 사이의 거리를 직접 평정(評定)하도록 하는 것이고, 다른 하나는 주어진 자료를 이용하여 거리를 계산하여 사용하는 것이다. 수학적으로는 1차원, 2차원, 3차원뿐 아니라 그 이상의 차원에서도 거리를 계산할 수 있다. 예컨대 4차원 공간은 통상적 의미에서는 시각화할 수 없지만, 4차원 공간 상의 두 점 간 거리를 수학적으로 계산하는 것은 얼마든지 가능하다. 이러한 사정은 5차원, 6차원, 일반적으로 *R*차원 공간에서도 적용되는데, 일반적으로 유클리디안 거리(Euclidean distance)를 사용한다. 계산 절차가 매우 복잡하므로, 보통 컴퓨터를 이용하여 그 과정을 수행한다.

$$d_{ij} = \sqrt{(x_{i1} - x_{j1})^2 + \cdots + (x_{iR} - x_{jR})^2} = \sqrt{\sum_{r=1}^{R}(x_{ir} - x_{jr})^2}$$

한편, 다차원척도분석에서 입력 자료는 도시 간 거리와 같은 비유사성 측정치뿐 아니라, 상관계수와 같은 유사성 측정치도 사용할 수 있다. 비유사성 측정치는 값이 클수록 두 개의 개체는 멀리 떨어져 있고 서로 다르며, 유사성 측정치는 값이 클수록 두 개체는 근접하여 분포하며 서로 비슷하다.

2) 변수 지정과 차원 수 설정

다차원척도분석은 대상들 간에서 관찰된 거리를 정확히 재현하는 절차라기보다는 최선의 근사치를 나타내는 형상(形象, configuration)을 얻는 절차다. 다차원척도분석 프로그램은 사용자가 요구하는 차원 수에 의하여 정의되는 공간에서, 새로운 형상에 의하여 대상들 간의 거리가 얼마나 잘 재생되는가를 조사한다. 일반적으로, 사용자는 2차원 해(two-dimensional solution)를 구하는데, 주성분분석(principal components analysis)을 가장 많이 사용한다.

3) 모수 추정

모수 추정(parameter estimation) 절차로 최적 형상을 발견하기 위한 반복(iteration) 작업을 수행한다. 첫째, 스트레스(stress: standardized residual sum of squares)와 소원계수(疎遠係數, coefficient of alienation)를 급강하(steepest descent)시키기 위해 반복 작업을 수행한다. 입력 자료를 이용하여 비유사성(또는 유사성) 행렬의 주성분(principal components)을 계산하여 '최초 형상'을 작성한다. 그 후 스트레스 값을 급격히 낮추면서 반복(iterations) 작업을 수행한다. 이러한 반복 작업을 하는 것은 원스트레스 값(raw stress value)을 최소화하기 위해서다. 어떤 형상의 원스트레스 값 파이(ϕ, Phi)는 다음과 같이 정의된다.

$$\phi = \sum[d_{ij} - f(\delta_{ij}^2)]$$

여기에서, d_{ij}는 '각각의 차원의 수를 이용하여 재생한 거리'고, δ_{ij}는 '관찰된 입력 자료'(예컨대, 관찰된 거리)를 나타내며, $f(\delta_{ij})$는 'δ_{ij}를 모노톤 회귀 변환한 것'을 나타낸다.

둘째, 급강하 반복 이후 지도를 다듬기 위해 추가 반복 작업을 다섯 번 더 수행한다.

4) 분석 결과 해석

다차원척도는 개체들 사이의 비유사성을 이용하여 공간 상에 표현할 때, 개체들 사이의 원래의 비유사성 정도를 가장 잘 표현하기 위하여 '반복' 과정을 거친다. 그럼에도 불구하고, 결국 다차원척도분석에서는 '관찰된 거리'와 '지도로 표현된 거리' 사이에 불일치가 생길 수밖에 없는데, 그것을 나타내는 통계치로 '스트레스'와 '소원계수'가 있다.

① 적합도(goodness of fit) 검정 : 스트레스는 특정 형상이 관찰거리를 얼마나 잘 재생하고 있는가를 평가하기 위하여 가장 널리 사용되는 측정치다. 스트레스 값은 부적합할수록 그 값이 크므로 불일치의 정도(badness of fit)를 나타낸다. 즉, 스트레스나 소원계수가 작을수록 재생거리 행렬의 적합도는 높다. 결국, 스트레스 또는 소원계수의 크기에 따라 차원 수 결정이 적절한지 여부를 판단할 수 있다.

소원계수 K는 재생거리(d^*_{ij} : D-star)와 관찰거리(δ_{ij} : delta)의 함수로 정의되는데, 그 공식은 다음과 같다(Guttman, 1968). 소원계수란 구해진 차원의 공간이 자료들의 관계를 어느 정도 왜곡시키고 있는가를 나타내 주는 기준이다. 이 계수가 작을수록 적합성은 커진다. 소원계수는 0에서 1까지 이르는 수치로서, 일반적으로 .15 이하이면 원래의 자료에 적합한 것으로 본다.

$$K = \sqrt{1 - \frac{\sum(d^*_{ij}\delta_{ij})^2}{\sum\delta^2_{ij}}}$$

d^*_{ij} : 서열점수(rank-image)로 나타낸 거리
δ_{ij} : 관찰거리

또한 크루스칼(Kruskal, 1964a, 1964b)의 스트레스 값은 실제 거리와 추정된 거리 사이의 오차 정도를 나타내는 것으로 다음 공식에 의해서 계산된다.

$$S = \sqrt{\frac{\sum(d_{ij} - \hat{d}_{ij})^2}{\sum(d_{ij})^2}}$$

d_{ij} : 관찰 대상 i로부터 j까지의 실제 거리
$\hat{d}_{ij}$: 프로그램에 의해서 추정된 거리

분석 프로그램에 의해 추정된 거리가 실제 거리와 정확히 일치하면, $d_{ij} - \hat{d}_{ij}$는 0이 되고 스트레스 값도 0이다. 이것은 곧 추정이 완벽함을 의미한다. 크루스칼(Kruskal, 1964a)은 추정이 잘 되었는지 여부를 나타내는 적합도 기준을 〈표 14-2〉와 같이 제시하였다.

표 14-2 | 크루스칼 스트레스 값의 해석

스트레스 값	0%	2.5%	5%	10%	20%
적합도	완벽하다	매우 좋다	좋다	보통이다	나쁘다

자료 : Kruskal (1964a: 3).

② 최종형태 2차원 그래프 : 다차원척도분석 결과를 해석하기 위해서는 그것을 2차원 평면에 그래프로 나타내어야 한다. 이 그래프에서 원점(0, 0)을 지나는 두 개의 축을 일단 각각 x축, y축으로 받아들인다. 그런데 문제는 [그림 14-3]에서 가상 도시들의 위치를 설명하면서 확인한 바와 같이, 동서남북과 높낮이가 고정된 것으로 볼 수 없다는 점에 있다. 그러므로 연구자들은 그래프의 x축과 y축의 위치를 각각 위·아래, 오른쪽·왼쪽으로 옮기거나, 두 축의 90° 각도를 유지하면서 회전하여(rotate), 한층 더 해석이 용이한 형태로 만들어야 한다.

3. 다차원척도분석의 예

미국 사회학자 마이클 화이트와 동료 연구자들은 1996년 캐나다 토론토 지역의 상위 50개 민족집단의 '거주지역 이웃관계 유형' (residential neighborhood pattern)을 다차원척도분석을 사용하여 분석하였다(White, Kim and Glick, 2005). 대도시에서 민족별 거주지 격리의 정도를 기준으로 50개 민족 간 '사회적 거리' 를 2차원 평면에 제시하였다. [그림 14-4]는 그 결과를 보여 준다.

그림 14-4 | 캐나다 토론토 지역 상위 50개 민족집단의 사회적 거리 지도, 1996년

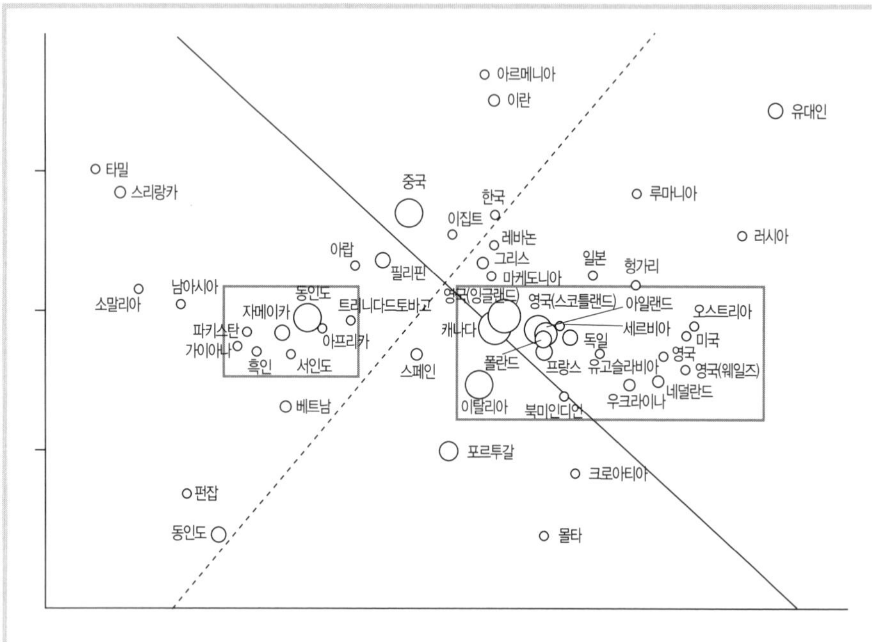

주 : 지도상에 표시한 두 축(점선과 실선)은 독자의 이해를 돕기 위해 설동훈이 임의로 추가한 것이다.
자료 : White, Kim and Glick (2005 : 187).

2차원 다차원척도 형상에서, 아프리카 · 카리브해 나라들 · 흑인 등이 고도로 집락화되어 있어, 다른 집단들과 격리되는 공통의 유형을 특징적으로 보여 준다. 또한 영국(잉글랜드) · 캐나다 · 영국(스코틀랜드) · 아일랜드 · 프랑스 · 독일 · 세르비아 등이 매우 가까운 거리에 위치하고 있음을 확인할 수 있다. 한국은 중국 · 이집트 · 레바논 · 그리스와 비교적 근거리에 자리 잡고 있다.

지도상에 추가한 두 축을 이용하여 해석을 시도하면, 대체로 점선을 경계로 백인종과 유색인종이 나뉘고, 실선을 경계로 남쪽 나라들과 북쪽 나라들이 구분된다. 이러한 해석은 연구자뿐 아니라 독자들도 얼마든지 시도할 수 있다. 이상의 다차원척도분석 결과는 민족적 밀집과 거주지 격리 유형을 보여 주는데, 이것은 일반인들이 갖고 있는 인종 · 민족 분류와는 다소 차이가 난다. 이것은 민족집단들 간의 사회적 거리를 이해하는 데 개념적으로 의미 있는 방법을 보여 주고 있다.

제 3 절 판별분석

1. 판별분석의 의미

판별분석(discriminant analysis)은 몇 개의 변수들을 동시에 고려하면서 둘 이상의 집단 간의 차이를 파악하고자 하는 통계적 기법으로 정치학 · 사회학 · 심리학 · 경영학 등 사회과학의 여러 분야에서 많이 쓰이고 있다.

우리는 판별분석을 통해 집단의 차이를 해석하기도 하고 개별 사례들을 집단으로 분류하기도 한다. 해석이라 함은 일련의 특성(변수)들이 집단 간의 차이를 판별할 수 있는 능력을 어느 정도 가지고 있으며, 어느 특성이 가장 큰 판별력을 가지고 있는가 등을 알아보고자 하는 것이다. 분류는 전체적인 유형에 개별 사례가 어느 정도 따르고 있나를 판별함수(discriminant function)라고 불리는 공식(들)을 통해 식별해 내도록 하는 것이다. 따라서 개별 사례 중 몇 %가 정확하게 집단으로 분류되고 있는가를 평가하기도 한다. 물론 많은 경우에서 판별분석은 해석과 분류 모두를 위해 사용한다.

집단들을 구분짓기 위해서 사용하는 변수를 판별변수(discriminating variable)라고 부르는데, 판별변수는 등간척도 이상의 변수여야 한다. 판별분석을 위해서는 각 사례들이 서로 배타적인 집단에 속해야 된다든가, 모집단의 공분산행렬이 각 집단마다 동일하다든가, 각 집단이 다변량정규분포를 갖는 모집단에서 추출되어야 한다는 등 몇 가지 가정이 필요하다.

집단과 판별변수와의 인과관계는 양쪽에서 설명이 가능하다. 만약 집단의 범주를 종속변수로 생각하고 판별변수들을 독립변수로 본다면 중회귀분석과 비슷한 모양이 된다. 단지 판별분석에서의 종속변수는 명목척도의 수준에서 측정되는 점이 다를 뿐이다. 따라서 표준화 판별계수(standardized discriminant coefficients)는 중회귀분석에서의 표준화 회귀계수와 비슷한 모양이며 그 해석 방법도 유사하다. 또한 판별분석에서 집단과 판별함수 간의 상관관계를 나타내는 정준상관계수(canonical correlation coefficients)는 중회귀분석에서의 중상관계수(multiple R)와 동일한 개념이다. 반대로 판별변수들을 종속변수로 하고, 집단구분을 독립변수로 간주한다면 판별분석은 다변량분산분석(multivariate analysis of variance: MANOVA)의 확대된 형태라고 볼 수 있다(Klecka, 1980). 과거의 많은 경험적 연구는 단변량통계를 사용하여 소수의 집단들을 비교하는 데에 그쳤지만, 최근에는 컴퓨터의 발전으로 다수의 집단에 대해 여러 변수를 동시에 고려하면서 비교 · 분석하는 것이 가능해졌다. 판별분석은 요인분석과 유사한 점을 가지고 있지만, 판별분석에서는 분석에 앞서 사회집단이 이미 규정되어 있거나 존재하고 있는 반면, 요인분석에서는 분석 결과에 따라 집단이 결정된다는 점에서 상이하다. 다시 말하면, 요인분석 등의 기법에서는 집단성원이 경험적으로 결정되지만, 판별분석에서의 집단은 성별과 같이 자연스러운 것이거나 아니면 이론적으로 사전에 정의 내려진다. 각 집단의 전형적인 위치는 집단중심치(group centroids)로 나타내는데, 그것을 도면 상에 표시하여 알아보기도 한다.

2. 판별분석의 절차

판별분석은 크게 세 단계로 이루어진다. 첫 단계에서는 판별함수 d를 등간척도로 측정된 여러 독립변수들의 선형조합으로 구성한다. 이 단계에서는 회귀분석과 유사하게 집단 귀속을 가장 잘 설명해 주는 독립변수들을 찾는 것이 주된 임무다. 두 번째 단계에서는 구성된 판별함수를 이용해서 사후적으로 사례들을 분류(classification)해 본다. 이것은 회귀분석을 실시한 후 예측치를 구해 보는 것과 유사하다. 마지막 단계에서는 판별함수를 이용하여 분류한 결과, 즉 사후적 분류의 결과와 원래 소속된 집단을 비교해서 판별함수의 판별 능력을 가늠해 본다.

판별분석은 회귀분석의 원리와 유사한 면이 있지만, 회귀분석과 달리 종속변수에 해당되는 것이 등간척도가 아닌 명목척도라는 점에서 구별된다. 판별분석은 다음과 같은 기본 함수로부터 출발한다.

$$d = a + b_1 x_1 + b_2 x_2 + \cdots + b_n x_n$$

여기서 d는 판별함수로서 판별분석에 포함된 변수들의 선형조합에 의해 만들어진다. 그런데 이 판별함수는 미리 주어져 있는 집단으로 분류하기 위해 만든 것이다. 따라서 그 목적에 충실하기 위해 판별함수 d의 값은 집단 간 차이를 가장 잘 대변해야 한다. 등간척도의 조합에 의해 만들어진 d 역시 연속적인 값을 가질 것이기 때문에, 우리는 분산분석의 원리에 입각해서 d의 '집단 내 제곱합' (sum of squared errors within group)을 최소화하고 '집단 간 제곱합' (sum of squared errors between groups)을 최대화하도록 판별함수를 구성해야 한다. 결국 판별분석의 첫 번째 단계가 회귀분석과 다른 점은 예측하는 변수가 y'이 아닌 d이며, $(y-y')$의 값을 최소화하는 것이 아니라 집단구분에 따른 d의 차이를 최대화하고자 한다는 점이다.

판별분석은 판별대상이 되는 집단의 수에 따라 나뉜다. 집단이 두 개인 경우에는 2집단 판별분석이라 하고, 집단이 3개 이상일 경우에는 중판별분석이라고 부른다. 집단이 n개인 경우에 판별함수는 최대 $n-1$개가 된다. 이 때 판별함수를 찾는 방법은 회귀분석의 연장인 요인분석과 유사하다. 요인분석을 통해 공분산구조를 가장 잘 대표하는 주성분(principle component)을 찾은 후 그 주성분에 의해 충분히 설명되지 않는 잔여분을 제2, 제3의 주성분 혹은 요인을 통해 설명하는 것처럼, n개의 집단에 대한 판별함수 역시 n개의 집단에 대해 가장 큰 차이를 설명해 주는 첫 번째 판별함수를 찾은 후 다시 판별분석을 적용해 $n-1$개의 판별함수를 찾을 때까지 동일한 분석을 반복한다.

판별함수를 구한 뒤에 판별분석에서는 각 사례들을 판별함수로부터 얻어진 판별점수(discriminant score)에 따라 베이즈(Bayes)의 조건부 확률 공식에 의해 가장 속할 확률이 높은 집단으로 분류한다.[1] 이처럼 모든 사례들에 대한 사후적 분류가 끝나면, 우리는 과연 사후적 분류의 결과가 미리 주어진 집단의 소속과 얼마나 차이가 있는지를 비교함으로써 판별분석의 적합성을 판단한다.

---

1) 조건부 확률 $P(A|B)$는 어떤 사건 B가 발생한 상태에서 사건 A가 발생할 확률을 말한다. 영국 수학자 베이즈(Thomas Bayes, 1701~1761)는 $P(A|B) = P(B|A)\,P(A)\,/\,P(B)$임을 밝혔다. 그것을 베이즈 정리(Bayes' theorem)라고 한다.

3. 판별분석의 예

각 집단들의 차이에 대한 연구의 한 예로, 레티그(Rettig, 1964)는 이스라엘의 집단농장 연구에서 집단농장(Kibbutz)에 거주하는 1세대(전후에 이스라엘로 이주)와 2세대(이스라엘에서 출생), 비집단농장(Moshavah)에 거주하는 1세대 및 2세대 등 4개 집단 간에 도덕적 이데올로기의 차이가 있는가를 연구한 바 있다. 그것을 위하여 각 집단에서 각각 150명의 응답자를 선정하고 그들로 하여금 50개 문항에 대해 응답하도록 하였다. 그는 분석 결과를 2개의 차원으로 [그림 14-5]와 같이 나타내었다.

그림 14-5 | 두 정준변량에서의 네 집단의 평균값

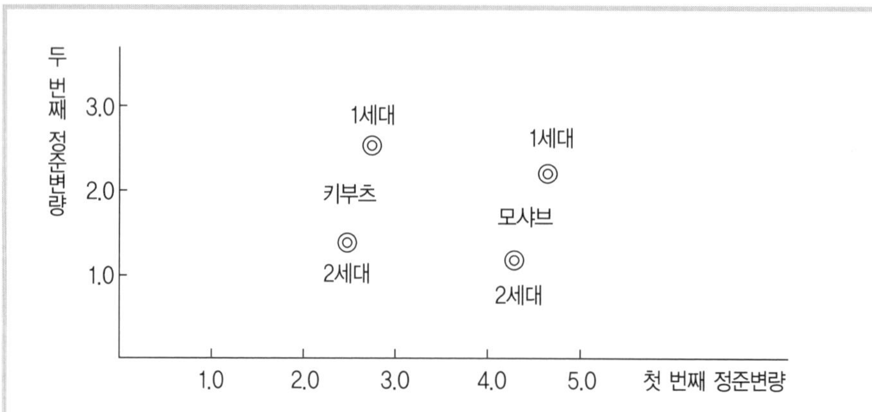

자료 : Rettig (1964 : 402).

[그림 14-5]는 가중치를 준 50개 문항의 복합평균점수를 2차원으로 나타낸 것이다. 첫 번째 정준변량(canonical variate, 판별함수를 통해 구해진 값)은 각 집단농장의 특성을 명백히 구분하고 있는데, 그것은 문항점수의 총분산의 64%를 설명한다. 두 번째의 정준변량은 세대 간의 차이를 구분하고 있는데, 총분산의 약 26%를 설명한다. 따라서 두 차원이 집단 간 분산의 90%를 설명한다.

연구자들은 여러 개의 판별변수 중 어느 것이 유용한 판별변수인지를 찾고자 할 때 단계별 절차를 사용하기도 한다. 특히 최초에 판별변수로 선정했다고 하더라도 집단 간의 차이를 나타내지 않는 예측변수일 수 있기 때문에 그러한 경우 유용한 판별변수를 선택할 필요가 있다. 콘버그와 프래슈어(Kornberg and Frasure, 1971)는 영국의 두 주요 정당인 노동당과 보수당이 이념적으로 서로 상이한 정책을 추구하고 있는지를 알아보기 위해 노동당 의원 197명과 보수당 의원 126명으로부터 질문지 조사를 통해 얻은 자료를 분석하였다. 그들은 어느 쟁점에 대해 두 주요 정당이 가장 큰 차이를 보이는가를 파악하고자 10개의 주요 정책적 쟁점들에 대한 의원들의 견해를 분석하였다. 차이를 보일 것으로 생각되는 쟁점으로 강대국으로서의 영국의 위치와 복지국가정책의 역할, 유색인종의 이민문제와 의회개혁 등에 관한 질문을 5점 리커트척도로 측정하였다.

우선, 분산분석을 한 결과 두 정당은 10개의 쟁점 가운데 8개에서 통계적으로 의미 있는 차이를 보였다. 다음으로 그들 가운데 어느 것이 각 정당의 차이를 규정짓는 데 결정적인 역할을 하는가를 파악하기 위하여 단계별 중판별함수분석(stepwise multiple discriminant function analysis) 기법을 사용하였다. 그 기법은 두 정당 간의 차이를 가장 크게 나타내 주는 변수를 제일 먼저 고려하고, 그 다음의 변수가 어느 정도 추가로 기여하는지를 평가하는 것이다. 그 작업은 모든 변수들이 포함될 때까지 반복하는데 그 결과는 〈표 14-3〉에 제시되어 있

표 14-3 | 노동당과 보수당의 정책적 입장에 관한 중판별함수분석

추가된 변수	부분 F값
공립학교 발전	746.04**
수에즈운하 주둔 고수	59.38**
물가 및 소득정책	19.22**
로디지아 독립 불허	18.99**
노동조합의 개혁	6.70*
유색인 이민규제	1.41
하원의 개혁	.91
로디지아 현정부 인정	.04
미국과의 특수관계	.01
유럽공동시장 조기 가입	…

* 1% 수준에서 유의함.
** 0.1% 수준에서 유의함.
자료 : Kornberg and Frasure (1971).

다. 각 단계에서 추가된 변수의 기여부분은 부분 F값(partial F)으로 평가된다.

10개의 주요 쟁점들에 대한 의원들의 입장을 동시에 고려해 본 결과 5개의 쟁점에서 보수당과 노동당의 차이가 유의한 것으로 나타났다. 그중 가장 판별력이 큰 쟁점은 공립학교(comprehensive schools)의 발전에 관한 사안이고, 그 다음으로 수에즈운하 주둔 고수, 물가 및 소득정책, 로디지아 독립 불허, 노동조합 개혁 등의 쟁점 순으로, 두 정당 간에 통계적으로 의미 있는 차이가 발견되었다.

4. 판별분석의 용도

판별분석은 실제적으로 유용하게 이용될 수 있는 분야가 매우 다양하다(한준, 2003). 판별분석을 많이 이용하는 곳으로는 금융기관이 대표적이다. 신용대출을 하고자 할 때, 금융기관에서는 과거 신용대출을 받았던 개인이나 기업에 대해 대출금에 대한 상환 여부를 기준으로 두 집단으로 나눈 뒤, 그들의 각종 배경변수나 특징들을 가지고 판별분석을 실시한 후, 그 결과 대출금 상환 여부를 잘 설명하는 변수들을 조합하여 앞으로의 신용대출을 할 때에 개인이나 기업의 특성을 가지고 대출심사의 기준으로 활용할 수 있다. 또한 범죄자들을 비범죄자들과 구별하는 중요한 특성 변수들을 판별분석을 통해서 찾아낸 뒤에 그러한 특성을 지닌 개인들에 대해 특히 주의를 기울이는 경우도 있다.

판별분석은 선거를 앞두고 선거결과를 예측할 때에도 유용하게 사용된다. 선거를 앞두고 지지 후보를 결정하지 못한 부동표(浮動票)가 많거나, 표심(票心)을 감추는 유권자들의 수가 많을 경우, 우리가 표본조사 결과로 선거결과를 예측하는 것은 매우 어렵다. 이 때 각 후보자들을 지지하는 사람들을 지지후보에 따라 집단별로 나눈 뒤, 그 집단 구분에 중요하게 영향을 미치는 변수들을 판별분석을 통해 찾아서, 현재 부동표로 분류된 사람들 또는 자신의 지지후보를 감추고 있는 사람들을 그 특성 변수들에 따라 분류하여 지지후보를 예측할 수 있다.

| 제 15 장 |

중분류분석과 로지스틱회귀분석 및 로그선형모형분석

중분류분석은 분산분석(ANOVA)의 일종으로, 공변량(covariate)을 통제하였을 때 범주형 독립변수에 따라 종속변수가 어떻게 변화하는가를 분석하는 통계 기법이다. 종속변수는 연속변수 또는 가변수여야 하고, 독립변수는 범주형 변수와 연속변수를 모두 사용할 수 있다. 로지스틱회귀분석은 어떤 사건이 발생하는지 안하는지를 직접 예측하는 것이 아니라 그 사건이 발생할 확률을 예측하는 통계모형이다. 로지스틱회귀분석은 독립변수의 선형결합으로 종속변수를 설명한다는 관점에서는 회귀분석 · 판별분석과 유사하지만, 종속변수는 명목척도 또는 서열척도로서 이분변수이거나 다범주 이산변수여야 한다는 점이 다르다. 한편, 로그선형모형은 분할표 자료에 대해 범주형 변수들 간의 연관성과 상호작용을 모형화한 통계 분석 기법이다. 로그선형분석은 모든 변수가 범주형 변수일 때 사용할 수 있다. 이 장에서는 그 세 가지 분석 기법을 살펴보기로 한다.

제 1 절 중분류분석

1. 중분류분석의 기초

MCA라 불리는 중분류분석(multiple classification analysis)은 다변량분석 기법

중의 하나로, 다수의 예측변수와 하나의 종속변수 간의 상호관계를 가법적 모형으로 살펴보는 기법이다(Andrews, Morgan, Sonquist and Klem, 1973).

1) 가법적 모형

중분류분석은 살피고자 하는 현상이 가법적 모형(additive model)으로 이해될 수 있음을 가정하고 있다. 가법적 모형이란, 여러 개의 예측변수들의 효과를 더함으로써 개개분석 단위가 종속변수에서 가지게 되는 값을 예측해 보는 것을 의미한다. MCA의 계수들은 각 독립변수의 범주가 종속변수의 총평균으로부터 얼마나 차이가 나타나는가를 표시한다.

그러나 예측변수들 간에 통계적 상호작용이 있을 때에는 그러한 예측이 잘못될 수가 있다는 점에 유의할 필요가 있다. 예측변수들 간에 상호작용의 정도가 클 때 MCA점수는 의미가 없다. 그러한 경우에는 흔히 유형변수(pattern variable)라고 불리는 새로운 변수를 만들어 사용한다. 그것은 두 변수의 범주를 합쳐 하나의 변수로 만들어 사용하는 방법을 말한다. 우리가 소득이라는 종속변수에 대해 연령과 교육수준 등 두 개의 예측변수를 사용하고, 두 예측변수가 모두 1, 2의 범주를 가진다고 했을 때, 연령과 교육수준이 상호작용을 하고 있다면 연령×교육수준이라는 새로운 유형변수를 다음과 같은 방식으로 만들어 볼 수 있을 것이다.

연령	교육수준	연령×교육수준
1	1	1
1	2	2
2	1	3
2	2	4

그렇게 되면 새로운 분석에서는 연령과 교육수준이라는 예측변수를 제외하고 4개의 범주를 가진 연령×교육수준이라는 변수를 사용하게 된다.

2) 예측변수와 종속변수

대개의 다변량분석 기법은 등간척도 이상의 수준에서 측정된 변수를 독립변수(예측변수)로 사용하고 있지만 중분류분석은 명목변수 이상의 모든 변수를 예측변수로 사용할 수 있다는 점에서 커다란 장점을 가진다. 특히 사회과학에서는 명목변수나 서열변수가 예측변수로 사용되는 경우가 자주 있기 때문에 중분류분석은 그 점에서 매우 유용한 기법이라 할 수 있다.

예측변수들이 서로 다소간의 상관관계를 가지고 있어도 무방하다. 전통적인 분산분석의 기법에서는 예측변수들이 통계적으로 상호독립적인 것으로 가정되며 각 칸의 사례수가 동일하거나 비례적이어야 하지만, 실제 조사에서는 그러한 조건에 맞지 않는 경우가 많다. 그러한 경우 MCA의 방법을 쓰면 각 예측변수가 종속변수에 미치는 효과를 다른 모든 변수를 통제하기 전과 통제한 후로 나누어 비교해 볼 수 있기 때문에 예측변수들의 상관관계에서 나타나는 문제를 어느 정도 해결할 수 있다. 그러한 특성 때문에 일반적으로 실험에서 얻어진 자료가 아닌 조사 자료 분석에서 ANOVA 대신 MCA가 많이 사용되고 있다.

MCA에서 종속변수로 사용될 수 있는 변수는 등간변수거나 또는 가변수다. 때때로 서열변수가 사용되기도 하지만 그 때에는 그 분포가 등간변수에 근접해 있다는 것을 가정할 수 있어야 한다. 종속변수가 어떠한 것이든 그것의 분포가 한쪽으로 크게 치우쳐 있어서는 안 되며, 2분화된 가변수인 경우 하나의 범주가 최소한 전체의 10%에 해당하는 사례수를 가지고 있어야 한다. 그렇지 않을 경우 극단적인 사례들 때문에 평균이나 분산과 같은 중요한 통계량들이 큰 의미를 가질 수 없다.

2. 중분류분석의 예

이제 MCA분석 기법을 사용한 연구를 살펴보기로 하자. 박상태(Park, 1978)는 1971년에 실시한 한국의 출산력 조사 자료를 사용하여 출산자녀수에 영향을 미치는 요인이 무엇인지를 찾아내고자 하였다. 이 연구에서는 우선 25~34세의 기혼여성 2,228명과 35~44세의 기혼여성 1,852명을 대상으로 한 조사를 바탕으로 출산자녀수에 영향을 미칠 것이라고 판단되는 8개의 변수, 즉 요소들(factors)을 선정하였다. 그것들은 인구학적인 요소로 부인의 현재 연령과 결혼 시 연령, 태도에 관한 요소로 이상자녀수, 사회경제적 요소로 부부의 교육수준, 남편의 직업, 재산정도, 종교, 부부의 출신지역을 포함한다. 종속변수는 출산자녀수로 등간척도상의 변수며, 예측변수들은 중분류분석에 사용할 수 있도록 범주화하였다.

원래의 논문에서는 여러 개의 표가 제시되고 있으나, 여기서는 설명을 위하여 대표적인 표 하나만을 선택하여 제시하였다. MCA표는 기본적으로 종속변수의 총평균에서 각 독립변수의 범주가 얼마나 차이가 나타나는가를 제시해 준다. 〈표 13-1〉에서 보면 25~34세의 기혼여성 2,228명의 평균출산자녀수는 3.28명이다. 총편차는 다른 요소들을 고려하지 않은 상태에서의 편차인데, 그 때 편차는 각 예측변수와 종속변수 간의 단순관계를 나타내 주는 것이다. 표에서 보면 부부가 모두 무학인 경우에 평균출산자녀수는 총평균 3.28에다 총편차 0.89를 더한 4.17명이다. 반면에 대학교육을 받은 사람의 경우는 총평균 3.28에서 0.55명을 뺀 2.73명이 되고, 그들 간의 차이는 4.17명−2.73명, 즉 1.44명이다. 이 때 1.44명이라 함은 교육수준 이외의 다른 어떤 요소도 고려하지 않은 상태에서의 차이다. 그런데 자녀출산에 대해 부부의 교육수준 이외에 다른 변수들도 영향을 미칠 수 있기 때문에 다른 변수들의 영향을 배제한 후의 순효과도 살펴보아야 한다.

〈표 15-1〉에서 순편차란 그 표에 제시된 다른 요소들과, 그 표에는 제시되지 않았지만 역시 고려의 대상이 되고 있는 부인의 현재 연령과 결혼 시 연령을 통제한 후의 편차다. 수치를 다시 살펴보면 무학인 경우, 남편의 직업, 재산정도, 종교, 출신지역, 부인의 현재 및 결혼 시의 연령을 통제한 후의 편차는 0.29다. 그것은 그 변수들을 통제하지 않았을 때의 총편차 0.89에 비해 크게 감소한 수치다. 따라서 무학자와 대학졸업자 간의 격차도 1.44에서 [0.29−(−0.21)]=0.50으로 크게 줄어든다.

표 15-1 | 25~34세 기혼여성의 출산에 미치는 인구학적 · 사회경제적 요소

요소 (총평균 : 3.28)	N	총평균으로부터의 편차	
		총편차	순편차
부부의 교육수준			
무학	105	0.89	0.29
초등학교	687	0.47	0.19
중학교	478	−0.10	−0.02
고등학교	610	−0.29	−0.12
대학교	348	−0.55	−0.21
남편의 직업			
농업 · 어업 종사자	631	0.50	0.14
비전문직 종사자	1,068	−0.11	−0.05
전문직 · 사무직 · 판매직 종사자	529	−0.37	−0.07
재산정도			
하	728	0.29	−0.05
중	1,060	−0.09	−0.01
상	440	−0.27	0.09
종교			
없음	1,477	0.07	0.01
불교 · 유교	466	−0.01	0.00
기독교	285	−0.35	−0.06
부부의 출신시역			
농촌–농촌	1,126	0.29	0.07
읍–읍, 농촌–읍	204	0.03	0.12
농촌–도시, 읍–도시	512	−0.27	−0.06
도시–도시	386	−0.51	−0.20
계	2,228		

자료 : Park (1978 : 34).

제 2 절 로지스틱회귀분석

1. 로지스틱회귀분석의 기초

로지스틱회귀분석(logistic regression analysis)은 사회과학의 여러 분야에서 많이 활용되고 있는 기법으로 종속변수가 2분변수인 경우에 사용된다.[1] 독립변수는 2분변수, 범주형 변수 및 정량적 변수 등 어느 경우에도 가능하다. 주어진 독립변수로부터 종속변수를 예측하고자 한다는 점에서 로지스틱회귀모형은 선형회귀모형과 마찬가지다. 그러나 선형회귀분석에서는 종속변수가 최소한 등간척도로 측정되어 있어야 하지만, 로지스틱회귀분석에서는 종속변수가 2분변수로 이루어져 있기 때문에 선형 회귀분석에서 요구되었던 여러 가지 가정들이 불필요하다(제12장 참조). 따라서 로지스틱회귀분석은 선형회귀분석이 갖는 한계에서부터 출발한다. 선형회귀분석이 주어진 독립변수로부터 종속변수의 평균값을 예측하는 것이라고 한다면, 로지스틱회귀분석은 주어진 독립변수로부터 종속변수의 두 범주 중 어느 하나의 비율을 예측하는 것이라고 볼 수 있다.

예를 들어, 차기 총선에서 투표율이 얼마나 될 것인가를 예측하려 한다고 하자. 그것을 위해 선거 전에 미리 사전조사를 실시한다. 이 때 투표참여의사를 종속변수로 설정하고 성, 연령, 교육수준, 거주지역 등 개인과 관련된 여러 특성들을 독립변수로 하여 회귀식을 구할 것이다. 종속변수는 2분변수로 투표하겠다고 하는 사람에게는 1을, 투표하지 않을 것이라는 사람에게는 0을 부여한다. 회귀식이 구해지면 특정한 속성을 가진 유권자가 투표에 참여할(또는 참여하지 아니할) 확률을 추정할 수 있다. 여기서 투표할 의사를 가지고 있는 사람의 확률은 $P(Y=1)$로 정의된다. 독립변수를 하나만 설정해 보자. $E(Y)=\alpha+\beta X$인데, $Y=1$일 확률은 X의 선형함수다. 이 때 선형회귀모형을 사용하면 $E(Y)$값이 1보다 크거나 0보다 작을 수 있기 때문에 우리는 로지스틱회귀모형을 설정한다.

---

1) 종속변수가 이분변수인 경우에는 로짓모형과 프로빗모형, 서열변수인 경우에는 순서로짓모형, 세 개 이상의 범주로 이루어진 명목변수인 경우에는 다항로짓모형을 적용할 수 있다(박희제, 2003 참조). 여기에서는 로짓모형만 설명하기로 한다.

2. 로지스틱회귀모형의 구성

우선 회귀모형을 다음과 같이 구성해 보자.

$$E(P) = P = \alpha + \beta X$$

이 식은 독립변수를 하나 설정한 것이고, 다수의 독립변수를 갖는 보다 일반화된 모형은 다음과 같다.

$$E(P) = P = \alpha + \beta_1 X_1 + \beta_2 X_2 + \cdots + \beta_m X_m$$

여기서는 독립변수가 하나인 경우를 생각해 보자. $P(Y=1)$의 범위를 0에서 1 사이에 두기 위해서 그 식을 다음과 같이 변형한다($e=2.718$).

$$E(P) = P = e^{\alpha+\beta X}/(1+e^{\alpha+\beta X})$$

이 식은 다시 다음과 같이 변형된다.

$$P/(1-P) = [e^{\alpha+\beta X}/(1+e^{\alpha+\beta X})]/[1/(1+e^{\alpha+\beta X})] = e^{\alpha+\beta X}$$

이 식에서 양변에 로그값을 취하면,

$$\ln[P/(1-P)] = \alpha + \beta X$$

가 된다.

여기서 $\ln[P/(1-P)]$와 독립변수 X는 선형관계라 볼 수 있다. $[P/(1-P)]$는 바로 승산치(odds)다. 앞서 로지스틱회귀분석에서 독립변수는 2분변수, 범주형 변수 또는 정량적 변수 등 모두 가능하다고 하였다. 여기서는 정량적 변수와 범주형 변수의 경우를 구체적인 자료를 통해 살펴보도록 한다. 자료는 1993년도 국민의식조사며, 종속변수는 남아선호에 대한 찬성 여부를 묻는 질문에 대한 응답이고, 독립변수는 연령이다. 즉 "아들은 꼭 있어야 한다"는 진술에 대해 찬성한 사람은 1, 반대한 사람은 0으로 부호화하였고, 연령은 정량적 변수의 경우는 실제 연령을, 범주형 변수의 경우에는 4개의 연령집단을 사용하였다 (국민의식조사 93).

① 독립변수가 정량적 변수인 경우

태 도	연 령		
	N	평균	표준편차
찬성(1)	989	40.85	12.69
반대(0)	530	33.89	9.65

독립변수가 정량적 변수인 경우 모형은 다음과 같다. 이 모형에서 연령은 20~79세의 실제 연령으로 이루어져 있다. *P*는 남아선호에 대해 찬성할 확률의 예측값을 가리킨다.

$$\ln[P(\text{찬성})/1-P(\text{찬성})] = \alpha + \beta \times \text{연령}$$

위의 모형으로 로지스틱회귀분석을 하면 다음과 같은 결과를 얻게 된다.

변수	*B*	S. E.	Wald	*df*	Sig.
연령	.055	.005	103.936	1	.000
상수	−1.422	.201	49.899	1	.000

$-2LL = 1,841.331$, $\chi^2 = 123.561$, $df = 1$, $p < .001$

여기서 B는 회귀계수고, S.E.는 회귀계수의 표준오차며, 왈드(Wald) 통계량은 $W_i^2 = [B_i/\text{S.E.}(B_i)]^2$으로 구해지는데 카이제곱분포를 따르며 개별 계수의 유의도를 검증하는 데 사용된다. −2LL(log likelihood, 로그가능도)은 로지스틱회귀분석을 통해 추정된 모형이 실제 자료에 어느 정도 적합한가를 평가하는 기준으로 사용되며, 그 크기가 작을수록 모형이 관찰된 자료를 잘 반영하고 있다고 볼 수 있다. 상수항만을 포함시킨 식에서 얻어지는 최초의 −2LL은 1,964.892다. 독립변수항에 연령을 추가하면, −2LL은 (1,964.892−1,841.331 =)123.561만큼 감소하는데, 이것이 바로 모형 카이제곱이다. 모형 카이제곱이 통계적으로 유의하다는 것은 남아선호에 대한 찬성 여부(종속변수)를 추정하는 데, 연령(독립변수)이 통계적으로 의미 있음을 뜻한다.

이 분석 결과를 식으로 나타내면 다음과 같다.

$$\ln[P/(1-P)] = -1.422 + 0.055 \times \text{연령}$$

이 식이 의미하는 바는 연령의 한 단위 증가에 따라 남아선호를 찬성할 승산치 로그의 예측값은 0.055라는 것이다. 승산치의 로그가 증가할 때, 남아선호를 지지할 확률의 예측값도 증가한다. 이 모형에서 50세인 사람이 남아선호를 찬성할 확률은 다음과 같은 식에 의해 추정할 수 있다.

$$\ln[P/(1-P)] = -1.422 + 0.555(50) = 1.328$$
$$P/(1-P) = e^{1.328} = 3.773$$
$$P = 3.773/(1+3.773) = 0.79$$

여기서 확률, 즉 $P(Y=1)$은 0.79다. 연령의 한 단위 증가는 남아선호 찬성의 승산치를 $e^{0.055} = 1.057$만큼 증가시킨다.

② 독립변수가 범주형 변수인 경우

태 도	연령범주				전 체
	20~29	30~39	40~49	50+	
찬성(1)	177	358	200	254	989
반대(0)	203	207	73	47	530
계	380	565	273	301	1,519

독립변수가 범주형 변수인 경우 모형은 다음과 같다.

$$\ln[P(\text{찬성})/1-P(\text{찬성})]=\alpha+\beta 1\times \text{연령 }1+\beta 2\times \text{연령 }2+\beta 3\times \text{연령 }3$$

여기서 연령 1, 연령 2, 연령 3은 다음과 같이 구성되었다.

변 수	20~29	30~39	40~49	50+
연령 1	1	0	0	0
연령 2	0	1	0	0
연령 3	0	0	1	0

로지스틱회귀분석을 통해 다음 표와 같은 결과를 얻었다. 모형의 카이제곱값 (1,964.892－1,845.256＝)119.636(df＝3)은 통계적으로 유의하다. 즉, 그것은 범주화된 연령집단들이 남아선호에 대한 찬성 여부를 예측하는 데 유의함을 의미한다. 분석 결과를 식으로 나타내면 다음과 같다.

$$P(Y=1)=[1/(1+e^{-(\alpha+1.687\times\text{연령}1-1.824\times\text{연령}2-0.679\times\text{연령}3)})]$$

변 수	B	S. E.	Wald	df	Sig.
연령			107.062	3	.000
연령 1	−1.824	.189	92.969	1	.000
연령 2	−1.139	.181	39.519	1	.000
연령 3	−.679	.209	10.502	1	.001
상수	1.687	.159	112.884	1	.000

−2LL = 1,845.256, $\chi^2 = 119.636$, $df = 3$, $p < .001$

각 연령집단에서 무작위로 선택하였을 때 남아선호에 찬성할 확률은 다음과 같다.

20대 : $P(Y=1) = [1/(1+e^{-(1.687-1.824(1)-1.139(0)-.679(0))})] = 0.466$

30대 : $P(Y=1) = [1/(1+e^{-(1.687-1.824(0)-1.139(1)-.679(0))})] = 0.634$

40대 : $P(Y=1) = [1/(1+e^{-(1.687-1.824(0)-1.139(0)-.679(1))})] = 0.733$

50대 이상 : $P(Y=1) = [1/(1+e^{-(1.687-1.824(0)-1.139(0)-.679(0))})] = 0.844$

즉, 연령이 높아질수록 남아선호에 찬성할 확률도 높아진다. 이와 같은 확률은 분할표에서 구해지는 백분율과 동일한 값이다.

3. 로지스틱회귀분석의 예

반덴버그 등(Van den Berg, Masi, Smith and Smucker, 1998)은 캐나다 및 스웨덴의 공장근로자를 대상으로 임금삭감에 대한 태도를 비교하기 위하여 로지스틱회귀모형을 사용하였다. 종속변수는 2분변수로 되어 있는데, "귀하의 직장이 폐쇄위협을 받게 될 때, 임금삭감이 일자리를 보전하기 위한 유일한 방법이라면 귀하는 그것을 받아들이시겠습니까?"라는 질문에 대해 어떠한 형태의 임금삭감도 받아들일 수 없다는 응답에 1을, 다른 응답 범주에 0을 부여하였다. 기본 가설은 캐나다 근로자들이 스웨덴 근로자들보다 임금삭감을 보다 기꺼이 수용할 것이라는 것이다. 단순빈도를 보면 스웨덴이 42.4%, 캐나다가 20.5%로 스웨덴 근로자들이 캐나다 근로자들보다 훨씬 더 부정적이다.

독립변수로는 여러 가지 객관적 · 주관적 노동시장 조건들과 경험에 관한 항목들을 선정하였다. 독립변수는 '불안정감'과 '직장 내 변화' 등 크게 두 영역으로 나누고, 각 영역은 각각 5개의 개별 질문으로 이루어져 있으며, S_1은 3점척도, S_2~S_5 및 C_1은 5점척도, C_2~C_5는 가변수다. 실제 독립변수의 수는 여기에 제시한 것보다 많으나 설명을 위해 일부만을 발췌하였다.

변 수	변수에 대한 설명	척 도
국가 가변수		(1=스웨덴, 0=캐나다)
불안정감		
S_1	실직에 대한 걱정	(1=매우 걱정, 3=걱정 안함)
S_2	현직의 실직 가능성	(1=매우 낮음, 5=매우 높음)
S_3	자신의 실직 가능성	(1=매우 낮음, 5=매우 높음)
S_4	비슷한 일자리 구직 어려움	(1=매우 쉬움, 5=매우 어려움)
S_5	정부고용사무소에 대한 인식	(1=매우 잘함, 5=매우 못함)
직장 내 변화		
C_1	종업원수의 변화	(1=크게 증가, 5=크게 감소)
C_2	직장 내 설비변화 여부	(1=예, 0=아니오)
C_3	설비변화가 자신의 직무에 영향을 주었는지 여부	(1=예, 0=아니오)
C_4	응답자의 업무에 변화가 있었는지 여부	(1=예, 0=아니오)
C_5	지난 3년간 실직경험 여부	(1=예, 0=아니오)

〈표 15-2〉는 로지스틱회귀분석의 결과를 제시한 전형적인 표다. 연구자들은 로지스틱회귀계수의 통계적 유의도만을 밝히고, 그것을 확률로 계산하지는 않았다. 그들은 노동시장 불안정감 및 직장 내 변화 등과 관련된 변수들이 스웨덴과 캐나다의 차이를 설명하는 데 기여를 하고 있는가에 관심을 가지고 있다. 또한 예측변수들이 추가될 때마다 국가 간 차이의 중요성이 어느 정도 감소하는가를 분석하려 하였다.

이 표에서 스웨덴인이 가장 중요한 결정요인으로 나타나고 있다. 즉 모형 2와 모형 3에서 보듯이 노동시장 관련 변수들을 통제하더라도 국가 간 차이는 계속 강하게 남아 있다. 또한 모형 1(상수와 국가변수)의 예측성공률은 68.50%고, 모형 3은 69.04%로, 변수를 추가하더라도 종속변수를 예측하는 데에는 큰 기여를 하지 않는 것으로 나타나고 있다. 예측성공률이란 로지스틱 모형을 통해 예측된 것과 실제 관측자료가 어느 정도 일치하고 있는가를 뜻하고 있다. 이 분석에서 단지 실직에 대한 걱정이 임금삭감에 유의한 영향을 미치는 것은 특기할 만하다.

표 15-2 | **로지스틱회귀모형**(스웨덴 및 캐나다 표본)

변 수	모형 1	모형 2	모형 3
상수	−1.474*** (.128)	−2.486***(.511)	−3.079***(.561)
스웨덴인	1.022*** (.150)	1.000***(.154)	0.955***(.160)
S_1		0.256* (.115)	0.325***(.114)
S_2		0.0002 (.094)	−0.023 (.095)
S_3		0.133 (.092)	0.096 (.093)
S_4		−0.060 (.063)	−0.060 (.063)
S_5		0.097 (.069)	0.087 (.070)
C_1			0.170** (.061)
C_2			−0.193 (.160)
C_3			0.009 (.164)
C_4			0.121 (.151)
C_5			0.361* (.166)
예측성공률	68.50%	68.68%	69.04%
2LL	1,315.479	1,303.833	1,288.323
모형 χ^2	50.725***	11.637*	15.510**
df	1	5	5

최초 로그 가능도 : −2LL=1,366.195, 괄호 안의 수치는 회귀계수의 표준오차.
*p<.05, **p<.01, ***p<.001.
자료 : Van den Berg, Masi, Smith and Smucker (1998 : 62−63).

제 3 절 로그선형모형분석

1. 로그선형모형의 의미

로그선형모형(log-linear models)은 최근 사회과학적 분석에서 그 적용 범위가 크게 넓어진 기법이다. 이 모형은 원래 명목변수나 서열변수 등 범주형 변수(categorical variables)의 분할표를 분석하기 위하여 굿맨(Leo Goodman)이 개발한 기법으로 일명 굿맨 방법이라고도 한다. 다차원분할표(multidimensional contingency tables)를 사용하여 분석한다. 로그선형모형분석의 급속한 보급으로 범주형 변수들 간의 다차원적 관계분석은 크게 발전되어 왔다. 로그선형분석은 범주형 변수들 간의 관계 속에 내재하는 구조를 파악하고자 하는 것으로 다른 통계적 분석과는 달리 분석단위는 개별 점수가 아니라 각 칸의 확률이 되며, 비율(proportion) 대신에 교차적률비(cross-product ratio) 또는 승산비(odds ratio)를 사용하여 설명한다. 승산비란 하나의 범주에 속하는 도수와 그 범주에 속하지 않는 도수 간의 비인데 행과 열의 분포에 의해 영향을 받지 않는다(승산비에 관한 상세한 설명은 제10장을 참조할 것).

로그선형분석은 다음과 같은 단계에 따라 이루어진다(Reynolds, 1977: 110-111). 첫째, 관측된 자료를 설명하는 모형을 제시한다. 모형이란 일련의 변수들이 어떻게 분포되어 있고 서로 관계를 맺고 있는가에 대한 가설이다. 둘째, 모형이 진실이라는 가정하에서 기대되는 기댓값을 도출한다. 여기서는 모형이 진실일 경우 관측된 자료는 어떻게 나타나야 할 것인가를 묻는다. 셋째, 모형이 채택될 수 있는가의 여부를 결정한다. 즉, 모형이 올바른 것이라면 기댓값과 관측값 간의 차이는 단지 표집오차에 의한 것이어야만 한다. 넷째, 기댓값과 관측값의 차이가 작을 경우, 최초에 설정한 모형을 채택하고 그렇지 않으면 처음으로 다시 돌아간다. 새로운 모형은 앞의 것을 보다 정교화시킨 것으로 그 단계에서 연구자는 모형이 왜 채택되지 않았는가를 알아내어 그것을 개선한다. 다섯째, 앞에서 모형이 채택되었을 경우 보다 정교한 모형을 추구한다. 관측된 자료가 최초에 설정한 모형에 비교적 적합하다고 하더라도 피상적이거나 중복된 변수를 제거하고 보다 완벽하면서도 간결한 설명을 기하여야 한다. 마지막으로, 모수를 추정한다. 즉, 변수들의 추정치를 찾아내어 결론에 도달할 수 있도록 하고 예측도 가능하게 해야 한다.

로그선형모형은 독립변수와 종속변수를 따로 구분하지 않는 일반로그선형모형(general log-linear model)과 그것을 구분하는 로짓모형(logit model)으로 나누어진다. 일반로그선형모형에서는 모든 변수들을 동일하게 간주하여 그들 간의 상호관계를 탐색한다. 분석 기준은 각 칸의 기대빈도 F_{ij}인데 모형 속에 포함된 모든 변수들의 함수로 설정된다. 한편, 로짓모형에서는 변수 하나를 종속변수로 선택하며 분석 기준은 기대승산치 Ω_{ij}(오메가)를 독립변수들의 함수로 간주한다. 따라서 로짓모형은 통상적인 회귀분석과 유사한 모습을 갖는다.

로그선형모형은 포화모형(飽和模型, saturated models)과 불포화모형(不飽和模型, unsaturated models)으로 명시할 수 있다. 두 변수 간의 관계인 2원분할표에서는 각각 다음과 같이 표기할 수 있다.[2)]

(가) 포화모형 : $F_{ij} = \eta\tau_i^A \tau_j^B \tau_{ij}^{AB}$

(나) 불포화모형 : $F_{ij} = \eta\tau_i^A \tau_j^B$

포화모형에는 가능한 모든 모수들이 포함되어 있지만, 불포화모형에는 모수 중 일부가 결여되어 있다. 이 모형에서 F_{ij}는 모형이 신실된 것일 때 기대되는 각 칸의 도수고, η(에타)는 각 칸의 도수의 기하평균이다. η는 회귀식의 상수항과 유사한데 그 자체로는 특별한 의미를 갖지 않는다. τ(타우)항은 각 변수들이 칸의 도수에 미치는 효과를 나타낸다. 변수 A의 누계분포가 동일하지 않을 때 τ_i^A 효과가 있으며, 변수 B의 누계분포가 동일하지 않을 때는 τ_j^B 효과가 있다. 변수 A와 B가 독립적이지 않고 서로 관련을 맺고 있을 때는 τ_{ij}^{AB} 효과가 있다.

포화모형에서는 기대빈도가 언제나 관측빈도와 동일하다. 그러나 불포화모

---

2) 모수를 나타내는 그리스문자는 연구자들에 따라 다르게 표기되기도 하는데, 여기서는 굿맨(Goodman, 1972)의 부호를 따른다.

형을 설정할 경우 관측빈도는 기대빈도와 차이가 난다. 포화모형에서 $\tau_{ij}^{AB}=1$로 설정하면 불포화모형과 같아진다. 이제 포화모형에서 양변에 자연로그를 취하면 식 (1)과 같다. 자연로그를 취함으로써 승법모형(multiplicative model)들이 가법모형(additive model)으로 전환된다. 불포화모형에서 $\log(\tau_{ij}^{AB})=0$이다.

$$\log(F_{ij}) = \log(\eta) + \log(\tau_i^A) + \log(\tau_j^B) + \log(\tau_{ij}^{AB}) \quad \cdots\cdots\cdots\cdots (1)$$

여기서 $\log(F_{ij}) = G_{ij}$

$\log(\eta) = \theta$

$\log(\tau_i^A) = \lambda_i^A$

$\log(\tau_j^B) = \lambda_j^B$

$\log(\tau_{ij}^{AB}) = \lambda_{ij}^{AB}$로 하면,

식 (2)와 같이 된다.

$$G_{ij} = \theta + \lambda_i^A + \lambda_j^B + \lambda_{ij}^{AB} \quad \cdots\cdots\cdots\cdots (2)$$

즉, 각 칸의 기대빈도 F_{ij}에 자연로그를 취하여 $G_{ij}=\log(F_{ij})$로 하고 그것을 분석한다. 이 때 F_{ij} 또는 G_{ij}는 마치 종속변수와 같이 간주되어 일련의 모수의 함수로 표시되는데, 일상적인 분산분석 모형과 유사한 모습을 갖는다. 2원분할표에서 가능한 몇 가지 모형을 살펴보기로 한다.

〈2원분할표에서의 모형〉

① 무효과모형 : $G_{ij}=\theta$

$I \times J$ 분할표에서 가장 간단한 모형은 무효과모형 또는 등확률(equiprobability) 모형이다. 즉, 모든 칸의 기대빈도 또는 기대빈도의 로그값은 동일하다. 이 모형에서는 변수 A와 B는 통계적으로 상호독립적이다.

② 행효과모형 : $G_{ij}=\theta+\lambda_i^A$

행효과모형은 앞의 등확률모형으로부터 행변수가 차이가 나는 정도를 보여

준다. 이 모형에서 변수 A와 B는 독립적이고, 열변수의 범주들은 등확률적이다. 그러나 무효과모형과 행효과모형은 사회과학적 연구에서 비현실적인 모형들이다.

③ 독립모형 : $G_{ij} = \theta + \lambda_i^A + \lambda_j^B$

독립모형은 행효과와 열효과가 있으면서도 변수 A와 B가 서로 통계적으로 독립적인 모형이다. 각 칸 빈도의 자연로그 G_{ij}는 전체 평균 θ, 일련의 행효과 λ_i^A, 일련의 열효과 λ_j^B의 합의 형태로 표시된다.

④ 포화모형 : $G_{ij} = \theta + \lambda_i^A + \lambda_j^B + \lambda_{ij}^{AB}$

포화모형은 독립모형에 변수 A와 B 간의 상호작용항을 더 포함시킴으로써 가능한 모든 항의 모수들이 모형에 나타나게 된다. $I \times J$ 분할표에서 승산비가 1이면 상호작용항은 0이 될 것이다.

2원분할표에서와 같은 요령으로 3원분할표 또는 그 이상의 분할표에서도 모형을 설정할 수 있을 것이다. 참고로 3원분할표에서 상호독립모형과 포화모형을 소개하면 다음과 같다.

〈상호독립모형〉

$$G_{ijk} = \theta + \lambda_i^A + \lambda_j^B + \lambda_k^C$$

〈포화모형〉

$$G_{ijk} = \theta + \lambda_i^A + \lambda_j^B + \lambda_k^C + \lambda_{ij}^{AB} + \lambda_{jk}^{BC} + \lambda_{ik}^{AC} + \lambda_{ijk}^{ABC}$$

일반적으로 로그선형모형은 위계원칙(hierarchy principle)을 따르는데, 위계원칙이란 상호작용항이 포함될 경우 그 모형에는 반드시 상호작용하고 있는 각각의 변수항들이 반드시 포함되어야 함을 뜻한다(Knoke and Burke, 1980: 19-22). 로그선형분석 결과를 제시할 때 λ_i^A는 $\{A\}$로, λ_j^B는 $\{B\}$로, λ_{ij}^{AB}는 $\{AB\}$와 같이 간략하게 표기하기도 한다. 따라서 괄호 안에 들어 있는 문자는 보다 낮은 수준의 관계가 존재한다는 것을 의미한다. 즉 $\{AB\}$로 표기하면 $\{A\}$와 $\{B\}$도 존재한다는 것을 나타낸다. 4원분할표에서 $\{AB\}\{AC\}\{D\}$라고 표기하면 세 변수 및 네 변수 상호작용이 없는 가설을 설정하는 셈이 된다.

모형이 설정되면 누계분포에 적합화(fitted marginals)한다. 이 말의 뜻을 이해하기 위해서는 각 칸의 기댓값을 더한 누계분포의 값과 각 칸의 관측값을 더한 누계분포의 값이 동일하다는 점을 상기할 필요가 있다. 즉, 로그선형모형에서 독립모형 $\{A\}\{B\}$는 모형에 따라 자료에 적합화된 각 변수의 누계분포는 관측값의 행 및 열의 합계와 정확하게 같아야 함을 뜻한다.

그 다음 가설적 모형이 관측 자료에 적합한지 적합도검정을 한다. 각 모형하에서 기대되는 각 칸의 빈도를 추정하고 그것을 관측빈도와 비교한다. 이 때 피어슨의 카이제곱(χ^2)이나 가능도비 카이제곱(L^2)을 사용하는데, 가능도비 카이제곱이 보다 일반적이다. L^2은 카이제곱분포를 따르며, 이 때의 자유도는 1로 설정된 모수 τ의 수와 같다. 자유도를 고려했을 때 L^2이 클수록 그 모형의 적합도는 낮아진다. 따라서 우리는 일상적인 카이제곱에서와는 달리 적합도검정에서는 카이제곱값이 작기를 기대한다.

2. 로그선형모형의 예

이제, 로그선형모형을 사용하여 분석한 논문을 살펴보기로 한다. 남성희(Nam, 1991)는 가족계획실행이 출산결정에 미치는 영향을 알아보고자 하였다. 분석 결과는 다음 표에 제시되어 있다.

표 15-3 | 로그선형모형에 대한 가능도비 카이제곱과 유의도(농촌표본)

모형		자유도	L^2	p
1	$\{AC\}\{AD\}\{CD\}$	2	1.794	.408
2	$\{AC\}\{CD\}$	4	5.987	.200
3	$\{AC\}\{AD\}$	4	6.930	.139
4	$\{AC\}\{D\}$	6	12.787	.046
5	$\{A\}\{C\}\{D\}$	7	24.987	.001

주 : A : 낙태경험; C : 피임도구 사용; D : 출산결정.
자료 : Nam (1991)에서 발췌.

〈표 15-3〉은 여러 가지의 로그선형모형을 자료에 적합화시킨 것이다. 예를 들어, 모형 4는 낙태경험(A)과 피임도구의 사용(C)은 출산결정(D)과 독립적이라는 가설을 검증한 것이다. 이 표에서 보면, 모형 1, 2, 3이 적합한데, 그 가운데에서도 모형의 간결성 문제를 논외로 한다면 모형 1이 가장 적합하다. 즉, 낙태경험과 피임도구의 사용은 각각 출산결정에 영향을 미친다. 가족계획을 실행하거나 낙태의 경험이 있는 여성들이 그렇지 않은 여성보다 출산결정에 대한 영향력을 더 크게 행사한다고 볼 수 있다. 모형 1, 2, 3, 4에서 $\{AC\}$항을 모두 포함시킨 것은 종속변수와 상관이 없는 독립변수들 간의 상호작용효과를 통계학적으로 배제하기 위해서다.

여러 대안적 모형들은 통계학적 적합성과 간결성에서 보다 직접적으로 비교할 수 있다. 신의항 · 장경섭(Shin and Chang, 1988)의 논문을 통해 설명해 보고자 한다. 그들은 미국으로 이민간 한국 의사들의 전문진료분야를 연구하면서 이민간 의사들은 한국에 남아 있는 사람에 비해 볼 때 주변적 전문분야에 몰려 있고, 남자보다는 여자에게 주변화가 더 강하며, 오래 전에 이민온 사람들보다는 상대적으로 최근에 이민온 사람들이 주변분야에 있을 가능성이 클 것이라는 가설을 설정하고 그것을 검증하려 하였다.

그들은 17개 모형 중 독립변수항 간의 상호작용항을 제외하고 모수가 유의한 것만 4개를 골랐다. 〈표 15-4〉에서 보면, L^2이 큰 모형 2와 모형 3은 적합하지 않다. 결국 모형 5와 모형 17 가운데에서 고르게 되는데, 모형 5와 모형 17의 차이는 이민지위(I)와 성(G)이 전문진료과목에 영향을 미치는 데 연도(Y)의

표 15-4 | 전문진료과목(P)에 미치는 이민지위(I), 성별(G), 연도별(Y) 효과의 로그선형모형 및 모형 간 비교

모형		자유도	L^2	p
2	$\{IGY\}\{PI\}$	6	30.23	.00
3	$\{IGY\}\{PG\}$	6	97.81	.00
5	$\{IGY\}\{PI\}\{PG\}$	5	9.32	.10
17	$\{IGY\}\{PIY\}\{PGY\}$	2	1.94	.25
	비교된 모형	자유도	L^2	p
	모형 2~모형 5	1	20.91	.00
	모형 3~모형 5	1	88.99	.00
	모형 5~모형 17	3	7.38	$.10>p>.05$

자료 : Shin and Chang (1988 : 619-620).

효과가 작용하느냐 여부에 있다.

적합도를 기준으로 4개의 모형을 비교하면 모형 5는 적합도에서 모형 2나 모형 3으로부터 크게 개선되고 있다. 그러나 모형 5로부터 모형 17로는 크게 나아지고 있지 않다. 따라서 신의항 · 장경섭의 연구는 비교적 간결하면서도 종속변수의 변화를 대부분 설명할 수 있는 모형 5를 가장 적합한 모형으로 선택하였다. 모형 5에 따르면 이민지위와 성은 전문진료분야에 각각 영향을 미친다.

〈표 15-4〉에서 볼 수 있는 것처럼, 두 모형의 차이 검정은 L^2값을 빼서 그것을 자유도의 차이와 비교해 보면 된다. L^2의 차이 역시 두 자유도의 차이만큼의 자유도를 갖는 카이제곱분포를 따른다. 모형 2와 모형 5의 차이에서 $\Delta L^2 = (30.23 - 9.32) = 20.91$이고, Δdf(자유도) $= (6 - 5) = 1$로 .01 수준에서 통계적으로 유의하다.

관측 자료에 가장 적합한 모형을 찾는 방법은 두 가지가 있다(Knoke and Burke, 1980: 37-38). 하나는 포화모형에서 시작하여 높은 차수의 상호작용항을 제거시켜 나가면서 찾는 방법이고, 또 다른 하나는 가장 간단한 모형에서 시작하여 적합한 모형이 나올 때까지 보다 복잡한 상호작용항을 추가해 나가는 방법이다. 이론적으로 보면 그 두 접근법 중 어느 것을 사용하든 동일한 가설적 모형에서 서로 만난다. 앞에서 제시한 로그선형분석의 단계는 후자의 방법에 기초하고 있다. 4변수 분류표에서 전문진료과목(P)을 종속변수로 하였을 때 후자의 방법에서의 최초모형은 독립변수 중 어느 것도 종속변수와 유의한 관계를 가지지 않는 $\{IGY\}\{P\}$의 형태가 된다. 이 모형이 적합하다면 더 이상의 검증은 필요없을 것이다. 이 모형의 적합성은 대안적 모형, 즉 종속변수가 모든 독립변수와 상호작용하는 포화모형$\{IGYP\}$과 비교되어 검증된다. L^2의 차이가 유의하다면 하나 또는 그 이상의 독립변수 또는 그들 간의 상호작용항이 종속변수에 영향을 미치기 때문에 최종모형에 포함되어야 한다. 포화모형에서는 자유도와 L^2은 모두 0임을 기억해 두는 것이 좋다.

로그선형모형은 국내에서도 그간 사회이동유형을 분석하는 데 많이 사용하여 왔다(김재온, 1985; 차종천, 1987 참조). 로그선형모형에 대한 보다 자세한 설명과 예는 그것을 본격적으로 다룬 다른 사회통계학 서적을 참조하기 바란다(Fienberg, 1977; Reynolds, 1977; Knoke and Burke, 1980; Aldrich and Nelson, 1984).

| 제 **16** 장 |

구조방정식모형분석

구조방정식모형은 변수들 간의 관계가 주어진 자료에 포함된 구조와 부합되는지를 검증하는 다변량분석 기법의 하나로서, 강력함과 유연성을 지닌 분석 기법이기 때문에 사회과학분야에서 그 활용이 점차 증대되고 있다. 구조방정식모형은 경로분석 · 요인분석 · 회귀분석 등과 같은 다양한 기법을 포함하고 있기 때문에 한마디로 정의하기는 어렵지만 기본 논리는 간단한 통계학적 원리에 기초하고 있다. 이 장에서는 구조방정식모형분석의 의미와 분석절차 및 그것을 사용한 예를 살펴보기로 한다.

제 1 절 구조방정식모형의 의미와 논리

1. 구조방정식모형의 의미

로그선형모형과 함께 최근 넓게 확산된 분석 기법으로 구조방정식모형(structural equation modeling) 또는 리즈렐(LISREL)모형을 들 수 있다. 리즈렐은 LInear Structural RELations(선형구조관계)의 약어인데, 1970년대에 들어서서 스웨덴의 여레스콕(Karl G. Jöreskog)이 중심이 되어 개발한 컴퓨터 프로그램이 등장함으로써 크게 보급되기 시작한 기법이다. 이 기법은 직접 관측되지 않은 구성체(unobservable constructs)를 내포하는 구조방정식모형을 인과모형에서 모수추정이나 가설검정을 할 수 있도록 하고 있다.

일반적으로 구조방정식모형은 관찰되지 않은 변수 또는 구성체(construct)를 포함하는 변수들 간의 선형방정식 체계를 의미한다. 경로모형의 전형적인 예라고 할 수 있는 아버지의 직업과 교육, 본인의 첫째 직업과 교육이 최종 직업에 미치는 관계를 보여 주는 지위획득모형(Blau and Duncan, 1967)은 구조방정식모형의 특수한 경우다(제12장 참조). 즉 지위획득모형은 모든 구성체가 하나의 관찰변수로 측정되는(즉, 모든 변수들이 직접 관찰되는) 구조방정식모형이라 할 수 있다. 그 경우에는 경로분석 기법을 통해 쉽게 모수의 추정이 이루어질 수 있다. 그러나 사회과학에서는 일반적으로 측정의 타당도와 신뢰도를 높이기 위해서 구성체는 다수의 관찰변수를 통해 측정되기 때문에 모수 추정 과정이 훨씬 복잡해진다.

구조방정식모형은 확인적 요인분석모형(제13장 참조)과 경로분석모형이 통합된 것으로 생각할 수 있다. 일반적인 구조방정식모형은 두 개의 부분으로 구성되는데, 하나는 이론변수와 관찰변수 간의 관계를 표시하는 측정모형(measurement model)이고, 다른 하나는 이론변수들 간의 인과관계, 효과 등을 표시하는 구조모형(structural model)이다(Jöreskog and Sörbom, 1993). 개념적으로 측정모형은 확인적 요인분석모형과 대응되고, 구조모형은 경로분석모형과 대응된다. 그러나 포함된 변수의 성격, 그것들 간의 상호관계, 오차항에 대한 가정 등 내용상으로는 중요한 차이가 있다.

2. 구조방정식모형의 논리

구조방정식모형의 논리는 기초통계학에서 다루어지는 한 원리에 기초를 두고 있다. 그것은 어떤 수들로 구성된 집합에서 각 원소에 상수 K를 곱해서 얻는 새로운 집합의 평균과 표준편차는 본래의 평균과 표준편차에 K를 곱한 것과 같다는 것이다. 예를 들어, 변수 X와 Y의 관계가 $Y=4X$라고 하면, Y의 평균과 표준편차는 각각 $4\times X$의 평균과 $4\times X$의 표준편차고, Y의 분산(즉, 표준편차의 제곱)은 $4^2\times X$의 분산이다. 따라서 변수 X와 Y의 분산을 간접적으로 비교해 봄으로써 X와 Y가 $Y=4X$의 관계를 가진다는 가설을 검정해 볼 수 있다. 이 논리를 일반화시키면 다수의 변수가 다양한 선형방정식으로 관련된 경우에도 적용될 수 있다. 규칙이 좀 더 복잡해지고 계산이 어려워지기는 하지만 기본 원리는 동일하다. 즉, 변수들이 일련의 선형관계로 엮어져 있는지를 검증하기 위해서는 변수들의 분산과 공분산을 살펴보면 된다는 뜻이다.

이 논리를 좀 더 일반화시키면 모집단의 분산 $\sum$는 특정한 이론에 따른 모수 θ에 의해 규정되는 분산 $\sum(\theta)$와 같게 된다($\sum=\sum(\theta)$). $\sum(\theta)$는 사회현상을 설명하는 이론을 반영하는 것이고, 우리는 그것을 근거로 모형을 구성한다. 우리의 이론이 올바른 것이라면 모수를 토대로 한 분산 $\sum(\theta)$는 모집단의 분산 $\sum$와 동일하게 될 것이다. 따라서 $\sum$와 $\sum(\theta)$를 비교하여 모수 및 그것을 규정하는 이론의 타당성을 평가한다. 그러나 실제로 모집단의 분산은 알려져 있지 않기 때문에 표본의 분산(S)을 대신 사용하여 통계적으로 모수를 추정한다.

제 2 절 분석절차와 모형추정

구조방정식모형은 공분산 행렬에 포함된 일련의 분산과 공분산이 특정한 구조에 부합되는지를 검증하는 통계분석 기법으로서 다음 다섯 절차를 밟아서 수행한다(조동기, 2003 참조).

① 연구자가 이론 또는 가설에 따라 변수들 간의 상호관계에 대한 모형을 설정한다. 흔히 경로도형을 이용한다.

② 프로그램이 복잡한 내적 규칙에 따라 그 모형에 의한 변수들의 분산 및 공분산을 자료에 기초하여 계산한다.

③ 프로그램이 변수들의 분산 및 공분산이 그 모형에 부합하는지를 검정한다.

④ 프로그램이 통계적 검정 결과 및 선형방정식의 계수에 대한 모수 추정치와 표준오차를 보고한다.

⑤ 연구자가 그 정보를 토대로 연구자료와 잘 맞는지 여부를 결정한다.

구조방정식모형에 요구되는 수학적인 과정은 매우 복잡하지만 기본 논리는 이 다섯 단계에 포함되어 있다. 그렇지만 그 과정에서 주의해야 할 두 가지 중요한 고려사항이 있다.

첫째, 모형과 자료 간의 완전한 부합도를 기대할 수는 없다. 선형관계를 이용한 구조방정식모형은 실제에 대한 근사(近似, approximates)에 불과하다. 변수들 간의 실제 관계는 선형적이기보다는 비선형적일 가능성이 더 높다. 나아가서 구조방정식모형에 요구되는 많은 통계적 가정들도 다소 논란의 소지를 안고 있다. 중요한 질문은 주어진 모형이 자료와 완전하게 부합되는가라는 것이 아니라, 모형이 실제에 대한 근사라고 할 수 있을 만큼 유용한가, 주어진 자료에서 나타나는 추세를 적절하게 설명하고 있는가라는 것이다.

둘째, 모형이 자료와 잘 부합된다고 해서 그 모형이 반드시 정확하다는 것을 의미하지는 않는다. 어떤 모형이 참인가를 우리가 증명할 수는 없다. 우리가 말할 수 있는 것은, 단지 어떤 인과적 모형이 참이라면 그 모형은 자료에 부합할 것이라는 점이다. 그렇지만 자료에 부합하는 모형이라고 해서 반드시 올바른 것은 아니다. 주어진 자료와 잘 부합하는 다른 모형도 충분히 가능하기 때문이다.

한편, 모형의 추정은 프로그램의 내적 절차에 따라 자동적으로 수행되므로, 사용자가 그 논리를 정확히 이해하지 못하더라도 결과를 얻는 데 지장은 없으나, 구조방정식모형의 기본 원리가 적용되는 부분이므로 그 핵심을 파악해 두는 게 좋다.

1. 기본 절차

구조방정식모형의 기본 원리는 현상을 설명하는 이론에 의해 암시된 분산

$\sum(\theta)$는 모집단의 분산 $\sum$와 같다는 것이다($\Sigma=\Sigma(\theta)$). 따라서 모집단의 분산을 알면 모수도 알아낼 수 있다. 그러나 모집단의 분산은 일반적으로 알려져 있지 않기 때문에 표본의 분산을 대신 사용하여 모수를 추정한다. 즉, $S=\sum(\hat{\theta})$이라는 가정하에서 $\hat{\theta}$을 찾아내는 것이다. 그러나 표본은 오차를 포함하기 때문에 단일한 $\hat{\theta}$이 나타나지 않을 수 있는데, 구조방정식모형에서는 S와 $\sum(\hat{\theta})$ 간의 괴리를 가장 작게 하는 $\hat{\theta}$을 찾아낸다. 구조방정식모형에서는 여러 가지 불일치 함수(discrepancy function)를 두 분산 간 괴리의 정도를 측정하는 데 사용한다.

2. 모형식별

어떤 모형이 이론적 가치와 실제적인 가치를 가지기 위해서는 그 모형의 모수들을 식별(identification)하여야 한다. 다시 말하면, $\sum=\sum(\theta)$를 만족시키는 θ 벡터는 여러 개 존재해서는 안 되며 오직 유일한 θ 벡터가 존재해야 한다. 일반적으로 식별을 위한 필요충분 조건은 존재하지 않지만, 필요조건이 위반되었다는 것을 보여 줌으로써 모형이 식별되지 않는다는 점을 판단하는 것이 가능하다.

식별의 문제를 해결하는 몇 가지 방법이 있는데, 외생 잠재변수의 분산을 1로 고정하는 것이 그중 하나다. 또 다른 방법은 요인부하 계수에 제약을 가하는 것인데, 그 방법은 특정한 변수에 걸리는 요인부하 계수를 1로 고정시킴으로써 식별이 가능하게 만들며, 잠재변수들 간의 관계에 대한 분석이 관심의 주요 대상이 되는 구조모형에서 흔히 사용한다.

한편, 다음과 같이 손쉽게 판단할 수 있는 조건들이 위반되었는지 여부도 살펴보아야 한다. ① 모형에 대한 자유도는 음수가 아니어야 한다. 즉, 공분산 행렬 S의 차수(order)를 p라 하고 유동 모수의 수를 t라고 할 때 $p(p+1)/2 \geq t$여야 한다. ② '모수에 대한 불일치 함수의 이차미분 행렬' 인 헤시안(Hessian)은 '양의 정부호' (positive-definite) 값을 가져야 한다. 그러한 조건이 충족되지 못하면 식별의 문제가 발생한다.

3. 반복 문제

통계 프로그램은 일반적으로 반복(iteration) 기법을 통해 구조모형의 모수 추정치를 계산해 낸다. 그러한 기법은 n개의 미지수로 이루어지는 함수를 최소화하는 비선형 최적화(nonlinear optimization) 절차의 특별한 예다. 그런데 비선형 최적화는 수치 분석에서 매우 까다로운 분야이지만, 구조방정식모형에 관한 많은 교과서들은 손쉬운 예만 제시하고 문제의 어려움을 제대로 보여 주지 않는다. 이러한 책만 접한 초보자들이 구조방정식모형을 이용하다가 반복 과정에서 문제를 접하면서 많은 좌절과 혼란을 겪게 되는 까닭도 바로 여기에 있다.

모수 추정을 위한 반복 과정은 초깃값이 모형에서 제시된 방정식에 투입되어 추정된 공분산행렬을 계산하고 그것을 실제 표본 공분산행렬과 비교하여 그 불일치 함숫값이 계산된다. 프로그램은 그 함숫값을 작게 하는 방향으로 모숫값을 수정해 나간다. 일반적으로 20번 이내의 반복 후에 불일치 함수가 최솟값을 갖게 된다.

여러 가지 이유로 반복이 중간에서 중단될 수 있다. 예를 들어, 흔히 이용하는 최대가능도함수의 경우 표본 공분산행렬과 모형에 의해 만들어진 공분산행렬이 정칙(nonsingular)이어야 한다. 반복 과정에서 추정 공분산행렬이 비정칙이 되면 반복은 중단된다.

반복이 중단되는 경우 다음 일곱 가지 방법을 시도해 볼 수 있다.

① 초깃값(기본 설정)을 이용한 반복이 실패하는 경우 분석 모수에서 초깃값을 '자동'으로 변경해 준다. 특히 변수들의 분산이 큰 경우에 자동값은 임의의 시작값보다 좋은 결과를 얻을 수 있다.

② 반복의 초기 과정에서는 단계가 크게 뛰는 경우가 있는데, 그로 인해 반복의 문제가 생길 수도 있다. 그 때는 단계허용치를 작게 잡아줄 필요가 있다. 단계허용치가 작아지면 반복의 과정에 더 많은 시간이 소요된다는 점을 명심할 필요가 있다.

③ 종종 선검색 알고리듬에 따라 반복의 성공 여부가 달라질 수 있다. 분석 모수의 선검색 방법에서 '골든 검색'을 선택해 보는 것도 한 가지 방법이다.

④ 반복 초기에 문제가 나타나는 경우 시작 시에 최대하강반복을 설정해 줄 필요가 있다. 반복 초기의 문제는 근사 헤시안(Hessian)이 너무 부정확하기 때문에 발생하기 쉬운데, 최대하강반복은 단계방향을 선정하는 과정에서 일차미분정보만 이용하고 근사 헤시안값은 이용하지 않는다.

⑤ 공분산행렬을 토대로 모형을 검정하는 경우, 상관계수행렬로 검증해 볼 필요가 있다. 척도의 편차가 큰 공분산행렬로 반복문제가 있는 경우에 상관계수행렬 자료를 입력하면 제대로 분석이 이루어지기도 한다.

⑥ 경우에 따라서는 이상에서 소개한 여러 가지 방법을 혼합하여 시도해 볼 필요도 있다.

⑦ 모형표시가 제대로 안 된 모형은 반복이 실패하기 쉽다. 초보자들이 흔히 범하는 실수는 내생 잠재변수에 오차항을 포함시키지 않는 것이다. 특히, 이미 주어진 경로도형(많은 경우 오차항이 주어진 것으로 간주됨)으로부터 모형을 구성하는 경우에 오차항을 종종 누락하는 실수를 저지르곤 한다.

제 3 절 구조방정식모형의 예

구조방정식모형을 이해하기 위해서는 제12장에서 설명한 '경로분석'과 제13장에서 살펴본 '확인적 요인분석'에 대한 파악이 필요하다. 또한 비관측변수(unobservable variable), 즉 잠재적 변수와 측정오차에 대한 이해도 필요하다(측정에 관해서는 제6장 참조). 비관측변수(또는 구성체)를 측정하기 위해서 우리는 여러 개의 지표(indicators)를 사용한다.

구조방정식모형에서 경로모형과 같은 그림을 그리기 위해서는 일반적으로 [그림 16-1]에서 보는 바와 같은 기호들을 사용한다. 관측된 외생변수는 X로, 관측된 내생변수는 Y로 표기하며, 모든 관측된 변수들은 정사각형으로 그리고, 관측되지 않은 잠재적 변수들은 원으로 표시한다. 또한 관측되지 않은 외생변수는 ξ(크사이)로, 관측되지 않은 내생변수는 η(에타)로, 내생변수가 내생변수에

그림 16-1 | 직무수행과 직무만족의 경로모형

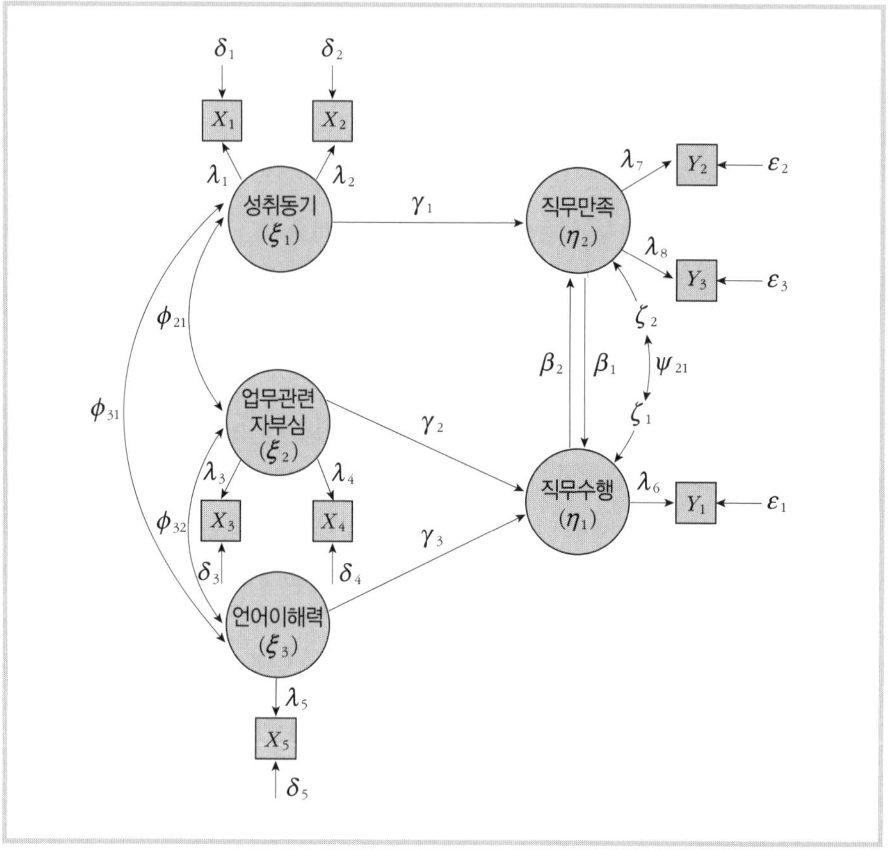

미치는 효과는 β(베타)로, 외생변수가 내생변수에 미치는 효과는 γ(감마)로 표시한다. 관측되지 않은 외생변수 간의 상관은 ϕ(파이)로, 각 방정식의 오차항은 ζ(제타)로, 각 관측변수와 비관측변수 간의 회귀계수는 λ(람다), 외생변수의 측정오차는 δ(델타), 내생변수의 측정오차는 ε(엡실론) 등으로 표기한다. 외생변수 간의 상관은 양쪽의 화살표가 달린 곡선으로 표시하는 것이 일반적이다.

[그림 16-1]은 바고지(Bagozzi, 1980)가 직무수행(η_1)과 직무만족감(η_2) 간의 관계를 연구한 모형에서 인용한 것이다. 바고지는 직무수행이 직무만족감에 영향을 미친다는 가설을 세우고 그것을 검증하려 하였다. 그는 직무수행과 만족감에 모두 영향을 미칠 수 있는 공변량으로서 성취동기(ξ_1), 업무관련 자부

심(ξ_2), 언어이해력(ξ_3) 등의 변수를 설정하였다. 이 모형은 3개의 잠재적 외생변수(ξ_1, ξ_2, ξ_3)와 2개의 잠재적 내생변수(η_1, η_2)로 이루어져 있다.

이 모형에 따르면 성취동기(ξ_1)는 2개의 지표(X_1, X_2)에 의해 측정되고, 업무관련 자부심(ξ_2)도 2개(X_3, X_4), 언어이해력(ξ_3)은 1개(X_5)의 지표에 의해 측정된다. 내생변수로서 직무수행(η_1)은 1개(Y_1), 직무만족(η_2)은 2개(Y_2, Y_3)의 지표로 측정된다.

[그림 16-1]의 모형에 따르면 성취동기는 직무만족에 직접 영향을 미치고 직무만족을 통하여 직무수행에 영향을 미친다. 업무관련 자부심과 언어이해력은 직무수행에 직접 영향을 미치고 직무수행을 통하여 직무만족에 간접적으로 영향을 미친다. 이 모형은 직무수행이 직무만족에 직접적인 영향을 미치고, 직무만족이 직무수행에 직접적인 영향을 미치는, 말하자면 상호인과성을 가정하는 비순차모형(非順次模型, nonrecursive model)을 설정하고 있다. 이 모형은 다음과 같은 구조방정식으로 나타낼 수 있다. 여기서 ζ_1과 ζ_2는 잔차다. ψ_{21}(프사이)는 잔차 간의 상관계수다.

$$\eta_1 = \beta_1\eta_2 + \gamma_2\xi_2 + \gamma_3\xi_3 + \zeta_1$$
$$\eta_2 = \beta_2\eta_1 + \gamma_1\xi_1 + \zeta_2$$

구조방정식모형은 일상적인 경로분석과 상당히 유사하지만 구조방정식모형은 경로분석모형보다는 제약사항이 적다. 구조방정식모형에서는 측정오차, 오차 및 잔차항 간의 상관, 상호인과관계 등을 손쉽게 처리할 수 있다. 구조방정식모형은 최대가능도추정법(maximum likelihood estimation)을 사용하는데, 그 방법을 사용하면 모든 모수들을 동시에 추정할 수 있다. 이것은 경로분석에서 사용되는 최소제곱법(OLS)과 대비된다. OLS 방법에서는 각 방정식을 따로 추정한다. 잔차가 정규분포한다면 최대가능도추정치는 OLS 추정치와 동일하다.

이제 측정모형과 구조모형으로 나누어 생각해 보기로 한다. 측정모형은 잠재적 내생변수와 그것을 측정하는 관측변수 간의 관계를 명시하는 식과 잠재적 외생변수와 그것을 측정하는 관측변수 간의 관계를 명시하는 식으로 서술될 수 있다. 내생변수와 외생변수의 공식은 다음과 같다.

$$\text{내생변수} \quad y = \Lambda_y \eta + \varepsilon$$
$$\text{외생변수} \quad x = \Lambda_x \xi + \delta$$

여기서 y는 종속변수 관측값의 $p\times1$ 벡터다. Λ_y는 회귀계수의 $p\times m$ 행렬이다. 즉, y가 관측되지 않은 종속변수 η에 대한 것이다. ε은 y의 측정오차의 $p\times1$ 벡터다. 마찬가지로 x는 독립변수 측정치의 $q\times1$ 벡터고, Λ_x는 x가 관측되지 않은 독립변수 ξ에 대한 회귀계수 $q\times n$ 행렬이며, δ는 x의 측정오차의 $q\times1$ 벡터다.

구조모형은 잠재적 외생변수와 잠재적 내생변수 간의 인과체계를 가리킨다. 잠재적 외생변수와 잠재적 내생변수 간의 구조식은 다음과 같이 표시된다.

$$\beta\eta = \Gamma\xi + \zeta$$

여기서, η는 잠재적 내생변수의 $m\times1$ 벡터고, ξ는 잠재적 외생변수의 $n\times1$ 벡터며, β는 내생변수가 내생변수에 미치는 영향의 회귀계수 $m\times m$ 행렬이다. Γ는 외생변수가 내생변수에 미치는 영향의 회귀계수 $m\times n$ 행렬이고, ζ는 잔차

표 16-1 | **관측변수들 간의 피어슨적률상관계수표** (N= 122)

변수	Y_1	Y_2	Y_3	X_1	X_2	X_3	X_4	X_5	평균	표준편차	문항수
Y_1	1.000								720.86	209.06	–
Y_2	.418	1.000							15.54	3.43	4
Y_3	.394	.627	1.000						18.46	2.81	4
X_1	.129	.202	.266	1.000					14.90	1.95	4
X_2	.189	.284	.208	.365	1.000				14.35	2.08	4
X_3	.544	.281	.324	.201	.161	1.000			19.57	2.16	3
X_4	.507	.225	.314	.172	.174	.546	1.000		24.16	2.06	3
X_5	.357	−.156	−.038	−.199	−.277	−.294	−.174	1.000	21.37	3.65	30

자료 : Bagozzi (1980 : 69).

의 $m \times 1$ 벡터다. ζ와 ξ는 서로 상관이 없고, β는 정칙행렬이다(Dillon and Goldstein, 1984, 제13장 참조. 또한 차종천, 1991에서 구조방정식모형에 관한 소개를 참조할 수 있다).

구조방정식모형분석을 위해서는 관측변수들 간의 상관행렬이나 공분산행렬표가 필요하다. 〈표 16-1〉은 관측변수들 간의 상관계수와 각 변수들의 평균 · 표준편차 · 변수구성에 사용된 문항수를 보여 준다.

구조방정식모형분석 결과는 〈표 16-2〉에 제시되어 있다. 전체 모형의 적합성을 검증하기 위하여 χ^2 통계치를 사용하는데, χ^2값은 자료가 모형에 적합함을 보여 주고 있다. 각 모수추정값의 표준오차를 살펴보면 t-검정이 보여 주는 바대로 β_1은 5% 수준에서 유의하지 않다. 반면에 β_2는 통계적으로 유의하다. 이로써 직무수행이 직무만족에 영향을 미치지만, 역으로 직무만족이 직무수행에 영향을 미치지는 않음을 알 수 있다.

표 16-2 | 상호인과모형의 최대가능도추정값

모수	추정값	표준오차	t
β_1	−0.258	0.487	0.530
β_2	0.308	0.146	2.110
γ_1	0.519	0.229	2.266
γ_2	0.959	0.277	3.462
γ_3	−0.179	0.102	1.755
χ^2	15.059		
df	13		
p	0.304		

주 : 설명을 간결하게 하기 위하여 λ, ψ, ϕ, θ 등의 추정값은 제시하지 않았다.

자료 : Bagozzi (1980 : 75).

| 제 17 장 |

다층모형분석

다층모형분석은 자료 내의 표본이 상위집단에 속해 있는 자료를 분석하는 통계 기법이다. 개인의 결과를 개인의 특성뿐 아니라 그 개인이 처해 있는 사회적 맥락(집단 또는 사회구조)까지 고려하여 설명한다는 점에서, 다층모형은 사회과학이론과 잘 부합한다. 다층모형분석은 분산분석 · 공분산분석 · 회귀분석 · 구조방정식모형분석의 연장선상에 있는 통계모형으로, 최근 들어 그 쓰임새가 크게 늘고 있다.

제 1 절 다층모형분석의 의미

사람은 태어나면서부터 여러 가지 사회집단에 소속된다. 연구자들은 지역사회 · 기업 · 군대 · 학교 · 가족 등 사회집단(social group) 또는 사회집합(social set) 속의 개인을 조사할 경우 층화표집 또는 집락표집을 종종 사용한다(제4장 참조). 그렇게 조사하여 수집한 자료, 즉 '어떤 개인'의 특성과 '그 개인이 소속된 집단'의 특성을 각각 측정한 변수들을 동시에 포함하고 있는 자료를 다층자료(multilevel data)라고 한다.

중회귀분석이나 공분산분석(analysis of covariance: ANCOVA) 등 기존 통계분석 기법은 개인 수준의 변수와 집단 수준의 변수를 구분하지 않는다. 개인 수준의 변수에서 집합적 속성을 추출하여 집단 단위로 분석하거나, 아니면 특정 집단의 속성을 그 성원들에게 동일한 값을 부여하여 개인 단위로 치환하여 분석한다. 그 경우 개인과 집단 수준의 변수 간의 관계는 일정하다는 통계학적 가정을 하게 되는데, 그것은 사회과학 이론과 종종 상치된다. 다층자료를 단층분석하는 경우, 거시적 현상의 분석 결과가 미시적 현상에 대한 설명력을 결여하는 '생태학적 오류', 또는 미시적 현상의 분석 결과가 거시적 현상을 설명하지 못하는 '개인주의적 오류'를 범할 가능성이 높아진다(제1장 참조).

다층자료와 관련된 기존 통계 방법의 문제점은 다섯 가지로 요약할 수 있다(Raudenbush and Bryk, 2002; 강상진, 2005: 15-23). ① 개인 수준이든, 집단 수준이든 관계없이, 자료의 구조를 무시한 채 회귀모형을 분석하는 것은 그 핵심 가정인 '관찰단위의 독립성'을 어기게 된다. 같은 집단에 소속된 개인들 사이에 강한 상관관계가 존재하는데도, 연구자가 개인들 사이의 상호독립성을 전제로 분석을 수행하면 표준오차가 실제보다 과소 추정되어 모형의 신뢰도가 손상을 입는다. 또 개인 수준의 변수들을 집단 수준에서 분석할 때, 연구자는 각 개인 수준 변수들의 값을 집단평균으로 만드는 집합화(aggregation) 과정을 거치는데, 그렇게 단층구조화 할 경우 변수의 의미가 달라지는 문제에 직면한다. ② 단층분석은 각 독립변수가 종속변수에 미치는 영향력의 크기'가 일정하다는 가정하에 표본자료를 통하여 그 양을 추정한다. 그렇지만 집단별로 개인 수준의 변수들만으로 회귀분석을 각각 실시할 경우 종종 그 값이 달리 나타난다. 그것은 집단별 종속변수에 미치는 영향력의 차이가 존재함을 뜻한다. ③ 집단과 개인 수준의 변수들이 모두 종속변수와 밀접한 관련을 갖는 경우 '공상관 요인'(confounding factors)이 집단과 개인의 양쪽 수준에서 존재한다. 그러한 변수들의 영향은 연구자의 통계모형에 포함되어 통제되어야 한다. ④ 다층자료에서는 제2수준 또는 그 이상의 변수와 그 아래 수준 변수 간 상호작용, 즉 '층간 상호작용'(cross-level interaction)이 존재하는 경우가 많다. 이를테면, 기업의 업종에 따라 근로자의 성별·연령·교육수준 구성이 다른 사례를 종종 확인할 수 있다. ⑤ 특정 집단에 속한 개인들은 다른 집단에 속한 개인들보다 더욱 유사할 수 있음을 인정하여, 개인 수준의 잔차(error term)와 집단 수준의 잔차를 각각

추정해야 하는 사례가 빈번하다. 분석단위가 개인과 집단인 경우, 개인과 집단 수준 각각에서 신뢰도를 측정하는 것이 바람직하다.

그러한 난점을 극복하기 위한 시도로, 미국 교육학자 로든부시(Stephen W. Raudenbush)와 브라익(Anthony S. Bryk), 롱포드(Nicholas T. Longford), 영국 통계학자 골드스틴(Harvey Goldstein) 등은 1990년대부터 개인과 집단 수준의 변수들을 한꺼번에 포함할 수 있는 통계분석모형을 개발하였다. 그것을 다층모형(多層模型, multilevel model)이라 한다. 다층모형은 다층분석(multilevel analysis), 위계선형모형(hierarchical linear model: HLM), 무작위계수모형(random coefficient model), 기울기예측모형(slope-as-outcome model), 개체성장곡선모형(individual growth curve model), 개체변화모형(individual change model) 등 학문 분야 또는 분석 내용에 따라 다양한 명칭으로 불린다.

제 2 절 모형 구성

다층모형분석은 서로 다른 분석수준에서 정의된 변수들을 하나의 통계모형으로 결합하여 분석하기 위해 고안되었다. 다층모형은 분석단위를 기준으로 제1수준(개인)과 제2수준(집단) 간의 분산(variance)을 구분하여 모형을 구성한 다음, 각 수준별 변수들이 종속변수를 설명하는 형태를 취한다. 다층자료에 다층모형분석을 적용하면, 개인과 집단 각각의 특성, 개인과 집단 간 상호작용을 파악하여, 그것들로 '개인의 결과 변수'를 설명할 수 있다.

1. 기본 가정

다층모형은 분산분석과 회귀분석에 토대를 두고 있으므로, 그 모형들과 유사한 다음 다섯 가지 기본 가정을 갖고 있다.

① 제1수준의 잔차들(residuals)은 상호독립적이고 그 평균은 0이며, 제2수준

분석단위 내의 제1수준의 모든 분석단위에 대한 분산(σ^2)을 중심으로 정규분포해야 한다.

② 제1수준 독립변수들은 제1수준의 잔차와는 관계가 없어야 한다. 즉, 통계적으로 독립이어야 한다.

③ 제2수준의 무작위오차(random error)는 평균이 0이고, 제2수준의 각 집단 내에서 산포도(분산-공분산 행렬)가 동일한 다변량 정규분포의 값을 가진다. 또한 그것은 제2수준의 분석단위와는 아무런 관계가 없어야 한다.

④ 제2수준의 독립변수들은 제2수준의 잔차들과 관계가 없어야 한다.

⑤ 제1수준의 잔차들과 제2수준의 잔차들은 서로 관계가 없어야 한다.

2. 모형구성과 효과분석

다층모형의 구성과 추정은 다음 세 단계에 걸쳐 이루어진다. 첫째, 측정수준별로 개별 방정식들을 만든다. 둘째, 개별 방정식들을 결합하여 하나의 통합 방정식을 만든다. 셋째, 통합 방정식을 이용하여 상위수준과 하위수준의 효과를 통계적으로 구분하여 해석한다.

다층모형에는 여러 가지 세부모형들이 있다. 그것을 살펴보기 전에, 가장 표준적인 단순2층모형(simple two-level model)을 살펴보기로 한다. 그 공식은 다음과 같다.

제1수준(개인) $Y_{ij} = \beta_{0j} + \beta_{1j} X_{ij} + r_{ij}$

제2수준(집단) $\beta_{0j} = \gamma_{00} + \gamma_{01} W_j + u_{0j}$

$\beta_{1j} = \gamma_{10} + \gamma_{11} W_j + u_{1j}$

제1수준 방정식에서, Y_{ij}는 j번째 집단의 i번째 개인의 행위로, 이 모형의 종속변수(결과변수)다. β_{0j}와 β_{1j}는 개인 수준 독립변수들의 효과를 표시하는 제1수준 계수들(level-1 coefficients)이다. 여기서, β_{0j}는 j번째 집단의 절편

(intercept)을 나타내고, β_{1j}는 'j번째 집단의 i번째 개인의 특성변수' X_{ij}의 회귀계수를 가리킨다.

제2수준 방정식에서 $\gamma_{00}, \gamma_{01}, \gamma_{10}, \gamma_{11}$은 제2수준 계수들(level-2 coefficients)로서 집단 수준의 독립변수들이 개인 수준 모형에서 얻은 회귀계수에 끼치는 영향력의 정도를 나타낸다. 여기서, γ_{00}와 γ_{10}는 제2수준 즉 집단의 모형이 갖는 절편을 가리키고, γ_{01}은 '집단 수준 독립변수' W_j의 효과를 나타내며, γ_{11}은 '개인 수준 독립변수와 집단 수준 독립변수의 층간 상호작용' (cross-level interaction) 효과를 의미한다.

제1수준에서의 독립변수는 X_{ij}, 제2수준에서의 독립변수는 W_j로 표기한다. X_{ij}는 j번째 집단의 i번째 개인의 특성변수, 즉 제1수준의 독립변수를 나타낸다. W_j는 제2수준의 독립변수, 즉 j번째 집단의 특성변수를 가리킨다.

r_{ij}는 제1수준의 무작위 효과(level-1 random effect)로서 개인 수준의 독립변수들에 의해 설명되지 않은 개인별 잔차, 즉 'j번째 집단의 i번째 개인의 무작위 오차' 를 의미한다. u_{0j}와 u_{1j}는 제2수준의 무작위효과(level-2 random effect)로서 집단 수준의 독립변수들이 설명하지 못한 각 집단별 잔차를 가리킨다.

제2수준을 제1수준의 식에 대입하면 다음과 같은 통합모형이 만들어진다.

$$Y_{ij} = \underbrace{\gamma_{00} + \gamma_{10} X_{ij} + \gamma_{01} W_j + \gamma_{11} X_{ij} W_j}_{\text{고정효과}} + \underbrace{u_{0j} + u_{1j} X_{ij} + r_{ij}}_{\text{부작위효과}}$$

통합모형에서 'j번째 집단의 i번째 개인의 행위' Y_{ij}는 그 '개인의 특성' X_{ij}뿐 아니라 'j번째 집단의 특성' W_j에 의하여 영향을 받는다. 그리고 제1수준의 계수들(β_{0j}와 β_{1j})을 직접 추정하는 것이 아니라, 제2수준의 계수들인 $\gamma_{00}, \gamma_{01}, \gamma_{10}, \gamma_{11}$을 통하여 추정한다.

통합모형은 고정효과(fixed effects)와 무작위효과(random effects)의 결합으로 이해할 수 있다. '고정효과' 가 있는 변수는 개인과 집단 수준 중 하나에 논리적으로 할당되는 것으로, 어느 하나의 수준에 속하는 변수는 다른 수준의 변수에 영향을 미치지 않는다. '부작위효과' 가 있는 변수는 수준의 선택이 상황에 따라 얼마든지 달라질 수 있는 것으로, 각 수준은 기술적 의미를 가지고 있지 않고 층간 영향을 미칠 수도 있다. 고정효과는 $\gamma_{as}=0$이라는 영가설을 t분포를 이용하여 검정하고, 무작위효과는 산포도(분산-공분산 행렬) $\tau_{qq}=0$이라는 영가설을 χ^2분포를 이용하여 검정한다.

3. 중심 맞추기

다층분석에서는 독립변수 X_{ij}와 W_j의 '중심 맞추기'(centering) 작업을 거친다. 중심 맞추기에는 네 가지 방법이 있는데, 각 개인의 값에서 기준점의 값 중 하나를 뺀 값을 사용하거나, 실제 값을 그대로 쓸 수도 있다. 기준점으로는 ① 총평균(grand mean) 또는 ② 집단평균(group mean)을 이용하거나, ③ 임의의 지점을 설정할 수 있다. 총평균을 이용할 경우, $(X_{ij}-X_{.j})$로 계산하는데, 그 경우 절편은 집단 j의 조정된 평균으로 이해된다. 집단평균을 이용할 경우에는 각 상위 집단의 평균에 따라 각각 하위수준의 관찰값을 조정하는 방식을 취하는데, 절편의 의미를 해석하기가 쉽지 않다. 그러므로 연구자들은 '집단별 중심 맞추기' 방식보다는 '총평균을 이용한 중심 맞추기' 방식을 주로 채택한다. '중심 맞추기'를 어떻게 하는가에 따라 다층모형의 추정과 해석이 달라지므로, 연구자는 자기 자료에 맞는 적절한 방법을 찾아야 한다.

4. 추 정

다층모형에서는 개인의 특성에 영향을 미치는 집단의 상대적 효과를, '분산요소'(variance component)를 분할하는 방법으로 추정한다. 즉, 주어진 표본의 자료를 기초로 측정변수의 신뢰도를 고려하여 모수가 될 수 있는 확률이 가장 높은 추정값을 계산하여 계수로 나타낸다. 다층모형에서 회귀계수는 개별 집단 j의 최소제곱법에 의한 회귀계수 추정치와 모든 집단의 추정치 평균의 가중치인데, 그 값을 경험적 베이즈 추정치(empirical Bayes estimates)라고 한다.[1] 가중치는 최소제곱법에 의한 회귀계수 추정치(λ)로 결정한다. 추정 방법으로는 잔차최대가능도법(restricted maximum likelihood estimation: REML)과 최대가능도법(maximum likelihood estimation: ML)이 널리 사용된다.[2] 잔차최대가능도법은 무작위효과의 분산추정을 계산하는 과정에서 회귀식의 추정에 따른 고정효과의 자유도 감소를 고려하는 반면, 최대가능도법에서는 그것을 고려하지 않음으로써 분산을 작게 추정하는 경향이 있다. 따라서 잔차최대가능도법이 최대가능도법보다 더욱 정확한 무작위효과의 분산 추정을 한다. 그렇지만 두 방법 모두 고정효과를 추정할 때에는 동일한 결과를 산출한다. 제2수준 집단의 수가 30개 이상일 경우에는, 두 방법 모두 분산의 편향을 무시해도 될 정도로 비슷한 값을 산출하기 때문에 최대가능도법을 사용해도 무방하다.

5. 종속변수

다층모형은 종속변수가 연속변수인 것을 전제로 한다. 그렇지만 종속변수가 이분변수 또는 다범주 이산변수인 경우에는 무작위계수로짓모형(random coefficient logit model)을 이용하여 다층자료를 분석할 수 있다. 여기에서는 종속변수가 연속변수인 것을 기준으로 설명하기로 한다.

제 3 절 세부모형

연구자는 단순2층모형을 분석할 경우에도, 대부분 '복합모형' 즉 서로 다른 절편과 기울기를 가진 여러 개의 직선들로 이루어진 모형을 고려한다. 그런데

1) 영국 수학자 베이즈(Thomas Bayes, 1702~1761)는 "어떤 사건의 확률을 사건의 발생에 대한 기댓값(expectation)의 계산과, 실제로 그것이 발생할 것으로 기대되는 가능성(chance) 간의 비율"로 정의하였다.

2) 가능도(likelihood)란 '가정한 모형이 참이라고 할 때 표본자료에서 그 증거가 나타날 확률'인데, 0부터 1 사이에 분포한다.

복합모형은 직관적으로 해석하기가 용이하지 않다. 우리는 일련의 단순모형의 특성을 파악한 후에야, 여러 통계량의 의미를 이해하여 복합모형에 대해서 비로소 해석할 수 있게 될 것이다. 다층모형은 무작위효과모형, 무작위절편모형, 무작위계수모형, 절편 · 기울기모형 등의 세부모형이 있다. 그 각각을 살펴보기로 한다.

그림 17-1 | 다층모형분석의 세부모형들

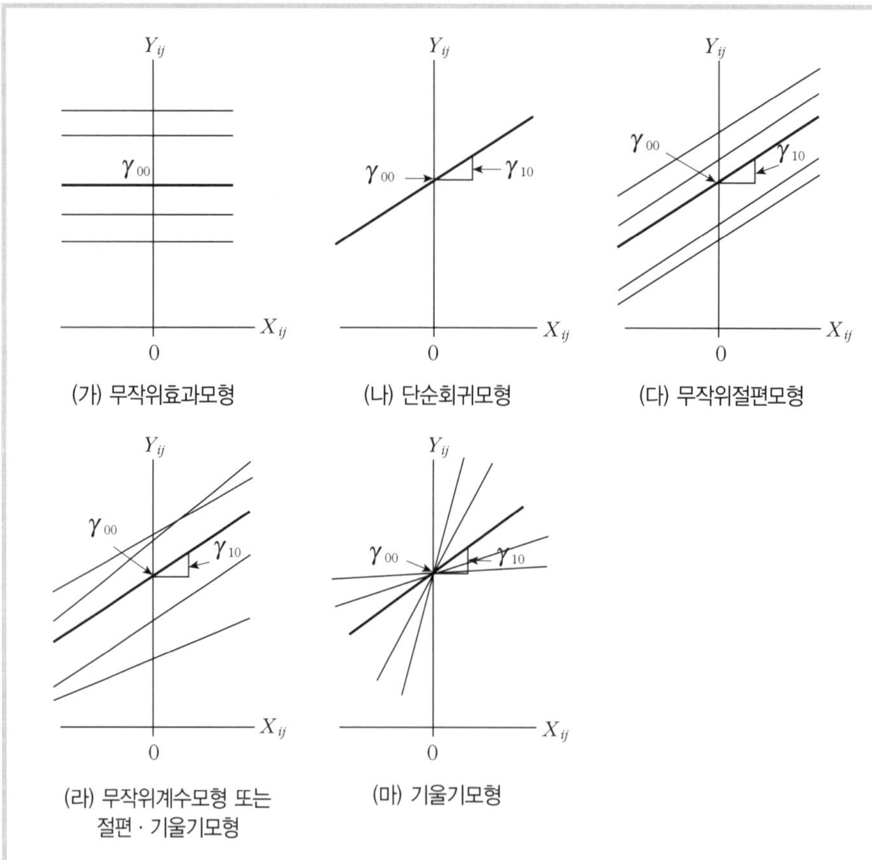

표 17-1 | 세부모형들의 공식

	제1수준	제2수준	통합
(가) 무작위효과모형	$Y_{ij} = \beta_{0j} + r_{ij}$	$\beta_{0j} = \gamma_{00} + u_{0j}$ $\beta_{1j} = 0$	$Y_{ij} = \gamma_{00} + u_{0j} + r_{ij}$
(나) 단순회귀모형	$Y_{ij} = \beta_{0j} + \beta_{1j} X_{ij} + r_{ij}$	$\beta_{0j} = \gamma_{00}$ $\beta_{1j} = \gamma_{10}$	$Y_{ij} = \gamma_{00} + \gamma_{10} X_{ij} + r_{ij}$
(다) 무작위절편모형	$Y_{ij} = \beta_{0j} + \beta_{1j} X_{ij} + r_{ij}$	$\beta_{0j} = \gamma_{00} + u_{0j}$ $\beta_{1j} = \gamma_{10}$	$Y_{ij} = \gamma_{00} + \gamma_{10} X_{ij} + u_{0j} + r_{ij}$
(라) 무작위계수모형	$Y_{ij} = \beta_{0j} + \beta_{1j} X_{ij} + r_{ij}$	$\beta_{0j} = \gamma_{00} + u_{0j}$ $\beta_{1j} = \gamma_{10} + u_{1j}$	$Y_{ij} = \gamma_{00} + \gamma_{10} X_{ij} + u_{0j}$ $+ u_{1j} X_{ij} + r_{ij}$
(마) 기울기모형	$Y_{ij} = \beta_{0j} + \beta_{1j} X_{ij} + r_{ij}$	$\beta_{0j} = \gamma_{00}$ $\beta_{1j} = \gamma_{10} + \gamma_{11} W_j$ $+ u_{1j}$	$Y_{ij} = \gamma_{00} + \gamma_{10} X_{ij} + \gamma_{11} X_{ij} W_j$ $+ u_{1j} X_{ij} + r_{ij}$
(바) 절편 · 기울기 모형	$Y_{ij} = \beta_{0j} + \beta_{1j} X_{ij} + r_{ij}$	$\beta_{0j} = \gamma_{00} + \gamma_{01} W_j + u_{0j}$ $\beta_{1j} = \gamma_{10} + \gamma_{11} W_j$ $+ u_{1j}$	$Y_{ij} = \gamma_{00} + \gamma_{10} X_{ij} + \gamma_{01} W_j$ $+ \gamma_{11} X_{ij} W_j + u_{0j}$ $+ u_{1j} X_{ij} + r_{ij}$

1. 무작위효과모형

무작위효과모형(one-way ANOVA with random effects, fully unconditional model)은 단순2층모형 공식의 두 수준에서 절편을 제외한 나머지 독립변수들의 계수, 즉 X_{ij}와 W_j의 모든 계수들을 0으로 가정하여 얻을 수 있는 모형이다.

제1수준 $Y_{ij} = \beta_{0j} + r_{ij}$

제2수준 $\beta_{0j} = \gamma_{00} + u_{0j}$

통합 $Y_{ij} = \gamma_{00} + u_{0j} + r_{ij}$

이 모형은 분산분석 모형과 동일한 공식을 가지고, 제1수준과 제2수준 어디에서도 독립변수가 존재하지 않는다. 제1수준에서 계수 β_{1j}는 0으로 고정되고,

제2수준에서의 계수 γ_{01} 역시 마찬가지로 0으로 고정된다. 통합모형에서, γ_{00}는 Y_{ij}의 총평균(grand mean)을 의미하는 상수항이고, u_{0j}는 제2수준의 효과(level-2 effect)를 나타내며, r_{ij}는 제1수준의 효과(level-1 effect)를 가리킨다. 상수항만을 독립변수로 설정한 뒤 회귀분석을 실시한 경우의 계수와 동일하게 γ_{00}는 상수항의 특정 값으로 고정되어 버린다. 그러한 의미에서 모든 회귀분석의 계수는 각 독립변수에 대한 고정효과로 해석할 수 있다.

그런데 u_{0j}는 제2수준에 존재하는 집단 간 차이를 분산 형태로 가지고 있는데, 그 분산은 고정효과가 결정되어지면, 그로부터 상대적 거리가 만들어진다는 점에서 무작위적이라 할 수 있다. 또한 제1수준의 무작위효과는 r_{ij}를 통해 파악할 수 있다. 따라서 무작위효과모형을 기반으로 관련 독립변수들이 추가 투입될 경우, 그 고정효과가 당연히 u_{0j}와 r_{ij}의 분산을 줄이는 결과를 가져오게 되므로, 그 둘의 분산은 독립변수들의 설명 효과가 어느 정도인지를 파악할 수 있도록 하는 중요한 기준이 된다. 이 두 분산의 관계를 통해서 투입된 독립변수들의 효과가 제1수준과 제2수준의 분산 중 어디에 더 큰 영향을 미쳤는지 알려주는 중요한 정보를 제공한다. 그 지표를 '집단 내 상관관계' (intra-class correlation: ICC)라 하고, ρ(로오 rho)로 표시한다. ICC의 계산식은 다음과 같다.

$$\rho = \frac{\sigma_{u_0}^2}{\sigma_{u_0}^2 + \sigma_r^2} = \frac{\tau}{\tau + \sigma^2}$$

ICC는 '같은 상위 단위에 속하는 하위 단위들 간의 유사성 정도' 를 의미하는데, '총분산 중 제2수준 분산($\sigma_{u_0}^2$ 또는 τ)의 비율' 로 정의한다. 그것은 동일한 집단 내 개인들의 상관자료의 의존성 정도를 나타낸다. 즉, '제2수준 변수의 특성에서 비롯된 분산의 비율' 은 ρ, '제1수준 변수의 특성에 기여하는 분산(σ_r^2 또는 σ^2)의 비율' 은 $1-\rho$로 파악할 수 있다.

제2수준의 오차항 u_{0j}가 '무작위' 로 존재하는 모형에서는 u_{0j}가 서로 독립이고 동일한 분포를 유지하면서 다른 변수들과 상관없이 독립적으로 분포한다. 그 전제는 집단효과가 고정적으로 존재하는 것이 아니라는 점이다. 즉, 집단효과는 이미 설명되지 않은 효과로서, 집단의 잔차(residual)라고 할 수 있다. 그것은 어떤 집단에 속한 개인이 그 집단을 바꿀 수 있는 경우, 그 집단이 개인과 독립적으로 존재함을 가리킨다. 무작위효과모형은 [그림 17-1]의 (가)와 같은 형태를 가진다. 이 그림에서 굵은 실선은 전체의 평균적 회귀선을 의미하고, 가는 실선은 각 집단의 특성이 반영된 회귀선을 가리킨다. 무작위효과모형에서는 집단을 설명하는 또 다른 독립변수들을 추가할 수 있으며, 그럼에도 불구하고 여전히 존재하는 분산은 집단들 간의 설명되지 않은 효과로 이해할 수 있다.[3] 무작위효과모형은 고정효과를 측정하기 위한 기준이 되는 비제약모형(unconditional model)으로서 중요한 의미를 가진다. 그것을 공모형(空模型, empty model) 또는 기초모형(base model)이라고도 한다. 무작위효과모형을 통하여 자료 분석의 기초 정보를 구할 수 있고, 다음 단계 분석의 바탕이 되기 때문이다.

2. 무작위절편모형

무작위절편모형(random intercept regression model with fixed slope)은 무작위효과모형에 미시 또는 거시 수준의 독립변수를 추가한 것이다. 그것은 '공분산 무작위효과모형' (one-way ANCOVA with random effects model)이라고도 한다. 무작위효과모형에 개인 수준의 독립변수 X_{ij}를 추가로 투입하는 경우에는 다음과 같은 공식으로 나타낼 수 있다.

3) '제2수준의 분산을 보여 주는 오차항 u_{0j}가 고정되는 모형' (one-way ANOVA with fixed effects)도 생각해 볼 수 있다. 어떤 개인이 특정 성 · 인종 등의 집단 중 한 범주에 소속되면 다른 범주에 무작위적으로 소속할 여지가 사라진다. 그 경우 u_{0j}는 개인 수준과 관계없이 다른 집단과의 차이가 이미 확정적으로 존재함을 의미한다. 그것은 $\sum_j u_{0j}$라는 세한을 부여하고, $j-1$개의 가변수를 통해 집단 간 차이를 밝히는 것과 동일하다. 그것이 바로 분산분석이다.

$$\text{제1수준} \quad Y_{ij} = \beta_{0j} + \beta_{1j} X_{ij} + r_{ij}$$
$$\text{제2수준} \quad \beta_{0j} = \gamma_{00} + u_{0j}$$
$$\beta_{1j} = \gamma_{10}$$
$$\text{통합} \quad Y_{ij} = \gamma_{00} + \gamma_{10} X_{ij} + u_{0j} + r_{ij}$$

무작위절편모형은 개인 특성변수의 계수는 동일하고 상위 수준에 따라 선형 그래프상의 절편이 다르다고 가정하는 모형으로, [그림 17-1]의 (다)와 같은 형태를 띤다. 이 그림에서 굵은 실선은 전체의 평균적 회귀선을 나타내고, 가는 실선은 각 집단의 특성이 반영된 회귀선을 표시한다. 독립변수에 대한 각각의 기울기가 동일한, 여러 개의 회귀선들로 나타난다. 무작위절편모형은 계산상의 편의성 때문에 많은 연구자들이 널리 사용하고 있다.

한편, 앞의 공식에서 제2수준의 오차항 u_{0j}가 0인 경우를 생각해 볼 수 있는데, 그것은 다음과 같은 공식으로 나타낼 수 있다.

$$\text{제1수준} \quad Y_{ij} = \beta_{0j} + \beta_{1j} X_{ij} + r_{ij}$$
$$\text{제2수준} \quad \beta_{0j} = \gamma_{00}$$
$$\beta_{1j} = \gamma_{10}$$
$$\text{통합} \quad Y_{ij} = \gamma_{00} + \gamma_{10} X_{ij} + r_{ij}$$

이것은 [그림 17-1]의 (나)에 제시한 '고정 절편, 고정 기울기를 가진 단순회귀모형' (simple linear regression model with fixed intercept and fixed slope)이다. 즉, 제2수준의 오차항 u_{0j}가 '무작위'로 존재하는 경우에는 '무작위절편모형'이 구성되고, '고정적'으로 존재하는 경우에는 단순회귀모형이 만들어짐을 확인할 수 있다.

한편, 무작위효과모형을 확장하여 상수항 이외에 거시 수준의 독립변수 W_j를 추가한 모형을 생각해 볼 수 있다. 그것을 공식으로 표현하면 다음과 같다.

$$\text{제1수준} \quad Y_{ij} = \beta_{0j} + r_{ij}$$
$$\text{제2수준} \quad \beta_{0j} = \gamma_{00} + \gamma_{01} W_j + u_{0j}$$
$$\text{통합} \quad Y_{ij} = \gamma_{00} + \gamma_{01} W_j + u_{0j} + r_{ij}$$

제1수준은 무작위효과모형과 동일하나, 제2수준의 독립변수 W_j가 무작위절편의 한 형태가 된다. 그것을 '종속변수로서의 절편 모형'(intercepts-as-outcomes regression model) 또는 '종속변수로서의 평균 모형'(means-as-outcomes regression model)이라고 한다. 제2수준의 독립변수 W_j의 회귀계수 γ_{01}은 고정효과를 가지면서 집단 간 설명되지 못한 차이를 직접적으로 설명하는 효과를 가진다. 제2수준의 오차항 u_{0j}의 분산이 유의미한 경우, 주어진 집단 수준의 독립변수로써 설명하지 못하는 집단 간 효과들이 존재하고 있음을 뜻한다.

3. 무작위계수모형

무작위계수모형(random-coefficients regression model)은 제1수준 변수의 계수들도 제2수준 즉 소속 집단에 따라 다르다고 가정하는 모형이다. 가장 간단한 모형은 무작위절편모형에 제2수준의 무작위효과(level-2 random effect) u_{1j}가 추가된 것이다. 그것을 공식으로 표현하면 다음과 같다.

$$\text{제1수준} \quad Y_{ij} = \beta_{0j} + \beta_{1j} X_{ij} + r_{ij}$$
$$\text{제2수준} \quad \beta_{0j} = \gamma_{00} + u_{0j}$$
$$\beta_{1j} = \gamma_{10} + u_{1j}$$
$$\text{통합} \quad Y_{ij} = \gamma_{00} + \gamma_{10} X_{ij} + u_{0j} + u_{1j} X_{ij} + r_{ij}$$

이것은 [그림 17-1]의 (라)에 제시한 '무작위 절편, 무작위 기울기를 가진 여러 개의 회귀선'으로 나타낼 수 있다. 통합모형에서 u_{1j}는 X_{ij}의 회귀계수(기울기)로 표시되는데, 개인 X_{ij}가 속한 집단 j의 특성에 따라 제각각의 값을 갖는다. γ_{10}는 소속 집단에 무관하게 모든 개인이 공통의 값을 갖지만, u_{1j}는 개인의 소속 집단에 따라 다른 값을 가지므로, 집단별로 계수가 달라지는 것이다. 집단들 사이에 체계적 차이가 있고, 그 차이가 개인 X_{ij}의 속성에 따른 기울기의 차이로 나타난다.

4. 절편 · 기울기모형

그렇지만 무작위계수모형은 각 집단의 특성에 따라 그 집단 내에서 개인의 특성이 종속변수를 설명하는 회귀계수(기울기)와 절편이 체계적으로 달라질 수 있음을 설명하지는 못한다. 즉, 다층모형의 마지막 단계는 집단 간의 상이한 특성이 각 집단 내 개인의 결과 변수에 어떤 영향을 미치는지를 추정하는 것이다. 그렇게 하기 위해서는 제2수준에서의 독립변수 W_j를 도입하고, 'W_j의 효과를 나타내는 회귀계수' γ_{01}과 '개인 수준 독립변수와 집단 수준 독립변수의 층간 상호작용 효과를 나타내는 회귀계수' γ_{11}을 공식에 도입해야 한다. 그것이 바로 '절편과 기울기를 종속변수로 하는 회귀모형'(intercepts- and slopes-as-outcomes regression model)이다.[4] 그 공식은 표준적 단순2층모형의 공식과 같다.

제1수준 $Y_{ij} = \beta_{0j} + \beta_{1j} X_{ij} + r_{ij}$

제2수준 $\beta_{0j} = \gamma_{00} + \gamma_{01} W_j + u_{0j}$

$\beta_{1j} = \gamma_{10} + \gamma_{11} W_j + u_{1j}$

통합 $Y_{ij} = \gamma_{00} + \gamma_{10} X_{ij} + \gamma_{01} W_j + \gamma_{11} X_{ij} W_j + u_{0j} + u_{1j} X_{ij} + r_{ij}$

한편, 절편 · 기울기모형을 수정한 모형들도 생각해 보기로 한다. 집단별 회귀식의 절편은 동일하고 기울기만 다른 형태, 즉 '기울기를 종속변수로 하는 회귀모형'(slopes as outcomes regression model with fixed intercepts)을 생각해

4) 절편 · 기울기모형은 무작위계수모형과 그래프의 형태가 동일하다.

볼 수 있다. 앞의 공식에서 'W_j의 효과를 나타내는 회귀계수' $\gamma_{01}=0$이고, 제2수준의 무작위효과 $u_{0j}=0$이라고 가정하면, 절편은 동일하고 기울기만 다른 모형이 만들어진다. 그 공식은 다음과 같다.

제1수준 $Y_{ij}=\beta_{0j}+\beta_{1j}X_{ij}+r_{ij}$

제2수준 $\beta_{0j}=\gamma_{00}$

$\beta_{1j}=\gamma_{10}+\gamma_{11}W_j+u_{1j}$

통합 $Y_{ij}=\gamma_{00}+\gamma_{10}X_{ij}+\gamma_{11}X_{ij}W_j+u_{1j}X_{ij}+r_{ij}$

이것을 그래프로 표현하면 [그림 17-1]의 (마)와 같은 형태가 된다.

제 4 절 기타 다층모형분석의 종류

다층모형은 가장 표준적인 단순2층모형뿐 아니라 성장모형, 3층모형 등 여러 종류가 있다. 다층모형분석은 단순2층모형과 3층모형 등 개인이 집단에, 그 집단이 더 상위집단에 위계적으로 소속되어 있는 모형을 설정하기도 하고,[5] 시간의 흐름에 따른 다층자료의 변화 양상을 모형으로 구성하기도 한다. 그 각각을 배태모형(embedded model)과 성장모형(growth model)이라고도 한다. 여기서는 2층성장모형과 3층배태모형을 간략하게 살펴보기로 한다.

1. 성장모형

성장모형은 패널자료(panel data)나 반복측정자료(repeated measures data)를 분석할 때 사용하는 것으로, 시간을 질적 변수가 아니라 양적 변수로 다룬다.

5) 네덜란드 사회학자 홉스테드(Hofstede, 1995)는 꽃-꽃다발-화원(flowers, bouquets and gardens)으로 이어지는 3층모형을 예로 들었다.

시간에 따른 관찰값의 변화를 초깃값(절편), 변화율(선형변화), 가속율(2차변화) 등 시간의 다항함수로 표현한다. 공식의 기본 개념은 단순2층모형과 같지만, 제1수준을 시간, 제2수준을 개인으로 표시한다는 점에서 구별된다. 그 공식은 다음과 같다.

제1수준(시간) $$Y_{ti} = \pi_{0i} + \pi_{1i} a_{ti} + e_{ti}$$

제2수준(개인) $$\pi_{0i} = \beta_{00} + \sum_{q=1}^{Q_0} \beta_{0q} X_{qi} + r_{0i}$$

$$\pi_{1i} = \beta_{10} + \sum_{q=1}^{Q_1} \beta_{1q} X_{qi} + r_{1i}$$

여기서, Y_{ti}는 개인 i의 t시점에서의 관찰값이다. π_{0i}는 개인 i의 관찰시점 이전의 최촛값이고, π_{1i}는 관찰시점의 변화를 거치면서 개인 i가 가지는 변화성장률(growth rate)을 나타낸다. e_{ti}는 오차로, 다른 변수들과 통계적으로 독립이고, 그 평균은 0이며, 각 개인의 특정 시점에 대한 분산을 중심으로 정규분포한다. β_{pq}는 X_q가 p번째 성장계수에 미치는 효과를 의미한다.

성장모형에서도 성장곡선(또는 변화의 궤적)에 따른 개인 차이를 여러 가지 세부유형으로 모형화할 수 있고, 그 경우 다항함수의 각 항을 고정효과와 무작위효과로 설정한다. 또 시간 변수를 '중심 맞추기' 할 때 해석이 용이한 적절한 방법을 선택하는 것이 중요하다.

2. 3층모형

3층모형은 제1수준에 개인, 제2수준에 상위집단, 제3수준에 최상위집단의 독립변수들을 배치하여 구성할 수도 있고, 제1수준에 시간의 흐름에 따른 관찰, 제2수준에 개인 수준 독립변수들, 제3수준에 집단의 독립변수들을 포함하는 모형을 구성할 수도 있다. 여기에서는 전자를 살펴보기로 한다. 그 공식은 다음과 같다.

$$\text{제1수준(개인)} \quad Y_{ijk} = \pi_{0jk} + \pi_{1jk} a_{1ijk} + \pi_{2jk} a_{2ijk} + \cdots + \pi_{pjk} a_{pijk} + e_{ijk}$$

$$\text{제2수준(상위집단)} \quad \pi_{pjk} = \beta_{p0k} + \sum_{q=1}^{Q_p} \beta_{pqk} X_{qjk} + r_{pjk}$$

$$\text{제3층(최상위집단)} \quad \beta_{pqk} = \gamma_{pq0} + \sum_{s=1}^{S_{pq}} \gamma_{pqs} W_{sk} + u_{pqk}$$

여기서 Y_{ijk}는 최상위집단 k 내의 상위집단 j에 속한 개인 i의 결과변수를 표시한다. π_{0jk}는 최상위집단 k 내의 상위집단 j의 절편을 가리키고, a_{pijk}는 결과변수를 예측하는 개인의 특성변수를 나타낸다. π_{pjk}는 개인의 특성변수인 a_p와 상위집단과의 관계의 정도를 나타내는 제1수준의 계수고, e_{ijk}는 최상위집단 k 내의 상위집단 j에 속한 개인 i의 무작위효과를 의미한다.

제2수준에서 β_{p0k}는 π_{pjk}의 최상위집단 k의 절편을 가리키고, X_{qjk}는 상위집단 j에 관련된 독립변수들이며, β_{pqk}는 상위집단 j의 독립변수들과 π_{pjk}의 관계의 정도를 표시하는 계수고, r_{pjk}는 상위집단 j의 무작위효과를 나타낸다.

제3수준에서 γ_{pq0}는 β_{pqk}의 최상위집단 k의 절편을 가리키고, W_{sk}는 β_{pqk}를 예측하는 최상위집단 k에 관련된 독립변수들이며, γ_{pqs}는 W_{sk}와 β_{pqk}의 관계의 정도를 표시하는 제3수준의 계수들이고, u_{pqk}는 최상위집단 k의 무작위효과를 의미한다.

제 5 절 다층모형분석의 예

이제 다층모형을 사용하여 분석한 논문을 살펴보기로 한다. 조혜선(2002)은 1996년 '경제활동인구조사'와 '동아시아 사람들의 직장생활 조사' 자료를 결합하여 다층자료를 만들었다. 그는 '경제활동인구조사' 자료에서 성(남성 기준), 학력(중졸 기준), 근속(연 단위), 결혼(미혼 기준), 기업규모(300인 미만 중소기업 기준), 직급(계장 이하 사무직 · 생산직 기준) 등 직종 내 개인 변수를 확보하였고, '동아시아 사람들의 직장생활 조사' 자료에서 식업 내 숙련수준(업무를 수행하는 데 경력이 필요한 정도), 직무학습(새로운 것을 배우게 하는 정도), 유연근무(근무시간의 유동성), 유해환경(작업환경이 건강에 해로운 정도), 여성비율(직업 내 여성의 비율) 등 직업(집단) 특성을 나타내는 변수의 특성을 파악하였다.

1. 무작위효과모형

제1수준 공식에서, Y_{ij}는 '직업 j를 가진 근로자들의 로그 시간당 임금' 이고, β_{0j}는 '직업들의 평균임금' 이며, r_{ij}는 '근로자들의 개인적 특성에 따른 차이' 를 나타낸다. 제2수준 공식에서, '직업들의 평균임금' (β_{0j})은 '전체 모집단의 평균임금' (γ_{00})과 '직업 j와 관련된 무작위효과' (u_{0j})의 함수로 표현된다. 그것을 결합하면 Y_{ij}는 γ_{00}와 u_{0j} 및 r_{ij}의 함수로 나타난다.

제1수준 $\quad Y_{ij} = \beta_{0j} + r_{ij}$

제2수준 $\quad \beta_{0j} = \gamma_{00} + u_{0j}$

통합 $\quad Y_{ij} = \gamma_{00} + u_{0j} + r_{ij}$

그는 무작위효과모형 분석 결과를 통해서, 근로자들이 받는 임금에서의 차이들이 직업에 따라 달리 나타나는 비율을, 개인 수준의 분산(r_{ij})과 직업 수준의 분산(u_{0j})의 크기를 비교하는 '집단 내 상관관계' 를 통해 제시하고 있다.

$$\rho = \frac{\tau}{\tau + \sigma^2} = \frac{.10763}{.10763 + .13099^2} = .4511$$

'집단 내 상관관계' 는 직업들 간에 나타나는 임금에서의 분산비율을 의미한다. 직업들 간에 총임금분산의 45.11%가 나타나고 있다. 개인들의 임금수준 차이의 상당 부분이 직업들 간의 임금수준 차이에서 나타나고 있으므로, 우리는 제2수준(직업)을 고려하는 다층분석에 의해 임금수준을 설명하는 것이 유의미한 분석방법이라는 판단을 내릴 수 있다.

2. 무작위계수모형

무작위계수모형은 직업들 간에 나타나는 차이가 개인적 속성들에 따른 기울기의 차이로 나타난다고 가정하고 직업에 대한 분석을 시도하는 모형이다. 연구자가 구성한 모형의 공식은 다음과 같다.

제1수준

$$Y_{ij} = \beta_{0j} + \beta_{1j}(\text{고졸}) + \beta_{2j}(\text{대졸}) + \beta_{3j}(\text{근속}) + \beta_{4j}(\text{기혼}) + \beta_{5j}(\text{대기업}) + \beta_{6j}(\text{관리직}) + r_{ij}$$

제2수준

$$\beta_{0j} = \gamma_{00} + u_{0j},\ \beta_{1j} = \gamma_{10} + u_{1j},\ \beta_{2j} = \gamma_{20} + u_{2j},\ \beta_{3j} = \gamma_{30},\ \beta_{4j} = \gamma_{40},\ \beta_{5j} = \gamma_{50} + u_{5j},\ \beta_{6j} = \gamma_{60} + u_{6j}$$

제1수준 공식에서, Y_{ij}는 '직업 j를 가진 근로자들의 로그 시간당 임금'이고, β_{ij}는 '제1수준 독립변수들의 회귀계수들'이며, r_{ij}는 '근로자 개인 수준의 잔여 임금 분산'을 나타낸다. 제2수준에서 근속(β_{3j})과 기혼(β_{4j})은 고정효과(γ_{i0})만 갖는 것으로 간주하였고, 나머지 변수들은 고정효과(γ_{i0})와 무작위효과(u_{ij})를 모두 갖는 것으로 파악하였다. 그렇게 구성한 무작위계수모형의 분석 결과는 〈표 17-2〉에 제시되어 있다.

〈표 17-2〉는 직업들 간의 변동(variation)에서는 체계적인 변동을 상정하지 않는 무작위계수모형에 따라 분석한 결과를 보고하고 있다. 일반적 다변량분석에서와 마찬가지로 다층분석에서 회귀계수의 값들은 다른 독립변수들의 효과들을 통제하였을 때 각각의 변수들이 추정하는 순수한 효과를 나타낸다. 절편(β_{0j})은 모든 독립변수들의 값이 0일 때 추정된 값이므로 중소기업에 다니며 계장 이하의 낮은 직급에 속한 중졸 · 미혼의 근로자들의 직업별 로그 시간당 임금을 의미하는데, 그들의 직업 평균 임금수준(γ_{00})은 8.05다. 또 학력에 따른 임금의 차이는 중졸 집단을 기준으로 하여 추정하였는데, 모든 집단에 대하여

표 17-2 | 직업이 임금수준에 미치는 영향에 관한 다층분석 : 무작위계수모형

제1수준 독립변수	회귀계수
절편(γ_{00})	8.054**
고졸(γ_{10})	.102**
대졸(γ_{20})	.281**
근속(γ_{30})	.026**
기혼(γ_{40})	.174**
대기업(γ_{50})	.034**
관리직(γ_{60})	.232**

주: ** < .01

유의미하게 나타나고 있다. 직업평균 고졸학력 집단의 임금 차이는 .102고, 직업평균 대졸학력으로 인한 차이는 .281이다. 또 기혼자가 독신자보다 17.4% 정도 직업평균임금을 더 받고 있다. 조직 변수들의 효과도 유의미하게 나타났는데, 종업원 수 300인 이상의 대기업에 다니는 사람들이 직업평균임금을 3.4% 더 받고, 과장 이상의 직급을 가진 사람들이 직업평균임금을 23.2% 더 받는다. 분석에 사용된 모든 변수들은 그 효과가 99% 유의수준에서 통계적으로 유의미하다.

표 17-3 | 다층분석에 의해 설명된 분산의 비율 : 무작위계수모형

제1수준 독립변수	분산	자유도	χ^2	p값
절편	.0756	47	3,639.61	.00
고졸	.0106	47	353.33	.00
대졸	.0384	47	227.01	.00
대기업	.0071	47	360.25	.00
관리직	.0145	47	239.46	.00
개인변수(r_{ij})	.0816			

〈표 17-3〉에서 개인 수준과 직업 수준에서의 무작위효과의 분산을 살펴보면, 개인적 특성들과 조직 변수들을 고려하여 설명한 후에도 설명되지 않은 개인 수준의 분산(σ^2)은 .0816이다. 그것을 무작위효과모형에 나타난 직업 수준

의 분산(σ^2= .13099)과 비교해 보면, 개인 수준의 변수들을 모형에 포함함으로써 설명력이 37.70% 증가했음을 알 수 있다.

$$\frac{.13099 - .0816}{.13099} = .377052$$

직업이 로그 시간당 임금에 미치는 영향력에 대한 카이제곱(χ^2) 값이 충분히 크므로, 직업들 간에 차이가 존재하지 않는다는 영가설을 기각할 수 있다.

3. 절편 · 기울기모형

무작위계수모형의 분석 결과는 각 개별 근로자 수준의 특성들이 임금수준에 대해 유의미한 효과를 지님을 보여 준다. 그러나 그 모형은 각 직업의 특성이 직업 내에서 개별 근로자의 특성을 임금으로 연결시키는 임금결정 메커니즘에 영향을 미칠 수도 있는 가능성은 보여 주지 못한다. 그래서 각 직업의 특성이 직업 내 임금을 결정하는 계수(기울기)를 체계적으로 변화시킬 가능성을 검토하였다. 연구자는 "왜 어떤 직업은 평균적으로 임금이 더 높으며 개인적 특성이 직업에 따라 다른 효과를 가지는가?"라는 질문을 던진다. 그 해답을 찾기 위해서, 직업 간의 상이한 특성이 각 직업 내 임금의 분포에 어떤 영향을 미치는지를 확인하였다. 즉, 〈표 17-2〉에 제시한 추정 회귀계수들(1개의 절편과 6개의 기울기)을 종속변수로 사용하여 그것이 직업의 특성에 의해 체계적으로 설명되는지 여부를 검토하였다. 그 작업을 위하여 연구자는 다음과 같은 모형을 구성하였다.

제1수준

$$Y_{ij} = \beta_{0j} + \beta_{1j}(\text{고졸}) + \beta_{2j}(\text{대졸}) + \beta_{3j}(\text{근속}) + \beta_{4j}(\text{기혼})$$
$$+ \beta_{5j}(\text{대기업}) + \beta_{6j}(\text{관리직}) + r_{ij}$$

제2수준

$\beta_{0j} = \gamma_{00} + \gamma_{01}$(숙련수준)$+ \gamma_{02}$(직무학습)$+ \gamma_{04}$(유해환경)$+ \gamma_{05}$(여성비율)$+ u_{0j}$

$\beta_{1j} = \gamma_{10} + \gamma_{11}$(숙련수준)$+ \gamma_{12}$(직무학습)$+ \gamma_{13}$(유연근무)$+ \gamma_{15}$(여성비율)$+ u_{1j}$

$\beta_{2j} = \gamma_{20} + \gamma_{21}$(숙련수준)$+ \gamma_{22}$(직무학습)$+ \gamma_{23}$(유연근무)$+ \gamma_{24}$(유해환경)

$+ \gamma_{25}$ (여성비율)$+ u_{2j}$

$\beta_{3j} = \gamma_{30}$

$\beta_{4j} = \gamma_{40}$

$\beta_{5j} = \gamma_{50} + u_{5j}$

$\beta_{6j} = \gamma_{60} + u_{6j}$

〈표 17-4〉는 절편 · 기울기모형의 분석 결과를 정리한 것이다.

첫째, 직업별 절편(β_{0j})은 중소기업에 다니며 계장 이하의 낮은 직급을 가지고 있는 중졸 미혼 근로자의 직업별 임금수준을 의미하는데, 직업 특성들은 그들의 임금에 유의미하게 다른 영향을 미치고 있다. 다양한 직업 특성들을 통제하였을 때 숙련수준이 높거나 직무학습이 많이 필요한 직업일수록 직업별 임금수준이 높다. 또 직업의 여성비율은 임금수준에 부정적 영향력을 가지고 있어서 여성비율이 높을수록 임금수준이 낮다.

둘째, 교육수준이라는 개인 특성이 직업 특성에 따라 체계적으로 다른 영향을 받고 있음을 알 수 있다. 중졸집단을 기준으로 하여 비교해 볼 때, 고졸집단이 가지는 수익률에서의 우위는 몇 가지 직업 특성들로 유의미하게 설명되고 있다. 고졸집단은 중졸집단에 비해 평균적으로 37.7% 정도 높은 임금을 받고 있다. 고졸집단에서 직무학습은 중졸집단의 경우와 달리 부정적인 효과를 나타내고 있다. 그러한 결과는 직무학습이라는 의미가 집단에 따라 상반된 의미를 가질 수 있기 때문으로 해석된다. 직무학습이라는 직업 특성은 자신의 업무에서 새로운 일을 배우는 정도로 측정하였는데, 기술 정도가 높은 업무에서는 전문 영역으로 특화되어 새로운 일을 배우는 정도가 오히려 낮을 수 있지만, 단순한 업무에서는 업무가 특화되지 않고 순환되어 기능적 유연성이 높은 근로자가 보다 높이 평가될 수 있다. 직무학습이 많이 요구되는 중졸에 해당하는 근로자

표 17-4 | 직업이 임금수준에 미치는 영향에 관한 다층분석 : 절편 · 기울기모형

변수	회귀계수
절편(β_{0j})	
절편(γ_{00})	.753**
숙련수준(γ_{01})	.123*
직무학습(γ_{02})	.164*
유해환경(γ_{04})	.026
여성비율(γ_{05})	−.450**
고졸(β_{1j})	
절편(γ_{10})	.377**
숙련수준(γ_{11})	−.034
직무학습(γ_{12})	−.087*
유연근무(γ_{13})	−.029
여성비율(γ_{15})	.175**
대졸(β_{2j})	
절편(γ_{20})	.298
숙련수준(γ_{21})	−.105
직무학습(γ_{22})	−.069
유연근무(γ_{23})	−.034
유해환경(γ_{24})	.102
여성비율(γ_{25})	.293**
근속† (β_{3j})	.026**
기혼† (β_{4j})	.174**
대기업(β_{5j})	.032**
관리직(β_{6j})	.220**

주 : * $p < .05$, ** < .01
† 고정효과로 간주함.

들에게는 16.4% 정도 높은 임금을 받는 효과를 보이지만, 고졸 학력에 따른 차이에는 직무학습이 한 단위 높아짐에 따라 8.7% 낮은 임금을 받는 부정적 효과를 나타낸다(대졸 근로자의 경우도 통계적으로 유의하지는 않지만 부정적 효과가 나타난다). 또한 여성비율이 한 단위 높아짐에 따라 고졸 학력에 따른 차이가 17.5% 늘어난다.

대졸 이상의 학력을 가진 집단은 중졸 이상 집단보다 높은 임금수준을 기록

하고 있다. 그렇지만 다층분석의 결과 직업의 특성에 의해 그 차이를 체계적으로 설명할 수는 없고, 단지 여성비율이 한 단위 높아짐에 따라 29.3%만큼 대졸로 인한 임금수준의 차이가 상승하는 것으로 나타났다.

흥미로운 결과는 직업 내 여성비율이 근로자들의 인적 자본에 따른 차이를 다르게 하는 효과를 가지고 있다는 사실이다. 학력이 높을수록 전문 직업을 더 많이 갖게 되므로, 절편에 대한 영향력에서 나타난 여성비율의 부정적 효과가 일정 정도 상쇄되고 있다.

셋째, 결혼에 따른 차이와 근속기간의 수익률은 직업 간 변동을 가정하지 않고 고정효과를 갖는 것으로 처리하였으므로, 무작위계수모형과 동일한 결과를 보인다.

넷째, 조직 관련 변수들인 대기업과의 임금 차이와 고위 직급에 따른 차이는 무작위계수모형과 비교할 때 약간 줄어들었다. 직업 특성들과 조직 변수들이 어느 정도 간접적으로 관련되어 있으리라고 추정할 수 있으며, 직업 특성들을 고려하면 조직 변수들로 인한 차이가 줄어든다는 사실을 알 수 있다.

〈표 17-5〉는 직업 특성을 고려한 절편 · 기울기모형이 무작위계수모형에 비하여 어느 정도 설명력이 증가하였는지를 보여 준다. 모형 간 설명력 비교는 설명되지 않은 무작위 요소들(random component)의 분산이 어떻게 변하였는지를 비교함으로써 가능하다. 그 계산식은 다음과 같다.

$$\text{모형의 설명력 증가량} = \frac{\text{비제약모형의 잔여분산} - \text{조건부모형의 잔여분산}}{\text{비제약모형의 잔여분산}}$$

직업의 특성을 고려함으로써 직업 절편의 변동은 43.4%, 고졸집단의 임금률 차이는 45.5%, 대졸집단의 임금률 차이는 26.3% 더 설명된다. 즉, 직업 특성들을 고려한 다층분석을 통하여, 우리는 개인들의 임금 결정 메커니즘을 더욱 정확하게 파악할 수 있다.

표 17-5 | 무작위계수모형과 절편 · 기울기모형의 비교

	무작위계수모형 (*A*)	절편 · 기울기모형 (*B*)	추가 설명된 분산의 비율 (%)*
절편	.076	.043	43.4
고졸	.011	.006	45.5
대졸	.038	.028	26.3

주 : * 추가 설명된 분산의 비율 = $\{(1 - A) - (1 - B)\} / A \times 100$ (%)

다층모형분석은 국내에서도 그간 근로자의 임금수준에 개인 특성과 조직 특성이 미치는 효과 분석(이재열, 1996; 정이환, 2002), 청소년의 여가 활용에 개인 특성과 학교 특성이 미치는 영향 분석(서우석, 2007) 등, 개인과 집단의 효과를 구분하여 분석하는 데 많이 사용되어 왔다. 다층모형분석에 대한 보다 자세한 설명과 예는 그것을 본격적으로 다룬 다른 사회통계학 서적을 참조하기 바란다(Raudenbush and Bryk, 2002; Longford, 1990; Goldstein, 2010; Field, 2009; DiPrete and Forristal, 1994; 강상진, 2005; 이성우 · 윤성도 · 박지영 · 민성희, 2006; 홍세희, 2009).

참고문헌

강상진. 2005. "다층모형분석." 이재열 편, 「사회과학의 고급계량분석: 원리와 실제」. 서울대학교출판부. pp. 12-64.

강현두 · 박은희. 1985. "사회조사 응답카테고리에 관한 연구." 「신문학보」 19: 29-42.

경제기획원. 1986. 「한국의 사회지표, 1986」. 경제기획원.

경제기획원 조사통계국 · 가족계획연구원. 1977. 「1974년 한국출산력 조사」, 제1차 보고서. 경제기획원.

김경동. 1979. "직업평가에 의한 기회구조의 인식." 「사회과학과 정책연구」 1(3): 63-76.

김경동 · 이온죽 · 김여진. 2009. 「사회조사연구방법: 사회연구의 논리와 기법」, 개정판. 박영사.

김경신 · 김오남. 1998. "편모의 스트레스와 심리적 복지." 「대한가정학회지」 36(2): 19-34.

김두섭. 1985. "소득불평등과 출산력의 인과관계: 한국과 미국의 비교분석." 서울대학교 사회과학연구소 편, 「한국사회의 변동과 발전」. 범문사. pp. 273-296.

김미희. 1992. "대도시 아파트 거주자의 주생활양식: 평면규모 30평 및 40평형대를 중심으로." 연세대학교 대학원 주생활학과 박사학위논문.

김미희 · 윤복자. 1983. "주거선택행동에서 나타난 주거욕구에 관한 조사연구: 서울시 아파트 거주자 중심으로." 「한국가정관리학회지」 1: 89-99.

김인호. 1983. 「사회과학을 위한 회귀분석론」. 비봉출판사.

김재온. 1983. "조사연구에서의 경로분석과 인과적 해석." 「한국사회의 전통과 변화」. 범문사. pp. 580-619.

김창환. 2000. "16대 총선 출구조사 방법론과 조직 운영방안 평가." TN 소프레스 주최, 「16대 총선 예측조사 평가 및 향후 발전방향」 세미나 발표논문. 2000년 5월 2일. 서울 여의도 사학연금재단.

김효정. 1999. "부부의 가계재무 관리행동과 재정만족도에 관한 연구." 「대한가정학회지」 37(8): 91-102.

나은영 · 차유리. 2010. "한국인의 가치관 변화 추이: 1979년, 1998년 및 2010년의 조사 결과 비교." 「한국심리학회지: 사회 및 성격」 24(4): 63-93.

문화체육부 · 한국문화정책개발원. 1998. 「문화향수실태조사, 1997」. 한국문화정책개발원.

박무익. 1989. 「여론조사에 대한 한국인의 의식: 한국인의 여론시리즈 11」. 한국갤럽조사연구소.

박성연 · 최혜경. 1985. "노인의 생활만족도 향상을 위한 기초연구: 가족부양체계를 중심으로 한 인과모형의 검증." 「대한가정학회지」 23(1): 71-85.

박성옥 · 이영환 · 한종혜 · 김기현. 1999. "정서지능(EQ) 향상 교육프로그램 개발과 평가." 「대한가정학회지」 37(6): 1-10.

박영순. 1985. "의미분별척도법에 의한 디자인 평가도구의 개발: 생활기기에 대한 소비자 평가를 중심으로." 연세대학교 대학원 주생활학과 박사학위논문.

박정식 · 윤영선. 1997. 「현대통계학」, 제3판. 다산출판사.

박정희. 1992. "도시주거계층연구분석모형의 탐색." 경희대학교 대학원 박사학위논문.

박희제. 2003. "회귀모형을 통한 범주형 종속변수 분석: 로짓, 프로빗, 순서로짓, 다항로짓 분석." 홍두승 · 설동훈 편, 「STATISTICA를 이용한 사회과학자료분석」. 다산출판사. pp. 279-304.

배규한. 1979. "교과서 내용분석에 의한 정치사회화의 일 고찰." 「한국사회학연구」 3: 107-184.

서우석. 1994. "중산층 대형교회에 관한 사회학적 연구." 「한국사회학」 28(2): 151-171.

______. 2007. "청소년의 여가 활동에 사회경제적 환경이 미치는 영향에 관한 연구." 「한국청소년연구」 18(1): 273-302.

서울대학교 사회발전연구소. 1996. 「한국 대기업에 대한 국민 이미지 현황과 개선방안」. 서울대학교 사회발전연구소.

설동훈. 1999. 「외국인노동자와 한국사회」. 서울대학교출판부.

______. 2003. "다차원척도분석." 홍두승 · 설동훈 편, 「STATISTICA를 이용한 사회과학자료분석」. 다산출판사. pp. 319-343.

______. 2010. 「국내 영주권자 실태조사 및 사회통합도 측정」. 법무부.

유석춘. 1986. "종속의 상황적 영향: 경제성장과 경제부문 간 불평등에 관한 경험적 연구." 「한국사회학」 20(겨울): 139-163.

이만갑 · 김경동 · 한완상. 1979. 「사회조사방법론」, 개정증보판. 한국학습교재사.

이상경. 2000. "PcMeter를 이용한 인터넷 접속률 측정." 「조사연구」 1(1): 125-134.

이성우 · 윤성도 · 박지영 · 민성희. 2006. 「공간계량모형응용」. 박영사.

이용학. 1985. "우리나라 취업주부의 소비자행동에 관한 실증적 연구." 고려대학교 대학원 경영학과 박사학위논문.

이재열. 1996. “조직의 재발견: 다층위 구조의 분석.” 「경제의 사회학」. 나남. pp. 149-174.

임번장 외. 1986. 「국민체육활동참여실태조사」, 서울대학교 사범대학 체육연구소.

전경수. 1977. “진도 하사미의 의례생활: 조상숭배의례의 생태적 기능을 중심으로.” 「인류학논집」 3: 35-74.

전교학신문. 1990. 「전교학신문」, 1990년 9월 5일.

정이환. 2002. “노동시장 불평등과 조직내 불평등: 1990년대 임금불평등 추세 연구.” 「한국사회학」 36(6): 1-25.

조동기. 2000. “사이버 공간과 사회조사 : 온라인 사회조사의 쟁점과 과제.” 「조사연구」 1(1): 73-108.

______. 2003. “구조방정식모형분석.” 홍두승 · 설동훈 편, 「STATISTICA를 이용한 사회과학자료분석」. 다산출판사. pp. 345-387.

조성남 · 이현주 · 주영주 · 김나영. 2011. 「질적연구방법과 실제」. 도서출판 그린.

조은 · 조옥라. 1992. 「도시빈민의 삶과 공간」. 서울대학교출판부.

조혜선. 2002. “성별 분리와 가치 차별에 대한 다층분석.” 「노동정책연구」 2(3): 1-29.

차종천. 1987. “경제발전과 사회이동의 관계에 대한 대수선형모형 분석의 검토: Goldthorpe 비교사회이동론의 일관성과 비일관성.” 「한국사회학」 21(겨울): 187-208.

______. 1991. “사회계층연구를 위한 LISREL 모형.” 서울대학교 사회학연구회 편, 「사회계층: 이론과 실제」. 다산출판사. pp. 584-605.

최혜경. 1985. “노인의 생활만족도 향상을 위한 기초연구: 가족부양체제를 중심으로 한 인과모형의 검증.” 이화여자대학교 대학원 가정관리학과 석사학위논문.

추광영. 1981a. “언론통제의 다원적 측정.” 「인서 박유봉 박사 회갑기념논총」. 전예원. pp. 341-371.

______. 1981b. “국가적 특성과 언론통제도의 상관분석적 연구.” 「신문학보」 14: 127-162.

코리아리서치센터. 2003. “질문지 구성과 워딩.” 리서치 용어집. http://www.kr.co.kr/Content/Board.asp?Bmode=view&T_idx=36&Tb=kr_wordbook.

통계청. 1999a. 「한국의 사회지표, 1999」. 통계청.

______. 1999b. 「사회통계조사보고서, 1998」. 통계청.

______. 2006. 「인구주택총조사보고서, 2005」. 통계청.

______. 2007. 「2006년 가계자산조사 결과」. 통계청.

______. 2011a. 「2010 인구주택총조사 전수집계 결과(가구 · 주택부문)」. 통계청.

_____. 2011b. 「2011년 사회조사 결과(복지 · 사회참여 · 문화와 여가 · 소득과 소비 · 노동」. 통계청.

_____. 각 연도. 「한국의 사회지표」. 통계청.

한국노동연구원. 1990. 「노동문제 및 노사관계에 대한 근로자의식조사연구」. 한국노동연구원.

한국조사연구학회. 2000. "한국조사윤리강령." 2000년 3월. 미간행 자료.

한국통계학회 편. 1987. 「통계용어사전」. 자유아카데미.

한준. 2003. "판별분석." 홍두승 · 설동훈 편, 「STATISTICA를 이용한 사회과학자료분석」. 다산출판사. pp. 223-237.

허석렬. 1982. "도시무허가정착지의 고용구조에 관한 일고찰." 「한국사회학연구」 6: 173-208.

현대사회연구소. 1983. 「국가청렴도측정연구: 사회적 문제행위의 실태분석을 중심으로」. 현대사회연구소.

_____________. 1984. 「건전교육풍토저해요인 및 해소대책연구」, 연구보고 #84-9. 현대사회연구소.

홍두승. 1983. "한국사회계층연구를 위한 예비적 고찰." 「한국사회의 전통과 변화」. 범문사. pp. 169-213.

_____. 1991. "사회변동과 직업하사관의 위상." 「국방논집」 16(4): 80-100.

_____. 2003. "집락분석." 홍두승 · 설동훈 편, 「STATISTICA를 이용한 사회과학자료분석」. 다산출판사. pp. 209-222.

홍두승 · 김병조 · 조동기. 1999. 「한국의 직업구조」. 서울대학교출판부.

홍두승 · 설동훈 편. 2003. 「STATISTICA를 이용한 사회과학자료분석」. 다산출판사.

홍세희. 2009. "성장모형을 적용한 대규모 학업성취도 평가자료 분석." 「대규모 학업성취도 평가 자료의 활용 방안 탐색」. 한국교육과정평가원. pp. 3-34.

富永健一 編. 1979. 「日本の階層構造」. 東京: 東京大學出版會.

直井 優 · 盛山和夫 編. 1990. 「現代日本の階層構造(1): 社會階層の構造と過程」. 東京: 東京大學出版會.

Ackoff, Russell L. 1953. *The Design of Social Research*. Chicago, IL: University of Chicago Press.

Adams, Gerald R., and Jay D. Schvaneveldt. 1985. *Understanding Research Methods*. New York: Longman.

Agresti, Alan, and Barbara F. Agresti. 1979. *Statistical Methods for the Social Sciences.* San Francisco, CA: Dellen.

Ahn, Chung-Si. 1981. *Social Development and Political Violence: A Cross-National Causal Analysis.* Seoul: Seoul National University Press.

Aldrich, John H., and Forrest D. Nelson. 1984. *Linear Probability, Logit, and Probit Models*, Quantitative Applications in the Social Sciences #45. Beverly Hills, CA: Sage Publications.

Alker, Hayward R., Jr. 1969. "A Typology of Ecological Fallacies." pp. 69-86 in *Social Ecology*, edited by Mattei Dogan and Stein Rokkan. Cambridge, MA: MIT Press.

Alwin, Duane F., and Robert M. Hauser. 1975. "The Decomposition of Effects in Path Analysis." *American Sociological Review* 40(1): 37-47.

American Psychological Association. 1966. *Standards for Educational and Psychological Tests and Manuals.* Washington, DC: American Psychological Association.

Anderson, Andy B., Alexander Basilevsky, and Derek P.J. Hum. 1983. "Measurement: Theory and Techniques." pp. 231-287 *Handbook of Survey Research: Quantitative Studies in Social Relations*, edited by Peter H. Rossi, James D. Wright and Andy B. Anderson. New York: Academic Press.

Andrews, Frank M., James N. Morgan, John A. Sonquist, and Laura Klem. 1973. *Multiple Classification Analysis: A Report on a Computer Program for Multiple Regression using Categorical Predictors.* Ann Arbor, MI: Survey Research Center, University of Michigan.

Andrews, Frank M., and Stephen B. Withey. 1976. *Social Indicators of Well-Being: Americans' Perceptions of Life Quality.* New York: Plenum Press.

Armer, Michael, and Robert Youtz. 1971. "Formal Education and Individual Modernity in an African Society." *American Journal of Sociology* 76(4): 604-626.

Babbie, Earl R. 1973. *Survey Research Methods.* Belmont, CA: Wadsworth.

______________. 1982. *Social Research for Consumers.* Belmont, CA: Wadsworth.

______________. 2007. *The Practice of Social Research*, Eleventh Edition. Belmont, CA: Wadsworth. (고성호 · 김광기 · 김상욱 · 문용갑 · 민수홍 유홍준 · 이성용 · 이정환 · 장준오 · 정기선 · 정태인 역. 2007. 「사회조사방법론」, 제11판. 톰

스코포레이션코리아.)

______________. 2011. *The Basics of Social Research*, Fifth Edition. Belmont, CA: Wadsworth.

Bagozzi, Richard P. 1980. "Performance and Satisfaction in an Industrial Sales Force: An Examination of Their Antecedents and Simultaneity." *Journal of Marketing* 44(2): 65–77.

Bailey, Kenneth D. 1974. "Cluster Analysis." pp. 59–128 in *Sociological Methodology, 1975*, edited by David L. Heise. San Francisco, CA: Jossey-Bass.

______________. 1987. *Methods of Social Research*, Third Edition. New York: Free Press.

Bengtson, Vern L., and Neal E. Cutler. 1976. "Generation and Intergenerational Relations: Perspectives on Age Groups and Social Change." pp. 130–155 in *Handbook of Aging and the Social Science*, edited by Robert H. Binstock and Ethel Shanas. New York: Van Nostrand Reinhold.

Blalock, Hubert M., Jr. 1968. "The Measurement Problem: A Gap between the Languages of Theory and Research." pp. 5–27 in *Methodology in Social Research*, edited by Hubert M. Blalock and Ann B. Blalock. New York: McGraw-Hill.

______________. 1972. *Causal Inferences in Nonexperimental Research*. New York: W.W. Norton.

______________. 1979. *Social Statistics*, Revised Second Edition. New York: McGraw-Hill.

______________. 1982. *Conceptualization and Measurement in the Social Sciences*. Beverly Hills, CA: Sage Publications.

Blau, Peter M., and Otis Dudley Duncan. 1967. *The American Occupational Structure*. New York: John Wiley & Sons.

Bogardus, Emory S. 1925. "Measuring Social Distances." *Journal of Applied Sociology* 9(2): 299–308.

______________. 1933. "A Social Distance Scale." *Sociology and Social Research* 17(3): 265–271.

Bohrnstedt, George W. 1970. "Reliability and Validity Assessment in Attitude Measurement." pp. 80–99 in *Attitude Measurement*, edited by Gene F.

Summers. Chicago, IL: Rand McNally and Company.

____________________. 1983. "Measurement." pp. 69-121 in *Handbook of Survey Research: Quantitative Studies in Social Relations*, edited by Peter H. Rossi, James D. Wright and Andy B. Anderson. New York: Academic Press.

Bohrnstedt, George W., and David Knoke. 1988. *Statistics for Social Data Analysis*, Second Edition. Itasca, IL: F.E. Peacock Publishers. (장상희 · 홍동식 역. 1989.「사회통계학: 원리와 실제」, 개정판. 박영사.)

Booth, Alan, David Johnson, and John N. Edwards. 1983. "Measuring Marital Instability." *Journal of Marriage and the Family* 45(5): 387-393.

Bradburn, Norman M., Seymour Sudman, and Brian Wansink. 2004. *Asking Questions: The Definitive Guide to Questionnaire Design — For Market Research, Political Polls, and Social and Health Questionnaires*, Revised Edition. San Francisco, CA: Jossey-Bass.

Brayfield, Arthur H., and Harold F. Rothe. 1951. "An Index of Job Satisfaction." *Journal of Applied Psychology* 35(5): 307-311.

Brayfield, Arthur H., Richard V. Wells, and Marvin W. Strate. 1957. "Interrelationships among Measures of Job Satisfaction and General Satisfaction." *Journal of Applied Psychology* 41(4): 201-205.

Bruyn, Severyn T. 1966. *The Human Perspective in Sociology: The Methodology of Participant Observation*. Englewood Cliffs, NJ: Prentice-Hall.

Bryman, Alan. 1988. *Quantity and Quality in Social Research*. Boston, MA: Unwin Hyman. (홍동식 · 조정문 · 고승한 역. 1992.「사회연구에서 양적방법과 질적방법」. 전문출판사.)

Campbell, Donald T., and Donald W. Fiske. 1959. "Convergent and Discriminant Validation by the Multitrait-Multimethod Matrix." *Psychological Bulletin* 56(2): 81-105.

Campbell, Donald T., and Julian C. Stanley. 1963. *Experimental and Quasi-Experimental Designs for Research*. Chicago, IL: Rand McNally.

Carmines, Edward G., and Richard A. Zeller. 1979. *Reliability and Validity Assessment*, Quantitative Applications in the Social Sciences #17. Beverly Hills, CA: Sage Publications.

Clausen, Sten-Erik. 1998. *Applied Correspondence Analysis: An Introduction*, Quantitative Applications in the Social Sciences #121. Thousand Oaks, CA:

Sage Publications.

Cochran, William G. 1963. *Sampling Techniques*, Second Edition. New York: John Wiley & Sons.

Council of American Survey Research Organization (CASRO). 1999. "Frequently Asked Questions about Conducting Online Research: New Methodologies for Traditional Techniques." http//www.casro.org.

Davis, James Allan, Tom W. Smith, and Peter V. Marsden. 2000. *General Social Survey 1998: Culture Module*. Chicago, IL: National Opinion Research Center.

Dean, Dwight G. 1961. "Alienation: Its Meaning and Measurement." *American Sociological Review* 26(5): 753-758.

Diez Roux, Ana V. 1998. "Bringing Context Back into Epidemiology: Variables and Fallacies in Multilevel Analysis." *American Journal of Public Health* 88(2): 216-222.

Dillman, Don A., Edwin Carpenter, James Christenson, and Ralph Brooks. 1974. "Increasing Mail Questionnaire Response: A Four State Comparison." *American Sociological Review* 39(5): 744-756.

Dillon, William R., and Matthew Goldstein. 1984. *Multivariate Analysis: Methods and Applications*. New York: Wiley.

DiPrete, Thomas A., and Jerry D. Forristal. 1994. "Multilevel Models: Methods and Substance." *Annual Review of Sociology* 20: 331-357.

Dotson, Louis E., and Gene F. Summers. 1970. "Elaboration of Guttman Scaling Techniques." pp. 203-213 in *Attitude Measurement*, edited by Gene F. Summers. Chicago, IL: Rand McNally and Company.

Duncan, Otis D. 1961. "A Socioeconomic Index for All Occupations." pp. 109-138 in *Occupations and Social Status*, edited by Albert T. Reiss, Jr. New York: Free Press.

________________. 1966. "Path Analysis: Sociological Examples." *American Journal of Sociology* 72(1): 1-16.

________________. 1975. *Introduction to Structural Equation Models*. New York: Academic Press.

Durkheim, Émile. 2002 [1897]. *Suicide: A Study in Sociology*. London: Routledge.

Edwards, Allen L. 1979. *Multiple Regression and the Analysis of Variance and Covariance*. New York: W.H. Freeman and Co.

____________. 1985. *Experimental Design in Psychological Research*, Fifth Edition. New York: Harper & Row.

Edwards, Allen L., and Franklin P. Kilpatrick. 1970. "A Technique for the Construction of Attitude Scales." pp. 214-226 in *Attitude Measurement*, edited by Gene F. Summers. Chicago, IL: Rand McNally and Company.

Evans, Peter B., and Michael Timberlake. 1980. "Dependence, Inequality, and the Growth of the Tertiary: A Comparative Analysis of Less Developed Countries." *American Sociological Review* 45(4): 531-552.

Field, Andy. 2009. *Discovering Statistics Using SPSS*, Third Edition. Thousand Oaks, CA: Sage Publications.

Fienberg, Stephen E. 1977. *The Analysis of Cross-Classified Categorical Data*. Cambridge, MA: MIT Press.

Fowler, Floyd J., Jr. 1984. *Survey Research Methods*, Applied Social Research Methods Series #1. Beverly Hills, CA: Sage Publications.

____________. 1995. *Improving Survey Questions: Design and Evaluation*, Applied Social Research Methods Series #38. Thousand Oaks, CA: Sage Publications.

Giddings, Franklin H. 1901. *Inductive Sociology: A Syllabus of Methods, Analyses and Classifications, and Provisionally Formulated Laws*. New York: Macmillan.

Gold, Raymond L. 1958. "Roles in Sociological Field Observation." *Social Forces* 36(3): 217-223.

Goldstein, Harvey. 2010. *Multilevel Statistical Models*, Fourth Edition. London: John Wiley & Sons.

Goodman, Leo A. 1972. "A General Model for the Analysis of Surveys." *American Journal of Sociology* 77(6): 1035-1086.

Greenacre, Michael J. 1993. *Correspondence Analysis in Practice*. New York: Academic Press.

Guttman, Louis. 1944. "A Basis for Scaling Qualitative Data." *American Sociological Review* 9(2): 139-150.

____________. 1968. "A General Nonmetric Technique for Finding the

Smallest Coordinate Space for Configuration of Points." *Psychometrika* 33(4): 469-506.

Guy, Rebecca F., Charles E. Edgley, Ibtihaj Arafat, and Donald E. Allen. 1987. *Social Research Methods: Puzzles and Solutions.* Boston, MA: Allyn and Bacon.

Heise, David R. 1969. "Separating Reliability and Stability in Test-Retest Correlation." *American Sociological Review* 34(1): pp. 93-101.

______________. 1970. "The Semantic Differential and Attitude Research." pp. 235-253 in *Attitude Measurement*, edited by Gene F. Summers. Chicago, IL: Rand McNally and Company.

Hempel, Carl G. 1965. *Aspects of Scientific Explanation.* New York: Free Press.

Hildebrand, David K., James D. Laing, and Howard Resenthal. 1977. *Analysis of Ordinal Data*, Quantitative Applications in the Social Sciences #8. Beverly Hills, CA: Sage Publications.

Hofstede, Geert. 1995. "Multilevel Research of Human Systems: Flowers, Bouquets and Gardens." *Human Systems Management* 14(3): 207-217.

Hollingshead, August B., and Fredrick C. Redlich. 1972. "The Index of Social Position." pp. 66-72 in *Continuities in the Language of Social Research*, edited by Paul F. Lazarsfeld, Ann K. Pasanella and Morris Rosenberg. New York: Free Press.

Holsti, Ole R. 1969. *Content Analysis for the Social Sciences and Humanities.* Reading, MA: Addison-Wesley.

Hyman, Herbert. 1955. *Survey Design and Analysis: Principles, Cases and Procedures.* New York: Free Press.

Inglehart, Ronald. 1998. *Human Values and Beliefs: A Cross-cultural Sourcebook — Political, Religious, Sexual, and Economic Norms in 43 Societies: Findings from the 1990-1993 World Values Survey.* Ann Arbor, MI: University of Michigan Press.

Jackman, Mary R., and Robert W. Jackman. 1973. "An Interpretation of the Relation between Objective and Subjective Social Status." *American Sociological Review* 38(5): 569-582.

Jöreskog, Karl G., and Dag Sörbom. 1993. *LISREL VIII: Structural Equation Modeling with the SIMPLIS Command Language.* Chicago, IL: Scientific

Software International, Inc.

Junker, Buford H. 1960. *Field Work: An Introduction to the Social Science.* Chicago, IL: University of Chicago Press.

Karweit, Nancy, and Edmund D. Meyers, Jr. 1983. "Computers in Survey Research." pp. 379-414 in *Handbook of Survey Research: Quantitative Studies in Social Relations*, edited by Peter H. Rossi, James D. Wright and Andy B. Anderson. New York: Academic Press.

Kidder, Louise H., and Charles M. Judd. 1986. *Research Methods in Social Relations*, Fifth Edition. New York: Holt, Rinehart and Winston.

Kim, Doo-Sub. 1983. "The Curvilinearity between Income and Fertility: Evidence from Korea." *Bulletin of the Population and Development Studies Center* 12: 1-20.

Kim, Jae-On, and Charles W. Mueller. 1978a. *Introduction to Factor Analysis: What It Is and How To Do It*, Quantitative Applications in the Social Sciences #13. Beverly Hills, CA: Sage Publications.

____. 1978b. *Factor Analysis: Statistical Methods and Practical Issues*, Quantitative Applications in the Social Sciences #14. Beverly Hills, CA: Sage Publications.

Kish, Leslie. 1965. *Survey Sampling.* New York: John Wiley & Sons.

Klecka, William R. 1980. *Discriminant Analysis*, Quantitative Applications in the Social Sciences #19. Beverly Hills, CA: Sage Publications.

Kmenta, Jan. 1971. *Elements of Econometrics.* New York: Macmillan.

Knoke, David, and Peter J. Burke. 1980. *Log-linear Models*, Quantitative Applications in the Social Sciences #20. Beverly Hills, CA: Sage Publications.

Knoke, David, George W. Bohrnstedt, and Alisa Potter Mee. 2002. *Statistics for Social Data Analysis*, Fourth Edition. Belmont, CA: Wadsworth. (장상희 · 이상문 역. 2007. 「사회통계학: 원리와 실제」. 톰슨코포레이션코리아.)

Koeske, Gary F., and Randi Koeske. 2006. "A Typology of Outcome Patterns in Three-Variable Models: The Pervasive Role of Mediation in Causal Systems." *Journal of Social Service Research* 33(1): 1-14.

Koo, Hagen, and Doo-Seung Hong. 1980. "Class and Income Inequality in Korea." *American Sociological Review* 45(4): 610-626.

Kornberg, Allan, and Robert C. Frasure. 1971. "Policy Differences in British Parliamentary Parties." *American Political Science Review* 65(3): 694-703.

Kruskal, Joseph B. 1964a. "Multidimensional Scaling by Optimizing Goodness of Fit to a Nonmetric Hypothesis." *Psychometrika* 29(1): 1-27.

________________. 1964b. "Nonmetric Multidimensional Scaling: A Numerical Method." *Psychometrika* 29(2): 115-129.

Kruskal, Joseph B., and Myron Wish. 1978. *Multidimensional Scaling*, Quantitative Applications in the Social Sciences #11. Beverly Hills, CA: Sage Publications.

Kuckartz, Udo. 1991. "Ideal Types or Empirical Types: The Case of Max Weber's Empirical Research." *Bulletin de Méthodologie Sociologique* 31(3): 44-53.

Lazarsfeld, Paul F. 1954. *Mathematical Thinking in the Social Sciences*. Glencoe, IL: Free Press.

________________. 1972. *Qualitative Analysis: Historical and Critical Essays*. Boston, MA: Allyn and Bacon.

Lazarsfeld, Paul F., Bernard Berelson, and Hazel Gaudet. 1948. *The People's Choice: How the Voter Makes Up His Mind in a Presidential Campaign*, Second Edition. New York: Columbia University Press.

Lazarsfeld, Paul F., and Anthony R. Oberschall. 1965. "Max Weber and Empirical Social Research." *American Sociological Review* 30(2): 185-199.

Lazarsfeld, Paul F., Ann K. Pasanella, and Morris Rosenberg (eds.). 1972. *Continuities in the Language of Social Research*. New York: Free Press.

Lazarsfeld, Paul F., and Morris Rosenberg. 1955. *The Language of Social Research*. Glencoe, IL: Free Press.

Lee, Gary R. 1974. "Marriage and Anomie: A Causal Argument." *Journal of Marriage and the Family* 36(3): 523-532.

Lee, Motoko Y., Stephen G. Sapp, and Melvin C. Ray. 1996. "The Reverse Social Distance Scale." *Journal of Social Psychology* 136(1): 17-24.

Levine, Mark S. 1977. *Canonical Analysis and Factor Comparison*, Quantitative Applications in the Social Sciences #6. Beverly Hills, CA: Sage Publications.

Lewis-Beck, Michael S. 1980. *Applied Regression: An Introduction*, Quantitative Applications in the Social Sciences #22. Beverly Hills, CA: Sage Publications.

Likert, Rensis. 1970. "A Technique for the Measurement of Attitudes." pp. 149-158 in *Attitude Measurement*, edited by Gene F. Summers. Chicago, IL: Rand McNally and Company.

Likert, Rensis, Sydney Reslow, and Gardner Murphy. 1934. "A Simple and Reliable Method of Scoring the Thurstone Attitude Scales." *Journal of Social Psychology* 5(2): 228-238.

Little, Roderick J. A., and Donald B. Rubin. 1987. *Statistical Analysis with Missing Data*. New York: John Wiley & Sons.

Loether, Herman J., and Donald G. McTavish. 1974. *Descriptive and Inferential Statistics: An Introduction*. Boston, MA: Allyn and Bacon.

Longford, Nicholas T. 1990. *VARCL: Software for Variance Component Analysis of Data with Nested Random Effects — Maximum Likelihood*. Princeton, NJ: Educational Testing Service.

Marsh, Catherine. 1979. "Opinion Polls: Social Science or Political Manoeuvre?" pp. 268-288 in *Demystifying Social Statistics*, edited by John Irvine, Ian Miles, and Jeff Evans. London: Pluto Press.

________________. 1985. "Back on the Bandwagon: The Effect of Opinion Polls on Public Opinion." *British Journal of Political Science* 15(1): 51-74.

Marsh, Robert M. 1967. *Comparative Sociology: A Codification of Cross-Societal Analysis*. New York: Harcourt, Brace and World.

Martin, J. David, and Louis N. Gray. 1971. "Measurement of Relative Variation: Sociological Examples." *American Sociological Review* 36(3): 496-502.

Marx, Karl. 1956 [1880]. "*Revue Socialist*, July 5." Reprinted in *Karl Marx: Selected Writings in Sociology and Social Philosophy*, edited by Tom B. Bottomore and Maximilien Rubel. New York: McGraw-Hill.

McFarland, David D., and Daniel J. Brown. 1973. "Social Distance as a Metric: A Systematic Introduction to Smallest Space Analysis." pp. 213-253 in *Bonds of Pluralism: The Form and Substance of Urban Social Networks*, edited by Edward O. Laumann. New York: John Wiley & Sons.

McKennell, Aubrey C. 1977. "Attitude Scale Construction." pp. 183-219 in *The Analysis of Survey Data: Exploring Data Structures*, edited by Colm A. O'Muircheartaigh and Clive Payne. New York: John Wiley and Sons.

Merton, Robert K. 1967. *Social Theory and Social Structure*. New York: Free

Press.

Montgomery, Douglas C. 1984. *Design and Analysis of Experiments*, Second Edition. New York: John Wiley & Sons.

Nachmias, Chava, and David Nachmias. 1981. *Research Methods in the Social Sciences*. London: Edward Arnold.

Nagel, Ernest. 1979. *The Structure of Science: Problems in the Logic of Scientific Explanation*. Indianapolis, IN: Hackett.

Nam, Sunghee. 1991. "Family Planning Practice and Women' s Fertility Decision-Making Power." *Korea Journal of Population and Development* 20(2): 41-48.

Novick, Melvin R., and Charles Lewis. 1967. "Coefficient Alpha and the Reliability of Composite Measurements." *Psychometrika* 32(1): 1-13.

Nystrom, Gertrude H. 1933. "The Measurement of Filipino Attitudes toward America by Use of the Thurstone Technique." *Journal of Social Psychology* 4(2): 249-252.

Oppenheim, Abraham N. 1966. *Questionnaire Design and Attitude Measurement*. New York: Basic Books.

Osgood, Charles E., George J. Suci, and Percy H. Tannenbaum. 1957. *The Measurement of Meaning*. Urbana, IL: University of Illinois Press.

Parish, William L., and Martin K. Whyte. 1978. *Village and Family in Contemporary China*. Chicago, IL: University of Chicago Press.

Park, Sang-Tae. 1978. "A Multivariate Analysis of Children-Ever-Born for Currently Married Women." *Bulletin of the Population and Development Studies Center* 7: 25-42.

Pedhazur, Elazar J. 1982. *Multiple Regression in Behavioral Research: Explanation and Prediction*, Second Edition. New York: Holt, Rinehart and Winston.

Pew Research Center. 2010. "Cell Phones and Election Polls: An Update." *Pew Research Center for the People and the Press*, October 13, 2010. http://pewresearch.org/pubs/1761/cell-phones-and-election-polls-2010-midterm-elections.

Phillips, Bernard. 1985. *Sociological Research Methods: An Introduction*. Homewood, IL: Dorsey Press.

Piazza, Thomas. 1980. "The Analysis of Attitude Items." *American Journal of Sociology* 86(3): 584-603.

Popper, Karl R. 1959. *The Logic of Scientific Discovery*. New York: Basic Books.

Raudenbush, Stephen W., and Anthony S. Bryk. 2002. *Hierarchical Linear Models: Applications and Data Analysis Methods*, Second Edition. Thousand Oaks, CA: Sage Publications.

Rettig, Salomon. 1964. "Multiple Discriminant Analysis: An Illustration." *American Sociological Review* 29(3): 398-402.

Reynolds, Henry T. 1977. *The Analysis of Cross-Classifications*. New York: Free Press.

Robinson, Robert V., and Wendell Bell. 1978. "Equality, Success, and Social Justice in England and the United States." *American Sociological Review* 43(2): 125-143.

Robinson, William S. 1950. "Ecological Correlations and the Behavior of Individuals." *American Sociological Review* 15(3): 351-357.

Rosenberg, Morris. 1968. *The Logic of Survey Analysis*. New York: Basic Books.

Rossi, Peter H., James D. Wright, and Andy B. Anderson. 1983. "Sample Surveys: History, Current Practice, and Future Prospects." pp. 1-20 in *Handbook of Survey Research: Quantitative Studies in Social Relations*, edited by Peter H. Rossi, James D. Wright and Andy B. Anderson. New York: Academic Press.

Scheaffer, Richard L., William Mendenhall Ⅲ, and R. Lyman Ott. 2006. *Elementary Survey Sampling*, Sixth Edition. Belmont, CA: Duxbury Press. (김영원 · 류제복 · 박진우 · 홍기학 역. 2006. 「표본조사의 이해와 활용」. 톰슨코포레이션코리아.)

Seeman, Melvin. 1959. "On the Meaning of Alienation." *American Sociological Review* 24(6): 783-791.

______________. 1972. "The Signals of '68: Alienation in Pre-Crisis France." *American Sociological Review* 37(4): 385-402.

Seol, Dong-Hoon, Byeong-Jo Kim, and Hyun-Song Lee. 2012. *World Peace Index 2012: Assessing the State of Peace in the Nations of the World*. Seoul: World Peace Forum.

Shin, Eui-Hang, and Kyung-Sup Chang. 1988. "Peripherization of Immigrant

Professionals: Korean Physicians in the United States." *International Migration Review* 22(4): 609-626.

Silver, Eric. 2000. "Race, Neighborhood Disadvantage, and Violence Among Persons with Mental Disorders: The Importance of Contextual Measurement." *Law and Human Behavior* 24(4): 449-456.

Simon, Herbert A. 1954. "Bandwagon and Underdog Effects and the Possibility of Election Predictions." *Public Opinion Quarterly* 18(3): 245-253.

Simon, Julian L., and Paul Burstein. 1985. *Basic Research Methods in Social Science*, Third Edition. New York: Random House.

Snedecor, George W., and William G. Cochran. 1980. *Statistical Methods*, Seventh Edition. Ames, IA: Iowa State University Press.

Spaeth, Joe L. 1979. "Vertical Differentiation among Occupations." *American Sociological Review* 44(5): 746-762.

Spradley, James P. 1980. *Participant Observation*. New York: Holt, Rinehart & Winston.

Srole, Leo. 1956. "Social Integration and Certain Corollaries: An Exploratory Study." *American Sociological Review* 21(6): 709-716.

Stevens, Stanley S. 1951. "Mathematics, Measurement, and Psychophysics." pp. 1-49 in *Handbook of Experimental Psychology*, edited by Stanley S. Stevens. New York: John Wiley & Sons.

__________________. **(ed.).** 1951. *Handbook of Experimental Psychology*. New York: John Wiley & Sons.

Stimson, James A., Edward G. Carmines, and Richard A. Zeller. 1981. "Interpreting Polynomial Regression." pp. 88-96 in *Linear Models in Social Research*, edited by Peter V. Marsden. Beverly Hills, CA: Sage Publications.

Stinchcombe, Arthur L. 1968. "Constructing Social Theories." New York: Harcourt, Brace and World.

Stouffer, Samuel A. 1950. "Some Observations on Study Design." *American Journal of Sociology* 55(4): 355-361.

__________________. 1955. *Communism, Conformity and Civil Liberties: A Cross Section of the Nation Speaks its Mind*. Nashville, TN: Doubleday & Co.

Stouffer, Samuel A., and Carl I. Hovland. 1949. *Studies in Social Psychology in World War Ⅱ: The American Soldier*. Princeton, NJ: Princeton University

Press.

Subramanian, S.V., Kelvyn Jones, Afamia Kaddour, and Nancy Krieger. 2009. "Revisiting Robinson: The Perils of Individualistic and Ecologic Fallacy." *International Journal of Epidemiology* 38(2): 342–360

Summers, Gene F. (ed.). 1970. *Attitude Measurement.* Chicago, IL: Rand McNally and Company.

Thomas, William I., and Florian Znaniecki. 1918. *The Polish Peasant in Europe and America: Monograph of an Immigrant Group.* Boston, MA: Richard G. Badger.

Thurstone, Louis L. 1928. "Attitudes Can Be Measured." *American Journal of Sociology* 33(4): 529–554.

Timasheff, Nicholas S. 1967. *Sociological Theory: Its Nature and Growth*, Third Edition. New York: Random House.

Treiman, Donald J. 1977. *Occupational Prestige in Comparative Perspective.* New York: Academic Press.

__________________. 2009. *Quantitative Data Analysis: Doing Social Research to Test Ideas.* San Francisco, CA: Jossey-Bass.

Tufte, Edward R. 1974. *Data Analysis for Politics and Policy.* Englewood Cliffs, NJ: Prentice-Hall.

Valkonen, Tapani. 1969. "Individual and Structural Effects in Ecological Research." pp. 53–68 in *Social Ecology*, edited by Mattei Dogan and Stein Rokkan. Cambridge, MA: MIT Press.

Van den Berg, Axel, Anthony C. Masi, Michael R. Smith, and Joseph Smucker. 1998. "To Cut or Not to Cut: A Cross-National Comparison of Attitudes Toward Wage Flexibility." *Work and Occupations* 25(1): 49–73.

Vanneman, Reeve. 1977. "The Occupational Composition of American Classes: Results from Cluster Analysis." *American Journal of Sociology* 82(4): 783–807.

Venkatesh, Sudhir. 2008. *Gang Leader for a Day: A Rogue Sociologist Takes to the Streets.* New York: The Penguin Press.

Walker, Helen M., and Joseph Lev. 1953. *Statistical Inference.* New York: Holt, Rinehart & Winston.

Wallace, David L. 1954. "A Case For and Against Mail Questionnaires." *Public*

Opinion Quarterly 18(1): 40-52.

______________. 1968. "Clustering." pp. 510-524 in *International Encyclopedia of Social Sciences*, Vol. 2, edited by David L. Sills. New York: Macmillan.

Wallace, Walter L. 1971. *The Logic of Science in Sociology*. Chicago, IL: Aldine-Atherton. (김영정 · 남재봉 역. 1984. 「사회학방법론: 과학적 사회학의 논리」. 한울.)

Warner, W. Lloyd. 1959. *Yankee City Series, Volume 5: The Living and the Dead — A Study in the Symbolic Life of Americans*. New Haven, CT: Yale University Press.

Warner, W. Lloyd, and J. O. Low. 1947. *Yankee City Series, Volume 4: The Social System of a Modern Factory — The Strike: A Social Analysis*. New Haven, CT: Yale University Press.

Warner, W. Lloyd, J. O. Low, Paul S. Lunt, and Leo Srole. 1963. *Yankee City*, Abridged Edition. New Haven, CT: Yale University Press.

Warner, W. Lloyd, and Paul Sanborn Lunt. 1941. *Yankee City Series, Volume 1: The Social Life of a Modern Community*. New Haven, CT: Yale University Press.

______________________________.1942. *Yankee City Series, Volume 2: The Status System of a Modern Community*. New Haven, CT: Yale University Press.

Warner, W. Lloyd, and Leo Srole. 1945. *Yankee City Series, Volume 3: The Social Systems of American Ethnic Groups*. New Haven, CT: Yale University Press.

White, Michael J., Ann H. Kim, and Jennifer E. Glick. 2005. "Mapping Social Distance: Ethnic Residential Segregation in a Multiethnic Metro." *Sociological Methods and Research* 34(2): 173-203.

Whyte, William Foote. 1943. *Street Corner Society: The Social Structure of an Italian Slum*. Chicago, IL: University of Chicago Press.

Wiatrowsk, Michael D., David B. Griswold, and Mary K. Roberts. 1981. "Social Control Theory and Delinquency." *American Sociological Review* 46(5): 525-541.

Willer, David, and Murray Webster, Jr. 1970. "Theoretical Concepts and Observables." *American Sociological Review* 35(4): 748-757.

부 록

[부록 1] 분석에 사용된 사회조사자료 목록

이 책에서는 사회조사계획을 수립하여 자료를 수집하고, 수집된 자료를 분석하는 과정과 절차를 설명하기 위하여 지난 30여 년간 실제로 우리나라에서 조사된 자료를 활용하였다. 각 조사의 주제, 실시연도, 조사대상자, 표본의 크기 그리고 조사를 주관한 기관에 관한 내용이 다음에 제시되어 있다. 자료에 관해 보다 자세한 내용을 알아보고자 하는 독자들은 해당 기관에 문의하기 바란다.

조사명	실시연도	조사대상	표본수	주관기관
80년대를 바라보는 한국인의 의식구조 (정치사회의식조사 79)	1979	전국 성인남녀	1,665	서울대학교 사회과학연구소
교육문제에 대한 국민여론조사 (교육여론조사 84)	1984	전국 초 · 중 · 고 학부모	1,102	현대사회연구소
노인의 생활만족도에 관한 조사연구 (노인만족도조사 84)	1984	서울시거주 만 60세 이상 노인	307	이화여자대학교 가정관리학과
국가발전과 사회지도층의 역할에 대한 조사연구 (사회지도층조사 84)	1984	사회지도층인사	856	서울대학교 인구및발전문제 연구소
전환기의 한국사회 : '90 국민의식 조사연구 (국민의식조사 90)	1990	전국 성인남녀	1,515	서울대학교 인구및발전문제 연구소
불평등과 형평에 관한 조사연구 (형평연구 90)	1990	전국 성인남녀	2,000	한국사회과학 연구협의회
광복45주년 한국사회와 국민의식 조사연구 (광복45주년조사 90)	1990	전국 성인남녀	1,522	서울대학교 인구및발전문제 연구소
21세기 도래에 따른 국민의식 조사연구 (국민의식조사 93)	1993	전국 성인남녀	1,529	서울대학교 인구및발전문제 연구소

[부록 2] 용어의 비교

오늘날 사회조사방법론이나 통계학 교과서 그리고 통계패키지 프로그램 해설서 등에서 사용되는 용어들은 매우 혼란스럽다. 이는 원래 외국어로 표기된 용어를 우리말로 옮기는 과정에서 국내학자들이 통일된 기준 없이 편의에 따라 각자가 선호하는 단어들을 선택하여 사용하였기 때문이다. 그 결과 동일한 통계학적 개념을 지칭하는 것이라 하더라도 다르게 표현된 것이 많다. 용어의 선택은 학문 간에 차이가 있고 같은 학문 내에서도 사용자들 간에 상이하게 나타난다. 근자에 한국통계학회(1987)에서 통계용어를 통일하고자 하는 노력의 일환으로 통계용어사전을 발간한 바 있다. 현단계에서 어떤 표기방법이 더 적합하다고 말하기는 쉽지 않다. 그러한 이유에서 이 책에서 사용된 용어와 동일한 개념과 내용을 지칭하면서도 다른 책에서 다르게 표기된 용어들을 함께 제시해 두는 것이 독자들이 용어를 이해하는 데 도움이 되리라고 생각한다. 단시일 내에 모든 용어들이 하나의 통일된 체계를 갖게 되리라고 기대하기는 어렵지만 여러 분야에서 산만하게 번역되어 사용되고 있는 용어들은 점진적으로 하나의 체계로 정리되어야 할 것이다. 다음 표에서 별도로 명시되어 있지 않은 용어들은 보편화되어 있는 것으로 이해하여도 좋을 것이다.

이 책에서의 용어	영문표기	또 다른 용어
가능도비	likelihood ratio	우도비(尤度比)
가변수	dummy variable	모조변수, 모조변인
간결성의 원칙	principle of parsimony	검약성의 원칙
개방형 질문	open-ended question	자유응답형 질문
검정요인	test factor	검사요인
결측값	missing value	결손치, 빠진 값, 미관찰치
결측사례	missing case	결손사례, 누락사례
경로계수	path coefficient	패스계수
경로분석	path analysis	패스분석
경험적 연구	empirical study	실증적 연구
경험적 일반화	empirical generalization	경험적 보편화

계통표집	systematic sampling	체계적 표집, 체계적 추출, 계통추출(법)
고윳값	eigenvalue	고유치, 고유근, 아이젠치
공변동	covariation	공변성, 공변관계, 공변이
공변량	covariate	공분산변인, 공변수
공분산분석	analysis of covariance	공변량분석
공통분산비	communality	커뮤널리티, 공통성
관측도수	observed frequency	측정도수, 관찰빈도
교차제표	cross-tabulation	크로스표 작성, 교차표
구성변수	component variable	성분변수
구성체타당도	construct validity	구인타당도, 구성적 타당도
구조화된 질문	structured question	구조적 질문
기댓값	expected value	기대치
기대도수	expected frequency	기대빈도
꺾은선그림표	(frequency) polygon	절선그림표, 절선도표, 도수다각형
누계분포	marginal distribution	주변분포
다단계표집	multistage sampling	다단추출법
다변량분석	multivariate analysis	다변수분석, 다원적 분석
다중범위검정	multiple range test	복수범위검증
다층모형	multilevel model	다층분석, 위계선형모형
단순무작위표집	simple random sampling	단순무선표집, 단순랜덤 추출법, 단순무작위추출, 단순임의 표본추출법, 단순확률추출법
단측검정	one-tailed test	한쪽검정, 일방검증
도수분포표	frequency distribution table	빈도표, 빈도분포표
등간척도	interval scale	동간척도, 간격척도
로그선형모형	log-linear model	대수직선모형, 대수선형모형
막대그림표	histogram/bar chart	히스토그램, 기둥그림표
매개변수	intervening variable	중재변인
면섭소사표	interview schedule	면접지침서, 조사표, 면접표
명목척도	nominal scale	명명척도

모집단	population/universe	전집
무차감마	zero-order gamma	0차감마
범주형 변수	categorical variable	유목변수, 분류변수
변동	variation	변이, 변산
변동계수	coefficient of variation	변이계수
변수	variable	변인
부분상관	partial correlation	편상관
부분상관계수	partial correlation coefficient	편상관계수
부분회귀계수	partial regression coefficient	편회귀계수
부호화	coding	코딩, 코드화, 기호화
분산분석	analysis of variance (ANOVA)	변량분석
분할표	contingency table	유관표
비구조화된 질문	unstructured question	비구조적 질문
비순차모형	nonrecursive model	비일방적 모델
비율척도	ratio scale	비례척도, 비척도
비표준화 회귀계수	unstandardized regression coefficient	비표준화된 회귀계수
사각회전	oblique rotation	사교회전
사전검사	pretest	사전조사
산점도	scatter diagram	산포도, 점산도
상관계수표	correlation matrix	상관계수행렬
상호작용효과	interaction effect	교호작용효과
서열척도	ordinal scale	순위척도
순차체계	recursive system	일방적 체계, 순환체계
양측검정	two-tailed test	양쪽검정, 양방적 검증
억제변수	suppressor variable	억압변수
언어구성	wording	언어구사
연속변수	continuous variable	연속적 변인
영가설	null hypothesis	귀무가설
예비조사	pilot study	탐색조사, 시행연구
오차의 비례적 감소	proportional reduction in errors	오차의 비율적 감소

외적 변수	extraneous variable	외재적 변수, 가외적 변인, 여타변수
요인부핫값	factor loading	인자부하량, 요인부하량, 인자적재치, 인자적재값
요인분석	factor analysis	인자분석
요인유형행렬표	factor pattern matrix	인자패턴행렬
위계적 접근	hierarchical approach	계층적 수법
유관계수	coefficient of contingency	분할계수
유의표집	purposive sampling	목적적 표집, 의도적 표집, 유의적 표본추출
의미분화척도	semantic differential scale	어의차별척도, 의미분별척도, 의미미분척도
이론적 구성체	theoretical construct	이론적 구성(물)
2변량관계	bivariate relationship	2개변수 간 관계, 2원관계, 2변수관계
2분변수	dichotomous variable	양분화된 변수
이산변수	discrete variable	불연속적 변인, 이산적 변수
2원분산분석	two-way ANOVA	2원배치분산분석, 2원변량분석, 2요인분산분석
1원분산분석	one-way ANOVA	1원배치분산분석, 1원변량분석, 1요인분산분석
1차부분상관계수	first-order partial correlation coefficient	1차편상관계수
자료정선	data cleaning	데이터클리닝, 자료정화
작업가설	working hypothesis	검증할 가설
잔여변수	residual variable	잔여변인, 잔차변수
잔차	residuals	잉여치, 잔여
재부호화	recoding	재코딩
재조사법	test-retest method	검사-재검사법
정량적 변수	quantitative variable	양적 변수, 정량변수
정성적 변수	qualitative variable	질적 변수, 정성변수
중결정계수	multiple determination coefficient	중다결정계수

중분류분석	multiple classification analysis (MCA)	다중분류분석
중상관계수	multiple correlation coefficient	다중상관계수, 중다상관계수
중심경향치	central tendency measure	집중경향치
중회귀분석	multiple regression analysis	중다회귀분석, 다중회귀분석, 복합회귀분석, 다변수회귀분석
직교회전	orthogonal rotation	직각회전
질문지	questionnaire	질문서, 질문표, 설문지
집락분석	cluster analysis	군락분석, 군집분석
집락표집	cluster sampling	군별표집, 군집추출, 집락추출
첨도	kurtosis	용도(聳度)
총변동	total variation	총변이
총분산	total variance	전체변량
최소제곱법	least square method	최소자승법
측정치	measure	측도
층화표집	stratified sampling	유층적 표집, 층별추출, 층화추출법
카이제곱	chi-square	카이자승
탐색조사	exploratory study	기초조사, 탐색적 연구
통제변수	control variable	제어변수
편의표집	convenience sampling	편의추출
편포도	skewness	비대칭도, 왜도(歪度)
표준화 회귀계수	standardized regression coefficient	표준화된 회귀계수, 표준회귀계수
표집	sampling	표본추출, 샘플링
표집틀	sampling frame	샘플링 틀
허위관계	spurious relationship	의사관계, 가짜관계, 피상적 의사관계
회귀선	regression line	회귀직선
회귀식	regression equation	회귀방정식

[부록 3] 부 표

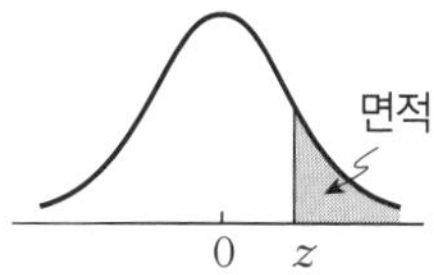

[부표 1] 표준정규분포표

z	z의 소수점 둘째자리수									
	.00	**.01**	**.02**	**.03**	**.04**	**.05**	**.06**	**.07**	**.08**	**.09**
0.0	.5000	.4960	.4920	.4880	.4840	.4801	.4761	.4721	.4681	.4641
0.1	.4602	.4562	.4522	.4483	.4443	.4404	.4364	.4325	.4286	.4247
0.2	.4207	.4168	.4129	.4090	.4052	.4013	.3974	.3936	.3897	.3859
0.3	.3821	.3783	.3745	.3707	.3669	.3632	.3594	.3557	.3520	.3483
0.4	.3446	.3409	.3372	.3336	.3300	.3264	.3228	.3192	.3156	.3121
0.5	.3085	.3050	.3015	.2981	.2946	.2912	.2877	.2843	.2810	.2776
0.6	.2743	.2709	.2676	.2643	.2611	.2578	.2546	.2514	.2483	.2451
0.7	.2420	.2389	.2358	.2327	.2296	.2266	.2236	.2206	.2177	.2148
0.8	.2119	.2090	.2061	.2033	.2005	.1977	.1949	.1922	.1894	.1867
0.9	.1841	.1814	.1788	.1762	.1736	.1711	.1685	.1660	.1635	.1611
1.0	.1587	.1562	.1539	.1515	.1492	.1469	.1446	.1423	.1401	.1379
1.1	.1357	.1335	.1314	.1292	.1271	.1251	.1230	.1210	.1190	.1170
1.2	.1151	.1131	.1112	.1093	.1075	.1056	.1038	.1020	.1003	.0985
1.3	.0968	.0951	.0934	.0918	.0901	.0885	.0869	.0853	.0838	.0823
1.4	.0808	.0793	.0778	.0764	.0749	.0735	.0722	.0708	.0694	.0681
1.5	.0668	.0655	.0643	.0630	.0618	.0606	.0594	.0582	.0571	.0559
1.6	.0548	.0537	.0526	.0516	.0505	.0495	.0485	.0475	.0465	.0455
1.7	.0446	.0436	.0427	.0418	.0409	.0401	.0392	.0384	.0375	.0367
1.8	.0359	.0352	.0344	.0336	.0329	.0322	.0314	.0307	.0301	.0294
1.9	.0287	.0281	.0274	.0268	.0262	.0256	.0250	.0244	.0239	.0233
2.0	.0228	.0222	.0217	.0212	.0207	.0202	.0197	.0192	.0188	.0183
2.1	.0179	.0174	.0170	.0166	.0162	.0158	.0154	.0150	.0146	.0143
2.2	.0139	.0136	.0132	.0129	.0125	.0122	.0119	.0116	.0113	.0110
2.3	.0107	.0104	.0102	.0099	.0096	.0094	.0091	.0089	.0087	.0084
2.4	.0082	.0080	.0078	.0075	.0073	.0071	.0069	.0068	.0066	.0064
2.5	.0062	.0060	.0059	.0057	.0055	.0054	.0052	.0051	.0049	.0048
2.6	.0047	.0045	.0044	.0043	.0041	.0040	.0039	.0038	.0037	.0036
2.7	.0035	.0034	.0033	.0032	.0031	.0030	.0029	.0028	.0027	.0026
2.8	.0026	.0025	.0024	.0023	.0023	.0022	.0021	.0021	.0020	.0019
2.9	.0019	.0018	.0017	.0017	.0016	.0016	.0015	.0015	.0014	.0014
3.0	.00135									
3.5	.000 233									
4.0	.000 031 7									
4.5	.000 003 40									
5.0	.000 000 287									

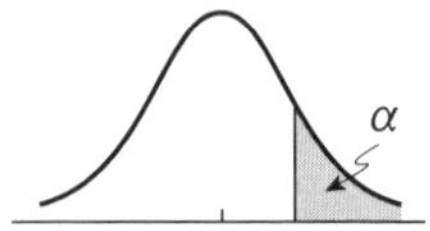

[부표 2] *t*-분포표

df	$t_{.100}$	$t_{.050}$	$t_{.025}$	$t_{.010}$	$t_{.005}$
1	3.078	6.314	12.706	31.821	63.657
2	1.886	2.920	4.303	6.965	9.925
3	1.638	2.353	3.182	4.541	5.841
4	1.533	2.132	2.776	3.747	4.604
5	1.476	2.015	2.571	3.365	4.032
6	1.440	1.943	2.447	3.143	3.707
7	1.415	1.895	2.365	2.998	3.499
8	1.397	1.860	2.306	2.896	3.355
9	1.383	1.833	2.262	2.821	3.250
10	1.372	1.812	2.228	2.764	3.169
11	1.363	1.796	2.201	2.718	3.106
12	1.356	1.782	2.179	2.681	3.055
13	1.350	1.771	2.160	2.650	3.012
14	1.345	1.761	2.145	2.624	2.977
15	1.341	1.753	2.131	2.602	2.947
16	1.337	1.746	2.120	2.583	2.921
17	1.333	1.740	2.110	2.567	2.898
18	1.330	1.734	2.101	2.552	2.878
19	1.328	1.729	2.093	2.539	2.861
20	1.325	1.725	2.086	2.528	2.845
21	1.323	1.721	2.080	2.518	2.831
22	1.321	1.717	2.074	2.508	2.819
23	1.319	1.714	2.069	2.500	2.807
24	1.318	1.711	2.064	2.492	2.797
25	1.316	1.708	2.060	2.485	2.787
26	1.315	1.706	2.056	2.479	2.779
27	1.314	1.703	2.052	2.473	2.771
28	1.313	1.701	2.048	2.467	2.763
29	1.311	1.699	2.045	2.462	2.756
∞	1.282	1.645	1.960	2.326	2.576

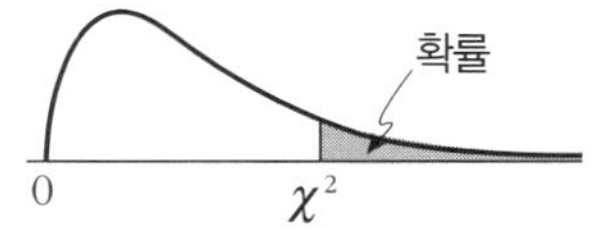

[부표 3] 카이제곱(χ^2) 분포표

df	.99	.98	.95	.90	.80	.70	.50	.30	.20	.10	.05	.02	.01	.001
1	$.0^3157$	$.0^3628$	.00393	.0158	.0642	.148	.455	1.074	1.642	2.706	3.841	5.412	6.635	10.827
2	.0201	.0404	.103	.211	.446	.713	1.386	2.408	3.219	4.605	5.991	7.824	9.210	13.815
3	.115	.185	.352	.584	1.005	1.424	2.366	3.665	4.642	6.251	7.815	9.837	11.341	16.268
4	.297	.429	.711	1.064	1.649	2.195	3.357	4.878	5.989	7.779	9.488	11.668	13.277	18.465
5	.554	.752	1.145	1.610	2.343	3.000	4.351	6.064	7.289	9.236	11.070	13.388	15.086	20.517
6	.872	1.134	1.635	2.204	3.070	3.828	5.348	7.231	8.558	10.645	12.592	15.033	16.812	22.457
7	1.239	1.564	2.167	2.833	3.822	4.671	6.346	8.383	9.803	12.017	14.067	16.622	18.475	24.322
8	1.646	2.032	2.733	3.490	4.594	5.527	7.344	9.524	11.030	13.362	15.507	18.168	20.090	26.125
9	2.088	2.532	3.325	4.168	5.380	6.393	8.343	10.656	12.242	14.684	16.919	19.679	21.666	27.877
10	2.558	3.059	3.940	4.865	6.179	7.267	9.342	11.781	13.442	15.987	18.307	21.161	23.209	29.588
11	3.053	3.609	4.575	5.578	6.989	8.148	10.341	12.899	14.631	17.275	19.675	22.618	24.725	31.264
12	3.571	4.178	5.226	6.304	7.807	9.034	11.340	14.011	15.812	18.549	21.026	24.054	26.217	32.909
13	4.107	4.765	5.892	7.042	8.634	9.926	12.340	15.119	16.985	19.812	22.362	25.472	27.688	34.528
14	4.660	5.368	6.571	7.790	9.467	10.821	13.339	16.222	18.151	21.064	23.685	26.873	29.141	36.123
15	5.229	5.985	7.261	8.547	10.307	11.721	14.339	17.322	19.311	22.307	24.996	28.259	30.578	37.697
16	5.812	6.614	7.962	9.312	11.152	12.624	15.338	18.418	20.465	23.542	26.296	29.633	32.000	39.252
17	6.408	7.255	8.672	10.085	12.002	13.531	16.338	19.511	21.615	24.769	27.587	30.995	33.409	40.790
18	7.015	7.906	9.390	10.865	12.857	14.440	17.338	20.601	22.760	25.989	28.869	32.346	34.805	42.312
19	7.633	8.567	10.117	11.651	13.716	15.352	18.338	21.689	23.900	27.204	30.144	33.687	36.191	43.820
20	8.260	9.237	10.851	12.443	14.578	16.266	19.337	22.775	25.038	28.412	31.410	35.020	37.566	45.315
21	8.897	9.915	11.591	13.240	15.445	17.182	20.337	23.858	26.171	29.615	32.671	36.343	38.932	46.797
22	9.542	10.600	12.338	14.041	16.314	18.101	21.337	24.939	27.301	30.813	33.924	37.659	40.289	48.268
23	10.196	11.293	13.091	14.848	17.187	19.021	22.337	26.018	28.429	32.007	35.172	38.968	41.638	49.728
24	10.856	11.992	13.848	15.659	18.062	19.943	23.337	27.096	29.553	33.196	36.415	40.270	42.980	51.179
25	11.524	12.697	14.611	16.473	18.940	20.867	24.337	28.172	30.675	34.382	37.652	41.566	44.314	52.620
26	12.198	13.409	15.379	17.292	19.820	21.792	25.336	29.246	31.795	35.563	38.885	42.856	45.642	54.052
27	12.879	14.125	16.151	18.114	20.703	22.719	26.336	30.319	32.912	36.741	40.113	44.140	46.963	55.476
28	13.565	14.847	16.928	18.939	21.588	23.647	27.336	31.391	34.027	37.916	41.337	45.419	48.278	56.893
29	14.256	15.574	17.708	19.768	22.475	24.577	28.336	32.461	35.139	39.087	42.557	46.693	49.588	58.302
30	14.953	16.306	18.493	20.599	23.364	25.508	29.336	33.530	36.250	40.256	43.773	47.962	50.892	59.703

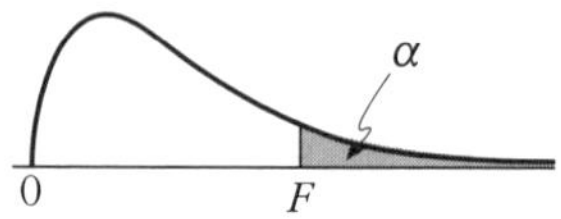

[부표 4] F-분포표 $\alpha = .05$

df_2 \ df_1	1	2	3	4	5	6	8	12	24	∞
1	161.4	199.5	215.7	224.6	230.2	234.0	238.9	243.9	249.0	254.3
2	18.51	19.00	19.16	19.25	29.30	19.33	19.37	19.41	19.45	19.50
3	10.13	9.55	9.28	9.12	9.01	8.94	8.84	8.74	8.64	8.53
4	7.71	6.94	6.59	6.39	6.26	6.16	6.04	5.91	5.77	5.63
5	6.61	5.79	5.41	5.19	5.05	4.95	4.82	4.68	4.53	4.36
6	5.99	5.14	4.76	4.53	4.39	4.28	4.15	4.00	3.84	3.67
7	5.59	4.74	4.35	4.12	3.97	3.87	3.73	3.57	3.41	3.23
8	5.32	4.46	4.07	3.84	3.69	3.58	3.44	3.28	3.12	2.93
9	5.12	4.26	3.86	3.63	3.48	3.37	3.23	3.07	2.90	2.71
10	4.96	4.10	3.71	3.48	3.33	3.22	3.07	2.91	2.74	2.54
11	4.84	3.98	3.59	3.36	3.20	3.09	2.95	2.79	2.61	2.40
12	4.75	3.88	3.49	3.26	3.11	3.00	2.85	2.69	2.50	2.30
13	4.67	3.80	3.41	3.18	3.02	2.92	2.77	2.60	2.42	2.21
14	4.60	3.74	3.34	3.11	2.96	2.85	2.70	2.53	2.35	2.13
15	4.54	3.68	3.29	3.06	2.90	2.79	2.64	2.48	2.29	2.07
16	4.49	3.63	3.24	3.01	2.85	2.74	2.59	2.42	2.24	2.01
17	4.45	3.59	3.20	2.96	2.81	2.70	2.55	2.38	2.19	1.96
18	4.41	3.55	3.16	2.93	2.77	2.66	2.51	2.34	2.15	1.92
19	4.38	3.52	3.13	2.90	2.74	2.63	2.48	2.31	2.11	1.88
20	4.35	3.49	3.10	2.87	2.71	2.60	2.45	2.28	2.08	1.84
21	4.32	3.47	3.07	2.84	2.68	2.57	2.42	2.25	2.05	1.81
22	4.30	3.44	3.05	2.82	2.66	2.55	2.40	2.23	2.03	1.78
23	4.28	3.42	3.03	2.80	2.64	2.53	2.38	2.20	2.00	1.76
24	4.26	3.40	3.01	2.78	2.62	2.51	2.36	2.18	1.98	1.73
25	4.24	3.38	2.99	2.76	2.60	2.49	2.34	2.16	1.96	1.71
26	4.22	3.37	2.98	2.74	2.59	2.47	2.32	2.15	1.95	1.69
27	4.21	3.35	2.96	2.73	2.57	2.46	2.30	2.13	1.93	1.67
28	4.20	3.34	2.95	2.71	2.56	2.44	2.29	2.12	1.91	1.65
29	4.18	3.33	2.93	2.70	2.54	2.43	2.28	2.10	1.90	1.64
30	4.17	3.32	2.92	2.69	2.53	2.42	2.27	2.09	1.89	1.62
40	4.08	3.23	2.84	2.61	2.45	2.34	2.18	2.00	1.79	1.51
60	4.00	3.15	2.76	2.52	2.37	2.25	2.10	1.92	1.70	1.39
120	3.92	3.07	2.68	2.45	2.29	2.17	2.02	1.83	1.61	1.25
∞	3.84	2.99	2.60	2.37	2.21	2.09	1.94	1.75	1.52	1.00

$\alpha = .01$

df_2 \ df_1	1	2	3	4	5	6	8	12	24	∞
1	4052	4999	5403	5625	5764	5859	5981	6106	6234	6366
2	98.49	99.01	99.17	99.25	99.30	99.33	99.36	99.42	99.46	99.50
3	34.12	30.81	29.46	28.71	28.24	27.91	27.49	27.05	26.60	26.12
4	21.20	18.00	16.69	15.98	15.52	15.21	14.80	14.37	13.93	13.46
5	16.26	13.27	12.06	11.39	10.97	10.67	10.27	9.89	9.47	9.02
6	13.74	10.92	9.78	9.15	8.75	8.47	8.10	7.72	7.31	6.88
7	12.25	9.55	8.45	7.85	7.46	7.19	6.84	6.47	6.07	5.65
8	11.26	8.65	7.59	7.01	6.63	6.37	6.03	5.67	5.28	4.86
9	10.56	8.02	6.99	6.42	6.06	5.80	5.47	5.11	4.73	4.31
10	10.04	7.56	6.55	5.99	5.64	5.39	5.06	4.71	4.33	3.91
11	9.65	7.20	6.22	5.67	5.32	5.07	4.74	4.40	4.02	3.60
12	9.33	6.93	5.95	5.41	5.06	4.82	4.50	4.16	3.78	3.36
13	9.07	6.70	5.74	5.20	4.86	4.62	4.30	3.96	3.59	3.16
14	8.86	6.51	5.56	5.03	4.69	4.46	4.14	3.80	3.43	3.00
15	8.68	6.36	5.42	4.89	4.56	4.32	4.00	3.67	3.29	2.87
16	8.53	6.23	5.29	4.77	4.44	4.20	3.89	3.55	3.18	2.75
17	8.40	6.11	5.18	4.67	4.34	4.10	3.79	3.45	3.08	2.65
18	8.28	6.01	5.09	4.58	4.25	4.01	3.71	3.37	3.00	2.57
19	8.18	5.93	5.01	4.50	4.17	3.94	3.63	3.30	2.92	2.49
20	8.10	5.85	4.94	4.43	4.10	3.87	3.56	3.23	2.86	2.42
21	8.02	5.78	4.87	4.37	4.04	3.81	3.51	3.17	2.80	2.36
22	7.94	5.72	4.82	4.31	3.99	3.76	3.45	3.12	2.75	2.31
23	7.88	5.66	4.76	4.26	3.94	3.71	3.41	3.07	2.70	2.26
24	7.82	5.61	4.72	4.22	3.90	3.67	3.36	3.03	2.66	2.21
25	7.77	5.57	4.68	4.18	3.86	3.63	3.32	2.99	2.62	2.17
26	7.72	5.53	4.64	4.14	3.82	3.59	3.29	2.96	2.58	2.13
27	7.68	5.49	4.60	4.11	3.78	3.56	3.26	2.93	2.55	2.10
28	7.64	5.45	4.57	4.07	3.75	3.53	3.23	2.90	2.52	2.06
29	7.60	5.42	4.54	4.04	3.73	3.50	3.20	2.87	2.49	2.03
30	7.56	5.39	4.51	4.02	3.70	3.47	3.17	2.84	2.47	2.01
40	7.31	5.18	4.31	3.83	3.51	3.29	2.99	2.66	2.29	1.80
60	7.08	4.98	4.13	3.65	3.34	3.12	2.82	2.50	2.12	1.60
120	6.85	4.79	3.95	3.48	3.17	2.96	2.66	2.34	1.95	1.38
∞	6.64	4.60	3.78	3.32	3.02	2.80	2.51	2.18	1.79	1.00

α = .001

df_2 \ df_1	1	2	3	4	5	6	8	12	24	∞
1	405284	500000	540379	562500	576405	585937	598144	610667	623497	636619
2	998.5	999.0	999.2	999.2	999.3	999.3	999.4	999.4	999.5	999.5
3	167.5	148.5	141.1	137.1	134.6	132.8	130.6	128.3	125.9	123.5
4	74.14	61.25	56.18	53.44	51.71	50.53	49.00	47.41	45.77	44.05
5	47.04	36.61	33.20	31.09	29.75	28.84	27.64	26.42	25.14	23.78
6	35.51	27.00	23.70	21.90	20.81	20.03	19.03	17.99	16.89	15.75
7	29.22	21.69	18.77	17.19	16.21	15.52	14.63	13.71	12.73	11.69
8	25.42	18.49	15.83	14.39	13.49	12.86	12.04	11.19	10.30	9.34
9	22.86	16.39	13.90	12.56	11.71	11.13	10.37	9.57	8.72	7.81
10	21.04	14.91	12.55	11.28	10.48	9.92	9.20	8.45	7.64	6.76
11	19.69	13.81	11.56	10.35	9.58	9.05	8.35	7.63	6.85	6.00
12	18.64	12.97	10.80	9.63	8.89	8.38	7.71	7.00	6.25	5.42
13	17.81	12.31	10.21	9.07	8.35	7.86	7.21	6.52	5.78	4.97
14	17.14	11.78	9.73	8.62	7.92	7.43	6.80	6.13	5.41	4.60
15	16.59	11.34	9.34	8.25	7.57	7.09	6.47	5.81	5.10	4.31
16	16.12	10.97	9.00	7.94	7.27	6.81	6.19	5.55	4.85	4.06
17	15.72	10.66	8.73	7.68	7.02	6.56	5.96	5.32	4.63	3.85
18	15.38	10.39	8.49	7.46	6.81	6.35	5.76	5.13	4.45	3.67
19	15.08	10.16	8.28	7.26	6.61	6.18	5.59	4.97	4.29	3.52
20	14.82	9.95	8.10	7.10	6.46	6.02	5.44	4.82	4.15	3.38
21	14.59	9.77	7.94	6.95	6.32	5.88	5.31	4.70	4.03	3.26
22	14.38	9.61	7.80	6.81	6.19	5.76	5.19	4.58	3.92	3.15
23	14.19	9.47	7.67	6.69	6.08	5.65	5.09	4.48	3.82	3.05
24	14.03	9.34	7.55	6.59	5.98	5.55	4.99	4.39	3.74	2.97
25	13.88	9.22	7.45	6.49	5.88	5.46	4.91	4.31	3.66	2.89
26	13.74	9.12	7.36	6.41	5.80	5.38	4.83	4.24	3.59	2.82
27	13.61	9.02	7.27	6.33	5.73	5.31	4.76	4.17	3.52	2.75
28	13.50	8.93	7.19	6.25	5.66	5.24	4.69	4.11	3.46	2.70
29	13.39	8.85	7.12	6.19	5.59	5.18	4.64	4.05	3.41	2.64
30	13.29	8.77	7.05	6.12	5.53	5.12	4.58	4.00	3.36	2.59
40	12.61	8.25	6.60	5.70	5.13	4.73	4.21	3.64	3.01	2.23
60	11.97	7.76	6.17	5.31	4.76	4.37	3.87	3.31	2.69	1.90
120	11.38	7.31	5.79	4.95	4.42	4.04	3.55	3.02	2.40	1.56
∞	10.83	6.91	5.42	4.62	4.10	3.74	3.27	2.74	2.13	1.00

자료 : Alan Agresti and Barbara F. Agresti, *Statistical Methods for the Social Science*, San Francisco, CA: Dellen, 1979.

찾아보기

[국문 찾아보기]

ㅅ

ㅇ

ㅊ

[영문 찾아보기]

E

F

L

M

N

O

P

T

[인명 찾아보기]

〔저 자 약 력〕

홍 두 승

서울대학교 문리과대학 사회학과 졸업(문학사)
미국 시카고대학교 대학원 사회학과(사회학 석사 및 박사)
현, 서울대학교 사회과학대학 사회학과 명예교수

[주요 저서]

「사회계층 · 계급론」(공저, 제2판, 2001)
「STATISTICA를 이용한 사회과학자료분석」(공편, 2003)
「사회학의 이해」(공저, 제2판, 2009)

설 동 훈

서울대학교 사회과학대학 사회학과 졸업(문학사)
서울대학교 대학원 사회학과(사회학 석사 및 박사)
현, 전북대학교 사회과학대학 사회학과 교수

[주요 저서]

「STATISTICA를 이용한 사회과학자료분석」(공편, 2003)
「사회학의 이해」(공저, 제2판, 2009)
「韓國の少子高齢化と格差社會: 日韓比較の視座から」(공편, 2011)

[제 4 판]

사회조사분석

1987년 8월 5일 제 1 판 1 쇄 발행
1992년 3월 20일 제 2 판 1 쇄 발행
2000년 9월 15일 제 3 판 1 쇄 발행
2012년 4월 10일 제 4 판 1 쇄 발행
2020년 8월 25일 제 4 판 6 쇄 발행

저 자 홍 두 승 · 설 동 훈
발행인 강 희 일 · 박 은 자

발행처 **다 산 출 판 사**

서울특별시 마포구 대흥로 6길 8
등 록 1979. 6. 5. 제 3-86 호(윤)
전 화 717-3661~2, 718-1751~2
FAX 716-9945
조 판 민 하 디 지 탈 아 트

정가 27,000원 파본은 바꾸어 드립니다.

http://www.dasanbooks.co.kr

ISBN 978-89-7110-400-2 93330